개혁주의 **설교자**와 **설교**

크리스챤신서 + 114

개혁주의 설교자와 설교

설 교 자 지 침 서

편저자 새뮤얼 로건 Samuel T. Logan, Jr.
역자 서창원 · 이길상

크리스챤
다이제스트ン

The Preacher and Preaching

Reviving the Art
in the Twentieth Century

Edited by
Samuel T. Logan, Jr.

차례

서문 ·· 7

집필자들 ·· 10

서론: 왜 설교해야 하는가? / 제임스 패커 ······························· 17

제1부 설교자

제1장 설교자의 소명 / 조엘 네더후드 ··································· 55

제2장 설교자와 경건 / 에롤 헐스 ··· 86

제3장 설교자와 학문 / 제임스 보이스 ··································· 118

제4장 전인적인 설교 / 스프라울 ··· 134

제2부 설교

제5장 설교의 현상학 / 새뮤얼 로건 ····································· 161

I. 설교 내용

제6장 모든 성경에서 그리스도를 전함 / 에드먼드 클라우나 ··· 197

제7장 강해 설교 / 싱클레어 퍼거슨 ······································ 228

제8장 해석학과 설교 / 헨드릭 크라벤담 ································ 248

제9장 설교와 조직신학 / 도널드 매클라우드 ························ 281

II. 설교 형태

제10장 설교의 구조와 흐름 / 글렌 넥트 ································ 311

제11장 수사학자인 설교자 / 레스터 데 코스타 ······················ 341

제12장 설교의 적용 / 존 베틀러 ················· 371

제13장 감각 호소와 이야기 / 제이 아담스 ················· 393

제3부 설교자의 태도

제14장 능력 있는 설교 / 제프리 토머스 ················· 413

제15장 목회 설교 / 피터 보스탄 ················· 443

제16장 하나님의 말씀을 큰 소리로 읽음 / 데이비드 돔베크 ················· 467

제17장 강단에서의 신체 / 귄 월터스 ················· 496

서문

　1980년에 웨스트민스터 신학교 학생들인 제임스 프랫 선생(Mr. James Pratt)과 리처드 크레이븐 선생(Mr. Richard Craven)이 본인의 연구실을 찾아와 설교 지침서를 기획해서 펴내자는 아이디어를 내놓았다. 그들은 20세기의 개혁주의 강단이 선대로부터 물려받은 풍부한 유산을 도외시하고 있고, 다른 교단들의 강단에 모범을 보일 수 있고 또 당연히 그래야 하는데도 손을 놓고 있다고 강하게 비판했다. 필자도 그동안 청교도들의 설교, 특히 조나단 에드워즈(Jonathan Edwards)의 설교에 남다른 관심을 갖고 있던 터라, 그들의 견해에 흔쾌히 동의했다.

　우리는 그 자리에서 설교 분야의 전문가에게 자문을 구할 필요를 인식하고서, 웨스트민스터 신학교에서 교회사를 가르치던 로버트 갓프리 박사(Dr. Robert Godfrey)를 찾아갔다. 마침 "수사학의 역사"라는 과목을 가르치고 계시던 그분은 우리의 제의에 흔쾌히 동의했고, 그래서 우리 네 사람은 이 책을 기획하기에 이르렀다.

　우리의 첫번째 작업은 세계 전역에서 지도적 위치에 있는 개혁주의 목회자들과 설교학 학자들을 서른 분 가량 선정한 뒤, 그분들에게 현대 개혁주의 강단에 결핍된 점이 무엇이라고 생각하느냐는 설문을 발송했다. 그분들 대다수가 훌륭한 분석과 제안을 적어 답장을 보내주셨다.

　우리 네 사람은 그 다음에 많은 시간을 들여 답장들을 꼼꼼히 검토하고 그 유형별로 분류했다. 이 작업으로 얻은 범주들이 이 책의 각 장에 실린 제목들이다.

그 다음 단계는 네 사람의 의견을 종합하여, 각 주제에 대해 가장 좋은 글을 기고할 수 있는 분들을 선정한 것이었다. 몇 개월 동안 서신을 주고 받는 과정에서 여러 분야에서 활동하는 분들 가운데 우리가 선정한 훌륭한 분들로부터 기꺼이 기고해 주겠다는 답장이 모였다. 물론 이 과정에서 어떤 분들은 원고 청탁을 고사했고, 어떤 분들은 참여의 뜻을 밝혔다가 뒤에 가서 고사하기도 했다. 그럴지라도 맨 처음에 우리가 선정했던 분들 대다수가 원고를 보내 오셨다.

2년이라는 기간 동안 다양한 원고들이 모였고, 1984년 6월경에는 원고가 거의 다 모였다. 필자는 신학교 당국에 이런 계획을 설명한 뒤 허락을 받아 1984년 7월 1일부터 1985년 1월 31일까지 신학교를 떠나 편집 작업에 전념할 수 있게 되었다. 여러 가지 상황을 고려하여 영국 케임브리지의 틴들 하우스(Tyndale House)에 머물기로 결정하고서, 원고 뭉치를 들고 그곳으로 건너가 두 달 동안 원고를 꼼꼼히 읽어가면서 결코 쉽지 않았던 편집 작업에 착수했다. 따라서 필자는 이 책을 맨 처음으로 읽은 독자가 되었고, 더 나아가 탁월한 원고들을 모두 읽은 유일한 사람이 되는 영광을 누렸다. 그러나 지면상 그 탁월한 원고들을 다 싣지 못하는 큰 아쉬움을 품고서 편집 작업을 해야만 했다. 읽고 편집하는 과정을 통하여 이루 말할 수 없는 은혜를 받았다. 필자는 주님께서 이 책을 쓰셔서 크레이븐 선생과 프랫 선생, 그리고 갓프리 박사와 함께 맨 처음에 한 마음으로 품었던 목적이 성취되도록 해주시기를, 그리고 이 책으로 말미암아 개혁주의 강단에 더욱 활기가 넘쳐서 예수 그리스도의 높고 귀한 이름이 온 천하에 드러나게 해주시기를 간절히 기도하는 바이다.

필자는 이 책에 기고해 주신 집필자들에게 정식으로 깊은 사의를 드린다. 더 나아가 이 작업을 처음부터 제안하며 함께 수고해 준 제임스 프랫 선생과 리처드 크레이븐 선생에게 감사를 드린다. 또한 모든 계획을 상세히 세우도록 도와주신 갓프리 박사와 그분의 탁월한 지혜에 감사를 드린다. 뿐만 아니라 이 책의 편집을 위해서 특별 휴가를 허락해 주신 신학교 당국자들께도 감사를 드리지 않을 수 없다. 또한 조지 풀러 박사(Dr. George Fuller)와 도로시 크리크 양(Miss Dorothy Krieke), 비올라 브라운 여사(Mrs. Viola Braun), 알 그로브스 선생(Mr. Al Groves)에게 감사드리며, 특히 필자가 신학교를 떠나 있는 동안 필자의 업무를 대신해 주신 여러분들께 감사를 드린다. 원고를 손수 입력하고 재입력해 준 빌리 구드나프 여사(Mrs. Billie Goodenough)와 쇼나 존스 여사(Mrs. Shawna Jones)에게도 감사드린다.

케임브리지 틴들 하우스에서 이 작업을 하게 된 기회는 여러 가지 측면에서 볼 때 본인에게는 엄청난 축복이 아닐 수 없었다. 틴들 하우스는 복음주의 학자들의 연구센타로서 연구, 집필, 성도 교제, 그리고 그 밖의 모든 작업에 몰두할 수 있도록 시설이 잘 갖추어진 곳이다. 필자와 필자의 가족이 그곳에서 받은 뜨거운 사랑에 대하여 진정으로 감사드린다. 특히 틴들 하우스 소장이신 머리 해리스 박사(Dr. Murray Harris)와 회계 업무를 보시는 이언 하진스 목사(Rev. Iain Hodgins)께 감사를 드린다.

개인적인 차원에서도 감사를 빼놓을 수 없는 분들은 본인의 부모님이다. 부모님의 신앙적 훈육과 끊이지 않는 후원과 기도에 진심으로 감사를 드린다. 본인은 부모님을 통하여 진실로 많은 것을 배우며 성장해 왔다. 그 중에서도 예수 그리스도의 나라가 충만히 임하는 최후의 목표를 향해 인생을 다 바친다는 것이 무슨 의미인가에 관해서 배운 교훈은 결코 잊을 수 없다. 물론 이것이 바로 성경적 설교의 목표이기도 하다.

끝으로, 수(Sue), 탤리(Taly), 에릭(Eric)에게 깊은 감사를 전한다. 케임브리지에서 지내는 동안 생산적이고도 기쁨이 넘치는 시간을 함께 가져주었다. 그 세 사람 모두 그리스도의 나라를 위한 사역에 함께 참여하고 있다는 게 여간 기쁜 일이 아닐 수 없다. 하나님, 그들에게 풍성한 은혜를 베풀어 주옵소서!

웨스트민스터 신학교
새뮤얼 로건(Samuel T. Logan, Jr.)

집필자(執筆者)들

1. 제이 아담스(Jay E. Adams): 미국 존스 홉킨스 대학교 졸업. 리폼드 에피스코펄 신학교에서 B.D. 학위를 취득하고 템플 신학교에서 S.T.M. 학위와 미주리 대학교에서 Ph. D. 학위를 받았다. 펜실베이니아 주 서부지역과 뉴저지 주에서 목회를 한 바 있다. 미주리 대학교에서는 3년간 교수로 재직하기도 했다. 현재는 캘리포니아에 있는 웨스트민스터 신학교에서 대학원장으로 재직하고 있으며, 필라델피아에 있는 웨스트민스터 신학교에서는 실천신학 담당 객원교수로 재직하고 있다(역자주: 캘리포니아의 웨스트민스터 신학교는 필라델피아의 있는 신학교의 분교임). 또한 필라델피아에 있는 기독교 상담 및 교육재단에서 목회연구소 소장직을 겸하고 있다. 그는 목회자들을 대상으로 하는 수련회나 사경회에 자주 초청되어 강사로 수고하기도 하며 여러 간행물에 많은 글을 기고하기도 한다. 저술가요 집필가로 여러 권의 책을 출판하였다. 저서로서는 「유능한 상담법」(*Competent to Counsel*)과 「기독교 상담자의 지침서」(*The Christian Counselor's Manual*) 등이 있다.

2. 존 베틀러(John F. Bettler): 웨스트민스터 신학교를 졸업한 뒤 시카고 신학교에서 목회 상담학 연구로 박사학위를 받았다. 현재 기독교 상담 및 교육재단(the Christian Counseling and Educational Foundation) 이사장으로서, 성도들이 매일의 삶 속에서 부딪히는 여러 문제들을 다루고 있다. 아울러 웨스트민스터 신학교 실천신학 조교수로 재직하면서, 설교학 강의를 통하여 삶의 여러 문제를 다루고 있다. 여러 수련회 강사로 자주 초청 받으며, 그의 설교는 실제적인 문제를 다루는 설교로 정평이 나있다. 그의 설교를 들으

면 그가 하나님의 말씀을 '어떻게' 적용하는지 잘 알 수 있다.

3. 제임스 몽고메리 보이스(James Montgomery Boice): 필라델피아에서 1968년부터 유서 깊은 제십(Tenth) 장로교회 설교자로 시무하고 있고, 국제 라디오 방송국의 '성경공부 시간' 프로에서 방송 설교가로 활약하고 있다. 하버드 대학교에서 B.A. 학위를, 프린스턴 신학교에서 B.D. 학위를 받았고, 스위스 바젤 대학교에서 신학박사 학위를, 리폼드 에피스코펄 신학교에서 D.D.를 받았다. 성경 무오설을 변호하는 국제 협의회(International Council on Biblical Conference)의 회장이자, 필라델피아 개혁주의 신학 집담회의 설립자이자 회장이다. 성경신학에 관한 30여권의 저서가 있다.

4. 에드먼드 클라우니(Edmund P. Clowney): 일리노이 주 휘튼 대학을 졸업하고, 웨스트민스터 신학교에서 B.D.를, 예일 대학교 신학부에서 S.T.M.을, 그리고 휘튼 대학에서 D.D. 학위를 받았다. 또한 일리노이 주와 뉴저지 주의 정통장로교회(the Orthodox Presbyterian Church)들에서 시무했고, 기독교 교육 위원회의 편집장으로 일했다. 1952년도에 웨스트민스터 신학교에서 실천신학 시간강사로 첫발을 내디딘 이래 실천신학 주임교수, 학생처장, 교무처장 등을 역임하였다. 그후 1966년에 웨스트민스터 신학교 교장이 되어 1982년에 은퇴할 때까지 그 직위를 유지했다. 「목회 소명」(*Call to the Ministry*)을 비롯한 여러 간행물 기고문들과 여러 권의 저서를 집필했다. 현재 부인 진(Jean) 여사와 함께 버지니아 주 샬러츠빌에서 살면서, 트리니티 장로교회의 협동설교자로 시무하고 있다.

5. 리처드 크레이븐(Richard M. Craven): 펠실베이니아 주 게티스버그의 게티스버그 정통 장로교회 목사로 시무하고 있다. 웨스트민스터 신학교에서 M. Div.를 받았다. 현재 동 신학교에서 성경 해석학 박사 과정을 이수하고 있다.

6. 레스터 데 코스터(Lester De Koster): 미시건 주 그랜드 래피즈의 칼빈 대학에서 1947-1969년에 수사학을 가르쳤다. 교수 재직시에 수사학 학과장을 지냈고, 1951-1961년에 대학부와 신학부에서 도서관장을 지냈다. 교수로 재직한 11년간 배너(*The Banner*)지의 편집인으로 활동했다. 크리스천 라이브러리 출판사의 공동 사장 겸 저자 겸 편집인이기도 했다. 여섯 권의 책을 공동 집필

했고, 「대중 연설」(*Speaking in public*)을 편집했으며, 「공산주의와 기독교 신앙」(*Communism and Christian Faith*), 「공산주의의 용어」(*Vocabulary of Communism*), 「성경을 읽는 법」(*How to Read the Bible*) 등을 집필했다.

7. 데이비드 돔베크(David A. Dombek): 1972년에 필라델피아의 웨스트민스터 신학교에서 B.D. 학위를 받았다. 배우, 영화감독, 대사 교사, 연극 연출자이다. 한때 어떤 장로교회에서 독서자(lector)로 사역했으나, 지금은 기독교 개혁교회(Christian Reformed Church)의 교인으로서, 종종 예배의 성경낭독 시간에 설교자와 함께 성경의 극적(劇的)인 본문들을 대화 형식으로 낭독한다. 미국 중서부에 살며, 부인 엘렌(Elen)과 함께 홈스쿨을 한다. 아울러 집필과 설교 활동을 하며, 자기 교회의 주일학교에서 가르친다.

8. 싱클레어 퍼거슨(Sinclair B. Ferguson): 스코틀랜드 태생. 스코틀랜드 애버딘 대학교에서 M.A.와 Th.D. 학위를 받았다. 1971-1982년에 목회를 했는데, 가장 최근에 시무한 교회는 글래스고의 세인트 조지 트론 교회이다. 배너 오브 트루스(*Banner of Truth*)지의 부편집인이며, 저서에는 「하나님의 뜻 발견하기」(*Discovering God's Will*), 「은혜 안에서 자라라」(*Grow in Grace*), 「성도의 삶이란?」(*Know Your Christian Life*) 외 다수가 있다. 1982년부터 웨스트민스터 신학교 조직신학 부교수로 재직하고 있다. 부인 도로시와의 슬하에 네 자녀가 있다.

9. 로버트 갓프리(W. Robert Godfrey): 캘리포니아 에스콘디도의 웨스트민스터 신학교 교회사 교수이다. 스탠퍼드 대학교에서 B.A., M.A., Ph.D.를, 고든 콘웰 신학교에서 M.Div.를 받았다. 11년간(펜실베이니아와 캘리포니아의) 웨스트민스터 신학교에서 가르쳤으며, 현재는 기독교 개혁교회(Christian Reformed Church)의 목사이다. 「존 칼빈: 그가 서구 세계에 끼친 영향」(*John Calvin: His Influence on the Western World*), 「성경과 진리」(*Scripture and Truth*), 「불화, 대화와 일치」(*Discord, Dialogue and Concord*)에 여러 편의 글을 기고했다. 「그리스도의 말씀을 통하여」(*Through Christ's Word*)를 공동 편집하고 기고했으며, 여러 해에 걸쳐 「웨스트민스터 신학 저널」(*Westminster Theological Journal*)을 편집했다. 부인과의 슬하에 세 자녀가 있다.

10. 에롤 헐스(Erroll Hulse): 프레토리아 대학교에서 건축학을 전공한 뒤 런던 바이블 대학에서 공부했다. 배너 오브 트루스(The Banner of Truth) 출판사가 초기에 기틀을 잡는 데 기여했으며, 23년간 서섹스의 침례교회에서 시무하면서 1명의 교인으로 시작하여 적극적인 많은 수의 교인들로 이루어진 교회로 부흥시켰다. 「신자의 체험」(*The Believer's Experience*)을 비롯한 여러 권의 저서를 집필했다. 1970년부터 격월간지 「리포메이션 투데이」 (*Reformation Today*)의 편집인으로 일해 왔다. 여러 곳에 교회를 개척하는 데 관여했고, 영국과 해외에서 목회자들의 집담회들을 주선하는 데 견인차 역할을 했다. 현재 리버풀의 벨비더 로드 교회의 설교자이다. 부인과의 슬하에 네 자녀가 있다.

11. 글렌 넥트(Glen C. Knecht): 뉴욕 주 오드겐스버그에서 태어나 테네시 주의 메리빌 대학을 졸업하고, 풀러 신학교에 다니다가 프린스턴 신학교에서 B.D.와 Th.M.을 받았다. 아울러 펜실베이니아 주의 콘웰 신학교에서 대학원 과정을 더 밟았다. 1957-1962년에 이란의 타브리츠에서 선교사로 활동했다. 메릴랜드 주와 펜실베이니아 주의 여러 지역에서 목사로 시무했으며, 1983년부터는 캐롤라이나 주 콜럼비아의 제일 장로교회의 수석 목사로 시무하고 있다. 부인 베티 제인(Betty Jane)과의 슬하에 여섯 자녀와 세 손자가 있다. 설교와 목회 사역 외에도, 자기 지역에 있는 다발성 경화증 환자들을 위해 봉사하고 있으며, 리치랜드 군(郡)과 렉싱턴 군의 CADRE(예절 장려와 윤리 부흥을 옹호하는 시민들의 모임) 운영 위원으로 일하고 있다.

12. 새뮤얼 로건(Samuel T. Logan, Jr.): 미시시피 주 빅스버그 태생. 프린스턴 대학교에서 B.A.를, 웨스트민스터 신학교에서 M.Div.를, 에머리 대학교에서 Ph.D.를 받았다. 배링턴 대학(지금은 고든 대학과 통합함)에서 9년간 가르쳤고, 지금은 웨스트민스터 신학교에서 교무처장 겸 교회사 교수로 재직중이다. 정통장로교회에서 목사 안수를 받고 펜실베이니아 주 필라델피아와 조지아 주 스코트데일, 그리고 뉴저지 주 러페이엇에서 목회를 했다. 부인과의 슬하에 두 아들이 있다.

13. 도널드 매클라우드(Donald Macleod): 1940년 11월에 스코틀랜드 북서 해안에서 떨어진 루이스 섬에서 태어났다. 글래스고 대학교와 에든버러의 프

리 처치 대학에서 공부한 뒤 1964년에 자신의 교단인 스코틀랜드 자유교회 (the Free Church of Scotland)에서 목사 안수를 받았다. 1964-1978년에 두 곳의 사역지(10년간 사역한 글래스고를 포함한)에서 목회하면서 한 주일에 다섯 번씩 설교했다. 1978년에 프리 처치 대학의 조직신학 교수가 되었고, 1977년부터 교단 월간지인 *The Monthly Record*의 편집인으로 일했다.

14. 조엘 네더후드(Joel Nederhood): 1960년 12월부터 기독교 개혁교회 (Christian Reformed Church)를 위해 라디오 목회자로 일했고, 최근에는 그 교단이 운영하는 '신앙 20'(Faith 20)이라는 프로그램에서 설교자 겸 사회자로 일했다. 교회들을 정기적으로 순회하면서 설교를 하고, 집담회에 연사로서 활동하기도 한다. 저서로는 「교회의 선교와 미국의 지성인」(*The Church's Mission and the Educated American*), 「지극히 풍성하신 하나님」(*God Is Too Much*), 「거룩한 삼각형」(*The Holy Triangle*), 「약속들, 약속들, 약속들」 (*Promises, Promises, Promises*) 외에도 다른 저서들과 잡지들에 기고한 여러 편의 글들이 있다. 현재 기독교 개혁교회의 '하나님께 돌아가는 시간' 사역(Ministries of The Back to God Hour) 담당자로 일하고 있다.

15. 제임스 패커(James I. Packer): 영국 글로스터셔에서 태어나 옥스퍼드 대학교에서 공부하고, 고전학과 신학에서 여러 개의 학위를 받았다(1954년 철학 박사). 1952년에 목사 안수를 받고서 버밍햄의 성공회 교단 소속 세인트 존스 교회에서 부목사로 섬기다가 1955-1961년에 성공회 신학교인 틴들 홀의 선임 튜터(개인지도 교수)가 되었다. 옥스퍼드에 있는 성공회의 복음주의 연구소인 래티머 하우스의 소장으로 9년간 일하다가 브리스톨로 돌아가 틴들 홀의 학장이 되었다. 틴들 홀이 두 개의 다른 복음주의파 대학들과 합하여 트리니티 대학이 되면서, 부학장이 되었다. 1979년부터는 캐나다 밴쿠버의 리젠트 대학에서 조직신학과 역사신학 교수가 되었다. 부인과의 슬하에 세 자녀를 둔 패커 박사는 영국과 북미를 두루 다니며 설교와 강의 활동을 해왔고, 신학 정기간행물들에 글을 자주 기고한다. 「새 성경 사전」(*New Bible Dictionary*)과 「성경 연감」(*The Bible Almanac*)의 편집인이었다. 저서로는 「전도와 하나님의 주권」(*Evangelism and the Sovereignty of God*), 「하나님을 아는 법」 (*Knowing God*), 「성경을 위한 전투를 넘어서」(*Beyond the Battle for the*

Bible), 「성령과 동행하는 삶」(*Keep in Step with the Spirit*)이 있다.

16. 제임스 프랫(James M. Pratt): 웨스트민스터 신학교에서 신학 석사 학위를 받았다. 목사 안수를 받았고, 현재는 캘리포니아 주 토렌스의 제일침례교회에서 청년부와 제자 양육반을 맡고 있다.

17. 스프라울(R. C. Sproul): 웨스트민스터 대학에서 B.A.를, 피츠버그 신학교에서 B.D.를, 네덜란드 암스테르담의 자유 대학교에서 Drs.(준박사 학위. 석사 과정을 마친 사람이 박사 과정에 입학하기 전에 받아야 하는 학위. 네덜란드에서는 '닥터란투스'라고 부른다-역자주)를, 제네바 대학에서 문학박사 학위를 받았다. 미국 장로교회(the Presbytrerian Church in America)에서 목사 안수를 받았다. 플로리다 올랜도의 리고니어 목회 연구소(Ligonier Ministries) 설립자 겸 소장으로서, 개인의 생활과 궁극적으로는 사회의 모든 구석을 파고드는 현대의 기독교 종교개혁에 대한 비전을 갖고 있다. 미시시피 주 잭슨의 개혁 신학교(Reformed Theological Seminary)에서 조직신학과 변증학 교수로 활동하고 있으며, 최근에는 성경 무오성을 변호하기 위한 국제 협의회의 실행위원회 회장을 맡고 있다. 강의와 세미나 활동으로 명성을 얻었고, 「위엄을 찾아서」(*In Search of Dignity*), 「고전적 변증학」(*Classical Apologetics*), 「하나님의 거룩하심」(*The Holiness of God*)을 포함하여 열네 권의 저서를 집필했다.

18. 제프리 토머스(Geoffrey Thomas): 영국 카디프의 웨일스 유니버서티 대학과 미국 필라델피아의 웨스트민스터 신학교에서 공부했다. 웨일스 출신으로서, 웨일스어를 말하는 아내와 슬하에 세 딸을 두었다. 1965년부터 웨일스 중부 해안에 있는 대학교 읍인 애버리스티스의 알프레드 플레이스 침례교회(독립교회)에서 목회했다. 성경전서 중 20권 이상을 강해했으며, 몇 대에 걸친 대학교 학생들이 그의 교회에 나가 설교를 들었다. 배너 오브 트루스(*Banner of Truth*)지의 부편집인이자 '은혜 침례회 대회 조직위원회'(the Grace Baptist Assembly Organizing Committee)의 회장이다. 애버리스티스에서 목회하는 동안 그 읍에 기독교 서점과 정신 장애자 요양소를 열었다. 세계 각처에서 많은 강의 요청을 받는 강사이다.

19. 피터 보스틴(J. Peter Vosteen): 오하이오 주의 우스터 대학에서 B.A.를,

웨스트민스터 신학교에서 **M.Div**를 받은 뒤, 미네소타 주 세인트 폴의 루터교 신학교에서 대학원 공부를 더 했다. 북아메리카 연합장로교회(The United Presbyterian Church of North America)에서 목사 안수를 받은 뒤 1959년에 기독교 개혁교회(Christian Reformed Church)로 이명하여 미국과 캐나다의 일곱 교회에서 시무했다. 최근에는 아이다호 주 보이시에서 국내 선교사 겸 설교자로 사역하며, 세미나와 수련회 강사로 바쁘게 활동한다.

20. 귄 월터스(Gwyn Walters): 매사추세츠 주 사우스 해밀턴의 고든-콘웰 신학교의 목회학 교수로서, 웨일스 대학교에서 **B.A, B.D.**를, 에든버러 대학교에서 **Ph.D.**를 받았다. 스코틀랜드와 웨일스와 미국에서 목회 경험을 쌓기 전에 스코틀랜드와 웨일스의 풍부한 설교 유산을 맛보았다. 훗날 유럽과 중동, 극동, 북아메리카에서 설교를 했고, 여러 나라에서 설교학을 가르쳤지만, 주로 거의 30년 동안 고든-콘웰 대학에서 가르쳤다. 설교학 아카데미의 원장을 지냈다.

21. 헨드릭 크라벤담(Hendrik Krabbendam): 네덜란드에서 태어나 캄펜의 신학대학(Theologishe Hogeschool)에서 **B.A.**와 **B.D.**를, 필라델피아의 웨스트민스터 신학교에서 **Th.M.**과 **Th.D.**를 받았다. 캐나다, 펜실베이니아 주, 캘리포니아 주에서 목회를 했고, 현재는 조지아 주 룩아웃 마운틴의 커버넌트 신학교에서 성경신학 교수로 재직하고 있다. 교회의 집회나 세미나 혹은 수련회에서 강사로 왕성한 활동을 해왔고, 특히 여러 해 동안 아프리카 동부에서 선교를 했다. 성경 무오설을 변호하는 국제 협의회의 고문으로서, 협의회가 발간한 여러 권의 책에 많은 글을 기고했다.

서론 : 왜 설교해야 하는가?

제임스 패커

질문하는 것을 들어보면 그 사람을 알 수 있다고 한다. 솔직한 질문은 질문자의 마음에 있는 무지와 두려움과 불확실성과 편견과 선입관을 드러낸다. 사람은 질문에 대답하기보다 질문할 때 다른 사람에게 자신의 모습을 드러내며, 그로써 취약한 위치에 서게 된다(그래서 어떤 사람들은 아예 질문을 하는 법이 없다! 하지만 질문을 하지 않으면 배우는 것도 없게 마련이다. 따라서 질문하지 않는 태도는 절대로 권장할 만하지 못하다). 필자는 "왜 설교해야 하는가?"라는 주제로 글을 써 달라는 부탁을 받았다. 필자는 이것이 퍽 솔직한 질문이라고 생각한다. 이 시대에 과연 강단이 존재해야 할 필요가 있는가에 관한 불확실한 심경을 솔직하게 토로한 질문으로 필자는 받아들인다. 이 질문이 제기된 데 대해서 아무도 탓할 생각이 없다. 오히려 여러 사려 깊은 분들이 이 질문을 제기함직한 이유를 필자는 충분히 이해한다. 이 질문을 진지하게 다루고 솔직하게 답변할 생각이다.

그러면 이것은 누가 던지는 질문인가? 설교할 용기를 상실한 분인가? 아니면 설교에 염증을 느끼고 있는 회중인가? 혹은 설교보다도 다른 프로그램을 많이 갖고 있기 때문에 설교 준비에 시간을 많이 투자하기를 꺼리는 목회 행정가인가? 아니면, 대화나 토론 및 시청각 재료나 TV와 같은 영상을 통해서 전달하는 것이 혼자서 일방적으로 강단에서 설교하는 것보다 더 큰 효과가 있다고 믿는, 전달 이론에 밝은 학자인가? 어쩌면 "설교는 왜 하느냐?"라는 질문은 이상 네 가지 유형의 사람들 모두가 던지는 질문일지도 모른다. 사실 이것이 누구의 질문이든지 본인의 의도하는 바에 큰 영향을 주지 못한다. 왜냐하면 이것이 누구의 질문이든지 간에 이 질문 자체는, '설교'라는 매체에 환멸을 느끼고 있다는 심정을 솔직히 드러내 주는, 또한 설교의 가치를 의심하는 사실적 표현이기 때문이다. 우리가 알고 있듯이 이러한 생각은 오늘날 광범위하게 퍼져 있다. 이 질문을 받은 본인은 이 문제를 다루게 된 것에 대하여 매우 감사하게 생각한다. 하나님께서 힘주시는 대로, 목회적 혹은 신학적 차원에서 이 문제를 진술해 나갈 수 있으리라 믿는다. 먼저 설교를 몹시 싫어하는 위에 언급한 네 가지 유형의 사람들을 다루고자 한다.

이 책에 기고한 다른 집필자들과 마찬가지로, 필자도 설교를 옹호하는 데 역점을 둔다. 그러나 그런 방향의 글을 써달라는 청탁을 받았기 때문이라고 생각하지 마시기를 바란다. 그래서 먼저 필자 개인의 견해를 밝히고자 한다. 앞으로 언급하게 될 글에서 필자는 설교 사역의 중요성을 지적할 뿐 아니라, 설교를 예찬할 것이다. 물론 그런 청탁을 받은 것은 사실이지만, 꼭 그런 이유 때문이 아니라도, 개혁주의 유산을 대변하고 싶은 한 사람으로서 설교가 기독교의 대명사라고 생각하기 때문이다. 다시 말해서 기독교는 천상에서나 지상에서나 아버지 되신 하나님과 그의 아들 예수 그리스도와 더불어 교제를 나누는 종교이다(요 1:4). 성령의 능력으로 하나님의 말씀을 전하는 설교 역시 아버지와 아들이 천상에서부터 강림하사 인간들과 동거(同居)하시도록 하는 행위이다(이것은 이사야 64:1과 요한복음 14:21-23을 염두에 두고서 한 말이다). 필자는 이것을 경험했기 때문에 이 말이 무슨 의미인지 잘 안다.

필자는 1948년에 여러 번에 걸친 주일 저녁 예배에서 마틴 로이드 존스(D. Martyn Lloyd-Jones) 목사의 설교를 들을 기회를 가졌다. 비록 당시에는 지금과 같은 확고한 설교관이 서 있지 못했지만, 그때가 적어도 설교가 어떤 것인가를 확실히 맛본 때였다고 생각된다. 당시에 배운 내용이 아직까지도 표준이 되어 설교를 들을 때마다 무엇을 바라고 소망하며 기도해야 할지를 일깨워 준다. 당시에 배운 내용은 설교가 무엇을 지향해야 하는지에 대해서도, 그리고 내가 설교할 때도 무엇을 위해서 간구해야 하는지도 가르쳐 준다. 그때 이후에도 많은 책을 읽었고 수없이 많은 설교를 들었지만 적어도 그때 당시에 설교에 대하여 분명하지 못했던 점을 지금에 와서 새롭게 깨달은 것이 있다고는 생각되지 않는다.

필자는 종종 본인 스스로를 파악하는 것처럼 설교란 단순히 배우는 것이라기보다 터득하는 것이라고 믿는다. 이것은 그때 당시에 내가 깨달은 것 중의 일부라고 생각한다. 물론 본인이 이제까지 들어온 설교자 중에 로이드 존스 목사가 가장 참되게 설교하는 유일한 설교자라는 뜻은 아니다. 지나간 수년 동안 본인은 훌륭하신 설교자들의 바른 설교를 들을 수 있는 특권을 누렸다. 그러나 필자가 말하고 싶은 점은 바로 하나님의 주권 하에서 행해진 로이드 존스 목사님의 사역이야말로 설교에 대하여 본인이 생각하는 견해를 확립시켜준 결정적인 것이었다는 점이다. 설교에 대한 표준이 필요함은 모든 설교가 다 좋은 설교라고 전적으로 말할 수 없기 때문이다.

본인 역시 좋지 못한 설교를 오랫동안 들어왔다고 생각한다. 물론 필자도 혹시 여러분이 말하고 싶은 좋지 못한 설교자에 속할는지도 모른다. 그럼에도 불구하고 성경에서 설교를 어떻게 이해하고 있는지를 관찰하면서, 또한 아주 잘 구성된 설교를 맛보면서 필자는 설교의 가치를 믿고 있다. 또한 설교 없이는 교회에서 하나님의 교제가 친밀히 이루어진다거나, 교회의 능력과 성장과 발전을 기대한다는 것은 불가능하다고 믿는다. 더욱이 오늘날 교회 각 부서에서 새로운 운동이 일고 있는 것은 아름다운 일이다. 그러나 이러한 운동들이 설교의 바른 실재를 되찾자는 것을 제쳐놓는 것이라면 그런 운동들은 오히려 교회에 어두움을 드리우든지, 아니면 교회를 황폐케 하는 것이 될 것이다. 그러므로 이제 여러분은 본인이 "왜 설교하는가?"라는 질문을 받고 진술하려는 의도가 어디에서부터 출발한 것인지를 알게 되었을 것이다.

문제는 얼마나 많은 사람들이 필자가 확신하는 설교에 대한 같은 견해를 갖고 있느냐 하는 것이다. 본인은 설교가 왜 그토록 귀중하게 취급되어야 하는지 많은 이유를 제시할 수 있다. 또 그러한 이유를 서술해 나가는 것은 설교 문제에 대하여 좋은 길잡이 노릇을 하리라고 생각한다.

첫째로, 오늘날 우리의 강단에는 설교 아닌 설교가 판을 치고 있다. 공예배 시에 20분 내지 30분 정도로 지정된 시간을 때우는 식의 강연은 참된 설교가 아닌데도 불구하고 그것을 설교라고 한다. 설교들이 — 영어 sermons의 어원은 라틴어의 sermones인데 '연설들'이라는 뜻이다 — 잘못된 원리로부터 구성되거나 전달되고 있다. 따라서 만일 설교가 성경을 이해하는 데 도움이 되지 못 한다든가, 생활에 적용되지 않는다든가, 정보를 제공하는 설교로 그친다든가, 청중들이 원하는 핵심에 초점을 맞추지 못한다든가, 설교가 하나님으로부터 나오는 메시지라기보다는 설교자 자신의 견해를 진술하는 데 그친다든가, 혹은 설교자의 의도하는 바가 설교를 듣는 회중들로 하여금 삶의 일부라도 변화시키지 못하는 것이라면 그런 것들은 부적격한 설교이다. 그런 설교는 마치 설교자가 제멋대로 설교를 했거나, 설교자가 외쳐댄 말이 무엇인지 도대체 누구도 이해할 수 없을 정도로 난해한 설교로 되어 버린다.

오늘날 많은 사람들이 설교란 전적으로 가르치는 행위여야 한다고 말한다. 요즈음 기독교 사회를 형성하고 있는 지적 수준(보다 정확한 표현으로는 무지의 수준)을 감안할 때 교훈적인 설교가 절대적으로 필요하다는 것이다. 그러나 설교란 본질적으로 교훈 이상의 것이다. 회중에게 가르칠 뿐 아니라 그들의 생활에 적용되어야 한다(적용에는 권유와 방향 제시가 포함된다). 만일 강단에서 외치는 설교에 이러한 내용들이 포함되어 있지 않다면 그 설교는 아무런 영향도 미치지 못하게 될 것이다. 오늘날 많은 교회의 강단에서 외쳐지는 설교는 이런 성경적 차원에서 올바른 설교가 되지 못한다는 데 문제가 있다.

둘째로, 주제 설교가 강단을 점령하고 있다. 이런 형태의 설교는 성경 본문이 전하는 메시지를 선포하는 것이 아니라 주보에 게재된 주제를 논술하는 것이다. 왜 이러한 현상이 생기는가? 필자의 생각에는, 강단에 흥미를 잃어버린 세대에게 설교를 흥미롭고 중요한 것으로 보이게끔 만들려 하기 때문이기도 하고, 설교를 대예배 전 성경공부와 다르게 보이게끔 만들려 하기 때문이기도 하고, 주제 설교를 선호하는 많은 설교자들이 성경이 자신들의 입술을 통해서 자체의 메시지를 전하도록 할 만큼 성경을 충분히 신뢰하지 않기 때문인 것 같다. 이유가 어떠하든지 그 결과는 유해(有害)하다. 주제 설교에서는 본문이 설교자의 사상을 못박는 쐐기로 전락한다. 메시지의 양식이나 내용이 성경 본문에 의하여 정해지기보다 사람들이 듣기 좋아하는 것을 뽑아다가 설교자 자신의 생각을 삽입하여 전한다. 그렇기 때문에 설교자가 가지는 유일한 권위란 음성을 잘 조절하여 강조함으로써 나타나는, 구변에 능한 사람의 인간적인 권위뿐이다. 필자가 보기에, 이러한 주제 설교는 설교자가 준비하는 내용이 성경적이냐 아니냐 하는 것에는 관심이 없다. 그렇기 때문에 이런 설교는 본문 자체가 보여주는 참된 의미를 충분히 전달하지 못한다. 그들은 성경 본문을 전하는 사람 자신의 지혜를 일부 넣어서 구상하기 때문이다.

다시 말하자면, 계시된 하나님의 말씀의 권위가 종교 전문가의 주장에 의해 퇴색, 변조되기 때문이다. 그들은 성경을 말하고 있다는 생각을 제외하고는 설교에 대한 참된 개념을 망각하고 있다. 이러한 태도는 성경이 성경 자체를 내증(內證)하고 있고, 또한 전하는 자를 통하여 성경이 말하고 있다는 사실을 포기하는 결과가 된다. 만일 주제별 설교가 참된 위의 사실을 잘 추구해 간다면 바른 설교가 될 수 있다. 그러나 대부분 주제별 설교를 선호하는 자들은 성경 자체가 증거하는 본문의 메시지를 선도하려는 훈련에 지극히 무관심하다는 데 문제가 있다. 오늘날 많은 설교자들이 이러한 형태로 주제별 설교를 하고 있다.

셋째로, 설교에 그리 큰 기대를 걸지 않는 분위기가 팽배하다. 오늘날 대부분의 교인들은 설교에 많은 기대를 걸도록 가르침을 받지 못하고 자라 왔다. 그들에게는 설교시간이 마치 피로 회복 시간으로 생각되며 혹시라도 설교자가 강단에서 자기들의 귀에 솔깃한 말을 하지는 않을까 기다리는 마음으로 앉아 있는 것이 습관화되어 버렸다. 요즈음은 교회 설교자들이나 성도들은 설교를 통하여 하나님께서 그의 백성들을 만나 교제하신다는 생각은 고사하고 그렇게 간구하는 모습조차 찾아보기 힘든 것이 공통된 현상이 되었다. 그러므로 설교를 듣고 하나님을 만나 교제를 나눈 체험을 하지 못하는 것이다. 오히려 이것을 의아해하며 문제를 제기하는 것이 이상할 정도가 되었다.

설교를 통하여 전하는 자나 듣는 자 모두가 기대해야 하는 것은 마치 두 사람이 어울려 탱고를 추듯이 설교에 많은 기대를 걸고 앉아 있는 성도들과 하나님의 말씀을 바로 선포하는 것이 본인의 사명인 줄 아는 설교자가 서로 호흡이 맞아야 한다는 것이다. 그래야 그 속에서 하나님을 만나는 깊은 교제가 성립된다. 적어도 백여 년 전의 영국 개혁주의권 교회들(미국 교회들은 어땠는지 몰라도)에서는 주일 예배 후에 성도들이 나누는 대화는 '오늘 하나님의 말씀을 듣고 어떤 은혜를 받았느냐?' 가 주된 것이었다. 그에 비해 요즈음은 성도들이 주고받는 이야기는 '오늘 아무개 목사의 설교가 어떻더냐?' 는 것이다. 이것은 한 마디로 오늘 강단에서 설교자의 '공연' 이 어떠했느냐에 더 많은 관심이 쏠리고 있다는 것을 단적으로 보여 준다. 설교는 우리의 영혼이 하나님께로 접근하는 방법일 뿐만 아니라 우리의 영혼 깊숙이 파고들어 심령을 감화시키는 역할을 해왔기 때문에 매우 귀하게 여겨져 왔음이 틀림없다. 그러나 설교에 대한 이러한 관심과 이해는 설교를 한낱 청중들의 귀나 즐겁게 해주는 인간의 공연장으로 전락시켜 버리고 있는 분명한 증거라고 아니할 수 없다. 그러므로 설교가 행해질 때 하나님의 말씀을 듣고 감화 감동을 받겠다는 기대보다도 '오늘 설교자가 무슨 말을 하나 보자' 라는 식의 비평가들 내지 감상가들이 요즈음 부쩍 늘어나고 있다. 이와 같이 설교에 대하여 냉담하고, 싫증을 노골적으로 드러낸 결과는 설교에 대한 기대를 매우 저조하게 하고 있다. 또한 우리의 불신앙 때문에 우리를 향한 하나님의 관심에 대해서도 감각이 아주 둔해져 버렸다.

넷째로, 현재 기독교 내에 성행하는 불건전한 운동들이 설교에 영향을 주고 있다. 이런 현상은 순수성을 강조한다는 미명 아래 미숙한 것, 좀 서투른 모습을 미화시키는 광신적인 교인들 사이에서 주로 발견된다. 예를 들면 민족주의 색채가 진하게 담긴 서정시로 된 민요조의 노래 속에서, 아니면 신중한 모습으로 정중하게 기도해야함에도 불구하고 지리멸렬하면서도 열광적이고 산만하며 그리고 즉흥적인 기도, 정신없이 외쳐대는 모습 속에서 순수한 모습이 있다고 믿는 자들이 있다. 더구나 충분한 준비를 갖추지 못한 설교, 혹은 논리성이 전혀 없는 설교, 애매모호한 말들만 늘어놓는 설교만으로도 무엇인가 만족이 있다고 생각하는 풍토 때문에 참된 설교를 하려고 애쓰는 사람들이 치명적인 손상을 입고 있다. 소위 은사적 '예언' (하나님의 이름으로 전혀 생각 없이 발설되는 직관적인 발언) 같은 것은 이러한 것의 극단적인 예이다. 그러므로 설교에 대한 관심의 초점을 설교의 본질이나 준비에 두지 않고 타고난 재간이나 설교자가 지닌 열정에 둘 때 진정한 설교는 필연적으로 쇠퇴하고 마는 것이다. 여기에서 우리는 오늘날 열성적인 성도들이 참된 설교의 맛을 못 느끼며 그런 설교를 듣고도 비판을 가하지 못하는 또 다른 이유를 알게 된다.

다섯째로, 예배 의식에 관한 지나친 집착이 설교에 영향을 미친다. 이 문제는 신학적으로 조금 애매한 면이 없지는 않지만 모든 교파마다 안고 있는 문제이고, 또한 공백을 싫어하는 무리들에게서 찾아질 뿐 아니라 심지어 복음주의 교단 내에서도 예배순서에 대한 문제가 심각하게 대두되고 있다. 오늘날 크게 부각되는 현상 중 하나는 복음주의자들의 동향이다. 그들은 종교적인 개인주의 세계에서 교육을 받았기 때문에 순수한 면을 고집하면서 철저하게 신중심주의(神中心主義)의 예배 의식에 깊이 젖은 과거의 교부시대와 같은 형태의 교회 조직으로 되돌아가려는 경향을 갖고 있다. 그들 대부분이 감독주의를 지향하게 되었다. 본인 역시 그런 교단(성공회-역자주)에서 자라온 감독주의자 가운데 한 사람으로서 그러한 동향에 대해 불평을 터뜨리는 것은 아니다. 그러나 내게 더욱 놀라운 것은 그들이 예배의식에 너무 지나친 관심을 가졌기 때문에 말씀 위주의 사역에 치중해 온 교회를 떠나서 설교에 대한 모든 관심을 이차적인 것으로 제쳐놓은 점이다.

마치 그들은 "아! 우리는 설교가 무엇인지 잘 알지요. 우리의 배는 그것으로 잔뜩 불러 왔지요. 설교는 우리의 생계를 유지하는데 충분했습니다. 그러나 지금은 매우 감사하게도 우리로 하여금 그러한 자리에서 떠나 의식과 성례 집행을 중요시하는 세계로 들어 왔습니다"라고 말하는 것 같다. 그러나 그런 입장에는 거짓된 주장이 함축되어 있다. 왜냐하면 성경적인 것은 말할 것도 없고, 참된 개혁주의 및 감독주의란 복음과 예전, 말씀과 성례를 나란히 강조하며, 소위 가시적인 말씀 즉 성례에 관한 교리는 말씀을 전파하면서 강조하여야 하기 때문이다. 그러나 일반적으로 말해서 의식을 중요시하지 않은 교단으로부터 이탈하여 온 피난민들의 생각은 예배에 있어서 설교가 회중의 행위에 종속된다고 생각하는 것이다. 그렇기 때문에 설교의 중요성을 감소시키며 설교에 기대하는 바는 자연히 저조한 것이다. 본인이 굳게 붙들고 있는 설교에 대한 중요성을 아직도 많은 성도들이 함께 공감하지 못하는 중요한 이유가 끝으로 하나 더 남아 있다.

끝으로, 연설(speech) 능력의 중요성이 의심받고 있다. 오늘날 서구 사회에서는 사실에 대하여 차갑고 무감각한 진술들이 가장 많이 인정받는다. 웅변의 어떤 형태든지, 또는 수사학적으로 명시된 사실에 대해 무게와 의의를 나타내도록 힘주어 말하는 것들은 그 사실을 더욱 확고히 다져주기보다는 청중들을 아주 멀리 달아나게 하는 경향이 있다. 공공 연설에 대한 그러한 평가는 오늘날 불투명하여 믿을 수 없는 것으로 여겨지고 있다. 미디어(media)의 강한 인상은 히스테리컬하게 보이고 듣기에 거북스럽게 만든다. 그러나 차분하면서도 다정다감한 연설은 성공의 비결로 여겨진다. 이런 영향의 일부는 뉴스 게시판이나 시사 프로그램에 등장하는 계속적인 정신적 쇼크 및 공포로 말미암아 사람들의 정서적 감각을 마비시키고 있는 것과 같다. 우리의 정서는 지나친 자극으로 말미암아 너무나 무디어졌다. 또한 우리의 감정을 파괴하는 도전에 자기 방어조차도 할 수 없고 오히려 휘말려 들지 않으려는 무관심, 무표정한 인간으로 전락하고 있다. 그러므로 우리에게 누가 말해주거나 어떤 사실을 보여주어도 믿지 않으려는 불신풍조가 팽배해져 버렸다.

얼마 전까지만 해도 설교자들은 강단에서 40분 혹은 한 시간씩 설교를 할 수 있었고 때로는 그 이상을 설교해 왔다. 그런 설교를 통해서 왕이신 하나님의 위대함이나 구세주 예수 그리스도의 놀라운 모습 또는 영혼의 갈급함, 영생의 필요성이 증거되었다. 성도들은 선포된 말씀에 답하였고 말씀을 듣는 순간 개인적인 운명이 결정되었다. 회중은 아주 열심히 말씀을 들었고 전하는 자를 믿은 것이다. 그러나 오늘날은 그런 믿음을 보이는 것이 순진해 빠진 아이처럼 여겨지고 대부분의 회중은 설교 초반부터 아예 귀를 막고 차가운 반응을 나타내, 어서 빨리 끝나 주기만을 기다리고 있다. 어떤 이들은 설교자의 행동을 유심히 관찰하면서 혹시라도 자기는 실천하지 않으면서 남에게 멍에를 씌우지는 않는지 그러한 설교자의 술수에 넘어가지 않겠다고 하면서 오히려 설교자를 대적하는 양상이 일어나기도 한다.

어떻게 보면 조나단 에드워즈 목사는 17세기 청교도 사상이 깊이 젖어 있는 때에 태어나 활동했고, 로이드 존스 목사는 19세기 말에 태어난 설교자이기에

서로 비교해서 말할 수는 없지만, 현대 사조의 그런 양상에도 불구하고 청교도 식 설교를 하신 그 분의 설교를 들은 본인의 특권은 말로 다 감사하기 어려운 것이다. 로이드 존스 목사는 교인 가운데 어떤 이는 그의 설교를 흥미진진한 공연으로 간주하는가 하면 또는 강단에서의 그분의 열정이야말로 혐오감을 자아낸다고 말하는 사람들이 있음을 알면서도, 런던의 웨스트민스터 예배당에서 30여 년이나 설교 사역에 충실하셨다(본인은 이 사실을 그 교회 교인들이 잘 증명한다고 믿는다). 그렇지만 본인의 경험에 의하면 오직 소수의 설교자만이 옛날 방식의 설교 스타일을 본받아 설교에 도전하여 오늘의 현대 사조를 일축하는 풍부한 자원을 갖고 있는 것 같다. 즉 오늘날의 강단에서는 교회의 예배를 통하여 성도들이 영적 문제를 해결 받고 또 하나님의 말씀을 체계 있으면서도 분명하게 선포하는 열정적이고 무게있는 설교가 들려지지 않는 것이다. 그렇기 때문에 본인이 생각하고 있는 설교에 대한 견해는 오늘날 기독교 안에서도 소수만이 공유하고 있다고 말하는 이유가 여기에 있는 것이다. 또한 더 나은 것도 아닌데 다른 기독교의 가르침이 좋다고 많은 사람들이 생각하는 이유도 여기에서 찾을 수 있는 것이다.

그렇다면 도대체 설교란 무엇인가? 본인의 일반적인 견해는 이미 밝혀졌다고 보지만 이 시점에서는 설교에 대하여 좀더 분명하고 체계적인 분석이 요청된다고 생각한다.

먼저 부정적인 시각에서 살펴보려고 한다. 필자는 설교란 제도적이거나 사회적인 측면에서보다도 기능적이며 신학적인 차원에서 다루어져야 하는 것으로 믿는다. 다시 말해서 언제, 어디에서 설교하느냐라는 측면에서가 아니라 본질적으로 설교의 기능이 무엇이며 설교를 통해서 전하는 자나 듣는 자 모두가 원하는 공통 기대감이 무엇인가 하는 측면에서 설교의 정의를 살펴야 한다는 것이다. 설교라는 두 가지 용어 가운데 한 가지 단어를 선택하여 사용하고 있는 신약성경은 우리로 하여금 그와 같은 측면에서 설교를 이해하도록 돕는다. 헬라어의 유앙겔리조마이는 문자적으로 '복된 소식을 전한다' 라는 뜻이다. 바울이 비시디아 안디옥 회당에서와 아테네 장터에 모여든 사람들에게 복음을 전파할 때 이 단어를 썼고, 빌립이 이디오피아 여왕의 국고를 맡은 내시의 병거에 올라가 복음을 전할 때도 이 단어가 사용되었다(행 13:32; 17:18; 8:35). 설교에 대한 대부분의 현대 비평을 보면 교회 안에서 행해지는 설교를 관찰하는 데서 비롯된다. 그러므로 강단에 대해서 들려오는 경구(警句)들을 보면 종종 비겁자의 요새로 묘사하며 설교자는 모순 투성이의 보자기에 싸여있는 자로 말한다. 물론 대부분의 설교가 교회당 안에서 이루어지고 있음이 사실이지만 그것이 주 요지는 아닌 것이다. 필자가 본 장에서 강조하는 것은 설교란 전달의 한 도구로 생각해야 한다는 점이다. 설교와 관련된 필자의 요지는, 설교가 이처럼 기능적이요 신학적인 견지에서 정의된다면, 이미 앞서 언급한 것과 같이 비판의 요소를 가득 담고 있는 설교는 좋은 설교가 아닐 뿐더러 어쩌면 설교의 기본 요건도 갖추지 못한 설교일지도 모른다.

이제는 설교의 긍정적인 측면을 살펴보자. 필자는 설교를 말로 하는 전달이라고 정의하고 싶다. 그런 입장에서 전개되는 다음 사항들은 사실로 믿는다.

1. 설교의 내용은 인간에게 주는 하나님의 메시지로 나타난다. 복음주의자들에게 이 말은 선포되는 내용의 출처가 성경이라는 것이며, 더 나아가서 본문 한 절을 택하든지 한 단락을 택하든지 아니면 전장(全章)을 택하든지 성경 말씀으로부터 택하여야 한다. 그리고 선포되는 진리는 웨스트민스터 공예배 모범(the Westminster Directory for Public Worship)에 명시되어 있는 것처럼 "본문 말씀에 함축되어 있거나 본문이 의도하는 내용을 그대로 전달하는 것이어야 한다. 청중들은 그 말씀으로부터 하나님이 어떻게 가르치고 계신지를 분별할 줄 알아야" 한다. 설교자는 신중히 준비하여 전하고자 하는 메시지가 자신의 아이디어가 아니라 하나님의 책으로부터 나온 하나님의 메시지이며, 본문을 위하여 말하는 것이 아니라 전하는 자 자신을 통하여 본문이 말하고자 하는 내용을 강도(講道)하는 것이 설교자의 임무임을 분명히 알아야 한다.

또한 설교자는 사역을 맡은 자로서 바울과 같이 "하나님의 뜻을 다 전하는"(행 20:26-27) 자이다. 다시 말해서 설교자는 전 인류를 위하여 하나님이 하시는 일과 하나님께서 인간에게 요구하시는 것이 무엇인지를 전파하는 자이다.

복음주의 설교자들은 전하는 모든 메시지의 내용이 그리스도 자신이나 그의 중보 사역, 십자가와 부활, 그리고 하나님이 주시는 새로운 삶은 오직 하나님을 신뢰하는 자의 것이라는 사실들과 모두 관련되어야 한다(이 문제에 대해서 클라우니 박사가 본서에서 다루고 있다). 이런 면에서 설교자는 바울 사도를 본받아야 한다. 바울이 고린도를 방문하였을 때에 "내가 너희 중에서 예수 그리스도와 그의 십자가에 못박히신 것 외에는 아무것도 알지 아니하기로 작정하였음이니라"(고전 2:2)고 하였다. 물론 이 말씀은 복음주의 설교자들이 언제나 그리스도께서 십자가에 못박히신 사실만을 되풀이해야 한다는 것이 아니다. 바울의 이 고백은 십자가의 의미를 조명해 주는 모든 성경적 사상을 사용하는 것이라는 의미이다. 그러므로 바울은 성경에서 어떤 말씀을 전파하든지 이 십자가 사건을 결코 분리해서 전하지 않았다. 갈보리의 십자가와 구속의 사건은 바울의 설교에 있어서 핵심이었다. 이런 측면에서 바울은 수년 동안 설교자요 목회자 및 전도자로서 그리스도 중심의 설교, 십자가 구속 위주의 설교 사역을 끝까지 감당해 온 것이었다.

2. 설교의 목적은 알려주는 것이요, 설득하는 것이며, 하나님의 메시지가 증거하는 내용에 적합한 반응을 일으키는 데 있다. 반응에는 회개, 믿음, 순종, 사랑, 인내, 소망, 경외, 열심, 기쁨, 찬양 및 기도 등이 포함된다(참조. 새뮤얼 로건 교수의 '설교의 현상학'). 설교의 목적은 하나님의 말씀이 사람들의 심령에 전달되는 동안에 즉각 행동으로 옮기도록 사람들을 충동하는 데 있는 것이 아니다. 왜냐하면 이러한 충동으로는 성도들에게 설교자가 요청한 내용들을 왜 실행해야 하는지(이것이 다루는 기술이겠지만) 하나님께서 분부하시는 이유가 무엇인지 전혀 알려주지 못하기 때문이다. 또한 설교란 얼마나 생동감이 있으며 분명한 내용을 전달하는지에 대하여는 전혀 관심이 없는, 그저 사람들 마음에 진리를 뿌리는 데 목적이 있는 것도 아니다. 진리를 단순히 뿌린다는 생각은 땅에 씨를 뿌리는 것이나 다름없다. 그런 땅은 모판이 아니며 또 심령을 바꾸어 놓지도 못한다(이것은 학문적 설교를 추구하는 경우에 그렇다).

설교의 목적은 사도 바울이 하나님의 도우심으로 로마 교인들에게 편지했을 때에 명시해 놓은 것과 같이 "너희가 본래 죄의 종이더니 너희에게 전하여 준 바 교훈의 본을 마음으로 순종하여"(롬 6:17)란 말씀과 같은 현상을 재현 하는 데 있는 것이다. 가르침에는 증거, 명령 및 하나님의 약속이 포함된다. 설 교자는 이런 가르침을 선포함으로 성도들의 반응을 불러일으키며 선포된 진 리의 말씀에 성도들을 위탁하는 것이다. 성도들이 이 가르침에 회답하게 될 때에야 하나님께서 그의 약속들을 이루어가심을 회중이 확실하게 알게 해야 한다. 그렇게 함으로 성도들이 온 마음을 다하여 순종하게 될 때에 설교자는 설교자로서의 소기의 목적을 다 이루는 것이다.

3. 설교는 언제나 적용이어야 한다(본서에서 존 베틀러가 이 문제를 취급하 고 있다). 이 문제는 앞서 언급한 설교의 목적에 대한 연장이다. 설교는 그 관 점에 있어서 하나님 중심적이며, 본질에 있어서는 그리스도 중심이어야 하며, 그 요지는 삶의 문제가 중심이 되어야 하고, 결과는 삶을 변화시키는 것이어 야 한다. 설교는 하나님에 관하여 전하는 진리의 실제적 전달로 오늘 우리의 삶 속에 깊은 관련이 있는 말씀을 전하는 것이다. 성경의 교리에 대한 진술이 나 성도의 체험담만을 늘어놓는 것은 설교가 아니다. 더욱이 설교자 자신이 도취되어 음성이 높고 독단적으로 외치고 또 본인의 의도를 강조하기 위해서 강단을 내리쳐 가면서 하는 설교도 참된 설교가 아니다.

종교적인 연설이 참된 설교가 되기 위해서는 먼저 그 연설의 주제가 사람 들의 삶 속에서 일어나는 제반 문제를 취급하는 성경의 진리를 말하는 것이라 든지 아니면 성경이 보여주는 하나님에 대하여 말하는 것이라야 비로소 설교 라고 할 수 있는 것이다. 다시 말해서, 설교란 삼위일체 되신 하나님께서 우리 삶의 현장에 오셔서 우리의 심령을 변화시키시고 우리의 삶이 어떠해야 하는 지를 조명하여 주고 온전한 생활을 영위해 가도록 인도하시는 것 등 하나님의 행사를 전하는 것이 주 요지가 되어야 한다.

반면에 우리의 입장에서 말한다면 설교란 우리 자신들에게 전파되는 것이 요 우리의 죄악이 무엇인지 알려주고 속죄의 은총을 입게 해주며 이 세상으로 부터 죄인들을 불러내어 하나님께로 향하게 하는 역사가 있을 때 소위 종교적 인 강연을 설교라고 할 수 있다. 둘째로, 설교란 실제적이며 성경적 권위(權

威)를 주는 것이다. 듣는 성도로 하여금 영적인 차원에서 세상 사람들과는 구별된 존재라는 사실을 강조함으로 하나님을 대적하는 악한 무리를 따르라고 강요하는 세력이 아무리 많다고 하더라도 끝까지 이 세상을 본받지 않으며 하나님의 뜻이 무엇인지 분별하여 살도록 용기를 주는 것이다(롬 12:1-2).

여기에서 실제적이며 성경적인 권위(權威)가 어떤 것인지 잠시 생각할 필요가 있다. 우선 전통적인 생각을 보면 성경적인 가르침이나 이야기를 나타내는 것이었으며 또한 하나님과 인간에 대한 진리들을 설명하는 것이었다. 또한 하나님께서 사랑하시며 보상해 주시는 삶의 자세나 행위에 대해서라든지 또 한편으로는 하나님이 싫어하시며 심판하시는 인간의 자세나 행위에 대한 것들을 설명하는 것이었다. 그러므로 성경을 해석하는 자의 임무는 각 본문 말씀 속에 나타나 있는 역사적 배경이나 문화적인 특수성을 잘 이해하여 위와 같은 일반적인 원리들을 바로 끄집어내어서 오늘날 우리의 삶 속으로 이끌어 들이는 것이다. 물론 우리는 성경이 씌어진 시대와는 판이하게 구별되는, 문화적으로, 역사적으로 다른 세대에 살고 있기는 하지만 성경이 증거하고 있는 하나님이나 인간의 모습은 늘 같고 인간의 죄악상이나 또 성도들에게 요구되는 경건의 삶은 그때나 지금이나 다를 바가 전혀 없는 것이다.

원래 성경을 쓴 원 저자의 의도가 무엇인가로부터 오늘 그 본문이 우리에게 주고 있는 교훈이 무엇인가를 뽑아내는 방법이란 합리적인 분석 원칙이다. 여기에 비평적 주석류에 나타나 있는 역사적 및 주해적 기술이 요구된다. 거기에다가 현대인의 삶의 뿌리가 무엇인지를 분별하기 위해서는 성령님이 조명해 주셔야 한다. 이렇게 함으로써 성도들에게 잘 적용될 수 있다. 놀랍게도 이러한 측면을 아주 잘 다룬 책이 있다. 존 오웬(John Owen)이 1678년도에 출판한 「하나님의 말씀 속에 계시된 하나님의 마음을 확실히 이해하는 근거들, 방법들 및 수단들, 그리고 성경을 해석하는 외적 방법들과 더불어 성경의 명확성에 관한 선언」이다(역자주: 존 오웬은 영국 청교도들 중 대표적인 학자로 1616년에 태어나 67세의 일기로 1683년에 소천하였다. 그가 남긴 글들을 스코틀랜드에 있는 Banner of Truth 출판사에서 전집 16권으로 출판하였고 그 외에도 히브리서 주석 4권이 두드러진 작품이다. 본 제목은 Banner 출판사가 재 출간한 16권 전집 중 제4권에 수록되어 있다.)

그 이후로 나온 많은 책들도 오래되기는 했지만 오웬의 견해를 보완한 것에 불과하다. 그렇다고 하더라도 그 누구도 오웬의 전체 사상을 다 포용하고 있는 것 같지 않다. 어쨌든 지금까지도 오웬의 견해는 지난 400여년 가까이 개혁주의 및 복음주의 설교자들에게 실제적이면서도 성경적인 권위(權威) 문제를 어떻게 다룰 것인지를 지도해 온 것임에 틀림없다.

그러나 칼 바르트(**Karl Barth**) 이후로 성경이 하나님의 피조물에게 하나님의 뜻이 무엇이며 하나님의 행사가 무엇인지 또한 하나님께서 어떻게 역사하시는지에 대한 일반적인 원리를 계시해 주고 구체화시켜 준다는 사실이 부인되어가고 있다. 그 대신에 하나님께서는 성경 본문을 통하여 우리가 처하는 매번 다른 상황에 맞는 새로운 말씀을 직접적으로 말씀하신다고 주장하게 되었다. 이러한 견해에는 성경 해석자의 임무란(오늘날 후기 바르트주의 전문용어를 사용하면) 성경 말씀을 잘 듣는다든지 또는 어떤 영감이 떠올라 그 말씀이 주는 의미가 무엇인지 분명해질 때까지 그 말씀과 더불어 씨름하는 일이다. 그 다음 단계에 와서는 할 수만 있으면 '예언적'인 것으로 그 영감을 계속하여 연결시킬 수 있어야 한다는 것이다.

그러나 이와같은 견해는 전통적으로 내려온 성경 해석의 원리들과 연관시켜 본다든지 동일시한다는 생각을 제거해 버림으로써 하나님께서 현 세계에 말씀하고 계시는 것이 무엇인지를 결정하려고 할 때마다 바르트주의 학파의 사상, 불명료성, 다원주의 및 상대주의의 홍수에 밀려 성경 자체가 하나님의 가르침으로서 증거하는 내적 일관성이 있는 성경의 분석방법을 늘 무시하거나 부인하고 있다. 이런 사상들을 축출해 버릴 방도가 없다. 이런 현상들에 대해서 상세하게 분석하거나 비평하는 것은 본 논제에서 다룰 것이 못된다. 필자가 설교에 있어서 빠뜨려서는 안될 한 부분으로 성경적 권위(權威)에 대하여 언급한 것으로 충분하다.

4. 권위(權威) 역시 설교가 무엇이냐 하는 개념에서 빠뜨릴 수 없는 요소이다. 즉 지금 분명히 드러나는 것처럼 하나님의 메시지를 선포하는 인간의 입술에 권위가 있다(이 점도 새뮤얼 로건 교수의 글에 상술되어 있다). 그 내용에 있어서나 방식에 있어서 신적 권위(權威)를 나타내지 못하는 설교는 참 설

교가 아니라 참 설교의 그림자에 불과하다. 설교의 권위란 설교자 자신의 성령관과 하나님의 말씀인 성경을 주신 삼위일체(三位一體)이신 하나님과의 관계 여하에 달려 있다고 본다. 본서에 글을 쓰신 에롤 헐스 목사가 이 책 뒷부분에 언급하고 있는 바와 같이 설교자의 권위란 오직 하나님 및 성경의 권위 안에서만 가능한 것이다. 그리고 자기가 하나님의 대언자라는 확신이 있을 때에 설교자로서의 권위가 세워지는 것이다. 분명히 말해 두지만 설교자는 자신이 진리와 지혜의 근원인 성경의 권위 아래에 놓여 있어야 한다. 하나님으로부터 보냄을 받은 사자요 하나님의 이름으로 선포하는 자요, 하나님의 불꽃 같은 눈을 가지고 전파하는 설교자로서 반드시 하나님의 권위 아래 있어야 한다. 그리고 때가 오면 자신이 무엇을 선포했는지 하나님 앞에서 회계(會計)할 때가 있음을 기억해야 한다.

더 나아가서 설교자는 참 설교자이신 그리스도를 섬기며 그리스도의 수하에 있는 설교자로서 반드시 그리스도의 권위 아래 거해야 한다. 또한 설교자는 성령의 권위 아래 있어야만 한다. 설교자의 모든 사역과 비전 및 설교의 명확성, 심령의 자유함 그리고 메시지를 전파하는 동안 자신의 음성 조절 등을 적절히 보호해 주시는 성령 하나님을 전적으로 의지해야 한다. 성령 하나님이 성도들의 삶 속에서 확신을 가져다 주고 그들의 삶을 변화시키시는 유일한 대행자이시다.

이 점에 있어서 바울은 우리에게 참으로 훌륭한 스승이다. 그는 기록하기를 "우리는 수다한 사람과 같이 하나님의 말씀을 혼잡하게 하지 아니하고 곧 순전함으로 하나님께 받은 것 같이 하나님 앞에서와 그리스도 안에서 말하노라"(고후 2:17)고 했다. 이 말씀 속에서 우리는 말씀의 권위 즉 하나님의 권위, 그리스도의 권위와 올바른 관계에 있는 바울의 확고부동한 모습을 엿보는 것이다(물론 바울은 구두로 받은 교훈과 개인적으로 직접 받은 계시로부터 전파할 수 있었음에 비하여 오늘날 설교자들은 성경으로부터 말씀을 받는다는 차이는 있다. 그렇다고 해서 권위가 어디에서 나오는 것인지를 알고 있는 한 설교의 이 원리를 곧게 붙들어야지 느슨히 풀어도 괜찮다는 것이 아님을 깊이 명심해야 한다).

바울은 "내 말과 내 전도함이 지혜의 권하는 말로 하지 아니하고 다만 성령의 나타남과 능력으로 하여 너희 믿음이 사람의 지혜에 있지 아니하고 다만 하나님의 능력에 있게 하려 하였노라"(고전 2:4-5)고 했다. 이 말씀을 보면 바울의 성령 하나님과의 관계가 어떠함을 볼 수 있다. 성령은 우리의 믿음을 바로 세워 주시며 믿을 만하여 확신에 찬 말씀을 선포하게 하시는 분으로 묘사되고 있다. 이러한 측면에서 볼 때 바울의 태도야말로 우리가 본받아야 할 모델인 것이다. 이런 관계가 부족한 경우에 일어나는 현상은 사람의 심령에 하나님의 이름으로 전파하는 설교의 권위가 설교의 본질을 약화시키는 것이다. 반면에 이런 관계가 바로 정립되어 있는 곳에서는 선포하는 설교가 어떠한지 로버트 머레이 맥체인 목사의 어록에 아주 잘 묘사되고 있다.(역자주: 맥체인은 스코틀랜드 던디라는 도시에 있는 성 베드로 교회에서 7년간 목회를 마치고 1843년 29세의 나이로 주님 품에 안기신 분이다. 비록 짧은 목회기간이었지만 그가 남긴 감동은 오늘날도 수많은 목회자들과 성도들에게 심금을 울리고 있다. 특히 그의 개인적인 생활은 아주 경건하기 그지없었고 강단에 올라가는 모습은 천사와 같았다고 한다. 그의 친구인 앤드류 보나〈Andrew Bonar〉 목사가 쓴 일대기에 그의 생애가 잘 기록되어 있다.)

맥체인은 말하기를 "거룩한 설교자는 거룩하신 하나님의 손에 붙들린 무서운 무기이다"라고 했다. 맥체인의 말보다는 덜 강한 어조이기는 해도 바울의 그 글은 맥체인의 글을 충분히 뒷받침해 주고 있다. 바울은 말하기를 "이러므로 우리가 하나님께 쉬지 않고 감사함은 너희가 우리에게 들은 바 하나님의 말씀을 받을 때에 사람의 말로 아니하고 하나님의 말씀으로 받음이니 진실로 그러하다. 이 말씀이 또한 너희 믿는 자 속에서 역사하느니라"(살전 2:13)고 하였다.

5. 설교는 하나님의 권위만 나타내는 것이 아니라 그분의 임재와 능력까지도 나타낸다(참조. 제프리 토머스의 글). 설교는 단순히 우리로 하여금 진리와 함께 좋아하는 데에만 그 목적이 있는 것이 아니고 하나님과 만나게 하여 주는 목적도 있다. 이런 점을 아주 잘 묘사해 주는 바울의 서신이 고린도전서 14장에 드러난다. 바울은 방언보다도 알기쉬운 말로 하나님의 메시지를 말하는 예언의 우위성을 강조하면서 다음과 같이 말한다. "그러므로 온 교회가 함께

모여 다 방언으로 말하는 무식한 자들이나 믿지 아니하는 자들이 들어와서 너희를 미쳤다 하지 아니하겠느냐?"(여기서 예상되는 대답은 당연히 '예'이다) "그러나 다 예언을 하면 믿지 아니하는 자들이나 무식한 자들이 들어와서 모든 사람에게 판단을 받고 그 마음에 숨은 일이 드러나게 됨으로 엎드리어 하나님께 경배하며 하나님이 참으로 너희 가운데 계시다 전파하리라"(고전 14:23-25). 이 말씀이 뜻하는 것이 얼마나 되는지 간에 최소한 세 가지 사실을 말하고자 한다.

첫째로, 바울이 여기서 언급하고 있는 예언이란 오늘날 우리가 사용하는 소위 복음 전파의 내용과 관련되어 있음을 본다. 죄를 들추어 내는 것이나 하나님의 치유를 선포하는 것 등은 복음 전파에 들어 있는 내용이다.

둘째로, 이러한 예언의 목적이란 사람들이 와서 볼 때에 예언의 주된 주제인 하나님의 임재하심 속에 자기들이 들어와 있다는 경각심을 일으켜 주며 자신들을 살펴보게 되고 하나님의 역사로 죄에 대한 회개가 일어난다. 그러므로 사람들은 겸손히 엎드려 결국에는 하나님을 경배하게 되는 것이다.

셋째로, 바울 자신이나 고린도 교회 교인들의 경험을 보면 바울이 묘사해 놓은 일들이 이미 일어났던 것임에 틀림이 없다. 그렇지 않고서는 예언이란 것을 통해서 그런 결과가 생기게 된다고 자신 있게 바울이 쓴 것을 고린도 교회 교인들이 믿기를 기대할 수가 없었을 것이다. 만일 바울이 언급한 결과가 전혀 생기지 않았다고 한다면 바울 역시 그런 확신에 찬 발언을 하지 않았을 것이다.

사도시대 이후에도 그러한 일들이 일어난 때가 있었다. 예를 들면 청교도 중 한 사람인 데이빗 클락슨의 설교 "사적 예배 전에 공적 예배를 선호하라"를 읽어보면 그 역시 체험했던 것을 바탕으로 언급했음이 틀림없다. 그는 "지금 지상에서 가장 놀라운 일들이 벌어지는 것이 공예배 시에 나타나고 있다. 여기에서 죽은 자가 하나님의 아들의 음성을 들으며 그 음성을 듣는 자는 살아나고 … 여기서 하나님의 말씀으로 병든 영혼들을 치유하시며 … 여기서 하나님께서는 사단을 내쫓으신다 … 이런 일들이야말로 놀라운 일들이다. 이런 것들은 공중 목회의 흔한 사역이 아니다. 그러나 공중사역이야 말로 하나님께서 역사하시는 평범한 수단 중 하나일 뿐이다"라고 말하였다.

바울이 고린도 교회를 향하여 언급한 사실들은 오늘날 극히 드문 현상인 것만은 틀림없다. 그렇다고 하여 설교가 무엇인지, 또한 설교가 어떠한 영향을 주고 있는지에 대하여 참된 성경적 개념을 덜 강조하라는 것이 아니다. 어쩌면 문제의 요지를 다음과 같이 묘사할 수 있을 것이다. 설교란 하나님의 강력한 임재하심을 드러내는 사역이며 하나님의 임재하심 안에서 행하여지는 사역이다. 또한 듣는 자나 전하는 자 모두는 이러한 경각심이 결핍됨에 만족하는 태도를 취해서는 안 된다.

이와같은 평가가 오늘날 필요한 이유는 설교에 대하여 일반적으로 생각하는 개념에 의하면 종교적인 예화나 엮어 예배시간을 채우기 위해서 설교를 준비하여 나열함으로 설교해 버리는 터무니 없는, 불명료한 자세 때문이다. 또한 앞서 살펴 본 대로 설교에 대한 일반적 정의들이 우리가 원하는 것과 같이 기능적 및 신학적 측면에서 충분히 관찰되지 않고 있기 때문이다. 만일 필자가 지금까지 논하면서 이끌어온 설교의 정의가 너무나 지엽적인 것으로 간주되었으면 그 비난을 참는 수밖에 없다. 그러나 신약성경 그 어디에서도 기독교의 설교의 개념을 아주 천하게 여기며 하찮게 말하고 있는 곳이란 한 군데도 없다. 그러므로 필자가 주장하는 설교의 정의는 그보다 더 높으면 높았지, 그보다 낮은 차원에서 생각해서는 안 된다고 믿는다. 그렇기 때문에 본인의 논리를 계속 전개한다.

지금까지 설교가 무엇인지 근본적인 문제들을 다루었다. 이제는 본 장의 핵심 부분을 취급하려고 한다. 지금 본인의 주제인 '왜 설교하느냐?' 라는 것을 직접 고찰하려는 것이다.

첫째로 이 질문 속에는 사실 두 가지 질문이 들어 있음을 주시해야 한다. 이 질문은 객관적인 질문으로 "교회 생활의 필수적인 설교에 대하여 설교를 계속 유지해오는 신학적인 근거가 무엇이냐?"란 질문이다. 또 다른 질문은 주관적인 질문으로서 "무슨 확신들이 사람으로 하여금 설교자가 되게 하여 이러한 위엄있는 내역들을 근거로 설교하는 설교자 자신의 임무에 최선을 다 기울이게 하는가?"라는 것이다. 이 두 가지 질문을 차례대로 검토해보자.

첫번째 질문과 관련해서 이 기회에 본인은 현 세대나 장차 오는 어느 세대에서 기독교인의 삶의 핵심이요 중추적인 부분인 설교의 신학적 근거들을 제공하려고 한다. 우리가 이미 살펴본 것처럼 의혹의 소리들이 일어나고 있다. 강단에서의 독주는 전달하는 수단으로서는 아주 적합하지 못하기 때문에, 대신에 책이나 영화, TV, 테이프 또는 그룹 토의 같은 것이 설교의 대용물로 교체될 수 있는 것이라고 주장하는 사람들이 있다. 물론 필자는 이러한 주장에 찬성하지 않는다. 그러므로 이 지면을 통해서 이러한 주장을 반박하는 본인의 입장을 천명하려는 것이다. 설교가 의사전달(communication)임에는 분명하며, 의사전달은 반드시 효과적이라야 한다. 거기에 쌍방통행이란 없다. 하지만 설교는 오늘날 의사전달로 생각하는 것 이상의 것이다. 하나님은 현대의 커뮤니케이션 이론이 다루는 그 이상의 것을, 그리고 기독교 커뮤니케이션의 대안적 형태들이 평상시에 전달하는 그 이상의 것을 전달하시기 위해 설교를 사용하신다. 본인은 책이나 영화, 테이프 및 그룹 토의 등 그것들 자체가 가져오는 효과들을 부인하는 것이 아니다. 그러나 하나님께서 설교자를 세우시는 곳에 그런 것들이 자리를 잡아서는 안 된다. 앞으로 언급하려는 것들이 이 점을 더욱 분명하게 해 줄 것이다.

첫째, 설교는 하나님께서 자신의 모습과 구원의 언약을 알려 주시기 위해서 우리에게 계시해 주신 방법이다. 성경이 이 사실을 설명하고 있듯이 이것은 하나님의 계시 행위의 본질에서 이끌어온 명제이다.

성경은 창조주 하나님이 교제하시는 분임을 증거한다. 또한 증거의 내용과 본질이 에덴 동산 이후로 늘 은혜로운 것들이었다고 말한다. 그리고 신앙을 가지고 있지만 아직도 죄성을 다 벗지 못한 우리 그리스도인들에게 생명을 공급해 주시는 하나님이심을 보여주는 것이다. 기록된 그의 말씀을 통하여 성도들에게 계시하시는 모든 실제적 정보나 윤리적 지침들은 이 교제를 더욱 두텁게 한다. 그러나 이러한 교제에는 먼저 회개가 있어야 하며 예수 그리스도에게 전적으로 헌신하는 것을 통하여서 비로소 가능하다. 그 후에 하나님을 아는 지식이 늘어나고 보다 성숙한 태도로 하나님을 경배하게 되어 하나님과의 교통은 더욱 깊어진다. 이 일은 먼저 하나님께서 그의 백성들과 인격적인 교제를 통하여 시작되고 유지되며, 또한 하나님의 백성들의 계약적 삶이다.

성경은 우리에게 이렇게 증거한다. 하나님께서 그의 피조물인 우리와 인격 대 인격의 만남을 보장해 주시고, 그 교제를 지속시키시는 하나님의 표준은 교회에 파송한 하나님의 사자들인 인격적 대언자들을 통해서 나타난다. 하나님의 종들은 하나님의 메시지를 전하는 대언자요 대변인이 되었으므로 모든 사람에게 훌륭한 모본이나 모델이 되어야 한다. 또한 그들은 하나님의 메시지를 듣는 개개인에게 하나님의 메시지를 구체화시켜야 하며 그들이 전하는 그 메시지에 자신들을 전적으로 위탁함으로 그 메시지를 듣는 자들에게 본이 되어야 한다. 이러한 하나님의 사자들은 선지자들과 사도들이었다. 성육신하신 하나님의 아들 예수 그리스도야말로 인간을 위한 하나님, 하나님을 위한 인간으로 가장 잘 묘사되는 최고의 모델이시다. 주님이 보여주신 이 표준을 오늘날 설교자가 따라가야 할 것이다.

신약성경이 왜 설교의 필요성을 강조하고 있는가? 여러 측면에서 설교의 중요성을 언급하고 있다(참조. 마 10:6-7; 막 3:14, 13:10; 눅 24:45-49; 롬 10:6-17:1; 고전 1:17-24; 9:16; 빌 1:12-18; 딤후 4:2-5; 딛 1:3). 단순히 복음이 온 천하에 전파되어야 하기 때문만이 아니다. 옛날에는 소식을 전하는 유일한 수단이 구두로 선포하는 것이었다. 그러나 신약성경이 설교의 필요성을 강조하는 것은 설교자 자신이 온 마음을 다 기울여 헌신적으로 받아서 증거하는 그 메시지가 조명해 주는 '성육적'(成肉的) 전달 능력 때문이다.

그러므로 필립스 브룩스(Phillips Brooks)는 설교란 '인격을 통하여 흘러 넘치는 진리'로 정의 내린 것이다. 설교자의 인격은 설교하는 상황에서 분리할 수 있는 것이 아니다. 설교자가 어떤 사람이든지 그의 인격은 불가피하게 드러나기 마련이고, 설교자가 좋아하든지 싫어하든지 또 그의 인격이 좋은 것이든지 나쁜 것이든지 간에 설교자가 전하는 내용의 일부로 그의 인격은 나타난다. 그러므로 설교자는 메시지를 전할 때에 그 말씀의 권위하에서 선포해야 하고, 전하는 메시지의 실재와 능력이 어떠한지를 알아야 한다. 그렇지 않고서는 마치 대머리인 사람이 대머리 치료약을 열심히 선전하게 될 때에 그 약품에 대한 신빙성은 저절로 저하되듯이 설교자의 낮은 인격은 설교자가 전하는 메시지를 불신하게 만드는 것이다.

이런 의미에서 헌신적인 인격은 하나님의 메시지에 절대 필요한 요소이다.

하나님은 자신의 설교자가 설교를 할 때 이런 인격을 쓰셔서 자신의 실재를 전달하시기 때문이다. 이러한 대언자적 자세를 느낄 수 있기 위해서는 말씀을 전하는 자 앞에 앉아 있어야 한다. 만일 테이프에 녹음된 설교를 듣는다든지, 방송 설교를 듣는다든지 또는 글로 오래 보존된 설교를 읽는다고 한다면 그런 것들로는 설교자의 인품을 피부로 느끼게 하는 것과는 거리가 먼 것이다. 강단에서 직접 흘러나오는 생생한 설교를 들을 때 느끼는 효과는 지극한 것이다. 그러한 생동감이 있는 설교는 이천 년 전이나 지금이나 절실히 필요한 것이다. 강단에서 선포되는 설교를 직접 들음으로 생동감이 넘치는 설교의 참맛을 느끼는 것이다. 설교자의 인격과 더불어서 함께 나오는 메시지의 효과는 굉장히 크다. 그 메시지를 통하여 지금도 하나님은 우리를 만나 주시며 자신의 모습을 계시하여 주시고 그의 구속의 놀라운 은혜를 나타내신다.

성경이 기록된 당시로부터 오늘 우리 세대 사이에 벌어진 시간적·문화적 차이를 넘어서 성경이 하나님에 대한 실제 모습을 어떻게 전달할 것인가 하는 문제는 많은 사람들이 다루어 온 주제이다. 물론 설교자는 자신이 증거하는 메시지의 능력이나 적실성(適實性)이 오늘 우리에게 실제적으로 적용되도록 증거해야 할 사명이 있다. 설교자가 전하는 메시지의 적실성이나 능력을 살아 있게 전하도록 부름을 받은 그의 인격에 하나님께서 이러한 문제에 대하여 많은 해답을 제공하여 주신다는 것을 사람들이 항상 주지하고 있는 것은 아니다. 물론 이 진리의 한쪽 면만을 치중하다 보면 설교자의 언행은 결국 전파하는 말씀의 적실성과 능력을 보여주는 데 실패하게 된다. 즉 설교자는 성도들로 하여금 하나님에 대한 온전한 지식을 소유하게 하는데 방해하는 자가 되는 것이다. 신약시대의 복음의 적실성과 관련하여 오늘날 널리 퍼져 있는 난처한 문제란 다름 아닌 그 당시나 지금이나 합당치 못한 설교자들의 무기력한 설교가 행해지는 세대 위에 임하시는 하나님의 심판이 아닌가 생각한다.

둘째, 설교 이상으로 성경의 힘이 어떠한지를 전달하는 것은 없다고 해도 과언이 아니다. 이것은 성경 자체의 속성이 입증한다.

성경은 그 자체가 설교이다. 하나님의 종들이 설교하는 것이지만 다른 깊은 측면에서 볼 때 하나님 자신이 직접 설교하신다고 말할 수 있다. 신구약 66권

중에 특별히 구약의 예언들이나 신약의 서신들은 설교라고 해도 틀림이 없다. 물론 그렇지 못한 부분도 있다. 그러나 모든 성경이 다 교훈하는 일에 유익하므로 사람들이 성경을 통해서 하나님을 더 알게 되며 하나님을 사랑하고 경배하며 봉사하게 되는 것이다. 이런 측면에서 볼 때 신구약 성경은 설교의 특성을 내포하고 있다. 성경 말씀을 전한다는 것은 사람들에게 성경이 무엇을 위한 것인가를 인식하게 하며 성경 자체의 내용이 오늘 우리에게 무엇을 말해 주는가를 있는 그대로 전하는 것이다. 성경 말씀이 진짜 설교자요 강단에서 있는 설교자의 역할이나 상담자의 역할이란 단순히 자기들을 통해서 그 본문 자체가 말하게 하는 것이다. 필자는 '단순히'라는 말을 썼다. 그러나 실제로 설교자들이 느끼는 것은 그저 단순한 것이 아니다. 왜냐하면 설교자가 말씀을 증거할 때 본문이 말하고 있는 의도를 숨기거나 방해하지 않고 요점을 딱 꼬집어서 전한다는 것은 아주 어려운 일이기 때문이다. 그렇지만 그렇게 하는 것이 설교자의 사명이라는 것은 두말할 나위가 없다. 설교자는 성경 말씀을 전할 때 하나님의 말씀의 능력을 깨달을 수 있게 된다(성공회 삼십구개조 제20조). 성경 66권 중 한두 부분만 따로 떼어 놓는다는지 또는 성경 전체가 증거하는 말씀을 전하기보다는 성경에 관한 또는 성경 자체를 위하여 설교자 개인의 의견을 전달한다면 하나님 말씀의 능력이나 효과는 상실되고 만다. 예를 들어 신학교에서 성경 과목을 공부할 때 설교 시간을 통해서 받는 은혜보다 더 많이 받는다고 말할 수 있는가?

성경을 전한다는 것은 하나님의 말씀(성령의 사역은 성경을 기록하여 우리에게 전해주실 뿐 아니라 그 기록한 성경 말씀을 우리의 심령에 새겨 주시며 생활에 적용하신다)과 인간의 삶과의 관계를 확언하며 계발하는 것이다. 다시 말하면 하나님의 말씀과 우리의 관계를 탐구하는 것이다. 성경을 전하는 사역(성경 봉독까지 포함하여)은 사람들의 생각과 마음을 파헤친다. 설교의 행위를 통하여 성령은 다음과 같은 일을 하신다: 선포되는 말씀을 듣고 받아들이는 일, 설교가 우리에게 던져준 말씀을 묵상하는 일, 또 그 말씀을 우리 생활에 적용하는 일, 또한 성경이 증거하는 하나님의 참된 모습을 굳게 붙잡게 하고 또 성경을 더 잘 이해하도록 성경으로 우리를 인도하는 일.

이러한 관계가 성립되지 않은 자는 비록 자신이 성경 언어나 성경 배경사,

성경의 기원 및 성경의 역사적 의의 등 많은 자식을 갖고 있다고 하더라도 성경이 벽장 깊숙한 곳에 감추어진 책이나 다를 바가 없다. 또한 성경을 가지고 무엇을 어떻게 해야할지를 모르는 사람은 자신의 삶조차도 어떻게 살아야 할지를 모른다. 한 마디로 말해서 인간의 삶이란 성경 안에서만 그 존재 가치가 있다는 말이다. 성경 속에서 우리의 삶을 발견하기까지는 우리의 삶에 대해서 잘 이해할 수가 없다. 가장 신속하게 그리고 가장 명쾌한 방법으로 성경을 잘 이해할 수 있도록 교인을 돕는 최선의 길은 살아있고 운동력이 있어 인간의 심령을 찔러 쪼개기까지 하는 하나님의 말씀의 능력을 설교자가 잘 증거하는 것이다. 이것이 왜 교회에 설교자가 존재해야 하는가, 그 이유를 설명해 준다. 성경을 전하는 자가 이것에 실패하면 우리의 삶과 직결되어 있는 성경에 대한 바른 이해를 정립시킬 수가 없다.

셋째, 설교는 교회의 정체성(正體性)을 부각시키고 교회의 사명을 규명한다. 이것은 다른 어떤 활동으로도 할 수 없는 일이다. 우리가 성경에서 깨닫는 것처럼 이 문제는 교회의 본질적인 문제이다.

시대를 막론하고 교회는 늘 본질적 사명 문제로 시끄러웠다. 그래서 어떤 때는 이 문제로 말미암아 교회가 위기에 처했을 때도 있었다. 왜 그런가? 그 이유는 이 세상은 항상 교회를 향하여 융화하려고 도전해오기 때문이며 그렇게 함으로 교회를 집어 삼키려고 하기 때문이다. 세상은 언제나 교회가 그러한 곤경에 빠지도록 유도하며 압력을 가하고 있다. 그런 압력 때문에 오늘날 서구의 교회들은 계속해서 비난을 받고 있는 입장에 있다. 결과로 오늘날 교회의 본질적 사명이 불투명해진 교회들이 많다. 교회의 본래 모습을 이해하지 못하는 사람들은 교회를 생각할 때 세계적으로 이름이 난 사교 단체, 즉 슈라인회(Shriners) 또는 엘크스회(Elks)(미국의 자선 사교 애국단체—역자주) 또는 프리메이슨(Freemasons)(공제와 우애를 목적으로 하는 비밀 결사단체—역자주) 및 로타리 클럽 같은 단체의 하나로 생각하든지, 아니면 일개 정당이나 산악회 같은 흥미 위주의 모임으로 생각한다는 것이다.

교회를 이같이 생각하는 자들은 이 세상의 소금이요 빛인 하나님의 사람들이 세상 사람과 다른 구별된 존재라고 말해주는 성경적 사상에 도저히 접근하지 못하는 자들이다. 교회의 본질에 대한 문제는 끊임없이 도전받고 있기 때문에 성경을 바르게 전해야 할 필요성이 더욱 많이 대두되는 것이다. 성경이 말하는 복음, 그리스도 및 기독교 윤리 등을 바로 전하므로, 하나님으로부터 받은 교회의 모습 및 존재 의의를 망각해 버린 현대 교회의 타락상을 새로이 개혁해야 한다. 설교의 사역이야말로 교회를 갱신케 해주는 유일한 사역이다. 그리고 설교는 하나님의 요망하시는 세 가지 사항을 수행함으로 교회를 바로잡아 갈 수 있다. 즉, 말씀 위주의 교회, 예배 중심 및 증거의 삶 중심의 교회, 이 세 가지 요망 사항을 이행함으로써 교회의 본질을 되찾아갈 수 있는 것이다. 이 세 가지 사항을 좀더 생각해보자.

교회는 반드시 말씀 위주가 되어야 한다. 하나님의 자녀들은 반드시 성경에 귀를 기울여야 하고 순종해야 한다. 성경은 하나님께서 그의 백성들에게 계속해서 말씀해 주시는 하나님의 말씀이다. 그렇기 때문에 성경을 경시하면 우리에게 화가 임하게 된다는 것을 알아야 한다(참조. 대하 36:15-16; 왕하 22:8-20; 사 1:19-20; 렘 7:23-26; 계 2:4-7, 15-17). 하나님의 자녀들은 하나님의 말씀 앞에 두려워 떠는 자세를 익혀야 한다(스 9:4; 사 66:5). 그리고 하나님의 말씀을 잘 듣고 배워 마음에 새기고 하나님께서 무슨 말씀을 하시든지 믿으며 인도하시는 대로 따라가야 한다. 또한 성경의 진리를 부인하는 이 세상 속에 살면서 진리를 사수해야 한다. 성경 본문을 증거하는 행위로서의 설교는 성도들로 하여금 하나님께서 계속해서 그들에게 말씀해 주시며 또한 모든 삶의 영역에서 성경의 권위를 드러내게 한다는 사실에 주의를 집중케 한다. 교회는 절대 필요한 생명의 양식인 하나님의 말씀에 의하여 존재해야 하며, 우리의 앞길을 비추며 인도하는 샛별인 하나님의 말씀에 의하여 움직여야 한다. 설교 없이는 그런 일들을 기대할 수가 없다.

교회는 예배 중심이어야 한다. 주의 자녀들은 교회에 모여서 하나님의 위대하심과 그의 행사를 늘 찬미해야 한다. 모든 찬양과 기도 및 헌신을 통해서 하나님의 이름을 높여야 한다. 성경을 전하는 일은 이런 예배의 중요한 부분이다. 왜냐하면 말씀 선포를 통해서 헌신하는 뜨거운 마음이 생기게 되고 성도들로 하여금 구원하시는 하나님의 행사와 역사를 직면하게 되기 때문이다(구속, 중생, 사죄, 영접, 양자로 삼으심, 인도, 보호, 공급 등이 함축된다). 또한 말씀 선포를 통하여 성도들을 순종과 헌신의 자리로 인도한다. 실로 바른 성경적 설교의 관점은 예배 전체를 통하여 하나님을 높이는 찬미를 포함한다. 말씀을 전하는 설교자는 하나님의 모든 행사와 그의 놀라운 지혜를 온 땅에 드높이고 하나님의 영광을 드러내는 종이어야 한다. 또한 듣는 이로 하여금 그와 같이 하도록 유도해야 한다. 이것 또한 설교가 왜 예배의 핵심이어야 하는지를 설명한다. 또 다른 이유는 성도들은 설교를 듣고 더욱 하나님을 높이며 찬미하게 된다. 왜냐하면 하나님이 그들에게 무엇을 하셨으며 또 어떻게 역사하시고 계신지를 깨닫게 될 뿐 아니라 자기들이 무엇을 하도록 부름 받았으며 자기들이 무엇을 하도록 부름 받았는지를 깨닫게 되기 때문이다. 이러한 일을 생기게 하는 데에는 설교 외에 다른 방법이 없는 것이다. 그러므로 설교는 아무리 강조해도 다함이 없다. 예배의 목적은 하나님을 영화롭게 하는 데 있으므로 설교를 통해서 그의 모든 백성들이 하나님의 성호를 찬미하게끔 되는 것이다.

어떤 이들은 예배의 핵심은 하나님의 말씀을 선포하는 시간이 아니라 주의 만찬을 나누는 시간이라고 한다. 그러나 우리가 알아야 할 것은 성찬을 집례할 때마다 그 예식을 해석해 주는 말씀 선포가 없이는 성찬의 참된 의미를 깨달을 수 없다는 사실이다. 선포가 없는 성찬은 주의 떡과 잔을 함부로 먹고 마시게 하는 죄를 범하게 할 소지가 다분하다. 그런 연유로 전통적으로 교회는 하나님을 예배함에 있어서 말씀 선포와 성례를 따로 분리하여 생각한 것이 아니라 늘 따라다니는 동반자로 간주해 온 것이다.

마지막으로, 교회는 전도하는 교회여야 한다. 주의 백성들은 세상 속으로 들어가 그리스도를 알리고, 길 잃은 양을 찾아 그리스도의 제자가 되게 하는 증인의 사명을 완수해야 한다. 그 목적 달성을 위해서 성도들은 "너희 속에 있는 소망에 관한 이유를 묻는 자에게 대답할 것을 항상 예비"(벧전 3:15)해야 한다. 그러나 하나님의 말씀을 선포함이 없이는 교회가 증인들을 생산할 수가 없다. 뿐만 아니라 성도들로 하여금 증인들로서 교회의 본질을 상실하게 하는 위험이 따르게 되고 과거의 교회 역사가 증거하듯이 어쩌면 메시지의 내용을 이해하는 능력조차 상실해 버릴 것이다.

우리의 역사는 하나님의 말씀 선포 없이는 교회가 계속 부흥하고 성장했다고 가르치지 않는다(여기서 교회 성장의 주요 의미는 '교회가 번성하고 생존하는 능력이 설교 없이도 가능한가?'라는 문제이다). 오히려 역사는 교회의 모든 부흥운동, 종교개혁 및 선교 운동의 열정들이 하나님의 말씀 선포 사역이 강하게 있었을 때 발생했다는 사실을 증거한다(때때로 예외도 없지 않았지만 이 모든 결과는 말씀 선포에 기인된 것이다). 이러한 운동을 주도하고 또는 중앙에 서서 교회 부흥을 유도하고 힘을 제공하며, 때로는 교회 정화 작업을 벌이고 교회가 가야 할 방향을 바로 제시해 주는 일들은 바로 말씀 선포의 사역이었다. 그러므로 교회 안에 설교 운동이 지속되게 하는 일은 말씀 선포이며 그 말씀을 계속 이끌어가는 주도적 역할도 설교가 담당하고 있다. 그러므로 설교의 사역이 얼마나 중요한가!

따라서 설교는 교회의 본질을 상실치 않게 하고 하나님의 백성들이 하나님의 말씀에 순종하게 하는 사명을 다하게 하는 것이다. 그래서 성도들은 증인으로써 땅 끝까지 복음 전하는 사역을 수행하게 된다. 뿐만 아니라 설교 없이는 이러한 경각심을 침식시키는 위험을 방지할 도리가 없다.

넷째, 설교는 기독교 교육의 한 방편으로 독특한 이점을 지니고 있다. 이것은 교회의 교육 사역과 관련되어 있다.

설교는 무엇보다도 가르침이다. 물론 가르침 이상의 것이지만, 교육의 요소도 다분히 있다. 이미 앞에서 논의한 바처럼 설교는 가르침에다 적용이 더해진 것이다. 그러기 때문에 가르침보다도 덜한 것으로 취급해서는 안 된다. 설교는 인간의 심령을 향하여 말하는 연설의 일종이다. 또한 듣는 이들의 생각과 삶의 태도를 개혁시키는 데에 목적이 있다. 그러므로 거기에는 항상 설득력이 따라다닌다. 그렇지만 설교의 내용이 정직한 것들이 아니면 근본적으로 그 설교는 무용지물이나 다름 없다. 필자는 지금 설교가 갖는 형식이 독백이기 때문에 설교는 가르치고 배우는 일을 방해하는 요소가 된다고 비난을 퍼붓는 자들에게 실제로 설교야말로 이 두 면을 다 성취하는 장점이 있다는 말로 반박하려고 한다.

설교는 독백이기 때문에 사실 말하는 기술이 필요하게 된다(물론 어떤 이들은 천부적인 재능을 갖고 있겠지만 그렇지 않으면 대개 습득한다). 즉 청중들의 귀를 집중케 한다든지, 연설하는 동안 계속 흥미를 잃지 않게 한다든지 전하는 내용을 청중들이 듣고 전하는 자와 공감하게 만들어 가는 기술이 필요한 것은 틀림없다. 그러나 설교자가 그런 재능이 있고 또 성도들이 설교를 통하여 배우는 것이 있을 때는 설교가 가르치고 배우게 하는 일을 방해하는 요소라고 말할 수 없다. 오히려 더 큰 도움을 주는 것이다. 설교자는 일상 대화나 토론에서 사용할 수 없는 용어들을 쓸 수 있다. 예를 들면, 하나님의 위대성, 또는 영원 불변성 및 하나님의 은혜에 대한 바른 진리를 선포하는 시간을 충분히 갖고 있다. 그러나 일반적으로 우리의 대화나 토론에서는 시간이 제한됨으로 설교가 갖는 이점을 갖기 힘들다. 그러나 설교자는 설교의 중요한 내용이 회중과 밀접한 관계를 갖고 있음을 가르칠 수 있다. 또한 특정한 진리를 믿는 이유나 남다른 길을 가야 하는 이유를 설명할 수 있다. 그리고 성도들이 무엇에 특별히 관심을 가져야 하는가를 충분히 지도할 수 있다. 설교를 통하여 강한 이미지를 집중적으로 심을 수 있기 때문에 설교를 들은 성도들이 설교의 요지를 집에 돌아가서도 기억할 수 있게 된다. 설교는 교인들에게 기도하고 자신을 바로 보게 하고 거울과 같은 역할을 하기 때문에 설교자는 교인들의 책임감을 더욱 강하게 고취시킬 수 있다. 장황한 이야기들을 늘어놓는다든지 다양한 연출을 멋있게 하지 않아도 설교를 통하여 회중의 다양한 문제들과 신실한 면 및 불성실한 면 등, 그들의 속을 훤히 들추어낼 수 있다. 즉 설교자는 인간의 양심을 들여다 본다. 특히 윤리적이거나 영적인 문제들에 대해서 일반적으로 나누는 대화나 교제 중에는 말하기 힘든 것들을 강단에서는 강하게 말함으로써 듣는 이들에게 강한 도전을 준다.

더구나 메시지의 전달에 성령 하나님이 함께 사역해 주시기 때문에 설교자는 전력을 기울여 능력있게 설교하게 된다. 특히 일상 생활의 평범한 대화 가운데 사용하기 거북한 영적 생활과 죽음 문제에 대해서 설교할 때는 실제적으로, 열정적으로 전파할 수 있다. 그리고 설교자는 본인이 전파한 확실한 말씀들을 하나님께서 사용해 주시도록 주께로 얼굴을 향한다. 한 마디로 말해서 설교자는 자신이 증거하는 메시지가 분명하고 생동감이 넘치고 또 심령을 꿰뚫으며 집에까지 '귀향'(알렉산더 화이트〈Alexander Whyte〉 목사가 '적용'의 뜻으로 사용한 말)하게 할 책임이 있음을 명심해야 한다.

이처럼 설교자는 될 수 있는 대로 성도들의 심령에 깊이 박히는 설교를 해야 한다. 그러기 위해서는 사용할 수 있는 한 모든 수사학적 자원들과 설교 자체가 주는 이점 등을 최대한으로 살려 설교해야 한다. 필자가 의도하는 바는 간단하다. 우리가 가질 수 있는 자원을 충분히 검토하여 지혜롭게 사용하기만 한다면 설교를 들으며 배우는 성도들은 똑같은 주제로 나누는 우리의 일상 대화나 토론회에서 듣고 배우는 것보다 더 많은 것을 얻게 될 것이다.

이러한 자원들은 설교자로 하여금 본래의 모습을 감추고 지연하도록 함으로써 성령을 소멸하게 하지 않고, 오히려 영적 무장을 더 단단히 하게 하며, 화이트 목사가 즐겨 말한 것과 같이 '영원무궁한' 것들을 산출해 내는 효과적인 설교를 하도록 용기를 북돋아 준다.

설교가 가져다 주는 다른 이점은 개개인의 문제점을 강단에서 성경적으로 분석하여 전하므로 모두의 공감대로 전개할 수 있다는 것이다. 이런 방법을 통하여 지혜로운 설교자는 많은 상담 문제를 강단에서 다 해결할 수 있는 것이다. 또한 전하는 자뿐만 아니라 듣는 성도들로 하여금 유능한 상담자가 되도록 이끌어 줄 수 있다. 말을 아주 재치있게 하는 자들에게는 독주라고 할 수 있는 설교가 아주 큰 무기가 된다. 다른 이보다 더 많은 이점을 누릴 수 있다는 말이다.

교육가들은 "표현이 없이는 감동도 없다"고 말한다. 그들의 주장에 의하면 교사들이 교실에서 가르치는 모든 학습의 삼분의 일은 표현하는 것이어야 한다고 한다. 만일 이 지침을 설교에 적용한다면 어떻게 해야 할까? 만일 우리가 이 지침을 적응할 수 없다면 과연 효과적인 가르침을 기대할 수 있겠는가? 교육가들에 따르면 독백 식의 설교는 그런 효과를 못 거둔다고 한다. 그러나 설교를 들은 후에 토론회를 구성하여 회중이 설교의 요지들을 심사숙고하여 검토하고 또 목회적인 질의를 하면서 설교가 무슨 변화를 주고 있는지 검토해 본다면 교육가들의 주장과는 달리, 분명히 설교가 성도들의 삶을 변화시키는 강한 영향력이 나타낸다는 증거를 찾을 수 있을 것이다. 설교한 후 이런 문제들을 검토하는 것은 물론 아주 드문 경우이지만, 목회자들의 사역을 점검해 보는 유익한 것이 아닌가 생각한다. 하나님으로부터 받은 설교라는 방법이 비록 원시적인 수단이라고 하더라도 그 효과가 감소되는 일은 없다고 본다. 물론 이것은 성경을 선포할 때 그렇다는 말이다.

성경을 전하지 않는 교회는 결코 건전한 교회가 될 수 없다. 그 어느 누구도 설교자의 사역 가운데 첫째 가는 설교의 위상을 훼손하는 행위를 정당화할 수 없다. 그러므로 객관적인 입장에서 본다고 해도 "왜 설교하는가?"라는 질문은 충분히 답변된다고 믿는다. 한 가지 더 말하고 싶은 것이 있다면 그것은 다음과 같은 것이다. 하나님의 인도로 자신을 설교자로 키워나가는 사역 과정에서 실망되는 일이 한두 가지가 아니라 하더라도 설교하는 일을 중단해서는 안 된다. 따라서 "설교를 왜 하는가?"라는 질문에 설교자는 충분한 답변을 내놓을 수 있는 확고한 신념이 있어야 한다.

예레미야는 하나님께 아뢰기를, "여호와의 말씀으로 하여 내가 종일토록 치욕과 모욕거리가 됨이니이다. '내가 다시는 여호와를 선포하지 아니하며 그 이름으로 말하지 아니하리라' 하면 나의 중심이 불붙는 것 같아서 골수에 사무치니 답답하여 견딜 수 없나이다"(렘 20:8-9)라고 하였다. 오늘날 설교자들의 심령에 이러한 예레미야의 절규가 있는가? 그러한 경험을 해보았는가? 물론 있으리라 믿는다. 예레미야의 이 말에는 설교자를 부르는 하나님의 비전이 있다. 그 비전을 가진 자는 누구든지 전 생애를 통하여 이 사역을 감당하지 않고서는 편안히 잠을 이룰 수가 없을 것이다. 하나님께서 원하시는 것이 무엇이며 무슨 일을 하고 계신지, 또한 하나님의 메시지를 전하는 종들을 부르시는 분명한 비전은 무엇인가 하는 점이 이제 다루려고 하는 주안점들이다.

첫째, 성경은 계시이다. 하늘은 잠잠하지 않는다. 창조주 하나님이 말씀하셨다. 성경은 기록된 그의 말씀이다. 하나님은 지나간 역사에서 예언, 섭리 및 기적을 통하여 자신을 계시하셨다. 또 그의 아들, 독생자 예수 그리스도 안에서 자신의 모습을 온전하게 드러내셨다. 성경은 이 사실을 입증한다. 하나님은 우리의 영생을 위하여 자신의 뜻을 계시해 주셨다. 성경은 그분의 율례를 선포한다. 하나님께서는 성령으로 성경을 영감하셨고, 성령을 통하여 영감된 말씀을 계속 우리에게 증거하신다. 즉 그의 말씀은 우리 발의 등불이요 어두운 밤에 우리의 길을 비추어 주는 빛으로서 우리에게 나타난다. 하나님의 말씀은 돌 같은 우리의 마음을 부스러뜨리는 방망이와 같고 온갖 쓰레기를 불태우는 불과 같으며 거듭나게 하는 씨와 같은 역할을 한다. 또한 우리로 하여금 자라게 해주는 젖과 같고, 달고 단 꿀과 같고 정금보다도 더 귀한 풍성한 말씀이다(시 119:105; 렘 23:29; 벧전 1:23-2:2; 시 19:10). 스코틀랜드 국교회 총회장이 영국 왕실 대관식 예배시에 한 말과 같이, 성경은 진리 안에서 이 세상에 산출해 놓은 가장 귀중한 책인 것이다.

그렇다면 우리는 이 세상에서 참되고 믿을 만하며 의심의 여지가 없고 불변하시는 하나님으로부터 분명한 메시지를 공급받는 셈이다. 그 메시지는 만인이 알도록 선포되어야만 한다. 이 메시지를 전달하는 사자는 하나님의 대변인이요 전권대사의 권위를 지닌다. 거기에는 자기 과장이라든지 자기 과시가 없다. 왜냐하면 전달하는 메시지를 본인이 고안해 낸 것이 아니며 본인의 이름으로 주의를 기울이라고 선포하는 것이 아니기 때문이다. 그는 전달자 즉 하나님의 종이다. 그리스도의 일꾼이다. 말씀의 종이다. 하나님의 계시된 비밀을 맡은 청지기이다. 그는 천재이거나 독창적인 인물이 되라고 부름 받은 것이 아니다. 단지 근면 성실한 일꾼으로 부름 받은 것이다(고전 4:1-2). 그러므로 하나님의 사자가 되는 것은 하나님의 심부름꾼이 되는 것이요 하나님의 시중을 드는 하인으로 행동하는 것이다. 또한 힘을 다하여 하나님을 사람들에게 알리는 것이다. 이러한 일을 하는 하나님의 사자의 위치는 그 어느 누구도 누리지 못하는 기쁨을 누리게 되는 영광스러운 지위라고 아니할 수 없다. 이 종의 권위는 그를 고용한 고용주 하나님의 권위로부터 나오며 그가 맡기신 사역으로부터 기인한다.

"설교자들은 하나님을 위한 전권대사들이요 그리스도를 대신하여 말하는 자들"이라고 찰스 시므온(Charles Simeon)은 말했다. 또 그는 "만일 그들이 성경에서 발견되는 것을 설교한다면 그들의 말은 하나님의 뜻에 맞는 말씀이요 하나님의 말씀으로 간주되어야 한다. 이것은 우리 주님 자신과 그의 사도들에 의해서 친히 언급된 사실이다. 그러므로 우리는 설교자의 말씀을 하나님 자신의 말씀으로 받아야 한다"라고 말했다. 하나님 말씀의 설교자로 하나님을 섬기는 사역보다도 더 귀한 일이 없음을 기억해야 한다.

둘째, 하나님은 영화로우신 분이다. 하나님은 창조와 섭리와 구속 사역에서 당신의 지혜와 사랑과 능력을 나타내셨다. 그분의 모든 자기 계시는 찬양 받으시기에 무한히 합당하므로 우리는 그를 영원토록 찬양하는 것이다. 인간의 사명은 본질적으로나 본능적으로 하나님께서 인간에게 나타내신 모든 영광스러운 것들(그의 능력과 행사들)로 인하여 조물주 하나님께 영광을 돌리는 것이다. 웨스트민스터 소요리문답 제1문의 답과 같이 "인간의 제일 되는 목적은 하나님을 영화롭게 하고 그를 영원토록 즐기는 것"이다. 하나님의 행사는 반드시 전파되어야 하며 모든 곳에서 경축되어야 한다. 하나님의 이성적(理性的) 피조물인 인간이 하나님을 영화롭게 하는 일을 하지 않을 때 마땅히 누려야 할 최고의 행복을 발로 차버리는 격이 되며, 동시에 하나님이 마땅히 받으셔야 하는 것을 도둑질하는 것이다. 왜냐하면 인간의 삶이란 원래 창조주 하나님으로부터 풍성한 사랑을 받고, 그 속에서 찬양의 기쁨을 끊임없이 발견하도록 계획되었기 때문이다. 이러한 찬양에서 나오는 놀라운 기쁨은 누구도 앗아가지 못하도록 계획되었다.

하나님의 행사를 선포하고 그 일들로 말미암아 성도들이 하나님을 찬양하도록 인도하는 일이야말로 설교자의 특권이다. "내가 여호와를 송축함이여 그를 송축함이 내 입에 계속하리로다. 내 영혼이 여호와로 자랑하리니 곤고한 자가 이를 듣고 기뻐하리로다. 나와 함께 여호와를 광대하시다 하며 함께 그 이름을 높이세"(시 34:1-3). 어떤 이들은 무엇이 사람들로 하여금 설교자가 되게 하느냐라는 질문에, 권세를 부려보고 싶은 욕망이라고 대답한다. 그러나 참된 설교자라고 한다면 설교자가 되게 하는 참된 이유는, 하나님을 영화롭게 하기를 소원하는 열망과 다른 이들로 하여금 그렇게 하게 하려는 간절한 욕망 때문일 것이다.

셋째, 인간은 잃어버린 양이다. 인간의 처지는 비참하기 그지없다. 하나님을 위하여 지음 받아 놓고서도 영적으로 장님과 귀머거리가 되었고 하나님께 등을 돌려 버렸다. 명석한 두뇌를 지녔든 안 지녔든 간에 자기 숭배와 방종을 통해서 자멸을 향해 치닫고 있다. 인간의 영혼은 풍요로운 세상에 살면서 정신적으로는 굶주림에 허덕이고 있다. 야만적이고 짐승과 같은 행동으로 말미암아 천사와 같은 기량들을 다 손상시켜 버렸다. 하나님의 사랑을 받으며 살도록 지음 받아 놓고서도 하나님을 뜻을 거역함으로써 하나님의 진노를 초래하고 있다. 하나님을 영화롭게 하도록 창조된 인간이 지옥으로 떨어지는 비참한 신세가 된 것이다. 설교자는 인간의 이러한 실상을 볼 수 있는 사람이다. 그들에게 나가서 하나님의 말씀을 선포하는 뜨거운 마음을 지닌 자가 설교자다. 그는 만나는 사람마다 팔을 부여잡고 그리스도를 전하며 "와 보라"고 말한다. 설교자는 강도를 만나서 거의 죽게 된 이웃에게 다가가서 선한 사마리아인의 모습으로 자기가 받은 하나님의 사랑을 실천하는 자이다. 설교자는 전심으로 그리스도를 전하도록 부름 받은 자이다.

넷째, 그리스도는 변함이 없으신 분이다. "예수 그리스도는 어제나 오늘이나 영원토록 동일하시다"(히 13:8). 오늘날 강단에서 선포되고 있는 그리스도는 12세기에 베르나르(Bernard)가 찬송했던 분과 동일한 그리스도이다.

> 인애하신 예수님
> 인생의 빛과 생명이시니
> 세상의 행복을 버리고 주께로 돌아옵니다.

또한 그 그리스도는 18세기의 존 뉴턴(John Newton)이 체험했던 그리스도와 동일한 분이다.

> 성도의 귀에 예수의 이름
> 참 아름답도다.
> 내 근심 위로하시고 내 상처 싸매시니
> 두려움 없네.
> 나의 목자, 나의 형제,
> 나의 친구, 나의 선지자,
> 나의 제사장, 나의 왕이신
> 예수님 나의 주요, 나의 생명,
> 나의 길이요 나의 목적이시니,
> 봉헌하는 나의 찬양 받으소서

그러므로 설교자가 신약성경의 그리스도를 살아 계신 주요 죄인의 구세주로, 사악하고 소망 없이 사는 자들의 메시야로 묘사할 때 한낱 허황한 말을 하는 것이 아니라 실제 사실을 전하는 것이며 꿈이 아니라 현실 그대로를 전하는 것이다. 이러한 구주 그리스도의 필요성은 모든 사람에게 해당되며, 우리에게 적용되는 그의 도움은 한없이 계속되며, 그의 능력은 측량할 수 없는 것이다. 여기에 마땅히 선포되어야 할 가치가 있고 자세히 설명되어야 할 놀랍고도 풍성한 메시지가 있다.

더 나아가 설교자는 자신의 사역이 그리스도의 생명으로 하여금 신약성경에 기록되어 있는 문자(文字)로부터 성도들과 죄인들의 삶 속으로 들어가게 해야 하는 것임을 알고 있어야 한다. 구스타프 빈그렌(Gustav Wingren) 목사의 글에 이런 말이 있다. "설교란 단지 과거에 사신 그리스도를 말하는 것이 아니라 설교를 통하여 현재도 그리스도께서 우리에게 생명을 주신다는 것을 전하는 일이다. 설교에는 한가지 목적이 있다. 그것은 그리스도께서 말씀을 듣기 위해 모인 회중에게 강림하시도록 하는 것이다"(Gustav Wingren, 「살아있는 말씀」, London SCM 출판사, 1960, pp. 108, 208). 이러한 측면에서 설교자는 그리스도가 청중에게 임하시는 경로가 되는 엄청난 특권을 갖는다. 설교자가 그렇게 자부한다고 해서 비난을 받아야 할 이유는 하나도 없다. 그 놀라운 특권으로 설교자의 중요한 이 선포 사역을 크게 강조할 수 있는 것이다.

다섯째, 설교에는 설득력이 있어야 한다. 하나님이 우리를 대하실 때에는 자신의 형상으로 지음받은 이성적인 존재로 여기신다. 그렇기 때문에 하나님은 우리의 생각을 묵살하시고 물리적인 방법들을 동원하여 그리스도인이 되도록 조정하시는 것이 아니다. 오히려 우리로 하여금 그의 진리와 아들 예수 그리스도를 존귀케 하며 순종하도록 설득하신다. 설교자는 하나님의 대변인으로서 하나님을 위하여 설득하는 임무를 지닌 사람이다. 그의 역할은 오늘날 믿음의 자리에 들어오도록 권유받은 경험이 없거나 강한 도전을 받지 못한 사람들에게 더욱 절실히 요청된다. 설교는 말로 위협하는 기술이 필요한 것이 아니다. 인간의 심성을 존중하며 그 심성을 만드신 하나님을 두려워하면서 끈기있게 설득하는 것이 필요하다. 기독교의 설득력에는 지혜와 사랑, 인내 및 성스러운 인간미가 필요하다. 이러한 미덕은 아주 유효적절한 것이며 좋은 태도인 것이다. 설교자에게 있어서 이런 태도는 평생을 두고 배워 익혀야 하고 여기에 끊임없는 관심을 기울이며 때때로 도전도 받아야 한다.

　　여섯째, 사단은 지금도 활동하고 있다. 사단은 사악하기 그지없고 우리가 상상하는 것 이상으로 활동한다. 그는 늘 파괴적인 생각만 하며 계속해서 약탈을 서슴지 않는다. 루터가 말한 것처럼 비록 그가 하나님의 악마요 행동 영역이 제한된다고 하더라도(오랜 세월을 살아오는 늙은 존재임에 틀림없으나 강한 자임에도 틀림없다) 하나님을 대적하는 일에는 지칠 줄 모르는 자요 하나님께서 인간의 삶 속에서 이루시는 구속의 모든 사역을 무너뜨리고 훼방하는데 아주 열정적이다. 마치 이 일만을 위해 존재하는 것처럼 설교자의 메시지가 잘못 진술되든지 혹은 잘못 전달되기만을 간절히 소원한다. 그렇게 함으로 설교자가 자신감을 잃어버리게 되고, 또는 전파된 하나님의 말씀이 성도들의 삶 속에 적절하게 영향을 못 미치게 방해하는 것이다. 따라서 모든 참된 설교자는 진리와 능력을 위하여 끊임없는 영적 투쟁이 계속됨을 깨닫게 된다. 이런 영적 전쟁에서 깨어 기도함으로 물리쳐 이겨야 한다. 설교하는 이들은 적진의 선봉에 서서 하나님의 대적들을 물리치는 용사들이다. 이러한 경험은 격렬한 것이다.

　　그러나 이런 싸움으로 말미암아 설교자들은 자신들이 그리스도의 전권대사요 하나님의 대언자요 또 좋은 씨를 뿌리는 자요 구속의 진리를 선도하는 일꾼이요 하나님의 양무리를 치는 목자요 영적 식구들을 지도하는 아버지로서 그들의 사명의 막중함을 다지게 되는 것이다(고후 5:20; 눅 8:4-15; 고전 4:1; 행 20:28-32; 벧전 5:2-4; 고전 4:15; 갈 4:19). 선발대는 적군이 언제 어디서 공격해 올지 모르는 위협에 늘 노출되어 있다. 그렇다고 그들로 인해 공포에 떠는 것은 아니다. 선발대의 기세는 하늘을 치솟는다. 하나님이 도우시는 능력으로 말미암아 원수 사단을 쳐부수는 전쟁이야말로 그리스도를 위하여 그의 메시지를 잘 전달함으로 성취된다. 그렇기 때문에 설교자들은 하나님의 선발대로 나서는 것이다.

일곱째, 하나님의 성령은 주권자이시다. 말씀을 전하는 자나 듣는 자에게 하나님의 말씀은 성령의 손길을 통하여 무적함대가 된다. 만일 풍성한 수확이 최종적으로 인간의 지혜나 풍부한 기량에 달려 있다면 감히 한마디라도 자신 있게 외칠 수 있는 설교자는 없을 것이다. 그 누구도 지혜가 뛰어나고 기량이 풍부한 설교자로 자부할 수 없기 때문이다. 또한 하나님의 성령의 강한 능력이 말씀을 선포하는 설교자만 도와서 잘 증거하도록 하시고 듣는 이들에게는 역사해 주지 않는다면 그것 역시 설교자가 아무리 뛰어난 사람이라고 할지라도 수태치 못하는 여인과 다름없고 열매맺지 못하는 나무나 다름이 없다. 왜냐하면 부패한 인간들은 스스로 하나님의 말씀에 반응을 보일 만한 능력이 없기 때문이다. 그러나 풍성한 열매를 얻을 수 있는 것은 사람들의 심령에서 역사하시는 성령의 전능하심 때문이다. 그러므로 설교자들은 비록 자신의 역량에 한계가 있음을 안다고 하더라도 끊임없이 하나님의 말씀을 전파하는 것이며 하나님의 말씀이 헛되이 하나님께로 되돌아가지 않는다고 하신 하나님의 말씀을 깊이 자각해야 한다(사 55:10-11). 이것이 설교의 사역을 맡은 설교자들에게 큰 위로가 되며 참된 설교자들은 불굴의 정신과 결코 침몰당하지 않는 자세로 사력을 다해 수고하게 되는 것이다.

이제 요약하자면, 이상의 일곱 가지 사실들은 개혁주의에 입각하여 설교자들을 양성하기 위한 확고한 신념들이다. 우리가 상고해온 바와 같이 17세기의 의미의 '개혁된' 설교자들은 ― 우리가 오늘날 즐겨 쓰는 '새롭게 된' 또는 '부활된' 이라는 단어들과 대체로 상통하고 있으며 ― 20세기에도 특히 어거스틴과 칼빈이 확고하게 다져놓은 '개혁주의' 설교자가 되어야 할 필요가 있다. 왜냐하면 필자가 상술해온 일곱 가지 사실들은 개혁주의 사상의 특징을 이루고 있기 때문이다. 이러한 생각은 우리에게 놀랄 만한 새로운 것들이 아니다. 개혁주의 전통은 기독교 역사에서 발전해 온 그 어떤 사상보다도 더 풍요롭고, 개혁적이며 참된 설교자들을 많이 배출하여 왔음이 역사적으로 증명되고 있다. 그러므로 필자는 확고한 신념으로 다음과 같이 결론을 내린다.

심령을 고동치게 하는 이상의 일곱 가지 사항들을 가슴깊이 새기는 유능한 설교자들에게는 현재나 앞으로 "왜 설교하느냐?"라는 질문을 받았을 때 머리를 긁적거리는 일은 없을 것이다. 성경에 근거한 하나님의 복음을 선포하며 하나님의 비밀을 밝혀주는 설교는 이 세상에서 가장 영광스러운 사역이요 중요하기 그지없는 사역이었고 앞으로도 중요한 사역일 것이라고 확신한다. 결과적으로 설교자는 이 사역을 기쁨으로 감당케 될 것이다. 우리 시대에 하나님께서 이러한 설교자들을 많이 부르신다면 그처럼 행복한 일이 세상 어디에 또 있으랴!

제1부

설교자

제1장

설교자의 소명

조엘 네더후드

설교자의 소명을 가진 자는 극소수이고 또 설교자의 소명은 전적으로 주관적이기 때문에 여기서 문제를 취급하기보다는 어쩌면 이상 심리학(abnormal psychology) 분야에서 취급하는 것이 타당한 것일지도 모르겠다. 여기서 주관적이라 함은 물론 개인의 '종교적 체험'의 일부를 말하는 것이다. 대부분 우리들은 이 문제를 말할 때 다소 당황하게 된다.

그렇지만 소명을 다루는 것은 매우 중요하다. 오늘날 교회에 깊이 관여하고 있는 신자들은 소명에 대해서 확실히 알고 싶어한다. 만일 그들이 소명이 무엇인지를 바로 이해할 수 있다면 설교자에 대해 깊이 이해할 수 있을 것이다. 물론 설교자는 일반적으로 평범한 성도들이 경험한 것보다는 더 넓고 깊은 체험을 갖고 있다. 이러한 설교자의 행동은 모두 소명 의식에서 나오게 된다. 우선 교인들은 자기의 설교자에 대하여 깊은 관심을 갖게 되는데 그 이유는 온 교회가 설교자 개인을 의존하고 있는 점에 대해 심각하게 생각하기 때문이다. 그러면서도 유감스럽게 오늘날 교인들과 설교자 사이에는 미묘한 적대 감정과 이상야릇한 관계가 생기게 되는데, 그 이유는 설교자가 지나치게 자기 소명을 강조하기 때문에 교인들 중 일부는 '설교자가 무엇이냐? 또는 설교자가 하는 일이 도대체 무엇이냐?' 라는 생각을 하게 되기 때문이다.

그러나 만일 소명 문제와 관련하여 교회 안에 어떤 문제가 대두된다든지 또는 의심하게 된다면 설교자들 사이에는 그런 문제가 생기게 된다. 어떤 설교자들은 특별한 소명 의식 없이 다른 직업인이 그 직종에 대한 사명을 갖고 일하듯이 직업인으로 충성스럽게 일하기도 한다(만일 교인들이 소명에 철두철미한 목회자를 좀더 쉽게 구할 수 있고 그들이 선정한 설교자와 더 나은 관계를 갖도록 하기 위해서 소명 문제를 다루는 것이 꼭 필요한 것이라면 그것은 설교자들에게는 더욱 절실히 필요한 것이다). 설교자는 자신의 소명에 대해 분명한 태도를 지니고 있어야함은 두말할 나위가 없다. 설교자는 소명 의식이 분명해야 하며 그 소명이 무엇인지도 바르게 알아야 한다.

그렇지 못하면 목회를 포기해야 한다. 하나님께서 말씀의 사역자로 부르셨다는 것을 확신하는 자들은 소명 문제를 가지고 운운(云云)하는 자들에 대하여 요동하지 않으며 주저하지도 않을 것이다. 소명이 투철한 설교자는 가장 자세가 바르고 자신감이 넘치며, 기쁨이 충만할 뿐 아니라 성도들에게 가장 큰 영향을 주는 사람이 될 수 있을 것이다. 그러나 소명이 철저하지 못한 설교자는 불쌍하기 이를 데 없고 결국에는 목회에 실패하게 될 것이다.

잘못된 소명

무엇보다도 중요한 것은 소명을 소홀히 여기게 되는 점들을 점검해 보는 일이다. 왜냐하면 오늘날 설교자들과 교회사에서 벌어지는 문제들은 목회자들 중 많은 분들이 놀랍게도 소명 의식이 전혀 없다는 데서 기인하기 때문이다. 불행하게도 소명을 받았다고 강력하게 주장하는 분들에게서도 오히려 소명이 희미한 경우가 허다하다. 물론 우리가 알다시피 목회 사역 중 어떤 일들은 소명 없이도 일하는 데 지장이 없다. 그래서 소명이 없는데도 목회사역에 뛰어드는 경우가 있다. 설교 사역에 관해 예를 들어보자. 오늘날 교인들은 강단에서 선포되고 있는 말씀에 주의를 기울여야 한다는 의무감을 갖고 있다. 그렇기 때문에 설교자는 어떤 방해도 받지 않고 일정한 시간 동안에 본인이 하고 싶은 말을 계속할 수 있는 유일한 기회를 갖는다고 생각해 보자. 설교에 깊은 관심을 갖고 있는 교회라면 은혜가 있든지 없든지 간에 말에 재간이 있기 때문에 말하는 것 자체를 즐기는 목회자라면 그는 설교 시간을 가장 만족스럽게 생각할 것이다. 만일 설교자가 언어 재능을 타고났다든지 웅변적인 기술이 능하다고 하면 교인들 앞에서는 본인이 원하는 바를 모두 나타낼 수 있다. 청중을 움직이는 능력은 꼭 텔레비전 산업으로만 가능한 것이 아니다. 설교자들도 늘 그 일을 한다. 지나온 과거 역사를 보더라도 그러하다. 오순절 당시의 설교자들이 그러했고 개혁주의 설교자들 역시 그 문제를 계속 계발시켜 왔다. 이와 같이 자연스럽게 사람들에게 주고 있는 강단의 매력은 사람들로 하여금 '나도 한번 설교해 보고 싶다' 는 욕망을 불러일으키게 된다. 그러므로 그런 매력을 느끼고 있는 자들은 분명한 소명 의식이 없어도 설교자가 되려고 할 것이다.

설교자가 되고 싶다는 욕망을 주는 또 다른 동기는 그것이 믿을 만한 소명은 아니라 하더라도 설교하는 것 자체가 좋게만 여겨지기 때문이다. 물론 오늘날 목회 사역을 좋게 보는 현상이 농후한 것은 사실이지만 일반적으로 목회자가 되려고 하는 본인들은 목회에 대한 의미를 의식하고 있는 것은 아니다. 목회입문과 관련된 여러 동기들을 보면 본인이 소명 의식을 갖고 있든지 없든지 간에 설교자가 되고 싶다고 하면 부모들과 친지들이 무조건 좋아하면서 그를 부추기기 때문에 설교자가 되는 경향이 허다하다. 특히 기독교인 가정에서는 더욱 그렇다. 우리 가문에서 설교자 후보생이 생겼다는 자부심을 갖게 되기 때문이다. 우리 모두는 자식들이 훌륭하다는 평을 듣게 되는 것을 좋아한다. 따라서 사회적으로도 좋은 평을 받기 위해서 설교자가 되려고 뛰어드는 일은 흔히 있을 수 있는 것이다.

목회 자체가 많은 사람들의 관심을 집중시키기에 충분한 요소(여러 가지 유익한 요소)들을 많이 갖고 있기 때문에 이것도 사람들로 하여금 목회자가 되고자 하는 하나의 동기가 될 수 있다. 예를 들면, 설교자에게는 군복무를 면제해 줄 때가 있었다. 그 때는 전쟁터에 나가서 싸울 군인들을 징집할 때 많은 젊은이들이 징집 회피를 위해 신학교에 입학한 경우가 허다했다. 군복무 제도와 관련해서 또 하나의 이점은 요즈음에는 군목 제도가 있기 때문에 장교 대우를 해 주는 나라들이 많이 있다. 그래서 군목 지망생이 많이 신학교에 올 경우도 없지 않아 있는 것이다. 또한 설교자들에게 부수입도 적지 않다.

사회적으로나 국가적으로도 나라에 따라서 설교자들은 많은 이점을 갖고 있다. 예를 들면 국세청으로부터 호의적인 대우를 받는 것에서부터 가구나 조리화를 살 때 할인 혜택을 받는 것에 이르기까지 상당한 혜택을 받는다. 또는 자동차 운전 면허증, 교회의 도서 등의 혜택과 세금 혜택도 받는다. 또 어떤 나라는 세금까지도 면제해 준다. 더욱이 때때로 들어오는 선물은 얼마나 많은가? 일년 내내 설교자가 받는 선물은 상당한 것이다. 또 설교자는 극진한 대접을 받는다. 교회는 설교자에게 지극한 정성을 쏟는다. 이러한 현상은 교파를 초월해서 공통된 현상일 것이다. 물론 많은 목회자들 중에는 땀흘려 수고하여 보았자 실제 손에 쥐어지는 것은 끼니를 걱정할 정도가 되는 분들도 있기는 하지만 한 가지 분명한 것은 서구사회에서 설교자들이 생활고 문제로 고민하며 하루하루를 살아가는 사람은 없다는 것이다.

이러한 외부적인 모습들은 결국 다음과 같이 귀착된다. 즉, 목회자직은 나쁜 직업이 아니다. 어떤 이들에게는 이것이 최고로 좋은 직업으로 여겨지기도 한다. 설교자의 사역이 교구 내에 있는 교인들에게 넓게 알려져 있지 않고 또한 설교자의 활동 범위가 광범위하기 때문에(예를 들면 사모도 목회자의 한 식구이기 때문에 사모를 위해서 심부름을 해야 한다) 설교자가 그의 목회 사역을 쉽게 하고 있다.

만일 이상에 언급한 사실들이 무척 귀에 거슬리는 것이 되었다면 앞으로 언급해야 할 내용들은 더욱 심할 것이다. 그렇지만 우리는 목회가 심리적인 면에서 그 어떤 직업에서도 이룩할 수 없는 큰 만족을 준다는 사실을 인식해야 한다. 누구든지 솔직한 고백을 듣기 좋아하는 자는 목회도 좋아할 것이다. 왜냐하면 때때로 사람들은 다른 이에게 털어놓지 못하는 이야기를 목회자에게 고백하기 때문이다. 여성 신자들은 때때로 테이블을 가운데 두고 목회자와 마주 앉아서 눈 한 번 깜빡거리지 않고 성적 문제를 털어놓는다. 그들은 목회자가 자기들의 문제를 듣고 그들의 행동여부를 냉철히 판단해 주기를 기대한다.

또 다른 모습을 살펴보자. 목회자도 인간인데 여성 신자들은 가끔 목회자가 마치 내시인 것처럼 목회자 앞에서 행동한다. 그들은 종종 다른 사람들 앞에서는 거북스럽기 그지없는 말들을 목회자에게는 서슴없이 쏟아 놓는다. 어떤 목회자들은 지극히 정상적인 방법으로 이성과의 접촉을 좋아한다. 그렇다고 어느 누구도 그런 목회자를 비난하고 나설 수는 없다. 왜냐하면 목회자로서의 한 임무를 수행하는 것뿐이기 때문이다.

이상의 조건들이 사람들로 하여금 목회를 하게 하는 잘못된 동기들이다. 물론 이러한 것들을 고찰하는 것은 매력적인 일이 아니다. 그러나 이러한 동기로부터 목회를 시작한다면 바른 소명을 받은 사람이라고 말할 수가 없다. 목회자의 동기는 필요한 것이지만 가장 좋은 여건에 있어서도 그것은 항상 신비스러운 것이다. 목회자의 동기를 완전하게 아시는 분은 오직 하나님뿐이시다. 목회의 어떤 면들은 합당치 못한 동기를 부여할 수가 있기 때문에 목회자로 부름 받았다고 생각하는 이들은 이미 앞에서 언급한 거짓 소명에 대하여 깊이 생각해야 할 것이다. 내가 바른 동기로 출발했는지 아니면 합당치 못한 동기를 가졌는지 말이다.

목회자로서 늘 불쾌감과 신경질이 떠나지 않기 때문에 목회를 더 악화시킨 경험을 가진 자들은 목회자의 대열에 서 있는 본인의 위치가 전적으로 순수하지 못한 동기에서부터 출발했는지 아닌지를 스스로 재평가해 보아야 한다. 자신의 장점이나 교인들의 구성 멤버가 좋아서 목회의 동기를 가진 사람은 진실한 목회의 소명 의식을 가진 목회자들만이 할 수 있는 목회 과업들을 수행하려고 해서는 안 된다.

타당치 못한 불순한 동기들을 우리가 늘 경계해야 함은 그 누구도 앞에서 열거한 문제들로부터 완전히 벗어나지 못하기 때문이다. 예를 들면 초반부터 확고부동하고 분명한 소명을 받아서 목회에 뛰어든 사람이 목회의 어떤 시점에 와서는 소명이 불분명하게 되었을 때 위에서 명시한 소명의 허상에 의하여 설교자가 된 것으로 생각하여 목회에 결점을 드러내게 될 수도 있음을 기억해야 한다. 어떤 이는 소명 의식이 점점 흐릿해져 간다고 하더라도 설교하는 것을 사랑함으로 목회를 계속할 것이다. 설교자는 이런 일에 항상 주의를 기울여야 한다. 그렇게 함으로써 평생 동안 설교자로서 목회를 참되게 수행할 수 있는 것이다.

성경의 사례들과 소명

소명에 대한 자료를 성경에서 찾으려고 할 때에 우리가 하나님으로부터 참된 부름을 받았는지 안 받았는지를 확실히 알고 싶은 분들이나 이미 목회에 종사하고 있는 분들에게는 성경에 나타난 사례들이 별로 도움이 못됨을 느끼게 된다. 또한 목회를 하면서 성경에 비추어 보아 자기들의 소명 의식에 대하여 확고하게 다지기를 원하는 분들에게도 성경의 자료들은 큰 유익이 못된다. 성경에서 하나님께로부터 부름을 받은 자들을 오늘날 우리가 생각하고 있는 말씀의 사역자 즉 설교자와 직접적으로는 비교할 수가 없다.

어떤 이는 모세의 예를 들어서 소명의 본질이 무엇인지를 조명해 보려고 할 것이다. 불붙은 가시떨기나무 앞에서 모세가 하나님과 나눈 대화 속에서 소명 문제를 찾는다고 한다면 설교자가 되기를 자원하는 자는 한 사람도 없을 것이라고 단정한 글을 읽어보았다. 한 번은 잠자리에 들기 전에 그 저자가 이 주제에 대하여 쓴 글을 읽은 적이 있다. 그때에 나의 목회 사역을 깊이 생각해 보면서 어떤 측면에서 보면 자원해 왔다는 생각이 미치자 가슴이 섬칫하였다. 분명히 필자는 모세의 가시떨기나무를 경험하지 못하였다. 내가 목회 사역에 합당한 인물이 못된다고 구차한 변명을 늘어놓는 것하고 하나님의 영광스러운 임재 앞에서 맨발로 선 채 하나님과 나눈 그의 무능력에 대한 모세의 변명과는 비교할 수가 없다.

성경을 보면 성직에 사용해 달라고 하나님 앞에 나가 간청한 경우들을 발견하게 된다. 그러나 순수하지 않고 욕심에 가득 찬 동기를 갖고 찾아온 이들도 발견된다. 그렇지만 그런 자들은 영락없이 거절당한다. 마술사 시몬이 그 좋은 예이다. 일반적으로 이스라엘에서는 하나님을 합법적으로 섬겨 오던 지파들이 있어서 그 사역이 그들 후손에게 세습되었다. 구약시대에 참으로 이스라엘을 지도한 자들은 그들의 사역을 하나님께로부터 부여받아서 한 것이었다. 하나님께서 자신들을 합당한 지도자로 삼으셨음을 확실히 믿은 것이다. 예를 들면 아모스나 사무엘, 이사야 및 예레미야가 그런 분들이다.

신약성경을 보면 교회를 세워 나감에 있어서 특별한 방법으로 사명을 받은 자로서 주목할 만한 인물들이 나타남을 본다. 사도들이 그런 무리들이다. 그

중에서도 특별히 사도 바울의 경우는 소명이 아주 독특했다. 그러나 만일 하나님께서 우리를 설교자로 부르셨다는 것을 어렴풋하게나마 느끼는 자들이, 우리도 바울의 다메섹 도상의 경험을 할 때까지는 목회에 종사하지 않으리라고 선언한다면 얼마나 잘못된 일인가! 여러분 중에 나는 사도 바울이 체험한 것과 똑같은 경험을 가졌노라고 주장한다면 내게는 참을 수 없는 분노가 일어난다.

지금 우리는 설교자의 소명 문제를 다루고 있다. 이제는 특별한 경우들을 보면서 성경을 좀더 살펴보려고 한다. 우리는 다음과 같은 사실을 기억해야 한다. 특별 계시가 주어지던 그때 당시는 오늘 이미 조직되어 있는 교회에서 찾을 수 있는 것과 같은 교역 직분이 존재하지 않았다는 사실이다. 사도시대의 교회는 하나님이 하시는 특별한 사역의 한 부분이었으며 오늘날 우리에게 적용되는 여러 소명의 기초가 되었다. 동시에 성경의 자료들은 오늘날 설교자의 소명이 무엇인지를 이해하는데 도움을 준다. 왜냐하면 그것이 오늘날 설교자들이 교회 안에서 교회를 위하여 일하는 기초이기 때문이다.

우리의 당면 과제를 위하여 우리가 설교자의 소명 문제를 거론할 때 디모데와 그의 사역에 관한 계시의 말씀이 가장 적절한 참고가 될 수 있다. 디모데의 경우에 있어서 오늘 결단코 잊어서는 안 되는 것은 우리가 처해 있는 상황과 디모데 당시의 상황과는 분명히 다르다는 점이다. 그 다른 점들은 특별히 디모데가 사도 바울과 관계한 그의 독특한 면이다. 비록 그렇다고 하더라도 우리가 디모데서를 읽어보면 초대교회에서 그들의 사역은 오늘날 교회 설교자의 사역과 비슷한 점이 아주 많음을 볼 수 있다.

디모데서에 언급되어 있는 자료들을 생각하면서 오늘 우리의 소명에 대한 개념을 가장 가깝게 직접적으로 적용할 수 있는 말은 '하나님의 사람'이다. 이 말로 디모데전서가 마감되며, 이 말은 디모데후서 3장에서 다시 나타난다. 오늘날 교회의 설교자는 현대판 모세가 아니며 사도 바울의 복사판이 아님을 깊이 명심해야 한다. 그러나 설교자 역시 '하나님의 사람'이다. 그 말 속에서 설교자의 사명감에 대한 어떤 진리를 찾을 수 있다. 만일 설교자만이 '하나님의 사람'이 아니라 모든 성도가 다 하나님의 사람이라는 사실을 깨닫는다면 그 깨달음은 정확한 것이다. 왜냐하면 설교자란 교회 안에서 특별한 기능을 수행하는 하나님의 사람으로서 하나님의 모습을 드러내도록 부름 받은 예수 그리스도의 교회의 일원에 불과하기 때문이다.

분명히 설교자는 모세나 아브라함 및 모든 세대의 훌륭한 교회 지도자들로부터 배울 수가 있다. 그러나 설교자는 특권이나 권위 및 임무가 설교자들만의 것으로 간주해서는 안 될 것이다. 설교자 역시 한 작은 인간이다. 아주 작은 사명을 지닌 비교할 수 없을 정도로 작은 사람이다. 그러나 특별한 부름을 받은 하나님의 사람이다. 그렇지만 이 점에 있어서도 교회 안의 모든 다른 지체들과 마찬가지로 설교자가 마땅히 생각해야 할 이상을 넘어 생각해서는 안 된다. 사실 설교자는 다른 지체들을 자기보다 더 나은 자로 여겨야 한다.

소명과 믿음의 성장

우리가 기대하는 것만큼 성경에는 목회자의 소명에 관한 언급이 많지는 않지만 그 원리의 어떤 부분들은 성경에서 충분히 끄집어 낼 수 있다. 설교자의 소명과 관련하여 먼저 당사자의 신앙의 성숙도가 고려되어야 함은 매우 중요하다. 어떤 때는 아주 젊은 사람들이 실지로는 소년 티가 그대로 있음에도 설교자가 되겠다고 선포하는 일이 종종 있다. 물론 그 소명 역시 하나님께서 참으로 심어주신 소명일는지도 모른다. 그러나 이와 같이 너무나 이른 선언들은 조금 회의적인 눈으로 보는 것이 바람직하다고 생각한다. 왜냐하면 목회에는 인격이 포함되어 있고 어느 교회에서든지 성도들을 섬기는 것이 필연적이기 때문에 소명에 대한 최종적인 결정은 당연히 믿음이 성숙해 진 다음에 평가되어야 하기 때문이다.

물론 본 장이 성숙한 믿음을 논하는 것이 아니기는 하지만 그 문제를 조금 다루는 것이 필요하다고 느낀다. 어렸을 때부터 믿는 가정에서 자라온 소년의 경우를 보면 믿음의 성숙 문제는 어린아이의 믿음에서 장성할 사람의 믿음으로 점차 성장해 가는 과정 속에서 이루어져간다. 어린아이의 믿음이라 하더라도 그 믿음은 진짜이다. 그러나 어린아이는 역시 어린아이라는 사실로 그 믿음을 규정해야 한다. 어린아이의 믿음이란 부모의 신앙을 반영한다. 특히 청소년들은 부모와의 밀착 관계에서부터 인격과 성격적인 면에서 점차적으로 독립되어 가는 단계에 있다. 소위 십대 기간 동안은 두렵기도 하며 신비한 일들이 생기게 된다. 이 기간 동안에는 부모의 믿음을 반영하는 주로 의존적인 믿음에서 장성한 사람의 믿음으로 성장해 간다. 그러나 이 기간은 문제를 일으키는 기간이기도 하다. 이 과정은 무척 고통스러운 때이지만 누구나 다 거쳐야만 한다. 어떤 청소년은 이 기간이 신앙을 팔아먹는 기간이 되기도 한다. 반면에 어떤 이에게는 이 기간이 오히려 부모의 신앙보다도 더 순수하고 열정적인 믿음의 자리에 옮겨지는 기간이기도 하다. 이런 경우 그 청소년은 자기 자신의 모습을 발견하기도 한다. 청년기로 옮아가는 과정이며, 이 과정을 지나면서 독립된 한 인격의 믿음으로 성장하게 된다. 마침내 장성한 사람이 된다. 그가 가진 모든 믿음은 장성한 사람의 믿음인 것이다.

만일 인생의 쓴맛 단맛을 다 본 후에 믿음의 대열에 뛰어든 사람이라면 회심한 다음에 적어도 상당한 시간을 두고서 소명 문제를 평가하는 것이 대단히 중요하다. 십대 후반이나 이십대 혹은 삼십대 사십대에 가서 구원받은 경험을 한 사람이 회개한지 얼마 안되어 즉시 설교자의 사명을 받았다고 하면서 신학교에 들어가는 경우를 가끔 본다. 어두운 세상에서 살다가 구원을 받아 그리스도 안에서 놀라운 생명의 빛 속으로 들어오게 되었을 때에 일반적으로 경험하는 구원의 기쁨과 감사는 이루 말할 수 없이 크다. 매일매일 하나님을 찬양하며 생활하게 된다. 그런데 그 기쁨과 감격이 하나님께서 그로 하여금 설교자가 되도록 불러주신 것으로 쉽게 착각하는 것이다. 그런 경우에는 대부분 참된 소명을 받은 것이라고 할 수가 없다.

성경은 특별히 초신자들에게 영적으로 특별한 사역을 맡기는 일을 삼가라고 분명히 가르친다(딤전 3:6). 물론 그런 경우를 피하는 것이 그렇게 쉬운 것이 아닌 줄 안다. 왜냐하면 특히 아주 방탕한 생활에 젖어서 살다가 구원받은 젊은이가 이제는 남은 여생을 죽도록 주님만을 위해 충성하겠다고 나설 때 듣는 이들이 그렇게 하지 말라고 막을 수가 없기 때문이다. 오히려 장려하는 경향이 더 많다. 물론 하나님께서는 엄청난 죄를 범한 흉악범을 구원시켜 설교자로 사역하도록 부르시는 경우가 있다. 그런 경우가 있다고는 하더라도 목회에의 소명이 진실된 것인지 아닌지를 분명히 판단해야 할 필요성 때문에 설교자가 되겠다고 나서는 개인의 소명에 대한 최종적인 결정을 내리기까지는 그의 소명이 감정에 치우친 것이 아니라 목회를 해도 별 지장이 없는 진실된 것임이 확인될 때까지 보류되어야 한다.

확실한 것은 인생 후반기에 접어들어서 구원받은 사람이 소명을 받았다고 할 경우에 적어도 정상적인 교회생활을 하면서 하나님의 말씀을 잘 듣고 또 예를 들면 섬기는 교회에서 주일학교 교사로 봉사하는 등 사역의 경험을 할 때까지는 설교자로 부름을 받았다고 단정하는 것이 바람직스럽지 못하다는 것이다. 만일 설교자가 되는 것이 내 평생 소원이라고 한다면 그렇게 되기를 원하는 소원을 심사숙고하여 테스트해야 한다. 그 테스트는 단시일에 끝나는 것이 아니라 오랜 시간을 필요로 한다.

목회자의 길을 걸어야겠다고 느끼는 사람은 반드시 자신이 성숙한 신앙인의 자리에 있는지를 살펴야 한다. 따라서 가장 진실한 소명이란 사람의 모든 영역 가운데서 성숙한 그들의 믿음과 특별히 그들의 영적 성장과 관련해서 그들의 신앙생활로부터 다른 사람들에게 많은 영향을 주고 있다고 이구동성으로 말할 수 있을 때 비로소 생각할 수 있는 것이다. 초신자들로 하여금 사역의 길을 걷게 하는 것을 금하라고 디모데에게 엄중한 지침을 준 바울 자신도 역시 남다른 특별난 경험을 한 사람이었다. 잘못된 종교로부터 예수 그리스도의 참된 기독교로 급진적으로 전향하게 된 그는 높은 영적 지식과 분별력을 소유했지만 사역의 길로 완전히 들어서게 되는 일은 특별한 가르침과 함께 주님께서 친히 예비해 주셨을 때까지는 기다려야 했던 것이다(갈 1:13-23). 믿음의 성숙도 혹은 숙련도는 참된 소명을 받았는지 안 받았는지를 결정짓는 중요한 요소이다.

소명 의식의 발로

장성한 믿음과 관련해서 점차적으로 부각되는 소명 의식에 무엇이 함축되어 있는지를 밝히는 것이 유익하다고 생각한다. 어떤 이에게는 소명 의식이 순간적으로 갑자기 나타나게 되어 하나님께서 그에게 무엇을 하실 것인지를 즉시 깨닫는 경우가 있다. 그러나 대부분의 설교자들은 오랜 시간을 거쳐 소명 의식을 확고히 한 후에야 비로소 설교자가 되겠다고 결정을 내리게 된다.

처음에는 그들 나름대로 생각한 지침에 대하여 무척 어리둥절하게 되지만 시간을 두고 생각하면 그들의 소명 의식이 삶 속에서 깊이 뿌리내리고 인생의 향방을 좌우하는 지배적인 힘이 생기게 된다. 어떤 경우든지 설교자로 부름을 받았다는 자각은 시간을 두고 차분히 생각해야 할 것이다. 어떤 이는 오랜 세월이 지나간 뒤에야 최종적인 결정을 하게 되기도 한다.

이러한 관점에서 우리가 설교자로 부름 받았다는 소명을 논할 때 그 소명이 무엇을 의미하는 것인지를 정확히 파악하여야 한다. 옛날에는 인간이 일하는 모든 분야에 소위 직업의식이란 것을 소명으로 말한 적이 있다. 그러나 유감스럽게도 요즈음은 전문직이 늘어가고 활동 영역이 더욱 다양하게 되었음에도 불구하고 우리 영어권의 용어 사전에는 '소명'이란 낱말이 사용되지 않고 있다. 다음에 소개할 글은 청교도들이 소명에 대해서 어떻게 이해했는지를 보여주는 글이다.

> 조직된 사회의 제도적 구조에 대하여 직접적으로 관련된 청교도들의 견해는 '소명'(calling)과 '직무'(office)로 구분하는 것이다. 윌리엄 퍼킨스(William Perkins)는 소명을 규정하기를, 일반 유익을 위하여 하나님이 인간에게 부여하신 확실한 삶의 한 일종이라고 했다. 소명이 개인적인 것이지만 그것은 한 사회의 구조 안에서 섬기도록 주어진 것이다. 예를 들어서 통치자가 하나님께 받는 소명은 국가의 안녕을 위하여 봉사하도록 하나님께서 세우신 제도에 따라 그 직분을 성실히 수행하는 것이다. 설교자의 소명이란 하나님의 교회에서 복음을 선포하라는 직임을 받는 것이다. 이와 마찬가지로 아버지가 받은 소명은 가정의 일들에 관하여 아버지로서의 직분에 충실할 때 드러나는 것이다.[1]

이 간결한 글에서 우리가 지금 다루고 있는 목회의 소명이 말씀 선포와 성례에 대한 것임을 분명히 알 수 있다. 물론 오늘날 설교자라는 말에는 다양한 임무가 담겨 있는 것이 사실이다. 예를 들어서, 설교자는 가끔 사회적인 일까지 겸해서 해야 할 때가 있다. 또한 폭넓고 다양한 임무를 하려고 하다보면 만물박사가 아닌 이상 소위 숙련된 사역자가 못된다는 비판을 받게 되기도 한다. 그러나 설교자의 사명에 대한 소명은 예수께서 세우신 교회에서 하나님의 말씀 선포와 성례를 위하여 하나님이 따로 세우신 직분이라고 나는 분명히 믿는다. 이런 점과 관련하여 사도 바울의 이러한 내적 확신은 오늘날 설교자들에게도 계속 전승되어야 할 것이다. "내가 복음을 전한다 하더라도 자랑할 것이 없음은 내가 부득불 할 일임이라. 만일 복음을 전하지 아니하면 내게 화가 있을 것임이로라"(고전 9:16).

설교의 제반 문제는 장시간 동안 논의할 수 있다(본서의 다른 장에서 상세히 다룬다). 설교란 특별한 순종의 표시로서, 말씀 선포의 사역이라는 것을 눈여겨봐야 한다. 또한 이 순종의 설교의 사역은 다른 종류의 대중 연설과 구분된다. 또한 이 순종의 한 방편으로서 설교자는 주님으로부터 받은 메시지만을 선포하도록 자신을 동여맨다. 신약성경에 사용된 설교라는 말은 '통신병'의 개념이라고 나는 누차 강조한다. 통신병이란 총사령관이 부하들에게 하달하는 지시나 또는 전쟁터에서 사관들에게 전달하는 메시지만을 충성스럽게 전달하는 전달자에 불과하다. 통신병들은 자기들을 임명하여 파송한 상관에게 절대 복종하는 충성심을 나타내야 한다.

목회자의 소명은 바로 총사령이신 예수 그리스도께서 전하라고 분부하신 메시지만을 전함과 동시에 절대적으로 순종하는 통신병과 같은 자세가 함축되어 있는 것이다. 그 메시지는 성경에 기록되어 있고 주 예수 그리스도의 인격과 사역에서 구체화한 것이다. 성례를 집례하는 설교자의 책임이란 말씀 선포자라는 기본적인 그의 책임 의식에서 비롯된다. 왜냐하면 성례 그 자체가 독립적인 기능을 갖고 있는 것이 아니기 때문이다. 성례 자체의 기능은 하나님 말씀에서 찾아야 하며, 주의 만찬과 세례는 하나의 표시요 인(印)에 불과하다.

다음으로 중요한 것은 말씀 선포사역과 가장 밀접한 부분이 전하는 자의 인격적인 문제라는 점이다. 고린도전서 4장에서 바울은 설교자들에게 매우 유효 적절한 말씀을 하고 있다. "사람이 마땅히 우리를 그리스도의 일꾼이요 하나님의 비밀을 맡은 자로 여길지어다. 그리고 맡은 자들에게 구할 것은 충성이니라"(1, 2절). 설교자들은 성경에 감금되어 있는 노예들이다. 설교자의 소명 문제와 관련하여 말한 이 말을 분명히 이해하길 바란다. 우리가 말하는 설교

자란 하나님의 말씀과 고리에 발이 묶인 사람이요 그 말씀만을 선포하는 일에
전적으로 헌신된 사람이라는 분명한 이해가 있다고 하면 목회의 다른 부수적
인 사역들(어쩌면 부수적인 업무가 어떤 이들에게는 더욱 매력적인 것으로 부
각될는지 모르지만)은 전혀 문제가 안 된다. 설교자란 하나님의 말씀을 선포
하기 위해 부름받은 자이기 때문에 그의 전 생애는 오로지 한 가지 핵심적인
사역을 충성스럽게 감당하는 삶이 되어야 한다.

물론 그것만이 오늘날 설교자가 하는 일의 전부라고 말할 수는 없다. 또 설
교하는 일만이 설교자의 사역을 가장 효과적으로 수행하는 유일한 방편이라
고도 말할 수 없다. 오늘날 설교자의 대부분의 업무는 함께 사역하는 동역자
의 보조가 없이는 불가능하다. 그러나 지금 우리의 당면 과제는 설교자의 소
명에 대한 것이기 때문에 좁은 의미에서 정의해야 한다. 즉 설교자의 소명이
란 우리를 불러주신 하나님께서 하나님의 말씀을 충성스럽게 전하는 일꾼으
로 간주하고 계심에 대한 설교자의 확신이다. 목회에로의 부름은 그 일을 위
한 것이지 그 이상의 것은 아니다. 설교자로서 하나님을 섬기려는 자들은 그
러한 확신이 있는지 없는지를 분명히 해야 한다. 그리고 그러한 확신을 소유
한 이들은 그 부르신 부름에 순종하고 있는지 아닌지를 점검해야만 한다.

우리가 본 장에서 의도하는 당면 과제를 위하여, 어떤 한 사람의 소명 의식
의 발전은 소명을 받은 당사자의 마음 속에서 발생하는 확실한 내적 사건과
관련되어 있는 것으로 볼 수 있다. 더욱이 소명은 말씀 사역에 부름 받았다는
내적 실재인 것이다. 그러므로 내적 소명이 점점 확고히 드러나는 것은 내적
으로 발생하는 여러 사건들과 관련되어서 자라 나온다고 본다. 그런 내적 사
건들은 분명히 개인적이며, 비록 때때로 신앙 간증을 통해서 표현되기도 하지
만 내면적으로 볼 때 형용하기 어려운 신성한 면이 있다. 그렇다고 하더라도
우리가 개인의 특수한 내적 사건들이 개인의 생애에 어떻게 적당하게 들어맞
아 가는지를 알려면 그런 내적 경험들을 살펴보는 것이 필요하다.

1) 회심

회심부터 논하는 것이 매우 중요하다. 회심이란 기독교 사역의 수행에 없어
서 안될 근본적인 전제 요소이기 때문이다. 요즈음 회심문제를 논하는 것을

보면, 일반적으로 죄악되고 불경건한 삶의 태도에서 벗어날 때 수반되는 경험들과 관련짓는 것으로 회심을 이해하는 것 같다. 마약 중독자들, 알콜 중독자들, 또는 공개적으로 하나님을 대적하여 살았던 그런 사람들을 떠올린다. 우리 주변에도 아주 사악하게 인생을 살아온 자들이 강하신 하나님의 능력으로 말미암아 변화되어 전능하신 하나님의 종이 되어 사역하는 사례들이 얼마든지 있다. 척 콜슨(Chuck Colson)이 쓴 「거듭남」(*Born Again*)이란 책에 그러한 예가 많이 기록되어 있다.

그러나 우리가 설교자의 사역과 관련지어 생각할 때에 회심 문제는 좀더 폭넓은 측면에서 취급해야 한다. 목회에 입문하려는 사람들 중에는 어려서부터 기독교 가정에서 교육을 받고 성장한 사람들이 많다. 하나님이 맺으신 언약 공동체의 일원이 된다거나 기독교 가정에서 성장한다는 것은 이루 다 말할 수 없는 놀라운 특권이다. 그러나 그런 배경에서 성장한 사람이 설교자가 되려고 할 때 몇 가지 문제점을 갖게 된다. 이런 사람들 중에 죄를 통회하고 죄에서 완전히 돌아서는 경험을 한 번도 하지 못한 사람들이 많기 때문이다.

이런 사람들은 기독교 가정에서 성장했기 때문에 다양한 범죄의 경험은 하지 않았다 할지라도 죄의 속성이 무엇인지 확실히 알아야만 한다. 다시 말하면 그 자신의 삶에 깊이 뿌리박고 있는 죄를 분명히 볼 줄 알아야 한다. 사실 하나님 말씀을 계속해서 선포하는 일은 우리의 눈으로 죄의 규모가 얼마나 거대한지를 보게끔 하며 우리가 실지로 어떤 존재인가를 보게 해준다.

어떤 경우에서든지 말씀 선포 사역에 종사하는 이들은 자신의 회심에 대한 경험을 말할 수 있어야 한다. 물론 어떤 이들은 회심이 언제 일어났는지 분명히 설명할 수 없을 것이다. 이런 경우 다른 이들을 위하여 회심에 대한 간증을 하고 싶지는 않을지라도 본인 자신을 위해서는 하나님의 절대 주권적인 은혜만이 비참하기 짝이 없는 죄인 자신을 구해 주시는 유일한 소망이라는 사실을 언제 깨닫게 되었는지를 충분히 말할 수 있어야 한다. 더 나아가서 그의 생애 가운데 언제 하나님의 도우심으로 죄에 맞서 열렬한 싸움을 하기로 결심했는지도 말할 수 있어야 할 것이다.

성경을 공부하다 보면 다음과 같은 심정이 필연적으로 떠오를 것이다. "하나님이여 불쌍히 여기옵소서. 나는 죄인이로소이다"(눅 18:13). 예수님이 바리새인들에 대해 평가하면서 어떤 바리새인과 세리에 대해 하신 비유를 지나칠 수 없다. 우리도 "의롭다 하심을 받고 집으로" 내려가기를 원한다면 세리처럼 자신의 죄를 겸손히 자백해야 한다. 사도 바울은 자신이 죄인의 괴수라고 주장하기를 서슴지 않았다(참조. 딤전 1:15). 바울이 십자가 앞에 섰을 때 아직도 죄 속에서 방황하며 헤매는 수많은 죄인들에게 모델이 되기 위하여 십자가를 바라본 것이 아니었다. 바울에게는 십자가가 날마다 절실히 필요한 것이었음을 간과해서는 안 된다.

하나님의 말씀 선포 사역에 참되게 부름 받은 설교자는 하나님께서만 예비해 두신 구원에 목말라 애타하면서 찾아다닌 후에 생명수를 깊이 들이마신 경험을 한 사람이다. 설교자는 하나님과 생명의 교제를 깊이 나누기에는 너무나 부족한 자신의 모습을 분명히 깨닫고 주님과 그 생명의 교제를 깊이 나누기를 간절히 사모하는 자이다. 설교자는 영생의 묘약을 나누어주는 자로서 그 약만이 자신을 보존해 주는 유일한 것임을 확신하는 자이다. 그렇지 않고서는 복음 사역을 위하여 그 엄청난 사역에 열정을 쏟을 수 없다.

하이델베르크 요리문답은 신자가 살든 죽든 소망을 가질 수 있는 유일한 이유가 자신이 더 이상 자신의 것이 아니라 예수님의 것이 되었다는 확신 때문이라고 설명한 후에, 그 위안을 즐기는 것이 어떻게 가능한가를 묻는다. 그 답은 이러하다: "성도는 먼저 자신의 비참한 모습을 볼 줄 알아야 한다. 그 다음에야 하나님의 영광스러운 구원의 달콤한 신선미를 체험할 수 있다. 그 다음에는 설교자의 소명을 받기 위하여 필요한 디딤돌을 밟아간다."

2) 그리스도 중심의 생활

소명을 전개해 감에 있어서 또 다른 중요한 요소는 설교자 스스로가 주님과 깊은 교제를 해야 하는 것이다. 다음 장에서 에롤 헐스(Erroll Hulse) 목사가 설교자의 경건 생활을 논하기 때문에 필자는 아주 간단히 언급하려고 한다. 예수님을 믿는 믿음을 통해서만이 하나님과 개인적인 교제를 나눌 수 있다. 이것은 기독교 신앙의 독특한 특징 중 하나이다. 이 신앙의 핵심은 영원무궁한 사랑을 지니신 삼위일체 하나님이시다. 이 하나님은 주 예수 그리스도의 인격과 사역 안에서 그 사랑을 충만히 보여 주셨다. 성경의 모든 장에서 예수님을 통하여 하나님을 만나게 됨으로 우리는 자신을 따르는 자들과 개인적인 교제를 깊이 나누기를 기뻐하시는 하나님을 더욱더 발견하는 것이다. 예수님의 인격은 다른 사람들을 위하여 하나님께 자기 자신을 내던지신 모습에서 찾아볼 수가 있다. 심지어 수많은 군중들 틈에서도 그들에게 향한 주님의 긍휼을 보여 주셨으며(막 6:34) 전혀 사심이 없이 그 군중들이 원하는 것을 공급하여 주셨다. 주님은 자주 그의 손을 내밀어서 큰 고충과 역경 가운데서 신음하고 있는 자들을 고쳐 주신 것이다. 사람들을 자기에게로 나오라고 부르셨다(마 11:28). 주님은 자신과 교제를 나누고 자신의 뜻을 따르는 자는 참된 안식을 얻게 된다고 보증하여 주셨다. 요한복음을 보면 자기에게 나오라고 초청하신 예수님은 사람들이 자기 안에 거해야만 할 것을 역설하셨다(요 15:1-8).

그리스도 중심의 삶이란 이 예수님의 인격과 사역을 가능한 한 많이 알려고 애쓰는 삶이다. 그러나 예수님 중심의 생활에는 그 이상의 것이 또 있다. 모든 성도가 구세주 예수님과 개인적인 깊은 교제를 가져야 한다는 것은 당연한 일이며 설교자 자신에게는 더 더욱 요긴한 것이다. 만일 목회가 예수님과의 깊은 교제를 갖지 못하고 있는 자에 의해서 이루어지고 있다면 그런 목회는 무용지물이다. 이 점은 순종이나 소명 문제와 관련하여 아주 분명해야 한다. 설교자의 소명은 특별한 부름에 대한 순종의 표시요 부름에 순종한 설교자는 예수님이 자기의 주인임을 안다. 이미 우리가 살펴본 것처럼 설교자는 그의 상관에게 순종함으로 그의 임무를 다하는 통신병인 것이다. 설교자의 지휘관은 예수님이시다. 만일 예수님을 진정으로 잘 알지 못하면 그런 설교자는 자신이 지휘관이 되며 예수님을 알지 못하기 때문에 목회자로서 해서는 안 될 비정상적인 행동을 하게 된다.

예수님 중심의 신앙을 소유함은 설교자로 하여금 꼭 갖추어야 할 자세를 갖추게 한다. 예를 들면, 다른 사람들을 판단하는 자들에 대하여 무감각한 사람이 되게 한다. 이 문제에 관련하여 사도 바울이 예수님과 나눈 개인적 관계를 살펴보는 것이 바람직하다고 본다. 바울이 무슨 말을 하고 있는지 보자. "너희에게나 다른 사람에게나 판단 받는 것이 내게는 매우 작은 일이라. 나도 그를 판단치 아니하노니 내가 자책할 아무 것도 깨닫지 못하나 그러나 이를 인하여 의롭다 함을 못하노라. 다만 나를 판단하실 이는 주시니라"(고전 3:3-

4). 그렇다. 설교자는 그의 구세주이신 예수께서만 그의 사역을 계속해서 판단해 주시는 분임을 아는 자이다.

주 예수 그리스도와 나누는 개인적인 교제는 목회에 발생하는 불공평한 처사나 난관들이 부딪힐 때마다 견디어 내게 하는 원동력이 된다. 물론 설교자를 오해하는 일들이 종종 발생한다. 교회의 성도들에게나 아니면 불신자들로부터 종종 오해를 사게 된다. 설교자가 자기의 소명에 충실하게 될 때 오히려 수욕을 당하는 경우도 더러 생긴다. 그러한 위험에 직면했을 때 갖은 고난과 수욕을 당하신 예수님을 따르는 것이 없다면 어떻게 그 어려움을 설교자가 헤쳐나갈 수 있겠는가?

그러기 때문에 예수님과 함께 나누는 이 개인적인 교제가 얼마나 중요한 것인지를 충분히 인식해야 한다. 설교자는 단호하게 구세주를 향한 그의 사랑을 말할 수 있어야 한다. 믿음을 통해서 주님과 연합된 자임을 늘 자각하고 있어야 한다. 설교자는 기도할 때에 예수님과 더불어 교제함을 즐거워하는 자이다. 설교자가 선포하는 주제는 예수님이시다. 설교자는 감상적으로가 아니라 심령 깊은 데서부터 다음과 같이 찬양할 수 있어야 한다.

> "예수의 사랑함과 그 크신 은혜를
> 고하고 전파함은 즐거운 일일세"

설교자는 참 마음으로 예수님의 사랑과 그의 영광을 즐거이 전파하도록 부름받은 자이다. 그 일을 즐겨함은 그가 예수님을 개인적으로 알기 때문이다. 그의 생활과 그의 믿음은 예수 그리스도가 중심이어야 한다.

3) 성경에 사로잡히는 생활

기독교 신앙의 더욱 겸손한 요소 중 한 가지는 믿음이 전적으로 성경에 근거를 두고 있는 것이다. 예를 들어서, 우리는 예수님에 관해서 말할 수 있고 예수님을 말할 수 있다. 그러나 우리가 예수님을 말할 때 그 말이 유효한 것은 성경의 메시지를 바탕으로 한 것이기 때문이다. 성경에서 기독교 신앙을 찾으려는 노력은 오늘날 지나치게 진보적인 견해를 가진 많은 종교 지도자들에게는 실망만 잔뜩 안겨다 주는 것이다. 그들에게는 성경에 뿌리박고 있는 기독교 신앙이 전혀 무가치하다. 그러나 성경 없이도 엄숙한 종교적인 아이디어들을 긁어모을 수 있으며 구원에 관하여 복잡한 길들을 바로 세워갈 수 있다고 생각하는 그들은 허무맹랑하기 짝이 없다. 그런 자들은 참된 기독교와 기독교의 영적 가르침에 아주 유해한 자들이다. 기독교인이 된다는 것은 자기 자신의 모든 종교적 생각들을 기쁜 마음으로 성령의 말씀에 제한시키는 것이다. 성경이 자신의 모든 종교적 체험들을 판단해 주도록 허용하는 사람이 신자이다.

이 점을 중점적으로 강조하는 것은 인간의 삶 자체에 성경이 무엇을 말씀하는지를 찾아가기보다는 보다 매력적이고 다른 유형의 종교적인 구성 요소들을 탐구하려는 근본적인 경향이 있기 때문이다. 인간이 죄로 말미암아 타락한 이후 이전보다 덜 종교적인 인간이 된 것이 아니다. 반면에 인간의 삶을 측정하는 가치관의 혼란으로 인해 인간은 우상을 만드는 자가 되어 우상을 숭배하는 자가 되었다. 심지어는 하나님의 참된 계시를 소유한 하나님의 백성들조차도 그들 주위에 산재해 있는 우상을 섬기는 나라들을 제지하지 못하여 그들 역시 무가치하고 헛된 우상을 섬기는 자가 된 것이다(렘 2:5). 우상 섬기기를 좋아하는 인간의 죄성은 재갈을 물려야 하며 파괴해야 한다. 그렇게 되는 길은 인간의 종교가 성경적 계시에 근거할 때만 가능하다.

그렇기 때문에 하나님 말씀을 선포하는 사역자로 부름을 받은 종들은 평생 동안 눈을 떼지 않고 응시해야 할 곳이 성경이라는 사실을 인식해야 한다. 즉 성경에 매혹당해야 한다. 설교자는 성경으로부터 하나님의 말씀을 직접받아 오늘 우리가 처해 있는 세상에 필요한 말씀을 공급해야 한다는 사실을 사역 초기부터 깨닫고 있어야 한다. 그때부터 하나님의 말씀이 생활의 중심이 되는 것이다. 설교자는 성경을 주로 생각하고, 성경을 읽고 또 읽어 외우며, 성경의 전체 사상을 훤하게 꿰뚫고 있어야 할 뿐 아니라 재차 뒤져보고 또 살펴보는 자이다.

오늘날 매우 가슴아프게 하는 것은 신학생들 중에 많은 숫자가 신학교에 다니는 동안 한 번도 성경을 완독하지 못하고 교문을 나선다는 것이다. 더군다나 성경을 읽으라고 한 번도 강조하지 않는 신학교가 아주 많다는 것이다.

만일 하나님의 말씀을 우리가 빗질하듯이 대강 훑어 내려감으로 만족하는 사람이라면 설교자로서 참된 소명을 받지 못한 자로 간주해도 틀림이 없을 것이다. 설교자에게는 성경 이상 흥미있는 책이 없다. 그러므로 설교자는 기쁜 마음으로 성경 말씀과 더불어 사는 자가 되어야 한다.

성경에 매혹 당하는 것, 성경을 끔찍히 사랑하는 것, 이 존귀한 책을 날마다 애독하는 일이야말로 복음 전파 사역에 부름 받은 자에게 수반되는 현상들이다. 이 성경을 사랑치 않는 자들이나 책 중의 책이요 보배인 성경에 무관심한 자들은 하나님께서 자신을 설교자로 부르셨다는 생각을 추호도 가져서는 안 된다.

은사들에 대한 검증

소명 문제와 관련하여 지금까지 다루어진 것은 정도 차이가 있겠지만 모든 신실한 성도들의 인격을 형성하고 있는 요소들을 살펴 보는 것이었다. 회심 문제라든지 예수님 중심의 생활, 성경을 사랑하는 일 등은 모든 성도들의 삶 속에서 반드시 나타나야 할 요소들이다. 이 요소들은 다른 사람을 위해서 중보 기도를 할 때 필요한 내용들이다. 그러나 소명 의식을 부각시키는 데는 그런 기본적인 요소들을 뛰어넘어서 생각해야 할 것이 있다. 왜냐하면 말씀 사역이라는 것은 성도들로 구성되어 있는 그리스도의 몸(지체) 안에 주어진 특별한 역할이기 때문이다. 그러므로 설교자는 모든 성도들이 공유하고 있는 것 외에 다른 어떤 은사들이 더 요구되는 것이다.

그 은사들이란 무엇인가? 이 문제를 나열해 보는 것이란 어떤 의미에서 보면 위험한 일이지만 그 목록을 절대화하지 않는 범위 내에서 검토해 보는 일은 필요한 작업으로 여긴다. 주님은 그의 사역을 위하여 다양한 종류의 사람들을 사용하신다. 아무런 은사가 없는 자라 하더라도 말씀 선포자로 참되게 부름 받은 그 사람을 통해서 효과적인 구원 사역을 이루시기도 하신다. 그러나 그러한 경우가 있다고 해서 그것을 일반화시켜서는 안 된다. 어디까지나 예외적인 것으로 간주해야 한다. 하나님께서 설교자로 부르셨다고 생각하는 자들이나 설교자 후보생을 평가하는 교회는 그들이 은사를 소유한 사람인지 아닌지를 잘 살펴보아야 한다.

　그러면 그 은사들이란 어떤 것인가? 우선 하나님께서 설교자로 부르시는 자들에게는 하나님이 그 사역에 필요한 **지적 능력**을 수여해 주신다는 점이다. 우리는 지적 은사를 논할 때 설교자들 사이에도 그 은사의 폭이 다양하다는 것을 알아야 한다. 이 글에서 의도하는 바는 하나님께서 한 사람을 설교자로 부르실 때에 신학교에서 필요한 소정의 교육을 잘 받을 수 있도록 충분한 지적 능력을 공급해 주신다는 실제적인 문제이다. 여기에는 헬라어나 히브리어를 습득하는 능력도 포함하여 교리사나 조직신학, 교회사 및 신구약 성경을 공부해 나가기 위한 지적 능력을 하나님께서 공급하여 주실 것이다. 이런 소정의 과정을 마치기 위해서는 일정한 수준의 지적 능력이 요구된다. 그러나 그런 과정을 다 이수하지 못하는 자라면 복음사역에 부름 받은 자인가를 재고해야 할 필요가 있다.

　이런 지적 은사와 관련하여 떼어놓을 수 없는 은사 중의 하나는 **자기 훈련**에 관한 은사이다. 자기 훈련이란 목회자의 윤리 생활과 연관지어서 생각해야 한다. 또한 목회자에게 요구되는 모든 사항들을 정상적으로 잘 다루어 갈 줄 아는 능력과 관련지어서 생각해야 한다. 왜냐하면 지적 능력이 있어서 신학교의 과정을 잘 이수하는 사람이지만 실제로 학문적인 목표를 달성하도록 도와줄 수 있는 자기 훈련이 안 되어 있는 사람이 있기 때문이다. 자기 훈련이 안 되었다는 말은 근본적으로 제대로 교육을 받지 못한 자라든지 게으른 자라는 것이 아니다. 단지 그런 사람은 공부해 가는 역량과 관련하여 자기 훈련에 대한 자신의 능력을 구사하는 일에 부족한 사람이라는 것이다.

　신학교에서의 경험은 설교자로서 훈련받기를 원하는 자들에게 소정의 과정을 이수하게 하는 기회를 제시해 줄 뿐 아니라 학교를 마치고 현장에 가서 목회에 필요한 일들을 전개하는 데 중요한 자질을 갖추도록 기초 훈련을 제공해 준다. 예를 들면 암기력은 목회를 함에 있어서 매우 요긴한 요소이다. 대부분의 사람들에게는 암기력을 위한 자기 훈련이 요구된다. 고등 교육은 암기력을 계발하도록 학생들에게 기회를 제공한다. 만일 그런 능력이 없다면 말씀 사역자로 부름 받았다는 생각을 재고해 봐야 한다.

　설교자에게 필요한 또 다른 은사는 **전달 능력**이다. 물론 수사(修辭)에 능해야 한다는 말이 아니다. 사실 수사란 그것 자체에 많은 집중을 기울이게 하기 때문에 전달에 있어서 비생산적인 것이 될 수가 있다. 설교자에게 필요한 능력은 설교자가 설교함으로써 청중들의 주의를 집중케 하는 능력이며 그 주의 집중을 계속해서 끌고 나갈 수 있는 힘과 전파하는 내용을 설교자 자신의 생각에서 청중들의 생각으로 전이시킬 수 있는 능력이다.

목회자 소명 문제와 관련하여 전달의 은사의 중요성은 아무리 강조해도 지나치지 않다. 만일 설교자가 이 은사를 소유하지 못했다고 하면 말씀 선포의 사역이 유용하게 사용될 수 있는 길은 전혀 없다. 그러므로 교회에는 하나님의 백성이 서로를 섬기는 다양한 방법들이 있음을 기억해야만 한다. 그러므로 전달 능력이 부족하다고 해서 교회 봉사를 하지 못하는 창피스러운 것은 아닌 것이다. 그런데 문제는 목회에 부름을 받았다고 하는 사람이 전달의 은사가 부족한 데도 그것을 깨닫지 못하고 계속해서 주저앉아 있다면 교회는 겸손히 그에게 찾아가 부드럽게 그의 부족한 면을 알려 주어야 한다.

어쨌든 설교자는 전달의 은사를 반드시 소유해야 한다. 그러나 이 은사는 하나님께서 일정한 사람에게 한꺼번에 다 수여해 주시는 은사가 아니라는 사실을 강조하고 싶다. 이 은사는 해를 거듭하면서 계발해야 한다. 특별히 오늘날 사회 구석구석에서 전달 수단이 다양하게 영향을 주고 있는 경제적인 상황에서는 이 은사의 계발이 목회자에게 더욱 절실히 요구된다. 설교자의 전달 기량은 세월이 흐름에 따라 달라질 수도 있을 것이다. 전달 방법은 사실 하루 사이에도 전하는 대상이 누구냐에 따라서 여러 번 변해야 한다. 설교자의 전달 수단이 언제나 똑같아서는 안 된다. 한 사람에게 어떤 방법이 적중하였다고 해서 다른 이에게도 그와 같은 방법을 사용할 때에 적중할 것으로 기대해서는 안 된다. 그렇지 않고 한 가지 방법만 내내 고수하는 자들은 전달 효과를 충분히 거둘 수 없음을 명심해야 한다. 한 가지 방법만 고수하는 설교자는 설교의 전달에 있어서 실패하는 이유가 자기에게 있다고 보지 않고 청중들의 마음이 완악한 데 있다고 생각한다.

여하튼 이 은사는 절대적으로 필요하다. 이 은사 외에 더 필요한 또 다른 은사는 소위 **지혜의 은사**라고도 하는 판단의 은사이다. 우리가 알다시피 이 은사는 복잡하고 다양한 오늘의 현실에서 수없이 요구되고 있다. 서구 사회에서는 모든 사회의 제반 사항에 대하여 설교자가 큰 영향을 행사하던 시대는 지나가 버렸다. 오늘날 설교자의 위치란 위에서 내려다보는 위치가 아니라 사회의 소시민 속에서 사는 한 시민의 위치이다. 물론 어떤 분야에서는 한 기관의 기관장으로서 설교자의 기능을 수행해 가도록 대우해 주는 데도 있지만 군림해오던 옛 시대는 다 지나갔다. 그렇다고는 하더라도 옛날이나 지금이나 교회가 크든 작든 간에 인간사 제반 문제들이 교회 안에 다 있다. 젊은이들은 젊은이들대로, 아이들은 아이들대로, 부모는 부모대로 서로서로가 다 관련되어서 문제를 일으킨다. 그룹들은 그룹들대로, 심지어는 교회 내의 소수 파벌(?)까지도 서로 상호 작용하여 문제들이 야기되기 때문에 지혜의 은사, 판단의 은사는 매우 중요한 것이다.

이것과 더불어 설교자는 하나님의 말씀을 성도들의 삶에 전달하는 자이다. 그는 인간사 제반 문제들 가운데 각자의 의견에 따라 모든 복잡한 문제들까지도 하나님의 말씀으로 해결해야 할 사람이다. 그러나 인간의 종교적인 마음은 상처받기 쉬운 미묘한 것이기 때문에 정확한 판단으로 잘 다루어야 한다. 설교자는 매번 하나님의 말씀과 더불어서 인간의 이러한 양심을 다루고 있다. 설교자들은 이처럼 복잡한 사회 구성 요원의 일원이요 그 속에서 활동하는 사람이다. 비록 그가 성도들의 모든 문제를 해결하려고 시도하기는 하지만 본의 아니게 문제에 휘말려 들 때가 있는 것은 설교자도 역시 성도들 사이에 얽히고 설키어 상호 작용하고 있기 때문이다.

이러한 상황을 헤쳐 나감에 있어서 판단의 은사, 지혜의 은사를 소유하는 것이 얼마나 요긴한지 모른다. 설교자는 자기가 매일 대면하는 양들 사이에 벌어지는 일이 무엇인지 정확히 이해하는 능력이 있어야 한다. 설교자는 문제의 현장에서 문제를 더욱 악화시키지 않고 완화시키는 일을 해야 한다. 이러한 판단이 가능하기 때문에 일정한 거리를 늘 유지해야 한다. 그 간격을 잘 유지할 수만 있으면 문제를 쉽게 처리할 수 있는 자이다. 그런 사람은 모든 일에 자부심을 가지고 또 자신있게 수행할 수가 있다.

이제는 이 판단의 은사와 관련하여 설교자가 가지고 있는 특별한 문제를 생각하려고 한다. 목회 사역에 필요한 많은 은사를 소유한 자는 자기 자신의 일 뿐 아니라 다른 사람들의 문제에 대해서도 예리한 통찰력을 발휘할 수 있는 자이다. 그렇기 때문에 그는 다른 이로부터 따뜻한 후원이 더없이 많이 필요하다. 설교자들은 아주 민감한 사람들이다. 그들은 항상 노출되는 위치에 있기 때문에 의외로 상처받기가 쉽다. 이런 이유로 인해 어떤 어려운 곤경에 빠지면 설교자는 문제를 더 악화시키기가 일쑤이다. 문제 해결의 실마리를 찾기보다도 본인 스스로가 문제에 휩싸여 버리는 일이 허다하다. 혹은 설교자의 존재를 무색케 할 정도로 더욱 새로운 문제를 일으킨다.

그래서 판단의 은사가 중요하다는 것이다. 만일 본인의 소명에 확신이 없으면 자문하여 보라. 문제가 있을 때 문제를 악화시키는 자인지 아니면 화평케 하는 자인지를 검토해야 한다. 군대에서 지휘관은 동료에게 인정받기까지는 독단적으로 일을 전개하지 않는다. 마찬가지로 목회를 위해 준비하는 자들은 동료들에 의해서 목회해도 지장이 없겠다는 평가를 받아야만 한다. 그리고 교회도 설교자 후보생을 추천할 때 이 문제를 신중히 검토해야 한다. 지혜와 판단의 은사를 구사하기 어려운 설교자는 교회에 많은 해를 끼치는 요인이 되기 때문이다.

설교자의 자세에 대한 평가

목회자의 자세 문제를 다루지 않고서는 설교자의 소명을 다 다룬 것이라고 말할 수 없다. 목회의 소명에 빠뜨릴 수 없는 요소 가운데 하나가 바로 목회자의 자세 문제이다. 복음의 사역자로 부름을 받은 자는 회심이나, 예수 그리스도와의 개인적인 교제 및 하나님 말씀으로서의 성경에 대한 깊은 관심을 나타내는 등 믿음의 이러한 질적 요소들을 반드시 소유해야 하며, 이 점에 있어서는 설교자가 일반 성도들과 하나도 다를 바 없다. 앞에서 논의한 은사들 역시 그리스도의 몸을 구성하고 있는 다른 지체들에게서도 발견되는 것들이다. 즉, 설교자들도 은사를 소유하고 있으나 위에서 언급한 은사들이 설교자들만의 전유물은 아닌 것이다. 반면에 독특하면서도 결정적인 소명 문제에 대해서는 소명을 받은 자의 내적 자세와 관련해서 소명의 독특한 표현으로 묘사된다고 본다.

그렇다면 그런 내적 자세들이란 무엇인가? 사실 그 점들을 아주 명백하고도 정확히 서술한다는 것은 용이한 것이 아니다. 그러나 그 점들을 우리는 깊이 생각하고 성찰해야 한다. 소명을 염두에 두고 있는 자는 내적 자세를 아주 신중히 고려해야 한다.

목회 입문과 관련되는 내적 자세들이란 특별히 한 성도의 자발적인 순종의 측면에서 발견된다. 소명에 있어서 **순종**은 핵심이다. 만일 우리가 우리 자신을 내다볼 때 순종이라는 특수한 끈으로 예수님과 연결된 존재로 간주하기를 원치 않는 자는 소명을 받았다고 말할 수가 없다. 설교자는 일반 성도들에게 요구되는 수준을 넘어서 매일의 삶에서 자기 훈련과 자기 희생을 나타내 보여야 한다. 이 열매를 거두기 위해서는 설교자가 그리스도 예수와 특별히 순종의 관계에 서 있어야만 하는 것이다. 이 점과 연관해서 바울이 디모데에게 권면한 말씀을 생각하면 아주 유익한 점을 얻게 된다. "네가 그리스도 예수의 좋은 군사로 나와 함께 고난을 받을지니 군사로 다니는 자는 자기 생활에 얽매이는 자가 하나도 없나니 이는 군사로 모집한 자를 기쁘게 하려 함이라"(딤후 2:3-4). 여기에서 '군사'라는 말과 '명령을 내리는 상관'(한글개역성경, '군사로 모집한 자')이라는 개념은 누구든지 복음 사역자로 부름을 받은 자에게는 아주 중요한 의미를 지닌다. 소명을 받은 자는 일반 시민이 아니라 군대 입대한 군인으로서 그가 가져야 할 첫째 자세는 상관에 대한 자세이다.

부름을 받은 자로서 복음 사역자는 예수 그리스도의 양무리들과 관련하여 상관에 대한 자기의 순종을 보여야 한다. 이 자세는 목회 사역의 최고로 준엄한 표준이다. 설교자는 땅 위에서 예수님을 대표하여 주님께서 친히 은이나 금같이 없어질 것으로 한 것이 아니라 그의 보배로운 피로 구속해 주신 예수님의 양무리들을 돌보는 자이다. "너희는 자기를 위하여 또는 온 양떼를 위하여 삼가라. 성령이 저들 가운데 너희로 감독자를 삼고 하나님이 자기 피로 사신 교회를 치게 하셨느니라"(행 20:28). 에베소 교회 장로들에게 주신 이 말씀은 말씀의 사역자로 또 성례를 집행하는 자로 부름받은 설교자들에게 강력히 부각되는 말씀이다.

그렇다면 소명을 받았다고 느끼는 사람은 그의 심령 깊은 데서부터 이 사역이 얼마나 중요한 것으로 간주되고 있는지를 검토해야 한다. 목회를 아주 유효적절하게 잘 하기를 원한다면 생애 전반에 걸쳐서 이 순종의 자세를 충분히 나타내 보일 수 있어야 하는 것이다. 이 과정은 군사로 모집하신 예수께서 순종의 특별한 모습을 나타내야 하는 의무를 가진 자에게 지시하시는 사항을 기쁜 마음으로 이행하는지 그렇지 않은지를 판단하도록 고안된 자기 점검을 통해서 계속 성취할 수가 있다. 그리스도에게 순종하는 측면에서 수반되는 설교자의 자세는 다음과 같다.

1. **자기 훈련.** 이것은 꼭 연구하는 일에만 관련된 것이 아니라 삶의 전반에 걸쳐서 요구된다. 하루 일과 중에 성경공부를 적절하게 또 아주 규칙적으로 한다든지 정기적으로 기도 생활을 유지하는 데 필요하다.

2. **자기 희생.** 재정적인 면이나 남을 나보다 낮게 여기는 일이나 예수님 때문에 당하는 육체적·정신적 고난을 잘 감당하기 위하여 필요하다.

3. **자기를 내어줌.** 이것은 힘있고 돈많은 부자들에게만이 아니라 약하고 가난하고 정말 도움을 필요로 하는 모든 자에게 필요한 것이다. 그렇게 함으로 다른 사람들의 발을 기쁘게 씻어 주는 자세를 갖는다.

4. **절제.** 이것은 우리의 삶에서 역사하시는 성령의 성화 사역이며 그리스도만이 우리의 주인이심을 확고히 다지는 것이다.

우리가 마땅히 짚고 넘어가야 할 내적 자세들이 더 있을 것이다. 그러나 위에 언급한 것들은 복음을 전하는 사역자가 어떤 자라고 하는 것을 규정지어 주는 좋은 실례들로서 우리에게 도움을 준다. 이러한 내적 자세가 우리의 삶 속에서 완전히 나타나기 전까지는 설교자로 부름 받았다고 간주해서는 안 된다는 것은 잘못일 것이다. 우리 중 그 누구도 매번 모든 면에서 이같이 이상적인 자세에 몰입해서 살 수 있는 자는 아무도 없는 것이다. 그렇다고 하더라도 앞에서 논한 설교자의 자세 여하는 하나님께서 설교자로 부르셨는지 아닌지를 판단하려는 자들에게 큰 도움이 될 것이며 아주 중요한 요점들이라고 생각된다. 또한 이것들은 이미 목회 사역에 종사하고 있는 자들에게나 또는 소명을 더욱 확고히 다지기를 원하는 자들에게 많은 유익을 끼치게 되는 것이다.

소명의 구체화

복음 사역자로 종사하는 이는 자신이 참으로 이 사역에 부름 받았다고 확신하는 것이 절대로 필요하다. 또한 이 사역에 부름 받는 자는 다양한 측면에서 이 사역을 검토해 볼 수 있을 것이다. 그렇다고 하더라도 설교자의 소명을 쉽게 정의한다든지 소명이 무엇인지를 단정하여 딱 부러지게 말할 수 없는 것은 소명을 받은 개인마다 각각 독특한 방법으로 복음 사역에 부름을 입는 것이기 때문이다. 또한 소명이 모든 이에게 똑같은 방법으로 임하는 것이 아니다. 다시 말해서 소명은 난해한 것은 아니나, 개인에 따라서 갑자기 올 수도 있는 절대적 실재이다. 거기에는 누구도 제거할 수 없는 요점이 있다. 결코 변하지 않는 확고부동한 어떤 무엇이 소명 받은 당사자의 마음 속에 있다.

물론 설교자의 소명이 수많은 세월을 살아오는 동안에 점차적으로 보완되어 구체화되는 것으로 경험되기도 한다. 아주 젊은 나이에 소명을 받을 수도 있다. 이미 앞서 언급한 은사 문제, 자세 등에 결함이 없는 것처럼 보이는 자들에게는 설교자가 되는 것이 어떻겠느냐고 권장함으로 본인은 그 권장을 받아들여서 소명 문제를 생각하게 될 경우도 있다. 이러한 초기 단계에서는 설교자가 된다는 생각에 거부 반응을 나타내기도 한다. 왜냐하면 설교자라는 신분은 제한 받는 것도 많고 정말 보상도 없는 직분으로 여겨지기 때문이다. 그러다가 대화나 설교를 통해서든지 아니면 하나님의 사람들이 계속하여 권면하면서 소명을 구체화하는 시점에 이르게 되는 것이다.

그러나 소명을 받는 대로 즉시 복음의 사역자가 되어야 한다고 단정을 지어서는 안 된다. 단지 그것은 소명을 받았다고 생각하는 자에게 준비하는 과정이나 소명에 대한 평가를 거쳐야 할 과정을 추진해 나가도록 도와주는 것뿐이다. 적어도 7-8년의 세월을 거쳐서 목회 사역에 임하는 것이 자신도 신중히 검토해 볼 수 있는 시간이 되는 것이다. 본 장에서 다루고 있는 여러 면들이 이것을 점검하는 데 도움을 준다고 믿는다.

더 나아가서 복음 사역을 위하여 준비하고 있는 자들은 다른 사람들의 자기에 대한 다른 사람들의 평가를 결코 무시해서는 안 된다. 예를 들면, 가족이나 친구들, 동료 신학생들이 자기를 보는 시각이 어떤지를 귀담아 들을 필요가 있다. 그 이유는 우리가 참으로 부름 받은 소명을 더욱 확고하게 다져주는 시간이 되기 때문이다. 그러므로 이 기간을 통해서 설교자 후보생들은 설교자의 임무가 무엇인지를 비로소 책정해 나아가는 것이 되고, 하나님께서 다른 일이 아닌 이 복음 전하는 사역을 하도록 부르셨다는 소명을 확실히 붙잡게 되는 것이다.

세월이 감에 따라 점차적으로 경력이 쌓이게 되므로 설교자는 다양한 측면에서 다각적으로 자신의 소명을 분명히 느끼게 된다. 물론 설교자들도 사람이다. 그러나 설교자들은 자신들이 처해있는 생활 환경을 개선해야만 한다. 설교자들도 결혼을 하고 식구들이 늘어가게 된다. 또한 때때로 가슴 아프게 하는 일들이 생활에서 발생함을 경험하게 된다. 설교자들도 그러한 문제들과 대항하여 본능적으로 복받쳐 오르는 감정이 있는 것이다. 그래서 때로는 행동의 실수를 범할 때가 있으며 영적 생활과 관련하여 유익하지 못한 생각을 할 때가 있다. 때때로 설교자들은 다른 이들로부터 소외당하고 있다고 느낀다. 때로는 심지어 하나님한테도 외면 당한다고 생각한다. 중년기가 오면 위기 의식을 느끼기도 하며 영육간에 목회가 힘겨울 때가 찾아온다.

이러한 일들이 안겨다 주는 교훈은 설교자의 소명이 그런 모든 문제를 해결해 나가도록 계속해서 힘이 되어주고 있는 것이 아니라는 점을 알아야 한다는 것이다. 그래서 때때로 본인들의 사역이나 소명에 대해서 재평가해야 한다고 느끼게 된다. 필자의 논제는 소명 문제와 관련해서 설교자들의 위치가 어디에 서 있는 것인가를 평가하는데 도움을 주기 위한 것이다. 소명 의식이 현재보다 더 강했던 때가 있었다고 생각한다면 현재 자기들의 생활을 솔직하게 그리고 과감하게 재조명해야 할 것이다. 또한 생각을 재정립하여 소명의 참된 실체가 무엇인지를 다시 경험할 수 있어야 한다.

목회에 대한 소명 문제를 다루는 것만큼 어려운 것은 없는 것 같다. 또한 소명 문제와 관련하여 설교자의 사생활을 평가해 보는 것 역시 어려운 일이다. 그러나 목회의 소명을 둘러싸고 있는 어려운 문제들을 깊이 자각하는 것은 아주 요긴하다. 왜냐하면 부름 받음이 없이는 복음 사역을 효과적으로 감당하기란 불가능하기 때문이다. 그렇기 때문에 만일 설교자가 소명 의식이 흐릿해졌을 경우는 그의 삶에 무엇이 발생하고 있는지를 빨리 진단하여야 한다.

어린 나이에 사명감에 불타서 열심히 뛰던 사람이 이런저런 연유로 소명 의식이 사라지게 될 경우가 있다. 그런 때에는 목회를 계속해서 하려는 완강한 태도는 버려야 할 것이다. 자기 자신에게도 덕이 되지 못하며 그의 설교를 듣고 신앙 생활을 하는 성도들에게도 유익됨이 하나도 없다.

이와 동시에 소명이 저하되고 있다고 느끼며 걱정스러워 하는 자들은 복음 사역에서 손을 떼어야 하겠다고 쉽게 단정지어서도 안 된다. 그런 일이 일어날 때에는 우리가 수년 동안 해를 거듭하면서 진전시켜 오고 있는 내적 사건에 대해서 논하는 것임을 기억해야 한다. 우리는 일반적인 상황에서 우리의 생애전체를 통하여 이러한 문제가 일어나게 된다는 것을 예상해야 한다. 한두 가지 사유로 인하여 소명 의식이 크게 부각되지 못할 때에 이 소명 의식이 흐릿해진 원인을 제거하는 적절한 치료를 사용하거나 또는 시간이 지남에 따라서 자연히 해소될 경우가 있다. 그렇기 때문에 소명 의식이 흐릿해졌을 때에 일시적인 현상으로 간주해도 무방할 것이다.

만일 참된 소명을 받았다고 한다면 내적 소명은 복음의 일꾼으로 일하도록 교회의 외적 청빙에 의하여 입증이 될 것이다. 만일 내적 소명이 분명한 설교자가 시간이 지남에 따라 옷을 오래 입고 있으면 낡아져 새로 갈아입어야 하듯이 새로운 충전이 필요함에도 불구하고 교회가 자기를 불러준 것이 너무나도 확실하고 뚜렷하여서 목회를 계속 고수해 나갈 경우에, 설교자는 지속적인 사역을 위해 주님께서 그에게 찾아오셔서 그를 하나님의 사역자가 되도록 부르셨다는 강한 내적 소명을 다시 자각시키실 뿐 아니라 내 영을 새롭게 해달라고 기도하고, 그렇게 해 주실것을 믿어야 할 것이다.

소명 — 그것은 실재이다!

어느 누가 본 장을 평가한다면 이 글이 소명 문제와 관련하여 대단히 신중히 생각해야 함을 크게 강조한다는 인상을 받게 될 것이다. 왜냐하면 어떤 이는 소명을 받았다고 생각하지만 그렇지 못한 경우가 있기 때문이다. 불행히도 요즈음 목회와 관련해서 발생하는 현상들은 소명 문제를 재검토하게 유도하는 것들이 되고 있다. 그럼에도 불구하고 하나님께서 지금도 하나님의 복음 사역자를 부르심은 명백한 사실이다.

하나님의 기이한 행사는 사람들로 하여금 복음 사역에 발을 들여놓게 하는 원인임을 잊어서는 안 된다. 그러기 때문에 소명을 논하는 어떤 모임이든지 하나님께 분명한 소명을 받았다는 사람의 내적 생활을 일단 의문시하여 재검토하는 능력을 계발해 나가야 한다. 사명을 받았다고 느낀 한 젊은이가 그가 소속한 교단에서 공식적으로 선언하기를, 교회가 자신의 소명 문제를 놓고 꼭 갖추어야 할 은사들이 있는지 없는지를 점검하려고 했기에 무척 분개했노라고 했다면 그의 분노는 여하튼 잘못된 것임이 틀림없다. 하나님께서 부르셨다고 확신하며 말하는 자들은 어떤 테스트이든지 간에 교회의 테스트에 즐거운 마음으로 순복해야 하는 것이다.

교회는 지금도 하나님께서 자기 교회를 세워 나가심을 보며 기뻐한다. 하나님이 사용하시는 도구 가운데 하나는 말씀과 성례의 사역자라는 것에 대해서도 교회는 기쁘게 생각한다. 그러므로 하나님은 지금도 계속해서 복음의 일꾼들을 부르신다. 하나님은 그들에게 앞에서 우리가 살펴본 필요한 은사들도 수여해 주신다. 또한 성령님을 통해서 그들의 신앙에 없어서는 안 될 믿음의 조건들을 지어 가신다. 한 사람의 마음 속에 강한 소명을 불어넣어 주시는 분도 하나님이시요, 그를 복음 선포의 특별한 사명을 가지고 있는 자라고 확실히 알려 주시는 시점으로 인도해 주시는 분도 하나님이시다. 그러므로 최종적으로 그는 "만일 내가 복음을 전하지 않으면 화가 있으리라"고 고백하게 되는 것이다.

복음 사역자로 부르시는 하나님의 주권에 비추어 보면 이미 진술된 사항들이 보여 주듯이 말씀의 종으로 부름 받음은 전적으로 능동적인 것임을 볼 수 있다. 결국은 설교자의 삶에서 소명의 인격 역시 전 생애를 통해서 능동적으로 균형을 이루며 나타난다. 물론 늘 순탄하고 전혀 상처받는 일이 없는 목회를 경험한다는 것이 아니다. 다만 복음 사역자로 부름 받은 설교자들은 오랜 시간을 통하여서 자신들을 참으로 복있는 특권층으로 간주하게 되는 것이다.

설교자의 임무는 매우 용이하다. 예수님을 주인으로 모시고 사는 자들은 "내 멍에는 쉽고 내 짐은 가벼우니라"는 예수님의 말씀처럼 목회가 무거운 것이 아님을 실감한다. 이것은 모든 성도들에게도 마찬가지이지만 특별히 복음의 일꾼으로 부름을 받아 자격을 갖춘 이들에게는 더욱 확실히 마음에 와 닿는 말씀이다. 물론 성경 여러 곳에서 성도의 삶이 아주 힘든 것임을 말씀하고 있는 것도 사실이다. 예를 들어서, 우선 사도 바울이 신앙 생활을 경주하는 자와 비교해서 설명하고 있음을 잠시 생각해 보자. 빌립보서 3장 13절, 14절 말씀을 보라. 거기에서 바울이 사용한 언어는, 마지막 골인 지점을 향하여 앞에 남은 최후의 몇 미터를 있는 힘을 다하여 달려가는 고도로 훈련받은 육상선수를 연상케 한다. 확실히 바울이 사용하는 언어의 어떤 것은 특별히 복음의 일꾼들에게 적용되고 있다. 그러나 목회 사역은 쉬운 것이다. 왜냐하면 하나님이 불러주신 그들에게 하나님께서 친히 능력을 주시기 때문이다. 달리는 선수들은 그들의 전력을 다 기울이는 순간에, 마지막 남은 안간힘을 다 기울이는 그 지점에서 환희를 경험한다. 우리의 주인이신 예수님은 너그러우신 분이다. 그로부터 참으로 부름을 받은 자는 이것이 사실임을 입증할 것이다.

그러므로 복음 사역에 관하여 논의한 것이 어떤 것이든지 어느 누구도 이 위대한 사역을 등지게 만드는 것이 되지 않기를 소원한다. 하나님께서 자기를 불렀는지 안 불렀는지를 미심쩍어 하는 사람들은 그들의 소명의 실재를 분명히 파악하기 위하여 자기 자신을 신중히 점검하는 일을 주저해서는 안 된다. 만일 부름을 받았다는 가능성이 조금이라도 보인다면 주저하지 말고 필요한 준비 단계에 착수하는 것이 좋다고 본다. 그렇게 준비하는 동안 소명의 여부를 분명히 알게 될 것이다. 하나님께서 복음의 일꾼으로 부르셨다고 하는 것을 분명하게 보여 주실 것이다.

하나님의 백성들을 대신하여 우리가 드리는 기도는 하나님께서 이 특별한 사역을 위하여 예비해 두신 하나님의 사람들 심령에 하나님께서 손수 강한 능력으로 역사하여 주시기를 간구하는 것이다. 하나님께서는 당신의 사람을 부르신다. 하나님은 지금 이 시간에도 그 일을 하고 계신다. 말씀과 성례의 사역자로 부르시는 하나님의 특별하신 부름이 있다. 이 부름을 받은 자는 이 세상에서 가장 행복한 사람이다. 대부분의 사역자들이 그렇게 생각하고 있다.

바라건대 이상에서 언급한 모든 내용들이 많은 사람들에게 부름을 받았다고 하는 소명 의식을 더욱 확고히 가져주리라 믿는다. 또한 이 사역을 사랑하는 사람들과 수행하여 가는 하나님의 종들에게 평강과 기쁨을 가져다 주는 글이 되리라 생각한다.

주

1) Gordon Spykman, *Society, State, and Schools : A Case for Structural & Confessional Pluralism*(Grand Rapids: Eerdmans, 1981), p.55.

제 2 장

설교자와 경건

에롤 힐스

모세는 시내산에서 내려왔을 때 자신이 하나님과 대면하여 말씀을 나눔으로 인하여 자기 얼굴에 광채가 남을 깨닫지 못하였다(출 34:19).[1]

설교자의 사역은 모세의 삶에 나타난 이 현상으로 설명된다. 선지자의 일은 설교자의 인격을 대동한다. 그러므로 설교하는 일은 설교자의 인격과 결코 떼어놓을 수 없다.[2] 이러한 입장에서 설교자의 인격이란 중요하다. 용모가 뛰어나고 말에 은사가 있고 전달이나 스타일에 은사가 있는 것이 얼른 보기에는 관심의 대상이 되지만, 그런 외부적인 것들이 참된 열매를 맺지 못한다면 무용지물에 불과하다. 설교는 전하는 메시지와 모든 면에서 모순이 없는 생활을 하는 하나님의 전권대사를 통하여 행해지는 신성한 웅변이다. 설교자의 인격 형성은 마치 세계에서 가장 빠르다는 콩코드 비행기가 하늘을 날아가는 것보다도 그 비행기 제조 작업이 더욱 난해하듯이, 설교문을 작성하는 것보다도 훨씬 더 복잡하고 어려운 일이다.

설교는 강의가 아니다. 설교는 정확한 자료들을 논리 정연하게 정리하여 단순히 기술하는 것이 아니다. 물론 설교자가 문장의 구성이나 흐름 및 평이하고도 화려한 문체 구사와 더불어서 주석적인 방면에 관심을 기울여야 함은 당연하다. 그러나 경건함이 없이는 설교자의 본래 사명이 성취되지 않기 때문에 결코 설교자가 될 수 없다. 더욱이 설교자로서의 영향력이라든지 능력은 그의 경건 생활과 아주 밀접한 관계가 있는 것이다. 부정적인 측면에서 설명해 본다면 설교자의 매너의 명백한 흠이 메시지를 흐려놓는다고 할 때, 성경이 말씀하고 있듯이 설교자가 윤리적 생활에서 모순된 삶을 보여줄 때 그 영향이란 얼마나 더 하겠는가? "죽은 파리가 향기름으로 악취가 나게 하는 것같이 작은 우매가 지혜와 존귀로 패하게 하느니라"(전 10:1).

맥체인(McCheyne) 목사는 어떤 설교자에게 편지하면서 이 문제에 대하여 명백하게 단언했다. "대부분 도구의 순수성과 완전성에 따라서 성공하느냐 못하느냐가 달려 있습니다. 하나님이 축복하시는 것은 위대한 달란트에 있는 것이 아니라 예수님을 닮아가는 데 있습니다. 거룩한 설교자는 하나님의 손 안에 쥐어진 무서운 무기입니다."[3] 우리가 말하는 경건의 본질적인 문제를 설명하는 것이 필요한 것 같다. 경건이란 과연 무엇을 말하는 것인가? 먼저 이 질문을 깊이 생각해 본 후에 다음 다섯 가지 사항을 차례로 생각해 보자.

1. 우선 영어에서 경건의 의미와, 둘째로 신약성경이 가르치는 경건의 의미.
2. 설교자에게 경건 생활의 필요성.
3. 경건 생활에 따르는 압박과 경건 생활을 허무는 요소들.
4. 경건의 모범이요 경건 생활에 힘이 되시는 주 예수 그리스도.
5. 신학생들 및 특수 분야에 종사하는 자들에게 필요한 독특한 점 및 격려.

1. 경건의 정의: 영어(piety)의 용례

우선으로 고려해야 할 것은 '경건'(piety)이나 '경건한'(pious)이라는 단어들이 어원적으로 어디에서 유래한 것이며 어떻게 이해되어 왔는가 하는 점이다. 우리의 관심은 단지 전문적인 데 있지 않다. 우리가 조사한 바를 통하여 필자는 경건 생활에 아주 모범적인 기독교 지도자들을 예로 들어서, 오늘날 설교자들의 경건 생활이 중요하다는 점과 목회 사역에도 깊은 관련이 있음을 설명하게 될 것이다. 필자가 의도하는 바는 이 주제를 가장 효과적으로 잘 설명할 수 있는 방법으로 훌륭한 설교자들을 종종 참조하려는 것이다.

영어에서 경건(piety)이란 낱말의 기원은 라틴어의 피아레(piare, 달래다)

또는 불어의 피위(pius, 충실한)에서 찾을 수 있다. '경건주의자들'이란 칭호는 독일의 설교자요 설교자인 필립 야콥 슈페너(Phillip Jacob Spener, 1635-1705)의 추종자들이 처음으로 사용했다. 슈페너는 1670년경에 프랑크푸르트에서 독실한 경건 생활과 기독교 교육의 개혁을 일으키려는 운동을 시작했다. "쉬페너는 그 당시의 모든 종교적인 운동을 완전히 자기 주위로 끌어 당겼다. 그의 삶은 17세기 후반기 동안 루터교회의 한 역사였다."[4] 슈페너는 「경건한 열망」(*Pia Desideria*)이라는 역작을 남겼다. 1675년에 출판된 이 책에서 그는 후에 루터교 경건주의 운동의 주된 외침이 된 개혁을 위한 프로그램을 제안하였다. 그가 강조한 점은 내적 성결의 필요였고, 사람들을 떡이 아닌 돌로 배를 채우게 하는 무미건조한 논쟁에 깊이 참여하는 것을 설교자가 피해야 한다는 것이었다. 또한 그는 소위 설교자가 되려고 하는 학생들에게 경건한 저자들의 저서를 소개하고, 똑똑한 설교자가 되라고 강조하기보다는 덕을 세우는 일에 끊임없이 주력하는 데 역점을 두고, 자기를 살피고 자기의 삶을 늘 감사하도록 용기를 북돋아 주는 데 강조점을 두도록, 그들을 훈련시키는 과정들을 전폭적으로 수정해야 한다고 강조했다.[5]

그러나 그러한 성경적인 강조점들이 세상 사람들의 반대와 조소도 가져왔다는 것을 인식해 보는 것은 그렇게 힘든 일이 아니다. 따라서 일반사전에 보면, 경건이란 말의 의미들을 잘 제공해 주는 한편 부정적인 주안점도 강조하고 있다. 웹스터 영어사전은 경건(piety)을 독실함, 전통적 신앙 및 충성심으로 풀이했고, '경건한'(pious)에 대해서는 "신을 예배함에 나타나는 신성 및 헌신을 위하여 보이는 경외함 또는 그렇게 표시되는 것, 또는 눈에 띄게 광신적이며 위선자로 나타나는 것"[6]으로 풀이했다. 과거나 현재나 '경건' 및 '경건한'이란 일반적인 용어를 살펴볼 때, 부정적이고 비판적인 요소들이 다분히 담긴 폭넓은 의미로도 사용되고 있음을 알 수 있다.

어원적인 측면에서 나타나는 이런 비판적인 면은, 우리로 하여금 거짓 경건을 피하고 멀리해야 할 필요성을 상기시켜 주기에 유용한 점이라고 생각하게 만든다. 우리가 경건 생활을 추구할 때 이 점은 위선적인 냄새 또는 교권주의적인 맛을 풍기게 하는 요소들에 경각심을 일으키는 유익한 것들이다. 설교자의 경건이란 외적 위신이나 또는 내적 교만에 의해 나타나는 일종의 무의식적인 어떤 우월감을 의미하는 것이 아니다. 1947년에 네덜란드에서는 설교자의 성결이 종종 의복이나 자전거에 의해서 규정되곤 했다. 설교자는 언제나 줄무늬 바지를 입고 자전거를 탔는데 그 자전거는 보통사람들이 사용하는 자전거보다도 5cm정도 더 높은 것이었다. 그러므로 누구든지 그를 보면 설교자라고 금방 알아차리게 되는 것이다. 우리가 말하는 경건 생활이란 그런 것을 말하는 것이 아니다.

우리가 내리는 경건의 정의는 하나님 앞에서 성결한 내적 삶의 끊임없는 수양이며 하나님을 위하여 삶의 모든 영역과 행동의 모든 환경에 적용되는 것이다. 경건 생활이란 하나님의 보좌에 드리는 기도를 포함한다. 그분 앞에서 하나님의 말씀 연구와 하나님의 생명을 우리 영혼에서 생동하게 하는 것을 포함한다. 그것들이 계속해서 우리 모든 사람의 자세에 영향을 미치는 것, 이것이 곧 경건이다.

우리가 경건 생활을 정의하는 것과 관련해서 볼 때 마르틴 루터(Martin Luther)는 그 방면에 뛰어난 인물이었다. 루터의 신실한 서기요 동료였던 파이트 디트리히(Veit Dietrich)는 루터에 대해서 말하기를 "루터는 하루에 세 시간 기도하지 않은 적이 없으며, 세 시간 연구하지 않은 적이 없다"고 했다. 명백히 루터는 큰 소리로 기도했다. 심혈을 기울여 기도했으며 깊은 경외심을 가지고 기도했다.[7] 루터가 어떻게 그의 설교 사역, 목회행정의 의무들을 행하면서 동시에 그런 시간들을 지켜 나갔는지에 대한 기록은 그의 수많은 편지에도 없고 저서들 가운데도 없다. 그는 전 생애 가운데 매권마다 700여 페이지에 달하는 백여 권의 저서를 남겼다.[8]

루터의 경건 생활은 어쩌면 하나님 앞에 쏟아놓은 헌신의 불로 비유할 수 있겠다. 만일 석탄이 우리가 지고 가야 할 짐이요 책임감의 상징이라고 한다면 거대한 짐들이 그 불 속으로 던져진 것이리라. 여러분 가운데 어떤 이는 그 짐들이 불을 소멸할지 모르는 일이라고 생각할지도 모른다. 그러나 루터에게는 정반대였다. 경건 생활의 불은 더욱 뜨겁게 활활 타오를 뿐이었다. 헌신적인 삶이 그가 남긴 업적들을 충분히 설명해 준다. 루터는 기도와 연구하는 시간에 자기가 맡은 설교 사역, 저술, 져야 할 짐들, 문제들, 기쁜 일, 슬픈 일 등 모두를 하나님 앞에 내어놓았음을 분명히 알아야 한다.

신약성경에 사용된 경건의 의미, 이 말은 우리 주님에게 사용된 말에서 발견된다. "그의 경외하심을 인하여" 주님은 들으심을 얻었다고 말한다(히 5:7). 여기에 사용된 바울에 의하여 율라베이아(eulabeia)는 '경건' 또는 '경외'로 번역된다. R.S.V는 율라베이아를 주님의 '거룩한 경외'(히 5:7)로 번역했다. 히브리서 12:28도 같은 낱말을 사용하여 "경건함과 두려움으로" 하나님을 기쁘게 섬기라고 권면한다. 여기에서도 '율라베이아'는 '경건함' 또는 '독실함'으로 번역되는 것이다. 시므온은 디카이오아 카이 율라베스(dikaioa kai eulabes)로 기록되고 있는데 이 말은 '의롭고 경건한' 사람이란 뜻이다(참조. 행 2:5; 8:2; 22:12). 노아는 경외함으로 방주를 지었다(참조. 히 11:7. 여기서는 율라베싸이스가 '거룩한 떨림', '경외'로 번역되었다).

그러나 신약성경에서 '경건'에 해당하는 '로쿠스 클라시쿠스'(locus classicus)라는 낱말은 바울에 의해서 유세베이아(eusebeia)라는 낱말과 관련되어서 쓰이는데, 독실함 또는 경건함을 의미한다. 바울은 이 말을 그의 목회 서신에서 열두 번이나 사용한다. 베드로도 그의 두번째 서신에서 그 단어를 사용한다.[9]

유세베이아라는 말에서 발견된 의미는 참고문헌들을 비교해보면 그 의미가 아주 많다. 예를 들면 그 단어는 영적 능력을 표시하였다. 경건에는 능력이 있다. 바울은 경건의 모양(유세베이아)은 있으나 경건의 능력이 없는 자에게서 돌아서라고 한다(딤후 3:5). 또한 이 경건이란 삶의 한 방편으로 실천하고 계발해야 하는 것이다. 설교자들은 디모데처럼 경건의 훈련을 잘 받게 해야 한다. "망령되고 허탄한 신화를 버리고 오직 경건에 이르기를 연습하라. 육체의 연습은 약간의 유익이 있으나 경건은 범사에 유익"하기 때문이다(딤전 4:7-8). 우리가 하나님의 교회에서 우리 자신이 합당히 행동하는 사람이 되기를 열망할 때, 그리스도께서 우리를 위해 경건의 모든 자원이 되어 주실 것이다. 바울은 "경건의 비밀이 크도다"라고 선언했다. 왜냐하면 이 세상에서 하나님의 아들의 나타나심과 모든 그의 증거 안에서 이것이 가장 좋은 것으로 보이기 때문이다(참조. 딤전 3:16).

그는 육신으로 나타나신 바 되시고 영으로 의롭다 하심을 입으시고 천사들에게 보이시고 만국에서 전파되시고 세상에서 믿은 바 되시고 영광

가운데서 올리우셨음이니라.

경건의 기원은 우리가 그리스도와 연합한 데 있으며 그 연합으로 말미암아 받은 하나님의 능력에 있다(벧후 1:3). 그러나 다시 한 번 강조하지만, 경건은 묵상과 기도를 통하여 마음 속에서 실천하는 것으로부터 시작해서 삶의 모든 실제적인 부분에 이르기까지 확산되는 질적인 것을 말한다. 그러므로 사도 바울은 기탄 없이 자기 자신의 모범을 디모데에게 지적해 준다. "나의 교훈과 행실과 의향과 믿음과 오래 참음과 사랑과 인내를 네가 알았고"(딤후 3:10). 경건은 이 모든 요소들을 포함하는 것이며 이것들 중 그 어느 것도 결핍되어서는 안 된다. 그렇다면 경건은 삶의 방법 그 자체에 적용된다. 이것은 가정생활도 포함되며 부부관계, 부모와 자녀와의 관계에 다 적용되는 것이다. 왜냐하면 만일 사람이 자기 집을 잘 다스릴 줄 모른다면 하나님의 교회를 돌아볼 수 없기 때문이다(딤전 3:5). 경건의 삶이란 모든 미덕과 사역자로서의 충분한 자격을 갖추는 생활이다. 이러한 삶이란 교회의 직분자에게 절대적으로 필요한 것이다(딛 1:5-9; 딤전 3:1-13). 이것은 우리를 다음 당면 과제로 이끌어 준다.

2. 설교자에게 경건의 필요성

경건이 삶의 방법이요 하나님과의 교제인 동시에 하나님과 동행하는 것이라고 정의한다면, 우리는 설교자들에게 있어서 경건 생활의 필요가 얼마나 큰가를 곧 깨닫게 된다. 교인들로 하여금 경건하게 살아가도록 훈련시키기 전에 먼저 자신이 경건하게 살아야 한다. 바울이 "네 자신의 삶과 가르침을 삼가라"고 한 말은 새삼스러운 것이 아니다. 바울이 권면한 순서는 먼저 자신의 삶을 살피고 그 다음에 가르치는 일을 삼가라는 것이다. 바울은 "그것들을 계속하라. 이것을 행함으로 네 자신과 네게 듣는 자를 구원하리라"고 권한다(딤전 4:16). 디도에게도 편지하기를, "범사에 네 자신으로 선한 일의 본을 보여"라고 했다(딛 2:7).

목회 사역이 얼마나 거대하고 복잡한가 하는 것은 패커(J. I. Packer)가 '다이너마이트'로 묘사한 리처드 백스터(Richard Baxter)의 「참된 목자」(*The*

Reformed Pastor)에 잘 묘사된다.[10] 설교 외에도, 백스터는 전도, 상담, 그리스도의 몸을 세우는 일, 가정 심방, 환자 방문, 대적하는 무리들을 꾸짖고 훈계하는 일, 교육 등의 일을 언급한 다음, 이 일들을 행할 때 순수하고 근면하고 부지런하고 신중하고 질서있게 하되, 명확성, 간결함, 겸손, 온유한 마음이 섞인 엄격성, 진지함, 성실성, 열심, 사랑으로 돌봄, 인내, 존경, 영적이고 또 간절한 열망 및 성공을 기대하며, 우리 자신이 얼마나 불충분한 존재인지를 깊이 인식함, 그리고 그리스도에게 의존되어 있는 존재임을 깨달으며 다른 동료 설교자들과 연합하는 모습들이 수반되어야 한다는 것이다. 이러한 요구 조건을 가능하게 해 주는 유일한 길은 강력한 헌신적 생활이요 생동하는 경건 생활인 것이다.

우리가 이미 살펴본 것처럼 설교란 단순히 웅변이 아니다. 설교는 하나님의 이름으로 선포하는 것이며, 하나님의 말씀의 권위로 선포하는 것이다. 설교는 명령적인 것이라서 다이나믹한 것이 된다. 왜냐하면 그렇지 못하다면 설교의 본질과 일치되지 않기 때문이다. 그러므로 우리는 다음과 같이 선언하는 말에 대하여 무척 흐뭇해한다. "능력 있는 설교가 자랄 수 있는 토양은 바로 설교자 자신의 삶이다."[11]

설교자가 많은 시간과 정력을 쏟아 바쁜 업무에 종사하는 동안에도 성경을 펼쳐놓고 그 말씀이 뭐라고 말씀하시는지 열심히 하나님의 뜻을 찾는 시간을 할애해야 한다. 그것은 단지 시작에 불과하다. 성경을 주해하는 일이나 설교를 준비하는 노력이 따르게 된다. 경건 생활이란 이 모든 일들과 전혀 무관한 것이 아니다. 바울이 즐겨 표현한 말을 빌려서 이야기하면, 이러한 훈련들은 "주 안에서" 성취되는 것이며 분명히 주님을 경외함으로 이루어지는 것들이다. 설교를 전달하는 데 필요한 영적 능력만큼이나 설교 준비에도 영적 능력이 필요한 것이다. 다음과 같이 말한 리처드 백스터보다 이 문제를 잘 명시한 사람은 없을 것이다.

은혜의 자리에 있는 것으로 자족하지 말라. 더 중한 것은 자신의 은혜가 실제 생활에서 강력하게 그리고 생동감 있게 작동하고 있는지를 주의 깊게 살피는 것이다. 그리고 설교하기 위하여 연구한 설교를 다른 사람에게 전달하기 전에 먼저 자기 자신에게 설교하라. 자신의 유익을 위하여 그렇게 했다고 한다면 수고가 헛되이 되지 않을 것이다. 그러나 나는 대중을 염두에 두고 여러분에게 말하노니, 교회를 위하여 그렇게 하는 것이 좋다. 여러분의 마음이 거룩하고 하늘의 영광으로 둘러싸여 있을 때 여러분의 양들은 그 열매를 따게 될 것이다. 여러분의 기도와 찬양과 가르침은 달콤한 것들이 될 것이며 하늘의 것으로 들려질 것이다. 그들은 여러분이 하나님과 아주 많이 대면하고 나온 것처럼 느끼게 된다. 여러분의 가슴에 품은 대부분의 것은 그들의 귀에 들려지는 대부분의 것과 같을 것이다.

나는 내 양무리들에게 내 자신의 영혼의 병든 모습을 심어주고 있음에 대하여 쓰라린 마음을 가지고서 솔직히 고백한다. 내 마음에 찬바람이 불어올 때 나의 설교 역시 찬바람이 났으며 내 마음이 복잡하게 될 때는 내 설교 역시 복잡하기 일쑤였다 …… 만일 우리가 정상적인 음식을 먹이지 못하고 오류가 많거나 아니면 열매가 없는 논증들로 먹인다면 청중들은 그것들 때문에 더 상한 음식을 먹는 것과 같은 것이다. 이와 반대로 만일 우리가 믿음에 굳게 서 있고 사랑과 열정으로 붙들려 있다면 우리의 성도들은 신선한 맛이 넘치는 음식을 얼마나 많이 배불리 먹겠는가! 그들 심령에서도 똑같은 은혜가 점점 늘어가는 모습이 역력히 드러나지 않겠는가!

사랑하는 형제들이여 그러므로 여러분 자신의 마음을 살피라. 육욕과 정욕을 멀리하라. 세상적인 경향에서 벗어나라. 그리고 믿음과 사랑과 열정의 신앙생활에 주력하라 …… 더 나아가 은밀한 중에 기도와 묵상하는 일을 더 많이 하라. 거기에서 여러분이 드릴 예물을 불태우는 하늘의 불을 지펴야 한다.[12]

백스터가 아주 잘 묘사해 놓은 책임있는 목회 사역은 결국 경건 생활이 목회의 많은 필요를 채워주게 되는 자원임을 잘 지적하고 있는 것이다. 왜냐하면 경건 생활은 언제나 사람을 개인 기도에 전념하도록 인도할 뿐만 아니라 마음 속에서 성경을 깊이 의존하는 가운데 토로하게끔 인도해 주기 때문이다.

경건은 끊임없이 우선 순위를 결정해야 할 때마다 설교자를 항상 지지해준다. 어떤 임무에 우선적으로 귀를 기울여야 하겠는가? 책임을 완수하는 데 있어서 언제나 지혜가 절실히 필요한 것이다. 물론 사역을 집행하는데 있어서 은혜로운 성향이 결핍되어서는 안 된다.

엿새 동안 창조하신 일을 쉬신 창조의 원리를 관찰해보면 거기에도 경건 문제가 관련되어 있다고 본다. 왜냐하면 경건한 사람은 안식과 휴양의 필요성에 복종할 것이기 때문이다. 하나님께서 제정하신 안식에 대한 조문에 성결치 못한 조항은 하나도 없다. 필자는 영국에서 다른 어떤 요소보다도 이 원리에 대한 인식 부족이, 유능하고 믿을 만한 사람들로 하여금 목회를 망치게 하고 목회 사역을 등지게 하는 결과를 초래하고 있음을 관찰했었다. 즉 이것은 보통 '과로'라고 불리지만 실지로 쉬지 않고 계속 일할 수 있다고 생각하는 사람들에게서 생기는 슬픈 결과이다. 자신의 생존을 지탱해 주지 못하는 경건은 균형 잡힌 경건이 아니다. 이 문제는 설교자가 받는 압박감을 고려하게끔 인도해준다.

3. 경건 생활에 지장을 주는 압박감들

존 칼빈(John Calvin)의 생애는 하나님의 사람에게 찾아오는 다양한 압박감들을 생생하게 설명해 준다. 이 압박감들은 심지어 가장 용감무쌍하며 아주 재능이 좋은 사람들마저 파괴할 수 있을 만큼 강렬한 것들이다. 칼빈은 그토록 절박한 고통을 당하게 하는 것이 무엇인지를 알았다. 사역에 대한 과잉 압박, 사별(死別), 자녀의 도덕적 타락, 너무나 예민한 반응을 나타내는 목회에 대한 두려움, 자기를 지지해 주는 자들의 실패 등이 경건 생활에 큰 손상을 주는 요인들이다. 그 중에서도 가장 심한 것은 너무나 가난하다는 것과 또는 아주 건강이 좋지 못한 점이라 하겠다. 물질적인 압박감과 관련하여 칼빈이 스트라스부르에서 빚을 안 지고 살기 위해서 책을 팔아야 했을 때와 제네바에서 목회할 때 처음으로 그가 봉급을 받은 것은 5개월이 지난 후였음을 기억하는 것은 큰 위로가 될 것이다. 압박의 고통과 방해받는 문제와 관련하여 제네바에서 돌아온 직후에 칼빈은 "내가 여기 도착한 이래로 아무도 찾아오지 않

아서 내가 방해받지 않는 시간은 단 두 시간도 안 되었다"라고 기록했다.[13]

이델레트 반 부렌(Idelette van Buren)과의 결혼은 칼빈에게 매우 행복한 순간이었다. 그러나 곧 사별의 슬픔을 겪어야했다. 첫아이가 그만 숨을 거두었다. 종교개혁자인 칼빈은 아들을 잃어버림으로 인해 아주 애통해 했다. 제네바에서도 그의 동료인 쿠롤(Courauld)이 죽자 그의 애도는 끝이 없었다.[14] 그러나 이 사별의 슬픔보다 더욱 이들 부부의 가슴에 못질을 한 것은 도덕적·윤리적 실패였다. 이델레트의 딸 유디스(Judith)가 간음죄를 범한 것이다. 그래서 개혁자 칼빈은 며칠이라도 쉬기 위해서 제네바를 떠나야 하는 슬픔을 겪었다. 이것은 그의 생애에서, 심지어 다른 투쟁 속에서도 경험하지 못한 것이었다. 도덕적 수치는 경건과 더불어 사랑 안에 거하는 영혼에게 특별히 큰 고통이 되는 것이다.

목회를 불안해 하는 점은 주로 비판을 듣는다든지, 설교자에 대해서 이러쿵저러쿵 말이 많다든지 또는 설교자를 반대하는 것, 분열, 싸움, 오해, 견디기 어려운 슬픔 및 더 잘 이해해야 할 사람들로부터 오는 부정적 반응 등에서 기인한다. 이것은 엄청난 압박이 아닐 수 없다. 이것은 설교자들에게 아주 크게 부각되어 나타난다. 칼빈의 경험이 이 주장을 뒷받침해 준다. 그는 파렐(Farel)에게 편지하면서 "매일 천여 번이나 사람을 괴롭히는 그 십자가를 지느니 차라리 백 번이라도 죽는 게 낫겠다"[15]고 말했다. 그럴 정도로 제네바에서 그의 목회는 어려운 것이었다.

우리 주님이 마신 고난의 잔 역시 견디기 어려운 것이었다. 베드로의 부인 사건과 유다의 철저한 배반 사건으로 말미암아 그가 마셔야 했던 그 잔은 그의 고통을 더욱 쓰라리게 했다. 친구들에 의해서 배신을 당할 때의 고통은 특별한 것이다. 만일의 경우라도 친구가 우리를 배신한다는 것은 생각하고 싶지도 않은 고통인 것이다(시 41:9; 109:4, 5). 칼빈 역시 그의 친한 친구인 루이 뒤 틸레(Louis du Tillet)가 가톨릭으로 전향하는 반역의 슬픔을 경험했다.[16] 칼빈이 신뢰하여 자신의 대학에서 강사로 기용한 카스텔리오(Castellio)는 재난과 쓰라린 곤욕을 안겨주었다.[17] 비록 사상자들이 있었다고는 하더라도 그 숫자는 평생을 신뢰하며 풍부한 교제를 나누었던 친구들의 숫자에 비하면 아주 적은 것이었다.[18]

건강의 은사를 받았거나 건강 관리를 잘 해나갈 수 있는 목회자는 현명한 사람이다. 때때로 건강이 좋지 못하다거나 몸이 말을 듣지 않아서 목회에 지장을 주는 경우를 칼빈 역시도 경험하였다. 칼빈은 "만일 내 상태가 지속적으로 죽음과의 투병이 아니었다면"이라고 편지하였다. 담석증, 신장결석증, 늑막염, 편두통, 궤양, 관절염 및 마지막으로 폐병 등은 놀랍고도 영웅적인 결단력과 함께 칼빈이 간직했던 육체의 고통스러운 병들이었다.[19] 칼빈의 경건 생활, 주 예수 그리스도와 나눈 그의 개인적 교제는 이런 모든 압박감들을 물리쳐 버린 비결이었다. 압박감들이 몰려올 때에 굳건히 서 있는 사례를 개괄적으로 살펴보았다. 여기에 질문이 하나 있다. 오늘날 목회를 파산지경에 이르도록 하는 원인들이 무엇인가라는 점이다. 우리는 목회자의 경건을 위협하는 최대의 적, 즉 그 대적[사단]이 목회자를 약하게 만들고 할 수만 있다면 넘어뜨리기 위해 사용하려고 하는 세력에 주안점을 둔다.

파멸은 자기를 부인하지 않고 사는 데서 생긴다. 월터 챈트리(Walter Chantry)는 자신의 소책자 「십자가 그늘」(*The Shadow of Cross*)에서 목회 사역의 어려움을 토로했다.[20] 이 책에서 그는 잘못에 빠져있는 설교자들에게 맹렬한 비판을 퍼붓는데, 특히 태만하거나 방종하는 설교자들, 게으른 설교자들에게 준열한 비판을 가한다. 이 책을 읽고 그의 분노를 비판적인 눈으로 대하기보다는 자신이 그가 지적한 죄악을 범하고 있지는 않은지를 살펴보는 것이 옳을 것이다. 특별히 미국 같은 데서는 이러한 현상이 아주 두드러지게 나타남을 누구도 부인하지 못할 것이다. 세계 다른 어느 곳보다도 북아메리카에는 설교자의 의식주 문제가 법적으로 충분히 보장되어 있다고 말할 수 있다. 물질주의가 팽배하고 쾌락을 추구하는 일들이 성행하며 경제적으로 급성장한 사회의 주변환경 등이 목회자의 경건 생활을 침식시키고 있는 것이다. 그런 영향들이 서서히 그리고 무의식중에 설교자들의 생각에 파고들어 세상적인 기준에 맞추려 하거나 방종하는 자리에 빠지게 되는 실수를 범하고 있는 것이다. 다시 말해서, 설교자가 세상을 변형시키기보다는 세상이 설교자를 더욱 변화시키고 있다는 말이다.

제3세계에서는 다른 측면에서 목회자의 경건 생활을 붕괴시키고 있는 것을 본다. 특히 설교자가 받은 교육의 여러 이점들이 차원 높은 유혹에 빠뜨리는 것을 본다. 때때로 그들은 세속적인 교육기관이나 단체에 시간강사로 고용되어 생활기반을 높여갈 수 있는 기회를 가지게 된다. 그들이 부여받은 목회의 소명은 상대적으로 가난하게 살아야 한다는 확고한 자기 부정을 내세운다. 특히 외국에 나가서 공부하게 된 설교자들에게는 외국에서 편안하고 안락한 생활 환경에 젖어서 살기 때문에 본국으로 귀국할 때는 원래의 본 환경으로 돌아가 가난한 환경에서 살게 된다. 그렇기 때문에 단호한 자기 부정은 절대 필요한 것이다. 만일 자신을 부인하지 못하게 되면 그들이 부여받은 거룩한 부르심을 손상하는 근거가 되기 쉽다. 그렇기 때문에 풍요로운 곳에서 살다가 곤핍한 자리에서 살게 될 때에는 깊은 기도로 심사숙고하며 처신해야 한다.

자기 부정에 대한 훈련은 합법적인 오락이나 흥미거리를 사용함에 있어서도 절대 필요하다. 예수님은 다음과 같이 경고하셨다. "홍수 전에 노아가 방주에 들어가던 날까지 사람들이 먹고 마시고 장가들고 시집가고 있으면서 홍수가 나서 저희를 다 멸하기까지 깨닫지 못하였으니 인자의 임함도 이와 같으리라"(마 24:38-39). 먹고 마시고 시집 장가가는 것들이 불법적인 행위들은 결코 아니다. 오히려 우리 삶에서 흔히 있는 일이 아닌가? 오히려 빌립보서 4:8이 가르치는 대로 그것들은 무엇에든지 참되며 경건하며 옳으며 정결하며 사랑할 만하며 칭찬할 만한 것들로 인정될 수 있는 것들이다.

그러나 문제는 이런 것들로 지나치게 방종하게 된다면 우리는 죄를 범하는 것이다. 우리는 좋은 오락을 자유롭게 많이 가질 수 있다. 그러나 어디에서 자신을 부인해야 하는가를 반드시 대답하며 살아야 한다. 실로 설교자들은 자신들이 다른 사람들에게 본보기임을 잊어서는 안 된다. 합법적인 모든 오락이나 흥미거리들을 신중히 잘라버리거나 점차적으로 줄여감으로 말미암아 다른 이들에게 용기를 북돋아 주며 힘을 줄 수 있는 다른 좋은 일들로 그 자리를 메워야 할 것이다. 설교자는 양무리들을 인도하며 좋은 본을 제공하는 존재여야 한다. 추운 겨울밤에 할 수 있는 유익한 일들이란 고난 중에 있는 고아나 과부들을 돌아보는 일일 것인가(약 1:27), 아니면 텔레비전을 시청하는 것인가?

그리스도인의 자기 부인 연습은 감정이나 욕구에 적용되는 것이며 또한 안락을 추구하는 것도 하나님의 뜻을 찾은 다음에 해야 할 일임을 의미한다. 자기 부인은 일상적인 생활에서 계속해서 나타나는 것이다. 우리 주님께서 자기를 따르라고 하실 때 자기를 부인하고 "자기 십자가"를 지라고 하셨다(참조. 눅 9:23-24). 그 때 제자들은 예수님이 로마인들이 사용하던 나무 십자가 형틀에서 숨을 거두게 되리라는 생각을 추호도 하지 못했다. 우리 주님께서(그것이 최고로 고통스러운 것이었음에도 불구하고) 십자가를 지셨던 것은 의도적이었다. 이것은 심사숙고하여 결정한 것이며 고의적이며 의도적이었고 엄청난 고통이 따르는 것임에도 불구하고 전혀 상관없는 듯이 지고 가신 십자가였다. 우리가 자기 부정을 이러한 방법으로 실천하고 있는가? 오늘날 이러한 범주에 자신을 헌신하여 살아가는 설교자들이 어디에 있는가? 우리는 너무나 자주 이 세상 쾌락을 따라 멋대로 사는 이웃들과 설교자들의 생활 사이에 조금도 다를 바 없는 삶을 발견하게 된다.

자기 부정은 소유물에도 적용된다. 음향기기나 멋있는 가구들 또는 오락 기구 같은 것들을 구입하려는 욕망은 한도 끝도 없다. 분수에 맞는 생활이 절대 필요하다. 탐욕을 억제하지 못하면 그것에 압도되고 만다. 필자는 미국 여행 중에 부자임에도 불구하고 돈을 더 긁어모으기에 몰두하다가 사직을 종용받은 설교자에 관해 들은 적이 있다. 부유한 나라에서는 설교자들이 호화스러운 것들을 장만하게끔 돈을 갖다주는 사람들의 밥이 되기 십상이며 또한 기부자들에게 속박당하는 위험이 늘 도사리고 있다. 그러므로 기부금이 참되게 쓰이는 곳이나 또는 긴급히 필요한 용도에 맞는 곳이 아니면 설교자 자신과는 전혀 관계없는 곳으로 돌려져야만 한다.

성경에 많은 곳에서 금식기도에 대하여 언급하고 있음에도 서구 교회를 보면 금식기도에 대한 생각이 희박하다. 청교도시대의 설교자들은 특별히 기도와 금욕을 위해 정해놓은 날 동안에 그들이 발견한 기쁨과 은혜가 어떠했는지를 나타내주고 있다.[21] 토머스 보스턴(Thomas Boston. 1700년경에 스코틀랜드 국경지대 에트릭에서 사역한 설교자-역자주)이 기록했던 것들이 오늘 우리의 일기장에도 기록되어 있는가? '9월 13일. 집에서 아무 일도 못하고 좌절에 빠져 있었다. 심프림(그의 첫번째 목회지로서, 에트릭으로 옮기기 전의 지역-역자 주)의 환경이 몹시 거북하고 만족스럽지 못하다. 이곳에서 나는 그리스도인으로서 내 자신의 발을 걸어 넘어뜨리는 모습을 발견한다. 이튿날 금식과 기도하는 시간을 갖기로 결심하였다."[22]

자기 부정을 위해 먹는 습관을 잘 길들이는 것은 설교자들에게 아주 적합하다. 동료가 있으면 좋은 습관을 들이기가 보다 쉬워진다. 동료와 함께 행동 규칙을 정해 놓으면 성공하기가 쉽다. 지나친 방임을 피하면 종종 한결 개선된 행동이 나온다. 이러한 관점에서 볼 때 빈곤한 나라와 지나치게 풍요로운 나라들이 공존하는 이 세상에서 경건 생활의 필요성에 대한 문제를 제기하는 것이 빗나간 것은 아닌 것이다. 이 주제가 로널드 사이더(Ronald S. Sider)가 쓴 「굶주림의 시대에 사는 부유한 그리스도인들」(*Rich Christians in an Age of Hunger*)이란 책에 잘 다뤄져 있다.[23]

신경과민으로 경건 생활이 파괴된다. 양 무리를 돌봄에는 정신적으로 심한 갈등을 당하는 설교자나 사모 혹은 그의 자녀들까지 포함된다. 분열과 투쟁, 질투 및 이기적인 야망들이 무질서를 초래하여 온갖 종류의 악한 일들을 자행하게 한다(약 3:16). 이러한 것들은 설교자에게 악몽이 될 수 있으며, 활동 영역을 제한하는 무거운 짐이 되기도 하며, 결국은 경건 생활을 붕괴시키는 결과를 초래하게 될 수 있다. 문제들은 인정사정 없이 쳐들어오기 때문에 어느 설교자든지 태만해 하거나 내 교회는 그렇지 않다는 안일한 자세를 취해서는 안 된다. 잔잔한 때를 만나면 감사할 일이지만 영적 전쟁도 늘 대비해야 한다(참조. 엡 6:10-18). 어떤 설교자들은 거센 파도를 잘 헤쳐나간다. 그들에게는 평정의 마음이 주어진다. 만사에는 때가 있기 마련이며 그들에게는 밤에도 단잠을 즐길 수 있다.

그러나 어떤 설교자들은 새벽 서너시에 잠이 달아나 걱정스럽게 앉아 있거나 매우 초조해 하는 것을 볼 수 있다. 여러 가지 치료방법을 사용하기도 하지만 전혀 도움이 되지 못한다. 심지어 간절한 기도마저도 그들의 근심거리를 해결해 주지 않는다. 결국은 지쳐 쓰러지게 되며 파멸의 자리에 이르게 된다. 그들 중 많은 분들이 설교자직을 사임하게 되는데 그것은 설교를 할 수 없어서가 아니라 정신적으로 육체적으로 찾아오는 긴장감이나 교회에서 일어나는 혼잡한 문제들을 잘 다루지 못하기 때문이다.

설교자는 목회 사역의 초기 단계에서 영혼들을 치료하는 의사라는 점을 명심해야 한다. 설교자의 소명에는 이것이 포함되는 것이다. 더욱이 목회자는 전 생애를 통하여 진전되는 성화의 한 양상을 소명과 더불어 고려해야 한다. 교회는 돌을 떠내는 채석장이지 완공된 성전이 아니다. 헤아릴 수 없는 고통과 아픔들이 주님의 진료소 곧 지교회에서 진료되어야 한다. 지교회를 허약한 자들을 위한 병원으로 유추하는 것은 부적절한 것이 아니다. 바울이 갈라디아 교회를 돌볼 때나 고린도에서 질병들을 바로 잡아나갈 때 그가 경험한 걱정거리들을 생각해 보라. 또한 그가 로마 감옥에 갇혀 적은 원조와 많은 낙담으로 고생하던 일을 상기해 보라.

어떤 의사가 (환자가 아프다고) 불평을 털어놓을 수가 있을까? 만일 환자를 돌보지 않는다면 의사는 무엇을 위한 사람인가? 이와 마찬가지로 영적 의사들도 생사 문제로 찾아오는 환자들을 돌보도록 부름을 받은 자들이다. 설교자의 소명은 이러한 문제들을 다루는 것이다. 그의 사역은 길르앗의 향유를 부어주는 것이다. 설교자로서 환부를 치료해 주는 것뿐만 아니라 보호해야 한다. 늑대들과 직면하는 것은 불쾌하기 그지없고 위험스러운 일이다. 그러나 경건 생활이 이런 문제들로부터 발생하는 온갖 것들을 대처해 나갈 수 있게 하는 충분한 힘을 제공해 줄 것이다.

경건 생활의 붕괴는 윤리적인 문제에 실패할 때도 찾아온다. 간음죄를 범하게 될 때 경건 생활에 제동이 걸리고 심한 압박을 받게 된다. 오늘날 설교자들 사이에 이 문제에 걸려있는 분들이 상당수가 된다. 설교자들 역시 다른 사람들과 마찬가지로 간음죄에 걸리기 쉽다. 여기에 자신있게 제외되는 지역이나 국가 및 교단이 있을 수 없다. 어떤 경우든지 이 죄로 인한 피해는 돌이킬 수 없는 것이다. 목회를 생각하는 한 성적 타락은 결국 파괴를 의미한다. 이 문제를 논하는 것이 달갑지 않은 주제인 것은 틀림없다. 그러나 이 문제를 회피할 수는 없다. 이 문제는 신실한 치료를 요한다. 시험에 들지 않도록 늘 주의를 기울여야 한다. 다윗이 범한 죄에 빠지지 않는 유일한 보증은 정결한 마음을 유지하는 것으로서, 이것이 경건의 필수적인 요소 중 하나다. "무릇 지킬 만한 것보다 더욱 네 마음을 지키라. 생명의 근원이 이에서 남이니라"(잠 4:23). 육체의 욕망과 관련하여 바울은 "그러므로 내가 달음질하기를 향방 없는 것같이 아니하고 싸우기를 허공을 치는 것같이 아니하여 내가 내 몸을 쳐 복종하게 함은 내가 남에게 전파한 후에 자기가 도리어 버림이 될까 두려워함이로다"(고전 9:26-27)고 선언하였다. 욥은 자기 눈과 언약을 세워 처녀에게 주목하지 않겠다고 했다(욥 31:1). 그의 마음뿐 아니라 그의 눈까지 지키는 자는 안전하리라 믿는다.

교만과 이기적인 야망이 붕괴를 초래하기도 한다. 설교자들은 사역의 속성이나 기능 때문에 영적 교만을 갖기 쉽다. 사역에서 오는 교만, 지적인 교만 또는 웅변술의 뛰어남에서 오는 교만 등이다. 사실 교만하게 될 것이라고는 아무것도 없다. 우리가 갖고 있는 것 중에 받지 않은 것이 무엇이겠는가? 설교자의 임무는 값없이 주시는 하나님의 주권적인 은혜를 붙드는 것이다. 이것은 구원이 공로로 말미암는 것이 아니요 은혜로 말미암아 주어진 것을 의미하는 것이다. 하나님은 우리에게 주권적으로 찾아오시고 자신과 자기 아들의 상속자로 만드심에 있어서 우리를 자유롭고 풍성한 자로 만드신다. 받는 자의 심령에 감사와 겸손만이 가득하게 된다. 모든 사람에 대하여 설교자는 겸손의 모범이 되어야 한다. 교만은 교만 죄로 인해 타락하게 된 루시퍼와 아담의 본성이며 그러한 죄를 범하는 이의 속성이다. 교만은 타락한 인간의 심성에 깊이 뿌리 박혀 있다. 설교자도 이에서 제외되는 것이 아니다.

우선 아첨을 통해서 오는 유혹을 살펴보기로 하자. 우리 중에 얼마나 많은 사람들이 헨리 마틴(Henry Martyn)이 고백한 다음과 같은 말을 할 수 있겠는가? "사람들은 종종 나를 감탄해마지 않는다. 사실 싫은 소리는 아니다. 그러나 내가 느낄 정도로 기분 좋게 하는 것을 나는 몹시 싫어한다."[24] 그는 사도행전 14:13, 14에 기록된 대로 루스드라에서 사람들이 바울과 바나바에게 예배하기 위하여 제물을 바치려는 장면을 주해하면서 아주 깊은 통찰력으로 이 문제를 다루고 있다. 그는 이렇게 기록한다:

흔히 사람들은 찬사를 돌릴 때 잘 받아들인다. 이것은 그리스도의 사역자로서 충성심이 얼마나 되는지를 측량해 보는 시금석이다. 우리는 우리에게 돌아오는 수없는 찬양을 거절함으로 우리 자신의 가치를 나타낸다.

왜냐하면 우리는 우리 자신들을 어리석은 존재로 만들지 않기 때문이다. 그러나 그 찬사가 기가 막히게 멋있고 미묘한 것이며 기교로 장식된 향기로 들려올 때 우리가 그것에 도취되어 우리 자신을 고통에 빠뜨리지 않게 되는 것이란 좀처럼 드문 것이 아닌가.[25]

지적인 교만은 특출난 대적이며, 높은 학위를 취득한 자에게는 특별히 위험한 것이다. 그런 사람들은 자신들이 배운 학문 때문에 타인의 부러움의 대상이 되는 것을 좋아하며 그들이 지닌 놀라운 지식 때문에 존경받기를 좋아하는 자들이다. "참으로 박식하다!"라는 칭찬을 그들은 듣기를 좋아한다. 이러한 교만의 희생자가 되는 것은 참으로 끔찍한 일이다. 왜냐하면 교만은 지적 능력과 명석함의 모든 영역에서 몹시도 뛰어난 사단의 주요 죄목이기 때문이다. 기독교 교회가 여러 경우에서 지적인 교회로 지향하려는 경향이 짙다. 또한 대부분이 높은 학문으로 인해 칭찬과 찬사를 받게 됨을 인식하고 있다.

그러나 모세가 광야에서 40여년간 배운 인내와 겸손과 온유의 학위를 받은 것을 기억할 필요가 있다. 모세의 온유함은 누구의 추종도 불허한다. 오늘날 어떤 학위가 겸손과 같은 인격적 자질을 길러줄 수 있겠는가? 동기에 대한 문제 제기는 매우 중요하다. 설교자에게는 이기적인 야망을 채우기 위해 산다는 것이 불가능하다. 세속적인 직업, 특히 은행이나 금융조합 같은 곳에서는 그러한 것들을 교육하지만 설교자에게는 그런 교육을 시키지 않는다. 물론 어떤 교단은 거쳐야 할 사다리가 있기는 하다. 사람들은 작은 교회에서 큰 교회로 옮겨가기를 좋아한다. 한 사람의 능력에 대한 적절한 평가나 그 능력을 충분히 활용하려는 욕망은 선한 것이다(롬 12:3; 딤전 3:1). 그러나 얄팍한 이기적인 야망은 자기숭배이며 가증스러운 것이다.

파멸은 진리와, 은혜의 방편으로 주어진 원리를 믿지 않는 데서 기인한다. 붕괴의 한 원인으로 윤리적 타락을 예로 들었다. 이것은 종종 이 문제와 더불어 발생됨을 보여준다. 물론 도덕적 타락과 영적인 패배는 직접적으로 경건 생활과 관련이 있다. 경건이란 영혼의 안내자요 후원자일 뿐 아니라 목회사역을 윤택케 해 주는 자이다. 경건은 진리에 대한 뜨거운 사랑을 내포하고 있다. 하나님께서 진리를 사랑하심과 같이 그리고 진리의 방편들을 사랑하신 것처럼 설교자들도 그래야만 한다.

거룩케 하는 진리를 전적으로 의존하는 것(요 17:17)과 은혜의 방편으로 지정된 것을 굳게 붙드는 것(행 2:42)은 특히 어둡고 황량한 시기에는 더욱 어려운 일이다. 교회의 역사를 보면 복음주의 설교자들이 한두 가지 이단사설에 빠지게 되었을 때 기울어지는 시기가 종종 나타남을 본다. 합리주의와 유니테리언주의가 유행하던 시대에 나타났던 어두운 면을 생각해 보라. 시대 사조에 타협하지 않고는 도저히 배기기가 힘든 그런 때에 경건은 설교자를 구출해 준다. 크리스마스 에반스(Christmas Evans)의 일생은 이 점을 잘 설명해 준다. 그는 당시에 메마르고 황량한 산드만주의(Sandemanianism)에 빠져 있었다 (산드만주의는 존 글라스가 창설하고 로버트 산드만이 체계를 세운 이교 집단으로서, 약 200여년 전 스코틀랜드에서 발생했으나 미국에서 번성하여 지금도 그 잔재가 남아 있다. 소위 성경애호가들이었던 그들은 믿음이 구원의 한 방편이라는 칼빈주의 교리를 반박하고 그리스도의 사역에 강조점을 두었으며 유아세례 및 세족식을 교회의 예식으로 제정하였고 근친 결혼을 허용했다. 또 국교회제도를 반대했다—역자주). 에반스는 오랜 세월을 어둡고 냉랭하게 보내면서 그의 사역의 비통한 모습을 다음과 같이 기록하였다.

산드만 이단 사상은 내게 죄인들을 위한 기도를 단절하도록 영향을 미쳤다. 또한 이 사상은 나로 하여금 하늘 나라의 아주 중요한 국면들을 하찮은 것으로 여기고 하찮은 것들을 크게 간주하도록 만들었다. 나는 죄인들이 회개하고 그리스도에게로 돌아오게 하는 일을 위하여 강단에서의 열심, 자신감 및 정열로 옷 입었던 능력을 상실해 버렸다. 내 심령은 어느 정도 점점 퇴보를 했고, 선한 양심의 증거는 실감할 수가 없었다. 주일날 설교를 하고 난 후와 그날에 노출된 오류를 신랄하게 비난하고 나면 주일마다 내 양심은 괴롭기 그지없었고 내가 하나님과 가까이 함과 동행함을 상실했다고 꾸짖었다. 그러한 것들은 교회를 무너뜨리는 엄청난 재난이었다. 앵글시에서 나는 회중을 거의 다 잃어버렸다. 따라서 15년이나 걸려서 세운 교회를 완전히 다 황폐케 했다.

그는 옛 경건 생활로 완전히 그리고 갑자기, 영광스럽게도 되돌아왔다. 그의 회복 이후에 기록한 그 글을 보면 역동적인 모습을 보게 된다.

나는 그리스도와 그의 희생 및 성령의 사역을 향하여 가진 냉랭한 마음에 지쳐 있었다. 강단에서나 은밀한 중에 있는 곳에서나 공부하는 곳에서 늘 지니고 있던 냉랭한 마음에 싫증이 났다. 이전의 15년 동안은 마치 예수님과 함께 엠마오로 가는 제자처럼 마음이 뜨거웠었다. 내가 지금도 생생하게 기억하는 것은 어느 날 돌겔라우에서 맥켄레스로 가는 도중이었던 것 같다. 그때 케이더 이드리스로 향하여 올라가고 있었는데, 나는 꼭 기도해야만 한다는 의무감을 느끼게 되었다. 그러나 내 마음은 몹시 무거웠고 내 영은 세상적인 것으로 꽉 채워져 있었다. 예수님의 이름으로 기도를 시작하자마자 나를 묶어놓은 족쇄가 풀어지고 이전의 무거웠던 마음이 부드러워지는 것을 느꼈다. 마치 나는 산 위에 쌓인 얼음이나 눈이 나와 더불어 녹아 내리는 기분이 들었다. 이것은 성령의 약속 안에서 내 심령에 자신감을 불러 일으켰다. 나의 심령이 어떤 무거운 쇠사슬로부터 풀려 나온 것을 느꼈다. 눈에서 눈물이 펑펑 쏟아졌다.

나는 내 영혼에 하나님의 구원의 기쁨을 회복시키시며 전에 사역하던 앵글시의 교회로 되돌아가게 하는 하나님의 은혜로운 방문을 위하여 부르짖도록 강권함을 받았다. 나는 나의 부르짖음을 통하여 성도들과 모든 교회들을 품에 안았다. 또한 모든 사역의 이름이 내포하는 일들을 다 수용하였다. 이 씨름은 세 시간 동안이나 계속되었다. 이것은 내 본성이 통회자복함으로 믿음의 자리에 있을 때까지, 한 파도가 지나가면 또 다른 물결이 오듯, 또는 강한 바람에 의하여 잔잔한 물결이 하늘로 치솟듯이 계속 반복하여 일어났다. 나는 내 자신을 그리스도에게 위임하였다. 내 몸, 내 영혼, 내 재주, 노력 및 나에게 남아있는 모든 날, 모든 시간과 내가 돌봐야 하는 모든 것을 그리스도 앞에 쏟아놓았다. 그 길은 산악으로 가는 길이요 고독한 길이었다. 나는 완전히 혼자였다. 하나님과 싸우는 이 씨름을 어떤 방해도 없이 견디었다.[26]

4. 경건의 모범과 능력 있는 경건의 근원이신 주 예수 그리스도

우리가 따라야 할 모범이 되기에는 그리스도가 우리와는 너무나도 다른 범주에 속해 있다고 생각한다. 그 이유는 그리스도께서 두 가지 속성 즉 신성과 인성의 완전한 통일성을 지니셨기 때문이다. 그러나 그 두 가지 속성이 분명히 다른 것임을 기억해야 할 필요가 있다. 뿐만 아니라 그 두 속성이 어떻게 상호작용하는지를 살펴보는 것 역시 우리의 의무요 권리이다. 주님의 신성 문제를 주로 다루던 시대가 있었다. 우리는 주님의 놀라운 기적의 사건들 속에서와 예수님의 "나는 … 이다"라는 선언에서 그가 독특한 신적 존재임을 알 수 있다.

반면 다른 곳에서는 주님이 시장해 하시고 목말라하시고 피로해 하시는 모습도 본다. 주님은 우리가 당하는 육체적인 갈등뿐 아니라 우리가 당하는 요구 사항보다도 훨씬 더 많은 문제의 도전을 받으셨다. 그런 모든 문제들을 주님은 개인적인 기도 시간에서 해결하셨다. 주님은 우리가 당하는 모든 고통을 알지 못하는 초인간이라는 생각은 잘못된 사상이다. 성경은 그가 그렇지 않은 분임을 선언하고 있다. 그분은 우리의 연약함을 체휼하시고 우리처럼 모든 일에 한결같이 시험을 받은 자이나 죄는 없는 자이시다(히 4:15). 성경은 성결의 표본으로서(요일 2:6), 고난을 참는 본으로서(벧전 2:21) 그리고 사랑의 모범으로서(엡 5:2) 그리스도를 따르도록 용기를 주고 있다. 복음의 사역자들은 지도자들이다. 그러므로 그들은 인도하는 양 무리의 본이 되어야 하며 하나님을 본받아 사는 일에 두드러져야 하는 것이다(엡 5:1).

지금까지 경건과 성결을 추구하는 문제를 이미 다루었다. 이제는 설교자들이 그리스도를 닮는데 열심을 내는 일에 초점을 모아보자. 즉, 사랑, 자기 희생, 기도와 금식, 겸손 및 남들을 섬기는 일과 믿음을 지키는 일 등에 있어서 설교자들은 사력을 다해 예수님을 주의 깊게 살핀 후에 우리에게 능력을 부어 주시는 주님을 관찰하게 될 것이다.

그리스도의 경건의 모범

사랑. 온갖 종류의 죄인들을 위한 그리스도의 사랑을 죄인들을 고쳐주시고 변혁시키는 그분의 열정이 잘 입증한다. 그의 주권적인 은혜에 대한 실례를 찾아 본다면 그것은 거라사의 더러운 귀신들린 사람을 고쳐 주신 사건이다(막 5:1-20). 우리가 타락한 피조물들의 가장 부패한 모습과 비천한 모습을 볼 때마다 그리스도께서 가지셨던 사랑을 경험하는가? 겉으로 볼 때에 아무 쓸모 없는 형편 없는 환자들, 특히 마약중독자들과 같은 이들을 전적으로 개선해 보려는 어떤 노력을 시도하려고 준비하고 있는가? 그리스도의 사랑은 우리로 하여금 복음을 전하는 데 동기를 부여해 주는 요소이다. 이 사랑은 이미 구속 받은 사람들을 위한 것이기도 하다.

사랑이란 추상적인 감상이 아니고, 지식과 관찰을 통해서 기능을 발휘하는 것이다. 거기에는 많은 요소들이 내포된다. 그리스도는 지적으로 사랑하셨다. 예를 들면, 예수님은 젊은 부자 청년을 바라보시고 그를 사랑하셨는데 그 역시 하나님의 형상으로 지음 받은 존재이나 타락했기 때문에 구속의 필요를 내다보시고서 그를 사랑하신 것이었다(막 10:21). 예수님은 지식(에피그노시스)과 분별력과 판단력을 가지시고 사랑하셨다. 이것이 빌립보서 1:9의 가르침이다. 예수님이 요한을 사랑하신 것은 다른 사람들과는 특별한 것이었다(요 13:23). 베드로 역시 다르게 사랑하셨다. 그 사랑은 베드로가 타락한 후에 그를 갱신시키시려는 의지가 담긴 예수님의 사랑이다(요 21:15). 주님은 자기 백성들을 사랑하시되 끝까지 사랑하셨다. 우리는 하나님이 자기 백성들을 사랑하시는 은혜로우시고 만족스러우신 사랑과, 모든 사람을 다 사랑하시는 참된 하나님의 친절하신 호의적인 사랑을 구분해야 한다. 예수님은 예루살렘 도성에 있는 죄인들을 사랑하셨다. 그들을 향해 장차 임할 진노를 염두에 두시면서 눈물을 흘리셨다(눅 19:41). 주님이 사랑하시고 끝까지 사랑하시는 것처럼, 우리도 사랑하도록 능력을 공급해 주시는 모범을 예수님 안에서 발견하게 된다.

목회 사역에 있어서 이 문제에 대한 실제적인 중요성은 과장되게 표현될 수 있는 것이 아니다. 교회의 존폐를 좌우하는 진리나 원리 원칙이 문제가 되어 분열이나 다툼을 겪게 될 때에, 같은 동료 그리스도인을 사랑한다는 것이 얼마나 어려운 일인지 모른다. 때때로 성도들은 교회를 갈라놓는 죄를 범하게 된다. 억지를 부리거나 비열한 행위, 다툼, 질투 및 완악이 이 문제를 악화시키는 것이다. 그런 상황하에 있는 '양들'을 사랑한다는 것은 진짜 어려운 일이다. 그러나 하나님의 사랑은 언제나 우리가 본받아야 할 모범이다(엡 5:1, 2; 요 13:34, 35). 하나님은 그의 백성들을 사랑하시기를 결코 쉬지 않으신다. 예수님은 제자들의 미성숙함과 이기적인 야망에도 불구하고 그들을 사랑하셨다(마 20:24-28). 설교자는 특별히 양 무리들 가운데 제멋대로 날뛰는 자들을 바로잡아 훈계하는 일이 있을 때에 사랑의 본보기로서 사랑을 듬뿍 비추어 주는 것이 매우 중요한 일이다(갈 6:1; 딤후 2:24). 화가 치밀어 오르는 상황에서도 온유와 부드러움으로 격노를 참을 수 있기 위해서는 경건 생활로 잘 훈련되어야만 한다.

자기 희생. 세상의 모든 것들을 다 버린다는 것이 예수님의 제자들에게 무엇을 의미하는 것이었는가?(마 19:27) 오늘날 얼마나 많은 설교자들이 그처럼 생각하고 있을까? 설교자가 되려고 열망하는 젊은이들 중 얼마나 많은 젊은이가 앞에 놓여 있는 결혼 문제를 생각할까? 이런 문제는 대부분의 사람들이 종교개혁 이전에 잘못 지도된 것으로 간주할 것이다. 그러나 우리 주님은 그 문제를 아주 심각하게 언급하고 계신다. "천국을 위하여 스스로 고자된 자도 있도다. 이 말을 받을 만한 자는 받을찌니라"(마 19:21).

종교개혁이 있기까지 부와 결혼을 포기하는 형태의 자기 희생은 백 배의 결실을 수확하는 방도로 간주되었다. 예를 들면, 수도원 제도의 시조인 안토니우스(**Antony**)는 예수님이 부자 청년에게 하신 말씀을 바로 자신에게 한 말씀으로 생각했다. 그래서 즉시 그는 자기 아버지로부터 받은 엄청난 재산과 부동산 중 자기 여동생을 위한 적은 분량만 남겨놓고 나머지를 그 마을에 사는 모든 주민들에게 분배하였다.[27] 필자의 경험 중에도 필자가 아는 어떤 한 분이 비록 안토니우스가 한 것처럼 철저한 금욕주의적 삶을 택하지는 아니했으나 희생에 대한 본보기로 그의 많은 재산을 지혜롭고 관대하게 교회에 기부하였던 것이다.

우리 주님에게 있어서 자기 희생의 참된 의미는 자기 자신을 내어 주는 것이었다. 주님은 다른 이들을 섬기는 일에 온 정력을 다 쏟으셨으며 궁극적으로 생명까지도 희생하셨다. 그는 자기의 생명을 우리를 위하여 내어주셨다. 요한은 그렇게 하도록 한 것이 바로 사랑이라고 말했다. 그가 우리를 위하여 목숨을 버셨기 때문에 "우리도 형제들을 위하여 목숨을 버리는 것이 마땅하니라"(요일 3:16).

이런 자기 희생의 진수는 다른 사람들을 섬기는 인내에서 찾을 수 있다. 보상을 바라고 섬기는 자세가 아니라, 또는 동료로부터 잘했다고 칭찬을 받기 위해서가 아니라, 바로 그리스도께서 우리의 모범이기 때문에 그렇게 하는 것이다. 만일 우리가 겸손하게 살고 또한 우리가 소유한 모든 것이 하나님의 영광을 위하여 사용하도록 주신 선물인 것과 그가 주시는 상급을 위하여 일하는 것으로 인식한다면 결코 모순된 삶이 아닐 것이다(25:34-36; 고전 4:5).

윌리엄 틴들(William Tyndale, 1494-1536)처럼 희생제물이 됨으로 자신의 목숨을 버리는 것이 가능하다. 또는 맥체인(McCheyne 1913-1943)이나 토머스 헬리버튼(Thomas Halyburton, 1674-1712)처럼 열정의 제단 위에 자신의 생명을 불태우는 것도 가능할 것이다. 화이트필드(Whitefield)나 스펄전(Spurgeon)도 그들 자신의 육체적인 한계를 넘어서까지 온 정력을 다 쏟은 사역자들이었다. 그 결과 그들은 모두 단명했다. 우리가 일정한 간격을 유지하면서 우리에게 주어진 역량들을 따라서 오랜 기간 동안 좋은 일을 더 많이 하는 것이 좋은지 아니면 우리의 건강을 해칠 정도로 무리하게 일하는 것이 나은 것인지는 개개인이 처해 있는 상황에 달려 있다. 때때로 사람들은 기회가 많지 않음을 생각하거나 혹은 기회가 아주 많이 있다고 간주하기 때문에 생각 여하에 따라서 행동을 한다. 성경 번역 작업과 같은 학문적인 일에 관여하는 자들은 그들의 사역이 최대한의 유익을 주는 것이 되도록 시간 조절을 늘 염두에 두어야 한다. 어떠한 설교자도 장래를 알 수 없기 때문에 자신을 기쁘게 내어주려는 정신으로 교인들을 섬기고 하나님의 뜻에 전심으로 헌신하는 데 주력해야 한다(롬 12:1-2).

기도와 금식. 예수님의 기도 습관은 요한이 자기 제자들에게 기도를 가르친 것과 같이 그의 제자들에게도 기도를 가르쳐 달라는 요청을 자아내었다(눅 11:1). 만일 요한의 기도가 그의 설교와 같은 어떤 것이었다면 왜 그것이 언급되어야 했는지를 이해할 수 있을 것이다. 오늘날 설교자들의 기도 습관이 과연 주인이신 예수님을 닮은 것인지 아닌지를 직접 자문해 보자.

기도에 관한 한 중요한 양상은 기도가 하나님을 의존하는 표현이라는 것이다. 병을 고치시든지(막 7:34) 또는 세례를 받으실 때(눅 3:21) 우리 주님은 기도하셨다. 중보 기도의 이 양상은 이것이 계속해서 잘 실천될 때까지 계발할 수 있는 것으로 본다. 아직도 어두움이 깔려있을 때 주님이 아침 일찍 일어나셔서 집을 떠나 한적한 곳에 나가 기도하신 모습을 발견할 수 있다. 결국은 베드로와 다른 제자들도 예수님을 따라 나서게 되었다(막 1:35-36). 이 장면에서 우리가 배울 교훈은 때때로 홀로 있게 되는 철저한 행동을 취하는 것이 필요하다는 것과 단호한 중보 기도가 방해받을 가능성을 피하여 저 너머에 홀로 기도하는 시간이 필요하다는 것이다.

금식 기도와 관련하여 오늘날 목회사역에 종사하는 분들이 40일 동안 광야에서 금식 기도를 하신 예수님의 모범을 따르는 일이 흔히 있음직한 것은 아니다(마 4:2). 금식하고 기도하며 밤낮으로 하나님을 섬기던 안나를 성경에서 찾아볼 수 있다. 그러나 오늘날은 금식의 원래 의미가 사라진 것 같다(눅 2:37). 귀신을 쫓는 능력(마 17:19), 인도에 대한 확신, 영의 자유함, 설교의 능력, 심신의 단련, 위기에 대한 극복, 육체적인 복지 및 은혜 안에서의 성장 등이 금식 기도를 함으로 얻어지는 특권과 축복이다.[28] 만일 회중이 이 금식 기도에서 은혜를 받는다면 그들은 지도력을 필요로 할 것임이 분명하다.

겸손히 그리고 기쁜 마음으로 다른 사람들을 섬김. 사도시대에는 손님들의 발을 씻어주는 것이 종들에 의해 시행된 가장 겸손한 봉사 중의 한 가지였다. 바로 그것을 주님은 친히 죽기까지 복종해야 하는 그의 위대한 낮아지심을 표현하기 위해 친히 채택하셨다.[29] 그리스도께서 교회의 주가 되심은 그의 겸손을 기초로 한 것이다(빌 2:6-11). 예수님의 행위를 반대한 베드로는 이 원칙의 토대에 부닥친 것이었다.[30] 구속적인 가르침뿐 아니라 직접적인 현장 실습 교육을 세족식으로부터 끌어올 수 있다(참조. 요 13:6-10). "내가 너희에게 행한 것같이 너희도 행하게 하려 하여 본을 보였노라"(15절). 우리 주님은 여기서 그의 제자들이 겸손한 섬김에 필요한 모든 행동을 서로에게 행하라고 의도하신 것으로 결론을 지을 수 있다. 심지어 가장 작은 일이나 하찮은 종노릇까지도 겸손히 수행하는 것이다. 그러한 행동을 위하여 제자들은 신속히 준비 태세를 갖추어야 했다.

목회 사역을 하다보면 많은 경우가 시간만 낭비하는 것처럼 보이며 교회 성장에 지장을 주는 듯한 일들이 일어난다. 예를 들면, 설교자들은 이 세상에 아무런 영향을 주지도 못하며 교회를 유익하게 해 주지도 못하는 노인들이나 환자들의 필요를 채워 주도록 부름을 받는다. 그럴지라도 거기에서 그리스도의 이름으로 섬기는 일을 기꺼이 해야 하며 시간을 희생하는 일이기 때문에 싫증을 내기보다는 오히려 즐거운 마음으로 해야 한다. 섬기는 일에 필요한 이 정신은 대단히 중요하다. 우리 주님께서 "먼저 된 자로서 나중 되고 나중 된 자로서 먼저 될 자가 많으니라"(마 19:30)고 말씀하셨을 때에 그는 분명히 두 가지 종류의 섬김에 대해서 말씀하고 계시다.

바리새인인 시몬처럼 유능하고 존경받는 지위에 있고 사리판단에 밝고 노력파이면서도 돌같이 굳은 마음을 소유한 자요, 율법주의적이며 온화하지 못한 종류의 사람들이 있다. 반면에 열정적인 헌신과 기쁜 마음으로 섬기는 마리아와 같은 사람들이 있다. 더러는 아주 비판적인 형님의 정신을 가진 자들도 있다. 또한 새로운 마음을 가지고 되돌아오는 탕자의 정신을 소유한 자들도 있다. 우리는 겸손과 즐거움으로 봉사해야 할 뿐 아니라 열심히 섬겨야 한다. 잘못된 동기는 모든 것을 손상시킨다. 우리는 허영이나 자기 본위의 자세를 버려야 한다. 우리가 행한 엄청난 많은 일들이 만일 마지막날에 우리 자신의 영광을 위하여 한 것으로 드러나게 된다면 쓸데없는 것들이 되고 만다. 그러므로 우리는 즐거운 마음으로 봉사하도록 도우시는 성령님에 의하여 계속적인 경건 생활의 필요를 절감해야 한다. 그 기쁨은 우리의 힘인 동시에(느 8:10) 그것은 불가항력적인 힘이다. 가장 겸손히 그리고 머슴처럼 남을 섬김에 있어서 기쁨으로 다하는 자들에게 감히 누가 무슨 말을 할 수 있겠는가?

끝까지 견디게 하는 믿음. 지금까지 목회 사역에 종사하는 분들에게 임하는 엄청난 압박과 유혹들을 다루어왔다. 교회 안에서 발생할 수 있는 분쟁 외에도 아무런 수확도 없이 부담만 되는 시기가 있다. 진척되는 아무런 증거도 눈에 보이지 않고 힘겹게 일하는 기간이 오랫동안 지속될 수가 있다. 목회 초년생들이 새로운 지역의 교회 설교자로 부임되어 가게 될 때 새로 임한다는 열심 때문에 의욕적으로 일하게 되지만 풀리지 않는 고통스러운 문제들을 하나씩 발견하게 된다. 그 결과 몇 달이 지나고 몇 년이 지나도 조금도 회심자가 늘지 않는 열매없는 가혹한 시간들이 찾아 온다. 거기에다 설교자에게 실망을 당해 교회를 떠나는 성도들이 있을 때 당하는 고통이 있다.

물론 종종 사람들은 성경에 근거하기보다는 전통에 젖어서 습관적으로 교회에 온다. 필자가 아는 어떤 설교자는 처음에 120명의 성도에서 30명 성도로 폭싹 줄어 들었다가 나중에는 점차적으로 90명까지 올라섰다. 교회를 떠난 무리들은 그 설교자의 바른 교리적 가르침과 강해설교적 사역에 반감을 품고 떠난 자들이었다. 성도 수가 줄어드는 시기 동안에 우리를 지켜 주는 것은 과감한 결단력과 불굴의 정신력을 요구하는 믿음이다.

성도들의 거부를 통해서 오는 심령의 아픔을 우리 주님은 아셨는가? 물론이다. 주님 주위에 몰려든 수많은 군중들은 아침이슬처럼 사라져 버렸다. 한번은 많은 무리가 따르다가 다 예수를 버리고 가버렸다. 그때 열두 제자를 돌아보시면서 "너희도 가려느냐?" 하고 물으셨다(요 6:67) 중생의 능력을 보유하신 주님의 설교를 듣고 중생의 대열에 끼게 된 무리들이 많지 않았다. 갈릴리에 500명이 모였고(고전 15:6), 예루살렘에 120명이 모였던 사실은 만유의 주재이신 신인(神人)께서 땅에 계실 때는 친히 주장하지 않으셨던 것을 하늘에서 내리기를 기뻐하신 제한적인 성공을 증거한다.

목회자들에게 낙담은 흔히 일어나는 일로서 가혹할 만큼 심각할 때도 있다. 대다수의 목회자들이 이 문제로 바짝 긴장된 싸움을 한다고 이구동성으로 고백한다. 우리의 구속자 예수님도 이러한 실의에 빠진 일이 있었는가를 우리는 물어보아야 할 것이다. 문자적으로 낙담이란 말은 용기나 자신감을 빼앗겼다는 뜻이다. 그러므로 여호와의 종이 실의에 빠졌다고 말하는 것은 정확한 표현이 아닌 것 같다. 그러나 이런 슬픔은 잘 표현되어 있다.

그러나 나는 말하기를 "내가 헛되이 수고하였으며 무익히 공연히 내 힘을 다하였다 하였도다. 정녕히 나의 신원이 여호와께 있고 나의 보응이 나의 하나님께 있느니라"(사 49:4).

이 말씀에는 실망도 솔직히 표현되지만 믿음의 선언도 담겨 있다. 주님은 최후의 상급을 내다 보셨다. "저는 그 앞에 있는 즐거움을 위하여 십자가를 참으사 부끄러움을 개의치 아니하시더니"(히 12:2). 그는 최후의 결과를 바라보았다. 거룩한 도성, 세계적인 수확 시기를 바라보신 것이다. 주님은 다음과 같은 약속을 알았다.

> 그가 가라사대 네가 나의 종이 되어 야곱의 지파들을 일으키며 이스라엘 중에 보존된 자를 돌아오게 할 것은 오히려 경한 일이라. 내가 또 너로 이방의 빛을 삼아 나의 구원을 베풀어서 땅끝까지 이르게 하리라(사 49:6).

실망의 어려운 처지에서 믿음을 발휘하는 것은 설교자의 사역 중 핵심적인 부분이다. 이 점에서도 우리의 대 목자이신 예수님은 우리의 모범이 되신다. 성육신하신 아들 그 자신이 몹시도 뛰어난 믿음의 사람이다. 이것이 바로 성경이 그를 가리켜서 "믿음의 주요 온전케 하시는 이"라고 말씀한 의미인 것이다.[31] 주님의 믿음은 아버지 하나님을 온전히 신뢰한다는 특색을 갖고 있다. 또한 우리가 이미 살펴본 것처럼 기도에도 믿음이 표현되어 있다. 예수님을 바라본다는 것은 믿음에 대해서 최상의 전문가이신 그분을 바라본다는 것이다. 믿음으로 산다고 하는 것이 무엇인지를 잘 입증하고 계신 주님을 보는 것이다. 그는 우리가 따라가야 할 모범이시며 우리에게 능력을 수여해 주신 분이시다. 이제 능력을 수여해 주시는 문제를 다루어 보자.

그리스도 — 경건의 능력의 출처

어떤 주제들이 핵심적인 부분들을 좀 효과있게 하다 보면 상당히 진부해 보이며 흔해 빠진 주제를 다루는 것 같은 생각이 든다. 그러나 우리가 중요한 이 주제와 또한 아주 잘 알려진 성경 본문인 요한복음 15장(예수님과의 연합)과 빌립보서 4장 13절("내게 능력 주시는 자 안에서 내가 모든 것을 할 수 있느니라") 등과 같은 중요한 내용을 취급하려고 할 때 과거 훌륭한 설교자들이 그들 생애 전반에 걸쳐서 아주 핵심적이고도 중요한 주제들을 철저히 다루어

왔다는 사실을 상기할 필요가 있다. 조지 화이트필드(George Whitefield)나 존 머리(John Murray) 같은 이들은 이러한 원리에 순응한 좋은 본보기들이다.

우리의 당면 과제는 그리스도로부터 영적 능력을 공급받아서 성결한 삶을 살도록 이끄는 것과 능력 있는 설교를 선포하도록 이끌어 주는 것이다. 첫번째 과제(성결한 삶의 능력)는 후자(설교의 능력 있는 선포)를 유지하고 떠받쳐 준다. 이 능력은 우리가 그리스도 안에 거할 때만 즐길 수 있는 것이다. 이 말은 계속해서 그리스도와 인격적인 친밀한 교제를 유지하는 것을 의미한다. 이런 연합 관계 또는 동반자 관계는 사도 바울에게서 아주 멋있게 상술되고 있다. 그의 회심 이후부터 그리스도는 바울의 모든 길에 함께 동행하시며 결정적인 순간마다 바울이 필요한 모든 힘을 공급해 주시는 분으로 묘사된다. 여러분은 바울이 예루살렘에서 당한 호된 시련을 기억하는가? 바울이 사람들에게 찢겨지려는 순간 천부장의 명령으로 아슬아슬한 상황에서 구출함을 받았다. "그날 밤에 주께서 바울 곁에 서서 이르시되 담대하라 네가 예루살렘에서 나의 일을 증거한 것같이 로마에서도 증거하여야 하리라 하시니라"(행 23:11).

풍랑이 일고 위기에 처했을 때에 확신에 찬 이 위안의 말씀이 얼마나 놀라운 것인가! 이런 동반자 관계는 바울의 마지막 시련에서도 잘 설명되고 있다. 모든 사람이 다 바울을 버리고 갔을 때 바울은 "주께서 내 곁에 서서 나를 강건케 하심은 나로 말미암아 전도의 말씀이 온전히 전파되어 이방인으로 듣게 하려 하심이니 내가 사자의 입에서 건지웠느니라"(딤후 4:17)고 증거하였다.

바울이 사용한 "나를 강건케 하심은"이란 말은 '능력을 주셨다'(에네뒤나모셴, enedunamosen)라는 말이다. '뒤나미스'란 말은 어떤 것을 성취할 수 있는 본래부터 타고난 한 사람의 영적·육체적 또는 정치적인 역량을 지칭한다. 모든 능력의 근원이신 그리스도는 말과 행동에 있어서 권세가 있었다(눅 24:29).[32]

내주자(內住者)요 능력 부여자로서의 성령님의 인격은 자기 백성에게 주신 그리스도의 선물이다. 그러므로 그리스도인의 삶은 종종 그리스도와의 연합으로 묘사된다(갈 2:20 이하; 고전 1:30; 고후 5:19 이하; 빌 3:8 이하). 또한 성령의 내주하심으로 묘사된다(롬 8:11, 14; 갈 4:6; 고전 2:12, 6:19).

그리스도께서 주시는 힘과 능력을 우리가 경험하는 것은 당위이다. 주석가인 윌리엄 헨드릭슨(William Hendriksen)은 빌립보서 4장 13절 말씀을 적절히 해석하였다. "나는 내게 힘을 부어주는 분 안에서 모든 것을 할 수 있느니라." 그리스도는 해방자이며 우리의 능력 수여자이다. 왜냐하면 그는 우리를 율법의 공포에서 구출해 주셨으며 죄와 심령의 무거운 짐 및 지옥과 사망의 공포로부터 해방시켜 주셨기 때문이다. 그는 우리를 괴롭히는 악마들을 제거하셨다. 뿐만 아니라 우리로 하여금 새 언약과 결혼시키심으로 능력을 부여해 주신다. 새 언약은 성경에 계시된 하나님의 마음을 심령 깊은 곳에서부터 사랑하는 것이다.

목회 사역이 효력을 나타내기 위해서는 성령이 부어주시는 능력을 맛보아야 한다. 이것 역시 당위임을 잊어서는 안 된다. 바울은 "내 말과 내 전도함이 지혜의 권하는 말로 하지 아니하고 다만 성령의 나타남과 능력으로 하여"(고전 2:4)라고 말했다. 존 머리 교수는 "내게 있어서 열정 없는 설교는 설교가 아니다"라고 단언하였다.[33] 그의 이 말은 열정과 마찬가지로 능력을 의미하는가? 마틴 로이드 존스(D. Martyn Lloyd-Jones)는 1969년도 웨스트민스터 신학교에서 행한 강해 설교 시리즈에서 그렇다고 강조하며 대답하였다.

그 강의의 마지막 회는 고린도전서 2장 4절 말씀으로 성령의 주유(注油)와 부어주심으로서의 설교와 관련지어 가장 위대한 본질을 기술하였다.[34] 성령의 능력을 강조하신 말씀 — "오직 성령이 너희에게 임하시면 너희가 권능(뒤나민)을 받고(행 1:8) — 을 잘못 해석하여서, 마치 어떤 체험이 능력 있는 삶으로 들어가게 하는 필수적인 요건으로 생각하기 쉽다. 이런 실수와 함께 능력이 임하게 될 때 오는 과다한 능력에 대한 두려움 때문에, 많은 사람들은 능력 체험에 대한 모든 기대를 외면해 버리게 된다. 그러나 그런 태도 역시 잘못된 것이다. 경건한 삶을 살고 능력있는 설교를 하기 위해서는 성령님을 통하여 그리스도로 말미암아 계속하여 지속적인 능력을 수용할 그릇을 마련해야만 한다. 단순한 신비 체험으로서의 '기름부음'을 생각하는 것은 오산이다. 기름부음이 무엇인가 하는 것을 정의하기란 쉽지 않을 것이다. 그러나 우리는 어떤 것이 기름부음이 아닌가 하는 것은 분명히 안다. 기름부음의 결과로 생기는 현상이 어떠한 것들인지를 알기 위하여 사도행전 2장으로 가보는 것이 가장 빠른 지름길이다. 바울은 그것(파레시아)을 절대적인 것으로 간주하였다. 그는 에베소 교인들에게 복음의 비밀을 담대히 알릴 수 있도록 기도 요청을 하고 있다. 이것은 기도와 경건의 삶을 분리해서 생각할 수 없다는 철저한 경험에서부터 비롯된 것이다(엡 6:10-20).

5. 결론적인 권고

필자는 두 가지 권고로써 복음 설교자들을 격려하고자 한다.

1) 여러분이 부름 받은 사역은 가장 명예스러운 성경적 직분이다.

바울은 디모데에게 편지하면서 선언하기를 "또 네가 많은 증인 앞에서 내게 들은 바를 충성된 사람들에게 부탁하라. 저희가 또 다른 사람들을 가르칠 수 있으리라"(딤후 2:2)고 했다. 만일 사람들이 참으로 알맞게 부름을 받아 세움을 입어 설교자로, 목자로, 교회를 인도하고 잃어버린 세상을 복음화하는 일들을 하지 않는다면 우리의 미래가 어떻게 유지되겠는가? 설교하는 여러분의 임무야말로 얼마나 고귀하며 영광스러운 것인가! 날마다 열두 사도들은 예수께서 가르치시는 모습을 보면서 대중들에게 어떻게 설교해야 하는가 하는 생생한 모범을 보았다. 예수님은 경건의 모범이며 출처로서 날마다 여러분 앞에 있어야만 한다. 여러분을 통하여 살아가시는 그분의 삶이 여러분에 의하여 선포되는 그분의 말씀을 능력 있게 하여 그의 나라가 이 땅에 임하게 될 것이다. 여러분의 임무는 막중한 것이다. 그러나 여러분이 가진 기회들은 더욱 위대한 것들이다. 여러분이 매일매일 동행하는 그분을 다른 이들에게 선포하는 기회들이야말로 엄청난 것들이다.

2) 여러분이 소명을 좇아 사는 한 진리의 끊이지 않는 자원들은 여러분의 것이다. 복음의 진리는 영속적이며 감격적이며 영감을 공급해 주는 출처이다. 우리는 때때로 그 진리를 하나님의 모든 뜻(행 20:27)이라고 부르기도 하며 개혁주의 신앙이라고도 말한다. 이 진리는 인기있는 것이 되었다. 심지어 개혁주의자들이라고 자처하면서 청교도들의 가치를 저하시키는 교만한 사람들 사이에서도

이 진리는 인기를 누리고 있다. 청교도 운동은 3세대 동안만 지속되었다. 그러므로 주해나 실제에 있어서 실수를 붙들 소지가 다분히 있다. 그러나 칼빈의 셀베투스 사건 때문에 칼빈의 모든 업적을 무시해 버린다면 그처럼 어리석은 일이 어디 있겠는가? 존 오웬(John Owen)이나 토머스 맨튼(Thomas Manton), 리처드 십스(Richard Sibbes), 존 플라벨(John Flavel) 같은 분들보다 뛰어나다고 자처하는 사람들은 그분들의 신학적 주해적 역량을 과소평가해서는 안 된다. 오히려 청교도들의 지대한 공헌이 실제 생활과 경험 속에 적용함에 있어 그 누구의 추종도 불허했다는 사실에서 잘 나타나 있음을 기억해야 할 것이다.

그러므로 우리는 과거의 위대한 설교가들로부터 우리의 목회를 풍요롭게 하는 것들을 배울 수 있어야 한다. 그렇게 함으로 날마다 개선해 가며 재정립하고 재개혁하여 나아갈 것이며, 전 세대의 살아있는 경건 생활 위에 우리 자신의 경건 생활을 더욱 알차게 해야 한다.

모세와 같이 설교자는 하나님의 말씀을 하나님의 사람들에게 전하는 것이다. 그 말씀을 정확하게 그리고 능력있게 전파하는 것은 설교자가 먼저 그 말씀에 의해서 자기 자신에게 설교되어져야만 한다. 간접적으로든지 직접적으로든지 그 말씀이 설교자의 마음에 와 닿을 때 그것이 가능하며 이러한 것을 가리켜 경건 생활이라고 할 수 있다.

주

1) 모든 성경 인용은 NIV를 근거했다. 그 이외의 번역문은 따로 명시했다. 한글 성경은 표준개역성경(1964년 개정판)을 사용했다.

2) John R. W. Stott, *I Believe in Preaching The Preacher as a Person*(London: Hodder & Stoughton, 1982), pp.281.

3) Andrew A. Bonar, *Robert Murray M'Cheyne: Memoir & Remains*(London: Banner of Truth, 1966), p.281.

4) A. H. Murray, *A New English Dictionary on Historical Principles*, vol.7(Oxford: Oxford University Press, 1909), pp.842.

5) John D. Manton, "German Pietism & the Evangelical Revival" *Westminster Conference Papers*,(1969), pp.8ff

6) *Wesbster's New Collegiate Dictionary*(London: Merriam, 1975), pp.869, 873.

7) James Atkinson, *Martin Luther & the Birth of Protestantism*(London: Morgan & Scott Marshall Publications, 1968), p.250.

8) Gerhard Ebeling, *Luther. An Introduction to His Thought*(Philadelphia: Fortress, 1972), p.46.

9) W. Gunther는 우선적으로 이 말이 비그리스도인들의 경건한 생활을 묘사할 때 사용되었으며 후에 와서 바울 서신이나 베드로후서에 언급하고 있는 의미로 기독교인들에게 사용되어진 것이라고 주장한다. *The New International Dictionary of New Test ament Theology*, vol.2(Exeter, England: Paternoster, 1976), p.94.

10) Richard Baxter, *The Refomed Pastor*(Edinburgh: Banner of Truth, 1974), p.14.

11) Al Martin, What's *Wrong with Preaching Today?*(London: Banner of Truth), p.3.

12) Baxter, *Reformed Pastor*, pp.61ff.

13) Jean Cadier, *The Man God Mastered*(London: IVP, 1960), p.119.

14) T. H. L. Parker, *John Calvin*(Tring, England: Lion Publishing PLC, 1982), p.120.

15) *Letters of John Calvin*(Edinburgh: Banner of Truth, 1980), p.59.

16) Parker, *John Calvin*, p.84.

17) Emanuel Steckelberger, *John Calvin*(Cambridge, England: James Ciarke, 1977), pp.99ff.

18) Parker, *John Calvin*, p.122.

19) Steckelberger, *John Calvin*, p.86.

20) Walter Chantry, *The Shadow of the Cross*(Edinburgh: Banner of Truth, 1981).

21) Peter Lewis, *The Genius of Puritanism*(Sussex, England: Carey, 1979), pp. 60ff.

22) Thomas Boston, *Works*, vol. 12(Wheaton: Robers, 1980), p.84.

23) Ronald Sider, *Rich Christians in an Age of Hunger*(London: Hodder & Stoughton, 1980).

24) Charles Bridger, *The Christian Ministry*(Edinburgh: Banner of Truth, 1961), p.153.

25) Ibid.

26) *Reformation Today*, 29, pp.29-30.

27) A. B. Bruce, *The Training of the Twelve*(Kregel, 1979), p.257.

28) David, R. Smith, *Fasting—A Neglected Discipling*(London: Hodder & Stoughton, 1954), pp.51ff.

29) Jonathan Edwards, *Works*, vol.2(Edinburgh: Banner of Truth, 1974), p.960.

30) Bruce, *Training of the Twelve*, p. 346.

31) Philip Hughes, *Hebrews*(Grand Rapids: Eerdmans, 1977), p.522.

32) 예수님의 뒤나미스는 그의 기름부음 받음에 기초하고 있다. 그의 권세(엑쑤시아)는 그가 보내심을 받은 존재라는 데 기초한다. *Dictionary of N. T. Theology*, 2:609.

33) John Murray, *Collected Works*, vol. 3(Edinburgh: Banner of Truth, 1982), p. 72.

34) D. Martyn Lloyd-Jones, *Preaching & Preachers*(London: Hodder & Stoughton, 1971), pp.304ff.

제3장

설교자와 학문

제임스 몽고메리 보이스

수년 동안 본인은 언제든지 연구에 착수할 수 있는 몇 가지 주제를 계발해 놓았다. 그 중의 하나가 '설교에서 학문이 차지하는 위치'이다. 오늘날은 목회자의 실력과 교회의 관계에 대해 그릇된 견해가 퍼져 있다. 나는 주저없이 그렇다고 말할 수 있다. 설교자의 재량이나 지적 수준이 평균 정도라면 그 교회의 수준 역시 설교자의 수준을 따라 평균 정도가 될 것이다. 만일 설교자의 수준이 평균치를 넘어가면 그 설교자는 보다 큰 교회를 맡아야 한다고 생각한다. 만일 설교자가 월등하게 난 사람이며 책에 관심이 많고 하나님 말씀에 대한 배경사나 내용 및 적용에 있어서 뛰어난 사람이라고 한다면 신학교 교수가 되어야 한다고 생각한다. 와, 훌륭하지 않은가? 그러나 본인이 믿는 바로는 강단에 서는 사람이면 누구든 뛰어난 지성을 소유한 자요 많은 훈련을 받은 자라야 한다. 또한 강단이 그러한 사람들로 채워지기 전에는, 전에 가졌던 강단의 능력은 결코 맛보지 못할 것이다.

이 말은 강단이 신학교 교단(敎壇)이 되어야 한다는 것이 아니다. 오늘날 강단은 연예인 설교자들의 무대가 되어 버렸다. 물론 설교는 강의가 아니다. 설교는 성경 본문이 말씀하는 것을 해설하는 것이다. 사람들로 하여금 하나님의 말씀을 잘 이해하고 그 진리를 순종하며 살도록 도와주는 특수한 목적을 가지고서 현대 문화에 잘 적응하도록 하나님의 말씀을 선포하는 것이 설교이다. 그러나 그렇게 하기 위해서 설교자는 많은 연구를 해야만 한다. 그렇게 일을 뛰어나게 잘 감당하기 위해서는 설교자가 우선 자신이 전하는 성경에 박식해야 하고, 둘째로 자신이 전하는 대상이 가지고 있는 문화를 깊이 알아야 하며, 셋째로는 자신이 하나님의 말씀에 순종하도록 도우려는 청중들의 영적 및 심리적 상태를 정확히 파악해야 한다. 이런 이해력은 원래부터 타고난 역량이나 인생을 관찰함에 의하여 단순히 습득되는 것이 아니다. 그것은 설교자가 자신의 임무를 수행하는 데 도움을 주는 과거와 현재의 지혜를 탐구하고 열심히 노력하는 데서부터 얻어지는 것이다.

만일 본 장의 주목적이 성과를 거두어 약간의 젊은 학자들이 신학교를 떠나서 자신들의 학문적 자질을 교회 안에서 그대로 발휘하는 일이 일어난다면 그보다 더 큰 기쁨은 없을 것이다. 본인은 그들이 교회에서 하나님의 뜻을 온전히 가르치는 것이 훨씬 풍성하고 보상이 많은 삶이 되리라고 확신한다.

어느 설교자 이야기

학자로서의 설교자라는 주제를 전개하자니, 필자가 이 두 분야의 어느 한쪽에서라도 업적을 쌓았더라면 말에 설득력이 더 있었으리라는 생각이 든다. 이 주제에 대해서 마르틴 루터를 생각하려고 한다.(누가 그를 제외시키겠는가?) 존 칼빈과 조나단 에드워즈 같은 분들도 생각할 수 있다. 설교자와 연구라는 주제로 글을 쓰려는 한 가지 이유는 적어도 본인이 생각하는 것들이 아직까지는 널리 알려진 것이 아니라는 것 때문이다.

중·고등학교에서의 필자의 교육은 좋았다고 본다. 그러나 대학에서 와서 공부하기까지 공부하는 데 큰 취미가 없었다. 공부에 관심을 가지는 것도 서서히 이루어졌다. 그러나 동기가 아주 좋은 것은 아니었다. 고등학교 때는 반에서 늘 선두를 달렸다. 내가 생각하기에도 참 우수했다. 그렇지만 '제일'이 되는 것에는 관심이 없었다. 고등학교를 졸업하고 하버드 대학교에 입학할 때가 1950년도 후반이었는데, 그때 나는 나보다 훨씬 뛰어난 성적을 가지고 있을 뿐 아니라 더 똑똑한 학생들 무리에 끼여 있다는 사실을 발견했다. 그러므로 죽어라 공부에 몰두해야만 했다. 그런 노력을 쏟지 않은 과목에서는 바닥을 길 수밖에 없었다. 그것을 통해서 본인이 얻은 정신적 유익은 공부를 무척 사랑하게 되었다는 것이다. 또한 비록 조그마한 주제라고 하더라도 일단 연구를 통해서 잘 정리된 결과를 얻는 것에 개인적으로 큰 기쁨을 얻기 시작한 것이다.

하버드 대학교는 내게 근본적인 두 가지 원칙을 가르쳐 주었다. 첫째로, 연구를 할 때는 주로 원전(original sources)을 가지고 해야 한다는 것이었다. 필자의 전공 분야는 영문학이었다. 그 원칙에 따라 필자는 시와 연극과 소설과 수필 자체를 연구하되, 그것들에 대해 다른 사람이 써 놓은 글을 연구하지 않았다. 그 결과 필자는 원전에 대한 애착을 갖게 되었다. 둘째로, 학생은 세부 내용에 주의를 기울여야 한다는 것이었다. 이것은 연구 대상이 되는 작품들을 상세하게 연구할 뿐 아니라, 자기 자신의 작품에도 치밀한 관심을 쏟는 것을 뜻했다. 지도 교수 한 분이 이 점에서 아주 큰 도움이 되어 주셨다. 그 교수는 필자의 논문을 아주 꼼꼼히 평가하시면서, 다음과 같이 꼭 점검해 주시곤 했다. "밀턴이 이 말을 어디에서 했지?" "이 단어가 자네가 사용할 수 있는 가장 정확한 단어라고 생각하는가?" "이것은 영어의 좋은 관용구가 아닐세." "이 단락은 조금 앞에다 집어넣는 것이 좋겠군." "무슨 증거로 이러한 독특한 결론을 내렸는가?" 이런 지적들은 하버드 대학교에서 공부하는 동안 매년 한 단계씩 올라서도록 도와준 아주 유익한 훈련이었다.

그 뒤 프린스턴 신학대학원에 입학했을 때 아주 큰 실망을 겪었다. 하버드 대학교와 비교하면 프린스턴은 학문적 수준이 조금 떨어졌다. 물론 좋은 과정들도 많았다. 교수들 중 탁월한 분들도 계셨다. 그러나 전체로 보아 제2의 자료들(주로 교수들이 쓴 자기 책들임)이 원전 연구를 가로막았다. 또한 엄청나게 많은 연구 과제들 때문에 연구 자체에서 오는 순수한 기쁨을 빼앗겼다.

더욱 가슴 아픈 것은 읽기 원하는 책들을 그냥 지나쳐야 했다는 것이다. 강독 과제가 지나치게 많아서 필자가 필요하여 뽑아놓은 책들을 읽을 시간이 없었다. 지금은 영국 '라브리'(프랜시스 쉐퍼 박사가 설립한 신앙공동체로서, 스위스에 본부가 있고 영국에도 있다. 주로 젊은 지성인들이 모여 성경 말씀을 통해 학문의 여러 분야에서 일어나는 문제들을 조명하고 해결하도록 계획하였다—역자주)에서 사역하는 복음주의적 학생이 당시에 내게 조언하기를, 내 연구에 필요하고 꼭 읽고 싶지만 시간이 없어서 못 읽는 책들의 목록을 만들어 놓았다가 나중에 시간이 될 때 읽는 것이 어떻겠느냐고 하였다. 이 방법은 내가 받은 조언들 가운데 가장 큰 도움을 주었다. 그래서 신학교에서 그 작업을 시작하였고, 기회가 닿을 때마다 책을 사서 모았다. 나는 그 작업을 학교 다닐 때만 한 것이 아니라 지금까지도 계속해 오고 있다.

책을 좀더 폭 넓게 정독할 수 있는 기회는 본인이 스위스에 있는 바젤 대학교에서 박사 과정을 밟고 있을 때였다. 바젤 대학교는 여러 방면에서 프린스턴 대학교와는 정반대였다. 여기서는 시시콜콜한 과제물이나 소논문을 제출해야 할 부담이 없었고, 오로지 박사 논문과 최종적인 구두시험만 준비하면 되었다. 이것은 내게 아주 이상적이었다. 그래서 난 나름대로의 규칙을 계발하였다. 월요일부터 금요일까지 일과 시간에는 논문 작업에 충실했다(처음엔 독일어를 배워 적절한 독일어 원서들을 읽었고, 다음에는 프랑스어를 배워 다른 교재들을 읽었다). 밤에는 주로 책을 읽고 개인적인 관심사에 몰두했다.

본인은 프린스턴 대학교에서 읽지 못하고 목록만 적어두었던 책들을 읽기 시작했다. 그 책들을 소개하자면, 찰스 하지(Charles Hodge)의 세 권으로 된 「조직신학」(*Systematic Theology*), 워필드(B. B. Warfield)의 저서들, 특히 「성경의 영감과 권위」(*The Inspiration and Authority of the Bible*)라는 논문, 그래샴 메이첸(J. Gresham Machen)의 「그리스도의 동정녀 탄생」(*The Virgin Birth of Christ*), 존 칼빈(John Calvin)의 「기독교 강요」(*Institutes of the Christian Religion*), 제임스 오르(James Orr)의 「기독교 신관과 세계관」(*The Christian View of God and the World*)이었다. 그런 뒤 보수적인 학자들이 쓴 다음과 같은 책들을 읽었다: 도널드 거스리(Donald Guthrie), 「신약서론」(*New Testament Introduction*); 알프레드 에더샤임(Alfred Adersheim), 「메시야 예수의 생애와 시대」(*The Life and Times of Jesus the Messiah*). 바젤 대학교 교수들의 저서들도 읽었다: 칼 바르트(Karl Barth), 「교회 교의학」(*Church Dogmatics*. 하지만 다 읽지는 못했다): 오스카 쿨만(Oscar Cullmann), 「초기 교회」(*The Early Church*)와 「초기 기독교 예배」(*Early Christian Worship*), 그리고 「제자, 사도, 순교자로서의 베드로」

(*Peter: Disciple, Apostle, Martyr*)와 「구원사」(*Salvation History*, 당시에는 독일어로만 읽음).

가장 재미있게 읽었던 책들은 고전들이었다: 아우구스티누스(Augustine) 「고백록」(*Confessions*. 논문 지도교수 Bo Reicke의 지도 아래 라틴어로 읽음); 요세푸스(Josephus)의 저서들(하버드 고전 시리즈에 9권으로 포함됨); 에픽테투스(Epictetus); 타키투스(Tacitus); 수에토니우스(Suetonius); 헤로도투스(Herodotus); 투키디데스(Thucydides). 내 평생 고대 그리스와 라틴 저자들의 책만큼 즐겨 읽은 책은 없는 것 같다.

정규 과정을 마치고 1968년부터 필라델피아의 제십장로교회에서 설교 사역을 시작하면서부터, 필자의 관심은 앞서 사역한 설교자들에게로 옮겨졌다. 처음 몇 년 동안에는 알렉산더 맥클라렌(Alexander Maclaren)의 「성경 강해집」(*Expositions of Holy Scripture*), 마르틴 루터의 「전집」(*Works*), 찰스 해던 스퍼전(Charles Haddon Spurgeon)이 '뉴 파크 스트리트 강단'(*The New Park Street Pulpit*)과 「메트로폴리탄 교회」(*Metropolitan Tabernacle*)에서 행했던 수백 편의 설교 같은 전집들을 읽었다. 이러한 독서에 힘입어 몇 차례에 걸쳐 독창적인 기고를 하기도 했다. 그중 하나가 「성경 강해 주석」(*The Expositor's Bible Commentary*)에 실린 갈라디아서 주석이다.

추천하고 싶은 연구 방법

앞에서 대략 소개한 본인의 경험을 근거로 설교자들에게 다음과 같은 점들을 진심으로 추천하고 싶다.

1) 가능한 한 정규 교육을 받으라.

누구든지 다 상당기간 동안 오랜 학문적 훈련을 받을 수 있는 위치에 있는 것은 아니다. 때때로 경제적인 부담 때문에 뒷전으로 물러나게 된다. 어떤 때는 자리가 주어져 일할 기회를 놓치고 싶지 않아 주저앉을 때도 있다. 그러나 그런 상황들을 제쳐놓고, 만일 가능성이 있고 더 공부할 능력이 있다면 사역에 임하기 전에 훈련을 더 쌓는 것이 유익할 것이다. 어떤 이유로 공부를 나중에 한다는 것은 매우 어려운 일이다. 많은 목회자들이 이구동성으로 고백하는 것은 모두가 다 눈코뜰새없이 바쁜 목회 사역, 식구들이 늘어감에 따라 생기는 부담들, 행정적인 무거운 짐들 때문에 읽고 연구하는 시간을 내기가 여간 어렵지 않다는 것이다. 가능한 한 보다 나은 학위를 취득하려고 노력하라. 제십장로교회의 전임 목회자중 한 분인 도널드 그레이 반하우스(Donald Grey Barnhouse) 목사는 젊은 설교자들에게, 만약 4년 뒤에 주님이 다시 오신다는 것을 안다면 3년 동안 철저히 훈련을 받고, 마지막 1년 동안 목회에 총력을 기울이라고 조언했다.

2) 연구를 중단하지 말라.

사역에 들어가기 전에 좀더 나은 학위과정을 할 경우 얻을 수 있는 유익은 그 과정에서 공부할 마음을 잃지 않고 유지할 수 있는 것이다. 또한 과정을 마치더라도 비록 매우 바쁜 목회 사역 가운데서라도 어떤 문제를 깊이 연구하는 일이 쉬워진다. 그러나 그런 훈련 과정이 가능하든 가능하지 않든 사역 기간을 통하여 어떤 형태로든 준비 작업은 늘 계속되어야 한다. 목회란 일방적으로 가르치기만 하는 사역이 아니다. 끊임없이 연구하고 배워가야 하는 사역이다. 이렇게 끊임없이 연구하고 배운다면 설교자는 신선하고 활력 있고 흥미로운 목회를 유지해 나갈 것이다. 그러나 그렇지 못하면 실력이 금방 바닥나게 될 것이며, 설교도 다람쥐 쳇바퀴 도는 수준을 면치 못하는 대단히 지루한 것이 될 것이다.

그렇다면 설교자는 어떤 분야를 계속해서 연구해야 하는가? 가장 먼저 공부해야 할 분야는 물론 **성경**이다. 설교자의 인생이란 성경을 뜨겁게 사랑하는 인생이다. 설교자는 성경을 구구절절 통달해야 할 것이며, 일반적으로 성경의 개요쯤은 훤히 알고 있어야 한다. 더 나아가서 성경이 생명 그 자체보다 더 귀중한 것이 될 때까지 성경에 대한 지식이 계속 성장해야 한다. 이것이 강해 설교를 해야 하는 근본적인 이유이다. 성경의 각권마다 차례대로 한 장씩, 한 단락씩 설교하는 이유가 여기에 있다. 때때로 절마다 혹은 한 단어마다 매주일 설교 시간에 강해하는 이유는 이 작업을 통해 하나님 말씀이 얼마나 귀중한지를 갈수록 더 깊이 깨닫게 되기 때문이다(제프리 토머스는 이 책에서 이 문제를 상세히 다룬다). 강해 설교는 성도들에게 아주 중요하다. 왜냐하면 성도들로 하여금 성경의 특별한 부분을 확고히 파악할 수 있게 하기 때문이다. 그 설교를 통해서 말씀이 성도들 개개인의 말씀이 된다. 또한 강해 설교는 설교자 자신에게도 대단히 유익하다. 설교자 역시 그냥 지나치기 쉬운 어려운 주제들이나 교회 문제들을 포함하여, 성경의 특별한 부분들을 깊이 연구할 수 있는 기회가 되기 때문이다. 일정한 시간이 지나면 그렇게 준비해 온 설교들은 다른 설교를 더 힘있게 해준다. 그리하여 나중의 설교자의 설교는 초기의 설교보다 훨씬 풍성하게 된다.

두번째로 계속 연구해야 할 분야는 역시 **신학**이다. 성경신학과 조직신학 말이다. 조직신학을 계속 연구하더라도, 매주일 성경을 강해하는 일과 별개로 연구할 필요는 없다. 강해 설교는 설교자로 하여금 전에는 상세히 다루지 않았던 주제들을 다루게 하고, 그로써 그 주제들을 다루는 신학 저서들을 선정하여 공부하게 함으로써 본문을 신중히 다루도록 만드는 것이다(도널드 매클라우드가 이 책에 기고한 '설교와 조직신학'이란 글을 참조하라).

한 가지 예를 들겠다. 필자는 7년간 목회 사역을 해오면서 주일 아침 예배에 빌립보서, 산상보훈, 요한복음을 다루다가 결과적으로 성령의 사역에 관해 가르친 요한복음 14-16장을 강해하게 되었다. 좀 이상한 말이겠지만, 필자는 사실 그 전까지 성령에 관해 연속 설교를 해본 적이 없었다. 이 분문을 강해할 계획을 세우면서, 필자는 제임스 뷰캐넌(James Buchanan)의 「성령의 직분과 사역」(*The Office and Work of the Holy Spirit*), 조지 스미튼(George Smeaton)의 「성령론」(*The Doctrine of the Holy Spirit*), 그리피스 토머스(W. H. Griffith Thomas)의 「하나님의 성령」(*The Holy Spirit of God*), 토리(R. A. Torrey)의 「성령의 인격과 사역」(*The Person and Work of Holy Spirit*), 윌리엄 피치(William Fitch)의 「성령의 사역」(*The Ministry of Holy Spirit*)을 읽음으로써 성령에 대한 설교를 시리즈로 할 수 있었다. 그 과정에서 조직신학의 중요한 부분들을 충분히 소화할 수 있었다.

이와 마찬가지로 요한복음 17장은 교회론 공부에 도움을 주었는데, 그때 제임스 배너맨(James Bannerman)의 두 권으로 된 「그리스도의 교회」(*The Church of Christ*)를 비롯한 책들을 참고하여 설교를 준비했다. 필자는 목회 초기부터 성경의 주요 교리들을 다룬 자료들을 잘 정리하여서 사전에 충분한 연구 계획을 세우라고 설교자 여러분들께 권하고 싶다.

끊임없는 연구가 필요한 세번째 분야는 역사로서, 특별히 주요 성경시대에 대한 연구가 필요하다. 신약의 배경과 역사 연구는 대단히 긴요하다. 이 연구에는 신약 시대의 앞 뒤 시대에 대한 연구까지 포함된다. 예를 들어, 요세푸스의 역사서들도 공부해야 한다. 또한 이 분야는 예수님의 생애와 사도 바울의 전도여행까지를 포함하는 연구까지 포함된다. 구약을 설교하려면 반드시 족장 시대, 왕조 시대, 선지자 시대에 대한 역사를 사전에 충분히 연구해야 한다.

교인들이 특별히 관심을 가져야 할 책들이나 주제들도 언급해야 한다. 현대인들의 의식을 반영하는 현대 소설들도 읽어야 한다. 또한 생명의 기원과 가치, 유전공학, 우주 체계를 다루는 과학 서적들도 읽어야 한다. 설교자가 이런 다양한 분야에 관해 공부가 되어 있지 못할 경우 그 분야들에 관한 책을 읽다가 무슨 까다로운 쟁점을 만나면 제대로 평가를 하면서 읽을 수 없다. 그런 경우라면 신경을 곤두세우며 읽어야 할 것이다. 하지만 성경 관련 학과들에 훈련이 되어 있으면 적어도 전제들을 명확하게 간파할 수 있을 것이고, 읽는 책의 경중을 매길 수 있을 것이다.

그밖에도, 자기 전공이 아닌 분야의 책을 읽을 때는 긴장을 하고 마음을 넓게 열어놓아야 한다. 필자는 목회를 시작한 지 10년 남짓한 시기에 창세기를 연구하기 시작했고, 그 연구를 위해서 다음과 같은 책들을 읽었다: 로버트 재스트로(Robert Jastrow), 「하나님과 천문학자들」(*God and Astronomers*)과 「태양이 죽을 때까지」(*Until the Sun Dies*); 클로츠(J. W. Klotz), 「유전자, 발생 그리고 진화」(*Genes, Genesis and Evolution*); 커비 앤더슨(Kerby Anderson)과 해럴드 거핀(Harold Goffin) 공저, 「문제의 화석들」(*Fossils in Focus*); 댄 원덜리(Dan Wonderly), 「고대 퇴적물에 보존된 하나님의 시간 기록」(*God's Time-Records in Ancient Sediments*); 도널드 잉글랜드(Donald England), 「만물의 기원에 관한 기독교적 견해」(*A Christian View of Origines*); 로버트 뉴먼(Robert Newman)과 헤르만 에켈만(Herman Eckelman, Jr.), 「창세기 1장과 지구의 기원」(*Genesis One and the Origin of the Earth*). 그밖에도 헨리 모리스(Henry M. Morris)와 프랜시스 쉐퍼

(Fransis Schaeffer) 같은 저자들의 글들을 읽었다.

목회는 어떤 분야의 지식이든 유용하게 쓸 수 있는 분야일 것이다. 사실상 설교자가 지식이 깊어질수록 사역도 유용하고 능력있게 될 것이다. 계속해서 연구하지 않는 설교자는 쓸데없이 자신의 역량을 제한하고 있는 것이다.

3) 연구 시간을 구체적으로 정해 놓으라.

목회자들은 이런저런 이유로 연구 시간을 내지 못하는데, 이는 게으르기 때문이라기보다, 목회 사역에서 생기는 현실적이고 시급한 일들 때문일 것이다. 이 문제를 정복할 수 있는 길은 시간 싸움에서 이겨야 한다는 굳은 결심뿐이다. 설교자는 시간 관리에 철저해야 하며, 연구에 몰입할 수 있는 시간을 어떻게든 배정해 놓아야 한다.

설교자가 사용할 수 있는 좋은 시간은 주로 세 부분이다. 첫째는 주로 오전 시간을 이용하는 것이다. 이 시간은 깊이 연구에 몰두할 수 있는 이상적인 시간이다. 왜냐하면 오전 시간은 어떻게 흘러가는지도 모르게 흘러가며, 오후가 되면 방해 받는 일이 많이 일어나기 때문이다. 필자는 주로 손님을 만나는 일이나 상담하는 일을 그날의 오후 늦은 시간부터 예약해 두는 방법을 터득하였다. 예를 들면 오후 5시, 4시, 3시 순서로 시간을 배정해 나가는 것이다. 이 방법은 대체로 면담 상대들에게도 유익하며, 비어 있는 시간을 가능한 많이 확보할 수 있게 해준다.

둘째는 저녁 시간을 활용하는 것이다. 저녁 시간은 아침 시간만큼 전문적인 연구를 하기에는 용이한 시간이 아니지만, 주로 쉽고 현상적인 문제들을 다룬 책들을 읽기에는 안성맞춤이다. 필자는 저녁시간을 이용하여 워터게이트 관련 서적들을 모조리 읽었을 뿐 아니라 베스트셀러라면 그것이 픽션이든 논픽션이든 다 읽었다. 연구 시간을 확보할 수 있는 세번째 부분은 목회 사역 기간에 얻는 휴가 기간이다. 휴가 기간에는 좀 무거운 신학 서적들을 읽을 수 있다. 또 신앙 위인전이나 새해의 설교 계획을 세우는 데 지침이 될 만한 책들을 읽을 수 있는 적절한 기간이다. 필자는 여름 휴가 때 주로 「니케아 교부 총서」(*Nicene and Post Nicene Fathers.* 니케아 공의회 전·후의 속사도들 작품을 다룬 책들로서, Eerdman사가 38권으로 출판한 시리즈—역자주) 가운데 성 아우구스티누스의 저서 한두 권을 읽든가, 아니면 존 오웬(John Owen)의 전집이나 조나단 에드워즈(Jonathan Edwards)의 전집 중에서 한두 권 골라 읽었다. 그리고 스펄전(Spurgeon)의 전기나 토머스 왓슨(Thomas Watson)의 「신학의 체계(크리스챤다이제스트 역간)(*A Body of Divinity*), 「십계명 강해」(*Ten Commandment*), 「주기도문 강해」(*The Lord's Prayer*), 코튼 매더(Cotton Mather)의 「그리스도께서 미국에서 행하신 위대한 일들」(*The Great Works of Christ in America*, 2권), 칼 헨리(Carl Henry)의 「계시와 권위」(*Revelation and Authority*)의 처음 몇 권을 읽었다. 소선지서를 설교해야 할 때는 여름 휴가 기간들을 이용해서 소선지서에 관한 주요 주석들을 참조했다.

두 가지를 더 언급할 필요가 있을 것 같다. 첫째로 설교자는 연구 시간뿐 아니라 연구 장소도 따로 확보해 놓아야 한다. 방해하는 사람이 없는 그런 장소 말이다. 서재가 교회 정문에 가까운 중앙 복도에 있다면 교회에 드나드는 사람들에게 인사 받기에 바쁠 것이다. 그런 일이 하루에 열 번만 있다고 생각해 보라. 사람들이 자주 들락거리면 연구에 몰두할 수가 없다. 진정으로 좋은 설교자가 되고 싶다면 설교자가 성도들을 만나서 상담하고 가정을 심방하는 데 할애하는 시간만큼, 성도들은 만나지 않고 연구하는 시간을 할애할 줄 알아야 한다.

두번째로 지적하고 싶은 점은 설교자는 이같이 방해받지 않는 시간을 유지해 나가는 데 엄격해야만 한다. 필자는 설교자의 생활 가운데 즉각 개입하여 처리해야 할 일이란 생사 문제를 제외하고는 거의 생기지 않는다는 사실을 깨달았다. 거의 모든 문제들은, 꼭 해야 할 연구를 하는 동안이나, 책을 읽거나 설교를 준비하고 있는 동안에 한두 시간 정도는 지체해도 무관한 것들이다. 즉, 부차적인 일에 대해서는 철저히 연기할 줄 알아야 한다는 뜻이다.

4) 큰 문제들이 생기면 부닥친다.

대부분의 사람들은 검증된 기반에 머물거나, 이미 전문 지식을 쌓은 분야에서 일하려고 하는 경향이 있다. 따라서 성경 해석, 신학, 윤리학에 관해 진정으로 큰 문제들에서는 회피하려고 한다. 이러한 경향은 버리고 극복해야 한다. 어려운 분야를 끝까지 참고 다루면 그 분야에 전문가가 될 수가 있고, 혹은 책을 쓰게 될 때 그 방면에서 누구도 건드리지 않았던 부분을 다루게 될 것이다. 그러나 그렇게까지는 안 된다고 하더라도 설교자는 늘 지식을 넓혀가야 한다. 그러한 태도와 노력은 특별히 전문지식이 없는 분야에서 함부로 단정적인 발언을 하지 않도록 해주며, 겸손한 태도로 지식을 넓혀갈 수 있게 해준다. 문제가 크면 클수록 연구에 대한 관심과 보상도 그만큼 커지게 된다.

이러한 지침들을 따르는 설교자는 위에 언급한 방법들을 단순히 모방하는 차원에 머물지 않고 본인의 연구 시간을 통해서 더 많이 연구하고, 성경에서 적용 거리를 많이 개발하게 될 것이다. 많은 문제들에 대하여 폭넓은 지식을 발전시킬 수 있을 것이며, 성경에 대한 뜨거운 사랑으로 문제의 요점이 무엇인지 정확히 파악할 수 있을 것이다. 또한 단순히 주일이 되면 으레 설교해야 하겠거니 하는 태도로 타성에 젖어 설교하지 않고, 다양하고 폭넓은 방법으로 성도들에게 더 많은 것을 제공해 줄 수 있다. 이런 설교자에게 사람들은 개인의 성경공부를 위해서든 아니면 자신들이 가르치는 반 아이들을 위하여 준비할 것들을 위해서든 무슨 책을 읽어야 좋은지 상의하려 찾아올 것이다. 이런 설교자에게 교인들은 전문적인 문제에 부닥칠 때 항상 찾아와 문제 해결을 위한 조언을 구하게 될 것이다.

어떤 시점에서는 설교자가 교인들의 의문점을 공개적으로 답변해 주는 시간을 내고 싶을 수도 있다. 필자도 비공식적인 방법으로 많은 소그룹들을 위하여 그렇게 해왔다. 뿐만 아니라 한 달에 한 번씩 저녁 예배시간을 이용해서 사전에 접수된 질문들을 듣고 하나씩 답변해 주는 시간을 가졌다. 사전에 접수된 질문을 보면 설교자 자신이 어떤 문제들에 아직 확고한 견해를 수립하지 못했는지 파악할 수가 있다.

설교에서 학문이 차지하는 위치

설교 자체를 다루는 '설교자와 학문'이라는 특별한 분야가 있다. 설교를 하려면 얼마나 많은 연구를 해야 하는가? 설교에 학문적이고 현학적인 면들이 두드러지는 것이 옳은가? 이런 것들은 대답하기 쉬운 질문들이 아니다. 왜냐하면 가변적인 요인들이 너무나 많기 때문이다. 그러한 문제들을 잘 다룰 능력이 있는 설교자들도 있고 그렇지 못한 설교자들도 있다. 어떤 주제들은 학자의 손에 맡겨야 할 것들이다. 물론 그렇지 않은 주제들도 있다. 특히 교인들의 수준도 가지각색이다. 학문의 수준이 다 같지 않다. 한 교회 내에서도 교인들의 관심사가 저마다 다르다. 일반적으로 우리가 할 수 있는 말은 전문적인 문제들은 적어도 전문적인 문제로 인식해야 하며, 언젠가는 자세히 연구되어야 한다는 것이다.

여기서의 핵심은 다양성이라는 것을 필자는 발견했다. 설교자는 설교를 할 때 대체로 다양한 방식을 시도할 것이다. 신약성경의 어느 한 권을 연구할 때 구약성경의 어느 한 권과 함께 연구할 수도 있고, 분량이 긴 권을 짧은 권과 함께 연구할 수도 있다. 각 권 연구를 교리 연구나 성경의 주요 인물 연구와 함께 병행할 수도 있다. 필자는 학문적 문제들이 관련된 부분도 같은 자세로 연구해야 한다고 제안하고 싶다.

1) 본문 문제들

설교에 있어서 학문적 태도가 직접적으로 요청되는 분야는 역시 본문 자체이다. 어느 것이 진짜 본문일까? 다양한 본문들을 어디까지 인정해야 하며 어떻게 다루어야 하는가? 일반적으로 말해서 다양한 본문들을 남김없이 다루어야 할 필요는 없다. 그 많은 본문들을 직접 다 연구하느라 많은 시간을 소비할 필요는 없을 것이다. 왜냐하면 대부분은 그다지 중요하지 않기 때문이다. 그 분야의 연구는 다양한 어순과 철자법과 그다지 중요하지 않은 첨삭 문제들에 치중한다. 하지만 다양한 본문들은 비교 연구해 보면 때때로 본문의 의미를 분명히 파악하는 데 도움이 된다. 그리고 본문을 진정으로 솔직하게 해석하려면 다양한 본문들을 다루어야만 한다. 이런 작업은 메시지의 한 부분을 다룰 때 주로 이루어진다. 어쩌면 이것이 누구에게나 관심이 있는 문제가 아니라 일부에게만 필요함을 인정하고서, 서론 부분에서 소개하고 지나가는 게 좋다는 것을 필자는 발견했다.

필자가 갈라디아서를 설교할 때 갈라디아서 2:3-5의 한 문장을 아주 신중하게 다뤄야 한다는 의무감을 느꼈다. 이 문장은 전형적인 해석의 문제를 일으키는 부분으로서, 어떤 본문 해석을 택해야 할지가 문제가 된다. 왜냐하면 어떤 본문은 아주 상이한 해석을 취하고 있기 때문이다. 어떤 본문에는 5절에 나타나 있는 '……에게'라는 말이 빠져있다(한글개역성경에도 빠졌으나 함축된 듯하다). 다른 사본에서는 '아니었으니'라는 말이 빠져 있다. 또 둘 다 빠진 사본도 있다. 문법적으로 볼 때 가장 손쉬운 결론은 다음 단락의 빠진 부분에서 발견할 수 있다: "그러나 거짓 형제들 때문에 …… 우리가 일시 양보하였으니"(필자의 성경해석을 그대로 옮긴 것임). 이것은 바울이 그리스도인들 사이에 침투해 들어온 거짓 교사들 때문에 디모데가 할례를 받아야 한다는 요구에 일시 양보했다는 뜻이 된다.

그러나 이것은 바울이 앞서 설명한 모든 것 뿐 아니라 그 구절의 정신에 상반되는 해석처럼 보인다. 우리는 바울이 디도가 할례 받아야 한다는 주장을 단호히 거절했다고 추측한다. 그러나 만일 우리가 의문시되는 단어들을 기억하면 4절 말씀에 대한 해석은 끝이 안 난다. 그러므로 그 구절의 의미를 파악하는 것은 매우 어려운 작업이다. 이 문제를 논의하려고 필자 역시 이십여 분을 그 문제와 씨름하였다. 그러나 정리된 진술이 관심을 유지시켰고, 나는 그 문제에 더 넓은 서론으로 시작하였고 요점의 적용으로 끝맺을 수 있었다.

2) 고등비평에 대한 문제들

고등비평(higher criticism)이란 성경의 저자 문제나 완전성에 관한 문제를 비평하는 것을 말한다. 본문비평(textual criticism)과 마찬가지로, 고등비평에도 문제를 야기할 필요가 없는 사항들이 있다. 특별히 설교자가 보수주의에 입각하여 설교할 때나 혹은 회중들이 스스로를 보수주의자들로 간주하는 교회에서는 고등비평이 하등의 문제를 일으키지 않는다. 그러나 문제는 아직도 남아 있으며, 그렇기 때문에 그 문제를 해결하도록 시도해야 한다. 이사야가 이사야서를 다 썼을까? 창세기 처음 몇 장들은 설화에 지나지 않는 걸까? 아니면 비록 교훈적인 이야기이긴 하되 기발한 허구에 불과한 것인가? 복음서들은 예수 그리스도의 부활 사건을 모순되게 다루고 있는가? 만일 그렇지 않다면 복음서들간에 상이하게 보이는 점들을 어떻게 조화시킬 것인가? 마가복음의 끝 부분을 어떻게 생각하는가? 물론 이런 질문들은 대부분의 정상적인 설교에서는 다루지 않는 것이 사실이다. 그러나 특별히 성경의 어느 한 권을 처

음부터 끝까지 공부할 때는 그런 문제들도 다루어야 할 것이지만, 주로 서론
에서 취급하는 것이 좋다고 본다.

필자는 그런 문제를 다룰 때는 앞서 언급한 대로 보다 솔직하고 사실적인
교훈의 연장으로 다룬다. 예를 들어, 창세기의 처음 열한 장을 강해하면서 좀
길게 세 번에 걸쳐서 창세기의 사실성을 다루었다. 처음에는 창세기 1:1의 네
메시지 중 두 개를 다루었다. 첫째 대지에서는 창세기 연구의 중요성을 말했
고, 둘째 대지에서는 "창세기가 사실인가 소설인가?"라는 질문을 던졌다. 그
문제를 에덴 동산을 언급할 때 두 번 다루었다. 그리고 나서는 에덴 동산이
실재했던 곳이었는지를 물었다. 세번째 그 질문을 던진 것은 타락 문제를 논
의할 때였다. 필자는 그 메시지에 "타락이 사실인가?"라는 제목을 달았다. 그
때까지 창세기의 사실성 문제를 세 번이나 다른 문맥에서 제기함으로써 창세
기가 나타내고 있는 것들이 정말로 일어난 것들인지 아닌지에 관해 종지부를
찍을 수 있게 되었다.

성경 저자들에 관한 문제는 각 권을 다룰 때마다 서론에서 간단히 언급하
는 것이 좋다. 필자는 비록 요한서신을 다룰 때 요한이서에 이를 때까지는 요
한의 서신에 대한 저자 문제에 관해 논의하지 않았지만, 그밖에 대체로는 저
자 문제를 서론에서 다룬다. 내가 요한의 서신에 대해서 그렇게 하는 이유는
'장로'라는 칭호가 오직 요한이서에 나타나기 때문이며, 또한 요한이서가 세
서신에 관한 저자 문제를 다루기에 가장 적절한 장소라고 믿기 때문이다.

3) 과학 문제들

성경에는 과학 문제를 아예 일으키지 않는 부분들이 훨씬 더 많다. 가령 기
적을 소개한 부분들에서는 그 문제가 배경에 깔려 있긴 하지만, 아주 일반적
인 방식으로 깔려 있을 뿐이다. 기적에 관한 논의는 비록 어느 정도 참고를
제공해 줄 수는 있어도 과학적인 사고를 가진 사람들에게 문제를 제기하는 식
으로 다루어야 하는 것은 아니다. 불신앙에 관한 메시지는 기적에 관한 구체
적인 연구와 전혀 상관없이 기적 문제를 다룰 수 있다.

반면에, 과학적 반론들을 직설적으로 상세하게 다루어야 하는 부분들이 있
다. 혹시 우리 시대 사람들이 그런 문제들에 대해서 비정상적인 관심을 많이

들 갖고 있을 경우에는 그래야 한다. 필자는 창세기 연속 강해를 시작하면서 그런 일을 해야 했다. 물론 반론들을 일부러 끄집어 내면서 시작하지는 않았다. 내 첫번째 메시지(창세기 1:1에 관한)는 하나님과 피조물의 본성을 다루었다(필자가 창세기의 사실성을 다룬 부분이 바로 이곳이다). 하지만 결국 그러다가 진화 문제가 돌출되었고, 그래서 필자는 그 문제를 철저하게 다루었다. 그 강해를 마칠 무렵에 필자는 창조에 관한 상충되는 다섯 가지 견해, 즉 무신론적 진화론, 유신론적 진화론, '간격' 이론, 6일 창조설, 점진적 창조설을 다룬 책들을 대체로 섭렵한 뒤였다.

필자는 이 견해들을 될 수 있는 대로 치밀하게 다루었다. 설교 한 편당 15쪽 분량이었고, 전달하는 데 40분 가량 걸렸다. 우주의 규모와 복잡성, 지구의 연령을 아주 오래 잡는 견해와 얼마 되지 않게 잡는 견해, 우주의 증거, 화석들의 기록, 돌연변이들, 방사선 연대 측정, 그리고 그밖의 전문적인 문제들을 그 설교에서 다루었다. 그 교회에 출석한 지 40년 내지 50년 된 어느 신사는 필자의 설교를 '신령하지 못한 설교'로 간주하고서 분개한 채 교회를 떠났다. 그리고는 다시 돌아오지 않았다!

하지만 다른 사람들, 특히 과학에 관심이 있는 사람들은 따뜻한 마음으로 설교를 들어주었고, 그 강해 설교만큼 흥미있는 설교는 들어본 적이 없다고 말했다. 필자는 훗날 그보다는 덜 야심적인 방법으로 창세기에 등장하는 사람들의 대단히 긴 수명과, 창세기 10장에 소개되는 이름들과 사람들의 역사적 신빙성의 증거를 다루었다. 인도-유럽어족에 대한 역사와 분포, 그리고 그 민족들이 동양과 아프리카를 향해 이동한 사실, 아울러 셈족에 관해서 세 번의 설교를 통해서 다루었다. 이 연속 강해는 서구인 교인들에게 이 전 세계적 상황에서 자신들을 바라볼 수 있게 해주었다.

가장 우선은 성경이다

필자는 이 말로써 글을 맺는다. 위에서 언급한 대부분의 내용은 설교 뒤에 또는 설교 가운데서 다루어야 하는 연구 문제를 위한 논증이었다. 그러나 그런 것들이 가치가 있는 논증이요 필요한 것이지만, 연구는 단지 설교를 돕는 시녀에 불과할 뿐 성경의 어떤 부분을 분명히 해명해 주지 못한다. 일찍이 필자가 말한 것처럼, 설교란 사람들로 하여금 하나님의 진리를 이해하고 순종하게 만든다는 목표를 가지고 현대 문화를 가지고서 성경 본문을 해석하는 것이어야 한다. 이 일을 제대로 하려면 건실한 학문, 특히 하나님의 말씀을 들어서 오늘의 문화에 선포할 수 있게 해주고, 청중으로 하여금 성경을 이해할 수 있도록 돕는 건실한 학문이 있어야 한다.

하지만 우리가 설교하는 것은 학문이 아니다. 우리가 마치 설교에서 학문적인 요소가 설교자로서 명성을 얻는 데 사용될 수 있다는 식으로, 우리 스스로를 전하는 것이어서는 더더욱 안 된다. 우리는 오직 하나님의 말씀만 그 안에 죄의 결박을 타파하고 패역한 아담의 자녀들을 죄에서 돌이켜 구주께로 돌아서게 할 수 있는 능력이 있음을 알고서, 하나님의 말씀을 전파해야 한다. 목회자는 아주 전문적인 사역을 펼칠 때라도 자신의 목표가 그런 분야에 관한 정보를 주는 데 있지 않고, 청중에게 하나님의 말씀을 듣고 순종할 필요를 확고히 일깨워 주는 데 있다는 것을 잊지 말아야 한다. 이 주제에 나름대로 기여하지 못할 메시지란 없다.

학문을 포함하여, 설교자가 가진 것은 무엇이든 하나님께서 뜻대로 쓰시도록 그분께 드려야 한다. 하지만 학문이 하나님의 말씀의 위치를 가로챘다면 그것은 아니 씀만 못하다. 그것은 악한 일이요, 설교자와 청중을 다 해치는 일이 될 것이다. 이 말을 귀담아 듣는 모든 분들은 무엇보다도 하나님의 책의 사역자들이 되시기를 간절히 기원한다.

제 4 장

전인적인 설교

스프라울

학생들은 교수들이 내주는 산더미 같은 과제물 때문에 '정신없이 바쁘다' 는 말이 입버릇처럼 되었다. 하지만 그 많은 과제물들은 게으른 손을 바삐 놀리게 한다든지, 텅 빈 머리를 가득 채우게 하는 어떤 뚜렷한 교육적 가치가 없는 것들이 대부분이다. 나도 신학생 시절에 이런 곤경을 겪곤 했다. 특히 우리 학교가 신학대학교의 수준으로 끌어올리도록 기획된 새로운 커리큘럼을 위하여 명목상 대표로 활약하는 동안 당한 고충은 이만저만한 것이 아니었다. 의욕적으로 읽어 내야 할 분량이 제시되어 매주 2,500쪽을 읽어야 했고, 학기마다 제출해야 할 논문이 모두 200쪽이나 되었다. 올가미와 같은 그 프로그램은 책을 미끄러지듯 대충 훑어 읽어 내려가는 속독 기술을 터득하도록 우격다짐으로 강요했다(나는 칼 바르트의 「교회 교의학」〈*Church Dogmatics*〉한 권을 20분에 '독파' 했을 뿐 아니라 마틴 부버〈Martin Buber〉의 책에 대한 비평적 서평을 써내야 하는데 목차만 읽어보고 쓴 서평으로 A학점을 '획득' 했다. 부버는 그 책에서 내가 예상한 그대로 실존 사상의 범주들을 구약 선지자들에게 인위적으로 부과했던 것이다).

내가 뒤늦게 이런 고백을 한 것을 알면 학교 당국이 내가 제출한 과제물들이 단숨에 처리한 것임을 발견하고서 내 학위를 취소해 버릴는지도 모르겠다. 다행히도 그 학교의 교무위원회는 나중에 많은 분량의 목표를 재조정하여 훨씬 수수한 표준의 커리큘럼으로 개정하였다. 그로써 11시로 계획되었던 학생 혁명(?)을 방지할 수 있었던 것이다. 학생들이 데모를 계획하게 된 결정적인 계기는 '현대 시사 만화들에 다뤄진 미국 문화에 나타난 목회자상'에 관해 25쪽 분량의 논문을 제출하라는 숙제를 받은 일 때문이었다. 그 숙제는 당시 내 생각에도 학생들을 바쁘게만 만들지 전혀 무익한 것이었다. 그렇지만 나는 그 숙제를 했다. 무척 하기 싫었지만 성실하게 타임지, 리더스 다이제스트, 뉴스위크지, 그리고 그 밖의 잡지들을 구해서 설교자들을 풍자한 만화를 열심히 찾았다. 그리고 텔레비전 프로그램과 소설에 등장하는 목회자의 모습에도 주의를 기울였다. 풍자 만화를 수십 개 수집하고 텔레비전 프로그램을 열심히 들여다본 후에 내가 발견한 것은 그런 데 등장하는 목회자상이 소름끼치는 것들이라는 점이다. 실로 그런 숙제를 내준 교수의 정신나간 행위에 일리가 있었던 것이다. 그때부터 과제물이 학생들을 괴롭히기만 하는 것이라는 선입관이 싹 사라졌다. 목회자를 풍자해 놓은 만화나 프로그램을 보면서 소스라치게 놀란 것은, 사회의 존경을 받는 지도자의 위치에서 별 볼일 없는 시골뜨기로 전락한 목회자라는 이미지에서 나 자신의 모습을 보았기 때문이다.

미디어에 의하여 묘사된 목회자 이미지는 머리가 벗어지고, 배가 나오고, 옷차림이 엉성한 채 경건의 외투를 걸치고는 그 속에 자신의 허물을 감추고 말도 제대로 못하는 얼간이 상이었다. 목회자가 활기가 넘치고, 지성적이며, 정열이 있고 또한 개인의 근면 성실성이 사회에서 칭찬을 받으며 활보하는 모습으로 비친 것은 딱 한 번뿐이었다. 이런 예외적인 모습은 추기경에 관한 헐리우드 영화에서 톰 트리온(Tom Tryon)에 의해 연출된 천주교의 신부의 모습이었다.

마틴 루터 킹(Martin Luther King) 목사는 '레스 덴 센서티브'(Less-than-Sensitive)라는 토크쇼에 출연했다가 진행자에게 도발적인 질문을 받았다. "킹 목사님, 흑인들이 게으르고 호색적이고 리듬을 타는 사람들이라는데 사실입니까?" 나는 진행자의 우둔하고 천박스러운 질문을 듣자마자 반사적으로 울화가 치밀어 올라 질식할 것만 같았다. 킹 박사의 즉각적인 답변이 더 울화가 치밀게 했다. 그는 "그렇습니다. 그럴 때가 종종 있습니다"라고 대답했던 것이다. 충격에 빠져 있는데 킹 박사는 이렇게 입을 열었다. "당신은 무엇을 기대하십니까? 지난 200년간 당신들 백인들은 흑인들을 게으름뱅이요 지나치게 호색적이고 리듬을 좋아하는 사람들로 그려오지 않았습니까? 그런 그림이 계속해서 반복되어 그려지는 환경에서 살기 때문에, 우리는 그런 이미지에서 벗어나기 위하여 열심히 노력하고 있습니다."

같은 현상이 설교자에게도 나타날 수 있다. 설교자도 투영된 경상(鏡像, 거울에 비쳤을 때 좌우가 반대로 되는 상)처럼 보고 행동하기 시작할 것이고, 그리고는 사역의 신뢰성을 잃은 게 아닌가 하고 조바심을 낼 것이다. 그러한 문화적 반작용은 교회와 목회 사역에 큰 손상을 입힌다. 설교 사역은 강력한 힘을 요구한다. 그 힘은 물리적이요 정서적이요 지성적이요 영적인 힘이라야 한다. 설교의 효과가 준엄하게 지속되기를 원하면 전인(全人)에 힘이 있는 사람이 되어야 한다.

설교의 신체적 측면

우리는 사도 바울의 세 차례에 걸친 간구에 대하여 하나님께서 응답해 주신 것을 잘 알고 있다: "내 은혜가 네게 족하도다. 이는 내 능력이 약한 데서 온전하여짐이라"(고후 12:9). 바울은 자신의 허약함을 강조하였고 언급하였다. 흐려진 시력을 염려하였고 계속해서 반복되어 일어나는 고질병을 묘사하기도 했다. 그러므로 서신들을 보면 육체적으로 한계가 있음을 발견한다. 그럼에도 불구하고 우리가 바울 사도를 생각할 때 그는 육체적으로 막강한 힘을 지닌 장사로 생각하고 있다. 서른아홉 대의 태형을 다섯 번이나 맞고도 살아남기 위해서는 그가 필요한 육체적인 힘이 얼마나 컸을까?(많은 사람들은 이십 대의 태형만 맞아도 그 자리에서 숨을 거둔다고 한다.) 바울은 세 번 태장으로 맞았고, 세 번 파선을 당했으며, 한 번은 돌로 맞았고, 강의 위험, 바다의 위험을 겪었다. 도대체 그의 힘이 얼마나 강했을까? 고대 사회에서 여행을 할 때 겪게 되는 어려움을 상상해 보라. 엄청난 힘이 요구되었을 것이다. 그런 바울이 육체의 연약함을 자랑한다고 했다. 필자는 사도 바울처럼 육체적으로 '허약한' 만큼이나 연약한 사람이 되고 싶다.

삼십대에 겪은 필자의 목회사역 중 어려운 요망 사항 하나가 있다면 육체적으로 강인한 힘이 필요하다는 것이었다. 그래도 내 나름으로는 운동에 상당히 단련된 몸을 가지고 있었기 때문에 별로 신경을 쓴 편이 아니었으며 체력을 관리하는 데는 다른 목회자들보다도 상당히 덕을 많이 본 셈이다. 그렇게 단련된 신체를 갖고 있었고 또 상대적으로 젊었음에도 불구하고 육체적으로 격무를 수행해야 할 시점에서 힘의 부족을 느끼기 일쑤였다. 이를 극복할 수 있는 방안은 좀 불경건스럽게 생각이 되기는 했어도 강한 심장을 유지하도록 조깅을 하는 것이었다. 때로는 사도 바울을 그대로 흉내내어 내 몸을 쳐서 복종시키려고 하였다.

설교를 할 때 소비되는 정력은 설교자마다 다르겠지만 보통 30분 설교에 들어가는 힘은 8시간 육체 노동에 소비되는 힘과 맞먹는다고 한다. 예를 들어서 빌리 그레이엄 목사는 의사에게서 설교에 지나친 체력을 소모하지 말라고 경고 받았다. 물론 단조롭게 설교한다든지 톤이 높아지는 것을 억제함으로써 에너지 소모를 최대한으로 줄일 수는 있다. 그러나 그런 식으로 설교할 때 우리가 얻는 유익이란 성도들로 하여금 설교를 들을 때 편안히, 심지어 잠에 빠지게 해줌으로 성도들이 바짝 귀를 기울이고 들을 때 소비되는 체력을 방지해 준다는 것뿐이다. 열정적인 설교는 강인한 체력과 정력을 필요로 한다. 설교자의 몸에 고장이 나면 설교하는 데 필연적으로 영향을 미치게 된다.

우리 중의 어떤 분들은 체력 관리를 잘해야 한다는 것에 반박할지도 모르겠다. 그러나 설교자가 가진 신체적 외관은 설교자의 신임도에 크게 영향을 주고 있다고 생각하면서도, 사실 외모에 신경을 거의 쓰지 않는다. 효과적인 목회란 오로지 성령의 강한 역사에 달려 있다는 우리의 확신 속에서 안식처를 찾으려는 경향이 아주 짙다. 그러나 하나님의 섭리에 대한 교리를 생각해 보자. 하나님은 자신의 궁극적인 목적들을 성취하시기 위하여 방법들을 사용하신다. 그러므로 외모에 신경을 쓰는 일은 하나님께서 우리에게 맡기신 책임에 내포되어 있는 것이다. 설교자는 전달하는 사람이다. 그리고 전달에는 입으로만 하는 것 그 이상이 내포되어 있음을 기억해야 한다.

전달은 입으로 이루어지지만 무언의 전달도 있다. 수세기를 걸쳐 설교자들은 몸짓을 사용했다. 그들의 메시지를 강조하기 위해서 어떤 몸짓을 사용해야 할 것인지 그 중요성을 깊이 생각해왔다. 우리는 예배에서 형식이 예배의 품위를 나타내기도 하고 예배의 참된 의미를 저하시키기도 한다는 것을 익히 알고 있다. 무릇 형식주의는 과감히 배격해야 한다. 하지만 동시에 형식을 전적으로 무시해 버리는 실수를 범해서도 안 된다.

언어를 통한 전달을 제외한 다른 형식의 전달에서는 설교자의 외모도 중요한 자리를 차지한다. 외모가 설교자의 신뢰성에 무슨 영향을 끼치겠느냐고 반박할 분이 계실는지 모른다. 그러나 그렇게 반박할지라도 솔직히 외모의 중요성은 크게 달라지지 않는다. 외모에 의한 판단은 공정하지 않으므로 외모로 사람을 판단해서는 안 된다고 강력히 항의할 수도 있다. 그렇지만 외모에 의한 판단이 자연스럽게 우리 주위에서 일어나고 있지 않은가!

언어 이외의 전달 방식들을 놓고 생각할 때, 필자는 어머니에게 꼭 배웠어야 했는데 그렇지 못해 아쉬운 점들이 생각난다. 필자가 다닌 신학교의 커리큘럼에는 옷 입는 방법이 지니는 사회학적 중요성에 대한 고려가 빠져 있었다. 물론 하나님의 말씀은 토가(고대 로마 사람들이 입던 옷—역자주)를 입고 전할 수도 있고 양복을 입고 전할 수도 있다고 나는 믿는다. 그리고 설교자 가운을 입으면 평상복을 입고 설교할 때 교인들에게 줄 수 있는 편견이나 부담감은 덜 수 있으나 모두가 천편일률적으로 보이게 될 것이다.

최근에 소개된 구체적 사례 조사의 결과에 따르면, 옷을 입는 형태가 다른 사람들에게 주는 인상이 대단히 강렬하다고 한다. 옷이 무언의 메시지를 전달한다는 것이다. 그 메시지는 분명하게 이해되고, 때로는 자신이 전하는 메시지가 다른 사람들에게 수용되는 데에도 영향을 준다는 것이다. 옷은 자신의 모습을 가리는 피난처의 수준을 이미 훨씬 넘어서 있다. 이제는 피난처가 아니라 자신을 드러내는 적극적인 전달 수단이 되었다. 사람들은 옷을 상징적인 의사 전달의 힘을 발휘하는 예술의 한 분야로 간주하게 되었다. 사람들은 저마다 자신의 스타일에 따라 옷을 입는다. 저마다 그 스타일을 의식적으로든 무의식적으로든 고른다. 경제적인 면을 고려하기보다는 대개 미적 감각을 고려하여 옷을 고른다. 그리고 옷을 고를 때에는 자신의 인격의 어떤 면을 나타내는 쪽으로 고른다. 자신이 파악한 것, 혹은 남들이 자신에 관해 알아주었으면 하는 점을 고려하여 옷을 입는다. 한 마디로 우리는 옷을 입을 때 자신의 이미지를 거기에 투영한다.

설교자들은 종종 자신의 참모습과 반대되는 이미지를 옷에 투영한다. 그리하여 무언의 전달 방식으로 거짓된 메시지를 전달한다. 이런 거짓 메시지는 청중을 혼동케 하고 그들을 자주 소외시킨다. 옷차림이 설교자를 미묘한 위선에 빠뜨릴 수가 있으며, 설교자의 그런 태도는 외모 이면에 있는 속을 꿰뚫어 볼 만한 직관이 있는 사람에게 불쾌감을 일으킨다. 설교자는 옷을 아무렇게나 입어서, 마치 풍자 만화가 설교자들에게 부과한 부정적인 이미지에 수긍하듯이 자신의 위엄을 깎아 내릴 수가 있다. 대부분의 설교자들이 의상 문제에는 전혀 신경을 쓰지 않은 채 자신이 신령한 혹은 신학적 깊이가 있는 모습으로 비치기를 바란다. 옷을 구입할 때 충동적으로 혹은 아주 가까운 사람들의 취향을 고려하여 구입하는 정도로 그치지, 옷이 미치는 전반적인 영향은 고려하지 않는다. 교회를 아름답게 장식하고 예전(禮典)의 문구들을 선정하는 데는 대단히 치밀한 모습을 보이면서도, 강단에 서서 하나님 말씀을 전하는 설교자를 장식하는 데는 너무나 무관심하다.

앞에서 말했듯이 복음은 토가를 입든 양복을 입든 전할 수 있다. 그러나 베드로가 양복을 입고 설교했다면 그의 설교는 1세기 로마 사회에서 신뢰를 얻지 못했을 것이다. 그것은 오늘날 설교자가 주일에 토가를 입고 강단에 선다면 어떤 일이 생길지 생각해 보면 금방 이해할 수 있다.

의상을 통해서 이루어지는 무언의 전달 문제는 지역적 상황이나 문화적인 편견에 따라 크게 달라지고 복잡해진다. 피닉스에서는 장로교회 설교자가 카우보이 장화를 신고 강단에 설 수 있지만 보스턴에서는 그것이 허용되지 않는다. 은행가들을 상대로 하는 목회는 깨끗한 정장 차림이 효과를 높여 주겠지만, 농부나 노동자 혹은 대학생들에게는 그런 차림이 반감을 사기 십상이다. 미국 사회는 여러 개의 문화권 사람들로 구성되어 있으며, 각 문화권의 색채는 옷차림이라는 미묘한 형태로 표출된다.

의상 디자인과 구분되는 의상 공학이라고 하는 신종 학문은 모든 의상 형태가 유니폼의 한 형태라고 강조한다. 경찰관의 유니폼은 군인이나 축구선수들의 유니폼과 쉽게 구별된다. 세밀하게 구분된 이런 집단들에서는 그 집단에 소속된 사람을 쉽게 식별할 수 있다. 다른 유니폼들도 문화권에서 비록 덜 분명하기는 하되 엄연한 의사 전달의 기능을 수행한다. 폭주족들, 중고차 세일즈

맨들, 은행원들, 의사들은 저마다 나름대로의 독특한 정형(定型)이 있다. 이런 정형들이 매일 여러 가지 방식으로 강화된다. 앞에서 언급한 설교자에 대한 풍자 만화는 설교자에 대한 부정적인 정형이 그렇게 강화되는 한 가지 방식이다.

설교자는 지도자로 부름을 받았다. 그가 선 자리는 지도자의 자리요 권위자의 자리인 동시에 섬기는 자의 자리이다. 설교자의 직분은 거룩한 것이요, 위대하되 조용한 엄위가 깃든 직분이다. 하나님은 구약 제사장들이 입을 의복을 상징적인 의미를 충분히 살려서 상세히, 공교히 일러 주셨다. 제사장 의복은 호화찬란하게 꾸며 과시하는 듯한 옷도 아니었고 그렇다고 선교사들이 수거해 가는 헌옷도 아니었다. 우리 주께서 땅에 계실 때 소유하신 유일한 것은 그가 입으신 옷뿐이었다. 그 옷은 정교하면서도 품위가 있는 옷이었다. 다양하게 사용되었고 아름다운 옷이었지만 악취가 나는 옷은 아니었다. 그가 입으신 옷은 그의 체격에 어울리는 옷이었고 그의 직분에 적합한 것이었다. 그분의 옷은 다 닳아버린 시골 약장사들의 옷이 아니었다.

우리 사회는 지도자급 인사들에게 적합한 제복이 있다. 하지만 그런 제복의 진가를 제대로 이해하는 목회자들은 거의 없다. 우리 문화의 지도자들이 입는 제복은 품위가 있고, 단정하면서도 다각적으로 쓰이며 아주 경제적인 것이다. 제복을 입고 다니면 다른 옷이 많이 필요치 않아 옷장을 채우는 데 아주 경제적이다. 이 사실을 의식하는 이들은 다른 사람들에게서도 그것을 즉각 의식한다. 그러나 이 사실을 모르는 사람은 직관에 의해 즉각적인 반응을 보인다.

신학교에서 18명의 설교자들을 재교육할 기회가 있었다. 그 때에 경험한 것을 소개하겠다. 강의 첫 시간에는 수업을 하지 않고 서로를 잘 알 수 있는 기회를 갖기 위하여 각자 자기 소개와 함께 본인들이 가진 달란트나 은사를 이야기하게 했다. 그리고 서로의 의견 교환을 위하여 한 가지 상황을 가정했다. 지금 우리 신학교가 2십만 달러를 큰 자선단체에 기부하기로 제의했는데, 18명의 설교자 학생들 중에서 세 명의 대표를 선정하여 그 기부금을 전달하기로 했다는 가정이었다. 이 설명을 한 후에 무기명 비밀투표에 의하여 세 사람의 대표를 선출하자고 제의했다.

투표에 들어가기 전에 필자는 세 사람의 이름을 적고 나서 그들 앞에서 그

종이를 봉하였다. 투표가 끝난 후에 필자가 봉해 놓은 종이를 개봉했다. 조금 전에 선출된 세 사람의 대표와 필자가 기록한 세 명의 이름이 똑같은 것을 보고서 학생 설교자들은 모두 깜짝 놀랐다. 한결같이 마치 놀란 토끼처럼 "어떻게 아셨습니까?"라고 물었다. 그들 눈에 필자는 마치 모자에서 토끼를 끄집어내는 마술사처럼 보였다. 그러나 그것은 마술이 아니었다. 그렇다고 거울로 훔쳐본 것도 아니었다. 필자가 한 일이란 교실에 앉아있는 분들 중에서 지도자로서의 품위가 돋보이는 의상을 입은 세 사람을 적은 것뿐이었다. 필자는 이 '마술' 비법을 공개하기 전에 그분들에게 도로 질문을 던졌다. "왜 여러분은 이 세 사람을 선출했습니까?" 저마다 나름대로의 이유를 댔지만, 결론은 자기들도 모른다는 것이었다. 필자가 비법을 공개하자 너무나 간단한 그 방법에 대하여 모두가 신음처럼 "아, 그렇구나!" 하고 말했다. 그리고는 즉시 신뢰성을 좌우하는 첫 인상에 영향을 주는 의상 문제로 토론이 벌어졌다.

문제는 옷이 사람의 됨됨이를 만드는 것이 아니라는 점이다. 그러나 옷은 복합적인 전달 과정의 한 부분이다. 옷은 설교자와 청중에게 다 영향을 미친다. 설교자와 청중 사이에 오가는 상호 연관성이 더욱 깊어질수록 그 효과는 더욱 커진다. 개인이나 회중이 따뜻한 박수에서부터 호의적인 표정에 이르기까지 능동적인 표현으로 반응하면, 설교자는 확신이 더욱 커지고 설교할 때 표현의 폭도 그만큼 넓어진다.

현명한 설교자는 설교할 때에 자신의 복장이 전달하는 무언의 메시지를 가볍게 여기지 않는다. 설교자는 반항적인 죄인들의 자극적인 옷을 피해야 하며, "옷을 보니 설교도 위선적인 것 같다"는 인상을 주는 옷도 피해야 한다. 회중 앞에 불필요하게 의사 전달을 방해하는 장벽을 세워 반발을 유발하는 것은 설교자가 할 일이 아니다.

결론적으로, 옷이 무언의 메시지를 전달한다는 점을 결코 잊어서는 안 된다. 설교자들은 다음 두 가지 질문을 신중히 답변해 봄으로써 의사 전달의 확고한 터를 장악할 수 있다. "내가 입은 옷은 무슨 메시지를 전달하는가?" "내 옷이 무슨 메시지를 전달해 주었으면 좋겠는가?" 이 두 질문에 대한 대답이 똑같지 않다면 변화가 필요하다는 증거이다(설교자의 외모에 대한 토론은 본 책에 실린 권 월터스의 '강단에서의 신체'를 참조하라).

전인(全人)에게 하는 설교

감정주의(emotionalism)는 개혁주의 설교자들에게 일종의 저주와 같다. 미국에서 대각성운동(1734-1735)이 일어났을 때 조나단 에드워즈(Jonathan Edwards)가 이른바 '열정'(Enthusinam)을 대문자 'E'를 사용하여 맹렬히 비판한 글을 읽어보면 그것을 금방 알게 된다. 감정주의는 머리를 가슴으로 대체하면서, 생각이 없는 감정, 내용 없는 열정을 강조한다. 감정주의의 극단적인 사례들에 대한 반작용으로 나타난 정반대의 것이 지성주의(intellectualism)이다. 무미건조하고 형식적인 지성주의는 사랑이 없는 지식, 감각이 없는 사상을 강조한다. 지성주의는 19세기의 유럽 문화를 평가한 키에르케고르(Kierkegaard)의 논평에 잘 묘사되어 있다: "나의 불만은 이 세대가 악하다는 것이 아니다. 오히려 보잘것 없고 열정이 없다는 데 나의 불만이 있다."

열정을 품기 위해 실존주의를 받아들일 필요는 없다. 열정을 품지 않고는 그 누구도 기독교를 받아들일 수 없다. 기독교는 머리와 가슴이 균형을 이룬 터에, 다시 말해서 열정과 지적 이해의 상호 관계 위에 세워져 있다. 기독교에는 지성이 우월한 면도 있고 감정이 우월한 면도 있다. 문제는 "이 두 가지가 어떻게 공존하는가?" 하는 것이다. 이것은 모순이 아닌가? 아니면 기껏해야 변증학의 말장난일 뿐인가? 절대로 그렇지 않다. 두 가지 우월한 것이 동시에 서로 연관되어 존재한다고 말하면 모순처럼 들릴 것이다. 이 문제는 면밀한 조사로 해결할 수 있는 진실한 패러독스이다. 두 개의 우월성이 존재하되 그 둘이 동일한 관계 안에 존재하지는 않는다. 차서로 보자면 지성이 우월하고 중요성으로 보자면 감정이 우월하다.

'지적 이해'(understanding)는 머리에서 생기기 전에 가슴에서 먼저 생길 수가 없다. 그것이 가슴으로 전달되려면 머리를 거쳐야 한다. 어떤 것이 가슴에 전달되지 않은 채 그냥 머리에 남아 있는 경우가 있을 수 있다. 하나님께 대한 인식론적 지식, 즉 지적 자각은 갖고 있는데, 그것이 사랑을 일으키지 않는 경우가 있을 수 있다. 사단도 한 분 하나님께서 계신다는 것을 알며, 귀신들도 예수님의 분명한 정체를 알았다. 그렇지만 그들은 예수님을 미워했다. 따라서 가슴에 감정이 없는 상태로 머리에 지식을 갖고 있을 수가 있다.

감정의 우월성은 하나님께 대한 마음의 반응이 구원의 필수 조건임을 강조한다. 주 하나님을 마음과 정신과 힘을 다하여 사랑하라는 것이 크고 첫째 되는 계명이다. 영혼의 성향이 의롭다 함을 얻는 믿음의 본질이다. 신학적으로 오류를 범하고서도 구원을 받는 경우는 있다. 하지만 신학은 나무랄 데 없는데 마음이 하나님께로부터 멀어져 있다면 구원과는 상관이 없다. 머리와 가슴 사이에는 대단히 중요한 관계가 형성되어 있다. 가슴은 진공 상태에서 고동치지 않는다. 지성의 우월성에 관해서는 나중에 다루기로 하고, 여기서는 믿음과 설교의 감정적 차원에 초점을 맞추어서 생각해 보자.

설교는 감정적인 반응을 일으킨다. 설교는 정보를 전달하고 마는 행위가 아니다. 강단은 드라마를 위한 무대이고, 복음은 드라마 자체이다. 행위를 연출한다든지, 호소력을 인위적으로 조작한다든지 하는 점에서 드라마라고 하는 것이 아니다. 필자가 말하는 것은 드라마적인 진리, 즉 영혼을 산산이 부숴 놓은 다음 치유를 제공하고 인간 영혼을 다시 날아오르게 하는 진리이다. 성령께서는 당신의 드라마적인 말씀이 무미건조하게 낭독되는 것을 보시면 틀림없이 슬퍼하실 것이다. 설교자가 복음을 드라마적으로 만드는 것이 아니다. 복음은 설교자가 전하기 전에 이미 드라마적인 성격을 띠고 있다. 복음을 드라마적으로 전한다는 것은 설교를 복음의 내용에 맞춘다는 것이다. 열정이 없는 설교는 거짓말이다. 그런 설교는 그것이 전달하는 내용을 부정한다.

필자는 여러분이 성경 본문을 읽을 때에 그 속에 들어 있는 드라마를 찾으라고 권하고 싶다. 본문에서 감동을 주는 말씀을 강조하라. 그 감동을 부각시키라. 예를 들어 다음 본문을 읽어보자:

> 헬라인이나 야만인이나 지혜 있는 자나 어리석은 자에게 다 내가 빚진 자라(롬 1:14).

어디에 드라마가 있을까? 본문을 읽을 때 어떤 단어에 힘을 주어야 할까? 이 절에 감동을 주는 단어들이 있는가?

드라마로 단연 돋보이는 단어는 '빚진 자'이다. 빚을 져서 사방에서 압박을 받고 있는데 초연하게 앉아 있을 수 있겠는가? 빚진 자의 심정을 생각해 보라. 하루 속히 빚을 갚으려고 동분서주할 것이 아닌가? 그런 사람은 마음에 중압감을 느낀다. 바울은 여기서 아주 감정적인 단어를 사용한다. 그는 단순히 헬라인이나 야만인들이 자기의 선교 대상에 포함된다는 것을 말하는 것이 아니다. 또는 그들에게 관심을 갖고 있다고 말하는 것도 아니다. 바울에게는 갚아야 할 빚이 있다. 그의 의무감은 빚진 사람의 차원으로 고조된다.

본문에서는 성경을 읽는 규칙도 얻을 수 있다. 핵심 단어들이 대치되어 있으며, 바로 그 단어들에 초점을 맞춰야 한다. 이 점을 염두에 두고서 본문을 다음과 같이 읽을 수 있다:

> 헬라인이나 야만인이나, **지혜 있는 자**나 **어리석은 자**에게 다 내가 빚진 자라.

드라마에서 전달은 표정, 몸짓, 소리의 억양, 특히 '중단, 강조, 중단'이라는 고전적인 형식으로 이루어진다. 속도 조절(timing)이 드라마에 치명적인 요소이다. 모든 단어를 균일한 속도로 읽는 식으로 대사를 한다면 그것은 드라마를 죽이는 꼴이다. 본문을 낭독할 때 빚진 자라는 단어는 '중단, 강조, 중단'의 방식으로 속도를 맞춰 말해야 한다.

드라마는 말의 생동감으로 더욱 고조된다. 조나단 에드워즈는 틀림없이 설교 노트를 단조로운 음성으로 읽어내려갔을 것이다(이런 방식이 종종 드라마틱한 설교에 치명적인 타격을 입힌다). 하지만 에드워즈의 청중은 그의 설교에 실린 드라마틱한 무게를 감당하지 못한 채 실신했다. 어떤 사람들은 그 현상을 에드워즈의 설교에 사람 마음을 꿰뚫는 진리의 힘이 강력히 실려 있었거나 성령의 특별한 임재가 있었을 것이라는 논리로 설명한다. 물론 그밖에도 인간적 요인도 작용했을 소지가 크다.

새뮤얼 로건은 이 책에 실린 '설교 현상학'이란 장에서 에드워즈가 '감정' (affections)을 어떤 식으로 이해했는지를 조사한다. 에드워즈는 영국 경험론 철학자들에게서 건너온 철학적 통찰들을 대단히 친숙히 알고 있었다. 로크 (Locke), 버클리(Berkeley), 흄(Hume)은 인식론 문제들에 철학적 에너지를 쏟아부었다. 그들은 진리가 어떻게 인식되는가 하는 큰 문제뿐 아니라, 개념들이 어떻게 형성되어 정신에 남게 되는가 하는 구체적인 문제들에도 관심을 기울였다. 흄이 기억 이미지에 관해 쓴 저서들은 고전으로 남아 있다. 에드워즈는 기억력과 정신적(심리적) 이미지들의 선명성 사이에 관계가 있다는 것을 이해했다. 상(像)이 생생하면 할수록 정신적 느낌이 더욱 강렬해지고, 감정이 더욱 강력해지며, 결국 기억이 더욱 길어진다. 다음과 같은 의사전달 방식을 생각해 보자:

지존자(至尊者)께서는 타락한 인류의 보편적인 성향에 크게 진노하십니다.

혹은,

진노하신 하나님의 손아귀에 붙잡힌 죄인들이여.

에드워즈가 회개하지 않는 사람 앞에 닥칠 위험을 추상적으로 묘사하는 것인가, 아니면 생생한 이미지로 마음을 강타하는 것인가?

죄인들이여, 여러분은 타오르는 불길 위에 대롱대롱 매달린 거미처럼, 가느다란 줄에 의지하여 지옥 구덩이 위에 매달려 있습니다. 바로 밑에서 넘실대는 하나님의 진노의 불꽃이 언제 그 줄을 태워 여러분을 구덩이에 떨어뜨릴는지 알 수 없습니다.

혹은,

하나님은 활을 당기고 계십니다. 그 살이 여러분의 심장을 겨누고 있습니다.

힘을 주어서 말해야 할 부분은 명사들과 동사들이다. 구체적인 이미지들, 즉 드라마를 구성하는 구체적인 자료들 말이다. 에드워즈는 설교하는 방법을 분명하게 알았다.

아니면, 루터가 믿음이란 명목으로 획일화한 타락한 이성의 거짓 지성주의를 얼마나 신랄하게 비판하는지 들어보라. 이성에 대해서 루터가 뭐라고 말하는가? 그가 추상적인 유추의 부적합성을 말하는가, 아니면 "훌다 부인, 즉 창녀인 이성(理性); 마귀의 가장 사악한 정부(情婦)"에 관해 말하는가?

생생한 이미지라고 해서 언제나 서정적 수사(修辭)에 감상적으로 취하는 것은 아니다. 설교는 시가 아니다. 새들의 지저귐이나 라일락 향기를 말하고자 하는 것이 아니다. 설교의 목적은 아름다움이 아니라 드라마이며, 본질상 드라마인 복음의 성격이 가려져서는 안 된다. 그 드라마는 사람의 폐부를 찌르도록 윤색할 필요가 없다. 강조하는 것은 괜찮다. 그러나 각색은 안 된다. 드라마적인 성격을 무시하는 것은 절대로 안 된다. 이 책에 제이 아담스(Jay Adams)가 쓴 "감각 호소와 이야기"라는 장은 이런 생각을 훨씬 깊게 발전시킨다.

위력적인 설교를 하게 하는 가장 위대한 촉진제는 원고에 의존하지 않는 설교일 것이다. 이런 설교는 수많은 설교를 짓누르는 의사 전달의 방해물로부터 설교자를 해방시켜 준다. 원고 작성의 부담에서 벗어나면 정신적으로나 육체적으로 자유롭게 설교할 수 있다. 최근에 한 젊은 설교자가 내게 찾아와 자기의 설교를 주의 깊게 관찰하여 정확하게 비평해 달라고 요청했다. 그의 요청을 승락하고서 그의 설교를 들으면서 주의 깊게 살폈다. 설교 내용은 아주 뛰어났다. 그러나 성도들로 하여금 설교에 담을 쌓게 하는 장벽이 분명히 있었다. 원고가 마치 구세주인양 철저히 원고에 의존한 그 젊은 설교자는 설교하는 동안에 성도의 눈길을 차단해 버린 횟수가 정확히 127번이나 되었다(필자가 정확히 세어 보았다). 성도들이 설교에 귀 기울여 들은 시간은 대부분이 설교자가 전하고자 하는 요지를 보충 설명해 주는 설교자 개인의 경험담을 말할 때뿐이었다. 우연하게도 그가 경험담을 늘어놓을 때가 설교자의 눈길이 성도들의 눈길과 마주쳐 있는 가장 긴 시간으로 판명되었다.

예배를 마친 후에 그는 내가 관찰한 점을 말해 달라고 요청했다. 그래서 나는 이렇게 물었다. "목사님은 얼마나 많이 성도들의 눈길을 차단했습니까?"

그랬더니 그는 잠시 생각하더니 "한 열 번쯤 될 것 같습니다"라고 대답했다. 필자가 127번이나 그랬다고 했을 때 그는 큰 충격을 받았다. 그보다 더 중요한 것은 그가 나한테 충고를 듣고서 고치려는 순종의 자세가 있었다는 점이다. 그에게 원고 없이 설교해 보는 것이 어떻겠냐고 조언을 하니까 그는 좀 두려워하는 기색을 보였다. 왜냐하면 원고라는 안전한 버팀목을 당장 박차버리면 설교를 제대로 할 수 없을 것 같았기 때문이다.

원고 없이 하는 설교란 즉흥적인 혹은 임기응변 식의 설교가 아니다(영어의 extemporaneous preaching이란 준비는 하되 원고 없이 하는 설교를 의미함—역자 주). 이 말은 라틴어의 엑스 템포레(ex tempore)에서 유래된 말로서, '즉석에서' 또는 '상황의 요구에 따라' 라는 뜻이다. 필자가 말하는 것은 얼떨결에 하는 즉흥 설교가 아니라, '상황의 요구에 따라' 하는 설교이다. 원고 없이 하는 이러한 설교는 두 가지 요소로 구성된다. 그것은 철저한 준비와 전달의 자유로움이다. 그러려면 대단히 중요한 두 가지 요인이 필요하다. 그것은 지식과 어휘력, 즉 언어 재능이다.

피츠버그의 유서 깊은 제일 장로교회(First Presbyterian Church)의 클래런스 맥카트니(Clarence MacCartney) 목사의 후임자 로버트 래먼트(Robert J. Lamont) 목사가 내게 원고 없는 설교의 원리를 가르쳐 주었다. 먼트 목사의 방법은 설교를 끝내는 순간에 다음 주에 할 설교를 '계획'하라는 것이었다. 그는 그 주제를 놓고서 깊이 몰두한 채 일주일 내내 그 주제에 초점을 맞추고서 살았다. 중간에 그 주제에 관해 진지하게 조사를 했다. 설교 본문을 깊이 있게 주해하고, 권위있는 주석들을 펼쳐놓고, 자신이 그 주제를 정확히 이해했는지를 점검했다. 그의 지적 목표는 자신이 정한 주제에 대한 지식을 늘리는 것이었다. 조사가 끝나면 자신이 다루려 하는 내용을 간략하게 요약했다. 이쯤 되면 설교의 개요가 머리에 박혔고, 때로 필요한 경우에는 요약 내용을 기록해 두었다. 예화는 생각하는 과정과 자신의 주제에 관련된 글을 읽을 때 얻었다. 설교 시간이 다가오면 서두와 결말, 그리고 본론의 요점들을 머리 속으로 다시 한 번 정리했다. 그리고 설교할 때는 자신의 정신력과 언어력을 의지하여 골격에 살을 붙였다.

원고 없이 전하는 설교는 주제에 대한 이해와 설교자의 인격과 언어 구사력에서 흘러나온다. 이 방법은 원고 작성 시간을 절약하게 해주고 설교 안을 통째로 암기해야 하는 부담을 덜어준다. 이런 방식의 설교는 비록 '순간적으로'(ex tempore) 나오지만, 그 성패는 설교 준비에 할애한 시간에 좌우된다.

입말과 글말은 사뭇 다르다. 설교 노트를 준비하는 데 따르는 위험은 설교 안을 입말로 작성할 줄 아는 목회자가 거의 없다는 데 있다. 글로 잘 통하는 것이 말로는 통하지 않을 때가 많다. 의사 전달의 형태도 서로 다르다. 설교는 말의 기술이지 문학적 기술이 아니다. 암기도 자연스러운 의사 전달에서 발휘되는 역동성을 막고 설교를 기계적으로 만들기 때문에 효과적인 의사 전달에 장애가 된다. 물론 어떤 것은 암기해야 할 필요가 있지만, 대중 연설은 그렇지 않다. 다른 사람이나 책을 인용할 때는 암기가 필요하겠지만, 전체를 놓고 볼 때 틀에 박힌 암기는 오히려 해롭다.

물론 자기가 이해하지 못한 것을 다른 사람들에게 전달한다는 것은 사실상 불가능하다. 그러나 이해한다는 것은(우리가 후에 살펴보겠지만) 의사 전달을 위한 방법의 절반에 지나지 않는다. 효과적인 의사 전달이 이루어지기 위해서는 이해에 열정이 덧붙어야 한다. 간단히 말해서, 설교에 정말로 필요한 것은 설교자가 전하고자 하는 내용에 대한 분명한 이해와 그 이해를 전달하려는 강한 열정이다. 만일 본인이 말하는 것이 무엇인지를 알고 또 거기에 관심이 있다면, 자신의 메시지를 사람들 심령에 도달하게 하는 길도 발견하게 될 것이다. 만일 주제가 설교자 본인조차 흥미가 없는 것이라고 한다면, 회중도 흥미를 갖지 않을 것이다. 지적인 이해에다 드라마적이고 효과적이고 에드워즈가 말한 대로 감정적인 열정이 첨가된 것이 가장 오래되고 가장 단순한 설교 방식이다.

말의 은사는 받았는가? 어휘력은 어떠한가? 이런 요소들은 치명적으로 중요한 기술적 요소들이 아닌가? 물론 그렇다. 풍부한 어휘력은 설교를 돋보이게 하고, 설교가 풍성하게 되는 데 꼭 필요하다. 그런 재능이 있으면 회중의 심령을 보다 예리하게 찌를 수 있다. 이런 재능들은 물론 설교에 절대적으로 필요한 것들은 아니지만 사실상 설교의 차원을 더욱 깊게 해주는 것들이다. 어휘력이 빈약해도 설교할 수 있다. 배운 것은 없어도 메시지의 내용에 마음이 뜨겁게 타오른 채 전하는 이의 설교에 감동하지 않을 사람이 어디 있겠는가?

그러나 장시간 능력 있는 설교를 하려면 어휘력이 풍부해야 한다. 원고 없이 설교하는 데 따르는 위험은 같은 말을 자꾸 반복하는 것이다. 상투적인 표현, 공허한 표현, 똑같은 비유적 표현이 자꾸 반복되는 것은 매우 해롭다. 원고 없이 하는 설교에는 기독교의 상투적인 표현들이 수없이 끼여들어 회중들의 감각을 무디게 만들 수 있다. 삶의 다른 분야에서도 그렇지만 설교에도 어휘가 다양하면 마치 양념과 같은 역할을 한다. 단조로운 어휘로 청중을 영양실조에 걸리지 않게 하려면 설교에 양념을 듬뿍 쳐야 한다. 설교를 듣고서 양분을 얻고자 하는 신자들이 지·정·의를 두루 갖춘 전인(全人)임을 설교자들은 자각해야 한다.

원고 없이 설교하려면 어휘력을 늘리는 일이 꼭 필요하다(물론 원고에 의존하는 설교자에게도 어휘력을 늘리는 것이 중요한 일이다. 에드워즈의 글에서 본 대로, 풍부한 어휘력은 필수적이다). 원고 없이 설교하려면 기교에 능해야 한다. 핵심 없는 설교는 혼란을 일으킨다. 원고 없이 자유자재로 전달하는 설교는 언어 기교를 숙달하는 데서 흘러나온다. 이 기교를 대체할 만한 후보는 없다.

기교의 중요성을 절감하게 만드는 나의 두 가지 취미에 대해 말하고자 한다. 나는 피아노 연주와 골프를 즐긴다. 내가 피아노를 연주하면서, 특히 재즈를 연주하면서 갖는 꿈은 음악을 즉흥적으로 자유자재로 연주하게 되는 것이다. 누구나 한번쯤은 어떤 연주자들이 악보대로 연주하던 것을 갑자기 멈추고 신선하고 자유롭게 한참을 연주하다가 다시 악보로 돌아와 정겹고 조화롭게 연주를 마치는 것을 아주 감탄스럽게 감상한 적이 있을 것이다. 음악가들은 어떻게 그렇게 할까? 어떻게 그렇게 자유롭게 악보를 떠났다가 불협화음이 아닌 조화로운 화음으로 연주를 마치는 것일까? 전에 모르던 것을 즉흥적으로 그렇게 연주하는 것은 분명히 아니다. 그들은 수년간 지루한 음계들을 연습하고, 연습하고, 또 연습한 끝에 화음의 비결을 터득하고, 그로써 자유로운 즉흥 연주를 할 수 있게 된 것이다. 연습이 모자란 아마추어나 장난처럼 피아노를 치는 사람은 절대로 그런 연주를 할 수가 없다. 물론 기교를 숙달하고서도 즉흥 연주의 영감을 얻지 못하는 수도 있긴 하지만, 반대로 먼저 기교를 숙달하지 않고서는 즉흥 연주의 영감을 절대로 얻을 수 없다.

이번에는 골프를 예로 들어보자. 나는 어떤 글을 쓰든 좌절한 육상 선수의 재기 노력에 찬물을 끼얹기 위해 마귀들이 만들고 독려하는 이 스포츠(골프)에 대해서 말이 나오면 적어도 한 가지 예화를 들지 않고는 글을 마무리하지 않는 편이다. 「골프」(*Golf*)와 「골프 다이제스트」(*Golf Digest*)라는 잡지에서 좀처럼 잡히지 않는 '비밀'(스윙 폼이나 경기 감각처럼 훈수는 무성하되 자신의 것을 터득하기 어려운 점을 빗대어 쓴 말—역자주)을 잡기 위해 디오게네스(Diogenes)의 등불을 들고 찾아 나선 기사들을 읽어보았다. 사람들이 유명한 골프 선수들에게 던지는 질문은 천편일률적으로 "당신은 샷을 할 때 무슨 생각을 하십니까?"라는 것이다. 그리고 그들이 하는 대답도 단조롭기 그지없다. 모두가 같은 대답을 한다. 그들은 목표 지점에 관심을 집중한다. 그리고는 공이 어떻게 날아가서 어디에 떨어졌으면 하고 마음 속에 그려본다. 자기들의 몸이 그대로 해주기를 바란다. 그들은 여러 가지 스윙 철칙들 때문에 마음이 흔들리지 않는다. 가령 왼팔은 곧게 펴고 왼쪽 힙을 자연스럽게 두는 등 곧이곧대로 따라하자면 전신마비를 일으키는 그런 무수한 기계적 규칙들 때문에 마음이 흔들리는 법이 없다.

하지만 나는 목표 지점을 바라보면서 내 몸에게 공을 그곳으로 날려 보내라고 말하면 내 몸은 거부한다. 스윙을 하기는 하는데 마치 몸이 "난 할 줄 몰라" 하고 반항하는 식이다. 눈을 똑바로 뜨고 공이 날아가는 방향을 살펴보면 공은 어김없이 나무들 틈이나 모래에 떨어진다. 내게 부족한 것은 기교 숙달이다. 골프 선수들이 '근육 기억'이라고 부르는 것으로 즉흥적으로 아무 상황에서든 생각해 낼 수 있을 만큼 몸에 배인 그런 기교를 숙달하지 못한 것이다. 나는 연습 단계에서 기교를 숙달하지 못했기 때문에 내 근육은 오히려 과거의 기억 때문에 심한 고통을 받는다. 자유란 폼, 즉 형식 뒤에 따라오는 것이다. 설교자는 드라마와 감정의 효과가 남김없이 발휘될 수 있을 때까지 원고 없는 설교의 자유를 증진하기 위해 형식들을 숙달해야 한다.

설교의 지적인 측면

앞에서 우리는 그리스도인의 삶에서 지성이 우월하다는 점과, 설교자가 설교 내용을 이해하는 게 중요하다는 점을 언급했다. 건실한 설교는 탄탄한 지적 기반 위에서 이루어진다. 건실한 설교에는 반드시 정확성이라는 프리미엄이 있게 마련이다. 설교 내용이 사실이 아니라면 아무리 설교를 드라마틱하고 역동적이고 감동적으로 할지라도 거기에는 부정적인 가치가 매겨진다. 거짓 메시지를 전하는 설교자들이 모두 지루한 설교자들이기를 바라마지 않는다. 하지만 그런 바람은 공상에 지나지 않는다! 히틀러는 연설로 수많은 사람들을 감동시켰다. 사단도 설득력을 갖고 있다. 카스트로(Castro)의 연설도 역동적이다. 설교자가 기교는 탁월한데 내용은 거짓이라면 그런 기교가 무슨 유익이 있겠는가? 유흥에 기꺼이 돈을 바치는 사회에서는 설교자가 그런 기교를 사용하여 부와 명성을 얻겠지만, 그런 설교자 앞에 기다리고 있는 것은 하나님의 진노로 연자맷돌을 화관 삼아 목에 두르게 되는 일뿐이다.

하나님은 설교를 세상 구원의 도구로 정하셨다. 바로 그 하나님께서 거짓 설교를 탐탁치 않는 눈으로 바라보고 계신다. 자유케 하는 것은 진리이다. 복음 진리를 전할 때 설교는 능력을 발휘한다.

예레미야는 자기들의 귀만 시원하게 해주고 듣기 좋은 말만 해 주는 거짓 선지자들을 좋아한 백성들로 말미암아 속이 상하여 견딜 수가 없었다. 그래서 선지자직을 그만두려는 심정으로 하나님께 크게 불만을 토로했다:

> 여호와여 주께서 나를 권유하시므로 내가 그 권유를 받았사오며 주께서 나보다 강하사 이기셨으므로 내가 조롱거리가 되니 사람마다 종일토록 나를 조롱하나이다. 대저 내가 말할 때마다 외치며 강포와 멸망을 부르짖으오니 여호와의 말씀으로 하여 내가 종일토록 치욕과 모욕거리가 됨이니이다. 내가 다시는 여호와를 선포하지 아니하며 그 이름으로 말하지 아니하리라 하면 나의 중심이 불붙는 것 같아서 골수에 사무치니 답답하여 견딜 수 없나이다(렘 20:7-9).

예레미야는 성령의 영감을 받아 이 글을 썼는데도 불필요한 말을 덧붙였다. 그가 경제적으로 말을 썼는지 의심스럽다. 그는 말을 낭비했다. "주께서 권유를 하시므로"라고 해놓고 왜 또 "내가 그 권유를 받았사오며"라고 쓸데없이 덧붙이는 것인가? 혹은 하나님께서 그보다 강하시다는 것은 누구나 아는 자명한 사실인데 왜 굳이 그 말을 하는 것인가? 아마 중복이 애가(哀歌)를 구성하는 요소이기 때문일 것이다. 예레미야는 진리를 말하느라 겪는 고통이 너무나 컸기 때문에, 하나님께 자신의 부르짖음을 거듭해서 납득시켜드리고 싶었던 것이다. 여기서 성령께서는 그 선지자를 그냥 내버려 두시되, 하나님을 위해서가 아니라 예레미야를 위해서 그렇게 하신다.

하나님은 거짓 선지자들의 파괴적인 영향력을 잘 알고 계신다. 굳이 예레미야에게 그 상황에 대해 보고 받으실 필요가 없으시다. 그래서 예레미야에게 다음과 같이 간단하게 대답하신다:

> 내 이름으로 거짓을 예언하는 선지자들의 말에 내가 몽사를 얻었다 몽사를 얻었다 함을 내가 들었노라. 거짓을 예언하는 선지자들이 언제까지 이 마음을 품겠느냐. 그들은 그 마음의 간교한 것을 예언하느니라. 그들이 서로 몽사를 말하니 그 생각인즉 그들의 열조가 … 내 이름을 잊어버린 것같이 내 백성으로 내 이름을 잊게 하려 함이로다 … 몽사를 얻은 선지자는 몽사를 말할 것이요 내 말을 받은 자는 성실함으로 내 말을 말할 것이라. 겨와 밀을 어찌 비교하겠느냐?(렘 23:25-28)

설교자의 의무는 성실한 데에 있다. 하지만 성실은 정확성에 좌우된다. 마음은 성실하고 싶어도 머리가 따라주지 않을 수가 있다. 진리를 전파하기를 소망하지만 그 진리가 무엇인지 바르게 이해하지 못하는 실수를 범할 수 있다. 거꾸로 거짓 선지자들이 아주 '우연히' 진리를 설교할 수도 있다. 성실은 미덕이지만 진리를 대체할 수 있는 것이 아니다. 성실하면서도 그릇될 수가 있으며, 성실하면서도 사람들을 오도할 수가 있다.

정확성은 쉽게 얻을 수 있는 게 아니다. 마치 열매를 얻을 때 결실할 때까지 기다려 얻는 것과 같다. 그것을 얻기까지 피나는 노력이 필요하다. 설교자는 이 점에서 설교 준비를 위한 연구에 많은 노력을 기울여야 한다. 정확성은 냉정하고 두려운 책임이다. 그것을 얻기 위해 피나는 노력이라는 대가를 치를 용의가 없다면 아예 입을 다물고 설교를 하지 않는 편이 낫다.

회중 앞에서 설교할 때 찾아드는 불안은 대개 회중이 우리에게 어떤 반응을 보일까 하는 지나친 관심에서 생긴다. 물론 결국에 가서 문제되는 것은 하나님이 설교에 대해 보이실 반응이다. 강단은 하나님만을 두려워해야 할 장소이다. 한 번은 어떤 설교자에게 회중 가운데 고관이 앉아 있다는 점 때문에 위축된 적이 있느냐고 물었다. 그때 그는 "그런 적 없습니다. 왜 그래야 하나요? 저는 주일 아침마다 하나님 앞에서 설교합니다"라고 대답했다. 간단한 말이지만 엄정한 사실이다. 만일 예배 시간에 하나님이 와 계시다는 것을 진지하게 생각한다면, 진리를 정확하게 전하려는 열의를 한층 더 내야 마땅하다.

정확성은 지식과 깨달음(이해)에 다 관련된다. 깨닫지 못한 채 지식을 소유하는 것이 가능하다. 하지만 지식을 소유하지 않고서는 깨달음에 이를 길이 없다. 구약성경의 지혜문학이 독려하는 목표는 바로 깨달음이다. "지혜가 제일이니 지혜를 얻으라. 무릇 너의 얻은 것을 가져 명철을 얻을지니라"(잠언 4:7).

깨달음은 물론 설교뿐 아니라 교육에도 결정적으로 중요하다. 어느 대학이든 처음부터 끝까지 학생들의 머리 위에서 강의하는 교수가 있게 마련이다. 학생들은 그런 교수를 보면서, 너무 실력이 탁월하니까 자기들의 수준으로 내려오는 방법을 찾지 못하는 것뿐이라고 생각한다. 학생들과 교수 사이에 의사 전달의 갭이 존재하는 데에는 여러 가지 이유가 있다. 교수가 학생들의 실력을 지나치게 높게 평가하기 때문일 수도 있다. 그런 경우에 교수는 자신이 혹시 학생들을 잘못 이해하지 않을까, 또는 그들은 너무 낮추어서 말하게 되는 실수를 범하지는 않을까 염려하여 그들을 지나치게 높게 취급한다.

그러나 또 한 가지 가능성이 있는데, 사람들은 대체로 이것을 깊이 생각하지 않고 지나친다. 그것은 교수가 사기꾼일 가능성이다. 교수가 자신이 가르치는 내용을 이해하지 못하고서 알아듣기 힘든 전문 용어들을 써가면서 사실을 호도하는 것일 가능성이 있는 것이다. 아니면 교수가 대학원 공부를 할 때 접한 전문적인 자료들을 암기하거나 복사해 두었다가, 그것을 제대로 설명하지도 않은 채 학생들에게 통째로 전달하는 것일 수도 있다. 그런 교수는 정보를 해석해서 가르쳐 주는 사람이 아니라 그냥 옮겨다 주는 사람이다. 간단히 말해서, 그런 교수는 스승이 아니라 심부름꾼이다. 그것은 가르치는 것이 아니기 때문이다.

교수가 자신이 가르치는 내용을 정말로 이해하고 있다면, 그 내용을 다섯 살 먹은 아이에게라도 전달할 수 있어야 한다. 물론 아이에게 설명하려면 시간도 좀더 걸리고 아이의 수준에 맞게 내용을 간추려야 할 것이다. 효과적인 강의의 핵심은 강의 내용을 왜곡하지 않은 채 단순하게 전달하는 능력에 있다. 그러려면 깨달아야 한다. 깨달음이 깊어질수록 강의 내용도 쉬워진다. 하지만 쉽게 강의한다고 해서 깊이가 없는 강의인 것은 아니다.

단순하게 설교하고 단순하게 가르치는 사람들 중에는 실력이 없기 때문에 그렇게 하는 사람들도 있다. 그들은 다른 대안이 없기 때문에 그렇다. 그들이 전하는 내용은 그들이 깨달은 최고의 내용이다. 여기서 왜곡이 만연한다. 그것은 기독교 서점이 내놓는 추한 증거와 하나도 다를 바 없다. 아주 쉽다는 이유로 대중의 마음을 사로잡는 '단순한 가르침' 중 상당수는 쉬울 뿐 아니라 해로울 정도로 극히 단순한 것들이다. 좋은 교사들과 좋은 설교자들은 빙산과 같다. 그런 분들이 가르치는 내용은 자기들이 가지고 있는 깨달음의 십분의 일도 되지 않는다. 깨달음이 깊을수록 전달하는 내용도 명료해지는 법인데, 강의든 설교든 이것이 치명적으로 중요하다.

좋은 성경적 설교란 반드시 전인(全人)에게서 전인에게로 전달되는 것이기 때문에, 회중에게도 깨달음이 절대적으로 중요하다. 우리는 교사이자 설교자인 동시에 학생이다. 설교를 준비할 때 깨달음에 역점을 두어야 한다. 우리가 먼저 스스로를 가르치지 못한 것을 남들에게 가르칠 수 없다는 점을 기억해야 한다. 나는 대학에서 철학을 공부할 때 깨달음이 얼마나 중요한가를 절감했다. 철학과에 지망한 그 많은 명석한 학생들이 철학이라는 추상적인 영역을 접하고 나서 어렵고 당혹스러워하는 것을 역력히 보았다. 종종 문제가 되었던 것은 두뇌라기보다 방법이었다. 나는 일찌감치 철학 논술 시험에 대비하는 방법을 터득했다. 예를 들어, 데카르트에 관한 시험을 보게 되었을 경우에, 나는 몇 가지 질문을 상정해 보았다. 데카르트 본인은 어떤 문제를 풀려고 노력했는가? 그의 주된 관심은 무엇이었는가? 출발점은 무엇인가? 결론은 무엇인가? 출발점에서 결론에 이르는 동안 나타난 중요한 전환점들이 무엇인가? 그런 다음 큰 질문을 던졌다. 나는 그가 말하는 것을 이해하고 있는가?

나는 다음 세 가지만 집중적으로 암기했다:(1) 출발점, (2) 결론, (3) 본론에서 몇 가지 중요한 전환점들. 나는 공부할 때 암기하는 데 초점을 두지 않고 이해하는 데 초점을 두었다. 데카르트를 이해하고 그의 사상에서 몇 가지 중요한 요지만 암기하고 나면 그에 관한 시험은 쉬웠다. 나의 이런 방식은 깨닫지 못한 내용을 복잡하게 강의하는 교수들처럼 자기들의 주장을 뭐라고 잔뜩 늘어놓은 몇몇 철학자들을 접하기 전까지는 잘 통했다.

명쾌하게 전달하는 기술은 이 책의 후반부에서 제이 아담스가 지적하는 대로, 예화를 적절히 사용하면 더욱 빛나게 된다. 사업가들은 부동산의 가치를 평가하는 데 정말로 중요한 요인은 세 가지뿐이라고 말한다. 첫째는 위치이다. 둘째는 위치이다. 셋째는 위치이다. 첫째도 둘째도 셋째도 모두 위치라는 것이다. 명쾌한 전달에 대해서도 똑같은 말을 할 수 있다. 첫째도 예화요 둘째도 예화요 셋째도 예화라고 말이다. 예수님만큼 전달하려는 주제에 대해 지식이 깊었던 스승은 없었다. 예수님만큼 훌륭한 예화 설교자는 없었다.

예화 자료에 관해서는 논쟁이 분분하다. 어떤 사람들은 개인의 예화가 설교자 자신을 지나치게 부각시키기 때문에 가급적 피해야 한다고 주장한다. 다른 사람들은 성경적 사례들만 예화 자료에 적합하다고 주장한다. 예화란 좋은 효과도 발휘하지만 설교를 망치는 경우도 있음을 기억해야 한다. 좋든 나쁘든 연구 결과를 보면 개인적 경험이 다른 어떤 예화보다도 회중의 관심을 끄는 것을 알 수 있다. 이 이론은 그것을 경험한 사람만큼 그 문제에 확신을 가진 사람은 없다는 것이다. 예수님은 예화의 자료들을 구약성경에서 도입하셨으나 성경을 뛰어넘어 인생의 모든 영역에서 자료를 사용하시었다.

예화를 많이 비축해 두면 르네상스 시대의 사람(팔방미인)처럼 되는 데 도움이 된다. 설교자는 도축업자, 제과업자, 촛대 제조업자를 앞에 두고서도 설교를 해야 한다. 그런 사람들 앞에서 설교를 할 때는 칼과 밀가루와 유지(油脂)에 관해서 좀 알면 마음의 부담이 덜하게 된다. 다양한 분야의 지식을 섭렵한다는 개념은 에라스무스(Erasmus)나 그 밖의 르네상스 사상가들이 고안한 것이 아니다. 그들보다 수백 년 전에 아우구스티누스(Augustine)는 그리스도인이 될 수 있는 대로 많은 것을 배워야 한다고 훈계했다. 지식의 폭이 넓을수록 예화의 저장고도 깊어진다.

설교의 영적인 면

본 책에 기고한 다른 저자들도 설교의 영적 차원을 깊이 있게 다루겠지만, 우리가 전인(全人)에 관해 설교할 때는 영적 측면을 빼놓고는 할 수 없다. 설교는 예술이나 과학을 훨씬 넘어서는 것이다. 그것은 영적 훈련이요, 신성한 직무이다. 사도 바울의 말이 생각난다: "내 말과 내 전도함이 지혜의 권하는 말로 하지 아니하고 다만 성령의 나타남과 능력으로 하여"(고전 2:4).

설교를 효과있게 하려면 설교자와 성령 사이에 밀접한 관계가 유지되어야 한다. 성령은 설교에 다이너마이트(뒤나미스)를 실어주시는 분이다. 설교의 말이 웅변이 됐든 그렇지 않든 완고한 마음을 뚫고 들어가지 못하고 튀어나와 증발하지 않기 위해서는 성령의 기름 부음이 필요하다. 우리의 설교는 말씀(verbum)과 성령(spiritus)에 대한 헌신이다. 성령은 말씀을 통해서(per verbum) 그리고 말씀과 더불어(cum verbo) 오시지만, 말씀과 동떨어진 채로나 말씀 없이(sine verbo) 오시지는 않는다. 말씀과 성령의 균형을 우리는 유지해야 한다.

설교하는 동안 성령께서 역사하고 계심을 느끼는 것은 영광스러운 일이다. 그런 느낌은 마음을 들뜨게 한다. 나는 어느 도시의 흑인 교회 감독이기도 했던 대학원생의 교회에 가서 설교한 적이 있다. 다음 날 어떤 학생이 그에게 찾아가 "어제 교수님이 당신 교회에 가서 어떻게 설교하시던가요?" 하고 물었다. 그러자 그 감독은 이렇게 대답했다. "예, 교수님은 설교를 하셨고, 회중은 감격하여 소리를 질렀고, 그러고 나서 성령께서 임하셨습니다."

나는 그렇게 재치있는 표현을 들어 본 적이 없다. 성령께서 오시면 우리의 영혼을 황홀경의 가장자리로 옮겨가신다. 그러나 여기에 위험이 잠복해 있다. 성령의 임재를 판단할 때 우리 자신의 느낌에 의존하는 감각적인 설교자가 되지 않기 위해서는 각별히 주의해야 한다. 우리는 설교하고 싶을 때만 설교하도록 부르심을 받지 않았다. 그리고 우리의 느낌이 성령의 임재를 분변하는 리트머스 종이인 것도 아니다.

한 번은 위기에 처한 어느 장로교회의 성찬 예배를 인도해 달라는 부탁을 받았다. 여러 해 동안 교인들의 사랑을 받으며 그 교회를 목회해 온 목사님이

길 건너편에 있는 병원에 입원한 채 사경을 헤매고 계셨던 것이다. 나는 걱정과 두려움에 싸인 그 교인들에게 어떻게든 위로와 소망의 메시지를 전하려고 필사적인 노력을 기울였다. 성령께서 그 회중에게 임하시기를 갈망했다. 설교 부탁을 받은 뒤 한 주일 내내 그 예배를 위해 하나님께 간절히 기도하고 또 기도했다. 막상 설교할 순간이 다가왔을 때 나는 갑자기 성령과 전혀 동떨어진 듯한 공허감을 느꼈다. 하나님이 계시지 않는 두려운 느낌을 경험했다. 하나님이 나를 버리시고는 영혼의 캄캄한 밤에 내동댕이치셨음에 틀림없다고 생각했다. 내 설교의 말은 내 귀에 공허한 메아리로 돌아왔고, 그럭저럭 예배가 끝난 뒤 나는 회중에게 인사를 하기 위해 현관으로 걸어나갔다. 창피해서 도망치고 싶은 마음뿐이었다.

그때 아주 놀랍게도 교인들이 하나둘씩 내게 다가왔다. 저마다 진지하고 경이로운 표정들이었다. 그들은 내 손을 꽉 잡고는 "하나님이 임재하셨다는 느낌에 압도당했습니다. 너무나 밀도 있는 느낌이어서 칼로 썰어도 썰어질 것 같았습니다" 하고 말했다. 비슷한 인사를 수없이 들으면서, 나는 할 말을 잊은 채 마치 야곱처럼 "여호와께서 과연 여기 계시거늘 내가 알지 못하였도다"(창 28:16)라고 생각하면서 현관에 오랫동안 혼자 서 있었다.

설교를 할 때는 성령께서 임재해 계시다고 생각할 수 있다. 아니, 반드시 그렇게 생각해야 한다. 그럴지라도 그것을 당연한 일로 생각해서는 안 된다. 확신과 교만 사이에 그어져 있는 선을 넘어서는 안 된다. 옛날의 제사장들처럼 우리는 현관(낭실)과 제단(단) 사이에서 울도록 부르심을 받았다(욜 2:17).

마지막으로, 설교자는 잘 때든 깰 때든 하나님 앞에서(coram deo) 살아야 한다. 하나님 앞에서 연구하고 실천하고 옷을 입고 일하고 말해야 한다. 모든 교육과 설교는 하나님의 면전에서, 그분의 주권적 권위 아래서, 그분의 엄위로운 영광에 합당하게 이루어져야 한다. 먼저 "오직 하나님께 영광"(Soli Deo Gloria)을 찬송하시는 분은 성령이시다.

제2부

설교

제5장

설교의 현상학(Phenomenology)

새뮤얼 로건

어떤 설교자가 말했듯이, "아무데도 겨냥하지 않으면 언제나 과녁을 적중시키는 셈이다." 훌륭하고 능력이 있는 설교를 만들려면(혹은 설교를 잘하려는 어떠한 노력이든지) 이 문제, 즉 좋은 계획을 세우는 일이 언제나 선행되어야 한다. 성취할 목표가 분명해야 하며, 구상하고 있는 모든 것을 담아 계획을 세워야 한다. 그렇지 않고서는 아무것도 성취할 수가 없다. 적중시키느냐 못하느냐는 본인이 얼마나 신중하게 목표를 구체적으로 계획했느냐의 여부에 달려 있다.

훌륭한 설교자들은 대부분 설교 전체의 내용에서 뚜렷한 목적에 대한 가치를 깊이 인식한다. 그들은 주일 아침 예배 때 한꺼번에 지나치게 많은 내용을 전하게 되기가 쉽다는 것과, 그것이 '교인들에게 과중한 짐'이 되어 위험한 요소로 작용한다는 것을 안다. 특히 신앙의 정통성을 의심받지 않는 목회자들, 그리고 설교 준비를 철저히 하는 목회자들이 그런 시도를 하기 쉽다. 훌륭한 설교자들은 교인들의 과중한 짐이 반드시 설교가 길기 때문에 발생하는 것만은 아니며, 설교 내용이 잡다할 경우에 더 많이 발생한다는 것도 안다. 훌륭한 설교는 아주 길 수가 있다(물론 '긴' 설교를 만들어 내는 것은 본문에 따라 다르지만, 어떤 본문이든 성도들이 생각하기에 긴 설교가 될 수 있는 가능성은 얼마든지 있다). 그러나 훌륭하고 또 효력이 있는 설교는 길든 짧든 목표가 있어야 한다. 목표가 구체적이어야 하며, 좋은 설교자들은 종종 본능적으로 이 사실을 인식한다(글렌 넥트〈Glen Knecht〉와 싱클레어 퍼거슨〈Sinclair Ferguson〉은 이 책에 기고한 글에서 설교의 조직적 통일성이란 이 문제를 다룬다).

그러나 소수의 설교자들만이 설교에 있어서 사용되는 기본적인 매체 수단인 인간의 언어와 비교하여 그들의 설교의 목적을 조심스럽게 생각할 시간을 가지고 있는 것 같다.[1] 설교자가 자신이 사용하는 언어로 성취하기를 바라거나 기대하는 것이 무엇인가? 단어들이 무엇을 성취할 수 있는가? 언어는 어떻게 작용하는가? 설교자들이 활용 가능한 선택들이 오늘날 교회에서 듣게 되는 설교의 두 가지 큰 형태에 반영된다. 하나는 성도들에게 교리와 정통 신앙에 입각한 성경 이해를 축적시키는 것이며, 다른 하나는 복음에 순종하는 삶을 살도록 성도들의 마음에 감동을 주는 것이다. 대부분의 설교자들이 참된 성경적 설교란 이 두 가지를 다 포함한다는 데 동의한다. 아울러 이 두 가지가 머리와 마음이 적절하게 서로 작용하게 하기 위하여 공존 관계로 유지되어야 한다는 데 동의한다. 그러나 왜 그래야 하며 과연 그렇게 할 수 있느냐 하는 것이 큰 문제이다. 설교자는 자신이 강단에서 사용하는 언어에 관련하여 어떤 목표를 가져야 하는가? 자신이 사용하는 언어가 정확히 무엇을 성취하기를 바라야 하는가? 이것이 본 장의 주제이다.

이 문제를 더 다루기 전에 한 가지 분명한 단서가 명시되어야 하겠다. 그것은 효과적인 설교, 능력 있는 설교, 성공적인 설교가 되게 하는 것은 설교자가 아니라 성령이시라는 사실이다. 이것은 불필요한 진술처럼 보일지 모르지만, 결코 그렇지 않다. 우리 설교자들이 하나님의 주권적인 은혜 사역에 절대적으로 의존하고 있다는 것은 아무리 많이 들어도 지나침이 없는 것이다. 우리는 영광도 하나님의 것이요 그 나라도, 사역도 하나님의 것임을 아무리 자주 강조하여도 오히려 부족한 것임을 기억해야 한다. 조나단 에드워즈(Jonathan Edwards)의 철저한 성경적 경고가 설교자들의 정신이 번쩍 들게 한다. 외적인 선행은 하나님의 영광을 나타내기보다 사람의 영광을 나타내기 위해 행할 가능성이 크며, 그런 경우에 그것은 축복이 아니라 심판을 받게 된다.[2] 따라서 설교자에게는 훌륭한 설교가 차라리 진부한 설교보다도 더 위험할 수가 있다. 왜냐하면 그런 설교는 '피조물을 창조주보다 더 경배하고 섬기게 하는' 유혹에 빠뜨리기 때문이다. 그러므로 이런 위험을 경고하는 말들은 절대로 불필요한 것들이 아니다. 설교자가 더욱 훌륭해질수록 그러한 경고도 더욱 현실적인 것이 된다.

그러나 이 경고는 설교자가 자기 최선을 다하여 그 직분을 수행해야 하는 성경적 요망 사항을 무시하는 것을 의미하지 않는다. 하나님께서 전도의 미련한 것으로 사람을 구원하신다(참조. 고전 1:21)는 바울의 진술은 성실치 못함을 정당화한다든가 준비 부족을 합법화하지 않는다. 바울은 본문에서 세속적인 가치들을 자신들의 것으로 받아들이는 고린도 교인들의 경향에 대하여 말하면서, '세상'과 세상의 지혜는 예수 그리스도의 나라로부터 먼 것임을 경고하고 있다. 하나님 나라와 너무나 멀리 떨어진 것이기에, 하나님 나라의 관점에서 보면 지혜롭게 보이지만 세상의 관점에서 보면 미련한 것으로 보이는 것이다.

그러나 하나님께서 믿는 자들을 구원하실 때 사용하시는 설교가 세상에게 미련하게 보인다고 해서 나태한 설교가 합법화되지 않는다. 그것은 마치 하나님의 주권이 윤리적 반율법주의를 합법화하지 않는 것과 같다. 성령께서는 뜻하시는 대로 움직이지만(요 3:8), 설교자는 하나님께서 주신 모든 은사, 모든 능력을 최대한도로 충분하게 사용해야 한다. 한 달란트 받은 종이 주인을 악한 사람으로 여겨 두려워하여 그것을 땅에 고스란히 감추어 두었다가 책망을 받았듯이(마 25장), 설교자도 자신의 임무에 태만하면 주인이신 주님께 잘했다고 칭찬을 받기는커녕 심판을 면치 못할 것이다. 이 사역은 하나님의 일이지만 그 일 속에서 설교자는 반드시 신실한 종이 되어야 한다. 따라서 자신이 설교하는 언어의 속성 및 기능을 신중히 숙고해야 한다.

1. 역사적 상황

20세기에 들어 언어의 속성과 역할에 대해 이루어진 논쟁은 그 범주를 다양하게 분류할 수 있다. 가장 유용한 방법의 한 가지는 앙리 베르그송(**Henri**

Bergson)이 자신의 「형이상학 서론」(*Introduction to Metaphysics*)에 간접적으로 제안한 것을 들 수 있을 것이다. 그는 그 간략한 논문에서 두 유형의 지식, 즉 분석적 지식과 직관적 지식을 구분한다.[3] 분석적 지식으로는, 해석의 대상이 되는 사항에 외부적 관점으로 접근하며, 그로써 정적이고 상대적인 지식을 내놓는다. 반면에 직관적 지식으로는, 연구 대상인 실재 속으로 들어가 일종의 지적 공감에 의해 그 정체를 규명하고, 그로써 완전하고 절대적인 지식을 제공한다.[4]

베르그송의 관심사들은 분명히 인식론적인 것이지만(그리고 그의 평가는 단순하지만), 그가 규정한 범주들은 최근에 제기된 다양한 언어 이론을 다루는 데 유익하다. 베르그송이 말하는 분석적 유형의 지식은 정밀성, 정확성, 객관성을 중시하는 언어 접근법들이다. 과거에 언어를 이런 방식으로 접근한(극단적인) 사례는 논리적 실증주의(logical positivism)에 입각한 언어 분석으로서, 이것은 주로 구체적으로 쓰이는 단어들이 유의미한가를 판단할 때 실증 가능성을 표준으로 삼은 영국과 미국 학계의 현상이었다. 아이어(A. J. Ayer)는 「언어, 진리, 논리」(*Language, Truth, and Logic*)에서 그 원칙을 다음과 같이 설명한다:

> 사실을 진술했다고 하는 문장의 진정성(genuineness)을 시험할 때 사용하는 표준은 그것이 과연 실증 가능한가 하는 점이다. 어떤 문장이 특정인에게 실제로 의미 있다고 말할 수 있는 것은 오로지 그가 그 문장에 제시된 명제를 실증하는 법을 안다고 할 수 있을 때뿐이다. 즉, 그가 특정 상황에서 어떤 관찰들이 그 명제를 사실로 받아들이거나 거짓으로 배척하도록 이끄는지를 알 때에야 비로소 그 문장은 그에게 의미가 있다고 말할 수 있다. 반대로, 만약 어떤 문장에 제시된 명제가 다음과 같은 성격, 즉 진위에 관한 추정이 그의 미래 경험의 본질에 관한 추정과 맥락을 같이하는 그런 성격을 띤 것이라면, 그에 관한 한 그 명제는 거짓 명제일 뿐이다. 그 명제를 제시하는 문장은 정서적으로는 그에게 의미가 있을는지 모르나, 엄밀한 의미에서는 그와 상관이 없다.[5]

「언어, 진리, 논리」라는 책은 1935년에 처음 출판되었다가, 그 뒤 몇십 년이 지나면서 그 책이 처음에 표방했던 '비타협적' 실증주의(아이어 자신이 훗날 자신의 책의 성격을 그렇게 규명했다)가 점차 수정되었다. 수정된 내용들은 실증 가능성의 원칙 대신에 오류 입증 가능성의 원칙을 대체한 것이다. 안토니 플류(Antony Flew)는 보다 새로워진 이 접근법의 의미를 다음과 같이 탁월하게 요약했다:

한 가지 비유를 가지고 시작해 보자. 존 위스덤(John Wisdom)이 암시로 가득한 '신들'(Gods)이라는 논설에서 소개한 이야기에서 발전된 비유이다. 옛날에 탐험가 두 사람이 정글의 개척지에 도착했다. 한 사람이 "이곳은 어떤 정원사가 와서 손질했음에 틀림없어"라고 말했다. 다른 한 사람은 고개를 가로 저으면서 "이런 곳에 정원사가 있을 리가 있나" 하고 말했다. 그래서 두 사람은 그곳에 텐트를 치고 지켜보기로 했다. 아무리 기다려도 정원사가 나타나지 않았다. 그러자 한 사람이 "혹시 그가 보이지 않는 정원사일지 몰라" 하고 말했다. 따라서 두 사람은 그곳에 전선으로 울타리를 만든 다음 전선에 전류를 흐르게 했다. 그리고는 훈련견들을 데리고 감시했다(왜냐하면 그들은 웰스〈H. G. Wells〉의 「투명인간」이라는 책에서 다른 사람이 투명인간을 볼 수는 없지만 냄새를 맡거나 만질 수는 있다는 내용을 읽었기 때문이었다). 하지만 침입자가 들어왔을 경우 개들을 보고서 내지를 그런 비명은 들리지 않았다. 보이지 않게 전선을 넘을 경우 일어날 진동도 감지되지 않았다. 개들도 짖지 않았다.

그래도 그 '신자'는 믿음을 버리지 않았다. 그는 "투명인간이요, 무형인간이며, 무신경의 인간인지라 전기충격도 받지 않는 사람이요, 냄새도 안 나고 소리도 내지 않으면서 자신이 사랑하는 아름다운 이 개척지에 살짝 와서 그곳을 가꾸어 놓고 가는 정원사가 있을 것이다"라고 말했다. 그러자 '회의론자'가 실망조로 이렇게 말했다. "그러면 원래 자네가 주장했던 데에서 뭐가 남게 되는가? 자네가 말한 '볼 수 없고, 만질 수 없고, 영원히 감지되지 않는 정원사'란 공상 속의 정원사와 어떻게 다르며, 아니면 정원사가 아예 없는 것과 어떻게 다른가?"[6]

플류는 이 말을 하고 나서, 위스덤의 비유에 함축된 구체적인 의미들을 논했다:

> 상황이 이러이러하다고 긍정하는 것과 상황이 이러이러하지 않다고 부정하는 것은 동일하다. 이 점을 전제해 놓고 한 번 가정해 보자. 어떤 사람이 감정을 표출하면서 주장하는 내용을 우리가 의심하거나, 아니면 좀 더 극단적으로, 그가 실제로 무슨 주장을 하고 있는 것인가를 의심한다고 가정할 때, 그의 발언을 이해하는 한 가지 방법은 그가 무엇을 진실과 상반된 것으로, 혹은 양립할 수 없는 것으로 간주하는지를 발견하는 것이다 …… 만약 그의 주장이 부정하는 것이 없다면 그것이 긍정하는 것도 없다. 따라서 그것은 실제로는 주장으로 성립되지 못한다.[7]

이쯤 되면 어떤 명제 또는 어떤 언어 구조의 유의미성은 그 명제나 구조가 주장하는 것을 입증할 구체적인 조건이 있는가의 여부에 달려 있게 되는 셈이다. 만약 그런 조건을 조금이라도 상상할 수 없다면, 의미 있는 어떤 발언도 이루어지지 않고, 어떤 지식도 전달되지 않으며, 따라서 사용중인 언어에 대한 구체적인 해석에 도달할 길도 없게 되는 셈이다.

플류의 오류 입증 가능성에 대한 이해는 실증주의 운동 내부에서 비판을 받았으며, 이것은 실증주의 내부에 다양성이 끊임없이 존재한다는 것을 암시한다.[8] 그럴지라도 실증주의의 근본적인 강조점이 동일하게 남아 왔다는 것은 분명하다. 아이어(Ayer)의 실증 가능성 원칙이 위스덤과 플류의 오류 입증 가능성 원칙에 길을 터 주었다고 볼 수도 있고, 또한 후기 실증주의자들이 그들과 다른 원칙을 들고나올 가능성도 있지만, 그럴지라도 그들은 모두 언어의 정밀성을 확립하고 일체의 해석적 혼동을 배제하는 데 관심이 있다. 이 목적을 달성하기 위해서 실증주의자들은 언어 사용을 규제하기 위해 수많은 해석 원칙들(실증 가능성과 오류 입증 가능성)을 도입했으며, 그것으로써 소기의 목적을 성취하기를 기대했다. 그런 원칙들은 언어의 주된 기능을 과학적으로 정확한 개념 정보를 전달할 수 있는 능력을 기준으로 규명함으로써 언어를 엄격히 제한했는데, 실증주의가 현대 철학에 이바지한 점은 주로 이렇게 근본적으로 명료성을 강조한 점에 있다.

그러나 이런 난해한 철학이 설교자와 무슨 상관이 있을까? 아주 약간 상관이 있다. 그것은 설교자가 매주 강단에서 사용하는 언어의 역할을 이해하는 한 가지 방법을 제시하기 때문이다. 실증주의자들이 저마다 제기한 주장들의 타당성 문제를 일단 접어놓고 보면,[9] 그들이 강조하는 바는 분명하며, 베르그송의 관심사들과 분명히 상반된다. 실증주의자들은 언어 형식의 개념적 정밀성이 언어 가치를 판단할 때 가장 중요한 표준이 된다고 주장했다. 다시 말해서, 설교자의 말이 의미가 있다면 그것은 그의 말이 분석적이고 객관적인 정보를 전달하기 때문에 의미가 있는 것이고, 그 정도만큼만 의미가 있다는 것이다. 따라서 이 관점에서 볼 때 설교자가 사용하는 언어의 주된 기능은 명제적(혹은 정통적?) 진리를 전달하는 것이어야 한다.

철학적 현상의 한 종류로서의 실증주의는 그 뒤 무수히 많은 언어 접근법들로 대체되었는데, 그중 더러는 실증주의의 독특한 관점들(이를테면 실증 가능성과 오류 입증 가능성 같은 것들)을 배척하면서도 객관적 거리와 개념적 정밀성을 강조하는 기본적인 관점은 유지했다. 예를 들어, 구조주의(structualism)는 실증 가능성과 오류 입증 가능성의 원칙을 완전히 배제하고서 문맥(context)을 의미의 원천으로 규정하고 거기에 초점을 두었지만, 그러면서도 주된 관심은 언어의 사용과 해석에서의 개념적 정확성에 두었다.

앙리 베르그송이었다면 20세기의 다른 많은 이론가들과 마찬가지로 그런 견해에 동의하지 않았을 것이다. 그들이었다면 설교자에게 이렇게 말할 것이다: "당신의 임무는 회중에게 하나님께 관해서 말하는 것이 아니라, 그들에게 하나님을 알도록 만드는 것이다. 명제적 신학의 복잡한 추상적 언어들을 통해서가 아니라 직접적이고 현실적인 언어들을 통해서 말이다." 리처드 팔머(Richard Palmer)는 표면상 문자적 해석을 주제로 삼았으면서도, 자신의 「해석학」(*Hermeneutics*)을 요약하면서 다음과 같은 논제들을 제시했다(27개 논제 중에서 세 가지만 발췌한다).

5. 해석학적 경험은 하나의 '언어 체험'이다. 문학은 관념적 지식이라는 정적(靜的)인 범주에서 인식될 때는 본연의 역동성을 상실한다. 단순한

관념적 이해가 아닌 사건 체험으로서 행위자와 만나는 것은 모든 시대와 일시성 바깥에 있는 정적이거나 관념적인 것이 아니다. 그것은 발생하며, 감춰인 데서 드러나면서도 그것을 개념들과 객관성으로 환원시키려는 모든 노력을 회피하는 진리이다…….

18. 본문의 의미를 파악하는 것은 해석자가 아니다. 본문의 의미가 해석자를 사로잡는다.

23. 본문을 이해한다는 것은 단순히 본문에 질문을 퍼붓는 것이 아니라, 본문이 독자에게 던지는 질문을 이해하는 것이다. 본문 배후에 깔린 질문, 본문이 존재케 하는 질문을 이해하는 것이다. 문자적인 해석은 들음의 역동성과 기술을 계발할 필요가 있다. 그것은 건설적인 부정을 포용하려는 태도를 계발할 필요가 있다. 어떤 것을 배울는지 미리 예상할 수 없기 때문이다.[10]

팔머가 강조하는 내용은 언어에 대한 또 다른 접근법, 즉 실증주의와 근본적으로 다른 접근법을 예시한다. 실존적 현상학적 관점은 유럽에서 '신해석학'(the new hermeneutic)으로 알려진 운동을 주도한 에른스트 푹스(Ernst Fuchs)나 게르하르트 에벨링(Gerhard Ebeling) 같은 학자들에 의해 충분히 제시되었다. 그들은 언어의 정밀성 대신에 언어의 역동성에 가치를 부여했다. 명제적·과학적 정확성 대신에 삶을 변화시키는 체험을 선호했다. 에벨링은 이 점을 다음과 같이 설명했다: "구두 진술이 다른 데서 이해의 조명을 도입해야 하는 불명료한 것이라는 개념에서 시작하든, 아니면 정반대로 구두 진술을 빚어내는 상황이 구두 진술에 의해 조명되는 불명료한 어떤 것이라는 사실에서 시작하든, 해석학적 문제를 올바로 파악하는 것이 결코 하찮은 문제가 아니라고 나는 생각한다."[11] 제임스 로빈슨(James Robinson)이 설명하듯이, "본문을 다룰 때는 우리가 본문을 해석하는 상황이 본문이 우리를 해석하는 상황으로 바뀐다."[12] 푹스는 해석자가 본문에 의해 좌우된다고 주장함으로써 이 관계를 다루었다. 펑크(Funk)는 누가 주체인가, 본문인가 해석자인가라는 험티 덤티(Humpty Dumpty. 한번 넘어지면 다시 일어나지 못하는 사람—역자주) 식 질문으로 그 상황을 탁월하게 묘사했다.[13] 물론 신해석학이 내놓은 대답은 본문이다.

그렇다고 볼 때, 신해석학의 강점은 먼저 신약성경의 언어가 어떤 작용을 하며 또한 설교자가 사용하는 언어가 어떻게 그 기능을 발휘하여서 듣는 청중들의 상황에 파고 들어가는지에 대한 바른 이해를 시도하는 데 있다. 신해석학에서 우선 언어의 적극적이고 도전적이고 현상학적인 잠재력이란 신약성경의 단어들이 주로 정보로서가 아닌 선포로서 존재했음을 뜻했다. 푹스와 에벨링은 특히 하나님의 말씀과 성경을 동일하게 보는 정통적 관점에서 탈피할 때 이 사실을 집요하게 강조했다. 훗날 신약성경에 기록된 원상의 선포는 그 선포를 하게 되었던 상황에 대한 해석 행위였으며, 그렇게 볼 때에야 비로소 신약성경을 올바로 이해할 수 있다.

푹스는 신약성경에 나오는 단어 사건의 정확한 성격을 보다 분명하게 다루었다. 그는 언어의 '본질적 특성'이 그 일시적 성격이라는 주장을 분석의 토대로 삼았다.[15] 그는 이렇게 주장했다. "언어의 독특한 특성은 개별적인 단어의 내용이나 사상 또는 명칭이 아니라, 그것이 시간과 관련되어 나타난 용례와 적용이다."[16] 그렇다면 신약성경의 단어들은 현재가 무엇을 위한 때인가, 좀더 구체적으로 말하자면 현재란 "새로운 상황에서 하나님께 진실히 순종하는 일과 지금 이 새로운 상황을 위한" 때라고 말하고 있는 셈이다.[17] 이것은 신약성경의 선포 전체를 한 문장으로 요약한 것이며, 신약성경 메시지의 목적과 기능과 가치뿐 아니라 예수님 자신을 이런 방식으로 이해하면, "신앙의 직접적인 대상은 예수님 자신이 아니라 예수님의 설교이다"라는 푹스의 주장은 이해하기가 조금도 어렵지 않다.[18]

신해석학을 따르는 해석학자로서 혹은 설교자로서 필자의 목적은 예수님의 설교가 다시 울려퍼지게 하는 것이고, 신약성경의 단어들이 현재의 상황에 새롭게 들어와 현재란 무엇을 위한 때인가를 다시 한 번 고지하고, 그로써 현재의 상황을 해석하려는 것이다. 에벨링은 이 과정을 아주 명확하게 묘사한다:

> 과거에 행해진 선포는 현재 발생하는 선포가 되어야 한다. 본문에서 설교로 이행하는 이러한 전환은 성경에서 설교자의 단어로 이행하는 전환이다. 따라서 여기에 묘사된 과제는 기록된 것을 설교자의 말로 만드는,

혹은 이제는 분명히 말할 수 있듯이, 본문을 다시 한 번 하나님의 말씀이 되게 하는 것이다.[19]

그렇다면 설교자의 목표는 회중으로 하여금 개인적으로 실존적으로 지금 여기서 '믿고 순종하라'는 초대/요구 앞에 서게 하는 방식으로 언어를 사용하는 것이다.[20]

실증주의자와 현상학자들은 설교자가 강단에서 사용하는 언어를 어떻게 이해하는가 하는 점에 대해서 그에게 서로 배치되는 대안을 제시한다. 그렇다면 설교자는 분석적 언어든 직관적 언어든 택일해야 하는가? 이 두 가지를 상호 배치되는 것이 아닌 상호 보완적인 것으로 볼 수는 없을까? 나는 그런 방법이 있다고 본다. 사실상 우리 설교자들은 해석학 언어에서 우리의 목표가 온전히 성경적이려면 실증주의자들과 현상학자들의 말에 다 귀를 기울여야 한다. 두 유형의 언어 사이에 적절한 관계는 이렇게 진술할 수 있다. 즉, 분석은 필요하지만 직관을 위해서는 불충분한 토대이다. 다시 말해서, 분석적 언어는 직관적 언어의 필수적인 토대를 이루며, 적절한 분석에 기초한 직관적 언어는 설교의 궁극적인 목적으로 인도한다.

내가 여기서 제안하는 것은 설교자의 해석학적 목표에 적용하는 방식에서만 독창적인 것이다. 아서 케스틀러(Arthur Koestler)는 자신의 대작 「창조행위」(*The Act of Creation*, 1964)에서 과학적 예술적 창조와 발견의 분야에서 제기되는 문제들에 이와 유사한 통찰들을 적용한다. 제1권 제2부에서 케스틀러는 '현인'(the Saga)을 논하며, 자신이 '진리의 순간'이라고 한 말에 무슨 뜻이 담겨 있는지 나타내 보이려고 한다. 그는 정신이 알려진 것에서 알려지지 않은 것으로 움직여 가는 행위를 예시하는 아주 많은 사례들을 제시하며, 적절하게도 직관(intuition)이라는 단어를 사용하여 이 특별한 정신 행위를 묘사한다.

케스틀러가 제시하는 명쾌한 사례 한 가지는 아르키메데스(Archimedes)의 사례이다. 그는 왕이 쓸 왕관의 부피를 결정하는 과제를 떠안게 되었다. 그는 자신이 알고 있는 기하학 공식들을 동원하여 씨름을 거듭했으나, 그 공식들은 아무런 도움도 되지 않았다. 그러던 어느 날 목욕탕에 들어가서 욕조에 몸을 담그자 물이 욕조 밖으로 흘러 넘치는 것을 발견했다. 그 순간 그의 뇌리를 스쳐간 직관에 힘입어 그는 자기가 씨름하던 문제의 해답을 발견했다. 그것은 흘러 넘친 물의 부피가 그것을 흘러넘치게 만든 물체의 부피와 동일하리라는 것이었다. 따라서 이제 해야 할 일은 자기 몸을 왕관으로 대체하면 그만이었다. 케스틀러가 제기하는 질문은 아르키메데스가 어떻게 혹은 왜 물에 담근 자기 몸과 자신이 씨름하고 있던 문제 사이의 유추(Analogy)를 보았는가 하는 것으로서, 「창조 행위」의 대부분은 그런 문제를 푸는 데 어떤 종류의 정신적 과정들이 개입하는가를 설명하는 데 할애된다. 예를 들어, 그는 아르키메데스의 경우에서처럼, 가장 빈번하게 사용되는 방식이란 이미 알고 있는 사실에서 유사점을 찾아내는 것이라고 지적한다. 그러나 그는 사람의 지성이 왜 정확한 유추를 발견할 수 있는지에 대해서는 언급하지 않는다.

그러나 그는 한 가지 중요한 사실을 말한다. 그는 우리가 문제점에 접근할 수도 없을 뿐더러 그 문제를 해결한다는 것은 그 특수한 상황과 관련되는 일정한 지식이 없이는 아주 희박하다고 주장한다. 케스틀러는 이미 습득한 지식과 직관 행위 사이의 관계를 많은 지면을 할애하여 다루지만, 그 중에서 가장 중요한 몇 단락만 인용하겠다:

> 현실에 부합한 발견이 이루어질 통계상의 가능성이 커질수록 개별적인 기술이나 사고의 틀은 더욱 확고히 자리잡고 제대로 실행된다 …… 물론 이런 의미에서의 성숙은 발견의 필요 조건이지 충분 조건은 아니다.
>
> 일정한 형태의 발견을 위해 상황이 무르익은 때에라도, 그 발견을 잠재적 존재에서 실재적 존재로 바꾸어 놓으려면 비범한 정신의 직관력과, 때로는 유리한 사건이 필요하다. 반면에 어떤 발견들은 동시대인들이 도저히 이해할 수 없을 정도로 시대를 훨씬 앞서 나가는 듯한 개인들에 의한 역작으로 성취되기도 한다. 따라서 천칭저울을 예로 들자면, 저울의 한쪽에는 다소 의식적이고 논리적인 사유에 적합하게 보이는 발견들이 있고, 다른 한쪽에는 무의식의 깊은 곳에서 자발적으로 일어나는 듯한 갑작스러운 통찰들이 있게 된다…….
>
> 진리의 순간, 즉 새로운 통찰이 갑자기 생기는 것은 직관의 행위이다.

이러한 직관은 기적과 같은 섬광이나 이성의 번득임 같은 인상을 준다. 그러나 사실상 직관은 양쪽 끝만 의식(意識)이라는 수면 위에 나타나 있는, 물에 잠긴 줄에 비유할 수 있다. 잠수부는 그 줄의 한쪽 끝을 잡고서 물에 들어갔다가 밖에서는 보이지 않는 줄을 따라 물 속을 이동한 뒤에 다른 쪽 끝을 잡고서 물 위로 올라온다. 이와 마찬가지로 습관과 독창성은 의식의 과정과 무의식의 과정 사이를 잇는 줄에서 정반대 방향에 위치해 있다. 학습을 습관으로 만드는 것과 기술을 숙달하는 것이 내려가는 줄에 해당한다면, 수면 밑에서 약동하는 작고 활기찬 충동들과 어쩌다 발휘되는 큰 창의력은 올라가는 줄에 해당한다.[21]

케스틀러의 경우에, 그 과정의 성취, 즉 모든 것이 지향하는 것은 창의적인 통찰, 발견의 순간, 직관이다. 하지만 그 목표를 달성하는 행운을 가질 때라도, 개인은 준비가 되어 있어야 하고, 성숙해야 한다. 현상학자들은 설교자가 마땅히 지향해야 할 목표를 정확하게 바라보았다. 그것은 회중으로 하여금 하나님의 말씀의 초대와 요구에 대면하는 역동적인 만남, 즉 그 회중의 각 구성원을 새롭게 대면하고 해석하는 만남이다. 하지만 실증주의자들은 언어가 의미 있으려면 함축적이고 정확하고 정밀해야 한다고 정확하게 간파했다. 성경적 설교자는 물론 설교의 모범과 지침을 최종적으로 성경으로 돌아가 찾아야겠지만, 현상학자들과 실증주의자들의 말에 다 귀를 기울여야 한다.

2. 신약성경 설교

물론 오늘날 20세기의 언어 이론을 분류하여 설명하는 것보다 신약성경의 메시지를 체계화하는 방법들이 더욱 많이 있는 게 사실이다. 그러므로 분명한 것은 필자가 제안하는 방법이 유일한 것이라든지 아니면 최종적인 것으로 간주할 수 있는 것이 아니다. 그러나 본인은 그것이 신약성경의 메시지의 완전함에 충실한 한 가지 전망이 될 것으로 기대한다. 또한 실증주의자들이나 현상학자들의 견해들을 함께 취합하여 생각하게 하는 한 가지 시도가 되기를 소망한다. 그리고 이 시도는 설교자들이 설교의 목적을 더욱 분명히 하기를 원하는 것처럼 설교자들에게 좋은 조언을 제공하는 것이 되기를 바라는 마음 간절하다.

예수님 자신이 설교자이셨다. 따라서 어떻게 하면 예수님의 모범을 잘 본받을 수 있을까 하는 문제도 늘 신중히 생각해야 하지만(예를 들어 우리는 그분의 구속의 죽으심을 본받을 수가 없다), 그 문제와 아울러 예수님의 설교에서 우리 설교자들의 의무를 이해하는 데 교훈도 얻어야 한다. 복음서들은 예수님의 설교에 정보와 도전이 함축되어 있다고 시사한다: "이때부터 예수께서 비로소 전파하여 가라사대 회개하라 천국이 가까왔느니라 하시니라(마 4:17)."[22] 그때부터 예수님이 즉시 어떤 일을 하셨는가를 읽게 된다: "예수께서 온 갈릴리에 두루 다니사 저희 회당에서 가르치시며 천국 복음을 전파하시며 백성 중에 모든 병과 모든 약한 것을 고치시니(마 4:23)."

예수님의 사역은 처음부터 끝까지 이렇게 말씀과 행위가 균형을 이룬 점으로 특징지을 수 있지만, 그 균형이란 두 가지가 양적이고 역동적인 긴장 안에서 유지되는, 전혀 개별적인 두 가지 현상으로 이루어진 것은 아니다. 첫 설교에서 하나님 나라의 도래를 선언하셨을 때, 예수님은 단순히 이미 발생한 사건을 보도하는 기자처럼, 상황을 잘 모르는 독자들에게 사건의 내용을 알려 주시는 식으로 선언하신 것이 아니었다. 그분이 하나님 나라를 선언하신 것은 곧 하나님 나라가 도래한 것에 해당했다. 왜냐하면 그분은 단순한 메시지 전달자가 아니라 그 나라의 왕이셨기 때문이다. 그분이 말씀하실 때, 그것은 창세기의 서두에서 묘사된 것처럼 완전한 말씀과 사건의 결합이었다.

따라서 예수님의 설교는 '행위 강설'(performative discourse)로 분류해야 할 것이다. 그분의 말씀은 그분이 선언하신 것을 이행했기 때문이다.[23] 여기서 도움을 얻을 수 있는, 성경에 자주 암시되는 한 가지 이미지는 재판을 하는 재판관의 이미지이다. 예수님은 재판(심판) — 중립적인 의미에서 — 을 하시러 오셨다. 즉, 재판관은 악인을 단죄할 때와 마찬가지로 무고를 당한 사람을 공의롭게 신원(伸冤)해야 한다. 예수께서는 그렇게 하셨다. 하나님 나라의 도래를 선포하고 성취하실 때, 인간의 상황에 진리와 의를 적용하셨다. 어떤 경우들에는 하나님 나라의 이러한 역동적인 임재가 신원(伸冤)을 뜻했고("심령이 가난한 자는 복이 있나니 천국이 저희 것임이요"), 다른 경우들에는 정죄를 뜻했지만("화있을진저 외식하는 서기관들과 바리새인들이여"), 어떤 경우든지 예수님의 말씀을 들은 사람들은 심판(재판)을 듣고 체험했다.

이 점을 넘어서서, 예수님의 심판의 말씀은 육체적인 실재에까지 변화를 주었다. 위에서 인용한 성경 말씀을 보면 마태는 예수님의 병고침에 대해서 개괄적으로 서술하였다. 그러나 그때그때마다 상세한 기록을 빼놓지 않았다. 눈먼 자가 보게 되고, 귀머거리가 듣게 되고, 문둥병자가 깨끗하게 되고, 중풍병자가 온전해졌다. 예수님은 그의 전 사역을 통해서 자신의 말씀을 가장 근본적인 측면에서 그대로 실천하신 분이셨다. 사실 세례 요한의 제자들이 예수께 찾아와 당신이 자기들이 기다리는 그리스도인지 세례 요한을 대신하여 물었을 때에, 예수님은 그들에게 듣고 보는 것을 가서 고하라고 말씀하셨다. "소경이 보며 앉은뱅이가 걸으며 문둥이가 깨끗함을 받으며 귀머거리가 들으며 죽은 자가 살아나며 가난한 자에게 복음이 전파된다 하라"(마 11:5). 요지는 예수님이 설교하셨을 때에 무엇인가가 발생하였다는 것이다. **그의 말씀으로써** 천국이 도래하였다. **그의 설교로써** 심판이 이루어졌다. 과연 우리가 그 나라에 참여하게 된 구원론적 토대는 예수님의 죽으심과 부활이지만(이런 사건들이 없다면 우리는 다만 정죄만 있는 심판을 받게 될 것이다), 그 나라 자체와 그 나라에 따라오는 심판은 예수께서 말씀하실 때 발생했다.

여기서 멈추어 버리면 신정통주의의 오류에 빠지게 되며, 예수님의 설교가 어떻게 왜 작용했는가 하는 문제(신약성경이 설명하지 않는)를 설명하지 못하게 된다. 예수님의 설교는 그 자체가 심판이었다. 왜냐하면 그의 설교는 객관적으로나 사실적으로 참된 것이었기 때문이었다. 예수님이 선포하신 말씀은 역사적 정확성이라는 명제적 토대에 닻을 내리고 있으며, 현대 교회가 성경의 모든 교훈이 무오하다고 인정하고 선포하는 것이 중요한 이유는 바로 그 점 때문이다. 여기에서 실증주의의 관점이 유익하다. 만약 예수님이 그 나라의 왕이 아니라면, 천국이 도래했다는 그분의 선언은 루이스(C. S. Lewis)의 지적대로 스스로를 수란(水卵)이라고 주장하는 사람의 생각만큼이나 넌센스에 지나지 않는다.[24] 객관적으로 사실성이 없는 내용이라면, 예수님의 설교는 아무것도 성취하지 못한다. 어떤 것도 달성할 수가 없다. 그러나 사실성이 담긴 그 말씀의 내용과 더불어서 그의 말씀은 오류가 없는 말씀이요 종말론적으로도 입증이 가능한 것이다. 그의 말씀은 예수님 자신이 의도하시는 바를 성취시킨다.

그러나 우리는 여기서 더 진척시켜야 한다. 아직도 우리는 실증주의자와 현상학자의 이분법에 대한 케스틀러의 해결책을 따라가야 한다. 예수님의 말씀이 신약성경의 기록대로 초자연적이고 초이성적인 범위에서 정확하게 성취되지 않았다면, 우리가 대하는 예수님은 왕이 아니라 사기꾼인 셈이다.[26] 다시 말해서 만일 예수님 자신이 착각을 했다든지, 아니면 마태복음 11장에서 당신이 말씀으로 행하신 일들을 분석하실 때 의도적으로 거짓말을 하셨다면, 모든 것이 다 허위가 되는 셈이고, 그분의 말씀은 아무것도 성취하지 못한 셈이다. 더 나아가서 만일 신약성경의 기록에 의심이 가는 부분이 있다면 모든 내용이 다 혐의를 받게 되는 것이고, 따라서 하나님 나라가 왔는지 아니면 앞으로 올 것인지 알 길이 없게 된다. 케스틀러는 자신이 '성숙'이라고 표현한 것의 필요성을 상기시켰고, 그렇게 함으로써 실증주의자들의 확고한 기반에 대한 주장의 가치를 간접적으로 인정했다.

창의적 통찰은 아무 것도 없는 데서 생기지 않는다. 성경적 설교도 마찬가지이다. 유효한 판결을 내리려면 먼저 자신이 실제로 재판관이 되어야 한다. 예수께서는 그렇게 하셨으며, 신약의 저자들도 그 점을 인식했다. 요한은 이렇게 썼다: "예수께서 제자들 앞에서 이 책에 기록되지 아니한 다른 표적도 많이 행하셨으나 오직 이것을 기록함은 너희로 예수께서 하나님의 아들 그리스도이심을 믿게 하려 함이요 또는 너희로 믿고 그 이름을 힘입어 생명을 얻게 하려 함이라"(요 20:30-31). 믿어 생명에 이르게 하려는 것이 요한의 목표이며, 그의 글이 겨냥한 것은 그 '사건'이다. 하지만 요한은 그런 사건이 유효하려면, 그것이 단순히 심리적인 소원 성취에 그치지 않으려면, 사실들, 즉 실증주의자들이 바라는 것만큼 참된 실제 사건들에 기초를 두어야 한다는 것을 알았다.

그러므로 예수님이 선포하신 말씀의 토대는 존재론적이고 역사적인 진리였다. 그분은 창조주이시므로 한 번 말씀하시면 그대로 이루어진다. 그분은 재판관이시므로 그분 말씀은 땅에 떨어지는 일이 없이 언제나 그 의도를 성취한다. 그분은 왕이시므로 천국이 가까이 왔다는 그분의 선포는 청중에게 천국이 제시하는 요구와 기회를 안겨준다. 실증주의적 언어관이 없다면 예수님의 말씀은 안개와 같은 1세기의 전설 속으로 증발할 가능성이 있고, 현상학적 관점이 없다면 그의 말씀이 역사적이거나 교리적인 교훈으로 남을 뿐, 원래 의도한 대로 개인적인 교훈이 되지 못할 가능성이 있다. 케스틀러의 관점이 없다면 우리는 실증주의나 현상학 중 어느 한 쪽에 치우쳐 그 두 가지가 제공하는 적절한 균형을 잃게 될 수가 있다.

그러나 예수님의 설교와 우리들의 설교에는 어떤 관계가 있을까? 어떻게 해야 예수님의 말씀을 우리의 상황으로 옮겨 놓을 수 있을까? 앞에서 언급했듯이, 예수께서만 하실 수 있는 일을 하려고 덤비는 교만에 빠지지 않도록 주의해야 한다. 예수님의 모범을 현실에 올바로 적용하는 일은 복음서들이 천국 도래를 기술하면서 발전시킨 주제들 중 한 가지에 구체적으로 집중함으로써 성취할 수 있다. 필자가 여기서 염두에 두고 있는 주제는 예수님의 권위라는 주제이며, 복음서들이 초반이 이 주제에 관심을 둔 단락들의 하나는 마태복음 7:28, 29이다: "예수께서 이 말씀을 마치시매 무리들이 그 가르침에 놀라니 이는 그 가르치는 것이 권세 있는 자와 같고 저희 서기관들과 같지 아니함이니라."

이 단락은 산상보훈의 결미에 나타나며, 따라서 산상보훈 전체에 적용되도록 의도된 것이 분명하다. 그 말씀을 들은 사람들이 한결같이 강하게 받은 인상은 예수께서 산상보훈을 전하실 때 드러내신 권위였다. 여기에 사용된 단어이자 신약성경에서 종종 쓰이는 단어는 엑수시아로서, 완전한 능력과 본래부터 지닌 권리를 다 암시한다. 예수께서 하시는 이 말씀은 당신의 정당한 권세로써 하신 것으로서, 그분께는 자신의 말씀을 뒷받침하실 만한 힘이 있다. 예수님은 말씀을 전하시면서 다소 이러한 권세를 나타내셨으며, 따라서 청중은 그분의 설교가 서기관들의 설교와 다른 정도만큼 즉시 충격을 받았다.

예수님의 이러한 권세는 마태복음의 다음 장에서 문둥병자가 예수께 찾아와 절하면서 "주여, 원하시면 저를 깨끗케 하실 수 있나이다"(마 8:2)라고 했을 때 즉시 입증되었다. 그 문둥병자가 말한 것이 무엇이었는가? 그는 앞장의 교훈을 아주 잘 익힌 사람이었다. 예수께서 자신의 병을 고칠 권세와 능력이 있으신 분임을 알았다. 그가 예수님께 보인 반응은 바른 기초에 근거한 것이었다. 예수께서 "내가 원하노니 깨끗함을 받으라"(8:3)고 그에게 말씀하셨기 때문이다. 이 점은 마태복음의 이 중간 부분에서 거듭 강조된다. 먼저 백부장이 자신의 권세와 예수님의 권세를 말한 다음에, 그의 하인이 병고침을 받은 기사가 소개되고, 이어서 예수께서 베드로의 장모를 낫게 하는 일과, 바람을 잔잔케 하신 일과, 가다라 지방의 귀신들린 자를 고치신 일이 소개되는데, 이 일들은 모두 예수님의 권세를 입증해주는 것들이다.

이 주제의 절정은 적어도 마태복음의 이 부분만 놓고 보자면, 마태복음 9장에서 나타나는 듯하다. 중풍병자가 예수님 앞에 실려 왔다. 이 단락은 대단히 의미심장하므로 전체를 인용할 가치가 있다:

> 침상에 누운 중풍병자를 사람들이 데리고 오거늘 예수께서 저희의 믿음을 보시고 중풍병자에게 이르시되 소자야 안심하라 네 죄사함을 받았느니라. 어떤 서기관들이 속으로 이르되 이 사람이 참람하도다. 예수께서 그 생각을 아시고 가라사대 너희가 어찌하여 마음에 악한 생각을 하느냐. 네 죄 사함을 받았느니라 하는 말과 일어나 걸어가라 하는 말이 어느 것이 쉽겠느냐. 그러나 인자가 세상에서 죄를 사하는 권세가 있는 줄을 너희로 알게 하려 하노라 하시고 중풍병자에게 말씀하시되 일어나 네 침상을 가지고 집으로 가라 하시니 그가 일어나 집으로 돌아가라 하거늘 무리가 보고 두려워하며 이런 권세를 사람에게 주신 하나님께 영광을 돌리니라(마 9:2-8).

본문에서는 적어도 세 가지 요점을 끄집어 낼 수 있다. 첫째로, 예수님은 서기관들의 문제를 권세에 관한 문제임을 파악하셨다. 6절에서 예수님은 구체적으로 자신이 그들과 주위에 모인 모든 사람들 앞에서 그 일을 행하신 것은 자신의 권세를 입증하기 위함이었다고 진술하셨다. 그들은 예수님의 물리적 기적을 보았고, 그분의 설교를 들었는데, 이제는 그분의 권세가 지금 이곳을 초월하여 영원까지 뻗어 있는 것을 역력히 목격했다. 둘째로, 서기관들은 예수께서 죄 사함의 권세를 주장하신 것이 곧 자신의 권세에 대한 궁극적인 주장을 하신 것임을 정확하게 간파했다. 그분의 권세를 벗어나서 존재하는 것은 아무

것도 없다. 심지어 영적인 실재들도 마찬가지이다. 예수님은 이로써 자신의 신성(神性)을 주장하신다. 셋째로, 5절에서 예수님은 두 가지 행위, 즉 육체의 치유와 영혼의 치유를 하나의 치유에 포함시키시고, 수사적인 질문을 사용하셔서, 권세와 권위가 다 당신에게 있으므로 모든 창조물은 반드시 당신의 음성에 복종해야 하고 당연히 복종할 것이라고 말씀하셨다. 이것이 예수님의 권세의 본질이다.

물론 마태가 기록한 말씀은 메시야에 관해 예언된 내용 이상의 것도 이하의 것도 아니다. 이사야 40장과 61장은 장차 주의 백성들의 소망으로서 오실 만왕의 왕의 권세를 분명히 언급한다. 후자의 예언은 누가복음 4장에 그 성취된 내용과 함께 여기서 직접 인용할 가치가 있다:

> 주 여호와의 신(神)이 내게 임하셨으니 이는 여호와께서 내게 기름을 부으사 가난한 자에게 아름다운 소식을 전하게 하려 하심이라. 나를 보내사 마음 상한 자를 고치며 포로된 자에게 자유를, 갇힌 자에게 놓임을 전파하여 여호와의 은혜의 해와 우리 하나님의 신원의 날을 전파하여 모든 슬픈 자를 위로하되 무릇 시온에서 슬퍼하는 자에게 화관을 주어 그 재를 대신하며 희락의 기름으로 그 슬픔을 대신하며 찬송의 옷으로 그 근심을 대신하시고 그들로 의의 나무 곧 여호와의 심으신 바 그 영광을 나타낼 자라 일컬음을 얻게 하려 하심이니라(사 61:1-3).

> 예수께서 그 자라나신 곳 나사렛에 이르사 안식일에 자기 규례대로 회당에 들어가사 성경을 읽으려고 서시매 선지자 이사야의 글을 드리거늘 책을 펴서 이렇게 기록한 데를 찾으시니 곧 "주의 성령이 내게 임하셨으니 이는 가난한 자에게 복음을 전하게 하시려고 내게 기름을 부으시고 나를 보내사 포로된 자에게 자유를, 눈먼 자에게 다시 보게 함을 전파하며 눌린 자를 자유케 하고 주의 은혜의 해를 전파하게 하려 하심이라" 하였더라. 책을 덮어 그 맡은 자에게 주시고 앉으시니 회당에 있는 자들이 다 주목하여 보더라. 이에 예수께서 저희에게 말씀하시되 "이 글이 오늘날 너희 귀에 응하였느니라 하시니"(눅 4:16-21).

여기에서 예수님의 선언은 중풍병자에게 하신 죄 사함의 선포와 한 가지이다. 예수님은 가난한 자에게 복음을 전할 권세를 가지신 분이다. 포로된 자에게 자유를, 눈 먼 자에게 보게 함을, 억눌린 자를 해방시키며 여호와의 은혜의 해를 전파할 권세를 지닌 분이다. 이 권세를 인정하며 순종하는 반응 안에서 천국의 축복을 백부장이나 중풍병자의 친구들이 실감하게 된 것이다.

예수님은 당신의 신분 때문에 그리고 당신의 행사 때문에 이러한 절대적이고 무조건적인 권세를 지니신다. 그분은 영원하신 말씀이시요, 아버지와 하나이시요, 알파와 오메가이시다. 하지만 동시에 몸소 죽으시고 부활하심으로써 세상의 죄를 짊어지시는 하나님의 어린 양이시다. 어쩌면 복음서에서 그의 권위를 가장 명백히 입증하는 말씀은 "그가 여기 계시지 않고 그의 말씀하시던 대로 살아나셨느니라"는 말씀일 것이다(사 28:6). 사도 바울은 다음에 인용할 단락에서 예수님의 부활의 의미를 최종 권위의 측면에서 선언했다:

> 그러나 이제 그리스도께서 죽은 자 가운데서 다시 살아 잠자는 자들의 첫 열매가 되셨도다. 사망이 사람으로 말미암았으니 죽은 자의 부활도 사람으로 말미암는도다. 아담 안에서 모든 사람이 죽은 것같이 그리스도 안에서 모든 사람이 삶을 얻으리라. 그러나 각각 자기 차례대로 되리니 먼저는 첫 열매인 그리스도요 다음에는 그리스도 강림하실 때에 그에게 붙은 자요 그 후에는 나중이니 저가 모든 정사와 모든 권세와 능력을 멸하시고 나라를 아버지 하나님께 바칠 때라. 저가 모든 원수를 그 발 아래 둘 때까지 불가불 왕 노릇 하시리니 맨 나중에 멸망 받을 원수는 사망이니라. 만물을 저의 발 아래 두셨다 하셨으니 만물을 아래 둔다 말씀하실 때에 만물을 저의 아래 두신 이가 그 중에 들지 아니한 것이 분명하도다. 만물을 저에게 복종하게 하신 때에는 아들 자신도 그 때에 만물을 자기에게 복종케 하신 이에게 복종케 되리니 이는 하나님이 만유의 주로서 만유 안에 계시려 하심이라(고전 15:20-28).

역사의 궁극적인 목표가 빌립보서 2:9-11과 같은 다른 단락들뿐 아니라 이 단락에 실린 바울의 분석에서도 나타난다. 그 목표는 예수께서 만왕의 왕이요 만주의 주로서 영원히 통치하신다는 사실을 모든 피조물이 최종적이고도 완전하고도 영광스럽게 시인하는 것이다(계 19장). 예수님은 죽으심과 부활로써 자신의 권세에 도전하는 마지막 원수를 물리치시고 당신의 왕국을 강하고 영원하게 수립하셨다. 예수께서 땅에 계실 때 맨 처음에 하신 선언은 이렇게 해서 최종적인 실질을 부여받으며, 그분의 권세는 최종적인 승인을 받는다.

그러므로 예수님은 현상학적 설교를 위한 합법적인 토대를 갖고 계셨다. 왜냐하면 그분의 설교는 청중에게 권위 있는 새로운 환경을 제시하시면서, 그것에 대한 반응을 요구하도록 고안되었기 때문이다. 하지만 우리 설교자들도 그런 토대를 갖고 있는가? 만약 우리의 설교가 진리의 권능으로 특징지어지려면, 만약 실증주의가 경고한 그런 공허한 무의미를 피할 수 있으려면, 반드시 적합한 토대가 있어야 한다. 우리는 어떻게 예수님의 권세에서 오늘 우리 자신의 강단으로 옮겨갈 수 있는가? 마태복음 28:18-20은 대답을 제시한다:

"예수께서 나아와 일러 가라사대 하늘과 땅의 모든 권세를 내게 주셨으니 그러므로 너희는 가서 모든 족속으로 제자를 삼아 아버지와 아들과 성령의 이름으로 세례를 주고 내가 너희에게 분부한 모든 것을 가르쳐 지키게 하라. 볼지어다 내가 세상 끝날까지 너희와 항상 함께 있으리라 하시니라."

본래 예수님께 속했던 권세, 예수님의 내재적 권리였던 바로 그 권세를 예수님은 당신의 제자들에게 수여하셨다. 그 권세는 말하는 동시에 행하는 권세이되, 말로써 행하는 권세이다. 제자들의 언어는 예수님의 언어와 동일하게 기능함으로써 청중들에게 하나님 나라를 도래케 하고, 그렇게 함으로써 모든 족속으로 제자를 삼을 수 있도록 되어 있었다. 예수님의 마지막 약속, 즉 제자들과 세상 끝날까지 함께 해주시겠다는 약속은 그의 이름으로 제자들이 소유하게 된 권세를 더욱 강화시켜줌을 의미하였다. 주님이 그들과 함께 계셨기 때문에, 그들은 주님의 권위와 더불어 선포할 수 있었고 행동할 수 있었던 것이다.

이런 방식으로 권세(권위)라는 주제에 초점을 맞추면 우리의 복음 메시지를 올바른 문맥에 놓을 수 있다(복음의 문맥이 기독교 교회에서 끊임없는, 열띤 쟁점이었다). 마태복음 16장에서 그리스도는 베드로에게 이렇게 말씀하셨다: "또 내가 네게 이르노니 너는 베드로라. 내가 이 반석 위에 내 교회를 세우리니 음부의 권세가 이기지 못하리라. 내가 천국 열쇠를 내게 주리니 네가 땅에서 무엇이든지 매면 하늘에서도 매일 것이요 네가 땅에서 무엇이든지 풀면 하늘에서도 풀리리라"(마 16:18-19). 개신교는 본문이 교황권을 정당화한다는 로마 가톨릭의 주장을 단호히 배격하고, 16절에서 교회의 기초로 언급된 바위를 베드로의 신앙 고백이라고 늘 해석해왔다. 그러나 이런 해석은 예수님이 '베드로'(페트로스)와 '바위'(페트라)를 분명히 병립하신 점을 제대로 다루지 못하며, 예수께서 19절에서 베드로에게 내리신 분부의 힘을 제대로 인식하지 못한다.

본문은 아주 비상한 말씀이다. 특별히 마태복음 28:18-20과 연결시켜 생각하면 그런 성격이 더욱 드러난다. 예수님은 놀랍게도 베드로에게 당신의 나라에 관한 권세를 수여하고 계신 것이다. 하지만 왜 베드로에게 그런 권세를 주셨으며, 베드로의 신앙고백이 그 문제와 어떤 관계가 있을까? 예수께서 마태복음 16장에서 베드로를 지적하신 이유는 그가 바로 앞에서 당신에 관해 중대한 진술을 했기 때문이며 — "주는 그리스도시요 살아 계신 하나님의 아들이니이다" — 따라서 개신교의 해석자들이 그 진술에 초점을 둔 것은 올바른 일이었다. 그리스도의 이름으로 제자들을 삼을 사람들이 정확히 가르치는 제자들이었던 것과 마찬가지로, 교회가 세워질 토대는 신앙을 정확하게 고백한 베드로였던 것이다. 베드로라는 개인이 특별한 이유는 그가 다른 제자들과 달리 적시에 올바른 신앙고백을 했다는 점에 있었다. 그리고 베드로가 마태복음 16:22에서 더 이상 고백하는 자가 되지 못하고 시험에 든 자가 되었을 때, 예수님은 그를 더 이상 교회의 반석으로 보시지 않고 사단으로 보셨다.[27]

여기서 두 가지 사실을 언급해야 한다. 첫째, 마태복음의 이 두 단락에서 객관적이고 명제적인 진리가 뚜렷하게 재확증된다. 베드로는 진리를 고백한 사람의 자격으로서만 교회의 반석이었다. 마찬가지로 제자들이 모든 민족을 제자로 삼을 소망을 품었던 것도 예수께서 명하신 것을 청중에게 지키도록 가르치는 제자의 자격으로서만 그렇게 할 수 있었다. 그러나 둘째로, 진정한 권세는 예수께서 자신을 따르는 자들에게 부여하신다. 그것은 하늘에서 매고 푸는 권세이다. 예수님은 제자들 자신이 무엇을 할 수 있는가를 깨닫기를 바라셨고, 그들이 마땅히 해야 할 일을 하기를 원하셨다. 그들은 사람들에게 영원을 결정하게 해줄 반응을 일으키게 하는 방식으로 그들 개개인에게 하나님 나라를 전할 권세가 있었다. 그리고 그것은 권세인 동시에 의무였다. 제자들에게는 설교의 목표가 하나님 나라에 관해 가르치는 것으로 그치지 않고, 청중 앞에서 그 나라를 실현하는 데까지 나아가야 했다.

실지로 어떤 측면에서는 예수님이 이미 천국을 도래시켰다고 할 수 있고, 다른 측면에서는 그가 재림하실 때에 그의 나라가 도래한다고 말할 수 있다. 그러나 '이미 그러나 아직 아니'(already but not yet) 사이에서 살면서 예수가 그리스도이심을 참으로 고백하고 그분을 충분히 전파하는 제자들은 그분의 권세를 설교의 상황에 드러내고 있는 셈이다. 그리고 앞에서 보았듯이, 그분의 권세는 그분의 통치이며, 그분의 통치는 그분의 나라이다.

그러나 제자들은 독특한 사람들이지 않았던가? 사도들로서 그들의 독특한 은사는 그들의 죽음과 함께 끝나지 않았던가? 물론 기적의 은사와 계시의 은사는 사도 시대와 함께 종결된 게 사실이지만, 교회의 권위 있는 설교 사역은 계속된다.[28] 바울이 디도서 1:5-9에서 디도에게 주는 권면을 잠시 생각해 보라. 아니면 디모데전서 3장과 4장 또는 디모데후서 4장에서 바울이 디모데에게 주는 권면을 생각해 보라. 바울이 거기서 분명히 설교자들을 언급하고 있지 않은가? 설교자로 부름 받아 말씀을 증거하는 모든 이들은 마태복음 16장과 28장에서 예수님이 교회에 수여해 주신 권세를 보유하고 있다. 그러나 그 진술은 위에 언급한 구절들의 문맥에 넣고서 이해해야 하며, 그 구절들에 명시된 자격들을 유지해야 한다. 천국의 권세가 부여된 대상은 교회이다. 설교자 개인은 교회를 위해서 설교할 때 그 권세를 지닌다(이것이 물론 설교자 안수 절차가 의도하는 바이다. 즉, 안수 받는 개인이 교회에게 그리고 교회를 위해 말할 하나님 나라의 권세를 갖는 것은 교회의 승인으로 이루어진다). 그러한 권세 (권위)는 무오한 것이 아니다. 왜냐하면 우리는 이 보화를 질그릇에 담고 있기 때문이며, 따라서 설교자의 자격은 다시 한 번 중요한 문제가 된다. 설교자 개인의 권위, 실로 전체 교회의 권위는 그 토대를 이루는 신앙고백에 전적으로 의존한다. 만일 신앙고백이 복음의 진리와 함께 울려 퍼지면 그 권위는 천국의 권위가 될 것이다. 그러나 신앙고백이 흔들리게 되면 권위 역시 사라지고 만다. 따라서 교리의 정통성은 설교의 권위에 아주 필요한 것이다.

그것은 필요 조건이지 충분 조건은 아니다(이것은 앞에서 인식론과 언어 이론 양자에서 분석과 직관의 관계를 묘사할 때 사용한 표현이다). 성경적 설교자는 예수께로부터 자신의 목표를 취해야 한다. 설교자의 목표는 단순히 천국에 대해서 말하는 것이 아니며, 단순히 천국의 일부분을 정확히 설명하는 것만이 아니다. 성경적인 설교자는 천국에 관한 객관적인 참된 사실들을 세워 나가기 위해, 따라서 예수님의 권위를 성도들이 살고있는 현실 속으로 직접 그리고 즉시 관련시키기 위해 노력해야 한다.

그러므로 성경적 설교란 정확히 이해한 판단의 설교이다. 예수님이 교회에 부여해 주신 권위를 가지고 설교함으로써 설교자는 성도들 사이에 왕국의 도래를 현실화시키는 것이다. 설교자는 설교만 하는 것이 아니라 예수님의 이름으로 행동한다. 풀기도 하며 매기도 한다. 제자들을 만들어 가면서, "나라이 임하옵시며 뜻이 하늘에서 이룬 것같이 땅에서도 이루어지이다"라는 예수님의 기도를 성취하기 위해 매진한다.

한 가지 유추를 소개하면 설교자의 임무와 그 기회의 성격이 좀더 분명해질 것이다. 특히 개혁주의 신학 전승에서는 성례의 유효성의 정확한 본질이 많은 주목을 받았다. 신학자들은 세례보다 주의 만찬에서 양 극단을, 즉 떡과 포도주가 물리적으로 변화한다는 한쪽 극단과 순전히 기념하기 위한 것이라는 기념설이라는 다른 쪽 극단을 피하려고 노력해왔다. 따라서 성찬에 대한 칼빈의 견해는 루터의 견해와 츠빙글리의 견해와 달랐다. 개혁주의 성찬관의 중심에는 성경적인 태도로 성찬에 참석하는 사람은 그 참석을 통해서 실제로 그리고 구체적으로 그리스도께 연합된다는 확신이 자리잡고 있었다.

이와 마찬가지로 개혁주의의 유아세례 전승을 견지하는 사람들은 성경에 따라 세례를 받는 유아가 실제로 그 세례를 통해서 실제로 언약 공동체의 일원이 된다고 보았다. 성례는 참석자들에 의한 신앙고백일 뿐 아니라, 성경의 규례대로 준수되는 한에는 실제 사건이다.

성경적 설교도 마찬가지이다. 많은 사람들은 설교를 그리스도인이 다른 그리스도인에게 말하는 것 정도로 간주한다. 그러나 설교는 그 이상의 것이다. 그리스도의 권위와 교회의 권위 사이의 관계 때문에, 그리고 교회의 권위와 설교자의 권위 사이의 관계 때문에, 예수께 대한 참된 신앙고백의 터에서 전파된 설교는 마치 성찬이 실제 사건으로 간주되듯이 실제 사건으로 간주되어야 한다. 물론 설교와 성찬이 동일한 것은 아니다. 설교는 성례의 일부가 아니다. 그러나 설교와 성례는 서로 유사성이 있고 상호적인 의미가 있기 때문에, 칼빈과 그 밖의 사람들은 신실한 말씀 선포와 바른 성례 집행을 참 교회의 표지들로 간주했던 것이다.

그러나 여기서 다시 한 번 경고하고 넘어갈 게 있다. 무릇 설교는 오늘의 상황에 하나님 나라를 도래케 하는 것이어야 한다. 오늘의 상황에 하나님 나라적인 해석을 부과하는 것으로 그치지 말고, 진리를 구현하고 왕의 이름으로 그 나라의 심판(판단)을 전하는 데 초점을 맞춰 설교해야 한다는 것이다. 분석이나 직관 그 어느 하나로는 적절하지 못하다. 분석은 죽은 명제들만 산출할 것이요, 직관은 공허하며 알맹이 없는 도덕주의자들만 생산할 뿐이다. 성경적 판단은 오직 진리의 터 위에서만 가능하며, 그것이 설교자가 가장 먼저 관심을 가져야 할 점이다. 그러나 성경 진리는 심판하고 도전하고 대결하는 성격을 갖고 있으므로, 설교자는 교회와 주님을 위해 말씀을 전할 때 그 점을 궁극적인 목표로 삼아야 한다(이 점에 대해서 나는 이 책의 다른 집필자들, 특히 제프리 토머스와 존 베틀러의 견해에 전적으로 동의한다).

3. 몇 가지 실제적인 지침들

필자가 맨 앞에서 진술했던 점으로 돌아가서 생각해 보자. 설교자는 정말로 설교다운 설교를 하고 싶다면 자신이 설교를 통해서 무엇을 하려고 하는지를 정확히 알아야 한다. 이 장에 '설교의 현상학'이라는 제목을 붙인 이유는 앞에서 언급했듯이 어떤 설교든지 그 궁극적 목표를 다음과 같은 측면에서 이해해야 하기 때문이다. 즉, 설교의 목표는 예수 그리스도의 권세를 회중에게 전하되, 그들의 반응을 이끌어내고 하나님 나라적인 반응을 이끌어내는 방식으로 전하는 데 있다(물론 이 말은 그런 반응을 일으키시는 분은 사실은 성령이

시라는 점을 인정하고 전심으로 동의한 터에서 하는 것이다). 이러한 설교에서 설교자가 구하는 반응은 하나님 나라적인 회개일 수도 있고 하나님 나라적인 기쁨이 될 수도 있지만, 설교자는 어떤 설교를 하든지 예수님의 하나님 나라적인 권세를 그분의 백성에게 구현하는 데 주력해야 한다.

구체적으로 말하자면, 설교자는 설교를 통하여 얻으려고 하는 주된 반응이 무엇인지 짧은 문장으로 진술할 수 있어야 한다. 설교를 통해 많은 감정들을 건드리고 많은 생각들을 드러낼 수 있겠지만, 이런 일들은 설교자가 이끌어 내고자 하는 한 가지 주된 반응에 초점을 맞춰서 행해야 한다. 이 장의 첫 문장은 "목표를 많이 가지면 가질수록 그것을 맞추기도 갈수록 힘들어진다"는 식으로 해석될 수도 있으며, 그것을 위에서 언급한 문제에 적용하자면 얻고자 하는 반응을 위해 주력할수록 그것을 얻을 가능성은 줄어든다는 결론이 나올 것이다. 초점이 단순하고 명쾌하고 간결한 것(이중에서 '피상적'이라는 표현과 동의어는 없다)이 권위있는 성경적 설교의 특징이며, 그것이 설교의 능력이 나타나게 한다.

따라서 설교자는 설교의 목표를 정할 때 설교 도중에 잠재적으로 어떤 일이 발생할 수 있는가를 인식해야 하며(하나님 나라가 구현될 수가 있다), 설교로써 성취하고자 하는 정확한 목적을 세심하게 수립해야 한다. 그 과정에서 설교자는 성경 말고도 자신이 사용할 수 있는 모든 보조 자료들(이 책을 포함한)을 활용해야 하는데, 그중에서 천거할 만한 자료는 조나단 에드워즈의 「종교적 감정들에 관한 논문」(*Treatise Concerning Religious Affections*)이다. 그 이유는 에드워즈의 건실한 성경적 기반 때문이기도 하고, 그의 심오한 인류애적 시각 때문이기도 하다. 즉, 에드워즈는 이 책에서 성경과 인간을 탁월하게 분석하기 때문에, 설교를 통해 회중에게 하나님 나라를 전하려는 설교자에게 귀중한 도움이 된다.

에드워드의 논문의 핵심은 그의 다른 저서들과 설교들에서도 자주 발견되는 것으로서, 모든 인간이 내놓는 행위의 뿌리는 성향 혹은 감정들(affections)이라는 그의 관찰에 있다. 에드워즈가 말한 '감정들'은 단순한 열정(passions)을 넘어서는 것이다. 그는 종종 열정으로 간주되는 많은 것을 포함하는 척도로 감정을 정의하지만, 그의 진정한 초점은 인간 개인의 기본적인 성향, 개인의 본질적인 사랑과 미움, 어느 곳에서 다른 곳으로 이동하려는 영혼의 활동에 있다. 더 구체적으로 들어가기보다 에드워즈 자신이 설명하도록 하는 게 좋겠다:

> 감정과 열정은 종종 같은 말로 쓰인다. 그러나 일상 용례에서는 약간 다른 점이 있다. 일상적으로 감정은 열정보다 광범위한 어떤 것, 즉 의지나 성향의 활발한 행위를 가리킬 때 쓰이는 단어인 듯하다. 하지만 열정은 보다 급작스럽고, 동물적 정신에 영향을 주어 보다 격렬하게 만들고, 마음을 사로잡고, 자제력을 약하게 하는 것을 가리킬 때 쓰인다.
> 성향과 의지의 작용이 모두 인정하고 좋아하거나, 불인정하고 배척하는 데 관련되듯이, 감정도 두 가지로 작용한다. 즉 감정은 영혼이 무엇에 이끌리고, 집착하고, 추구하는 데 쓰이거나, 아니면 무엇을 혐오하고 반대하는 데 쓰인다. 전자에는 사랑과 욕구와 희망과 기쁨과 감사와 만족이 있고, 후자에는 미움과 두려움과 분노와 슬픔 같은 것들이 있다. 이런 것들은 여기서 시시콜콜하게 정의할 필요가 없는 것들이다.[29]

열정과 감정은 실증주의자들과 현상학자들 사이의 논쟁과, 그 논쟁에 대한 케스틀러의 결론에서도 다시 구분된다. 에드워즈는 이렇게 주장한다:

> 거룩한 감정은 빛 없는 열기가 아니다. 그것은 언제나 깨달음이 실린 정보, 정신이 받아들이는 영적인 교훈, 어떤 빛이나 실질적인 지식에서 생긴다. 하나님의 자녀가 감사의 감정을 품는 것은 하나님께서 자신의 행위에 비해 더 많이 베푸신 것을 보고 깨닫고, 하나님이나 그리스도에 관해 더 많은 것을 깨닫고, 복음에 나타난 영광스러운 사실들을 더 많이 깨닫기 때문이다. 그는 감동을 받지 못했던 과거에 비해 더 분명하고 더 나은 견해를 갖는다. 그는 신적인 일들에 관해 새로운 깨달음을 얻거나, 과거도 알고 있긴 했으나 깨닫지는 못했던 지식을 깨닫는다. 요일 4:17-"사랑하는 자마다 하나님께로 나서 하나님을 알고." 빌 1:9-"내가 기도하노라 너희 사랑을 지식과 모든 총명으로 점점 더 풍성하게 하사." 롬 10:20-"저희가

하나님께 열심이 있으나 지식을 좇은 것이 아니라." 골 3:10-"새 사람을 입었으니 이는 …… 새롭게 하심을 받는 자니라." 시 43:3-4-"주의 빛과 주의 진리를 보내어 나를 인도하사 주의 성산과 장막에 이르게 하소서. 그런즉 …… 나의 극락의 하나님께 이르리이다." 요 6:45-"선지자의 글에 저희가 다 하나님의 가르치심을 받으리라 기록되었은즉 아버지께 듣고 배운 사람마다 내게로 오느니라." 지식은 굳은 마음을 처음으로 열어주고, 감정을 넓히고, 사람들에게 천국에 들어가는 길을 터주는 열쇠이다. 눅 11:52-"너희가 지식의 열쇠를 가져가고……."

깨달음의 빛에서 생기지 않은 감정들도 많다. 그런 감정들은 영적인 것이 아니므로, 의기양양하도록 내버려 두라.[30]

감정은 열정과는 달리 지식에 기반을 둔다. 에드워즈는 그의 논문에서 시종일관 은혜의 감정이 그리스도의 복음에 대한 진리의 지식에 기반을 둔다고 주장한다. 따라서 분석이 없다면 감정도 없을 것이고(다만 열정만 있을 것이다), 분석이 참되지 못하면 감정(그런 경우에는 직관)은 비논리적인 것이 될 것이다. 에드워즈는 이런 기본적인 심리학적 모델을 토대로(그리고 내가 이 책에서 발전시킬 수 있는 것보다 훨씬 더 그 주제를 발전시키면서), 「종교적 감정들에 관한 논문」의 기본 논지를 이렇게 피력한다: "참 종교는 대체로 거룩한 감정들로 이루어진다."[31]

필자는 에드워즈의 설명이 철저하고도 완벽한 성경적 사상이며, 설교를 하나님 나라에 초점을 맞춰서 하려고 하는 모든 설교자에게 큰 도움이 된다고 생각한다. 진정 문제가 되는 것은 무엇을 정말로 사랑하거나 미워하고, 무엇을 소원하거나 두려워하는가 하는 점이며(이런 단어들을 단순한 열정이 아닌 에드워즈가 말한 감정으로 이해한다는 것을 전제로 할 때), 그렇다면 주님의 권위로 말씀을 전하는 설교자는 그리스도께 대한 사랑이 발생하고, 죄에 대한 미움이 발생하고, 하나님께 복을 받고자 하는 소원이 발생하고, 죄의 결과에 대한 두려움이 발생하는 방향으로 설교의 상황을 조성해야 한다. 그것이 바로 에드워즈가 설교한 방식이며, 그의 가장 유명한 설교인 '진노하신 하나님의 손아귀에 사로잡힌 죄인들'은 그 중에서 마지막 감정을 가장 완벽하게 보여주는 예다.

하지만 에드워즈는 자신의 설교 내용만 가지고 결론을 내리도록 허용하지 않고, 자신의 논지를 분명하고도 구체적으로 진술한다:

> 하나님께 속한 것들이 인간의 마음과 감정에 감명을 주는 것은 하나님께서 정해 놓으신 큰 목적의 하나인 것이 틀림없으며, 따라서 성경에 전달된 하나님의 말씀은 설교로써 사람들에게 열리고 적용되고 안착해야 한다. 그러므로 좋은 주석이나 뛰어난 성경 해설집 또는 훌륭한 신학서적들을 지녔다고 해서 하나님께서 원래 이 제도[설교]에 심어두신 목표에 도달하는 것이 아니다. 왜냐하면 그런 자료들은 비록 설교와 마찬가지로 하나님의 말씀을 사색하여 이해할 수 있는 좋은 교리적 자료를 제공하는 경향이 있을지라도, 동일한 것을 인간의 마음과 감정들에 인상을 주는 동일한 경향은 없기 때문이다.
>
> 하나님은 설교로 당신의 말씀을 구체적이고도 생생하게 적용하는 것을 죄인들에게 신앙의 중요성과 자신들의 비참함과 구제책의 필요성과, 당신께서 제공하신 구제책의 영광스러움과 충족함을 일깨워 주는 절절한 방법으로 정해 놓으셨다. 하나님은 아울러 설교를 통해서 성도들의 순전한 마음을 일으키시고, 신앙의 위대한 일들을 기억나게 하사 그들의 감정들을 살아나게 하시고, 제 색깔을 띠고 살게 하신다. 비록 성도들이 그런 것들을 이미 알고 있고, 이미 충분히 배웠을지라도 말이다(벧후 1:12, 13). 그리고 그 중에서 특히 두 가지 감정인 사랑과 기쁨을 진작하시기 위해서, "그가 혹은 사도로 혹은 선지자로 혹은 복음 전하는 자로 혹은 목사와 교사로 주셨으니 …… 각 지체의 분량대로 역사하여 그 몸을 자라게 하며 사랑 안에서 스스로 세우느니라"(엡 4:11-12, 16).[32]

성경적 설교는 성령의 권능을 힘입어 은혜의 감정들을 불러일으킴으로써 하나님 나라와 그리스도의 통치를 구현한다. 이것이 바로 하나님께서 설교자를 교회에 세우신 목적이고, 이것이 바로 설교자가 교회에서 설교할 때 품어야 할 목적이다. 그러나 에드워즈는 설교자와 교회 모두에게 한 가지 경고를 던진다. 그것은 성경을 확고하게 깨달아야 한다는 것 외에도, 은혜로 형성된 참된 감정들이 왕과 그 나라에, 피조물보다 창조주께 초점을 맞춰야 한다는 경고이다. 현상학적 설교자, 심지어 정통 신학에 확고히 서 있는 현상학적 설교자가 당하는 유혹들 가운데는 그리스도의 나라를 일종의 진보된 공리주의로 하락시키려는 유혹이 있다. "회개하세요! 만일 회개하면 평생 복을 누리게 될 것입니다!"라고 설교하게 만드는 유혹이다.

그러나 그리스도의 메시지는 다른 점을 강조한다. "회개하라! 천국이 가까웠느니라!" 물론 회개는 회개하는 자에게 궁극적인 복을 가져다 주겠지만, 회개가 근본적으로 필요한 것은 왕이신 주님과 그의 나라의 속성 때문이다. 예수님은 우리의 경배와 찬양과 높임을 받으시기에 합당한 분이며, 그 사실이 설교자의 설교와 회중의 반응 배후에서 동기를 제공한다.

에드워즈는 이 점을 다음과 같이 간결하게 기술한다:

반면에 성도들 안에 있는 참되고 거룩한 사랑의 행위는 다른 방식으로 나타난다. 그들은 하나님이 자기들을 사랑하신다는 것을 먼저 보지 않고, 그분이 사랑 많으신 분임을 먼저 본다. 성도들이 먼저 보는 것은 하나님이 사랑 많으신 분이라는 것과, 그리스도께서 뛰어나고 영광스러운 분이라는 것이다. 성도들은 먼저 이런 깨달음에 사로잡히며, 그들의 사랑의 행위는 때때로 여기서 시작하고, 이런 깨달음에서 주로 발생한다. 성도들의 감정은 하나님과 더불어 시작하며, 자기에 대한 관심은 이런 감정에서 부차적인 자리를 차지할 뿐이다. 반면에 거짓 감정은 자아에서 시작하며, 하나님의 뛰어나심에 대한 인정과 그에 따른 감정은 결과적이고 종속적인 자리를 차지한다. 참 성도가 내놓는 사랑은 하나님을 토대로 삼는다. 하나님의 본성의 뛰어나심에 대한 사랑이 그 뒤에 나오는 모든 감정들의 토대이며, 그 토대 위에서 자기 사랑은 보조적인 역할을 한다. 이와 반대로, 위선자는 자신을 토대로 삼으며, 하나님을 그 토대 위에 둔다. 그가 하나님의 영광 자체를 인정할 때에도 그것은 자신의 사적인 이해에 좌우된다.[33]

성도들의 감정은 하나님으로 시작하고 그분의 본성의 뛰어나심에 대한 사랑으로 시작한다. 따라서 설교자는 설교를 구상하고 실행할 때 그 점을 반드시 기억해야 한다.

이 장의 셋째 부분에는 '몇 가지 실제적인 지침들'이라는 제목을 붙였다. 조나단 에드워즈가 관찰한 이런 내용들을 어떻게 실제적인 지침으로 간주할 수 있을까? 다음과 같은 방법으로 가능할 것이다. 설교자는 설교의 큰 목표를 기억하면서 설교 준비를 시작해야 한다. 그것은 왕의 권세, 즉 엄위롭고 영광스럽고 구속적인 권세를 자신의 회중에게 역동적으로, '현실적인 의미를 담아' 전하는 것이다(이것이 에드먼드 클라우니가 말하는 '그리스도를 전하는 설교'이다). 하지만 이 큰 목표는 설교자가 설교 시간에 다룰 본문이나 화제를 연구할 때 구체적인 형태를 취해야 하며, 이 구체적인 형태는 에즈워즈가 감정에 관해 말한 내용과 일치하도록 전개되어야 한다.

설교 본문이 예수님의 첫번째 공적 설교였던 마태복음 4:17이라고 가정해 보자. 이 본문을 가지고 설교할 때 큰 목표는 그리스도의 왕국의 본질과 그 현재성을 역력히 증거하여 그분의 권세를 현실에 제시하고, 그로써 회중에게서 적극적인 회개를 이끌어내는 것이다. 하지만 설교자는 이 목표를 구체화하는 작업을 할 때 에드워즈가 감정들에 관해 무엇을 말했는지, 감정들이 진정으로 성경적인 것이려면 어떻게 올바른 깨달음(본문의 경우에는 하나님 나라의 본질)을 수반한 것이어야 하는지를 세심하게 고려해야 하지만, 깨달음의 차원을 넘어서서 회중으로 하여금 그리스도 자신께 초점을 맞추도록 만들어야 한다.

따라서 설교자는 왕과 그 나라의 엄위에 대한 경외감에서 비롯된 감정들과, 그 앞에 드러난 개인의 무가치함에 대한 감정과, 그럼에도 불구하고 하나님께서 당신의 아드님 예수 안에서 우리에게 그 나라를 주신 데 대한 찬송의 감정을 일으키는 것을 구체적인 목표로 정해야 한다. 설교자가 구하는 결과는 회중이 이 세상 나라에서 새롭게 돌이켜 그리스도의 나라로 돌아오는 것이며, 그것이 바로 그 나라와, 그 나라 안에서 예수님의 통치가 실현되는 것이다. 이러한 설교를 하려면 회중으로 하여금 그렇게 돌아설 수 있도록 아주 구체적인 내용을 전할 필요를 느끼게 될 것이며, 그런 점에서 에드워즈의 「종교적 감정들에 관한 논문」을 친숙히 이해하고 있으면 설교를 준비할 때 큰 유익이 될 것이다. 하지만 이런 몇 가지 제안은 에드워즈의 통찰을 활용할 마음이 있는 설교자에게라야 도움이 될 것이다.

4. 결론

설교자가 일단 강단에 올라가면, 그의 주된 도구는 언어가 된다. 따라서 정확한 언어를 구사하는 것이 설교에 대단히 중요하며, 그런 언어 구사는 설교자의 정확한 목표에 따른 것이어야 한다. 실증주의자들(그리고 그밖의 사람들)은 언어의 가치와 필요성, 그리고 정밀성과 정확성에 관해 일깨워 주었다. 현상학자들은 역동적이고 효과적인 연설(시인의 말이든 설교자의 설교든)이 되려면 청중의 삶에 변화를 일으키는 것이어야 함을 지적함으로써 대응했다. 아서 케스틀러는 후자의 언어 형태가 후자에 의해 좌우되기도 하고 그것을 실현하기도 한다고 암시했다. 조나단 에드워즈는 인간 심리를 참된 기독교적 체험의 본질을 성경적으로 기술한 데 비추어 분석함으로써 당대의 설교자들에게 이 점을 확실하게 깨우쳐 주었다. 그러므로 이상의 모든 증거를 종합해서 볼 때, 설교자는 현상학적으로 '현실적인 의미를 담아' 설교할 때 반드시 교리적 정통 신학 위에서 설교해야 한다.

물론 설교자가 이렇게 해야 하는 원초적인 이유는 실증주의자들이나 현상학자들이나 케스틀러나, 심지어 에드워즈가 그렇게 말했기 때문이 아니다. 설교자가 이렇게 해야 하는 이유는 '성경이 내게 그렇게 하라고 말하기' 때문이다. 천국이 가까이 왔으므로, 성경적 설교자는 이 사실을 선포할 뿐 아니라 깊이 해석해서 가르쳐야 한다. 설교자는 하나님 나라에 대한 예수님의 통치의 완성에 관련지어 자신의 임무와 기회를 바라볼 때, 회중에게 직접적으로 신적인 권위를 전달하는 것밖에 달리 할 수 있는 일이 없다. 그리고 그것이 주권적이고 은혜로운 권능의 성령에 힘입는 설교의 현상학이다.

주

1) 이 책에 수록된 두 장들이 여기에 특히 관련된다. 귄 월터스의 '강단에서의 신체'는 언어만이 설교자가 전하는 모든 것 중에서 유일한 요소가 아님을 상기시킨다. 제이 아담스의 '감각 호소와 이야기'는 무감각한 교인들을 기민하고 관심 있는 회중으로 만들 수 있는 언어가 어떤 것인지를 설명한다. 이 장은 아담스의 논평을 보다 폭넓은 문맥에서 다루려고 한다. 예를 들어 아담스가 설명한 그런 변화에 의해 신학적으로 무엇을 성취하게 될 것인가 하는 점을 다루려 한다.

2) Jonathan Edwards, *A Dissertaion Concerning the Nature of True Virtue*, in *The Works of Jonathan Edwards*, vol. 1(Edinburgh: Banner of Truth, 1974), chap. 4.

3) Henri Bergson, *An Introduction to Metaphysics*, trans. T. E. Hulme(Indianapolis: Bobbs-Merrill, 1949), p.21. 이 이분법의 최근 형태(실은 옛 형태이지만)에 관해서는 다음을 참조하라: James Barr, *The Bible in the Modern World* (London: SCM, 1973), p.55.

4) Bergson, *Introduction to Metaphysics*, pp. 10-11.

5) A. J. Ayer, *Language, Truth & Logic*, 2nd ed.(New York: Dover, 1952), p. 35.

6) Antony Flew, "Theology and Falsification: The University Discussion," in *New Essays in Philosophical Theology*, ed. Antony Flew and Alasdair MacIntyre(New York: MacMillan, 1955), p. 96.

7) Ibid, p. 98.

8) R. M. Hare & Basil Mitchell, "Theology and Falsification: The University Discussion," in *New Essays*, ed. Flew & MacIntyre 편집, pp. 99-105.

9) 실증주의자들을 비판한 견해에 대해서는 다음을 참조하라: Frederick Ferré, *Language, Logic, and God*(New York: Harper & Row, 1961), pp. 42-57; Philip Wheelwright, T*he Burning Fountain : A study in the Renewal of God-Language*(Bloomington: Indiana University Press, 1968), pp. 61 ff.; Langdon Gilkey, *Naming the Whirlwind: The Renewal of God-Language*(Indianapolis: Bobbs-Merrill, 1969), pp. 305 ff.

10) Rechard Palmer, *Hermeneutics*(Evanston: Northwestern University Press, 1969), pp. 243, 248, 250.

11) James M. Robinson, "Hermeneutic Since Barth" in *The New Hermeneutics*, ed. James M. Robinson & John B. Cobb, Jr.(New York: Harper & Row, 1964), p. 94.

12) Ibid. p. 68.

13) Ibid. pp. 132, 143. 아울러 Robert W. Funk의 *Language, Hermeneutic, and Word of God*(New York: Harper & Row, 1966), p. 38을 참조하라.

14) Robinson, *New Hermeneutic*, pp. 86-88. 아울러 Palmer의 *Hermeneutics*, pp. 14-20을 참조하라.

15) Ernst Fuchs, "The New Testament and the Hermeneutical Problem," in *New Hermeneutic*, ed. Robinson and Cobb, p. 125.

16) Ibid.

17) Ibid, pp. 127-28.

18) Ibid, pp. 130-31.

19) Gerhard Ebeling, "Word of God and Hermeneutic," in *New Hermeneutic,* ed. Robinson and Cobb, p. 107.

20) Fuchs, *New Hermeneutic,* p. 137.

21) Arthur Koestler, *The Act of Creation*(New York: Dell, 1964), pp. 108-9, 120, 211.

22) 이 장에서 필자가 사용한 성경은 NASV이다.

23) 이 주제에 대해서는 다음을 참조하라: L. Austin, *How to do Things With Words,* 2nd ed.(Cambridge: Harvard University Press, 1975).

24) C. S. Lewis, *Mere Christianity*(New York: MacMillan, 1960), p. 41.

25) 필자는 이 문제에 대하여 많은 조언을 준 영국 케임브리지에 계신 Kevin Vangoozer씨에게 깊은 감사를 드린다. 종말론적 증명이란 주제에 관해서는 다음을 참조하라: John Hick, "Theology and Verification" in *Religious Language and the Problem of Religious Knowledge,* ed. Ronald E. Santoni(Bloomingtom, Indiana: Indiana University Press, 1968), pp. 362-82.

26) Lewis, *Mere Christianity,* p .41.

27) 필자가 마태복음 16장을 이런 식으로 해석할 수 있게 된 데에는 웨스트민스터 신학교 학장 George Fuller 박사에게 힘입은 바가 크다.

28) 이 점에 대한 자세한 논의는 다음을 참조하라: Richard B. Gaffin, *Perspectives on Pentecost*(Phillipsburg, N. J.: Presbyterian & Reformed, 1979).

29) Jonathan Edwards, *A Treatise Concerning Religious Affections in Works,* 1:237.

30) Ibid, pp. 281-82.

31) Ibid, p. 236.

32) Ibid, p.242. 에드워드가 앞부분에서 말한 기독신자의 경험에서 예술의 가치를 논한 글을 보라. 심지어 교회의 건축 및 예식과 같은 다양한 분야까지 취급한 그의 적용은 놀랍다.

33) Ibid, p. 276.

I. 설교 내용

제6장

모든 성경에서 그리스도를 전함

에드먼드 클라우니

여러분이 갖고 계신 성경을 한번 살펴보라고 권해도 괜찮을까? 책을 활짝 펴서 제본 상태를 살펴보고, 책 끝이 얼마나 닳았는지 확인해 보라. 여러분의 성경이 아주 새 책이거나 여러분이 유별난 설교자가 아니라면, 여러분은 틀림없이 엄지손톱으로 신약성경이 시작되는 부분을 금방 찾을 수 있을 것이다. 십중팔구는 그 부분이 닳아서 금박이 벗겨지고 분명한 구분선이 생겼을 것이다. 닳은 부분으로 찾자면 시편이나 이사야서도 금방 찾을 수 있을 것이다.

여러분의 설교 노트를 조사해 보는 것도 또 한 가지 방법이 될 수 있다. 여러분은 설교할 때 구약과 신약의 본문을 어느 정도 비율로 설교했는가?

만일 포켓용 신약성경이 아닌 성경전서를 휴대한다면 틀림없이 지금보다 구약성경을 더 많이 사용하게 될 것이다. 사도시대에 전도자들이 휴대한 성경은 구약성경이었다. 우리 주님은 나사렛 회당에서(눅 4장), 베드로는 오순절에 (행 2장), 바울은 소아시아와 그리스의 회당들에서 구약성경을 가지고 복음을 전했다. 사도들이 그리스도께 관해 증거한 내용이 아직까지 기록되고 있던 시기에, 구약성경은 교회가 그리스도가 전할 때 사용한 성경이었다.

오늘날의 설교에 구약성경이 잘 다루어지지 않는 이유가 무엇일까? 설교자 자신이 아예 성경 본문을 가지고 설교를 하지 않기 때문에 구약성경을 소홀히 여기는 경우도 있을 수 있다. 그들은 화제 위주로 다소 성경적으로 설교하는 쪽을 선호한다. 혹은 구약성경이 현실과 너무 동떨어져 있다고 느끼기 때문에 구약성경을 소홀히 여기는 경우도 있다. 하지만 한 가지 큰 장애는 구약 본문이 복음을 분명하게 제시하지 않는다는 거북한 느낌이었다. 기독교 설교자들이 회당식 설교를 하거나 계율주의적인 혹은 윤리적인 설교를 하는 것을 꺼릴 수가 있는 것이다.

성경 전체로부터 설교하려면 성경 전체가 그리스도를 어떻게 증거하고 있는지를 분명히 파악해야 한다. 성경은 신약에 의하여 구약을 설교하게 하는 열쇠를 가지고 있다. 그 열쇠는 누가복음 마지막 부분에 잘 나타나 있다(눅 24:13-17, 44-48). 이 부분은 예수께서 부활하신 뒤에 가르치신 말씀이다. 부활의 아침에 실의에 빠져 엠마오로 돌아가는 두 제자를 만나신 주님은 자신의 정체를 즉각 밝히심으로써 그들의 슬픔을 그치게 하지 않으셨다. 얼마 전에 마리아에게 그 이름을 부르심으로써 자신을 나타내신 것(요 20:16)과는 달리, 이번에는 "글로바!" 하고 부르셔서 자신을 알리지도 않으셨다. 오히려 그들의 어리석은 낙심을 책망하셨다. 그들은 빈 무덤에 관한 여인들의 보고를 듣고도 부활을 믿지 못했다.

왜 그랬을까? 왜냐하면 그들은 "선지자들의 말한 모든 것을 마음에 더디" 믿었기 때문이다(눅 24:25). 그리스도가 이런 고난을 받고 영광의 자리에 들어가야 하신다는 것을 깨닫지 못했다. 예수님은 모세와 모든 선지자의 글로 시작하여 "모든 성경에 쓴 바 자기에 관한 것을 자세히 설명"하셨다(27절). 그 모든 성경이 어떻게 그리스도에게 초점을 맞추고 있는지를 깨달은 그들은 마음이 뜨거워졌다. 오직 그런 배움을 체험한 후에야 그들의 눈이 떠져 떡을 떼고 계신 주님을 알아본 것이었다.

그리고 나서도 부활하신 그리스도는 그의 가르침을 계속하셨다. "또 이르시되 내가 너희가 함께 있을 때에 너희에게 말한 바 곧 모세의 율법과 선지자의 글과 시편에 나를 가리켜 기록된 모든 것이 이루어져야 하리라 한 말이 이것이라 하시고 이에 저희 마음을 열어 성경을 깨닫게 하시고"(눅 24:44-45).

부활과 승천 사이의 40일 동안 예수님은 제자들에게 무엇을 가르치셨는가? 명백한 것은 그 범위가 광범위했다는 것이다. 모세의 글, 선지자의 글, 시편 등은 구약 히브리 성경의 세 가지 주요 부분이었다. 거기에다가 진행 과정까지 있었다. "모세와 모든 선지자의 글로 시작하여"라는 문구와 디에르메뉴오(diermeneuo)란 동사가 사용된 점은 해석이 곁들여졌음을 분명히 지적해 준다. 예수님은 물론 '임의적 해석'(eisgesis)을 제시하시지 않았다. 성경이 말하고 있는 사실을 해석하셨고 제자들의 마음을 열어 성경을 깨닫게 해주셨다. 깨달음은 확신을 가져왔으며, 마음을 뜨겁게 만들었다. 예수님은 그들의 스승이셨음에도 불구하고, 오직 자신만이 성경을 그런 식으로 해석할 수 있다는 태도를 취하지 않으셨다. 오히려 미련하고 더디 믿는 제자들을 꾸짖으셨다. 그것은 제자들이 구약의 명백한 교훈을 깨닫지 못했기 때문이었다. 성경의 메시지는 그처럼 분명하기 때문에, 제자들이 깨닫지 못했던 원인은 우둔해서 분명하게 가르쳐진 진리를 보지 못한 데서 찾아야 할 것이다.

그리스도께서 부활하신 뒤 40일 동안 가지셨던 세미나에 여러분도 참석했으면 좋았을 것이라는 생각이 드는가? 여러분은 그리스도의 포괄적이고도 설득력 있는 구약 해석이 어떤 것이었는지 파악할 실마리가 없다고 우울하게 단정짓는가?

잠깐만 멈추어 생각해보자. 누가는 예수께서 부활하시기 전과 후에 또 승천하시기 전과 후에 행하신 일과 가르치신 교훈을 기록한 두 권의 책 한가운데(행 1:1)에서 구약성경 해석에 스포트라이트를 비춘다. 그렇다면 누가는 영지주의적 문체로 비밀스러운 가르침을 기록하고 있는 것인가? 누가는 예수님이 절친한 몇몇 제자들에게만 비밀 강습을 하셨다고 묘사하고 있는가? 물론 아니다. 구약성경에 관하여 예수님이 제자들에게 설명하신 것은 훗날 제자들의 설교에 열쇠가 되었다. 누가는 사도들이 모든 성경에서 그리스도를 전파할 때 자신들이 얻은 새로운 깨달음을 어떻게 적용했는지 우리에게 보여 준다. 오순절에 베드로가 행한 설교는 요엘과 시편 16장, 110장을 해석한 것이다(행 2:17-21, 25, 28, 34). 나중에 베드로는 회당에서 "하나님이 모든 선지자의 입을 의탁하사 자기의 그리스도의 해 받으실 일을 미리 알게 하신 것을 이와 같이 이루셨느니라"고 선언하였다(행 3:18). 그는 신명기를 인용한 다음 거기에 덧붙여서 "사무엘 때부터 옴으로 말한 모든 선지자도 이 때를 가리켜 말하였느니라"고 했다(행 3:24).

스데반은 자기 변호를 할 때 그리스도께 초점을 맞추기 위해서 구약의 역사를 개관했다(행 7장). 빌립은 이사야 53:7로 시작하여 이디오피아의 내시에게 예수님을 전하였다(행 8:34). 바울은 출애굽기에 나타난 하나님의 구속사를 추적했고, 메시야 곧 다윗의 씨를 가리키기 위해서 하나님이 이스라엘에게 주신 지도자들을 되돌아 보았다(행 13:16-41). 베드로처럼 바울도 시편을 인용하였다.

사도행전에 기록된 설교들에는 한결같이 같은 주제들이 반복되어 있다. 이처럼 누가는 구약에 대한 예수님의 해석에 관하여 우리로 하여금 뒷전 어두운 데 남아 있게끔 만들지 않은 것이다. 주께서 제자들에게 가르쳐주신 것을 제자들은 교회에 전하였다. 신약전서가 하나님의 약속들에 대한 성취를 해석하고 있다. 구약이 없이는 복음 메시지 자체를 바로 이해하는 것이 불가능하다. 신약성경에는 구약성경이 도처에서 인용된다. 인용되지 않고 인유(引喩)된 부분은 훨씬 더 풍부하다. 네슬판 헬라어 성경을 검토해 보라. 그 성경에 인유된 구약의 구절들은 볼드체(boldface type)로로 표기되어 있는데, 거의 모든 페이지에 볼드체가 널려 있다.

이처럼 해석의 길잡이가 풍부한데도 불구하고, 우리는 왜 구약을 사용할 때 확신을 가지지 못하는 것일까? 그것은 하나님의 성령께서 우리에게 주신 말씀에 무지하기 때문임에 틀림없다. 신약성경을 자유롭게 다루고 해석하는 데 우리는 매우 익숙해졌다. 그래서 우리는 더욱 당혹해 한다. 정말 신약이 구약을 해석하고 있는가? 아니면 낡은 가죽부대에 새 포도주로 채우는 식으로 새 언어만 사용한 것인가? 신약이 구약을 해석하는 데 사용한 원리들을 잘 파악하지 못하면 주어진 해석을 신뢰하는 데 늘 실패하기 마련이다. 신약이 명확히 그리스도를 표현하지 않은 구약의 본문에서는 감히 그리스도를 발견하려고 하지 않을 것이다. 또한 신약이 그리스도를 표현한 몇몇 본문에서도 우리는 어려움을 느끼고 있다.

구약성경을 좀더 새로운 차원에서 설교할 수 있으려면, 그리스도께서 제자들의 마음을 열어 주신 일이 우리에게도 일어나야 한다. 또한 예수님이 성경을 풀어주실 때 사용하신 열쇠를 우리도 사용할 필요가 있다. 그리스도께 대한 성경의 증거가 그 열쇠이다.

1. 골격이 되는 하나님의 약속

구약성경 가운데 메시야 본문이라고 인정되어온 몇몇 단락만이 아닌 구약성경 전체가 그리스도를 가리킨다. 구약의 메시야 예언에 대해서 우리는 익히 알고 있다. 빌립은 이디오피아 여왕의 국고를 맡은 내시의 병거에 올라갔을 때 그가 이사야 53:7을 읽었다는 말을 듣고는 그 구절로부터 시작하여 예수님을 증거했다(행 8:35). 빌립이 거기서 어떤 내용을 증거했을지 우리는 잘 알고 있다. 마찬가지로 우리가 시편 22장을 메시야 본문으로 이해할 수 있는 것은 예수께서 십자가에 달리셨을 때 그 본문에 기록된 표현을 가지고 크게 외치셨기 때문이다. 예수님은 친히 시편 110장을 인유하셨으며, 따라서 우리는 다윗의 주께서 하나님 우편에 앉으라는 권유를 받으시는 그 서두에서 그리스도의 승귀(昇貴)에 관한 예언을 식별할 수 있다(참조. 시 110:1; 막 12:36; 14:62).

하지만 구약전서의 골격이라면 어떻게 될까? 기록된 구약성경을 우리가 어떻게 가지게 되었는가 하는 질문을 가지고 시작할 수 있다. 수세기를 걸쳐서, 얼른 보면 잡다하게 보이는 이 책들이 어떻게 해서 한데 모이게 되었을까?

구약성경 자체가 분명한 대답을 제시한다. 성경은 하나님이 이스라엘 백성과 맺으신 언약의 역사 과정에서 주신 것이다. 구약 역사에서 기록된 성경은 하나님께서 시내 산에서 이스라엘 백성들과 맺으신 언약의 문서로서 최초로 등장한다. 예수 그리스도의 산상보훈이 신적 계시의 본을 제시하듯이, 여호와께서 두 돌판에 새겨주신 본문은 신적 명각(銘刻)의 본을 제시한다. "여호와께서 시내 산 위에서 모세에게 이르시기를 마치신 때에 증거 판 둘을 모세에게 주시니 이는 돌판이요 하나님이 친히 쓰신 것이더라"(출 31:18; 참조. 24:12; 32:16).

그 두 돌판은 '증거판'이라고 불린다(출 31:18; 40:20). 법궤는 '증거궤'라고 불린다(출 25:16, 21, 22; 26:33; 39:35). 언약 문서는 '증언'이나 '유언'이란 용어를 설명한다. 하나님이 이스라엘과 맺으신 언약의 조문들과 약속들은 기록된 문서에 의해 입증되거나 증거된다. 그런 이유로 이중 복사가 요구된다.[1] 하나는 하나님의 것이고, 다른 하나는 이스라엘 백성의 것이다. 둘 다 언약궤 안에 보관되었다. 언약궤의 뚜껑은 하나님이 좌정하시는 자리로서, 그분이 당신의 백성들 가운데 거하시는 보좌를 상징한다. 하나님의 언약 증서가 하나님의 보좌 밑에 보관된 것이다.

만약 하나님이 당신의 언약을 성실히 준수하지 않으신다면 백성은 친히 주신 그 증거를 가지고 항의할 수 있었다. 그러나 만일 그의 백성들이 이 언약에 신실하지 못할 경우에는 하나님께서 친히 돌판에 새겨 주셨고 모세를 통해 기록하게 하신 '십계명'을 언약 내용의 증거로서 제시하실 것이다. 모세오경 전반에 걸쳐서, 그중에서도 신명기에는 장차 이스라엘이 하나님의 언약을 어기게 될 것과, 언약에 명기된 징벌이 적용될 것이 분명히 기록되어 있다(신 30:1-3).

그렇다면 성경은 하나님의 언약적 증거로 제시되는 셈이다. 처음에 기록된 하나님 말씀에 해당되는 것은 나머지 부분에도 그대로 해당된다.

예를 들어, 선지자직은 모세의 사역을 모델로 삼아 제정되었다(참조. 신 18:18). 선지자들은 하나님의 대변자들로서, 마치 아론이 모세의 대변자로서 그의 말을 전한 것처럼 하나님의 말씀을 전한다(참조. 출 4:12, 16). 더 나아가 선지자들은 백성들에게 모세를 통하여 수여된 하나님의 언약을 상기시켰다. 그들은 언약에 기록된 경고들과 약속들을 강화했다. 아울러 신실치 못한 이스라엘 백성에게 하나님의 '증거'를 강조하였다. 선지자 미가는 하나님께서 언약의 터에서 이스라엘과 논쟁하신다고 선포한다. 하나님께서 당신의 신실하심과, 이스라엘이 언약을 파기한 것을 증거하신다고 했다(미 6:1-5).

재앙에 대한 준엄한 예고는 이스라엘 백성이 언약을 지키지 않을 때 발생하리라고 예언된 결과이다. 그러나 선지자들은 하나님의 진노로 인한 멸망만 예언하고 그치지 않았다. 그들은 한결같이 진노 뒤에 있는 자비를 가리킨다. 신명기 30:1-10에서 우리는 언약 역사의 개관을 본다. 하나님이 약속하신 축복은 모두 성취될 것이다. 이스라엘 백성은 가나안 땅으로 들어갈 것이며, 그들의 원수들은 쫓겨날 것이다. 하나님은 친히 택하신 이스라엘 백성 가운데 당신의 성호를 두실 것이다. 그러나 이스라엘은 반역을 일삼을 것이며, 그 결과 언약에 따른 저주가 그들에게 임하게 될 것이다. 그 백성은 가나안 땅에서 유배지로 추방될 것이다. 하지만 축복과 저주가 지나간 후에는 하나님이 흩어진 백성을 다시 불러모으시고, 그들의 마음에 할례를 베푸사 마음과 뜻을 다하여 주님을 사랑하도록 하셔서 그들이 살게 만들어 주실 것이다.

이것이 구약전서를 구성하고 있는 골격이다. 약속된 복들은 성취된다. 이스라엘은 가나안으로 들어간다. 적국들은 여호수아와 사사들과 다윗 왕 앞에 굴복한다. 모든 사람이 포도나무와 무화과나무 아래에서 안식을 얻는다(참조. 왕상 4:25). 솔로몬은 성전을 봉헌하고, 하나님이 당신의 모든 언약을 성취하신 일을 찬송한다: "여호와를 찬송할지로다. 저가 무릇 허락하신 대로 그 백성 이스라엘에게 태평을 주셨으니 그 종 모세를 빙자하여 무릇 허락하신 그 선한 말씀이 하나도 이루지 않음이 없도다"(왕상 8:56).

그러나 이 영광스러운 산봉우리는 결국 벼랑 끝임이 드러난다. 솔로몬의 지혜는 이방인 아내들을 위해 우상의 신전들을 지음으로써 어리석게 된다. 그의 아들 르호보암은 훨씬 더 어리석게 행동한다. 왕국은 둘로 쪼개진다. 북쪽 지파들이 저지른 배교는 남쪽 유다에 의해서도 그대로 자행된다. 결국 둘 다 망하여 이스라엘은 앗수르로, 유다는 바벨론으로 포로로 끌려간다.

선지자들은 이런 슬픈 역사들을 기록하면서 슬픈 어조로 심판을 선언한다. 그럼에도 불구하고 그들은 신명기 30장의 청사진을 굳게 붙든다. 심판은 완전한 것도 최종적인 것도 아니다. 왜냐하면 하나님은 자비의 하나님이요 측량할 수 없는 은혜의 하나님이시기 때문이다. 하나님은 그의 백성을 모조리 멸하시지 않을 것이고, 따라서 남은 자가 보존될 것이다. 하나님은 그들을 영원히 멸망에 버려두시지 않을 것이고, 따라서 회복의 영광스러운 미래가 도래할 것이다. 복과 저주가 지나간 뒤에 올 '훗날'은 하나님께서 무너진 다윗의 장막을 일으키고, 주권적 은혜로 새 언약을 세우실 것이다(암 9:11, 12; 렘 31:31-34; 32:36-41).

어떻게 이러한 영광스러운 대단원이 패역한 백성들과 맺은 하나님의 언약 역사에 대해서 기록될 수 있는가? 그것은 하나님께서 친히 그 백성의 구원자가 되어 주시되, 단순히 원수들에게서 구원하실 뿐 아니라 그들 자신들에게서 구원해 주실 때에만 비로소 가능하다.

하나님께서 반드시 오셔야 한다. 왜냐하면 이스라엘의 처지가 워낙 절망적이어서 하나님 아니면 아무도 구원할 수 없기 때문이다. 에스겔은 포로로 잡혀간 백성에 대한 이상을 보고서 깜짝 놀란다. 그는 큰 골짜기에 서 있고, 그

골짜기는 마른 뼈가 가득한 죽음의 골짜기이다. 사방을 둘러보아도 온통 마른 뼈들뿐이다. 사람 모습을 갖춘 해골조차 없고, 모조리 흩어진 뼈들뿐이다. 오직 하나님의 신(神)께서만 이 뼈들에게 생명을 불어넣으시고 이 백성을 위해 무덤에서 부활을 일으키실 수 있다(겔 37:1-4).

하나님은 그의 백성을 압제자들에게서 구원해 낼 자가 아무도 없음을 아시며, 따라서 친히 의의 갑옷과 구원의 투구를 착용하실 것이다. 그리고서 친히 그들을 구원하시러 오실 것이다(사 59:15-21). 그 백성의 제사장들과 지도자들은 양들을 전혀 돌보지 않는 거짓 목자들이다. 그래서 하나님께서 오셔서 선한 목자가 되심으로 그의 양들을 구할 것이다(겔 34:1-16).

한편으로 볼 때, 하나님의 약속들은 너무나 위대해서 그것들을 이룰 수 있는 분은 하나님밖에 아무도 없다. 솔로몬은 이스라엘 백성이 소유한 땅에서 하나님이 그들에게 평화를 주심으로써 약속을 지키신 것을 감사하며 하나님을 찬양할 수 있었다. 그러나 이스라엘이 범죄하여 반역을 함으로써 다른 차원의 하나님의 약속들이 등장하게 된다. 하나님의 진노에 뒤이어 올 은혜는 가히 측량할 수 없는 것이다. 하나님은 포로 생활의 청산만 약속하시는 것이 아니라, 우주적인 복도 약속하신다. 자연에 미친 저주는 하나님께서 들과 숲을 축복하심으로써 제거될 것이다(사 43:18-21; 65:17). 피조물은 변형될 것이다. 태양은 더욱 큰 빛을 발할 것이며 동물들도 평안 가운데 거할 것이다. 물이 바다를 덮음같이 여호와를 아는 지식이 천지를 덮게 될 것이다(사 1:6-9; 60:19-22; 30:23-26). 회복된 이스라엘 백성들에게 열방의 남은 자들이 더해질 것이며(사 49:6; 19:19-25; 66:19-21), 온 땅이 여호와의 이름을 찬송하기 위해서 여호와의 산에 모여들 것이다(사 2:2-4; 25:6-8).

아담과 아브라함과 모세와 다윗에게 하신 모든 언약을 성취할 그 완전한 복들을 내리시기 위해서는 하나님이 그 백성을 그들의 죄에서 구속하셔야 한다. 이 일을 하나님은 하실 것이다. 친히 오실 때 그 백성들의 모든 원수들을 정복하실 뿐만 아니라(미 7:14-17), 그들의 죄악을 발로 밟으사 그들의 "모든 죄를 깊은 바다에" 던지실 것이기 때문이다(미 7:18-20).

하나님의 도래가 어떤 것이기에 그런 기이한 일들을 성취할 수 있는 것일까? 그것은 적대적인 세력들을 응징하는 도래임에 틀림없다. 하나님은 가난한 자들과 압박당하는 자들을 구하기 위해 싸우시는 용사이시기 때문이다(사 59:16-17). 그것은 흩어진 양들을 불러모아 자비롭게 인도하시기 위한 도래임에 틀림없다. 하나님은 자기 백성을 애굽에서 이끌어 내사 광야로 인도하실 때 그러셨듯이 자기 백성을 구속하시는 목자이시기 때문이다(겔 34:10-16; 사 40:3, 11). 아울러 그것은 하늘과 땅의 구조 자체를 새롭게 만드시는 재창조를 위한 도래임에 틀림없다(사 65:17). 하나님은 새 생명을 불어넣으시고 만물을 새롭게 만드시는 창조주이시다(겔 37:11-14).

하지만 그 신비는 더욱 깊이 흐른다. 약속이 서로 상충되는 것처럼 보이기 때문이다. 하나님의 구원은 심판 때, 주의 크고 두려운 날에 이루어질 것이다. 그럼에도 불구하고 그 날이 오기를 간구하는 자들은 자기들이 구하는 바의 실상을 모른다(말 3:2; 암 5:18-20). 하나님은 오실 것이다. 그러나 그가 나타나시면 누가 능히 서겠는가? 하나님은 자비하신 음성으로 "에브라임이여 내가 어찌 너를 놓겠느냐"고 말씀하시지만(호 11:8), 공의로우신 음성으로 죄악이 가득한 그의 백성들에게 진노를 선언하신다. 그들이 당신의 백성이 아니요(로암미) 긍휼히 여김을 받지 못하는 자들(로루하마)이라고 하신다(호 1:9, 6). 생명과 빛과 성결이 가득한 새 질서를 도래케 하기 위해 땅을 불로 사뤄 정결케 해야 한다면, 과연 누가 최후 심판의 두려운 불에서 살아남을 수 있을까? 여호와께로부터 발산될 그 두려운 영광의 불이 타락한 모든 죄인을 사뤄버릴 것이다.

그러한 패러독스가 광야에서 이스라엘 백성 앞에 놓였을 때, 하나님은 그 해결책을 예시하여 주셨다. 하나님은 지극히 거룩하시므로 죄를 지은 이스라엘 백성 가운데 거하실 수가 없다. 그들 가운데 거하시면 순식간에 그들을 소멸해 버리실 수밖에 없다(참조. 출 33:5). 그렇다면 하나님께서 그들 가운데 거하지 않으셔야 할까? 그들과 거리를 두고 거하시면서 진 밖에서 모세를 만나셔야 할까(출 33:7-11)? 하나님은 천사들을 통해서 그들보다 앞서 가셔서 이스라엘의 원수들을 몰아내신 뒤, 그들 가운데 거하시지 않은 채 그들에게 그 땅을 주실 수 있었다(출 33:1-3). 하지만 모세는 그런 시나리오대로라면 진정한 구원은 사라진다는 것을 제대로 간파했다. "주께서 친히 가시지 아니하시려거든 우리를 이곳에서 올려 보내지 마옵소서"(출 33:15). 모세는 바른 기도를 올렸다. "주의 영광을 내게 보이소서"(출 33:18). 살아 계신 하나님과의 교통이 참된 구원의 의미인 것이다.

구원은 여호와께 있고 여호와께 속한 것이다. 우리가 구원을 소유할 수 있는 길은 여호와를 우리의 기업으로 삼고, 우리가 하나님의 기업이 되고, 하나님께서 우리를 아신 대로 우리를 아는 것뿐이다(출 34:9). 하나님이 우리 가운데 오셔서 우리 가운데 거하시면서, 당신의 거룩한 이름에 담긴 영광의 빛과 구원의 능력을 나타내셔야 한다. 하나님은 상징적인 방법으로 그것을 모세에게 보여 주셨다. 절대 주권적 은혜의 하나님으로 당신의 성호를 모세에게 선포하셨다(출 33:19; 34:6-7). 그리고 경고하셨던 그 일을 집행하지 않으셨다. 진 밖에 회막을 지으시려던 계획을 취소하고 진 가운데 회막을 지으셨다. 오히려 하나님은 이스라엘 가운데 상징적인 방법으로 거하셨다. 성막과 그 안의 기구들은 여호와의 임재가 갖는 신성한 위협을 알리는 구실을 하는 동시에, 죄인들이 피 흘림과 제사장의 중보 사역을 통해 하나님께 나아갈 수 있는 길이 되어 주었다.

이스라엘의 삶은 그 상징을 중심으로 구축되었다. 그러나 그 상징이 의도한 실재는 무엇인가? 선지자 에스겔은 이상을 통해 성전을 바라본다. 그 성전에는 생명수 샘이 있고, 거기서 넘쳐 흐르는 생명수가 새 에덴이 되는 땅을 적신다. 성전에서 흘러나온 물로 이룬 강가에는 다시 생명나무가 자라고, 그 실과가 열방을 치유한다(겔 47장). 그러나 하나님이 오실 때 무슨 제사를 드려야 할 것인가? 그분이 오실 때, 다시 말해서 이제는 구름 기둥이라는 상징을 통해 오시지 않고 실제로 오실 때, 과연 어떤 거처가 그분이 거하실 만한 곳이 되겠는가?

그리고 하나님의 언약의 성취는 어떠한가? 만일 하나님이 오시면 이스라엘 백성은 어떻게 그분을 만나러 나올 수 있을까? 누가 과연 깨끗한 손과 정결한 마음을 가지고 여호와의 전에 들어갈 것인가(시편 24장)? 하나님은 언약의 하나님인데, 언약의 종은 또 무엇인가?

하나님은 철저히 공의로우시다. 그분의 요구 조건은 절대로 타협의 대상이 되지 않는다. 따라서 하나님이 주(主)로서, 심지어 전사(戰士)와 목자와 창조주로서만 오셔서는 안 된다. 하나님은 구원을 이루시기 위해서 당신이 언약에 관해 주(主)의 역할뿐 아니라 종의 역할까지도 성취하셔야 한다고 약속하셨다.

성막은 희생 제단을 통하여 하나님께 접근하는 방법을 예표했다. 하지만 황소와 수염소의 피가 죄를 구속할 수는 없다. 최종적이고 진정한 제물은 양이 아니라 아버지의 품에 계시는 독생자이셔야 한다. 유월절에 장자들에게 가해졌던 위협은 이삭이 대표했던 언약의 씨에게 집행되어야 한다. 아브라함이 사랑한 그 아들이 언약의 씨였지만, 그가 예표한 진정한 씨는 하나님의 아들이시다. 그 언약은 '여호와 이레'이다. 하나님께서 친히 세상 죄를 지고 가는 하나님의 어린양이기도 한 아드님을 예비하셔야 한다(참조. 창 22장).

선지자들은 하나님의 오심을 약속할 때 하나님의 기름부음을 받은 분이 반드시 와야 한다는 사실을 하나님의 신의 감동을 받아 깨달았다. 하나님이 목자이시라면 다윗의 자손, 즉 하나님의 종도 목자이시다(겔 34:23). 여호와의 종이 오실 때 그분은 이스라엘의 역할을 성취하실 것이다(사 49:3). 아울러 이스라엘의 잃어버린 양들을 불러모으시고, 이스라엘의 남은 자들을 회복시키시고, 이방인들의 빛이 되시고, 하나님의 구원을 땅 끝까지 전하실 것이다(사 49:6).

메시야의 이름은 "기묘자라, 모사라, 전능하신 하나님이라, 영존하시는 아버지라, 평강의 왕이라" 할 것이다(사 9:6). 다윗의 집은 하나님의 집이 될 것이다. 비밀이 드러나면서 하나님께서 친히 인간 육체라는 장막 가운데 오시기 때문이다. 주께서 반드시 오셔야 하며, 그 종께서 반드시 오셔야 한다. 주이신 동시에 종이신 예수 그리스도가 오신다. 그분은 임마누엘이시다. 우리와 함께 거하시는 하나님이시다!

그렇다면 구약성경은 그 골격 자체가 하나님의 언약에 의해 형성되어 있는 셈이다. 즉, 에덴 동산에서 하나님이 아담과 하와에게 주신 언약(창 3:15), 아브라함에게 주신 언약(창 12:1-3), 이스라엘에게 주신 언약(신 30:6), 다윗에게 주신 언약(삼하 7:12-16)이 구약성경의 골격을 이룬다. 이 언약들은 단순히 일화이거나 우발적인 계시가 아니다. 조금씩 드러나던 하나님의 구속 계획을 알리는 표지들이다. 여자의 후손과 아브라함의 씨에 대한 언약은 모세 오경에 주어졌으며, 이 두 언약이 이스라엘 백성을 부르신 배경이자 목적이 된다. 이 언약들이 없다면 이스라엘을 통해 열방이 복을 받으리라는 전망은 시야에서 사라지게 될 것이다. 이스라엘 백성은 창세기 12장에서 아브라함을 부르신 기사를 읽기 전에, 창세기 10장에 기록된 열방의 계보를 읽어야 한다. 자신들의 소명을 하나님이 열방을 위해 품으신 목적과 장차 올 씨에 대한 하나님의 약속에 비추어서 이해해야 한다.

그렇기 때문에 이스라엘의 남은 자들과 열방의 남은 자들이 함께 복을 받게 된다는 주제(예를 들면, 사 19:19-25)는 보다 사해동포적 성향을 지닌 선지자들에 의해 덧붙은 이질적인 것이 아니다. 그것은 하나님께서 원래 자기 백성을 부르실 때 지니셨던 목적과, 친히 오셔서 하나님의 백성을 새롭게 형성하시리라는 이상을 재천명하는 것이다.

구약성경이 그리스도께 초점을 맞춘 것은 단지 구약 계시가 결국 그리스도께로 이어지는 역사의 틀 안에서 주어진다는 사실에서 비롯된 것이 아니다. 보다 구체적으로 말하자면, 그리스도께로 이어지는 역사는 사건들이 무작위로 연결되는 역사가 아니다. 아울러 단순히 하나님께서 섭리적 통재(統宰)로써 당신의 주권적 목적을 이루어 가시는 역사인 것도 아니다. 오히려 그것은 하나님이 친히 개입하시는 역사이다. 아드님 안에서 친히 오시기 위해서 준비하시는, 위대한 구원 사역이 펼쳐지는 역사이다.

하나님의 아들이 세상에 오신 것은 때늦은 방편도 아니고, 선택한 민족의 배교라는 예기치 못했던 재앙을 해결하기 위해 당황하여 만든 응급적인 계획도 아니다. 마치 이스라엘 백성이 순종했더라면 구주께서 성육신하실 필요가 없었을 것이라는 식으로, 이스라엘 백성이 실패했기 때문에 불가피하게 그리스도께서 오셨다는 생각은 사실과 크게 다르다.

사실 구약의 이야기는 여호와 하나님의 이야기이다. 그분이 하신 일과 하시려는 일을 말해주는, 하나님께 관한 이야기이다. 구약성경의 내용은 전기들이나 민족의 역사가 아니다. 하나님께서 하신 일을 전하는 이야기이지, 사람들의 일을 전하는 이야기가 아니다. 물론 구약은 하나님이 사람들과 맺으신 언약이란 측면에서는 사람들에 관해서도 말하고 있다. 구원은 하나님께 속한 것이지 사람에게 속한 것이 아니므로, 구약성경의 쟁점은 언제나 '믿음'이다. 히브리서의 저자가 분명히 말하듯이, 구약의 용사들은 믿음의 사람들이었다. 그들은 하나님을 신뢰하고, 언약들을 믿고, 하나님이 경영하시고 지으실 터가 있는 성을 바라본다(히 11:10).

2. 예표론(typology)과 성취

이렇게 하나님 중심적이고 그리스도 중심적인 구약 계시의 본질이 신약성경이 구약성경을 예표론적으로 해석하는 기반과 근거를 제공한다. 만약 하나님께서 아드님을 세상에 보내시기 전에 구속 사역을 시작하시지 않았다면 마르키온(**Marcion**)의 구약성경에 대한 견해가 옳을 것이다(마르키온은 구약의 하나님을 복수의 신으로 간주하여 배격하고 사랑의 하나님이신 신약의 하나님만을 인정했다—역자주). 만약 그랬다면 이스라엘의 종교도 세상의 다른 거짓 종교들 가운데 하나가 되었을 것이고, 구약성경의 여호와 하나님도 단순한 부족 신이 되시고, 그분께 대한 경배도 우상 숭배가 되었을 것이다.

반대로, 만약 구약에 기록된 하나님의 일이 계속되고 그리스도의 오심으로 전환되지 않는다면, 새 것이 옛 것에 종속될 것이다. 랍비들은 구약성경을 해석할 때 그 본문들을 현실 생활에 적용하기 위해 큰 열정을 쏟았다. 하지만 그들은 예수께서 가져오신 변화를 깨닫지 못했다. 왜냐하면 그들은 옛 언약이 새 언약의 권능과 영광을 기대함으로써 분명히 드러낸 부분적이고 잠정적이고 일시적인 성격을 이해하지 못했기 때문이다(참조. 마 22:29; 렘 31:31-34; 히 1:1, 2).

예표론은 하나님의 계획에 기반을 둔다. 그것은 하나님의 구속 사역의 연속성과 차이점에서 흘러나온다. 하나님의 구속 사역에는 연속성이 있다. 왜냐하면 하나님이 아드님을 내어 주시기 오래 전부터 구속 사역을 시작하셨기 때문이다. 그럼에도 불구하고 불연속성도 있다. 그리스도께서 이루신 구원은 단순히 구약 시대의 구원을 진전시킨 것이 아니다. 그것은 단지 하나님이 자기 백성을 대해오신 최종적인 국면이 아니다. 오히려 예수 그리스도의 구원은 구약 시대에 대해서도 구원의 기초이다. 하나님은 이스라엘을 부르실 때 예수 그리스도가 오실 것을 전제로 하고서 부르셨다. 그리스도 안에 있는 구원만이 참된 구원이다. 그것만이 궁극적이요 영원한 의미를 부여하는 참된 구원이다. 아브라함이 구원에 동참할 수 있었던 이유는 믿음으로 말미암아 그리스도의 날을 보고 기뻐하였기 때문이다(참조. 요 8:56; 롬 4:3). 옛 언약을 생각할 때는 반드시 그 안에서 새 언약의 필요성을 바라보아야 한다. 실제로 이것이 선지서뿐 아니라 지혜문학이 전하는 메시지이다.

이렇게 참되고 완전한 구원이 오직 그리스도께 있다고 한다면, 하나님은 어떤 의미에서 그리스도 이전에 구원의 역사를 시작하실 수 있으셨는가? 당연히 최후 사역을 예상하심으로써 그렇게 하실 수 있었다. 그 예상은 하나님께서 장차 그리스도께서 행하실 사역을 매체로 사람들과 구원의 관계를 맺으실 때 발생한다. 하나님의 작정은 확실한 것이기 때문에, 하나님은 그리스도의 사역을 처음부터 이미 완료된 것으로 간주하신다. 그리스도는 태초부터 죽음 당하신 어린양이시다(계 13:8, NIV; 엡 1:4).

그러나 하나님은 사람들이 믿음에 힘입어 당신과 관계를 맺게 되기를 기뻐하신다. 하나님은 사람들이 오직 당신께서만 구원하실 수 있음을 깨닫기를 바라신다. 사람들이 당신을 철저히 신뢰하고서 완전히 헌신할 것을 요구하신다. 하나님은 사람들에게 믿음을 가르치기 위하여 최종적이며 궁극적인 구원의 모형(model)을 준비하셨다. 그 모형은 하나님만이 구주이심을 보여 주어야만 한다. 아울러 그것은 하나님을 섬기지 않고 그분과 무관한 형상을 섬기게 하는 왜곡된 신앙을 피해야만 한다.

모범(model), 형상(image) 또는 상징(symbol)의 용례는 당시에는 아직 계시할 수 없는 충분한 의미를 예표하기 위한 하나님의 계획의 일부이다. 소와 염소의 피가 죄를 속할 수 없는 노릇이다(히 10:4). 그러나 희생 제물의 피는 상징적 의미(significance)을 전달할 수 있다. 그것은 제물 이면에 감춰어 있는 그리스도의 구속적 희생의 실재를 가리키는 상징과 예표의 역할을 할 수 있다.

그러나 상징의 기능에는 한계가 있다. 성막이 이 점을 뚜렷하게 보여준다. 광야에서 지성소는 하나님이 자기 백성 가운데 거하신다는 것을 상징한다. 이 상징은 화려한 건축과 장식으로 정교하게 치장된 종합적인 모형으로 발전된다. 하나님의 보좌 자체가 '속죄소'(mercy seat, 출 25:17), 즉 금으로 만든 언약궤 덮개로써 상징된다. 속죄소 위에 금으로 세운 그룹들은 보좌를 지키는 천상적인 존재들을 상징한다. 하지만 하나님이 당신의 거주의 모형으로 삼으신 이곳에는 본뜰 수 없는 것이 있다. 보좌가 있어야 할 자리인 언약궤 위가 텅 비어 있는 것이다. 하나님이 좌정하여 계시는 그 자리에는 어떤 형상도 서 있을 수 없다(신 4:15-24). 이 말은 하나님의 형상이 있을 수 없다는 뜻이 아니다. 하나님께서 사람을 당신의 형상대로 지으셨기 때문이다(창 1:27). 그것보다는, 이스라엘 백성의 예배처 한 가운데에 아무런 형상도 없다는 사실은 이스라엘이 하나님을 상징한 어떤 것을 예배하는 것이 아니라, 자기 백성을 구속하시고 그들을 자신에게 이끄시며(출 19:3), 그로써 그 백성이 당신 앞에 설 수 있게 해주시고(출 19:17; 20:3), 친히 그들 가운데 거하시는(출 34:9; 참조, 33:3, 4, 5), 사시고 참되신 하나님 당신만을 예배한다는 것을 보여준다

속죄소는 "보이지 아니하시는 하나님의 형상"(골 1:15)이시며, "그 안에는 신성의 모든 충만이 육체로" 거하시는(골 2:9) 예수 그리스도를 위해 마련된 하나님의 보좌를 상징한다. 신인(神人)이요 성육신하신 주님은 단지 하나님의 임재를 나타내는 상징도, 하나님을 상징하는 형상도 아니다. 당신 자신이 주(主) 곧 삼위일체 하나님의 제2위격이시다. "나를 본 자는 아버지를 보았느니라"(요 14:9).

그룹들 사이에 있는 빈 곳에서 하나님은 이스라엘이 볼 수 없는 어두움 속에 임재하시지만, 그들 가운데 거하신다. 상징의 금 날개들이 상징적이지 않은 하나님의 실재적 임재를 두른다. 상징과 실재는 밀접하게 연결되어 있지만, 서로 동일하지는 않다. 그리스도께서 오셨을 때 실재가 왔다. 이제는 볼 수 있도록 나타난 그분의 임재 안에서 하나님을 예배할 수 있었다. "태초부터 있는 생명의 말씀에 관하여는 우리가 들은 바요 눈으로 본 바요 주목하고 우리 손으로 만진 바라"(요일 1:1). "말씀이 육신이 되어 우리 가운데 거하시매 우리가 그 영광을 보니 아버지의 독생자의 영광이요 은혜와 진리가 충만하더라"(요 1:14).

성육신하신 주님은 하나님의 임재에 대한 단순한 상징이 아니라, 친히 우리 가운데 나타나신 하나님이시기 때문에 성막의 모든 상징이 그분을 가리키며, 그분 안에서 성취된다. 이런 이유 때문에 예수님은 사마리아 여인에게 이렇게 말씀하실 수 있었다. "여자여 내 말을 믿으라. 이 산에서도 말고 예루살렘에서도 말고 너희가 아버지께 예배할 때가 이르리라 …… 아버지께 참으로 예배하

는 자들은 신령과 진정으로 예배할 때가 오나니 곧 이 때라"(요 4:21, 23).

사마리아인들은 그리심 산에서 하나님께 예배드릴 수 있다고 믿었다. 예수님이 그 여인과 대화를 나누실 때 저 너머에 그 산이 솟아 있었다. 하지만 사마리아 사람들의 생각은 잘못된 것이었다. 예수님은 그 자리에서 구원이 유대인에게서 나온다고 말씀하신 것이다(22절). 예루살렘은 하나님께서 당신의 이름을 두신 곳이다. 그러나 예수님은 그리심 산도 예루살렘도 모두 예배 장소에서 제외시키신다. 어떻게 이런 선언을 하실 수 있는가? 단지 하나님이 영이시라는 근거로 이 말씀을 하신 것은 아니다. 하나님이 영이시므로 한 장소에 국한될 수 없다는 이유만으로 어느 한 곳에서 하나님을 예배할 수 없다고 말씀하시는 것이 아니다. 만약 그것이 예수님의 의도였다면 예루살렘이 더 이상 예배드리는 장소가 아닐 때가 온다는 말씀을 하실 필요가 없었을 것이다(하나님은 언제나 영이시다!). 장차 올 그 때란 예수께서 죽으시고 부활하실 때이다(요 2:4; 17:1; 16:32; 5:25, 28; 11:25). 땅의 제사 처소는 참되고 완전한 제사가 드려질 때 당연히 그 의미를 잃게 된다. 예수님은 참된 성전으로 오셨다(요 1:14). 그분은 "너희가 이 성전을 헐라. 내가 사흘 동안에 일으키리라"고 말씀하셨다(요 2:19).

예수님은 그 여인에게 '성전 없는' 예배를 명하신 것이 아니라 진리로 예배할 것을 명하셨다(요 4:24). 예수님은 진리요 참된 성전이시며, 그분이 주시는 성령은 예배를 드릴 때 반드시 그 안에서 드려야 하는 영생을 솟아내는 생수이시다(요 4:14). 그러므로 그 여인은 예수님을 통해서 아버지께 나와야 한다 — "네게 말하는 내가 그로라"(요 4:26). 아버지는 예수 안에서 참되게 경배하는 자들을 찾으시는데, 야곱의 우물가에 있는 가련한 한 사마리아 여인에게서도 그런 모습을 찾으신다.

그러므로 하나님이 당신의 백성 가운데 거하시는 것의 실재와 상징은 예수님 안에서 성취된다. 신약성경이 예표를 어떻게 이해했는가를 파악하는 열쇠는 예수 그리스도 안에서 그것이 성취된다는 의미에서 발견할 수 있다. 레온하르트 고펠트(Leonhard Goppelt)는 신약성경에서 '튀포스'라는 단어가 갖는 독특한 의미를 지적했다.[2] 그 의미는 로마서 5:14에서 바울이 아담을 장차 오실 자의 '튀포스'(표상)로 말한 데서 분명히 나타난다. 그리스도는 하늘에서 오신 분이다(고전 15:47). 그분은 새 인류의 머리이실 뿐 아니라, 사람 안에 있는 하나님의 형상의 실현이시다(히 2:6-9). 그리스도는 아담과 같다는 의미에서 또 한 사람의 아담이 아니시다. 아울러 마치 첫째 아담으로 시작한 역사 주기와 비교할 만한 또 다른 주기가 있는 것처럼 또 다른 인류의 시작이 되신다는 의미에서 둘째 아담이신 것도 아니다. 오히려 그리스도는 그 자신이 하나님의 완전한 형상이시다. 그분이 창조된 인간 본성의 의미이시다. 창조된 인간이 갖는 '아들'로서의 지위가 오로지 신인(神人) 안에서 완전하고 영광스럽게 나타난다. 신약성경이 정의하는 예표(type)는 단순히 종말론적인 차원의 탁월한 영광도 아니고, 심지어 옛 언약의 형태가 새롭게 되면서 생기는 변형도 아니다. 신약성경이 이해한 '예표'의 핵심은 신약성경의 기독론에 자리잡고 있다. 오직 신적인 구주이신 그리스도 안에서 전혀 새로운 차원을 여는 초월적이고 변화를 일으키는 성취를 발견할 수 있다. 요한복음에 나타난 그 차원은 '참'인데, 거짓과 대조해서 참이라는 것이 아니라(비록 요한은 대조도 하고 있긴 하지만), 그림자와 약속과 예상과 대조해서 참이라는 뜻이다. 예수는 참 포도나무요(요 15:1), 하나님의 참 아들이요, 참 이스라엘이요(사 49:3; 롬 15:8), 하늘로서 온 떡이다(요 6:32, 33). 그 안에서 실재가 나타나며, 그 안에서 그 백성에게 생명이 부여된다.

그러므로 구약 역사의 예표론적 기능은 위대한 몇몇 상징적인 사건들, 예를 들면 하나님이 죽음의 바다를 갈라 길을 내시고 그 백성으로 하여금 그리고 지나가게 하신 출애굽 사건이나 가나안 땅을 그 백성에게 기업으로 주신 사건 같은 큰 사건들에 국한되지 않는다. 오히려 그리스도가 오시기 전에 진행된 구속사는 그 전체가 상징적인 차원을 갖는다. 하나님은 당신의 백성을 구원하시고 인도하시고 복주시고 징계하신다. 그럼에도 불구하고 하나님의 온전하고 최종적인 구원이 아직 도래하지 않았기 때문에, 그분이 당신의 백성을 대하시는 일들은 언제나 예기적인 것들이다.

가나안 땅은 하나님의 최종 언약이 가리키는 새로운 창조가 아니다. 이스라엘이 아말렉 족속과 가나안 부족들에 대해 거둔 승리는 사단과 흑암의 권세자들에 거둔 승리가 아니며, 포도나무의 열매는 성령의 얼매가 아니다. 하나님께서 당신의 백성을 살아 있는 교제로써 묶으시기 때문에, 그들의 구원은 단순히 그림자나 버려질 껍데기가 아니다. 아브라함은 믿음으로 주님을 알고, 현세적 복에 대한 약속 너머에 있는 실재를 파악했다. 하지만 구약 성도들의 신앙은 그들이 땅에서 나그네로 살았던 역사를 이해하고 해석할 수 있는 열쇠를 준다(히 11:13-16). 그들은 약속이 이삭에게서가 아닌 그리스도에게서 성취되기까지 안식하지도 않았고 안식을 얻을 수도 없었다(히 4:8, 9).

신약성경은 구약성경의 모든 예표적 상징들이 그리스도 안에서 성취되었다고 선포한다. 그 성취는 예표보다 크다. 솔로몬보다 위대하고(마 12:42), 요나보다 위대하고(마 12:41), 성전보다 크신 분(요 2:19-21)이 오신 것이다. 다윗의 자손은 다윗보다 크시다. 그러므로 다윗이 자신의 후손을 주(主)라고 부르는 것이다(마 22:41-46). 하지만 앞에서도 보았듯이 예수님은 단지 상대적인 차원이 아니라 초월적인 차원에서 더 크신 분이다. 선지자 중에 가장 큰 자인 요한은 물로 세례를 주었지만, 예수님은 성령으로 세례를 주신다(마 3:11-12). 유월절의 상징에서는 백성이 어린양을 선정했지만, 예수님은 세상 죄를 지고 가시는 하나님의 어린양이시다(요 1:29).

구속사의 흐름과 또 예수 그리스도 안에서 성취된 구속사의 절정에 근거하여 신약성경이 예표를 사용한 근거를 다음과 같은 도표로 표시했다.

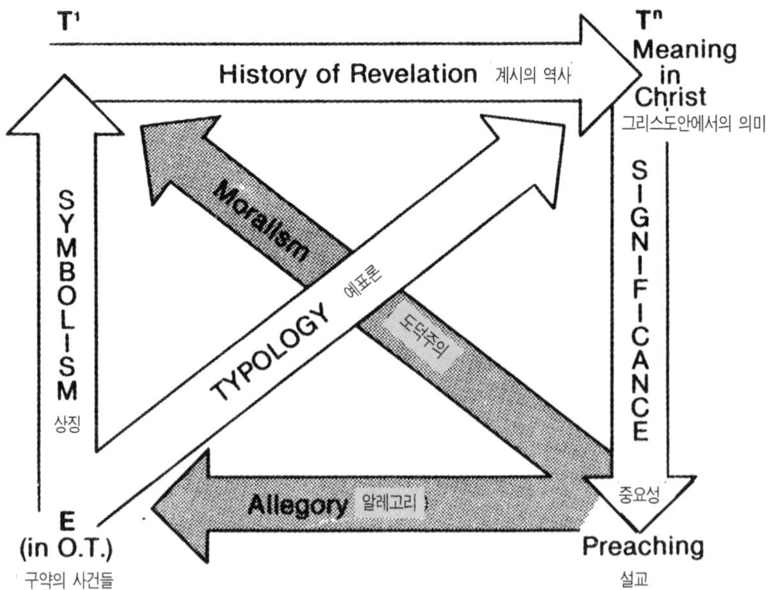

만일 그리스도께 이어지는 수평선으로 구속의 역사를 표현한다면, 하나님의 계시에 관한 모든 진리는 그리스도 안에서 그 의미가 성취된다고 생각할 수 있다. 진리가 구속사의 다른 시기에 비해 어느 한 시기에 더욱 강조되는 일이 있을 수 있어도, 진리가 말살되거나 망각되는 시기는 없다. 구약의 상징적인 것들의 의미는 상징되는 개념이다. 성경의 문맥에서 그 개념은 입증되거나 부인된다. 그것은 어떤 진술이 이루어지는 방식으로 다른 개념들과 연관된다. 진리란 표현되게 마련이다. 그러므로 구약의 사건이나 예식, 혹은 선지자와 제사장과 왕의 행위는 구속사의 특정 시점에 계시되는 진리를 가리키는 상징으로 볼 수 있다(첫 능력에 대한 진리-T^i). 우리는 이 진리가 예수 그리스도를 향하여 계속 옮겨진다는 사실을 확신할 수 있을 것이다('영원한' 능력에 대한 진리-T^n). 그러므로 우리는 일련의 사건과 예식 혹은 행동을 그리스도 안에서 그들의 완전한 모습이 드러나도록 그 진리와 곧장 연결시킬 수 있다. 이것은 직각삼각형의 빗면을 형성하는데, 이것이 바로 예표론이라는 선이다. 만일 구약의 한 사건이나 또는 사람에게 일어난 것의 상징을 잘 파악하지 못한다면, 또는 그 상징이 존재하지 않는다면 예표론의 빗면은 그어질 수가 없다. 뿐만 아니라 사건은 구약에서 발생한 당시의 상징적 역학을 다르게 형성한다는 측면에서 하나의 표상이 될 수 없다.

예를 들어, 출애굽 사건은 상징적인 요소를 분명히 담고 있기 때문에 구약의 그 시대에 발생할 사건에서 그것의 상징적인 의미를 파악함으로 그 사건 특유의 의미를 발견하는 것이다. 그것은 다른 주권자의 손아귀에서부터 그의 백성들을 구원해 내시어 하나님을 자유롭게 자신들의 유일한 주와 구주로 예배하고 섬길 수 있도록 해주신 하나님의 구원을 상징한다(출 4:22-23). 더욱이 그들의 구원은 인간적으로 볼 때 도저히 불가능한 상황에서 오로지 하나님께서 행하신 사역이다. 유월절 의식과 구름의 표상을 포함한 구체적인 상징들에는 훨씬 더 많은 것들이 포함되어 있다. 그러나 구원의 두드러진 특징은 그것이 죽음으로부터의 구원일 뿐 아니라 죽음을 통해서 이루어진 구원이라는 것이다. 바로의 전차들이 이스라엘 백성의 배후에서 그들을 죽음으로 위협하듯이, 홍해의 물도 그들을 죽음으로 위협한다. 더욱이 구약성경에서 바다의 깊이는 심연(深淵)으로서, 무덤과 동의어이다(참조. 욘 2장). 이스라엘은 바로 그런 깊은 곳을 통과하여 바로의 지배에서 구원을 받았다.

누가가 기록한 예수님의 변형 기사를 보면 장차 예수께서 예루살렘에서 성취하실 당신의 '출애굽'에 관해 모세가 예수님과 대화를 나눈 일을 알게 된다(눅 9:31). 사단의 지배에서 하나님의 아들들의 자유로 이끌어내는 구원의 진리는 그리스도 안에서 온전히 성취된다. 그리스도께서 행하신 기적들도 실은 표적들이었지만, 심판의 기적들일 뿐 아니라 축복의 기적들이었다는 점에서도 모세의 기적들과 다르다. 그리스도의 기적들은 그 행하신 분이 주님이시라는 것을 직접 가리키고, 따라서 모세의 구원이 상징한 약속들의 실현을 가리키는 표적들이라는 점에서도 다르다. 모세는 바로와 대결했고, 여호와께서 그에게 주신 표적들은 바로의 제사장들이 일으킨 마술을 압도했다(출 7:12).

그러나 예수님은 사단과 대결하시고, 그 '강한 자'를 결박하셨기 때문에 그에게 포로로 잡혔던 자들을 구원하실 수 있다(눅 11:19-22; 마 12:27-29). 주님은 귀신들을 쫓아내셨을 뿐 아니라 사단에 의하여 압박당하는 자들을 구원해 주신다. 죄를 용서하시며 흑암의 나라로부터 광명의 왕국으로 모두를 불러들이신다(막 2:5-11; 골 1:12-13).

예수님은 자신의 죽음과 부활로 말미암아 그의 '출애굽'을 성취하신다. 우리를 위하여 죽음의 물을 통과하신다. 또한 우리로 하여금 모세의 노래를 부를 수 있게 하시며 그를 신뢰하는 모든 자에게 이미 주신 부활의 기쁨을 체험하게 함으로써 어린양의 노래를 부르게 하신다(벧전 1:3-5; 계 15:3; 출 15:2; 시 118:14; 사 12:1-2).

출애굽 사건을 정치적 해방의 실례로 설교한다면 그것은 분명히 하나님이 이스라엘을 구원하신다는 언약의 골격을 제대로 이해하지 못한 소치이다. 하나님은 이스라엘 백성에게서 멍에를 벗겨 주심으로써 자유의 몸으로 가도록 하실 뿐 아니라(레 26:13) 이스라엘을 바로를 섬기는 일로부터 자유케 하시어 그들로 하나님을 섬기게 하셨다(출 4:23). 하나님은 애굽에서 그들을 불러내시고 독수리 날개로 업어 자기에게로 인도하셨다(출 19:4). 그렇지만 시내 산과 시온성으로 불러내신 하나님의 구원에 대한 인식은 우리로 하여금 출애굽의 완전한 의미를 전파하기에는 준비가 부족하다. 우리는 출애굽 사건에 미리 나타난 그리스도의 구원의 실재를 깨달아야 한다. 오로지 그리스도께서 이루신 성취 안에서만 출애굽 사건은 우리에게 중대한 의미를 부여해 준다.

그러므로 그리스도 안에서 완성되고 계시된 진리의 의미(meaning)에서부터 우리가 깨닫는 진리의 중요성(significance)에 이르는 선을 그음으로써 도표를 완성해야 한다. 이것은 도표에 있는 다른 두 개의 선이 불합리하다는 것을 뜻한다. 출애굽 사건이 상징한 진리를 고찰하지 않은 채 우리의 상황에서 곧장 출애굽 사건으로 돌아가 살피는 우를 범해서는 안 된다. 이런 일은 때때로 알레고리적(풍유적) 해석 때문에 생긴다. 알레고리적 해석은 구약의 모든 사건들을 설교자가 그 속에서 찾기 위해 선정하는 의미를 예시하기 위한 상징들로 만든다(이러한 잘못된 해석은 도표 아래쪽 수평선이 지적해 준다). 설교자가 알레고리 해석을 받아들이게 되면 모세의 표적에 관한 기사를 읽고서 뱀으로 변한 지팡이를 권위 남용에 대한 경고로, 혹은 미덕이 악덕이 된 사례로 해석할 수 있다. 그러한 설교자는 성경의 제약을 전혀 받지 않은 채 자유롭게 해석한다.

이보다는 덜 두드러지는 성격 해석상의 실패는 윤리적 해석이다(이것은 도표에서 구약의 어느 한 시점에 특별히 계시된 진리로 돌아가는 화살표에 의해서 표시된다). 윤리에 초점을 맞춰 성경을 해석하는 설교자는 자신의 상상에 부합하는 본문에서 어떤 요소를 임의로 해석하지 않는다. 원래 주어진 그 당시의 상황에서 본문이 가지는 의미가 무엇인지를 생각하려고 애쓴다. 회중을 위하여 이 진리가 그들의 삶과 경험에 어떤 중요한 의미를 가지고 있는지를 해석한다. 하지만 이 진리가 그리스도 안에서 어떻게 그 완전한 의미가 부각되는지를 보여주는 데는 완전히 실패한다. 그 진리가 오직 그리스도 안에서만 참된 의미가 살아난다는 것을 증거하는 데는 실패할 수밖에 없는 것이다.[3]

윤리적 성경 해석은 때때로 오직 본문이 말하는 내용을, 그리고 본문이 말하는 모든 내용을 더하지도 않고 감하지도 않은 채 전하는 순수하고 간편한 해석 방법으로 옹호되었다. 그러나 구약성경에서 언약의 차원에 무지하다면 그것도 구약성경을 완전히 잘못 해석하는 것이다. 그것은 성경의 주된 저자이신 성령의 메시지를 망각하는 행위이다. 구약성경의 성령은 인간 저자들을 감화하시어 그리스도의 고난과 그것에 뒤이을 그리스도의 영광을 증거케 하신 그리스도의 영이시다(벧전 1:11)(성경 해석에서 의미⟨meaning⟩와 중요성

〈significance〉에 관한 보다 자세한 논의는 헨드릭 크라벤담의 '해석학과 설교'라는 장을 참조하라).

자유주의 신학은 기껏해야 출애굽의 구원 사건을 윤리적으로 밖에 해석하지 못한다. 구속사에 나타나는 출애굽의 중요성을 평가하는 데 실패한다. 사실상 자유주의 신학은 정통 신학의 해석을 '정치가 하나님이 세상에서 하시는 사역'임을 인정하지 않는 영적·개인 경건적 해석으로 폄하한다. 경건주의는 신앙을 개인주의로 만들고, 출애굽 사건이 상징하는 하나님 백성에 대한 집단적 관점을 무시하는 잘못을 범했다. 하지만 경건주의는 자유주의와는 달리 복음과 예수 그리스도의 중심성을 인정하고, 그분 안에서 우리의 출애굽이 성취된다는 것을 인정한다.

3. 그리스도를 전하는 설교는 구약성경의 중요성을 인정한다.

구약성경을 언약의 골격에 비추어 해석하고, 그 언약이 예수 그리스도 안에서 성취된 것으로 볼 때, 구약성경의 중요성은 신학적 깊이와 실천적 힘을 가지고 설교할 수 있다. 그리스도를 중심 삼지 않은 설교는 구약 계시의 깊은 차원을 놓치게 마련이다. 계시의 진정한 중요성이 놓여 있는 곳은 바로 이 차원이다.

그리스도를 참조하지 않으면 구약성경의 언약 법은 율법주의가 된다. 설교자는 십계명을 가지고 연속 강해를 할 수 있다. 그는 개혁주의 신조들을 인정하기 때문에 웨스트민스터 대요리문답이나 하이델베르크 요리문답을 사용하여 생각을 발전시킨다. 가령 그가 제7계명에 관해 설교한다고 가정해 보자. 그의 설교는 두 부분으로 구성된다. 첫째는 그 계명이 금하는 것이 무엇인가 하는 것이고, 둘째는 그 계명이 요구하는 것이 무엇인가 하는 것이다. 그는 정욕이 표출하는 악들을 아주 훌륭하게 죽 나열한다. 아울러 그런 죄를 이기는 정절의 덕을 소개한다. 그리고 나서 하나님의 율법에 순종할 마음이 있는 사람들을 향해서 경고를 던지고 회개하라고 요구하고 생활을 고치라고 말함으로써 설교를 끝낸다.

의심할 여지없이 그 설교자는 경고를 할 때 성경에 나타난 예들(다윗과 밧

세바)과 현실 생활의 예들로써 힘을 실을 것이다. 적극적인 면에서 그는 게으르게 살 때 생기기 쉬운 정욕의 유혹을 줄이기 위해 여러 가지 관심사들과 일들에 몰입하는 것이 유익할 것이라고 권고할 수 있을 것이다. 음란물을 피하라고 조언할 수도 있을 것이다.

내 말이 풍자일까? 어느 정도는 그럴 것이다. 성경을 기초로 삼는 그 설교자는 어떤 점에서 제7계명을 우리 주님의 설교와 연관짓는 데 실패한 것일까? 그는 틀림없이 겉으로 표출된 행위만 아니라 마음의 생각도 간음이라고 하신 예수님의 말씀을 강조할 것이다. 하지만 그 계명을 예수님의 설교의 문맥에 대입하면 그 의미가 즉시 깊어진다. 만약 설교자가 이 점을 인식한다면 그 계명의 핵심을 그리스도께서 전하신 그대로 전하게 될 것이다. 그럴 경우 쟁점은 단지 정욕을 억제하는 것이 아니라 사랑 곧 율법을 완성하는 사랑을 표현하는 것이 된다. 예수께서 말씀하신 그 사랑이 어떤 것인가? 그것은 선한 사마리아인이 보여 준 사랑, 즉 긍휼과 자기 부인과 자발성과 희생 정신이 깃든 사랑이다. 그 사랑은 예수 그리스도 안에 나타난 하나님의 사랑을 모델로 삼는 사랑이다. 이웃 사랑은 하나님 사랑에서 흘러나오며, 하나님 사랑은 우리를 향하신 하나님의 사랑에 대한 우리의 반응이다.

오직 십자가에서만 사랑의 참된 의미를 알 수 있다. 그 사랑은 하나님의 구속의 사랑이다. 오직 십자가에서만 우리의 욕망이 못박힐 수 있다. 오직 갈보리 언덕의 열려진 샘에서만 정결케 하는 피와 성령의 생수가 솟아난다. 율법은 복음이 없이는 설교할 수 없다는 것은 지당한 사실이다. 그보다 더 심오한 사실은 율법이 복음으로 완성되었다는 것을 모르고서는 율법 자체를 이해할 수 없다는 것이다. 하나님은 구속함을 받은 당신의 백성에게 율법을 주셨고, 하나님의 법 곧 하나님께 중심을 둔 율법은 단순한 공의 이상의 것을 우리에게 요구한다. 율법은 우리가 용서를 받은 것처럼 남을 용서할 것과, 우리가 자비로우신 천부께 사랑을 받은 것처럼 남을 사랑할 것을 요구한다.

설교자는 요리문답이 분석한 십계명의 교훈을 요리문답의 나머지 내용과 분리해서는 안 된다. 요리문답은 계명들을 주의 깊게 구속의 맥락에 넣는다. 따라서 우리 설교자들도 그렇게 해야 한다.

더 나아가, 하나님께서 계명들을 구속 받은 당신의 백성에게 주시기 때문에,

우리 설교자들은 계명들의 이중적인 목적을 이해해야 한다. 계명들은 우리가 하나님을 알 수 있도록 그분의 거룩한 속성을 계시하며, 우리가 하나님의 영광을 세상에 비치며 살 수 있도록 우리의 생활을 다잡아 준다. 이 두 가지 목적이 모두 그리스도 안에서 실현된다.

질문을 한 가지 해보자. 하나님은 왜 언약의 백성에게 간음을 금하셨을까? 그 대답은 하나님께서 단순히 이스라엘의 사회적 안녕을 위하여 가정을 건실하게 세우기를 원하셨다는 것만이 아니다. 더 깊은 이유가 있다. 그것은 하나님의 구속 언약의 속성과 아주 밀접한 관계가 있다. 하나님은 질투적인 사랑을 강조하시고 정당화하신다. 결혼 생활을 묶어주는 사랑, 성적 결합으로 표현되는 부부의 사랑은 결혼의 끈으로 묶이지 않은 다른 어떤 사람들과 함께 나누어서는 안 되는 것이다. 결혼에 있어서 사랑의 신실성은 하나님의 백성들이 하나님에게 쏟아 부어야 할 신실한 사랑과, 하나님께서 당신의 백성에게 갖고 계시는 절대적 사랑을 이해하는 모델로서 이해해야 한다. 하나님은 이스라엘 백성들에게 질투하시는 하나님으로 자기 자신을 계시하셨다. "너는 다른 신에게 절하지 말라. 여호와는 질투의 하나님임이니라"(출 34:14).

간음과 우상 숭배를 비교해서 설명하는 성경의 무수한 은유적 표현들은 하나님께서 자신과 이스라엘을 결혼한 관계를 생각하고 계신다는 유추에 근거한 것들이다. 하나님은 그의 아들인 이스라엘의 아버지로 알려지실 뿐 아니라, 당신의 신부인 이스라엘의 남편이요 주인으로도 알려지실 것이다.

하나님이 이스라엘의 독점적인 헌신을 놓고 질투하신다는 사실을 잊으면, 사랑을 도구 삼아 아무하고나 성 관계를 맺어도 무방하다는 생각을 할 수가 있다. 다른 한편으로는 부인을 향한 남편의 질투적 사랑이란 척도가 없이는, 우리의 종교적 예배 행위가 다른 신에게 드려져도 하나님은 상관치 않으실 것이라는 잘못된 생각을 가질 수가 있다.

그러나 성경 저변에 깊숙이 깔려있는 그 척도는 그렇지 않음을 우리에게 분명히 가르쳐 준다. 하나님은 우리가 순수한 사랑의 강도가 어떤 것인지를 알기 원하신다. 그 순결한 사랑은 본질상 다른 어떤 것이 용납되지 아니하며 온전히 마음을 다 기울여 사랑할 것을 요구한다. 그런데 만일 다른 상대와 이러한 관계를 갖기를 원한다면 그것이야말로 신성 모독 죄가 되는 것이다. 우상 숭배란 이스라엘에게 자신을 계시하여 주신 참 하나님을 간접적으로 숭상하는 하나의 방법이 아니다. 그것은 배교요, 하나님으로부터 얼굴을 돌리는 것이다. 이것은 영적 간음죄이다. 솔로몬은 이방 첩들의 우상들인 시돈의 여신 아스다롯과 암몬 자손의 몰록을 섬기는 데 동참하였다(왕상 11:1-13; 출 34:10-17). 그는 더 이상 그의 주 여호와를 마음을 다하고 성품을 다하고 힘을 다하여 사랑하지 아니했다(신 6:5).

더군다나 이방인들의 제물은 단순히 형상이나 신화적인 존재에게 바쳐지는 것이 아니다. 그것들은 귀신에게 바쳐지는 것이다(고전 10:20). 그런 이유 때문에 바울은 "그러면 우리가 주를 노여워하시게 하겠느냐?"라고 말한다(고전 10:22). 하나님은 질투하시는 하나님이시므로 자신의 거룩한 이름을 더럽히지 않으시는 데에 아주 열성적이시다. 당신이 마땅히 받아야 하는 영광을 어둠의 권세자들에게 돌리는 신성 모독 죄를 관용하지 못하신다. 물론 하나님이 필요로 하시는 일은 우리를 그러한 미혹과 쇠사슬과 파멸의 구렁텅이에서 구원해 주시는 일이다. 그러나 하나님이 그 일을 필요로 하시는 것은 우리 자신만을 위해서가 아니라 하나님 자신을 위한 것이기도 하다. 하나님은 자기 자신에게 거짓을 행하실 수 없는 분이시다.

자기 이름과 자기 백성을 위한 하나님의 질투는 예수 그리스도 안에서도 계시된다. 우리가 삼위일체 하나님의 속성을 배움으로써 우리는 그분의 거룩한 질투의 의미를 더 잘 이해할 수 있을 것이다. 하나님의 아들이신 예수님은 당신의 아버지의 이름과 영광에 아주 질투가 강하시다. 그래서 성전에서 장사꾼들을 쫓아내셨다. "이것을 여기서 가지고 가라. 내 아버지의 집을 장사하는 집으로 만들지 말라"(요 2:16). 그의 제자들은 성경을 잘 기억하였다. "주의 전을 사모하는 열심이 나를 삼키리라"(요 2:17; 시 69:9). 예수님은 하늘에 계신 아버지를 순수히 경배해야 한다는 열정에 사로잡히셨다. 그 열정은 하나님의 실실한 종들(비느하스 같은 사람들. 민 25:10-11)이 보여준 것보다 농도가 훨씬 짙다. 예수님의 열정은 아버지의 이름과 명예를 위한 뜨거운 질투심에 근거한 것이다.

이와 마찬가지로 아버지 역시 아들을 향한 열심이 대단하시다. 하늘로부터 들려온 그분의 음성이 사랑하는 아들을 인정해 주셨다. 하나님은 그를 하늘과 땅에 있는 모든 피조물보다 지극히 높이시고, 모든 이름 위에 뛰어난 이름을 주시고, 모든 무릎을 예수의 이름 앞에 꿇게 하시고, 모든 입으로 예수 그리스도를 주라 시인하게 하셨다(빌 2:9-11).

간음하지 말라는 계명은 구속사의 맥락에 놓고서 이해해야 한다. 이것은 단지 성적 순결을 말하는 것이 아니다. 이 계명이 강조하며 요구하는 것은 언약적 헌신이다. 이 이유 때문에 사도 바울은 그가 남편이 부인을 향하여 가져야 할 질투적 사랑을 묘사해 가다가 계속해서 하나님이 그리스도 안에서 자기 백성들을 향해 지니신 질투적 사랑을 생각해 나가지 않을 수 없었다(엡 5:25-33). 바울에게 더욱 놀랍고 신비스러운 것은 부부 사랑의 신비가 아니라, 그것이 유추를 제공하는 하나님의 사랑이 지닌 신비이다. 다메섹 도상에서 예수님을 만난 바울은 더 이상 율법주의적인 바리새인 사울이 아니다. 그는 예수를 만나고 난 뒤부터는 율법을 생각할 때 그것을 주신 주님과 혹은 구속의 목적과 따로 떼어놓지 않았다. 신실한 결혼 생활은 하나님을 섬기는 일이다. 이는 하나님이 그것을 명령하셨기 때문이 아니라 그것이 하나님의 구속의 사랑으로부터 솟아나는 사랑을 표시하는 것이기 때문이다. 하나님을 섬기고자 하는 마음이 그리스도인으로 하여금 서로 사랑할 수 있게 해주는 깊은 원천이 된다. 다른 이들을 사랑함으로써 우리를 먼저 사랑해 주신 하나님을 향한 우리의 사랑을 표현하는 것이다.

기독론적 관점에서 볼 때 율법은 율법주의도 아니고 언약 역사적 윤리주의도 아니다. 앞에서 살펴본 대로, 구약은 좋은 이야기를 모아놓은 스크랩북이 아니다. 구약은 여자의 후손과 뱀의 후손이 벌이는 투쟁 속에서 진행되는 하나님의 구속 사역을 기록한 책이다. 다윗이 골리앗과 대결한 본문을, 우리를 공격하는 '거인들'과 대결할 때 본받아야 할 용기의 교훈으로 설교해서는 안 된다. 그러한 해석 방법은 구약의 계시를 하찮게 만들어 버린다. 다윗의 소명과 그가 여호와의 기름부음 받은 자로서 받은 능력은 하나님의 구속 사역을 계시하는 데 깊은 의미가 있다. 하나님은 다윗의 기사로써 그리스도께서 사단과 어둠의 권세 잡은 자들에게 거두실 최후 승리의 의미를 깨닫도록 하신다. 다윗이 이룩한 구원은 역사의 실재로부터 분리시킬 수 없는 중대한 의미를 지니고 있는 것이 사실이지만, 그것은 그리스도의 구속 사역에 뿌리를 박고 있는 것이다.

간단한 다른 예를 들어보자. 율법서와 마찬가지로 구약의 시가서들도 구속사에 뿌리를 내리고 있다. 시편의 대부분이 일인칭 복수로 기록되었다. 하나님의 백성이 여호와께 대한 신앙을 고백하고, 그분의 성호를 찬송하고, 원수들에게서 구원해 주실 것을 간구하는 내용이 시편에 많이 기록되어 있다. 시편은 저자들이 그저 개인적인 감정을 표현해 놓은 것이 아니다. 시편의 많은 부분을 다윗이 썼다. 그리고 그의 시편은 자신이 여호와의 기름부음을 받은 자임을 충분히 인식한 터에서 하나님께 부르짖는 내용이 주종을 이룬다(참조. 삼하 22:51). 다른 시편 저자도 시편을 쓸 때는 자신이 여호와를 섬기도록 부름을 받은 대표자라는 심정으로 썼다.

하나님께서 그의 백성을 대하시는 일에서 시편이 수행하는 기능은 모세가 하나님의 감동을 받아 부른 찬송의 서두에 명백히 나타난다(신 31:19). 그 찬송은 이스라엘에게 내리는 직접적인 예언이 아니며, 그렇다고 십계명처럼 언약적인 법 조항이 있는 것도 아니다. 그 찬송은 찬송이라는 형식을 통해 하나님의 계시에 대한 백성들의 반응을 나타낸다. 그러면서도 거기에는 하나님이 이스라엘에게 주시는 증거의 일부가 들어 있다. 이스라엘 백성은 이 찬송을 전승의 일부로 여겨 암송해 왔다. 이 찬송은 이스라엘 백성이 믿음의 주요 반석이신 하나님께 충성을 다하지 못하게 될 때 "그들 앞에서 증인처럼" 될 것이다(신 31:21-22). 그 이후에 받은 이스라엘의 영감된 찬송들도 같은 기능을 수행했다.

여호와의 백성 또는 여호와의 종들이 그분의 성호를 부를 때, 그 노래들은 여흥을 위해서가 아니라 예배와 간구를 위하여 분명하게 기록되었다. 예배의 표현인 그 노래들에는 하나님이 이스라엘을 대하신 독특한 방식이라는, 즉 구속사라는 도장이 찍혀 있다. 하나님의 어떠하심을 묘사한 찬송들에는 이방인들이 온갖 잡신을 섬기면서 만든 노래들에 깔린 동기들이 실려 있지 않다. 영감을 받은 시편 저자들은 다신교 신자가 품는 그런 문제를 갖고 있지 않다. 많은 여자들을 농락하는 사내처럼, 다신교 신자는 어떤 신에게 호의를 구할 때 적어도 그 순간만큼은 그 신이 다른 모든 신들보다 뛰어나다고 추켜세워야 한다.

반면에 이스라엘의 시편들은 서술적 찬송일 뿐 아니라 선언적 찬송이라는 특징을 갖고 있다.[4] 여호와께서 높임을 받으시는 이유는 그분이 과거에 행하신 일 때문만이 아니라 현재 그분의 어떠하심 때문이기도 하다. 그분은 출애굽의 하나님이시요(시 80장; 81장; 114장), 이스라엘을 구속하시고 다윗과 언약을 맺으신 하나님이시다(시 89장). 하나님의 구원 역사는 죄를 자백하고 하나님께 긍휼을 다시 내려 달라고 간구하기 위한 토대가 된다(시 74, 80장). 아울러 시편들은 주께서 구속자, 재판관, 자기 백성의 구원자로서 친히 다시 오실 때 하나님의 약속들이 성취될 것이라고 선포한다(시 96:10-13). 구원의 새 노래는 그 위대한 날에 다시 울려퍼질 것이다(시 96:1; 98:1; 144:9).[5]

신학적 깊이 면에서, 시편은 하나님의 언약과 그 언약으로 인한 소망에 관한 노래들이다. 하나님의 큰 구원 사역이 다윗의 자손을 통하여 성취될 것이기 때문에, 시편은 분명히 메시야적 성격을 띤다. 예수님은 대적들을 책망하실 때 시편의 단락들을 사용하신다. 대적들은 다윗의 자손이 다윗의 주이기도 하다는 사실을 이해하지 못했다(시 110:1; 마 22:41-46). 그들은 건축자의 버린 돌이 집 모퉁이의 머릿돌이 된 사실을 알지 못했다(시 118:22-23; 마 21:42-43).

하지만 이스라엘의 찬송들이 예수 그리스도를 가리키는 경우는 몇몇 '메시야적 시편들'에서만 찾아볼 수 있는 게 아니다. 물론 다른 많은 시편들에 적용되는 해석 원칙은 분명히 메시야적 성격을 지닌 시편들에서 찾아야 한다.

예를 들어, 시편 22장은 분명히 메시야적 시편이다. 이 시편 서두에 나오는 부르짖음은 십자가에 달리신 그리스도의 부르짖음이다. 또한 고난 당하는 자의 고뇌를 상세히 묘사한 내용은 놀랍게도 갈보리 언덕의 현장에 고스란히 적용된다. 히브리서 저자는 시편 22:22을 그리스도와 관련지어 인용하였다(히 2:11-12). 버림받음에 대한 부르짖음뿐 아니라, 찬양에 대한 결의 역시 그리스도 당신의 입에서 흘러나왔다. 이것은 예수님이 지상 사역 때 시편을 인용하시고, 그로써 그 시편들을 자신의 것으로 만드셨기 때문만이 아니라, 친히 그 시편들을 성취하셨기 때문에 더욱더 사실이다. 주의 기름부음을 받은 자라는 이유로 까닭 없이 고난을 받은 다윗은 진정으로 의를 위해 고난을 당하신 분 곧 하나님의 아드님이자 거룩하신 분을 예표한다. 시편 22장의 첫 절만 그리스도를 묘사한 게 아니라 22장 전체가 그분을 묘사한다.

시편 22장처럼 분명한 메시야적 시편 말고도, 시편들에는 틀림없이 그리스도를 가리키는 다른 범주들이 있다. '왕의 시편들'(royal psalms), 시온과 시온의 왕의 노래들은 신약의 성취에 비추어 볼 때 엄연히 메시야적인 성격을 띤다. 영광의 왕이 모든 대적을 제압하신 뒤 시온 성에 입성하실 때(시 24장) 거기에 묘사된 정경은 그리스도의 승천으로 성취된다. 광야를 행진하시고 거룩한 산에 오르사 사람들에게 영광을 받으시고 그들에게 선물을 주시는(시 68장; 18장) 주님은 그 광야 길이 세례 요한에 의해 예비된 주님이시다(사 40:3; 마 3:1-3).

장차 오실 재판관이신 그분은 자기 백성을 이끌고 개선 행진을 벌이시는 구주이시다. 그의 보좌는 영원 무궁히 수립된다(시 2장; 110장). 그분은 우주를 통치하신다(시 2장; 72장; 110장). 왕은 축복의 면류관으로 당신의 신부와 수종드는 처녀들을 영접하신다(시 45장). 다윗 왕의 계보를 드높이는 시편들과 영원하신 왕을 드높이는 시편들은 모두 예수 안에서 결합한다.

4. 결론

구약성경의 깊은 의미는 그리스도에게 초점을 맞출 때 비로소 바르게 깨달을 수 있다. 이런 깊은 신학적 진리를 깨달으면 설교에 실제적인 힘을 얻게 된다. 구약성경을 기독론적으로 설교하는 것을 반대하는 사람들도 있을 것이다. 그들이 반대하는 이유는 구약에 대한 기독론적 설교가 불가능하기 때문이 아니라, 그것이 너무 복잡하다고 생각하기 때문이다.

만약 말씀 안에서 수고의 땀을 흘리며 가르치는 일꾼이 되고 싶지 않다면 이런 반대가 하등 문제가 되지 않을 것이다(딤전 5:17). 나무나 풀이나 짚으로 설교를 작성하는 것은 금이나 은이나 보석으로 만드는 세공업자가 되는 것보다 훨씬 쉽다(고전 3:12-15).

기독론적 설교는 인내를 요구한다. 성경을 성경과 대조하고, 성구사전을 폭넓게 사용하고, 평생 성경 연구와 묵상과 기도에 전념해야 한다. 그러나 기독론적 설교는 없던 것을 고안해 내는 것이 아니며, 성경에서 그 맥락이 희미한 것도 아니다. "구원은 여호와께로서 말미암나이다"(욘 2:9)라는 말씀은 성경의 위대한 본문으로서, 주님께 대한 지식과 그분의 자비에 대한 체험의 주관적 실재를 강조하기 위해서 하나님이 이루시는 구원의 객관적 실재를 희생시켜서는 안 된다는 사실을 깨우쳐 준다. 혹시라도 우리가 우리의 경험을 강조하여 설교하는 것이 더 실제적이며 성도들의 삶에 깊이 파고 들어간다고 잘못 생각한다면, 구원이 하나님의 사역이라는 확고부동한 복음 진리를 빠뜨리게 될 것이다. 믿음이 뜨겁게 타오르게 만드는 것은 간증이 아니라 그리스도를 전하는 설교이다. 바울은 하나님의 사역을 전하면서 한 번도 싫증을 내지 않았다. 왜냐하면 하나님이 하신 일을 나타내는 것이 언제나 사람의 당위를 선포하는 것보다 앞서기 때문이다(예를 들면, 골 3:14).

모든 성경을 가지고 그리스도를 전파하는 것은 믿음을 은혜와 연결시키는 것이다. 하나님은 그리스도 안에서 구주이시다. 구약 성도들은 장차 올 그 구원을 기다리면서 하나님을 믿었다. 그들은 하나님의 구속에 관한 객관적 사실들을 등한시하지 않고 믿음으로 사는 신자들로서 우리에게 본을 보였다.

사랑의 순종은 그러한 믿음과의 관계에서 흘러나온다. 믿음도 그렇듯이, 사랑도 자기 분석에 의하여 타오르는 것이 아니라 믿음의 주요 온전케 하시는 이인 예수를 바라볼 때 타오른다. 우리가 그분을 사랑하는 것은 그분이 먼저 우리를 사랑하셨기 때문이다. 하나님이 우리 심령에 사랑을 가득 부어 주셨기 때문이다.

성경에는 윤리적 교훈과 권고가 많지만, 그것들의 근거와 동기는 예수 그리스도의 자비에서 발견된다. 설교자는 성경의 풍부한 교훈을 전해야 하지만, 만약 중심을 굳게 붙들고 있지 못하면 강단에서 전하는 크고 작은 모든 교훈과, 사회적 죄악에 대한 질타와, 설교자 자신의 긍정적이거나 부정적인 생각 그 모든 것이 주일 아침 공기 속으로 날아가 버린다.

바울은 고린도에 갔을 때 예수 그리스도와 그분이 십자가에 못박히신 사실 외에는 아무것도 알지 않기로 결심했다. 강단을 덧없는 유행의 장으로 만드는 짓은 다른 사람들에게 맡기고, 우리는 예수 그리스도를 전하는 전문가가 되자!

주

1) Meredith Kline, "The Two Tables of The Covenant," *The Westminster Theological Journal*, 22(May, 1960): pp. 133-46.

2) Leonard Goppelt, Typos: *The Typological Interpretation of the Old Testament in the New*, trans. D. H. Madvig(Grand Rapids : Eerdmans, 1982), p. 199. 참조. 다음 책에 수록된 그의 논문 "Typos": Gerhard Kittel, Gerhard Friedrich, eds., *Theological Dictionary of the New Testament*, vol. 8, trans. Geoffrey W. Bromily(Grand Rapids: Eerdmans, 1972), pp. 252ff.

3) 필자는, 웨스트민스터 신학교의 학생 시절에 '윤리주의'와 '알레고리'의 선들을 도표의 부분으로 제안해 준 Richard Craven 목사에게 감사를 드린다.

4) 이 독특성에 관해서, 그리고 시편과 고대 근동의 찬송의 차이에 관해서는 다음을 참조하라: Claus Westermann, *The Praise of God in the Psalms*, trans. Keith Crim(London: Epworth, 1966), pp. 15-51.

5) Geerhardus Vos, "The Eschatology of the Psalter," reprinted in *The Pauline Eschatology*(Grand Rapids : Eerdmans, 1953), pp. 323-65.

제 7 장

강해 설교

싱클레어 퍼거슨

강해 설교(exegetical preaching)란 무엇인가? 한 가지 관점에서 볼 때 참된 기독교 설교는 사실상 모두 강해 설교이다. 강해란 문장과 단어와 개념 하나하나를 설명하거나 상술하는 것이다. 강해는 기존의 자료에 의존한다. 물론 그것은 창의적인 작업일 수도 있지만, 무에서(ex nihilo) 무엇을 이끌어내는 작업은 아니다. 이러한 측면에서 설교자는 주석가이다. 왜냐하면 간단히 말해서 설교자는 그리스도의 포고자요 대사이기 때문이다.

설교자는 설교를 만들되 메시지를 만들어 내서는 안 된다. 전달받은 메시지를 선포하고 설명할 뿐이다. 그의 메시지는 독창적인 것이 아니라 받은 것이다(고후 5:19). 따라서 교리 설교를 하든 본문 설교를 하든, 단락을 선정하여 다루든 성경의 각 권을 체계적으로 다루든, 반드시 해석 원칙이 서 있어야 한다. 설교자의 임무는 자신이 메시지를 설명하고 상술하는 것이기 때문이다. 그렇게 하는 데에 설교자의 권위가 있으며, 그렇게 해야만 하나님의 도우심과 복도 확신할 수 있다.

그러나 '강해' 혹은 '주해' 설교라고 할 때는 관습적으로 일반적인 설교를 생각하지 않고 어떤 특별한 스타일의 설교를 생각하는 경향이 있다.[1] 강해 설교에서는 성경에 대한 설명이 메시지의 주된 특징과 구성 원칙을 형성한다.

무릇 설교란 사도적 케뤼그마(선포)와 디다케(가르침)에 기초를 두어야 한다. 강해 설교는 이 "단번에 주신 믿음"의 의미와 중요성을 풀어 가르치는 일을 그 믿음이 전달된 실제적인 방식에 의거하여, 즉 성경 계시의 구조와 내용에 의거하여 수행하려는 목표에 의해 지배된다. 성경에는 진리가 일련의 신학적 혹은 화제적 주제들(하나님, 죄, 칭의, 성화; 전쟁, 돈, 사회 윤리 등)의 형식으로 계시되어 있을 뿐 아니라, 역사와 비유와 이야기와 논증과 시 같은 형식으로도 계시되어 있다. 그러므로 강해 설교의 근본적인 과제는 본문을 문맥 안에서 설명하고, 원칙들을 드러내고, 그런 뒤에 청중의 세계에 적용하는 것이다. 지난 세기의 탁월한 강해 설교자 윌리엄 테일러(William Taylor)는 강해 설교를 이렇게 정의했다: "땀흘려 성실히 연구한 후에 다음과 같은 질문들에 응답하는 설교자의 정직한 답변이다: 이 단락에서 성령의 생각은 무엇인가? 이 단락이 유사한 기독교 진리들에 대해서 혹은 그리스도인의 삶과 대화에 어떤 의미를 주는가?"[2]

여기서 조심해야 할 두 가지 점을 지적할 필요가 있다.

1. 첫째, 강해 설교를 설교 방식으로 전개되는 주석과 혼동해서는 안 된다. 강해 설교의 기능은 정보를 제공해 주는 것으로 그치지 않는다. 강해 설교는 메시지에 지배를 받으며, 교훈을 전달할 뿐 아니라 행위를 일으키는 데 그 본의가 있다. 이것은 성경 교육이 한 가지 기능을 갖는다는 바로 그 이유에서 (은혜는 믿음으로 인도하고, 서술은 명령으로 인도한다), 강해 설교에 꼭 필요한 차원이기도 하다(이 책의 뒷부분에서 존 베틀러가 성경적 설교란 모두 적용 설교라고 주장하는 것도 이런 이유 때문이다). 조나단 에드워즈(Jonathan Edwards)가 자신의 설교에 대해 해놓은 말은 강해 설교와 본문 설교에 똑같이 적용할 수 있다:

내 자신을 생각할 때 최선을 다해 청중의 감정을 끌어올리는 것이 내 의무로 생각해야 한다 …… 그러한 설교는 설교의 목적에 부응하는 훌륭한 관점으로 여겨져 왔다 …… 청중에게 필요한 것은 머리에 지식을 많이 담아가는 것이 아니라 마음에 감동을 받아 가지고 가는 것이다. 청중에게는 이러한 관점을 가지고 전하는 설교가 필요하다.[3]

강해 설교는 다름 아닌 성경적 설교이므로 그 목적에 역점을 두며, 머리만 가진 사람이 아닌 전인(全人)에게 전하는 설교임을 인정한다.

2. 둘째로 주의할 점은, 강해 설교가 성경의 어느 한 권에 대한 연속 설교라는 의미에서 **단순히** 조직적인 설교에 지나지 않는다고 생각해서는 안 된다는 것이다. 역사적으로 볼 때, 훌륭한 강해 설교자들은 성경 전체를 통해서 논리적으로 설교의 결론을 유도해 내는 방법으로 본문을 다루었다. 크리소스톰(Chrysostom), 아우구스티누스(Augustine), 루터(Luther), 칼빈(Calvin), 조셉 카라일(Joseph Caryl), 토머스 맨튼(Manton), 알렉산더 맥클라렌(Maclaren), 마틴 로이드 존스(Martyn Lloyd-Jones)가 대표적인 사람들이다. 그러므로 특히 젊은 설교자들은 지난 주일에 설교한 본문에 이어서 다음 주일에 그 다음 본문을 가지고 설교하는 것이 성경을 강해하는 것이라고 생각하기가 쉬울 것이다.

그러나 강해 설교의 핵심은 설교를 계속 이어가는 데 있지 않고, 설교의 스타일이나 내용에 있다. 즉, 이번 주일에 설교한 본문을 다음 주일에도 계속 이어서 설교하는 것이 강해 설교의 주된 목적이 아닌 것이다. 강해 설교란 이번 주일에 설교하려는 본문을 해석학적으로 다듬는 데 몰두하는 것을 가리킨다. 설교가 주해적일 뿐 아니라 조직적이라면 더할 나위 없이 좋겠지만, 기본적으로 강해 설교가 되려면 성경 본문의 의미와 중요성을 해명하는 것이어야 한다. 우리가 초점을 맞추는 것은 바로 이 특별한 행위이다.

조직적이며 주해적인 설교는 많은 장점을 갖고 있다. 실로 이런 설교의 장점이 설교 사역을 감당하는 설교자의 주식(主食)이어야 한다(그것이 유일한 주식이 아닐지라도 말이다).[4] 이런 설교는 한 편으로는 회중에게 성경을 스스로 읽을 수 있도록 가르친다. 대부분의 성도들은 강단으로부터 터득되는 성경 공부 방법을 개인의 성경공부에 그대로 적용하는 경향이 있다. 여러 가지 성경 공부 모델은 필요한 것이며, 그런 점에서 강해 설교는 성도들에게 성경을 체계적으로 읽고 연구하는 법을 가르치는 가장 훌륭한 방법이다. 더욱이 우리가 사는 이 시대는(크리소스톰이나 칼빈의 시대와 마찬가지로) 성경의 가르침을 삶에 적용하는 일이 절실히 요구되는 시대이다. 이러한 요구를 강해 설교가 채워 준다. 강해 설교는 성도들을 하나님의 말씀의 감화 속으로 이끌어 주며 성경의 정신에 부합하게 살도록 지도해 준다.

더욱이 강해 설교는 성경의 학도이자 하나님의 사람인 설교자를 보다 더 성숙한 자리에 들어가게 해준다. 오늘날 설교자들 세계에서 일어나는 슬픈 현상 중 한 가지는 소수의 설교자들만이 설교자로서의 끊임없는 성장을 보여 준다는 현실이다. 성도들은 설교자가 하나님의 말씀을 지극히 사랑하여 그 말씀으로 잘 먹이는지 아니면 자기들 배만 채우는지를 분별하는 데 아주 민감하다. 또한 설교자가 설교 준비를 아주 잘하여 '옛 것과 새 것'을 하나님의 말씀으로부터 잘 끄집어내어 감동을 주는 설교를 하는지 그렇지 못한지 어느 정도는 다 의식하고 있다.

물론 강해 설교를 해야 한다는 강한 확신만으로 오늘날의 강단을 하룻밤 사이에 대변혁을 일으킬 수 있다는 것은 아니다. 왜냐하면 강해 설교란 하룻밤에 이루어지는 것이 아니기 때문이다. 강해 설교란 가장 하기 쉬운 설교 방법도 아니고, 그렇다고 해서 대부분의 설교자에게 가장 자연스러운 설교 스타일도 아니다. 그러나 잊지 말아야 할 사실은 하나님께서 당신의 나라를 세우시는 데 고용하시는 것은 하나님께로부터 보내심을 받은 사람들이지(참조. 요 1:6), 그들이 고안한 방법에 그치는 것이 아니라는 점이다.

강해 설교의 요소들

강해 설교의 준비와 전달에는 기본적인 요소가 여섯 가지 있다. 그것은 본문 선정, 본문 이해, 종합, 골격 수립, 구체화, 전달이다.

1. 본문 선정

강해를 위한 성경 본문을 어떻게 선정해야 하는가? 대부분의 강해 설교자들이 체계적이며 조직적인 설교 형태를 택하고 있음은 이미 살펴보았다. 조금 더 넓게 생각해 보면 이 형식은 본문을 선정하는 고민을 해소해 준다. 적어도 다음 주일에 설교해야 할 본문이 어디인지는 분명하기 때문이다. 이 점이야말로 많은 설교자들에게 매력을 주는 일면임에 틀림없다. 본문을 다루기 전에 설교할 본문을 택하기 위해 준비하는 일에 많은 시간을 소비하지 않아도 된다. 그러나 우리가 지난 몇 년간 연속해서 성경을 강해하지 않는 이상에는 본문을 선정하는 고충은 늘 따르게 마련이다. 물론 성경 전체를 주제로 강해할 때는 그런 고민이 조금 덜 할 것이다. 그러나 그 경우에도 성경의 어떤 책을 먼저 다루어야 하는지 고민하는 것이 본문 선정의 고충에 속한다. 강해 설교의 장점 중 한 가지는 일단 본문이 정해지면 단번에 그 본문을 끝내는 것이 아니라 한 달이나 두 달이나 혹은 그 이상을 설교할 수 있다는 점이다. 그 본문을 끝내는 동안에는 적어도 본문 선정 문제로 고민하는 일이 없을 것이다. 그러므로 일단 성경의 한 권(본문)을 선정하여 체계적으로 설교해 나가는 방법은 설교자에게 있어서 아주 중요한 것이라 아니할 수 없다. 또한 좀더 깊은 측면에서 볼 때 그 방법은 성도들의 삶에 큰 영향을 주는 것이 된다. 그러나 여기에 우리가 주의해야 할 점은 만일 이러한 연속 강해 설교가 목적을 상실해 버린다면 설교 한 편을 실패할 때보다 훨씬 더 큰 피해를 초래한다는 것이다. 그러므로 본문을 분명하게 선정하는 일이 매우 중요하다.

본문 선정의 첫째 원리는(한 단락을 설교하든지 아니면 성경의 한 권을 설교하든지) 설교자가 두 가지 측면을 고려해야 한다는 것이다. 첫째는 성경 본문 자체를, 둘째는 하나님의 백성들과 그들이 살고 있는 삶의 현장을 깊이 염두에 두어야 한다. 설교자는 이 두 측면을 제쳐놓고 본문을 선정하는 오류를 범해서는 안 된다. 바로 그것이 설교를 통해서 수행하려는 진정한 목적이다. 설교자의 의무는 '하나님의 모든 뜻'(the whole counsel of God)을 그분의 백성에게 전하는 것이다. 설교자는 사역 기간 내내 그 의무를 신실하게 수행하기 위해 노력해야 한다. 이것이 그가 사역해야 할 한 가지 면이다.

이 책 후반부에서 도널드 매클라우드(Donald Macleod)가 상기시키듯이, 설교자는 스스로에게 다음과 같은 질문을 던져야 한다. 즉, 내가 성경 전체의 흐름을 정말로 다 다루는가? 신구약의 전체 흐름, 역사적 신학적 사실, 시적 및 산문적인 것, 권면과 책망 등 이 부분들을 모두 잘 다루는가? 하나님과 인간, 그리스도와 성령, 죄와 은혜, 천국과 지옥 등 성경적 교리들을 망라하여 다루는가? 개인들뿐 아니라 가정과 식구들, 사업 분야, 여가 선용, 남녀노소, 교회와 사회, 개인과 시민들 모두에게 적용이 되는 복음의 메시지를 제대로 다루는가? 강해 설교자의 첫째 사역 원리는 계시된 말씀과 교리의 전반적인 골격 안에서 그런 문제들을 잘 다루는 것이다.

이런 맥락에서 볼 때, 설교자는 필연적으로 성경적 신학자가 될 것이다.[5] 그는 성경적 폭뿐 아니라 깊이에도 관심을 가질 것이다. 성경 교훈의 핵심 부분을 형성하는 가르침에 초점을 맞추어야 할 자신의 책임을 바라볼 것이다. 그는 회중이 이른바 신앙의 '보다 깊은 진리들'을 들어야 한다는 생각에 스스로 속아서는 안 된다. 성경에 기록된 그런 진리들은 그 함의들을 올바로 파악할 경우 신앙의 근본 진리들에 다름 아니다.

그러나 이런 객관적인 행위말고도 설교 자료를 선정하는 데 요구되는, 영적 민감성을 발휘해야 할 행위가 있다. 설교자는 기독교 신앙에 관한 풍부한 교리들을 정확히 상술해야 할 의무를 지닌 조직신학자가 아니다. 그는 하나님의 양 무리를 먹이고 돌보는 것을 주된 의무로 받은 설교자이다. 그러므로 교인들의 상태가 설교 자료를 선정하는 데 주된 역할을 한다. 그리스도인의 나그네 길에 비추어 볼 때 교인들이 어떤 상태에 있는가? 그들이 어떤 상황에 처해 있고, 무엇을 필요로 하고, 무엇이 부족하고, 무슨 압박을 받고 있고, 어떤 성격을 드러내고 있는가? 물론 설교란 필요에 따라 결정되는 것이 되어서는 안 되고, 예수 그리스도의 설교와 마찬가지로 사람 지향적인 것이어야 한다 (참조. 요 16:12).

이 점에서 우리는 조직신학이 기독교 진리의 상호 연관성을 볼 수 있게 해 준다는 점에서 그 신학의 가치를 생각하게 된다. 왜냐하면 이러한 상호 연관성은 강단에서 설교자들이 언제나 잘 드러낼 수 있는 것이 아니기 때문이다. 한 가지 분명한 예를 들어보자. 설교자는 자신이 구원의 확신이 희미한 사람들에게 설교하도록 부름을 받았다는 것을 안다. 이 인식이 설교 자료 선정에 어떤 영향을 주는가? 금방 입에서 튀어나오는 대답은 '참된 구원의 확신에 관한 일련의 설교를 하는 것이다'라는 것이리라. 그러나 이것은 목회적 차원에서 의문을 일으킬 소지가 있는 대답일 뿐 아니라, 신학적으로도 혼동스러운 대답이다. 왜 그럴까? 구원의 확신이란 확신에 관해 앎으로써 얻는 게 아니라 그리스도께 관해 앎으로써 얻는 것이기 때문이다. 다시 말해서 그런 상황에서 자료를 선정할 때는 문제의 성격에 초점을 두어서는 안 되고, 바울이 "너희에게 전하여준 바 교훈의 본"(롬 6:17)라고 부른 복음의 형태에 초점을 두어야 한다. 이것이 바로 본문이나 자료를 선정하는 데 폭넓은 시야를 가지도록 도와주는 원칙이다.

이 시점에서 한두 가지 일반적인 견해를 짚고 넘어가자. 필자가 확신하는 바는, 일반적으로 어떤 형편에든 강해 설교를 질질 끈다는 인상을 주는 일은 피해야 한다는 것이다. 이 점과 연관하여서 사람들마다 취향과 은사가 상당히 다르다는 점을 잊어서는 안 된다. 어떤 설교자들은 긴 연속 강해 설교를 해나갈 능력이 있고 또 상황에서 그럴 필요를 느낀다. 그러나 그러한 사람들이나 상황은 흔치 않다. 여기서 반드시 기억해야 할 점은 크리소스톰이나 루터나 칼빈 같은 분들이 전한 위대한 연속 설교들이 대개 주중에 매일 설교한 것들이었기 때문에 연속 설교 전체가 몇 년씩 끌지 않았다는 사실이다. 교인들은 영적인 양식을 먹을 때 다양하고 폭넓은 양식이 필요한데, 그것은 반드시 피상적이고 새로운 것과 동일한 것은 아니다.

단락별로 강해하는 것과 연관하여 생각해 볼 때, 설교자가 해당 단락에서 가장 먼저 인상 깊이 받아들이는 것이 회중에게도 인상을 줄 가능성이 크다는 것이 일반적인 견해이다. 그러나 이 말은 설교자 자신이 감동 받은 것만 설교해야 한다는 뜻은 아니다. 물론 그것이 현명한 방법인 때도 종종 있다. 하지만 젊은 설교자들은 이것을 본문 선정의 큰 원칙으로 삼으려는 유혹을 받는 경향이 있다. 특히 젊은 설교자들일수록 하나님의 말씀을 분명히 들을 수 있는 능력과 하나님의 말씀을 명확히 설교하는 은사 및 경험 사이에 분명한 차이가 있음을 기억할 필요가 있다. 설교자에게 크게 와닿은 본문이나 단락을 가지고 설교를 작성할 때는 설교자 자신의 신앙 경험을 위주로 본문에서 본문으로 하나님의 백성을 끌고 가는 데 그치지 않고, 더 나아가 그들을 하나님의 백성답게 세우는 방식으로 자료를 사용할 수 있기까지는 여러 달 혹은 여러 해가 걸리기도 한다.

2. 본문 이해

강해하려는 책이나 단락을 정했으면, 그 본문을 가지고 작업을 해야 하는 과제가 기다리고 있다. 여기에서 설교자의 일차적인 임무가 무엇일까? 이 부분에서 우리는 종종 실제 목회와 신학 교육을 따로 떼어놓는 근본적인 문제에 직면하게 된다. 신학교육에 몸담은 사람들은 "첫째 단계는 히브리 성경이나 헬라어 성경을 잘 이해하는 것이다"라고 말하고 싶은 유혹을 받기 때문이다. 또 다른 극단은, 어떤 설교자들의 경우 원어 성경을 한 번도 참조하지 않은 채 강단에 오른다는 것이다. 어쩌면 그들은 원어 성경을 참조할 자신이 없거나, 심지어 성경 연구 생활이 뒤죽박죽 되어 있어서 원어라는 무기를 어디서 사용할지조차 모를 수도 있다! 그런 설교자들은 자신들이 자국어 성경만 가지고도 하나님의 말씀을 완전하게 강해할 수 있다고 말하고 싶어한다(그리고 많은 수의 교인들이 설교자의 그러한 확신에 기꺼이 동의한다).

신학자들과 목회 현장에서 사역하는 설교자들 사이에 벌어지는 이런 논쟁은 어느 정도는 그릇된 쟁점에 초점을 맞추고 있다. 한편으로 볼 때, 많은 설교자들이 원어 성경들을 제대로 읽을 실력이 없는 데 반해, 신학교에서는 원어 성경을 늘 사용할 수 있게 되도록 요구한다. 신학교 교수들은 3-4년간 원어 성경을 읽도록 훈련을 시키는데도 불구하고 졸업생들이 원어 성경을 제대로 읽지 못하게 되는 원인이 어디에 있는가를 자문해 보아야 한다. 하지만 다른 한편으로 볼 때, 자국어 성경만으로도 충분히 강해 설교를 해낼 수 있다고 생각하는 것도 설교자들에게는 올바른 생각이 아니다. 설교자의 입장에서는 자신이 회중에게 최선의 것을 주기 위해서 사용할 수 있는 모든 도구를 다 사용하고 있는가를 자문해야 한다.

그러나 이렇게 무조건 원어에 초점을 맞추는 것은 현실 상황에 부합하지 않는 잘못된 것이다. 오히려 우리 설교자들은 본문을 이해하는 보다 광범위한 문제에 관심을 기울여야 한다. 본문을 이해하려면 그 본문이 기록된 언어를 어떤 정도로는 이해해야 한다. 그 이해를 어떻게 어디서 얻든 상관 없이 말이다. 결론적으로 말해서, 설교자는 원어 성경을 능숙하게 읽어내든, 아니면 성구 사전이나 기타의 사전들, 문법서, 신학 용어 해설서, 전문 용어 위주의 주석을 활용하여 원어의 의미를 더디게 파악하든 간에, 가장 중요한 의무는 언제나 동일하다. 그것은 자신의 능력을 총동원하여 본문의 의미를 이해하는 것이다. 언어 지식 자체는 설교 작성에 제한된 도움밖에 주지 못하지만, 성경을 정확하게 해석하는 데 관심을 기울인다면 언어 지식은 중대한 도움을 준다. 더 나아가 언어란 개념을 전달하는 특성이 있기 때문에, 원문을 사용하는 것과 원문을 읽도록 도움을 주는 참고서들은 때때로 놀라운 진리를 밝혀주기도 한다. 에드윈 호스킨스 경(Sir Edwyn Hoskyns)은 설교자가 자신을 사전에다 매장하고 하나님의 면전에서 살아나는 것을 지혜롭게 말했다. 그런 경험을 하기 위해서 언어 전문가가 될 필요는 없다. 그러나 원어를 잘 알면 하나님의 양무리를 더욱 기름지게 먹일 수 있다.

여기서 당장 주해를 지배하는 몇 가지 원리를 열거하는 데로 진행하는 것은 적절치 않을 것이다. 하지만 반드시 인식해야 할 점은 성경 주해가 설교의 궁극적인 목적을 돕는 것이라야 한다는 것이다. 본문을 다 다루었다고 해서 주해가 끝난 것은 아니다. 그렇기 때문에 주해 자체가 문법을 따지고 파헤쳐 나가는 데에만 한정되어서는 안 된다. 본문이 첫번째 독자에게 뭐라고 하는지, 본문이 그들에게 무슨 의미가 있었는지를 밝혀내는 주해 작업도 그것 못지 않게, 아니면 그보다 더 중요하다. 주해 작업을 통해서 이 하나님의 말씀이 첫번째로 전해진 문맥과 상황이 드러난다. 이런 점에서 주해자는 상상의 사람이기도 하다. 주해자는 문맥을 '독창적으로' 상상해서는 안 되고, 본문 내용이 3차원적 의미를 띠는 그런 방식으로 문맥을 '상상'해야 한다. 주해자는 이 본문이 저 상황으로 전달되는 것을 바라본다. 한 마디로 말해서, 주해 설교자는 본문의 문맥, 즉 본문에 진술된 내용이나 단락의 흐름을 형성하는 다양한 배경을 파악한다.

주해의 이 요소가 피상적인 강해와 역동적인 강해를 구분짓는다. 역동적인 주해는 회중에게 "바로 그것이 이 단락이 말하는 내용이다. 뜻이 이렇게 분명한데 왜 전에는 내가 그것을 몰랐을까?"라고 말하게 한다. 이것을 가리켜 '깊은 주해'라고 할 수 있다. 이것은 본문의 근본적인 의미와 동떨어진 영적인 해석이나 비유적 해석, 또는 알레고리적 해석과 다르다.

몇 가지 예화가 이 점을 바로 이해하는 데 도움이 될 것이다. 예수께서 베푸신 비유 중 두 가지가 예화의 역할을 한다. 그 이유는 본문 내용이 너무나 잘 알려진 것이어서 아무도 "바로 그것이 이 단락이 말하는 내용이다. 뜻이 이렇게 분명한데 왜 전에는 내가 그것을 몰랐을까?"라고 말할 생각을 하지 않기 때문이기도 하다. 우리가 생각할 두 가지 비유는 흔히 '선한 사마리아인'

비유와 '탕자' 비유로 알려진 것으로서, 단순한 원어 사용보다 깊은 주해가 더 중요한 사례들이다.[6]

'선한 사마리아인.' 이 비유의 '핵심 문구'는 "가서 너도 이와 같이 하라"(눅 10:37)이다. 정확한 주해라면 설교를 구성하는데 있어서 이 문구를 결정적인 요소로 사용해야 한다. 설교자들은 회중에게 이 문구를 들이대면서 선한 사마리아인을 본받으라고 촉구할 것이다. 그러나 어떤 근거로 그렇게 할 수 있는가?

그리스도의 말씀은 비유의 끝에 제시하는 질문에서 떠오른다. "네 의견에는 이 세 사람 중에 누가 강도 만난 자의 이웃이 되겠느냐?"(눅 10:36). 우리가 주목할 것은 주님의 질문이 질문자에게 하신 것이지, 원래의 질문 자체에 하신 것이 아니라는 점이다. 원래의 질문은 "내 이웃이 누구오니이까?"(29절)이었다. 이 질문 때문에 종종 예수님의 답변을 누구든지 도움을 필요로 한 자가 나의 이웃이라는 식으로 생각하는 일이 생긴다. 그러나 주님이 말씀하신 것은 그런 뜻이 아니다. 이 비유에서 이웃이란 강도를 만나 쓰러져 죽게 된 사람이 아니라 사마리아인이다. 예수님은 "내 이웃이 누구오니이까?"라는 질문에 네 자신이 이웃이다라고 대답하심으로써 질문자에게 대답하신 것이다. 그러므로 "내 이웃이 누구인가?"라는 질문에 답할 수 있는 한도에서, 나는 내 책임의 한계를 그을 수 있다. 그러나 주님이 말씀하신 것은 정반대이다. 주님은 "책임을 회피하지 말라. 너 자신이 그의 이웃이기 때문이다"라고 말씀하신다.

그렇다면 여기서 우리는 본문을 정확하게 이해하는 것이 그리스도의 대화에 담긴 역동성을 이해하는 길이 되는, 그리고 강해의 결론을 올바로 내리는 것이 전혀 새로운 빛을 비추는 길이 되는 예를 보는 셈이다. 이 비유가 달리 이해했을 때보다 더 절실하고 더 혁명적인 메시지를 제시한다는 것을 이해하기 어렵지 않다. 얼른 보기에 다른 사람의 필요를 돌아보아 준다는 의미에서 '이웃이 되어 주라'는 권고인 것이 결국에는 하나님 나라를 지배하는 원칙들과 관련하여 우리가 지니는 정체성에 대한 도전으로, 즉 하나님 나라의 생활 방식에 철저히 순응하여 살아야 하지 않겠느냐는 도전으로 바뀐다.

'탕자 비유.' 이 비유에서는 '비유 당 한 개의 초점'이라는 원칙이 알레고리에 빠지지 않도록 지켜준다는 점이 분명하게 나타난다. 그러나 이 원칙을 견지할 때 주의할 점은 예수께서 교훈하시는 뉘앙스를 하나라도 그냥 지나쳐서는 안 된다는 것이다. 따라서 아버지, 바리새인, 죄인, 이 세 사람의 등장 인물을 동등하게 인식해야 이 비유의 통일성이 무너지지 않을 것이다. 또한 이 비유에서 우리가 잊어버려서는 안 될 점은 세 명의 등장 인물에 대해서도 무엇인가를 교훈해 준다는 것이다.

그 점을 염두에 두고서 이 비유를 보면, 비유의 구체적인 내용이 대단히 의미심장하게 부각된다. 예를 들어, 둘째 아들이 아버지가 자신을 아들로서 맞아들이지 않고 종으로 받아줄 것이라고 믿은 점을 생각해 보자. 탕자의 마음에는 더 이상 아들이 될 자격이 없다는 비장한 의식이 새겨져 있다. 이와 대조적으로 큰아들의 마음에는 자신이 아들의 지위는 갖고 있으나 실제로 그것이 종살이와 다름 없었다는 생각이 새겨져 있다(참조. 눅 15:29. NIV는 이 절을 "내가 여러 해 아버지께 종살이를 하여"라고 번역한다).

둘째 아들은 아버지가 자기를 용서하는 뜻에서 목을 안고 울면서 입을 맞출 때조차 자신이 받아들여진 것을 믿지 못한 반면에, 큰아들은 아들의 지위가 무엇인지 전혀 오해하고 있다. 이 두 형제가 무엇인가 공유하고 있는 의식이 있다. 두 아들 모두 아버지가 누구이신가를 이해하지 못했다. 결국 이 비유는 예수께서 바리새인들을 정죄하신 비유이다. 바리새인들은 아버지이신 하나님을 욕되게 하고, 스스로 그분의 나라에 들어가는 문을 닫았고, 다른 사람들도 그리로 들어가지 못하게 가로막았다.

예화가로서의 재능이 없거나 탁월한 교사와 설교자가 발휘하는 상상력이 없는 분들에게는 세심한 주해가 왕도이다! 올바로 해석된 계시의 역동성과 폭넓은 상상 속에서 하나님의 말씀은 청중에게 교훈하고 그들 마음을 조사하고 도전하고 그 열매를 맺는다. 교수가 시험을 앞둔 학생들에게 문제들을 잘 이해하면 그 안에서 답을 찾을 수 있다고 말하듯이, 설교도 그러하다. 본문의 의미를 이해하면 이미 주해와 적용의 한복판에 가 있는 셈이다.

3. 종합(crystallizing)

강해 설교를 준비하는 세번째 단계는 설교를 종합하는 작업이다. 종합(crystallizing, 결정화〈結晶化〉)이란 물체들이 원자들, 이온들 혹은 분자들의 질서 정연한 배열로써 일반적으로 액체 상태에서 형성되거나 확대되는 과정을 가리킨다. 여기서 이 은유가 적합하다. 왜냐하면 앞서 살펴보았듯이, 강해 설교 준비 작업은 단순히 건전한 주석을 이루어 내는 것을 넘어서는 일이기 때문이다. 오히려 이 단계에서 우리는 주해로부터 단일 메시지를 정연하게 배열하는 데로 옮겨간다. 강해에 절실한 것은 메시지의 통일성이다. 이것은 웅변과 수사학의 기초 원리이다. 우리 주님도 친히 모범을 보이셨듯이, 설교를 위한 수사의 원리에도 통일성이 있어야 한다.

따라서 우리가 자문할 것은 "메시지의 요지가 무엇인가?"라는 것이다. 과정의 통일이 획일성을 뜻하는 것은 아니다. 본문의 근본 메시지를 강조해야 한다고 해서 메시지를 단조롭게 전한다는 뜻은 아니다. 종합(결정화) 과정에서 훌륭하고 아름다운 결정체 한 개가 산출될 수도 있지만, 그것은 다른 결정체들이 한데 합쳐서 이루어진 것이기 때문에 단조로운 것이 아니다. 그러므로 설교자는 부분과 전체의 관계를 조사하고, 부분들(주해에 의해 제시된)을 전체(메시지)와의 합법적인 관계하에 한데 취합한다.

이것은 강해 설교자들에게 아주 절실히 요구되는 것인 동시에 풍성한 열매를 거두기 위한 고된 훈련임을 기억해야 한다. 여기에 포함되는 원리들을 쭉 열거하기보다, 좀더 쉽게 설명하기 위하여 몇 가지 실례를 들겠다. 에베소서 3:1-13의 주요 주제 중 한 가지는 '하나님의 지혜'이다. 바울은 자신의 사역을 말하면서 그 사역의 중심부에 "교회로 말미암아 …… 하나님의 각종 지혜를 알게" 하시는 하나님의 목적이 놓여 있음을 이해하였다(엡 3:10). 그러나 이 주제가 본문 전체의 흐름에서 어떻게 명확히 드러나는가? 이 문맥에서 바울이 하나님의 각종 지혜에 대한 것을 얼마나 명확히 설명하고 있는가 하는 것을 보면 마음이 설렌다. 본문의 단계를 하나씩 밟아 올라가면 거기에 다양한 아름다움이 있는 것을 발견하게 된다. 여기에는 하나님의 지혜가 세 가지 방식으로 나타나기 때문이다. 첫째, 당신의 지혜를 계시하시려는 하나님의 계획이 그리스도 안에서 나타났다(11절). 그러나 바울은 한 걸음 더 나아가 그 지혜가 교회를 통해서도 나타난다고 말한다(10절). 하지만 이 짧은 본문이 얼른 보면 지혜라는 큰 문맥에서 완전히 이탈하는 적용으로 끝 맺는 것을 주목하라. 바울은 에베소인들에게 자신이 앞서 말한 내용을 근거로(13절, "그러므로") 낙심하지 말라고 권고한다. 그가 앞서 말한 내용이 그 권고와 어떻게 어울리는가? 그것은 잘 어울린다. 왜냐하면 에베소인들이 그리스도 안에, 그리고 그의 백성을 통해서 나타난 하나님의 놀라운(폴루포이킬로스 ― 다채로운) 지혜에 관해 이미 배웠기 때문이다. 그들이 이제 볼 수 있게 된 동일한 지혜가 사도 바울의 생애에서도 나타났다.

그러므로 하나님의 지혜는 세 곳에서 볼 수 있다:(1) 그리스도 안에서, (2) 교회 안에서, (3) 하나님의 종들의 고난 속에서("너희를 위한 나의 여러 환난에 대하여 낙심치 말라. 이는 너희의 영광이니라," 엡 3:13). 흥미롭게도 바울은 다른 서신(옥중서신)에서 이 원리를 아주 구체적인 형태로 지적한다. 그는 빌립보인들에게 이렇게 쓴다: "형제들아 나의 당한 일이 도리어 복음의 진보가 된 줄을 너희가 알기를 원하노라. 이러므로 나의 매임이 그리스도 안에서 …… 기타 모든 사람에게 나타났으니 형제 중 다수가 나의 매임을 인하여 주 안에서 신뢰하므로 겁 없이 하나님의 말씀을 더욱 담대히 말하게 되었느니라"(빌 1:12-14). 얼마나 다채로운 지혜인가!

이렇게 단락의 일반적 교훈에서 구체적인 주제를 깨닫는 데로 나아가도록 하는 기본적인 원칙이 무엇인가? 그것은 통일의 원칙이다. 이 원칙의 범위와 한계는 실제로 작업을 해봐야 제대로 느낄 수 있다. 그럴지라도 이것은 난해한 원칙이 아니다. 일상적인 언어 생활의 원칙이다. 우리는 무엇인가를 말한다. 성경의 단락들도 역시 무엇을 말한다. 그러므로 그 '무엇'이 어떤 것인지 꼬집어 낼 수 있고, 그것을 통일된 '무엇'으로 인식할 수 있다. 그것은 메시지를 종합하는 단계뿐 아니라 곧 이어 언급할 단계에서도 유익하다.

4. 골격 수립

지금까지 해온 일은 설교를 주해하기 위해 분석하고 그것을 각 부분별로 배열하는 것이었다. 바로 그 다음 단계에 접어들면 연속 주석 설교에 필요한 것과 다른 작업이 필요하게 된다. 강해 설교에서는 본문에 대한 자료를 정확히 분석할 뿐 아니라, 설교를 하기 위해 분석한 자료들을 재구성하는 작업이 요구되기 때문이다. 전에는 문제의 핵심을 꼬집어 내기 위해서 본문을 철저히 분해했다면, 이제는 분해한 것들을 새로운 원리로, 즉 건전한 수사학의 원리와 성도들의 요구에 꼭 들어맞게 하는 전달의 원리로 설교를 작성한다. 달리 설명하자면, 이제 해야 할 작업은 이미 끌어모은 자료들을 우리 손에 쥐고서 전혀 다른 매체 수단으로 전환시키는 작업이다. 기록된 하나님의 말씀이 이제는 선포되는 하나님의 말씀으로 전환된다. 이제는 더 이상 원문을 주해하는 영역에 머물지 않는다. 다시 말해서, 본문을 기록한 저자의 의도나 그 당시 청중의 상황을 분석하는 방법에만 머물러 있지 않는다. 이 방법을 뛰어넘어 제3의 방법에 관심을 기울인다. 다시 말해서, 본문의 원래의 의미와 당시의 상황을 종합하여 현대를 살아가는 양 무리에게 선포하는 것이다. 원래 주어진 말씀을 해석하여 전혀 다른 시대에 살고 있는 현대인에게 적용하는 설교를 한다. 그렇다고 해서 본문을 더하거나 감하는 오류를 범해서는 안 된다.

이 목적을 어떻게 달성할 것인가? 이 목적을 달성하는 최선의 길은 앞에서 제시한 방향을 따르는 것이다. 종합(결정화) 과정에서의 핵심은 혼합이었다. 그 다양한 요소들을 앞에서 살펴보았다. 앞에서는 중심 메시지를 발견하기 위해서 그 다양한 요소들을 한데 취합했지만, 이제는 메시지의 핵심을 파악할 수 있는 생각의 내용들을 확인하기 위해서 다시 한 번 그 요소들을 분석해야 한다. 이 부분들이 전체와 어떻게 관련되는가를 분석하면 그 안에 포함된 생각의 내용들이 드러날 것이다. 이번에도 모호한 원칙들을 열거하기보다 예화를 드는 것이 더욱 도움이 될 것이다.

시편 121장을 강해하기로 결정했다고 가정해 보자. 기본적인 준비 과정에서 여러 가지 것들이 눈에 띌 것이다. 이 시에는 '성전에 올라가는 노래'라는 표제가 붙어 있다. 이 표제는 120-134장에 다 붙어 있다. 하지만 그밖의 다른 시들에는 이 표제가 붙어 있지 않다. 우리가 조사한 바에 의하면 이 시는 구약 성도들이 절기를 지키러 예루살렘으로 순례를 할 때 실제로 사용된 듯하다. 비록 이 시가 어떤 상황에서 기록되었는지 정확히 알 수는 없어도, 순례의 길을 가는 성도들을 가르치는 데 사용된 것만큼은 틀림없다. 이 시의 문맥이 그 점을 분명히 말해준다. 이 시에서는 신앙 연륜이 그리 깊지 않은 성도가 약간 염려하는 마음으로 순례의 길을 나선 듯한 느낌을 받게 된다. 아울러 연륜이 깊은 다른 이로부터 종합적인 지혜로운 조언을 구하거나, 아니면 시의 끝부분을 조언해 준 사람으로부터 교훈을 받은 듯한 인상을 받게 된다. 이 젊은 신앙인은 순례자의 길을 떠날 때 당할 위험과 두려움을 염려한다(1절). 길에서 강도를 만나지는 않을지, 일사병에 걸리지는 않을지, 밤에 달이 자신을 미치게 만들지는 않을지 등을 염려하는 듯하다. 이 젊은 순례자는 도움과 힘을 어디에서 구해야 하는지를 알고 싶어한다. 그는 대답을 안전과 평화의 원천이신 하나님의 속성과 그분의 사역에서 얻는다.

지금까지 주해와 어원에 관한 자세한 질문들을 제기하면서 해온 기초 작업은 본문의 의미를 이해하는 데 그 목적이 있었다. 하지만 목공소 목수가 절단 작업을 하다보면 주위에 목재 조각들이 널려 있게 되고, 목수가 그 조각들을 보다 창조적인 목공에 쓸 수 있듯이, 주해도 마찬가지이다. 여기서 우리의 목표는 자료를 발견한 역순으로 되돌려 놓는 것이 아니라, 거기서 회중을 위한 어떤 것을 만들어 내는 것이다. 이 자료들로부터 메시지의 골격을 세울 수 있다.

시편 121장에서 이 작업을 할 수 있는 여러 가지 방식이 있다. 어쨌든 이 시는 화자(話者)가 두 사람이기 때문에 이중 구조로 되어 있다. 따라서 설교안도 두 가지로 구분할 수 있다:(1) 증험하지 못한 신앙의 표현("나의 도움이 여호와에게서로다")과 (2) 증험된 신앙에서 나오는 확신("여호와께서 …… 않게 하시며 …… 여호와께서 …… 되시나니"). 다시 말해서, 다른 각도에서 본문을 보면 이 시를 다음과 같은 내용으로 재구성할 수 있다: (1) 신참 순례자의 두려움(실족하면 어떻게 하나? 낮의 작열하는 태양을 어떻게 견디나? 강도들을 만나면? 달빛의 유해성은?); (2) 숙련된 순례자의 조언("하나님은 이러이러한 분이다": "하나님은 저러저러한 분이다"). 마찬가지로 설교자도 제자가 품는 두려움과 하나님의 충족성, 혹은 제자의 연약함과 하나님의 강하심에 관해 보다 직접적으로 말할 수 있다. 하지만 이렇게 구분하든 저렇게 구분하든 원칙은 동일하다. 즉, 우리는 그 시의 메시지를 회중에게 명확하게 그리고 단계별로 전하도록 마련된 형태로 그 시를 재구성한 것이다.

그 단계들을 다루는 방식은 종종 개인의 선택에 달린 문제이다. 개인에 따라 구분을 보다 분명하게 제시할 수도 있고, 그다지 분명하지 않게 구분하면서 넘어갈 수도 있고, 자료들을 가지고 논리적인 주장을 수립할 수도 있다. 우리는 설교자로서 역량을 키워가듯이 접근법의 다양성에서도 발전해야 한다.[7]

하지만 기본 원칙은 전달에 목적을 둔 재구성이어야 한다.

5. 구체화

다음 준비 단계는 강해 설교에서 가장 중요하면서도 가장 까다로운 것이다. 하지만 까다로운 만큼 보상도 후하다. 지금까지 우리는 분석 작업과 거기에서 수반되는 재구성 작업을 대략 살펴보았다. 이제는 20세기 후반이라는 상황과 성경의 전체 흐름을 한데 엮어내야 하는 중대한 단계에 접어들었다. 이제는 선정한 본문(예를 들면 시편 121장)이 성도들(회중 가운데 김 선생과 이 선생에게)에게 무엇을 말해 주어야 하는가를 물어야 한다. 이 단계에 대해서는 콘크리트를 굳힌다는 은유를 사용할 수 있다. 이것은 청중에게 성경 해석을 전달하는 마지막 단계이다. 성경 세계에서 '용해'했다가 세심한 분석으로 종합(결정화)한 것을 우리 세계에 구체화하는 작업이 이 단계에서 할 일이다.

이 작업을 해나가는 과정은 어떤 것인가? 우리는 성경 본문과 더불어 시작하여 그 메시지를 연구한다. 그 메시지로부터 여러 가지 기본 원칙들을 이끌어낸다. 이제는 이 기본 원칙들을 우리가 사는 현실에 대입하고 적용해야 한다. 그럴지라도 그 시점에서 성경의 통제를 버려서는 안 된다. 아울러 본문을 놓고서, 성경 저자가 이 원칙들을 가지고 했던 일이 무엇인가라고 물어야 한다. 이 원칙들은 대충 쉽게 설명하고서 어떤 형식으로든 호소력이 있도록 사용해도 되는 그런 것들이 아니다. 그런 주해라면 성경의 통제를 벗어난 것이다. 그렇게 하기보다, 원 저자의 실제 용례에 충실하는 형태로 이 기본 원칙들을 사용하려고 노력해야 한다. 원 저자가 원래의 문맥에서 했던 일을 우리도 우리의 문맥에서 할 수 있는가?

이것은 힘든 과정이긴 하지만, 그럴지라도 단순히 학문적인 과정은 아니다. "저자가 자신의 시대에 이 원칙들을 어떻게 사용했는가?"라는 질문은 그 자체가 우리가 우리 시대에 할 수 있는 주해와 적용에 대단히 많은 것을 암시해 주기 때문이다. 이 시점에서 위험한 점은 본문을 떠나 주해에서 직접 나오지 않은 적용으로 돌아서는 것이다. 바울의 용어에서는 주해와 적용을 연결하는 '그러므로'가 나오지 않는다. 적용이 주해에서 곧장 나오지 않는 것이다. 그러나 만약에 본문에 내재된 적용의 노선에 따라 적용을 하려는 엄격한 노력을 기울인다면, 그 결과는 갈수록 적용이 부가물이거나 흥미를 끄는 개인의 관찰이 되지 않고, 사실상 하나님의 말씀 그 자체에서 솟아나는 것이 될 것이다. 그렇게 되면 청중이 하나님의 말씀의 무게와 압력과 빛을 보다 분명하게 느끼게 될 것이다(이것이 새뮤얼 로건과 존 베틀러가 이 책의 다른 곳에서 제시한 논지이다).

비록 시편 121장은 성격이 너무나 일반적이어서 이 원칙을 아주 정확하게 예시하기에 적합하지 않을지라도, 이 시에서도 '구체화'를 증명할 수 있다. 앞에서 언급했듯이, 이 시에는 젊은 순례자-신자의 연약함과 두려움을 암묵적으로 시인되어 있다. 그런 모습이 고대 근동의 젊은 제자의 상황과 생활 양식에 깃들어 있다. 그러나 그는 무엇을 두려워했는가? 그의 경우에 근본적인 두려움이 어떠한 근동의 살과 피를 입었는가? 시에서 두번째 음성에 실려 나온 대답을 가지고 판단하건대, 그 젊은 순례자는 다음과 같은 것을 두려워했다: (1) 하나님이 자기를 버리실지도 모른다는 것: (2) 길에 도사리고 있을 다양한 위험(해, 달, 강도) — 상황들에 대한 두려움, 밤의 두려움: (3) 여행을 마치고 무사히 귀가하지 못할 수도 있다는 것 — 여러 가지 장애를 극복할 인내심이 자기에게 없을 수도 있다는 것.

시편 121장에 깔린 시각과 20세기의 젊은 회심자들의 시각이 그리 동떨어지지 않았다는 것은 깊은 상상을 하지 않을지라도 금방 알 수 있다. 마찬가지로 필요한 조언의 방향도 같다. 하나님이 자기 백성의 언약의 아버지('여호와') 이시라는 것, 하나님이 지키시고 돌보시는 분이라는 것이다. 하나님은 우리가 처한 환경을 지배하시는 주이시요, 우리 인생의 시종을 좌우하시는 주이시다. 그렇다면 이 젊은 순례자의 근심은 하나님의 계시와 속성을 철저히 믿을 때 해소된다. 실로 이 짧은 시련에서 비교적 상상력이 풍부하지도 못한 우리는 풍부한 사고력을 지니신 하나님의 영의 능력을 의지하여 말씀 선포의 훌륭한 지침서를 발견하는 것이다. 하나님은 실족치 않게 하시고, 주무시지도 않고, 지키고 보호해 주시는 아버지이시다. 또한 보호의 날개가 되어 주시고 그의 백성들을 지키시는 경호원이시다.

예화를 할 때 다른 성경 자료들이나 성경 외의 자료들을 사용하는 것이 잘못이라는 말이 아니다. 오히려 철저하게 말씀 강해에 집중하여 본문 자체에 충실할 때 강해 및 예화 또는 적용을 위한 충분한 자료를 더 많이 얻게 될 것이라는 말이다. 이 점에서 처음부터 철저히 준비하면 준비할수록 성경이 강해 설교를 위한 절대 충분한 자료라는 사실이 여실히 드러난다. 그로 말미암아 강해 설교에 정진하도록 격려를 받게 된다. 존 '랍비' 던컨(John 'Rabbi' Duncan. 19세기말 스코틀랜드 자유교회의 설교자이자 학자. 랍비라는 별명이 붙어 랍비 던컨으로 불리운다—역자주)이 조나단 에드워즈의 강해 설교에 관해 논평했듯이, 교리는 모두 적용이고 적용은 모두 교리라고 말할 수 있는 강해 설교 스타일로 인도하는 것이 바로 그것이다.

6. 전달

데모스테네스(Demosthenes)는 수사학의 중요한 요소가 무엇이냐는 질문을 받고서 다음과 같은 유명한 대답을 했다. "첫째도 전달이고 둘째도 전달이고 셋째도 전달이다"(레스터 데 코스터가 수사학에 관해 논해 놓은 내용을 참조하라). 이 말을 들을 때 마음에 떠오르는 것은 전달과 강해 사이에 무슨 관계가 있겠는가 하는 의구심이다. 어쨌든 강해 설교란 전달의 스타일에 대한 정의가 아니라 전달의 형태이기 때문이다. 그러나 그것은 성경적인 주해이기 때문에 설교 내용이 전달하는 태도에 영향을 끼친다.

바울은 자신의 설교를 두 번씩이나 파네로시스(phanerosis)라는 말로 표현했다. 그 말은 본문 자체에 담겨 있는 실재와 능력에 힘입어 메시지를 밝히고 상술한다는 의미를 갖고 있다. 바울은 골로새서 4:4에서 마땅히 할 말로서 이 비밀을 나타낼 수 있도록 기도해 달라고 요청한다. 고린도전서 4:2에서는 거짓 설교를 "오직 진리를 나타냄[파네로시스-강해]으로"라는 말씀으로 비교 설명한다. 비록 바울 자신은 그런 강해를 통하여 자신을 전파하지 않고 그리스도를 선포하였으나, 그것으로써 하나님 앞에서 각 사람의 양심에 대하여 자기 자신을 스스로 천거한다고 했다(고후 4:2). 여기서 바울은 하나님의 말씀을 전달하는 동기가 무엇인지를 염두에 두고 있다. 그러나 주목할 것은 바울의 말씀 선포의 동기가 모두 다 말씀 전달의 태도와 함께 섞여 있다는 사실이다. 이것은 진리를 밝히 나타내는 것이요 진리를 강해하여 선포하는 일이다. 바울은 이 일을 통하여 자신의 설교 사역이 좌우될 뿐 아니라 그의 독특한 설교 스타일에 의하여 메시지 그 자체도 지배되고 있는 것으로써 자신을 천거하고 있다. 메시지에 대한 바울의 강해는 그 메시지를 나타내는 일에 지배적인 요소가 되었다. 복음의 내용은 복음을 선포하는 스타일이나 사상을 지배한다. 여기에 덧붙여서 '매체' 역시 제3자가 '듣는' 메시지이다.

이것이야말로 강해 설교를 좌우하는 지침들이 되어야 한다. 그것은 계시된 진리에 굳게 사로잡히도록 이끌어 주는 사상적 흐름을 표현할 수 있어야 한다. 이 사실을 제대로 모르기 때문에 성도들이 예배에 적극적으로 참여하지 못하게 된다. 그리하여 그들의 영혼은 굶주린 영혼이 되어 버린다. 비록 하나님 말씀이 정기적으로 강해된다고 하더라도 말씀에 사로잡히게 하는 끈이 나타나지 않을 때 청중들의 심령은 기아 상태에 빠지는 것이다. 하나님께서는 하나님의 종들의 입술과 삶 및 전인격을 담은 자신의 진리의 말씀에 대한 강해 사역으로 자기 백성들이 영양을 공급받아 성장하기를 원하신다.

특별히 이 방법을 통하여서 하나님은 자기 백성들에게 역사하시고 인간의 상한 심령들을 완전하게 하신다. 그러나 계시된 뚜렷한 진리를 가르치는 일과 그 진리와 일치되는 정신의 결핍 때문에 성도들의 필요를 만족스럽게 채워주지 못하는 것이다.

모양만 '정확한' 강해 설교로 만족해서는 안 된다. 진리의 영께서 오셔서 계시된 진리에 대한 강해에 숨을 불어넣어 주시지 않는 한, 우리의 설교는 정확한 것이 아니다. 강해 설교는 치유와 교정이 있어야 한다. 여러 가지 다른 이유들이 있겠지만 오늘날 북미에서 상담식 설교 스타일이 성행하는 이유 중 한 가지가 바로 여기에 있다. 많은 경우에는 만약 성향과 메시지가 한데 결합된 전인(全人)으로 전인에게 직접 설교를 할 때 아주 초기 단계에서 영적인 건강을 유지할 수 있다.

어느 월요일 아침에 앤드류 보너(Andrew Bonar: 로버트 머레이 맥체인 설교자의 친구이자 전기 작가—역자주)는 자신의 친구 맥체인(Robert Murray McCheyne) 목사로부터 전날에 교회에서 설교한 주제가 무엇이냐는 질문을 받았다. 그가 '지옥'에 관한 주제였다고 대답하자, 맥체인 목사는 "눈물로 그 설교를 했는가?"라고 물었다고 한다. 하나님 아버지의 심정을 설명해 주는 예수님의 사역은 우리에게 귀한 규범이 된다. 예루살렘을 향하여 눈물로 전하신 예수님의 메시지를 강해하는(엑세게사토, 요 1:18) 우리 설교자들은 예수님처럼 설교할 수 있기를 소망하는 것 이외에 다른 무엇을 바라겠는가?

주

1) 주해와 강해는 때때로 다른 의미로 쓰이기도 하지만 이 글에서는 동의어로 쓰인다.

2) William Taylor, *The Ministry of the Word*(Grand Rapids: Baker Book House, 1975), p. 157.

3) Jonathan Edwards, *Some Thoughts Concerning the Present Revival of Religion in New England in The Works of Jonathan Edwards*, vol. 1(Edinburgh: Banner of Truth, 1974), p. 391. 참조. 이 책에서 에드워즈의 종교적 감정을 다룬 새뮤얼 로건 교수의 글.

4) C. H. Spurgeon 목사와 같은 많은 위대한 설교자들이 조직적인 설교에 강한 반감을 표현하곤 했다. 아울러 오늘날 지나치게 낙관적인 것처럼 보이는 W. G. T. Shedd의 평가를 참조하라. "강해 설교는 때때로 사용되어져야 한다. 요즈음은 주일학교나 성경공부반이 교회 안에 세워지기 전 시대보다도 이 다양한 설교 방법이 덜 요구되고 있다"(*Homiletics and Pastoral Theology*, New York: Charles Scribner and Co., 1987, p. 137에서 인용). 이와 관련하여 Pierre Charles Macel가 최근에 왜 이런 조직적인 강해 설교가 필요한지 그 이유들을 열 가지로 나열한 비평적인 글도 비교해 보는 것이 바람직하다. *The Relevance of Preachng*, R. R. McGregor(Grand Rapids: Baker Book House, 1977, pp. 74-75).

5) 필자는 여기에서 훌륭한 설교자가 되기 위하여 신학자가 되었다는 칼빈의 말을 염두에 두고 있다.

6) 현대 학자들은 비유가 오로지 한 가지 요점만 지니고 있다고 강조하는 경향을 띤다. 이것은 일반적인 면에서 맞는 주장일는지 모르지만, 그들이 주장하는 한 가지 요점은 비유가 갖고 있는 본질적인 요소들에 대한 다양한 면을 형성한 결과임을 기억해야 한다. 참조. V. S. Poythress's review of Robert H. Stein, *An Introduction to The Parables of Jesus*,(Philadelphia, Westminster Press, 1981, in *the Westminster Theological Journal* 44(Sping, 1982): pp. 158-60.

7) 이 점과 관련하여서 예수님의 다양한 설교 '스타일'에 대해 연구하면 큰 도움이 될 것이다.

제8장

해석학과 설교

헨드릭 크라벤담

한 장이라는 적은 지면으로 설교를 위한 성경 해석학의 본격적인 내용을 다 다루기란 불가능하다.[1] 필자는 애초에 바로 그 작업에 착수했지만, 목표를 작게 잡아 동일한 기본 전제를 배경으로 두 가지 근본적인 쟁점을 다루는 것으로 만족했다.

그 기본 전제란 성경 본문의 성격에 해당되는 것으로서, 지면 관계상 그것은 될 수 있는 대로 간략하게 소개하고, 대신에 두 가지 근본적인 쟁점을 다루는 데 주안점을 두려고 한다. 첫째 쟁점은 성경 본문의 의미(meaning)에 관한 것으로서 주해(exposition)에 해당하며, 둘째 쟁점은 본문의 중요성(significance)에 관한 것으로서, 적용(application)에 해당한다.[2] 이 두 가지 쟁점은 차후에 두 가지 논제의 형식으로 소개할 것이다.

앞에서 말한 기본 전제란 구약과 신약의 성경이 참으로 그리고 온전히 신적인 동시에 인간적인 책으로서, 저자이신 하나님과 대리자들인 인간 저자들의 순일한 산물이며, 이 안에는 신적 요인들과 인간적 요인들이 서로를 배제하거나 억압하거나 대체하지 않는다는 것이다.

첫째 논제는 성경 본문이 단일 의미(single meaning)를 갖고 있다는 것으로서, 이 단일 의미는 본문에 나타난 구체적 회중에 대한 저자의 의지에 의해

결정되며, 문맥을 잘 살피고 그 목적을 견지하면 본문에서 그 단일 의미를 재현할 수 있다는 것이다.

둘째 논제는 성경 본문이 **다양한 중요성**(manifold significance)을 갖고 있다는 것으로서, 이 다양한 중요성은 본문의 의미에 정확하게 기초해 있으며, 본문에서 얻을 수 있는 보편적 원칙들과 형태들을 사용하여 어떤 회중에 대해서라도 제시할 수 있다는 것이다.

이 서론의 나머지 부분은 기본 전제의 내용을 분명히 해두기 위한 여러 가지 설명들로 이루어진다. 그 다음에는 이 장의 본론이 이어지고, 본론에서는 두 가지 논제를 소개하고 설명할 것이다.

한편으로, 성경은 통일성과 무오성과 신뢰성과 명확성과 권위로써 지울 수 없이 뚜렷한 신적 증거를 드러낸다. 성경은 전체로든 부분적으로든 하나님께서 친히 내시고 형성 과정을 관장하시고 당신의 목적을 성취하도록 고안하신 하나님의 진리이다.

다른 한편으로, 성경은 방해받지 않은 인간적 증거도 동등하게 나타낸다. 성경은 다양한 역사 사실들과 문화적 배경들을 묘사하며, 다양한 언어와 문학 장르로 표현된다. 성경은 구전 자료와 기록 자료에서 얻은 정보와, 대화를 통하여 얻은 통찰 같은 다양한 부분들로 구성된다. 성경은 하나님의 진리이고 하나님의 진리로 남아 있으면서도, 동시에 철저히 인간의 책이다. 인간 상황에서 발생하여 인간의 환경에 뿌리를 박고 인간의 곤궁을 전달한다.

이런 점들을 고려할 때 성경 해석학은 성경의 참 저자이신 하나님의 속성에 어울리는 성경의 특성들을 열거하고 분석하고 평가하며, 성경 저자들의 인간적 성격을 파악하기 위해 출처와 전승과 편집에 관한 조사뿐 아니라 역사적 문화적 언어적 장르적 연구도 수행하는 작업을 수행해야 한다.[3] 그렇게 하면 성경 해석학은 인간을 위한 하나님의 진리의 핵심(비록 실재는 아닐지라도)인 성경 본문의 충분한 의미와 중요성을 밝히는 이중 목적을 수행하게 될 것이다.

1. 성경 본문의 의미: 첫째 논제

이 부분은 첫째 논제에서 언급되는 핵심 쟁점을 개괄적으로 평가하고, 이 평가 과정에서 드러나게 되는 특징을 구체적으로 논하는 방식으로 진행된다. 그리고 나서 성경적 설교의 선결 과제인 해석 작업을 위해서 이 구체적인 논의에서 몇 가지 추론을 이끌어내는 것으로 매듭 지어진다.

1) 단일 의미와 그것에 대한 파악

성경 본문은 언어적 상징들로써 표현된, 저자의 의도에 의해 결정되는 하나의 불변적 의미만 있다. 이것은 의미심장한 주장이다. 왜냐하면 이 주장은 유대교의 신비주의적 의미든 중세의 4중적 의미든, 개신교의 보다 깊은 의미든, 로마 가톨릭의 충만한 의미(sensus plenior)든 미리 배제하기 때문이다. 그러나 이 주장은 논박할 여지가 없는 듯하다. 심지어 성경 본문이 하나님께서 인간 저자들을 통해서 쓰신 것이라는 인식도 이 사실을 변경시키지 못한다. 하나님이 의도하신 의미가 인간 저자들이 의도한 의미와 다르다고 생각한다면 성경이 한 가지 사상의 흐름으로 형성된 산물이라는 생각뿐 아니라 성경에는 인간성이 들어있다는 생각까지도 훼손하게 될 것이다. 하나님은 당신의 말씀으로써 성경을 산출하도록 인간 저자들을 사용하셨을 때에 고의적으로 그리고 의도적으로 본래 인간들이 지닌 가능들과 한계들을 고려하셨다. 의도된 의미에 예외를 인정하는 것은 독단적인 것으로 보일 뿐 아니라 신적 요인들과 인간적 요인들 사이에 균열을 내고 이런저런 형태의 기계적 영감설에 길을 열어주는 것이다.

하지만 그것을 넘어서서, 본문에 다양한 의미가 있다는 생각은 성경으로부터 뒷받침을 받지 못하는 듯하다. 심지어 호세아 11:1과 마태복음 2:15을 비교한 데 근거한, 그 노선에서 가장 유명한 주장조차 성경의 뒷받침을 받지 못한다. 얼른 보면 애굽에서 불러내어진 아들을 이스라엘 민족과 동일시하는 호세아 11:1이 마태복음 2:15에 의해서는 그것을 넘어서서 그리스도까지도 가리키는 것으로 언급되는 것처럼 보인다. 한 구절에 두 가지 의미가, 즉 신적 저자와 인간 저자가 계시가 전달되던 당시 상황을 위해 의도한 의미와, 신적 저자가 훗날의 상황을 위해 보류해 두고 따라서 당시에는 알려지지 않은 의미가 있는 것처럼 보이는 것이다. 그러나 이 해석은 성취하다(**fulfil**)라는 단어에 훗날에 가서야 실재가 될 예언(predictive prophecy) 개념이 내재해 있다는 가정에 근거한 것이다. 그러나 야고보서 2:21-23을 잠깐 참조해도 금방 알 수 있듯이 그런 가정은 불필요하다. 야고보는 '응하다'(fulfil)라는 단어를 사용하여 아브라함의 순종(창세기 22장에 기록된 대로, 아들 이삭을 제물로 바치려는 의지로써 입증된)이 그의 믿음(창세기 15장에서 그에게 의롭다는 인정을 받게 해준)에 당연히 함축되어 있었다고 단언한다. 이와 비슷하게, 마태는 이루다(fulfil)라는 표현을 사용하여 하나님이 그리스도를 애굽에서 불러내신 일이 호세아가 애당초 사용했던 그 표현을 발전시켜 적용한 것이었다고 말한다. 이 표현을 적용할 때, 마태는 유대인들을 겨냥하여 쓴 자신의 복음서의 틀 안에서 그리스도께서 하나님의 이스라엘이셨다는 점을 강조하기 위해 이스라엘과 그리스도 사이의 유비(analogy)를 사용한다.

어쨌든 '의도된 의미'는 '가능한 함의'와 '그것의 적용'과 엄격히 구분되어야 한다. 이것을 구분하면 여러 가지 난제들이 분명하게 밝혀지고, 성경의 어느 단락에서든 신적 저자와 인간 저자들의 '의도된 의미'가 언제나 그리고 분명히 동일하다는 점이 결국에는 드러나게 될 것이다.[4] 아울러 그 구분은 해석 작업에도 적지 않은 도움을 준다.

첫째로, (의도된 의미를 함의와 적용과 엄격히 구분하면) 본문의 의미를 본문 밖에 혹은 본문 너머에 있는 표준에 종속시킬 필요가 없게 된다. 그 표준이 본문에 덧붙은 계시(유대교의 신비주의적 의미와 개신교의 보다 깊은 의미)든, 본문에 부과된 개념적 구도(중세의 4중 의미)든, 아니면 본문에 대한 교회의 권위(로마 가톨릭의 충만한 의미)든 전혀 개의할 필요가 없다.

둘째로, 그러한 구분은 신약 저자들이 구약을 사용한 방법론, 이를테면 구약을 충분하고 필요하고 권위 있는 모델로서 인용하고 참조하고 관찰하는 것을 포함한 방법론을 우리가 받아들일 수 있는 길을 닦아준다. 이것을 노골적으로 반대한다는 것은 놀라운 일이다. 교회는 믿음과 행위의 모든 분야에서 그리스도와 사도들의 발자취를 조건 없이 즉각 따르라는 부르심을 받는다. 그런데 왜 성경을 사용하는 데에 예외를 두어야 하는가?

하지만 주의해야 할 점이 있다. 저자의 의도를 성경 본문의 의미를 결정짓는 유일의 표준으로 강조하는 것은 해석자에게 저자의 의중에 감취인 의도를 조사할 것을 요구하지 않는다. 해석자에게 그 작업을 요구한다면 해석자는 알려지지 않은 영역으로 검증 불가능한 비약을 시도해야 하고, 주관주의와 상대주의에 빠지게 된다. 그렇게 해서는 안 된다. 첫째 논제가 강하게 진술하듯이, 저자의 의도는 본문에 명확하게 나타난다. 그러므로 해석자는 본문에 초점을 맞춰야 한다. 저자가 의도한 의미는 본문에서 발견하게 될 것이다. 본문이 자체의 실증 기준이다. 이것이 첫째 논제에 실린 두번째 핵심 진술을 이해하는 데 필수적이다.

본문의 의미는 본문에 대한 문법적 · 문장론적 · 의미론적 연구 — 본문 전체의 언어 구조와 개별적인 언어적 구성 요인들을 설명하는 — 로써 발견하고 인식하고 확인해야 한다. 그런 다음에는 본문의 배경과 상황과 표현 양식들을 가능한 모든 각도에서 조망하는 역사적 · 지리적 · 문화적 조사로써 그 작업을 보완해야 한다. 이 작업은 최종적으로 본문의 목적을 분명히 파악하는 데 필요한 특징들과 보조 자료들을 얻는 데 목표를 둔 장르와 문맥 분석으로 완결된다.

이렇게 한다는 것은 모험과도 같다. 이런 식으로 하자면 의미 파악 작업이 지루하게 느껴지는 경우가 많을 것이다. 때로는 끝이 없을 것처럼 보이기도 한다. 막다른 골목에 들어선 것 같은 때도 있다. 하지만 꾸준히 하다보면 갑자기 큰 보상을 얻게 된다. 놀랍게도 본문의 의미가 갑자기 눈에 확 들어오는 것이다. 이 점을 생각하고서 의미를 계속 추구하고 그것에서 흥미를 느껴야 할 것이다.

동시에 이 작업에는 한계가 있다. 본문의 의미는 그것이 염두에 두고 작성된 원 독자들의 언어 법칙과 한계를 넘어서지 않는다. 아울러 본문이 겨냥한 원 수신자들의 독특한 상황을 넘어서지도 않는다. 게다가 본문의 의미를 본문의 저술 목적과 그 특징들의 범위 바깥에서 구해서도 안 된다.[5]

간단히 말해서, 해석자는 본문 이해에 관련된 가능한 모든 조사의 도움을 받아 본문의 실마리들을 추적하되, 실마리들의 한계를 넘지 말아야 한다.

특히 중요한 것은 장르와 그 특징들 그리고 본문과 그 문맥에 대한 연구이다. 여기서 문제가 되는 것은 전체와 그 부분들의 관계이다.[6] 한편으로, 전체는 부분들의 총합보다 크다. 다른 한편으로, 부분들은 전체를 구성하는 요소들이다. 결과적으로, 보다 큰 부분의 일부이자 궁극적으로는 성경전서의 일부인 특정 본문의 의미는 그것이 일부를 차지하고 있는 전체의 의미와 떼어놓고서는 절대로 파악할 수 없다. 마찬가지로 전체의 의미도 전체를 이루는 부분들과 떼어놓고서는 파악할 수 없다. 이 사실을 무시하면 균형이 깨지게 되고, 그렇게 되면 의미가 단편화되어 통일된 전체가 시야에서 사라지게 되거나, 아니면 부분들의 결합으로 도출할 수 없는 의미를 억지로 부과하게 된다.

이 말은 부분들은 전체를 통해서, 전체는 부분들을 통해서 이해된다는 뜻이긴 하지만, 그렇다고 해서 해석자가 피할 수 없는 악순환에 사로잡힌다는 결론을 정당화하는 것은 아니다. 절대로 그렇지 않다! 의미를 파악하려면 힘이 들고 때로는 고통스럽기까지 하지만, 그 과정을 겪고 나면 처음에 세웠던 잠정적이고 임시적인 의미 구조가 본문이나 문맥에서 새롭게 이해되거나 보다 깊이 인식된 실마리들이 있고 없음에 의해 바로잡아지고, 개정되고, 보류되고, 거부되고, 혹은 확인되고, 정당화되는 매끄러운 과정이 오기도 한다.[7]

이 과정을 도와주는 가장 중요한 실마리의 하나는 보다 큰 문맥의 틀 안에서 본문이 '명확히 진술된 목적'에 관해 일러주는 실마리이다. 창세기 22장이 좋은 예가 된다. 이 본문은 하나님께서 여러 번에 하신 언약들(창 11:27-25:11)을 배경으로 아브라함의 신앙을 시험하실 목적으로 그에게 아들을 제물로 바치라고 지시하셨다고 분명히 진술한다(창 22:1). 결국 이것이 이 장에 나타나는 여러 가지 뜻밖의 내용들을 해석하는 방향을 결정해 준다. 따라서 이 장에서 얻을 수 있는 것은 아브라함이 비록 하나님의 목적을 분명히 알면서도 하나님의 약속과 그 안에 담긴 섭리에 자신을 내맡김으로써,[8] 하나님께 대한 절대적 사랑과 순종과 신뢰를 나타내어 그분을 경외했다는 해석이다(창 22:12). 이 해석은 이 장이 그리스도의 대속을 예시할 의도를 갖고 있지 않고, 따라서 그런 식으로 이해하거나 전달해서는 안 된다는 것을 암시한다. 실제로 이 장과 그 문맥을 주의 깊게 분석해 보면 그런 해석은 활용 가능한 실마리의 한계를 벗어나는 것을 알 수 있다. 물론 이 장의 메시지가 대속을 전혀 뜻하지 않는다는 말은 아니고, 다만 여러 가지 뜻 중 하나이자, 아브라함이 말한 "여호와께서 준비하시리라"(창 22:14)는 보편 원칙이 적용되는 다른 모든 경우와 동등한 뜻일 뿐이지, 본문의 유일한 뜻은 아니라는 것이다.

2) 가장 광범위한 범위 안에서의 '해석의 순환'

만일 전체를 이해하는 것이 부분들을 이해하는 데 필수적이고, 부분들을 이해하는 것이 전체를 이해하는 데 긴요하다고 한다면, 가장 먼저 해야 할 일은 성경의 주요 부분들을 분석함으로써 성경 전체를 올바로 정의하는 관점을 수립하는 일이다. 이것은 대단히 중요한 일이다. 이것은 누구나 의식적이든 무의식적이든 성경 전체에 대한 일정한 견해를 가지고서 성경에 접근하는 그 정도의 것이 아니며, 따라서 좋은 정보에 좋은 사유에 좋은 근거를 갖춘 선택을 내리도록 강요하는 것으로 만족하는 그런 정도의 것도 아니다. 아울러 그것은 덜 포괄적인 전체들을 연구하는 데 모델의 기능을 수행할 수도 없다. 오히려 그것은 그런 수준을 훨씬 넘어선다. 성경의 주요 부분들을 분석함으로써 성경 전체를 올바로 정의한 견해를 수립하면 여러 가지 기본적인 해석 원칙들이 투명하게 드러날 것이고, 그 원칙들이 모든 부분들의 의미를 해석하게 될 포괄적인 해석 틀이 되고 또 그런 기능을 하게 될 것이다. 물론 부분들을 검토하는 과정에서 그 의미가 수정되지 않는 한에서 말이다.

따라서 그것은 결코 하찮은 쟁점이 아니다. 해석자가 성경에 대한 타당하고 포괄적인 견해를 가지고 있지 못하면 본문에 들어 있는 것은 보지 못하고, 본문에 들어 있지 않은 것은 보게 될 수밖에 없다. 이것은 동굴 속의 시야, 블라인더, 불량 콘택트렌즈, 혹은 그럴 듯해 보이는 비유 등으로 해석을 방해하는 인간의 전통들에 희생당하여, 다소간에 성경을 구부리고 뒤틀고 덧붙이고 빼지 않을 수 없게 만드는 것과 다름 없다. 그 설교가 설교로서의 기능을 제대로 하지 못할 것은 두말할 나위가 없이 말이다!

필자는 20년이 넘게 분석 작업을 해오면서, 성경이 본질상 언약적 성격을 갖고 있다는, 좀더 정확히 말해서 성경이 아담의 언약, 노아의 언약, 아브라함의 언약, 모세의 언약, 다윗의 언약, 새 언약과 더불어 수세기가 넘도록 꾸준히 건축되어 올라간 언약적 건물이라는 확신을 갖게 되었다.

맹약 관계(bond-relationship)로 규정할 수 있는 언약(covenant)이라는 용어는 신구약을 일관되게 관통하는 항구적인 것을 가리킨다.[9] 쌓아 올라가는 건물 개념은 구약과 신약의 점진적인 계시 가운데서 이루어지는 꾸준한 진보를 가리킨다. 이 두 단어가 결합되어 이루어진 언약적 건물(covenant edifice)이란 표현은 과거의 이야기들이 후대의 이야기들에 충분한 근거이며, 반대로 오직 후대의 이야기들에서 과거의 이야기들은 온전한 모습을 찾는다는 뜻을 전달한다. 간단히 말해서, 언약들 사이의 관계는 획일적인 통일도 아니고 급격한 불연속도 아닌 점진적인 연속성의 관계이다. 그렇다면 해석 과정이 반드시 발생해야 하는 광범위한 범위가 형성되어 있는 셈이다.

그러나 이것은 구체적인 설명을 요한다. 하나님께서 당신의 도덕적 탁월성을 반영하시고 인간의 지위와 곤경을 헤아리셔서 베푸신 구속의 사랑으로 시작된, 하나님과 인간 사이의 이 비류 없는 맹약 관계가 갖는 전형적인 특징은 율법과 약속이라는 두 가지 큰 부수물이다. 율법과 약속은 하나가 빠진 채 다른 하나가 공포되지 않는 관계를 가진다. 게다가 언약들은 각각 나름대로의 강조점을 갖는다. 타락 이전에 하나님이 아담과 맺으신 언약은 율법을 강조했다. 타락 이후에는 타락 이후의 아담과 맺으신 언약과, 노아와 맺으신 언약, 그리고 아브라함과 맺으신 언약에서 약속이 세 가지로 강조된다. 이것은 결국 모세와 맺으신 언약에서의 율법과 다윗과 맺으신 언약에서의 약속을 부각하는 방향으로 이어진다. 언약 건물은 각각 나름대로의 기능을 지닌 약속과 율법이 동등하게 중앙을 차지하는 새 언약에서 그 관석(冠石)을 받는다.[10]

율법 언약과 약속 언약을 예리하게 대조하는 식의 해석은 용납할 수 없는 해석이다.[11] 율법과 약속이 어느 한 쪽이 빠진 채 공포되지 않는다는 사실과, 그 두 가지가 새 언약에서도 다 같이 필수적이라는 사실만으로도 그 둘을 대조하는 해석은 성립할 수 없다. 하지만 이 점을 접어두더라도, 그러한 해석은 연속되는 언약들이 각각 나름대로의 강조점을 지닌 채 이루어내는 고운 융단을 제대로 보지 못한다. 율법은 반드시 인간이 하나님과 공존하는 배경에서만 강조되는 반면에, 약속은 인간이 하나님 앞에서 무능한 배경에서만 강조된다. 이것은 당연한 일이다. 하나님의 임재는 성결을 요구한다. 인간의 무능은 섭리를 요구한다.

그러나 그 융단에는 그 이상의 것이 있다. 율법의 선포는 인간의 무능을 들춰내며, 따라서 그에 따른 약속의 선포를 유발시킨다. 반대로, 약속의 선포는 인간과 하나님의 공존을 겨냥하며, 따라서 그에 따른 율법 선포를 요구한다. 이 두 가지는 처음부터 함께 직조되어 있다. 이 두 가지는 의도적으로 서로를 위한 근거를 마련함으로써 서로의 목적 성취를 돕는다. 서로 앞서거니 뒷서거니 한다. 둘이 나중에는 한데 섞이는 것이 하나도 이상한 일이 아니다.[12]

이 점과 아울러 놓치지 말아야 할 점은, 율법과 약속, 그리고 약속과 율법이 연속해서 공포되는 과정에서 표현이 갈수록 충만해지고 초점이 선명해진다는 사실이다. 그러므로 율법과 약속의 구조는 언약의 구조와 동등한 것으로 나타난다. 하나의 획일적인 언약이 있는 게 아니라, 언약 건물의 연속되는 층들처럼 여러 개의 언약이 있는 것과 마찬가지로, 율법과 약속도 처음부터 하나의 획일적인 것으로 있었던 게 아니라, 율법과 약속이 여러 번에 걸쳐 연속해서 선포되고, 그 과정에서 갈수록 선명하게 된 것이다. 더 나아가 다양한 언약들과 마찬가지로, 과거에 공포된 율법과 약속은 후대에 공포된 것들을 이해하는 데 근본적인 반면에, 과거에 공포된 것들은 후대에 공포된 것들 안에서야 비로소 본연의 의미를 찾는다.

하지만 '언약 건물'은 좀더 자세한 설명이 필요하다. 삼위일체 하나님께서 그것의 배후에 계신다는 사실이 갈수록 분명해질 뿐 아니라, 하나님께서 궁극적으로 삼중 목적을 성취하시려는 뜻을 갖고 계신다는 사실도 갈수록 분명해진다. 이 두 가지 특징은 언약 건물의 정점인 새 언약에서 가장 충분하게 표현되기 때문에, 이제는 새 언약을 보다 구체적으로 설명할 필요가 있다.

첫째, 새 언약은 삼위일체 하나님께 뿌리를 둔다. 그것은 성부 하나님께서 약속하셨고(렘 31:31-34), 성자 하나님 안에서 인격화되었으며(사 42:6), 성령 하나님에 의하여 개인화된다(사 59:21).

둘째, 삼중 목적은 새 마음 곧 중생, 새로운 기록 곧 칭의, 새 생명 곧 성화에 관한 삼중 약속에 의해 해석된다(겔 36:25, 26, 27).

셋째, 삼위일체 하나님의 각 위격은 구체적인 방식으로 삼중 목적을 실현하는 방향으로 협력하신다. 성부 하나님께서 이 세 가지 전부의 운명을 쥐고 계신다(겔 36:25, 26, 27). 성자 하나님은 십자가의 죽으심과 부활 안에서 사람들을 자신과 연합시키심으로써 새 마음을 일으키시고(롬 6:3-6, 11), 십자가에서의 대속을 통해서 새 기록을 이루어내시며(고후 5:21), 성결의 샘이신 당신과 연합시키심으로 새 생명을 일으키신다(요 15:5; 빌 4:13). 성령 하나님은 말씀을 쓰셔서 중생을(요 3:5; 벧전 1:23), 신자에게 당신의 내주(內住)로 인치심으로써 칭의를(엡 1:13-14), 말씀과 사귐과 기도를 쓰셔서 성화를(롬 15:16; 행 2:42-47; 엡 4:12-16; 딤전 4:5) 이루신다.

넷째, 삼중 목적 각각은 독특한 역할이 있다. 중생과 그로 인해 하나님 나라에 들어가는 것이 경험적인 출발점이라면, 칭의와 그로 인한 하나님과의 화목은 법적인 토대이며, 칭의와 그로 인한 하나님과의 사귐은 하나님과의 맹약 관계가 이루어내는 면류관이다.

요약하자면, 성경은 연속적인 언약들, 그 구성 요소들, 부수물들, 그리고 역사를 설명하는 책이다. 이런 것들이 모두 하나님과 그의 백성들 사이에 끊임없이 지속되는 점진적인 계약 관계의 본질을 이룬다. 그 안에서 하나님은 갈수록 첨예해지는 약속들을 쓰셔서 당신을 자기 백성에게 동여매시고, 갈수록 첨예해지는 율법을 쓰셔서 자기 백성을 당신에게 동이신다. 그리고 궁극적으로 이 맹약 관계를 성육신하신 아드님이 이루어 내시고 성령께서 심어주시는 새 마음, 깨끗해진 기록, 거룩한 생활이라는 삼중 약속 안에 견고히 닻을 내리게 하신다. 하나님이 궁극적으로 지향하시는 목표는 삼중 약속의 내용이 가리키는 것처럼, 하나님의 율법을 즐겁고 흠 없이 순종하는 것이다.

3) 근본적인 해석 원칙들의 체계

이상의 내용에서 성경의 모든 의미를 발견하는 총괄적인 틀을 제시하는 몇 가지 근본적인 해석 원칙들을 산출할 수 있다.

가장 광범위한 의미에서, 해석은 성경에 명백히 나타나는 근본적인 연속성과 확실한 진보를 다 훼손하지 않는 언약사적(言約史的)인 것이어야 한다. 하지만 앞에서 논한 내용에 비추어 볼 때 이 말은 세 가지 큰 원칙들로 나누어 표시할 수 있다.

첫째, 과거의 계시는 후대의 계시에 근본적인 동시에 씨앗과 같은 역할을 하는 것으로 인식해야 한다. 구체적으로 말하자면, 후대의 계시는 과거의 계시에 근거할 뿐 아니라, 후대의 계시 안에서 과거의 계시가 제 모습을 드러낸다는 뜻이다. 이 점을 인식한다면 그 둘의 온전성과 정당성을 존중하게 될 것이다. 다시 말해서, 후대 계시의 의미를 과거 계시에 억지로 부과하지도 않게 될 것이고, 과거 계시의 의미를 후대 계시와 동렬에 놓고서 평가하지도 않게 될 것이다.

예를 들어 설명하자면, 아브라함이 믿음으로 의롭다 여기심을 받았다는 창세기 15:6의 진리는 로마서 4:2-5이 가리키는 이신칭의 교리에 근거이자 발생 원인이 된다. 해석자가 앞서 말한 원칙을 받아들인다면, 두 단락 중에서 창세기 15:6이 칭의에 관한 보다 온전한 성경적 교훈을 제공한다고 주장할 수 없을 것이다. 그렇게 한다면 봉오리를 받아들이고 꽃을 거절하는 격이 될 것이다. 아울러서 바울 사도의 이신칭의 교리를 창세기 15:6에 넣어서 해석할 수도 없을 것이다. 그것은 꽃더러 도로 봉오리로 되돌아가라고 강요하는 격이 될 것이다. 하지만 대부분의 해석자들은 바로 이런 우를 범한다.

대부분의 해석자들은 창세기의 그 단락을 아브라함이 믿음으로 의롭다 여기심을 받았다(칭의를 받았다!)는 뜻으로 이해한다. 아브라함의 믿음 자체가 하나님 앞에서 그의 의를 성립시켰다는 대안적인 결론이 왠지 내키지 않기 때문이다. 아이러니컬하게도, 창세기 15:6에 관한 논쟁은 다 같이 받아들이기 힘든 두 가지 해석의 상대적인 장점들에 초점이 맞춰져 있다. 첫번째 해석은 성경적이긴 하지만 그 단락의 어법에 비추어 볼 때 본문적으로(textually) 성립될 수 없다. 두번째 해석은 단락과 잘 어울리는 것 같지만, 성경 전체의 교훈에 비추어 볼 때 본문적으로 성립될 수 없다.

해결책은 그 단락을 하나님의 약속들과 아브라함의 믿음이라는 이중 주제를 강조한 문맥 자체의 관점(창 11:27-25:15)에서 바라보는 것이다. 이 배경에 놓고 볼 때, 창세기 15:6은 아브라함의 믿음이 하나님의 약속을(그 의도들과 목적들을 다 이해하지 못했을지라도) 무조건 수용하고 실행한 것이기 때문에 의(righteousness)와 '동등하다'고 가르치는 듯하다. 창세기 15:6은 그 의의 본질을 정의하지도 않고, 그것을 받은 수단도 정의하지 않는다. 다만 '새 기록' 정보를 좀더 많이 얻을 수 있는 후대의 언약 역사에 가서야 비로소 이 의가 하나님의 의(시 85:11), 그리스도로 말미암는 의(렘 23:6), 믿음으로 말미암는 의(합 2:4)라는 것이 분명해진다. 이러한 흐름은 최종적으로 바울에게서 집약된다. 바울은 로마서 3장과 4장에서 장차 이루어질 일을 자연스럽게 발생시키는 토대이자 씨앗 역할을 하는 창세기 15:6에 비추어서 칭의라는 응답의 전모를 드러낸다.

이상의 내용은 후대의 계시를 과거의 계시에 대입하면 본문의 고유성을 훼손하고 그 독특한 메시지를 흐리게 된다는 점을 증명하는 데 도움이 된다. 그런 해석 방식으로는 믿음이 하나님의 약속을 무조건 수용하는 것이며, 그런 점에서 모든 실질적인 목적들과 무관하게 의와 '동등하다'라는 엄청난 진리를 놓칠 수가 있다. 이 사실이 일찍부터 보편적으로 인식되었다면 해석사의 과정이 극적으로 바뀌었을 것이다!

둘째로, 언약사 방법은 삼위일체적 성격을 지닌다. 앞에서 개관한 삼위일체 하나님의 개입을 파악하고 진술하는 것만 이 방법은 아니다. 이 방법은 삼위일체 하나님의 자기 계시가 언약 문서들의 날실과 씨실에 속한다는 것을 인식하는 것이기도 하다. 창세기 1장의 창조 기사에서부터 계시록 22장의 예수님의 재림에 관한 예언에 이르기까지, 성경은 성부, 성자, 성령께 관한 자료와, 성삼위의 위격들에 관한 언급들과, 성삼위의 사역에 관한 기술들과, 성삼위의 말씀에 관한 기사로 가득 차 있다. 삼위일체적 해석 방법은 적지 않은 보상을 제공한다. 한편으로 그것은 성경을 새롭게 바라볼 수 있는 눈을 열어 준다.

이사야 40-66장의 구조가 그 한 가지 예다. 이 부분을 조심스럽게 분석해보면, 저자는 이 부분을 삼위일체적 노선을 따라 분류한다. 그는 한 번은 서론의 방식으로, 또 한 번은 상술의 방법으로 두 번을 선회한다. 구체적으로 말하자면, 이사야 40-41장과 45-48장은 성부 하나님께, 이사야 42-43장과 49-57장은 성자 하나님께, 이사야 44장과 58-66장은 성령 하나님께 초점을 맞춘다. 이 부분 말고도, 하나님의 자기 계시가 지니는 삼위일체적 성격을 분명히 인식하면 해석자가 삼위일체의 각 위격에 해당하는 성경의 어느 부분을 간과하거나 무시하거나 소홀히 하는 큰 위험을 완전히 없애지는 못할지라도 최소한 줄일 수 있을 것이다.

셋째로, 언약사 방법은 그 범위가 삼중적이다. 이 방법은 중생과 칭의와 성화에 해당하는 새 언약의 삼중 약속을 반영할 뿐 아니라, 이 세 가지 각각을 그것이 기능하는 틀 안에서 적절하게 강조한다.

이런 관점을 수립하고 나면 칭의 교리를 '교회의 존립과 몰락을 좌우하는 교리'(articulus stantis et cadentis ecclesiae)로 주장하는 것이 부적절하게 될 것이다. 그런 선언은 종교개혁의 전투 열기 속에서는 이해함직하지만, 그 안에 위험도 적지 않게 내포되어 있다. 그 주장은 칭의를 다른 진리들이 복속되거나 보조 기능을 수행하는 복음의 중심 항목(핵심은 아니더라도)으로 받아들이는 듯하다. 하지만 반드시 인식해야 할 점은, 칭의를 받지 않은 채 하나님과 화목할 수 없는 듯과 마찬가지로, 중생하지 않은 채 하나님 나라에 들어갈 수 없고 성화되지 않은 채 하나님과 사귈 수 없다는 것이다. 이 세 가지가 똑같이 필요하고, 그중 하나라도 빠져서는 안 되며, 이 세 가지가 동등하게 새 언약이 끼치는 유익들이다. 마찬가지로, 이 세 가지는 모두 성부께서 약속하시고, 성자께서 이루시고, 성령께서 효력 있게 적용하시는 것들이다. 그리고 이 세 가지 모두가 복음의 선물들이다. 만일 이 세 가지 중 한 가지가 있다고 하면 세 가지가 다 있다는 것이요, 만일 그 중에 한 가지가 빠졌다고 하면 이 세 가지가 다 빠진 것이다. 그러므로 이 세 가지 전부를 똑같이 강조하고 주목해야 한다. 중생은 경험적인 출발점이요, 칭의는 법정적인 발판이요, 성화는 그리스도인이 하나님 앞에서 맺는 열매이다. 혹시 여기에 차서가 있다면 성화가 맨 윗자리를 차지할 것이다. 통계상으로도 성화는 성경에서 나머지 둘을 합한 것보다 더 많은 주목을 받는다.

요약하자면, 언약사 방법은 과거 계시가 후대 계시의 토대인 동시에 씨앗이고, 삼위일체적 성격을 띠며, 삼중적 범위를 지닌다고 본다. 이것이 해석의 틀을 제시하는데, 그 해석의 틀이 갖는 중요성은 이루 말할 수 없이 크다. 이것은 몇 가지를 대조하는 방식으로 가장 확실하게 입증할 수 있을 것이다.

만약 언약사적 해석 방법이 옳다면 세대주의적 방법은 성립될 수가 없다. 율법 시대와 은혜 시대를 급격히 단절하는 세대주의의 해석 방법은 연속성을 띤 꾸준한 발전 개념과 어울리지 않을 것이다. 언약사적 해석 방법대로, 만약 율법과 약속이 똑같이 중요한 언약의 구성 요소라고 한다면, 그중 하나만을 강조하든지 하나에 더 큰 비중을 둘 경우 나머지는 희생될 수밖에 없고, 따라서 부적절한 것으로 폐기될 수밖에 없다. 언약사적 해석 방법대로, 만약 과거의 계시가 후대의 계시에 근거가 된다면, 후대의 계시를 과거의 계시에 대입하여 해석하는, 인기 있는 예표론적 접근은 배제되어야 한다. 예표론적 접근은 나름대로 독특한 메시지를 갖고 있는 과거 계시의 고유성을 훼손한다. 만약 삼위일체적 해석 방법이 옳다면, 독점적인 혹은 편중된 기독론적 해석은 심각한 문제들을 일으키게 된다. 그 해석은 의식적으로든 무의식적으로든 성경 메시지의 초점을 편협하게 해석하지 않을 수 없게 만든다. 실제로 그 해석을 엄격히 적용하면 해로운 결과를 초래할 수 있다.

루터의 기독론 중심주의가 일종의 경종이 된다. 만약 그 견해가 끝까지 우세했다면 야고보서는 정경에서 배제되고 말았을 것이다! 언약사적 해석 방법대로, 만약 성경적 해석이 삼중 분야를 갖고 있다면, 새 언약이 끼친 세 가지 유익 중 한 가지를 부당하게 혹은 심지어 지나치게 편중해서 강조하는 방식은 나머지 두 가지를 모호하게 만들고, 따라서 그런 방식은 용납될 수 없다. 그 방식은 성경이 구원에 관해 전하는 온전한 메시지를 훼손할 것이다.[13]

대체로 교회의 실패와 몰락이 성경 전체의 언약사적 내용에 대한 이해 부족과, 그 결과 그 메시지가 결핍되게 전달되는 것에 맞물려서 초래된다는 주장은 타당한 듯하다. 이것이 얼마나 치명적인 해를 끼치는가 하는 것은 쉽게 알 수 있다. 그것은 설교가 하나님께서 정하신 주된 은혜의 방도이기 때문일 뿐 아니라(행 2:42; 롬 10:14-15), 하나님의 모든 뜻을 대체할 만한 것이 아무것도 없기 때문이기도 하다(행 20:25-27).

그러나 그럴지라도 아직 결정되지 않은 가장 근본적인 질문이 남는다. 위에서 설명한 세 가지 해석 원칙을 지닌 언약사적 방법이 왜 다른 방법, 특히 방금 앞에서 대조한 방식들보다 더 훌륭한 방법인가? 달리 표현하자면, 정확한 해석 방법을 결정하는 기성 표준이 있는가?

원칙적으로 대답하자면 간단하다. 그런 선험적 표준이란 없다. 성경 해석 방법은 성경 본문에 담긴 실마리들을 주도면밀하게 살피는 식으로 본문 자체에서 파악해야 한다. 그렇게 해서 파악한 해석 방법이 과연 정당한 것인가의 여부는 바로 그 본문이 언제 어느 경우에서든 그 자체로서 말할 수 있을 정도로 충분히 공정하게 해석한 것인가 하는 점에 좌우된다.

이상의 내용을 감안할 때, 언약사적 방법이 다른 접근법보다 우월해 보인다. 이 방법은 성경 본문에서 곧장 흘러나올 뿐 아니라 전체 성경 본문과도 부합하게 보인다. 그러므로 언약사적 해석 방법은 성경 전체의 의미를 그 전체나 부분들 중 어느 하나도 곡해하거나 짜맞추거나 과소평가하거나 과대평가하거나 생략하지 않은 채 발견하고 깨닫고 확증할 수 있는 유일한 해석 틀을 제공하는 듯하다. 달리 말하자면, 그 방법은 성경적인 것으로 보이는 한, 최종적이고 충분한 결론을 갖고 있다는 점에서 성경 해석을 지지하는 방법으로 신뢰할 수 있다.

2. 성경 본문의 중요성 : 둘째 논제

이 부분은 설교관을 가지고, 그리고 최근에 이와 관련된 해석학 논쟁에 비추어 의미(meaning)와 중요성(significance) 사이의 관계를 파악하는 것에서 시작한다. 그런 다음 본문의 중요성을 파악하기 위해서 한 가지 방법을 제안한다. 마지막에는 그 방법이 소기의 목적을 도달하는 데 필수적이지는 않을지라도 적합하다는 것을 설득력 있게 입증하기 위해 여러 가지 사례를 제시한다.

1) 의미와 중요성의 관계

잘 알려진 정의에 따르면, 설교란 사람이 사람에게 하나님의 진리를 전달하는 것이다.[14] 이 정의는 설교가 본문의 의미를 제시하는 데 국한되는 강의를 넘어서는 것임을 암시한다. 자료가 하나님께 관한 것이든 사람에 관한 것이든, 사람들에게 관한 것이든 사물들이나 사건들에 관한 것이든, 그것을 읽는다고 해서 설교가 되는 것이 아니다. 아무리 그 자료를 능숙하게 역량 있게 읽을지라도 현실과 동떨어진 성격을 띠는 경우가 많다. 그런 것이 아니라, 진리를 전달한다는 뜻에서 설교란 하나님의 실재를 그 인격으로 대면하는 것을 함축한다. 그런 점에서 설교는 반드시 강제성을 띤다. 설교는 청중에게 무엇을 요구한다. 지도하고, 약속하고, 제시하고, 능력을 주고, 전율케 한다. 그 가능성을 열거하자면 끝이 없다. 하지만 설교는 언제나 답변을 강요한다. 청중은 설교를 들으면 반드시 어떤 식으로든 답변을 내놓는다. 하나님께 굴복하기도 하고 순종하기도 한다. 아니면 반대하고 거역하고 무시하기도 한다. 이것도 일일이 열거하자면 끝이 없다.

다시 말해서, 설교는 청중의 삶에 영향을 끼치기 위해 하나님의 말씀을 청중에게 전달하는 것이다. 그러므로 설교에서 가장 중요한 것은 본문의 의미와 그것이 지니는 중요성을 다 전달하는 것이다. 진리 전달로서의 설교는 주해뿐 아니라 적용까지도 포함한다.

둘째 논제는 중요성 혹은 적용을 위한 탐색에 관련된다. 중요성의 성격뿐 아니라 필요 충분 조건까지도 언제나 올바른 해석학의 관심사였으며, 물론 지금도 해석학의 필수적인 관심사이다.

중요성(significance)은 본문의 의미(meaning)가 어떤 사람이나 어떤 사물, 어떤 상황 혹은 어떤 곤궁과 맺고 있는 관계로 정의되어 왔다.[15] 앞에서도 말했듯이, 본문의 의미는 하나로서, 그것은 항시적이고 불변하다. 그 의미는 적절한 해석학 절차에 의해 발견할 수 있다. 반면에 본문의 중요성은 다양하고 상황에 따라 변한다. 그것이 다양한 이유는 본문과 접할 수 있는 사람들, 상황들, 곤궁들이 다양하기 때문이다. 상황에 따라 변하는 이유는 본문과 접할 수 있는 사람들과 상황들과 곤궁들이 동일하지 않기 때문이다.

여기서 두 가지 질문이 생긴다. 의미와 중요성의 관계는 무엇이며, 본문의 중요성은 어떻게 파악할 수 있는가? 중요성이 확고한 고착점과 예측 가능한 구조를 갖고 있음을 입증하는 데 초점이 있는 둘째 논제에서 이 두 가지 중요한 쟁점을 다루게 될 것이다. 먼저 첫째 쟁점부터 다뤄보자.

본문의 중요성은 본문의 의미에 정확히 기초를 두며, 본문의 의미에서 도출해야 한다. 만약 해석 작업이 본문의 적합한 의미든 충분한 의미든 재현하지 못한다면, 중요성을 찾는 작업을 시작하기도 전에 빗나가거나 큰 장애를 만나게 된다. 반대로, 만약 중요성을 찾았다고 할지라도 그것이 본문의 의미에 고착되어 있지 않다면 진리에 부합하다고 말할 수 없다(이것은 새뮤얼 로건이 이 책의 '설교의 현상학'에서 제시한 점과 본질상 같다. 그가 사용한 '분석'과 '직관'이란 용어는 대략 필자의 '의미'와 '중요성'과 상통한다).

이제 이런 내용을 두 방법론을 놓고 최근에 벌어진 논쟁을 분석함으로써 예증할 것이다. 첫째 방법론은 '예증'(exemplary) 방법으로 불리는 것으로서, 벌써 수백 년 전부터 제기된 것이다. 둘째 방법론은 그것에 대한 반대로서 발전한 것으로서, 이른바 '구속사적'(redemptive-historical) 방법론이며, 금세기의 후반에 제기되었다.[16] 이 논쟁은 우리의 목적에 잘 부합한다. 왜냐하면 전자의 초점은 본문의 중요성이고, 후자의 초점은 그 의미이기 때문이다. 이것이

다양한 비판들과 역비판들에 반영되어 있다. 반대자의 관점에서 볼 때, 예증 방법은 해석 분야에 중대한 결함이 있는 반면에, 구속사적 방법은 적용 분야에서 중대한 결핍이 있다. 문제는 양쪽 다 변명의 사유가 없지 않다는 데 있다. 동시에 논쟁이 서로의 취약한 지점에서 끝난다는 것도 놀랍지 않다. 의미와 중요성의 관계에 관한 근본적인 쟁점은 진정으로 한데 결합된 적이 없다. 양 진영은 서로에게 각기 다른 차원에서 비판을 가하며, 그로써 적절한 의사 전달을 힘들게 한다.

학자들이 정확히 지적했듯이, 예증 방법은 성경에 접근할 때 인간이 처할 수 있는 모든 곤경과 삶의 현실에 부합하도록 의도된, '사례들'의 방대한 모음으로 구성된 일종의 '그림 전시관' 방식으로 접근한다.[17] 그 결과 이 방법은 윤리적·심리학적·영적 해석을 싫어하지 않으며, 심지어 때로는 본문을 알레고리적으로 해석하는 것에 반대하지도 않는다. 이 방법을 굳이 지지하지 않아도, 이 방법이 본문에 일상 생활을 변화시키는 진리가 담겨 있음을 입증하려는 욕구에서 비롯되었다는 것은 금방 알 수 있다.

그러나 구속사적 방법을 지지하는 사람들은 세 가지 이유에서 예증 방법에 반대한다. 첫째, 예증 방법은 성경 본문을 근거로 간주하기보다 사례로 간주하고, 본문을 수세기 동안 끊임없이 맥을 이어온 성경적 교훈의 근거로 바라보지 않고, 본문에서 수세기를 건너뛰어 '당시'와 '지금' 사이의 표면적 유사성을 바라본다. 둘째, 예증 방법은 성경 본문을 잘 조직된 유기적 전체로 보지 않고 조각난 단편들의 종합으로 접근하며, 초점을 수많은 독특한 양상들을 지닌 구원 역사에서 획일적인 구원의 순서로 옮긴다. 셋째, 예증 방법은 성경 본문을 종합적으로 이해하지 않고 자동적으로 이해하며, 서로 무관한 개별적 특징들을 강조하는 대신 주제를 골격으로 한 응집성을 희생시킨다.[18]

이러한 삼중 반론은 예증 방법의 단점을 짚었다는 인상을 준다. 하지만 가장 중요한 점은 짚지 않았다. 궁극적으로 예증 방법을 취할 때 본문의 기능이 무엇인가? 본문은 거기서 나왔다고 하는 메시지를 위해 꼭 필요한 것인가? 그런 것 같지 않다. 윤리적·심리학적·영적 해석을 위해서 본문이 '교훈'을 전달하기 위한 출발점으로 쓰일 뿐이다. 마찬가지로 알레고리적 해석의 경우에도 본문은 '현실에 맞는 진리'를 내놓기 위한 판도라 상자의 기능을 한다. 하지만 어느 경우든 예증 방법에서는 독특한 상황에서 그 독특한 내용과 독특한 목적을 지닌 본문뿐 아니라, 교회사에 등장하는 사람들과 사건들에 관한 기록이라는 성경 외적 '본문들'도 들러리 역할밖에 하지 못한다.

그렇다고 해서 '교훈'과 '현실에 맞는 진리'가 인정할 수 없거나 전혀 도움이 되지 않는 것이라는 뜻은 아니다. 필자가 말하고자 하는 것은 이런 방법을 사용할 때 본문 자체는 사실상 침묵을 지키게 되며, 본연의 권위 있는 메시지를 전하도록 허용되지 않는다는 것이다.

구속사적 방법(redemptive-historical method)은 용어에 쓰인 두 가지 요소가 암시하듯이, 이중 주제를 지닌다. 한편으로, 이 방법은 성육신 이전과 이후의 그리스도의 인격과 사역을 중심에 놓는다. 그리스도는 하나님의 모든 행위의 대요이다. 그분은 모든 계시의 내용이다. 그분은 모든 성경을 포괄하는 범위이다. 모든 해석의 참조점이다. 이것은 기독교 메시지에 그리스도의 성육신과 십자가와 부활과 승천 말고도 그 이상의 것이 있음을 부정하는 것이 아니다. 다만 어떤 어떠한 해석도 그리스도와 단절되거나 고립되고서도 기독교적 성격을 유지할 수 없다는 말이다. 모든 것이 그리스도 중심성 때문에 성립되기도 하고 무산되기도 한다. 하지만 이보다 더 근본적일 수 있는 두번째 중요한 주제가 있다. 그것은 그리스도가 역사의 중심이라는 점이다. 그분 안에서 역사는 통일되고 연속되고 진보한다. 역사는 한 분이시고, 항존하시며 진보하시는 그리스도에 관한 이야기이다. 따라서 그리스도께서 창조부터 성육신까지, 그리고 계속해서 재림까지 역사를 통해 전진하실 때 늘 말씀하시고 늘 행동하시고 늘 지도하시면서 수행하신 선지자와 제사장과 왕의 삼중 직무 안에서 그분의 인격을 크게 강조해야 한다.

이 점을 이해하면 왜 성경의 그리스도 중심성을 고집하는지, 왜 해석의 그리스도 중심성을 강조하는지, 왜 설교의 그리스도 중심성을 강변하는지 이해할 수 있다. 성경이 그리스도 중심적이라 함은 그리스도께서 직접적이거나 간접적인 — 다른 사람들을 매체로 쓰셔서 — 말과 행위와 통치로 구속사를 통해 승리의 행진을 해오신 모든 국면들과 사실들을 성경이 충분한 기록으로 전하기 때문이다. 따라서 그리스도 중심적 해석은 그 국면들을 정확히 짚어내며, 성경 본문이 전하는 사실들을 주제 분석에 의해 끄집어낸다. 그리고 그리스도 중심적 설교는 이 국면들과 사실들을 역사의 큰 흐름의 부분으로 제시한다.

구속사적 성경 본문 해석은 제대로 이루어지기만 하면 동시에 적용을 제시하게 된다. 이것은 사실상 서로 다르면서도 근본적으로 같은 삼중적 동질성에 의해 분명히 보증된다. 즉, 한 분이신 그리스도께서 역사의 모든 국면에서 말씀하시고 행동하시고 통치하신다(물론 시대가 흐를수록 자신을 더욱 밝히 나타내시긴 하지만 말이다). 동일한 진보가 역사의 본질을 이룬다. 동일한 사람들이 역사를 통해 그리스도와 함께 진보한다(비록 그들이 갈수록 그리스도께 관한 풍부한 계시를 맛보고, 갈수록 그 행진에 있어서 진보된 단계에 서긴 하지만 말이다). 하지만 그리스도 중심적 설교에서는 구속사의 큰 흐름(처음부터 끝까지 동일한 구조와 특징을 갖고 있는)을 강조하는 것만으로는 주해가 곧 적용이 되지는 않는다. 거기서 더 나아가 그리스도 중심적 설교가 구속사의 일부이기 때문에, 그리스도께서 자기 백성과 함께 벌이시는 승리의 행진의 일부분도 강조해야 비로소 적용이 될 수 있다. 굳이 구속사적 방법에 동의하지 않더라도, 그것이 그리스도의 승리에 온전히 참여하려는 생각으로 그 승리를 세세하게 묘사할 욕구에서 비롯된 것임은 얼마든지 알 수 있다.

하지만 예증 방법 지지자들은 두 가지 분야에서 염려를 표시한다. 그들은 구속사의 실재를 흔쾌히 인정하면서도, 그리스도 중심적 해석과 그 안에서 가능한 적용에 오로지 구속사적 방법만 고집하는 것을 비판한다.

이러한 이중적 비판을 가볍게 여겨서는 안 된다. 구속사적 전승에 서 있는 설교자가 성령께서 승천하신 그리스도의 선물이라는 누가의 진술(행 2:33)을 근거로 '성령의 절기는 곧 그리스도의 절기이다'라는 주제로써 사도행전 2장의 진리를 전하려고 할 때, 그의 태도에 문제가 있다는 것을 부인하기 어렵다. 사도행전 2장이 성령께서 물이 부어지듯 임하신 일과 그 일이 이루어진 방식을 말하는 고전적인 장이라는 사실이 왜 그의 시각에서 가려졌을까? 오로지 그리스도의 관점에서 성경을 해석하려다보니 하나님의 온전한 삼위일체적 자기 계시와 그 의미를 모호하게 만들 수밖에 없던 것 말고 다른 이유가 있겠는가? 회중에게 사도행전 2장의 고귀한 진리를 가로막는 이런 제한적인 경향은 성령의 임재가 생명과 죽음의 문제라는 로마서 8:9에 비추어 이해할 때 결코 가벼운 잘못이 아니다.

더 나아가 같은 전승에 서 있는 또 다른 설교자가 여호수아 4:19-24에 나오는 열두 개의 돌을 여호수아 4:24에 비추어 오로지 '역사에 나타난 하나님의 구원 능력의 기념비'로만 설명하고서, 그 적용으로서 회중에게 성경 역사와 교회사에 나타난 비슷한 기념비들을 통해 하나님의 구원 능력을 민감하게 바라보라고 촉구한다면, 이번에도 불편한 질문들이 제기된다. 그 설교자는 왜 여호수아의 기념비가 여호수아 4:24에 따르면 여호와를 경외케 하는 데 궁극적인 목적이 있다는 폭발적인 진리를 간과한 것일까? 위의 경우와 마찬가지로 진리의 한쪽 면만 보느라 본문의 적용 가능성을 생략하고 마는 우를 범한 것 말고 다른 무엇이겠는가? 여호수아 4장의 온전한 진리를 절충하는 이런 생략적 경향은 성경에서 여호와를 경외하는 것이 지혜의 근본이요 성결의 핵심이라는 교훈을 접할 때 훨씬 더 거부감을 일으킨다.

잘 짜여진 언약사적 방법, 즉 하나님의 삼위일체적 자기 계시를 존중할 뿐 아니라 중생과 칭의와 성화라는 하나님의 삼중 목적도 존중하는 그 방법이었다면 사도행전 2장과 여호수아 4장의 의미뿐 아니라 중요성까지도 금방 인식했을 것이다.

아이러니컬하게도 결국에는 이 방법도 예증 방법이 부닥친 것과 비슷한 근본적인 비판에 부닥치게 된다. 구속사적 방법에서 본문의 기능이 무엇인가? 학자들이 기민하게 관찰해왔듯이, 이 방법의 초점은 무엇보다도 우선 본문이 아니라, 점진적으로 드러난 구속사의 다양한 사실들과 단계들이다. 본문은 그리스도께서 역사를 통해 전진해오신 국면들과 사실들을 목격할 수 있는 '창문'과 같은 기능을 수행한다.[19] 그러므로 본문으로서의 본문이 그 범위가 자주 축소되고, 그 목적이 무시되고, 심지어 그 본질이 훼손되어, 결국에는 '미학적 사색'으로 묘사할 수 있는 목적을 수행하게 되는 것이 조금도 놀라운 일이 아니다. 실제로 구속사적 전승에서 설교는 종종 보잉 747을 타고서 하늘 높이 날면서 뜨거운 사막과 눈 덮인 산맥과 광활한 강줄기와 짙은 숲과 널따란 초원과 험한 바위산과 깊은 호수를 내려다보는 것과 비교할 수 있다. 비행기에서 내려다 보이는 광경은 장엄하고 감동적이고 놀라우면서도 언제나 안락감을 준다. 하지만 한 가지 문제가 있다. 그리스도인은 '위에' 있지 못하다는 것이다. 그는 땅에 있다. 힘겹게 여행하면서 경치를 구경한다. 그 과정에서 더위나 추위나 고통이나 좌절을 경험한다. 때로 그 여행은 너무나 힘들거나 지루하거나 하나도 즐겁지 않거나 계속 수행할 수가 없다. 때로 나그네는 방향 감각을 잃거나 계속 여행할 힘을 잃거나 목적지에 도달할 수 있다는 희망을 잃거나 버티고 가려는 의지를 잃는다. 때로는 지혜나 경험이나 자원이나 도움이 부족하다. 때로는 전투에 휘말린다. 그렇기 때문에 평생의 나그네길에 접어들어 있는 그리스도인에게는 '미학적 사색'만으로 충분하지 않다. 그것 자체로는 굶으면서 하는 다이어트와 마찬가지이다.

그렇다고 해서 구속사적 설교에 진리의 요인이 하나도 없다는 말은 아니다. 전체를 조망하는 파노라마식 관점은 신앙을 북돋워주고, 그런 점에서 때때로 필요하다. 하지만 그런 방식의 설교는 눈물과 땀으로 얼룩진 삶을 다루지 않으며, 따라서 결국에는 열매를 맺지 못하게 된다.

결과적으로, 두 가지 방법 모두 신통치 않아 보인다. 예증 방법은 구체적 적용이라는 훌륭한 목표에도 불구하고 본문의 의미(meaning)에 닻을 내리고 있지 않기 때문에 잘 해석된 중요성(significance)에 도달하지 못한다. 구속사적 방법은 올바른 주해라는 훌륭한 목표에도 불구하고 본문의 충분한 의미와 그에 따른 중요성에 도달하지 못한다. 두 가지 방법 모두 본문에 부과는 하되 본문에 의해 보증되지는 않는 격자 눈금을 사용한다. 간단히 말해서, 둘 다 올바르면서도 충분한 의미와 그것에 기초한 올바르고 충분한 중요성으로 구성되는 성경 본문의 진리를 내놓지 못한다.

2) 성경적 중요성(significance)과 보편적 원칙들

적절하면서도 충분한 주해에 기초하여 본문을 적절하면서도 충분하게 적용하는 것이 가능할까? 그 대답은 단호히 '그렇다' 이다. 그렇다고 해서 본문 적용을 언제나 손쉽게 할 수 있다는 뜻은 아니다. 그 이유는 아주 간단하다. 본문의 진리는 오늘날 우리가 익숙해 있는 것과는 근본적으로 전혀 다른 다양한 문화 양식들에 감싸여 있다. 현대의 청중의 현실과 맞지 않는 다양한 역사 배경을 깔고 있는 경우가 많다. 현대 사회가 반드시 익숙지만은 않은 다양한 문학 장르들을 지니고 있다. 현대인에게는 아주 낯설 수 있는 다양한 언어적 특성들로 표현된다. 이런 점들을 감안하면 성경 본문이 왜 20세기 사람에게 종종 적실성(relevance)을 상실하는지 그 이유를 이해할 수 있다. 본문의 의미를 제시하는 데 뜻을 둔 설교가 청중의 마음을 파고들지 못하기 때문에 메마르고 밋밋하게 된다는 것은 아이러니컬한 일이다. 반면에 활력이 있고 청중의 현실을 짚어주려고 노력하는 설교가 성경 진리에서 거리가 먼 경우가 많다. 물론 꼭 그렇게 되라는 법은 없다. 본문의 진리를 충분한 의미와 적실성을 갖춰 전할 수 있는 길이 있다. 본문에서 보편적인 원칙들과 형태들을 취합하는 것이 바로 그 길이다. 앞으로 살펴보게 되겠지만, 이것이 성경이 제시하는 모델이다.

이 원칙들과 패턴들을 인식하고 재현하기 위해서는 우선 언어, 문화, 역사, 그리고 그 밖의 유관 분야에 대한 연구들을 충분히 확보할 필요가 있다. 그런 자료들이 본문 이해에 꼭 필수적이지는 않더라도 대단히 유익한 도움을 주는 때가 많다. 몇 가지 자료를 예를 들어 설명해 보자.

최근의 한 연구는 "죽은 자들을 위하여 세례 받는"(고전 15:29)이라는 구절에서 '세례 받는'이라는 동사를 비유적으로 받아들여 '완전히 몰입하는'이나 '잠기는'으로 이해해야 하며, 이것이 사전의 의미로도 전혀 손색이 없다고 제안한다. 이 제안은 관제(灌祭)와 여러 가지 제사들과 기념 식사로 죽은 자들에게 정성을 쏟던 당시의 일반적인 관행이라는 본문의 배경을 상당히 잘 인식한 듯하다. 심지어 당시에는 장의(葬儀) 동업조합이 있어서 이런 유의 서비스를 제공했던 것으로도 보인다. 본문에 이런 배경이 깔렸다면, 바울은 수사학적인 질문을 던지는 셈이다. 만약 죽은 자들이 다시 살아나는 일이 없다면 사람들이 왜 죽은 자들에게 그토록 정성을 쏟는 것인가? 만약 이 해석이 정확하다면 고린도전서 15:29을 둘러싼 혼란은 말끔히 사라질 것이다.[20]

마찬가지로, 마태복음 8:28-34의 의미와 적용을 위해서는 그리스도께서 가다라 지방을 방문하신 것이 외국 선교를 시도한 것인지, 아니면 이스라엘의 잃어버린 자들을 위한 사역의 한 부분인지를 아는 것이 아주 본질적인 문제가 된다. 지리학적 연구와 역사적 연구에 따르면, 가다라 지방이 한때는 이스라엘의 일부였다가 경제적인 이유로 떨어져 나갔을 가능성이 있다고 한다. 그렇다면 그 본문은 '해외 선교의 첫번째 실패 사례'를 기록한 것이 아니라, '그리스도께서 길 잃은 이스라엘을 위해 베푸신 사역의 일부'를 기록한 셈이다. 그

지방의 상황은 절망적이다. 구약성경에서 부정(不淨)의 상징인 돼지들을 많이 치고 있었다는 것은 죄를 버리는 데 무관심하다는 것을 단적으로 보여준다.[21] 더욱이 가다라 지방을 휘젓고 다니던 귀신들린 자는 그 지방이 사단의 지배하에 있었음을 가리킨다. 하지만 설상가상으로 그리스도께서 그를 사단의 권세에서 풀어주셨는데도, 그 지방 사람들은 사단의 지배하에 있을지라도 돼지를 키우면서 그럭저럭 편안하게 살아가던 생활이 흔들리게 되자 강한 적개심을 드러냈다.

본문의 특징들과 심지어 구조까지도 이해하는 데 도움을 주는 이런 '보조' 연구들보다 더 중요하지는 않을지라도 대등하게 중요한 것은 성경 본문(그리고 결국에는 문맥)의 주요 목적과 큰 취지와 통일된 주제를 파악하는 작업이다. 이 작업은 본문의 의미를 발견하고 그 중요성을 파악하는 데 매우 가치 있는 것임이 드러나게 될 것이다.

예를 들자면, 요한복음을 그리스도의 신성과 믿음과 생명이라는 세 가지 주제로써 진술된 목적(요 20:31)에 비추어서 조사해 보면, 요한복음 1-11장의 구조가 드러난다(다른 방법으로는 그 구조가 파악되지 않는다). 요한은 먼저 그리스도께서 말씀(로고스)이심을 강조함으로써 1장을 시작하고 나서 세례 요한(사람들을 그리스도께 인도한 사람)과 제자들(결국 그리스도께 파송을 받을 사람들)을 소개한 다음에, 2장과 3장과 4장에서 그리스도의 신성과 믿음과 생명에 대한 서론을 진술하고, 5장과 6장과 7장에서 그 본질을 설명하고, 8장과 9장과 10장에서 그 속에 함축된 의미들을 설명한다. 이 세 가지 순환이 요한복음 11장에서 절정에 달하는데, 이 장에서는 세 가지 주제가 나사로를 살리시는 기사에서 한데 결합한다. 이렇게 세 가지 주제가 세 번에 걸쳐 반복되어 나타난 것만으로도 이미 강력한 적용이 기약된다.

'보조' 연구가 끝나고 전체적 목적 혹은 전체를 통일하는 주제(들)이 파악되었으면, 이제는 성경 본문에서 보편적 원칙들과 형태들을 거두기 위한 장이 펼쳐진다. 이 작업은 문맥의 틀 안에서 본문의 개요를 사용해서, 그리고 비슷한 상황에 처한 모든 시대 모든 사람들에게 적용할 수 있는 용어들로 수행해야 한다. 본문의 구체적인 내용을 소개하는 사실적인 개요는 본문의 윤곽과 구조와 내용과 의미를 선명하게 부각시키는 데 도움이 된다. 하지만 사실적 개요는 보편적인 용어로 개요를 설명한다는 궁극적인 목표로 가기 위한 중간 단계에 지나지 않는다.

보편적인 용어로 표현된 개요는 다양한 유익을 준다. 첫째로, 지금까지 달성하기 힘들었던 목적을 달성하게 해준다. 주해가 곧 적용이 된다. 이렇게 의미와 중요성이 융합되면, 설교자는 하나님의 말씀이 현실에 주는 메시지를 선포할 수 있다.

둘째로, 개요가 자세해질수록 보편적인 원칙들도 한층 구체성을 띠게 된다. 개요의 큰 대지들에 속한 보편적인 원칙들이 보다 일반화될수록 하나님의 진리와 그리스도인의 삶의 골격이 커지고 매개 변수가 광범위해진다. 개요의 작은 대지들에 속한 보편적인 원칙들이 구체화될수록 하나님의 진리와 그리스도인의 삶에 관한 문제들도 더욱 구체성을 띠게 된다. 이렇게 해서 보편적인 원칙들의 총괄적 구조가 하나님의 진리와 그리스도인의 삶이라는 융단 전체를 덮는다.

셋째로, 과거 계시의 개요들은 후대 계시의 개요들에 나타난 보편적인 원칙들을 위한 무대와 근거와 틀이 되는 보편적인 원칙들을 보게 해준다. 때로 과거의 원칙들은 후대의 원칙들에 서론 혹은 예비가 되기도 하고, 후대의 원칙들에 의해 설명되거나 확대되기도 한다.

넷째로, 보편적인 원칙들은 자주 군(群)을 형성하며, 그것이 한데 결합하면 전체의 형태들을 이룬다. 이 형태들을 분리해 내면 성경 본문 메시지를 최대한도로 이해할 수 있다.

다섯째로, 많은 수의 보편적인 원리들은 쉽게 감지된다. 그것들은 본문의 표면에 나타나 있거나 아니면 구체적인 상황을 넘어서는 일반적 진술로 작성된 것으로 나타난다. 그리스도께서 제자들에게 내리신 대사명(마 28:19)은 전자의 범주에 해당하고, "살인하지 말지니라"는 하나님의 계명은 후자의 범주에 해당한다.

여섯째로, 그 밖의 보편적인 원리들은 쉽게 눈에 들어오지 않는다. 그것들은 금광에서 금을 캐내듯이 파악해야 한다. 구약성경에서 역사 부분과 앞날을 예고하는 예언 부분, 그리고 이른바 의식(儀式) 부분이 이 범주에 해당한다. 시간과 문화적 간격, 그리고 경제의 변화를 고려해야 하기 때문이다. 하지만 해석자가 더 집요한 노력을 기울일수록 보상도 그만큼 클 것이다!

3) 한 가지 예와 성경의 모범

이제 제시할 한 가지 예가 지금까지 말한 내용을 예증하게 될 것이다. 이 예는 궁극적인 목표에 도달하기 위해 권장한 중간 단계를 포함시키기 위해서 구체적일 뿐 아니라 보편적으로도 진술한 개요로 이루어질 것이다. 그런 다음 절차와 결과에 대한 의심을 제거하기 위해서 몇 가지 논평을 덧붙일 것이다:

창세기 11:27-25:11(특히 12:4-20에 역점을 둠)

I. 아브라함의 생애	II. 모든 믿는 자들의 조상
서론: 11:27-12:3	서론:
a. 가나안으로 들어가라는 명령	a. 그의 상속을 주장하라는 명령
b. 땅, 국가, 세계에 관한 약속	b. 상속, 후손, 세계에 관한 약속
1) 아브라함과 약속의 땅: 12:4-14:24	1) 약속된 상속
a. 아브라함과 애굽 왕: 12:4-20	a. 하나님의 명령 없이 약속의 매개 변수들을 넘어섬.
b. 아브라함과 롯: 13:1-18	b. 믿음의 순종에 있는 약속의 기초
c. 아브라함과 동방의 왕들: 14:1-24	c. 약속에 힘입어 형제들을 사랑한 행위
2) 아브라함과 언약의 씨: 15:1-21:34	2) 약속된 후손
3) 아브라함과 약속된 미래: 22:1-25:11	3) 약속된 미래

아브라함의 생애 기사에 나타나는 이중 주제는 하나님의 약속과 아브라함의 신앙(불신앙)이란 주제이다. 창세기 저자는 이 자료를 다른 각도에서 다른

주제로 다룰 수도 있었을 것이다. 그러나 그렇지 않았다. 하나님은 분명히 약속과 신앙을 하나님의 자녀에게 반드시 없어서는 안 될 두 가지 것으로 전달하기를 바라셨다. 위의 개요가 제시하듯이,[22] 그 이중 주제는 땅과 자손과 장래에 관한 세 가지 변형을 가지고 있다. 아브라함이 애굽으로 내려간 기사는 첫번째 변형의 사례이다.

그 장을 보편적인 용어로 개략하면 주해가 이런 방식에 의해 곧 적용이 되고, 더 나아가 일상 생활에 미치는 적용의 구체성이 주해의 구체성과 맞물려 진행한다는 것이 다시 한 번 입증될 것이다.

하나님의 약속과 명령은 때때로 성도를 극한 상황으로 내몬다(재물과 일가 친척을 버리고 생면부지의 땅으로 가라는 명령이 그러하다). 그러나 하나님의 약속을 의지하고 그의 명령에 순종하면 필연적으로 하나님의 복(그 땅에 안전하게 도착하는 것)이 따른다. 한편 이 복은 시험의 때를 수반한다(약속의 땅에서 만난 기근). 그런 시험을 만나면 하나님의 약속을 잊고 생존하기 위해 정처 없이 길을 나서게 된다(애굽으로 내려감). 이러한 행동은 더 큰 좌절로 이어진다(바로에게 당한 위협). 만약 처음에 저지른 잘못을 깨닫지 못한 채 진정한 회개로 그 잘못에서 돌아서지 않으면, 재앙을 면하기 위해 아담이 보여준 전혀 무책임한 태도(창 3:12)를 드러낼 것이다. 필요하다면 자신이 살아남기 위해 아내를 얼마든지 희생시킬 것이다. 아내가 더럽혀지도록 방치할 것인가 자신이 목숨을 버릴 것인가를 결정하게 될 때, 그는 전자를 택할 것이다(사라에게 그것을 청함). 이 태도는 일견 정당해 보일 것이다(엄격히 말해서 그는 사라의 오라비였다). 반대로 만약 아내가 믿음을 발휘하여 남자를 지배하려는(창 3:16하. 한글개역성경, '사모' 하려는) 성향에 굴복하지 않고서 차후에 생길 결과들을 고려하지 않은 채 형식적으로 적법했던 남편의 요구에 굴복한다면 죽을 고비는 넘기게 되는 셈이다.[23] 하지만 그러고 나니 재앙이 갈수록 더 커지는 것처럼 보인다(사라가 바로의 후궁으로 옮김). 그럼에도 불구하고 하나님의 약속을 의지하고서 그분의 계명에 순종하면(벧전 3:6) 결국에 가서는 하나님께 복을 받게 될 것이다. 그러려면 하나님의 개입이 필요하지만 말이다(결국 하나님께서 개입하셨다!) 사람은 뜻하지 않게 아내와는 달리(사라는 그렇지 않았다) 진정한 첫번째 시험에서 종종 실패한다(아브라함이 그랬다). 하지만 사람의 신실치 못함(모든 신자들의 조상이 그랬다)이 하나님의 신실하심을 폐하지 못한다는 것이 얼마나 가슴 벅찬 일인가! 하나님은 자신을 부인하실 수 없기 때문이다(딤후 2:13. 그리고 실제로 하나님은 자신을 부인하지 않으셨다!). 아울러 성경 본문이 윤리적·심리학적·영적·혹은 알레고리적 해석에 빠지지 않은 채 아주 구체적인 상황들을 예리하게 지적한다는 점에서 대단히 큰 적실성을 갖고 있음을 알고 나면 얼마나 가슴 벅찬가!

그러나 결국에는 어떠한 방법론도 성경 자체에 닻을 내리고 있음이 입증되지 않는다면 해석자에게 그것을 강요할 수 없다. 그렇다면 이것이 마지막 과제가 된다. 이 글에서는 이것이 설득력을 갖춘 두 개의 논지에 한정될 것이다.

첫째로, 구약성경과 신약성경은 모두 관습적으로 앞의 부분에서 보편적인 원칙들과 형태들을 취하여 그것들을 현실을 위한 하나님의 말씀으로 제시하는 듯하다. 어떤 유형의 문학도 여기서 배제되지 않는다. 보편적인 원칙들은 역사 사건들과 기사들에서도 나오고(창 22:14; 시 126:5-6; 롬 4:1-5; 약 2:20-25), 법적 선언과 기사들에서도 나오고(스 9:10-12; 10:10-12; 13:1-4, 23-27; 말 3:8-10; 고전 9:9; 엡 6:2-3), 잠언과 일부 시편 같은 지혜 문학에서도 나오며(롬 3:10-18; 12:20; 히 12:5-6; 13:5-6), 예언적 선언들에서도 나온다(마 2:18; 13:14-16; 행 28:26-27; 고전 1:19; 히 8:10-12; 10:16-17).

둘째로, 아마 훨씬 더 인상적인 점은 성경 자체가 성경을 '알레고리적으로' 그리고 '예표론적으로' 사용한다는 점이다. 관련 자료들을 검토해 보면 이것이 고대에 유행했던 알레고리적 해석과 사뭇 다르다는 사실이 금방 드러난다(고대의 알레고리적 해석은 본문 바깥에서 본문에 의미를 부과하며, 본문 바깥의 관심사들을 충족시킨다). 아울러 성경은 후대의 성경으로부터 본문에 의미를 도입하고 후대 계시의 관심사들을 충족시키는 현대의 예표론적 해석과도 사뭇 다르다. 사실상 성경에서 발견되는 것처럼 '알레고리적' 그리고 '예표론적' 용례는 본문의 의미(meaning)와 하등 상관이 없다. 그 초점은 언제나 그리고 오로지 중요성(significance)의 영역에 맞춰져 있다.[24] 좀더 구체적으로 말하자면, '알레고리적' 그리고 '예표론적' 용례에서는 성경 본문이 언제나 독특한 성격과 본래의 의미(meaning)로 인해 존중되는 데 반해, 그 중요성은 보편적인 원칙들과 형태들에 의해서 본문에서 취해진다!

'알레고리적'이라는 용어가 실제로 나오는 유일한 단락인 갈라디아 4:24 이하가 적절한 예이다. 바울은 아브라함의 삶 속에서, 특히 아브라함의 두 아들들의 존재와 서로서로의 자식을 떠받들고 있는 두 부인들의 관계와 관련하여서 하나의 보편적인 형태를 간파한다. 바울은 그것을 자신이 갈라디아 교인들과 부딪히고 있는 상황에 아주 힘있는 어조로 효과 있게 적용한다. 이삭이 자유인인 사라를 통해 약속에 힘입어 태어났고, 이스마엘이 여종 하갈에게서 육체를 통해서 태어났던 것과 마찬가지로, 신자들은 자신들의 기원을 위에 있는 예루살렘(자유로운)에 대한 약속의 결과에서 찾고, 유대화주의자들은 현실의 예루살렘(예속된)에 대한 율법의 행위를 통해서 자신들의 기원을 찾는다. 더욱이 이스마엘이 이삭을 박해했기 때문에 그와 그의 모친을 쫓아내야 한다고 사라가 주장했듯이, 교회도 유대화주의자들을 쫓아내고 그들의 영적 모친과 거리를 두어야 한다. 왜냐하면 그들은 예수 안에 있는 믿음에 해로운 자들이기 때문이다.

여기서 우리는 일반적인 유추나 흥미로운 비교를 넘어서는 어떤 것을 감지할 수 있다. 바울은 토대가 되고 따라서 강력한 적용성을 지닌 성경 본문에서 보편적인 원칙을 끄집어낸다.

예표(type)라는 단어가 쓰이는 단락인 고린도전서 10:6이하(한글개역성경, '거울')는 성경의 '예표론적' 용례와 관련한 동일한 방법론을 묘사한다. 이스라엘의 광야 여정 기록을 자세히 읽어보면 이스라엘 민족이 탐욕과 우상 숭배와 간음과 불평을 일삼았다는 것을 알 수 있다. 그들에 대한 하나님의 심판은 다양한 방식으로 집행된 죽음으로 구성되었다. 바울에 따르면 이 모든 것은 광야 여행에서 우연히 발생한 것이 아니다. 그것은 하나님이 자기 백성을 다루시는 보편적인 형태를 들여다 볼 수 있는 창을 하나 내준다. 탐욕과 우상숭배와 간음과 불평은 이쪽으로든 저쪽으로든 죽음으로 가는 길이다. 바울은 이것이 모든 시대 모든 지역의 모든 사람에게 다 해당된다고 엄숙히 경고한다(고전 10:11-12). 간단히 말해서, 그것은 보편적인 원칙이다!

지금까지 논한 내용은 보편적 원칙들과 형태들을 가지고 성경의 중요성(significance)을 파악하는 일이 해석자 개인의 취향 문제가 아님을 깨닫는 데로 이어져야 한다. 그것은 권위 있게 인정해야 할 성경적 모범인 듯하다. 그

리스도와 그분의 사도들에게 좋았던 것은 모든 시대의 교회들에게도 좋아야
한다.

요약하자면, 이 방법론이 예증 방법(본문의 원래 의도를 무시하고서, 근거
없고 잘못된 혹은 무책임한 적용으로 쉽게 끝나는)보다 우월할 뿐 아니라, 접
근의 폭과 본문의 원래 의미를 좁히고서 쉽게 천상적이고 미학적인 사색이나
생략된 적용으로 나아가는 경향이 있는 구속사적 방법보다 우월하다는 것은
거의 본능으로 느낄 수 있다.

결론적으로, 위에 요약한 언약사적 방법은 '보조적' 연구들을 활용하여 성
경 본문의 적절하고도 충분한 하나의 의미(meaning)를 파악하는 데 가장 적
합하며, 본문의 목적과 조화를 이루며, 보편적인 원칙들과 형태들을 가지고 본
문의 다양하고 적절하고 충분한 중요성(significance)을 이해하는 길을 여는
데 가장 효과적이다.

주

1) 골격이 바로 잡힌 성경적 해석학의 내용표는 다음과 같은 형태를 띨 것이다:

서론
  1. 해석학의 개념
  2. 해석학의 동향
제1장 해석학의 시발점: 성경의 현상
  1. 성경 본문의 본질
  2. 성경 본문의 의미(meaning)
  3. 성경 본문의 중요성(significance)
제2장 해석학의 핵심: 성경 해석
  1. 성경에 접근하는 법
  2. 성경의 언어
  3. 성경의 장르들
제3장 해석학의 목표: 성경 이해
  1. 이해의 본질
  2. 이해의 습득
  3. 이해의 전달

이 목차는 성경적 해석학이 성경의 해석과 함께 그 자체 곧 해석학의 핵심 부분에

관심을 둘 뿐 아니라, 해석학의 시발점인 성경의 현상과 해석학의 목표인 성경의 이해에도 관심을 두어야 한다는 확신에 기초를 둔다. 위에서 보듯이 필자는 세 가지 요지를 똑같이 중요한 쟁점으로 간주하며 논지를 펼치려고 한다. 왜냐하면 완벽한 해석학은 역사적으로 보아 타당한 것이며 성경적인 근거를 가지고 있고 또한 체계적으로 큰 이익이 되기 때문이다.

2) 본문의 의미와 중요성을 구분하는 문제에 관해서는 다음을 참조하라: E. D. Hirsch, *Validity in Interpretaion*(New Haven and London: Yale University Press, 1967). pp.8, 38, 57, 62, 127, 141, 216, 255와 *The Aims of Interpretaion*(Chicago & London: The University of Chicago Press, 1976), pp. 1-13, 79-86, 146; Walter, C. Kaiser, Jr., *Toward and Exegetical Theology*(Grand Rapids : Baker Book House, 1981), pp. 31-32.

3) 필자는 역사 비평 방법이 전적으로 계몽주의 사상에 근거하고 있다고 생각한다. 그 토대는 합리주의적 학자들이 성경과 하나님의 말씀을 구분하기 시작하고, 결국에 가서는 둘 사이에 균열을 내었을 때 마련되었다. 그 순간 이후로부터 성경은 자료 비평, 양식 비평, 전승 비평, 편집 비평의 사냥감이 되었다. 보수주의 학자들이 비평을 대체할 연구에 자신들의 위치를 분명히 한정하는 것은 대단히 잘하는 일이다. 역사 비평적 방법은 자유롭고 방해받지 않는 역사 연구를 고집한 점에서 르네상스와 종교개혁 운동에 뿌리를 두고 있다는 주장이 제기되어 왔다. 그러나 역사 비평 방법이 중세 교회의 지배로부터 역사학을 해방시키려 한 반면에, 계몽주의는 하나님의 영원한 말씀인 성경의 권위로부터 스스로를 '해방'시키기로 결정했다는 점에서 분명한 차이가 있다.

4) 하나님과 마찬가지로 호세아가 다 같이 호세아 11:1의 아들을 이스라엘 민족을 가리킬 의도를 지녔던 것처럼, 마태도 더 나아가 호세아가 사용한 그 구절을 그리스도께 적용하려는 의도를 지녔다. 좀더 자세한 논의를 보려면 다음을 참조하라: Bruce Vawter, *Biblical Inspiration*(Philadelphia: Westminster Press, 1972), pp. 115ff.

5) 자제하는 일은 외부적인 요소를 들여와 본문의 의미를 해석하려는 은유적인 해석 방법으로는 실천되지 않는다. 이것은 종종 본문의 의미와는 전혀 다른 반대의 뜻을 나타내거나 때로는 아주 위험한 해석을 하게 한다.

6) Hirsch(*Validity*, p. 77)는 해석학적 원(circle)이 전체와 그 부분들보다 장르와 그 특징들에 의해 더 잘 규명되지 않겠느냐고 제안한다. 그러나 장르와 그 특징들, 그리고 본문과 문맥을 전체와 그 부분들이라는 속(屬)에 딸린 종(種)으로 포함시키는 것이 더 타당해 보인다.

7) 이것은 새삼스러운 현상이 아니다. 더욱이 이것은 배우는 과정에 있어서 모두가 다 똑같이 경험하게 된다.

8) 이것은 히브리서 11:17-19에서 더 확실하게 나타난다.

9) 언약이란 주제를 탁월하게 다룬 논문을 보려면 다음을 참조하라: J. J. Mitchel, "Abram's Understanding of the Lord's Covenant," *The Westminster Theological Journal* 32(1969): 24ff, 특히 29, 43-48. 그는 언약이란 모든 수식어들과 부수적인 요소들을 제거해 내면 기본적으로 맹약 관계(bond-relationship)라고 결론짓는다.

10) 창세기 15:18과 17:1을 비교하면 다음과 같은 사실을 금방 발견할 수 있다. 즉, 아브라함의 언약 안에서 약속이 강조되었다고 해서 율법이 제외되지 않는다. 신명기 5:1-21과 30:6을 비교하면 비슷한 예를 볼 수 있다. 즉, 모세의 언약에서 율법을 강조되었다고 해서 약속이 배제되지 않은 것이다. 예레미야 31:31 이하를 보면 마지막으로 여호와께서는 자기 백성의 마음에 율법을 기록하시겠다고 약속하신다. 이보다 율법과 언약의 관계를 더 밀접히 표현한다는 것은 상상하기 힘들다.

11) D. R. Hillers(*Covenant: The History of a Biblical Idea* <Baltimore: Johns Hopkins Press, 1969>, pp. 46-71, 98-119)는 두 가지 서로 다른 전승과 관점을 대표하는 두 가지 유형의 언약의 차이를 해석한다. 시내 산과 세겜의 언약들(수 24장)은 율법을 강조한다. 노아와 아브라함과 다윗의 언약들은 약속을 강조한다. 후자의 유형은 전자의 유형이 그 목표에 도달하는 데 실패했을 때 두드러지기 시작했다. M. G. Kline(*By Oath Consigned* <Grand Rapids: Eerdmans, 1968>, pp. 22-25)는 각각 인간과 신적인 맹세에 의해 비준된 율법 언약과 약속 언약을 근본적으로 대조하고 근본적으로 대립시키고, 예리하게 구분한다. O. Palmer Robertson(*The Christ of the Covenants* <Grand Rapids: Baker Book House, 1980>, p. 60)은 이러한 접근 방법을 정확하게 배척한다.

12) 이러한 융합은 인격화된 새 언약이신 그리스도의 인격과 사역 안에서 발생한다(사 42:6; 49:8). 특히 이사야 51:4-5과 누가복음 1:69, 72, 74-75을 참조하라.

13) 개신교의 종교개혁은 찬송가학이 지적하는 바와 같이 칭의 교리를 지나치게 강조한 인상이 짙다. 루터가 그것을 자기 신학의 대들보로 여겼음은 잘 알려진 사실이다. 칼빈은 기독교 강요에서 복음의 두 가지 복인 칭의와 성화를 체계적으로 다루었듯이 폭넓은 시각을 갖고 있었지만, 그가 말한 성화가 칭의만큼 완벽한 것인지는 의문시된다. 더욱 눈에 띄는 것은 중생을 따로 다루는 것이 완전히 빠져 있다는 점이다. 이런 점들은 모두 기본적인 취약성을 가리킨다. 어쨌든 새 언약은 삼중 유익을 강조한다. 하지만 이것은 여기서 깊이 다룰 성질의 것이 아니다.

14) 이 정의는 Philips Brooks의 것으로서, John R. W. Stott의 *Between Two Worlds*(Grand Rapids: Eerdmans, 1982 <p. 266>)에서 인용했다.

15) Hirsch, *Validity*, p. 8, *Aims*, pp. 2-3.

16) 이 논쟁을 탁월하게 다룬 글에 대해서는 다음을 참조하라: S. Greidanus, *Sola Scriptura*(Toronto: Wedge Publishing Foundation, 1970).

17) Ibid. pp. 9-10.

18) 참조. B. Holwerda, *Begonnen hebbende van Mozes*(Terneuzen: Littooij, 1953), pp .87-96. 특히 p. 94.

19) Greidanus, *Sola Scriptura*, pp. 191-95, 212. 그는 예증 방법과 구속사적 방법이 본문 배후에 깔린 원래의 사실들을 설교하려고 노력한다는 이유로 두 가지 방법을 다 비판한다. 예증 방법은 본문에 기록된 사람들의 행위에서 원래의 사실들을 추구한다. 그렇다면 이 행위가 부정적이거나 긍정적인 윤리적 모델이 되는 셈이다. 구속사적 방법은 원래의 사실들을 하나님께서 그리스도 안에서 행하신 구속사적 행위들로 정의한다. 그렇다면 이 행위들은 하나님의 백성이 주목해야 할 대상이 되는 셈이다.

Greidanus는 두 가지 방법이 모두 성경 본문을 제대로 바라보지 못하고, sola Scriptura 를 sub Scriptura로 대체하는 것이라고 주장한다. C. Trimp("The Relevance of Preaching," *The Westminster Theological Journal 36*(1973): 1-30, 특히 17-30)는 구속사적 전승 안에서, 설교의 적실성이 sola Scriptura의 원칙과 긴밀히 연결되어 있다고 주장한다. 하지만 유감스럽게도 그는 이 문맥에서 그가 바로 sola Scriptura라는 쟁점에서 그의 전승이 설득력이 약하다는 Greidanus의 비판에 답변하지 않는다. 게다가 그는 "종교개혁의 sola Scriptura 원칙이 설교의 적실성을 어떻게 함축하고 인증하고 보증하는가"를 설명하기 시작할 때, 다소 위축된 인상을 준다. 다음과 같은 진술들은 설교가 적실성이 있음을 입증할 수 있지만, 지나치게 일반적인 진술들이어서 적실성 있는 설교를 내놓지 못한다: "설교의 적실성은 원칙적으로 교회에서 성경이라는 의상을 입고 임재하시며 활동하시는 분 안에서 이루어진다"; "성경의 그리스도를 전파하지 않는 적실성은 모두 거짓 적실성이다"; "말씀 사역에서 그분 곧 성령께서는 다름 아닌 사람들의 마음에 역사하시고 그들의 마음을 얻으려고 하신다"; "성령의 사역은 대단히 구체적이고 적실성이 커서 모든 사람이 '하나님의 큰 일을 말함을'(행 2:11) 듣는다."

20) J. Van Bruggen, *Het lezen van de bijbel*(Kampen: Kok, 1981), pp. 43-53, 특히 51-53.

21) 레위기 20:22-26, 특히 25절에 따르면, 하나님은 거룩하지 못한 것들로부터 구별되어 살 필요를 상징하시기 위해서 정결한 음식과 부정한 음식을 구분하신다. 고린도후서 6:14-18에서도 같은 진리가 제시되지만, 그런 뒤에는 다른 상징과 관련된다.

22) 아브라함의 생애 기사에 이루어져 있는 세 가지 구분(그가 상속할 땅과, 얻게 될 후손, 그리고 그가 얻게 될 미래의 온 세상을 포함하는 삼중 약속과 병행하여 흐르는)은 두번째와 세번째 부분의 시작을 표시하는 "이 일 후에"라는 문구로 암시된다(창 15:1; 22:1).

23) 남자가 책임을 지지 않으려는 어쩔 수 없는 성향은 창세기 3:12에 지적되며, 창세기 12:11-13의 끝부분에서만 나타나는 게 아니라, 성경 전체를 통해서 나타난다. 여자가 남자를 지배하려는 억제할 수 없는 성향은 특별히 창세기 3:16의 주해에 근거를 두고 있고, 특히 "특히 네 욕구는 네 남편에 대한 것이 될 것이니라"(한글개역성경, "너는 남편을 사모하고……")라는 문구에 근거한다. Susan T. Foh("What is the Woman's Desire," *The Westminster Theological Journal 37* <1947>: 376ff, 특히 380-82)는 동일한 용어를 사용하는 창세기 4:7을 들어서 "남편을 지배하고", "주도권을 놓고 남편과 다투고", "하나님이 정해주신 지도권을 가로채려는" 것이 여인의 욕구라고 결론적으로 증명했다.

24) 알레고리적 해석과 예표론적 해석, 그리고 성경의 알레고리적 용례와 예표론적 용례 사이의 예리한 구분을 주목하라. 전자는 본문 밖에서 본문에 의미를 부과하는, 오류의 소지가 있는 해석자의 행위이다. 필자는 이런 접근법이 본문의 순일성을 공격하는 것으로서 받아들일 수 없다고 생각한다. 후자는 본문 밖에서 본문으로부터 중요성(significance)을 나타내게 하는 데 목표를 둔, 무오한 성경 안에 단순히 부과된다. 필자는 물론 이것이 권위 있는 모델임을 인정한다. 그러나 전체 주제를 파악하기 힘들

고, 따라서 결정적이지 못한, 그래서 때로는 혼동스러운 문학들만 내놓는다. 그러나 해석과 용례를 구분하지 못하고, 따라서 그 구분에 수반되는 모든 것을 파악하지 못하기 때문에 이렇게 결정적이지 못하고 혼동스러운 현상이 발생하는 것이다. John Goldingay(*Approaches in Old Testament Interpretaion* <Downers Grove: Inter-Varsity Press, 1981>, pp. 97-115)는 알레고리적 해석과 예표론적 해석이 모두 다른 데서, 즉 알레고리는 성경 본문들에서, 예표론은 성경의 사건들에서 의미(meaning)를 끌어온다는 점을 시인한다(pp. 103, 107, 112). 추측건대 이것은 특히 구약과 신약 사이의 유추(analogies)과 유사(correspondences), 그리고 구약에서부터 신약으로의 보강(intensification)에 의해 가능하게 되는 듯하다(pp. 98-101). 구약의 본문들(알레고리)과 사건들(예표론)이 신약의 그리스도 사건과 본문과 맺고 있는 관계에 주로 초점을 두는 알레고리적, 예표론적 해석(pp. 109-15)이 성경적 유추와 유사와 보강을 존중하는 한도에서 그것은 적법하다(p. 106). 그러나 이 구조는 훼손을 만회하지 못한다. 이 구조에서는 최후의 결론을 쥐고 있는 주체가 본문이 아니라 해석자인 듯하다. 실제로 Goldingay는 예표론이 성경의 사건들이 지니는 상징적 의미에 관심을 가지고 그 사건들을 연구한다고 진술하기도 한다! 하지만 그가 더 치밀한 부연 설명을 하지 못하는 한 그 진술에서 어떠한 결론을 이끌어내기가 어렵다(p. 107).

제 9 장

설교와 조직신학

도널드 매클라우드

"선포가 없는 신학은 공허하고, 신학이 없는 선포는 장님과 다름없다"고 게르하르트 에벨링(Gerhard Ebeling)은 말했다.[1] 그의 말이 사실이라면 ― 물론 사실이다 ― 신학과 설교는 아주 밀접한 관계가 있는 셈이다. 신학 과정은 그 자체로서 존재하지 않는다. 그것은 설교 준비로서만 존재한다. 신학이 설교에 융해되어 전파되지 않는다면 그것은 낙태나 사산과 다름없다. 각도를 좀 달리해서, 만약 우리의 신학(혹은 그 안에 담긴 어떤 세부적인 요소)이 설교될 수 없는 것이라면, 과연 그것을 신학이라고 부르는 게 정당한 것인지 의심스럽다. 제임스 데니(James Denny. 글래스고 신학교 조직신학 교수를 역임한 설교자로서, 연합 자유교회 소속―역자주)가 "나는 설교에 도움을 주지 못하는 신학에는 전혀 관심이 없다"고 말한 것은 대단히 옳은 것이었다.[2]

참된 신학이라면 명료성을 추구하고, 교회 예배에 한 자리를 요구하고, 하나님의 백성과 함께 사망의 음침한 골짜기를 지나가 권리를 주장할 것이다. 만약 신학이 교회에서 입을 다물거나 신학교의 울타리 안에 갇혀 있는 것으로 만족한다면, 그것은 성실성과 함께 선지자적 특성을 상실해 버린 신학이다.

하지만 신학이 설교에 필수적이라는 말도 사실이다. 신학이 없이는 적어도 신약성경의 차원에서는 설교가 있을 수 없다. 설교란 방법일 뿐 아니라 메시지이기도 하다. 설교가 방법이 아니라 메시지라는 주장은 논쟁의 소지가 있다. 물론 빈약하게 선포되는 바른 메시지가 그럴 듯하게 선포되는 그릇된 메시지보다 낫다. 바울은 십자가의 도를 전하는 데 자신의 기능이 있다고 보았다. 그는 사실들을 선포해야 했다. 그리스도께서 죽으셨고, 그리스도께서 살아나셨다는 사실들을 선포해야 했다. 그러나 아울러 그는 그 사실들의 의미도 선포해야 했다. 해석되지 않은 메시지는 쓸데없고 무의미하다. 그 사실들은 속죄를 위한 그리스도의 고난으로서, 그리고 그리스도께서 부활로써 당신이 하나님의 아들이심과 주재(主宰)이심을 입증하신 것으로서 해석될 때 하나님의 구원의 능력이 되었다.

바울은 고린도후서 5:20에서 신학적인 측면에서 설교자의 역할을 설득력 있게 정의한다. 그리스도의 대사는 그리스도께 받은 메시지, 즉 "하나님이 죄를 알지도 못하신 자로 우리를 대신하여 주를 삼으신 것은 우리로 하여금 저의 안에서 하나님의 의가 되게 하려 하심이니라"라는 메시지를 세상에 설명하는 임무를 받는다. 설교자는 이 메시지를 틀리게 전파하지 않았다고 해서 자신의 소임을 다하는 것이 아니다. 불행하게도 철저히 정통 신학을 견지하면서도 동시에 설교자의 사명에 성실치 못하는 일이 아주 쉽게 발생할 수 있다. 위대한 신학적·기독론적·구속론적 주제들은 명쾌하게 전파되어야 한다. 그렇지 못하면 설교란 존재하지 않는다. 워필드(B. B. Warfield)는 이렇게 말했다. "따라서 설교자의 가장 큰 임무는 이 진리를 사람들에게 전하는 것이며, 그러므로 설교자의 근본적인 의무는 자신이 이 진리에 사로잡혀서 그것을 사람들에게 전달하고 그로써 그들의 영혼을 구원할 수 있게 되는 것이다."[3]

워필드가 조직신학을 아주 잘 요약해 놓은 말을 들어보자. "조직신학은 하나님의 구원의 진리를 조직적인 형식으로 진술한 것 외에 다른 어떤 것도 아니다."[4] 조직신학은 성경신학이 계시의 각 시대에 드러난 위대한 교리들을 우리가 올바로 이해하도록 발견해 놓은 것을 활용한다. 아울러 과거 세대들이 제기했던 문제들, 이단들이 던졌던 도전들, 그리고 대 신학자들이 남긴 공헌들에 관해 역사신학이 진술하는 것도 활용한다. 그러나 조직신학은 성경신학이나 역사신학보다 포괄적이다. 문제와 관련된 성경 단락들과 학문적 연구와 논쟁에서 비롯된 공헌들을 모두 취합함으로써 성경적 견해와 역사적 견해를 총괄해서 다룬다. 조직신학은 자매 학과들과는 달리 최종적이고 규범적이다. 구약성경의 전개 과정이나 심지어 사도행전의 전개 과정보다는 성경에 대한 최종적인 견해를 추구한다. 마찬가지로 교부들과 이단들의 견해를 기술할 뿐 아니라(역사 신학의 방법으로), 그 견해들을 신앙의 표준에 비추어 평가한다.

그렇다면 조직신학은 네 가지 특징을 지니는 셈이다.

조직신학은 첫째로, **주제적**(thematic)이다. 그 관심이 특정 본문이나 특정 책이나 저자나 개인에게 있지 않고, 성경의 교리적 주제들에 있다. 둘째로, **포괄적**(comprehensive)이다. 성경신학과 역사신학이 특정 주제에 관해 말하는 내용을 모두 다룬다. 셋째로, **규범적**(normative)이다. 조직신학은 자체의 결론을 특정 성경 저자가 생각한 것이나, 특정 신학자들이 믿는 것이나, 교회에 감화를 줄 수 있는 것으로 제시하지 않고 '진리'로 제시한다. 넷째로, **조직적**(systematic)이다. 최선을 다해 질서 정연하게 주제별로 체계를 세워 나간다. 가능한 한 명료하게 개개의 교리들을 분석하고 종합한다. 또한 그 교리들을 가능한 한 결합하고 설득력 있는 체계를 세워 세상과 교회의 삶에 연결시킨다.

조직신학과 주해

이렇게 조직신학이 설교 사역과 긴밀한 관계가 있음을 알게 될 때 가장 먼저 떠오르는 질문은 구체적 본문에 대한 주해와 조직신학 전체의 관계는 어떤 것이어야 하는가라는 것이다. 일반적으로 말해서, 이에 대한 답변은 모든 본문을 계시된 진리의 전체 체계에 비추어 이해해야 한다는 것이다. 이것은 두 가지를 뜻한다.

첫째, 진리의 체계는 각 본문을 해명한다. 사실상 이것이 믿음의 유추(the analogy of faith)가 뜻하는 바이다: "성경 해석의 무오한 준칙은 성경 자체이다. 그러므로 성경 어느 부분의 참되고 충분한 의미에 관한 의문이 생기면, 그 주제에 관해 보다 분명하게 말하는 다른 단락들에 비추어 그 의문을 해결해야 한다"(웨스트민스터 신앙고백 1:9). 예를 들어 바울이 에베소서 5:18에서 제시하는 "성령의 충만을 받으라"라는 지침을 생각해 보자. 이 말씀을 해명할 수 있는 유일한 방법은 신자와 성령의 관계를 다룬 모든 교리들을 상고하는 것이다: (1) 무릇 신자는 예외 없이 성령 충만을 받았다(행 2:4; 고전 12:13), (2) 신자들은 반복해서 성령 충만을 받을 수 있다(행 2:4; 참조. 4:8), (3) 주님은 위기 때에 성령께서 마땅히 할 말을 가르쳐 주실 것이라고 약속하신다(눅 12:12), (4) 신자는 그리스도를 영접할 뿐 아니라 그리스도 안에 거해야 한다, (5) 그리스도인의 이상적인 상태는 성령 충만한 것이다(행 6:5). 이 교리들을 함께 고려하지 않으면 에베소서 5:18을 해명할 수 없을 것이다.

다른 많은 말씀들에도 동일한 원칙이 적용된다. "예수 그리스도를 믿으라"는 구절은 신앙에 관한 교리 전체를 고려할 것을 요구한다. "지금은 우리가 하나님의 자녀인지라"라는 구절은 양자(adoption)에 관한 교리 전체를 다룰 것을 요구한다. "거룩하다, 거룩하다, 거룩하다, 만군의 여호와여"라는 구절은 하나님의 거룩하심에 관한 모든 교리를 상고할 것을 요구한다. 이런 사례들은 하나의 구절을 해석할 때 성경이 그와 관련해서 가르치는 모든 내용을 고려하는 방식으로 진행된다(이것은 성경에서 하나님의 거룩하심 같은 특정 주제에 관해 말하는 모든 개별 본문을 다 사용해서 설교해야 한다는 뜻은 아니다. 그 중에서 문맥에 가장 적절한 것들만 선별해야 한다).

둘째, 교리 체계는 특정 단락을 주해하는 작업에 대해 통제의 역할을 수행한다. 교리들에는 체계가 있고, 게다가 진리는 하나이기 때문에, 교리들은 우리가 해석을 할 때 결코 넘어서는 안 될 한계들을 제시한다. 어떤 면에서 보면 이것은 대단히 중요한 문제이다. 시편 6:5을 예로 들어보자: "사망 중에서는 주를 기억함이 없사오니 음부에서 주께 감사할 자 누구리이까." 이 구절(혹은 이와 비슷한 구절들)을 주해할 때는 영혼 불멸 교리에서 벗어나거나 죽음과 부활 사이의 중간 상태가 의식을 지닌 상태 이외의 다른 어떤 상태임을 암시해서는 안 된다.

조직신학은 요한복음 3:5 같은 구절에 대한 주해에도 비슷한 통제의 역할을 수행한다: "사람이 물과 성령으로 나지 아니하면 하나님 나라에 들어갈 수 없느니라." 세례 받을 때 중생한다는 주장은 성경의 나머지 부분이 구원의 영적 본질에 관해 가르치는 내용에 의해 즉각 배제된다. 동일한 원칙이 고린도후서 5:21에도 적용된다: "하나님이 죄를 알지도 못하신 자로 우리를 대신하여 죄를 삼으신 것은." 우리는 그리스도의 무죄 교리를 견지하며, 그 교리는 주께서 대속을 위한 고난을 당하시는 과정에서 윤리적으로 혹은 영적으로 죄에 오염되셨다는 생각을 즉각 배제한다. 죄를 삼으셨다는 말은 죄를 지으셨다는 뜻이 될 수가 없다.

기독론적 문제를 일으키는 또 다른 본문은 골로새서 1:15이다: "그는 보이지 아니하시는 하나님의 형상이요 모든 창조물보다 먼저 나신 자니." 아리우스 논쟁에서 교회가 배운 것은 구주의 선재설(先在說)이나 구주의 신성(창조주이심)을 양보하는 해석을 관용해서는 안 된다는 것이다. 마지막으로 드는 예는 까다롭기로 유명한 히브리서 6:4이하이다: "한번 비췸을 얻고 하늘의 은사를 맛보고 성령에 참여한 바 되고 하나님의 선한 말씀과 내세의 능력을 맛보고 타락한 자들은 다시 새롭게 하여 회개케 할 수 없나니." 이 단락에서 받게 되는 첫 인상은 참 신자들도 배교를 저지를 수 있지 않느냐는 것이다. 그러나 교의학은 그런 해석을 용납해서는 안 된다고 경계하는데, 실제로 그 단락 자체를 면밀히 검토해 보면 전혀 다른 방향의 교리, 즉 현세적 신앙에 관한 교리를 지적하고 있음을 알 수 있다.

좀더 조심스럽게 말하자면, 각 본문은 계시된 진리의 전체 체계에 비추어 봐야 한다는 말에는 제3의 원칙, 즉 단일 본문을 근거로 교리를 수립해서는 안 된다는 원칙이 내포되어 있다. 하지(A. A. Hodge)는 "그것은 의자를 한쪽 다리로 세우는 것과 같다"고 말했다.[5] 법적인 문제와 마찬가지로 신학적인 문제에도 "두세 증인의 입으로 말마다 증참(證參)케 하라"는 원칙을 고수해야 한다. 이 원칙은 특히 종말론과 관련하여 종종 망각된다. 사람들은 휴거 교리, 첫째 부활과 둘째 부활 교리, 그리고 무엇보다도 천년 왕국 교리를 사실상 단일 본문을 가지고 수립했다(살전 4:17; 계 20:4-5). 이 교리들은 그밖에도 성경 전체의 가르침과 모순된다는 불리한 점을 안고 있다. 하지만 설혹 그렇지 않다 하더라도, 그 교리들은 근거가 빈약하다는 점 때문에 즉시 의혹을 받는다.

그러나 조직신학은 주해 작업과 주해자에게 몇 가지 위험을 초래한다. 그 중의 하나는 특정 본문의 교리를 자신의 체계에 비추어 폄하하거나 경시하려는 유혹이다. 예를 들어, 칼빈주의의 선택 교리를 견지하는 사람들은 그 교리에서 혹시 빗나갈까봐 요한복음 3:16과 디모데전서 2:4에 선언된 하나님의 호방한 사랑을 제대로 평가하지 못하는 잘못을 범할 수가 있다. 이와 비슷하게, 우리의 구원을 이루어 가고(빌 2:12), 우리의 의복을 씻고(계 7:14), 우리 자신을 정결케 하는(요일 3:3) 일을 제대로 강조하지 않는 잘못을 범할 수가 있다. 또한 결정주의(decisionism)에 대한 반감 때문에 결단을 촉구하는 일에 주저할 수가 있다(그리스도인이 되겠다고 결단하지 않으면 아무도 그리스도인이 될 수가 없다). 아울러 일부 부흥사들의 과장된 연기를 혐오하여, 그리스도께 대한 즉각적인 반응의 필요를 제대로 강조하지 못할 수도 있다. 성경이 '그러므로 이제는' 이라고 말할 때 그 이제는 지금이다. 사람들이 있는 지금 말이다. 그것은 내일도 가까운 장래도 아니다. 오순절의 3천 명은 베드로의 설교를 듣고서 각성만 하고 말지 않았다. 그들은 결단을 하고서 세례를 받았다.

다른 영역들에도 같은 위험이 도사리고 있다. 신약성경은 여러 곳에서 배교의 위험을 경고한다. 성도의 견인(perseverance) 교리가 중요하다고 해서 이 경고들을 잠잠히 묶어두어서는 안 된다. 사실상 이 경고들은 엄격히 적용하면 하나님께서 그의 백성들을 배교의 싹이 되는 태만과 부주의에서 건지시는 도구가 될 수가 있다. 때로 우리는 칭의 교리에 관해서도 마찬가지의 우려를 지닌다(그리고 그것 역시 신실한 태도가 아니다). 칭의 교리는 사람이 율법을 지킴으로써가 아니라 믿음으로 말미암아 의롭게 된다는 복음의 토대 그 자체이다. 그러나 이것은 우리가 회중에게 마태복음 7:21을 결코 설교해서는 안 된다는 뜻이 아니다: "나더러 주여주여 하는 자마다 천국에 다 들어갈 것이 아니오 다만 하늘에 계신 내 아버지의 뜻대로 행하는 자라야 들어가리라." 진실로, 설교자는 전 생애에 걸쳐서 신학적으로, 설교학적으로 끝없는 씨름을 계속해야 한다. 구원은 은혜로 말미암는 칭의에만 속하는 게 아니라 좁은 문을 통과해 들어가는 것이요, 협착한 길을 가는 것이요, 주님께서 선포하신 말씀들을 실천하는 것이기도 하다.

두번째 위험은 첫번째 위험과 밀접히 연관되어 있다. 우리 설교자들은 본문이 자체에 담긴 메시지를 말하도록 하기보다, 자신이 속한 학파가 선호하는 교리와 조화시키는 방법을 입증하는 변증학적 행위를 시도할 수 있다. 이 점에서 가장 수난을 겪는 구절은 요한복음 3:16이다. 이 구절을 본문으로 하는 많은 설교들은 하나님의 사랑을 하나님의 자기 희생과 그 넓으신 아량 속에서 설명하기보다 제한하고 축소하려고 한다는 인상을 준다. 반드시 이 본문만 그런 것이 아니다. 다른 본문이나 다른 교리들 역시 똑같이 수난을 당하고 있다. 값없이 얻는 칭의 교리에 대해서도 인간의 노력이 절대적으로 필요한 성화 교리와 명쾌하게 구분하지 못한 채 인간의 노력을 강조한 나머지 모호하게 만들어 버린다. 그리고 결국에는 하나님의 은혜를 짓밟는 것으로 끝나버린다. 심판과 지옥의 엄연한 실재도 설교자가 그것 대신에 하나님의 사랑을 전하고, 심판이 사랑과 모순되지 않아야 한다고 단호히 주장함으로써 잊혀진다. 설교자는 하나님께로서 난 자마다 죄를 범하지 않는다는 본문(요일 3:9)을 접하면, 하나님께로서 난 자들이 사실은 죄를 짓는다는 것을 입증하는 데 정력을 쏟는다. 본문이 그리스도인의 삶에서 죄가 예외적이고 기괴한 것임을 강조한다는 사실은 잊혀진다.

이런 사례들에 적용해야 할 원칙이 있다. 그것은 성경과 성경을 비교함으로써 본문의 실질적인 메시지를 파악한 뒤에(조직신학), 본문으로 하여금 본문의 진리를 말하도록 해야 한다는 것이다. 불균형을 바로잡고 절충하는 작업은 하나님의 모든 뜻을 전하는 과정에서 진리의 다른 국면들이 강조되면서 이루어질 것이다.

여기서 소개할 만한 또 한 가지 위험이 있다. 그것은 본문에 교리가 진술되어 있을 때 한 번의 설교로 조직신학이 특별한 주제로 말해야 하는 모든 내용을 전하고 싶은 유혹이다. 이것은 거의 언제나 지혜롭지 못한 방식이다. 본문에 진술된 교리에 관련된 두세 가지 정도의 요지에 집중하는 것이 좋은 방식이다. 그렇지 않으면 설교는 방만하고 활력이 없게 된다(순전히 인간적인 측면에서 보더라도 자료와 매체를 다듬고 한정하는 것이 수사학적 설득력을 높여 준다. 이 점에 관해서는 글렌 넥트가 다음 장에서 설교할 때 초점을 분명히 잡을 필요를 말하면서 잘 설명해 준다).

존 브로더스(John A. Broadus)는 이렇게 말한다. "경험이 없는 설교자나 저자가 흔히 갖기 쉬운 망상은 충분히 말할 거리를 얻기 위해 매우 광범위한 주제를 정한 것을 잘한 일로 여기는 것이다. 하지만 큰 주제의 어떤 한 가지 측면을 선정하는 것이 대개 훨씬 더 좋다. 그렇게 하면 설교자가 신선한 내용을 전할 수 있고, 청중에게 주제 전체에 대해 생생한 관심을 가질 수 있게 만들 가능성이 훨씬 더 커지기 때문이다."[6]

브로더스가 인용하는 알렉산더(Alexander)는 그 원칙을 이렇게 간결하게 진술한다: "설교자가 주제의 폭을 좁힐수록 더 많은 생각을 갖게 될 것이다."[7] 더욱 근본적이고 더욱 분명하게 계시된 교리일수록 이 원칙을 지키는 것이 더욱 중요해진다. 기독론에 대한 모든 교리나 칭의에 관한 모든 교리를 설교 한 편에 다 채워 넣는 것은 불가능하다. 설교자는 자신의 시각을 제한해야 한다. 그리고 본문의 강조점을 더욱 두드러지게 부각시켜야 한다.

전형적으로 위험한 예는 히브리서 2:3이다: "우리가 이같이 큰 구원을 등한히 여기면 어찌 피하리요." 사람에 따라서는 바르트(Barth)와 베르카워(Berkouwer)의 교의학을 합친 것보다 더 많은 분량의 글을 쓰고서도 여전히 구원의 위대성을 충분히 설명하지 못할 수가 있다. 그러나 설교자가 본문의 문맥에 자신을 한정시킨다면 구원이 얼마나 위대한 것인가를 발견하게 된다. 왜냐하면 구원은 위대하신 구주 곧 하나님의 아들을 제시하기 때문이다. 더 나아가 구원은 권위 있는 계시(1:1)와 완전한 죄 씻음(1:3)과 전능하시고 살아 계신 지도자(1:3)를 제공하기 때문에 위대하다. 그 문맥을 무시하고 넘어간다는 것은 설교의 실패를 자초하는 것이다.

설교의 형태

설교가 형성되는 데서 조직신학이 차지하는 역할은 무엇인가? 사람들은 대개 설교 구조를 결정할 때 교의학을 허용하기를 꺼린다. 본문 자체가 대개 주제뿐 아니라 설교의 대지까지도 제공해 준다(글렌 넥트가 이 점에 관해 해 놓은 해설을 참조하라). 아울러 그 교훈의 양상들을 차례로 따라가면 관성을 제공할 것이다. 무엇보다도 본문의 문맥과 삶의 상황은 거의 언제나 본문의 교리를 어떻게 적용해야 하는지를 지적할 것이다. 본문에서 성경의 실존적 상황을 무시하고 대신에 단순히 문학 형식(이를테면 두운⟨頭韻⟩ 따위)이나 교의학의 역동성만 부과한다면 설교의 활력과 적실성을 위태롭게 할 뿐 아니라, 주해자로서의 역할을 포기하는 것이다.

설교자는 본문의 교리에 충실해야 할 뿐 아니라 목회적 차원에서도 본문을 강조해야 한다. 빌립보서 2:5-11을 설교한다는 것은 기독론을 설교하는 것일 뿐 아니라 자신의 권리들에 집착하는 모든 태도를 버리라고 호소하는 것이기도 하다. 고린도후서 8:9을 설교한다는 것은 성육신의 경이를 선포하는 것일 뿐 아니라 성경적 헌금 원칙까지도 제시하는 것을 뜻한다. 그리고 갈라디아서 2:19 이하를 설교한다는 것은 명확한 성화 교리를 선언하는 것일 뿐 아니라 그 교리를 은혜에 의한 칭의 교리가 죄를 조장한다는 비판에 가장 가까운 방식으로 전하는 것이기도 하다. 교리적인 내용뿐 아니라 설교의 윤곽과 적용까지도 본문 자체에서 생긴다.

동양인들이 비교적 덜 조직적인 사고를 갖고 있다는 말이 종종 듣게 됨에도 불구하고, 몇몇 본문들은 조직신학의 범주에 따라 가장 명확하고도 자연스럽게 구분된다. 빌립보서 2:5 이하의 메시지에서 교리 부분은 다음 내용으로 분류할 수 있다: (1) 그리스도의 선재(先在), (2) 그리스도의 수욕, (3) 그리스도의 승귀(昇貴). 요한복음 3:1 이하를 설교할 때는 교의학의 큰 주제 가운데 하나인 중생 교리를 다룰 수 있다. 그 본문 자체의 영역 안에서만 하더라도 (1) 중생의 장본인/대행자, (2) 중생의 본질, (3) 중생의 결과들, (4) 중생의 필요성을 다룰 수 있다. 여기서 조직신학의 윤곽은 본문 자체에 실린 진리와 관련된다. 로마서 3:24-25의 경우도 마찬가지이다. 이 본문은 성경에서 칭의 교리에 관한 가장 중요한 진술의 하나이다. 이 본문은 (1) 칭의의 의미, (2) 칭의(은혜)의 근원, (3) 칭의의 근거(그리스도의 희생), (4) 칭의의 수단(오직 믿음)을 기술한다. 하지만 이러한 한계들에 갇힌다면 그것은 전하기 쉬운 설교가 되지 못할 것이다. 이런 것들은 지나치게 교육적인 내용에 편중되어 있다. 교훈적인 내용과 균형을 이루는 실질적인 관점을 찾아서(성경 문맥에서) 회중의 필요와 관심사와 질문과 의심과 심지어 무관심에까지 항상 그 내용을 관련 지을 수 있어야 한다.

어떤 경우에는 조직신학이 설교의 부제(부가적인 윤곽)를 가져다 줄 수도 있다. 예를 들어 사도행전 16:31에 대해 설교할 때는 믿음의 의미에 집중하여 설교하되, 그것을 그리스도의 인격과 사역에 가장 근접한 방식으로 전할 수 있다. 그러므로 본문의 이 부분은 중보 사역의 세 가지 구분 — 선지자로서의 그리스도께 대한 믿음(우리의 지성을 그분께 굴복시킴), 제사장으로서의 그리스도께 대한 믿음(우리 죄를 그분께 가져감), 왕으로서의 그리스도께 대한 믿음(그분의 주되심과 통치를 받아들임) — 을 중심으로 구성할 수 있다. 설교의 나머지 부분은 "네가 구원을 얻으리라"는 약속을 해석하는 데 주력할 수 있다.

이와 비슷한 접근법을 회개의 본질을 하나의 대지로 삼는 설교에도 적용할 수 있다(예를 들어, 막 1:15: "때가 찼고 하나님의 나라가 가까웠으니 회개하고 복음을 믿으라"). 회개에 관한 부분은 교의학에서 차용하여 그것을 (1) 마음의 변화, (2) 분위기의 변화, (3) 삶의 방향의 변화로 설명할 수 있다.

몇몇 드문 경우에는 설교가 신학 강의처럼 되는 수도 있다(용어가 아닌 내용으로). 예를 들어 창세기 1:26을 가지고 하나님의 형상으로 지음 받은 인간에 관한 교리를 주해하려고 할 때가 그 경우에 속한다. 이 때 설교자는 조직신학이 그 주제에 관해서 말하는 바를 있는 그대로 주의 깊게 인용해야 할 것이다. 설교자는 이 본문을 다룰 때 윤리적 형상(타락 이후에 상실된)과 자연적 형상(인간 본성의 핵심 사실)을 구분하는 이중 형상 개념을 활용하지 않을 수 없다. 하지만 명심할 점은 그렇게 하는 목적이 학문 활동이 아니라 설교라는 것과, 실질적인 적용을 염두에 두어야 한다는 것이다. 형상 교리는 인간의 존엄을 암시하는 큰 상징이다. 따라서 자살은 중죄이며, 비방과 험담도 중죄라는 점을 환기시켜야 한다.

무엇을 다룰 것인가?

설교자는 매년 조직신학의 주요 부분들을 모두 다루어야 하는가? 이 질문에 답변하려 할 때는 적어도 세 가지 원칙을 염두에 두어야 한다. 첫째, 주님은 설교자에게 성경을 연구하는 임무를 맡기셨다. 이것은 설교자의 주된 관심이 상대적인 인간의 체계를 다루는 데 있어서는 안 되고, 기록된 하나님의 계시를 사람들에게 포괄적으로 깨닫게 해주는 데 있어야 한다는 것을 시사한다. 설교 사역을 시작하면서 아침에 창세기 1:1을, 저녁에 마태복음 1:1을 가지고 시작한다면 현학적인 인상을 주게 될 것이다. 오히려 설교자는 구약과 신약, 복음서들과 서신서들, 역사적인 책들과 교훈적인 책들, 경험적인 부분과 신학적인 부분 등 모든 내용을 관통하면서 설교를 해야 한다.

둘째, 설교자는 하나님의 모든 뜻을 전파하라는 지침을 받았다. 이것은 적어도 교리들 — 조직신학의 엄격한 의미에서 — 이상의 것을 포함한다. 설교자는 모든 교리를 선포하라는 분부를 받으며, 따라서 성경 강해의 형태가 그 점을 충분히 고려한 것이어야 한다.

셋째, 설교자는 성경 내용의 비율과 균형을 유지해야 한다. 설교자는 자신이 선호하는 교리들이나, 또는 교단이나 자신이 속한 집단이 선호하는 교리들을 지나치게 자주 설교하려는 유혹을 받는다. 예를 들어, 하나님의 주권 교리 — 그리고 그것에 부속되는 예정과 선택 교리 — 에 관해서 찰스 하지(Charles Hodge)의 지혜로운 말을 유념해야 한다: "이 교리가 성경의 다른 모든 교리들과 맺고 있는 관계는 화강암 지대가 지구의 다른 모든 지층들과 맺고 있는 관계와 같다. 하나님의 주권 교리는 다른 모든 교리들을 떠받치고 유지해 주지만, 성경에서 이곳 저곳에 산재하여 나타날 뿐이다. 따라서 우리는 설교할 때 이 교리를 토대로 삼아야 할 것이고, 가끔씩 확고하게 전해야 한다."[8] 이 '가끔씩'이라는 표현은 하나님의 주권 교리처럼 토대로서의 위상을 주장할 수 없는, 집단이 선호하는 교리들에는 훨씬 더 강력하게 적용된다. 설교자는 어떤 확신을 견지하든 항상 천년왕국, 휴거, 안식일, 십일조, 유아세례, 혹은 지옥 교리를 되뇌일 권한이 없다.

반면에, 일년에 한 번의 설교로는 부족한 중요한 교리들이 있다. 성경의 비율에 관심을 가지려면 이런 교리들을 반복해서, 어떤 경우에는 주일마다 다루게 될 때도 있을 것이다. 그리스도의 위격 교리가 특히 이런 경우에 해당한다. 그리스도의 신성은 신약성경의 모든 부분에 명확하게 드러난다. 이것이 기독교 세계가 한결같이 동의하는 교리이다. 이것은 그리스도인들의 예배의 토대이자 전제이다. 결과적으로, 교회는 이 교리에 잠겨야 한다(에드먼드 클라우니가 이 책의 앞 부분에서 이 사실을 다소 길게 다루었다).

이보다 중요성이 결코 덜하지 않은 교리들이 있다. 루터는 이신칭의에 관해서 말할 때 그것이 "서 있는 교회인가 넘어진 교회인가를 판가름하는 조항"이라고 했다. 바울은 속죄 교리에 대해서 "예수 그리스도와 그의 십자가에 못박히신 것 외에는 아무것도 알지 아니하기로 작정하였음이니라"고 했다(고전

2:2). 그는 사랑의 은사에 관해 말할 때, 그것 없이는 우리가 "소리 나는 구리와 울리는 꽹과리"라고 했다. 이런 진술들을 대할 때 우리는 잠시 멈춰 서서 생각해야 한다. '나는 신약성경을 설교할 때 이런 교리들을 위주로 삼고 있는가?'

분명히 말해서 설교자에게는 신학적 비율 감각이 필요하다. 계시된 교리들은 모두 중요하다. 하지만 그중 몇몇 교리들은 절대적으로 중요하고 근간이 된다. 그 교리들을 어떻게 확인할 수 있을까? 서로 긴밀하게 연결된 표준이 적어도 네 가지가 있다. 첫째, "구원을 위해서 알고 믿고 준수해야 할" 것들이 몇 가지 있다(웨스트민스터 신앙고백 1:7). 이 신앙고백서는 그것들이 무엇인지를 규명하지 않지만, 그것들이 하나의 범주로서 존재한다는 점은 인정한다. 어떤 교리들을 듣지 않으면 믿음이 생길 수 없는 것이다(롬 10:11).

둘째, 웨스트민스터 신앙고백도 인정하듯이(1:7), 어떤 교리들은 "성경의 이런저런 부분에 아주 분명하게 제시되고 설명되어 있어서, 교육 받은 사람들뿐 아니라 교육 받지 못한 사람들까지도 일반적인 방법을 제대로 활용하면 충분히 이해할 수 있다." 여기서의 표준은 계시의 충분함이다. 진리의 몇몇 양상들은 워낙 분명하게 진술되어서 그 주위에 모호한 것이나 불명확한 것이 없다. 그렇게 분명하다는 것이 그 진리가 그만큼 중요하다는 표시이다.

셋째이자 '분명함'이라는 요인과 가장 밀접하게 연관된 표준은 존 스토트(John Stott)가 제시한 원칙이다: "똑같이 경건하고 똑같이 겸손하고 똑같이 성경을 믿고 똑같이 학구적인 그리스도인들이나 교회들이 서로 다른 결론을 내리는 주제는 주된 것이 아닌 부차적인 것으로 간주해야 하고, 중심적인 것이 아닌 지엽적인 것으로 간주해야 한다."[9] 워낙 분명치 않아서 훌륭한 분들도 서로 달리 해석하는 주제들이 많이 있다. 이를테면 천년 왕국, 구속의 범위, 유아 세례, 교회의 직제 같은 주제들이 그런 것들이다. 물론 이런 주제들도 설교해야 하지만, 상대적으로 덜 중요한 그 주제들의 위상에 걸맞게 겸손과 관용의 태도로 설교해야 한다.

넷째이자 가장 중요한 표준은 어떤 교리들이 근본적인가를 성경 자체가 아주 분명하게 짚어준다는 것이다. 그 내용을 열거하자면 놀랄 만큼 길다. 예를 들어 구약의 핵심 선언인 다음 구절이 있다: "이스라엘아 들으라, 우리 하나님 여호와는 오직 하나인 여호와시니"(신 6:4). 바울이 기독교 전승의 '첫번째 것들'에 관해 해놓은 진술도 있다: "내가 받은 것을 먼저 너희에게 전하였노니 이는 성경대로 그리스도께서 우리 죄를 위하여 죽으시고 장사지낸 바 되었다가 성경대로 사흘만에 다시 살아나사"(고전 15:3 이하). 사도의 관점에서는 그리스도의 구속과 부활 교리들이 분명히 가장 중요한 자리를 차지하고 있다. 골로새인들에게 전파된 메시지의 핵심 요소인 그리스도의 주권 교리도 마찬가지이다: "그러므로 너희가 [전승에 의해서] 그리스도 예수를 주로 받았으니 그 안에서 행하되"(골 2:6). 반대로, 사도 요한은 그리스도의 참된 인성 교리가 근본적인 교리라고 선언한다: "하나님의 영은 이것으로 알지니 곧 예수 그리스도께서 육체로 오신 것을 시인하는 영마다 하나님께 속한 것이요 예수를 시인하지 아니하는 영마다 하나님께 속한 것이 아니니 곧 적그리스도의 영이니라"(요일 4:2 이하).

갈라디아서 1:8 이하의 말씀에 따르면, 오직 믿음을 통하여 오직 은혜로 말미암는 칭의 교리가 절대적으로 본질적인 교리라고 한다. 고린도전서 15:19에 따르면 죽은 자의 부활 교리 역시 근본적으로 중요하다. 요한복음 3:1-15에 따르면 중생 교리 역시 근본적이다. 고린도전서 13장에 따르면 사랑도 매우 근본적인 것이다. 성경에 반복해서 나오는, 주님과 사도들의 설교를 요약한 내용들에 따르면 믿음과 회개가 근본적이다. 그리고 가장 기본적인 성경신학적 관점들(특히 '언약' 개념)에 따르면 성령으로 세례를 받고 교회에 가입하는 것이 근본적이다.

성경적 균형 감각을 유지하는 설교는 이런 교리들을 반복함으로써, 그리고 비중있게 다룸으로써 돋보일 것이다. 하지만 성경적 균형을 정확히 유지하는 문제는 목회 현실에서 생기는 특정 요인들 때문에 복잡하다. 예를 들면, 논쟁이 있다. 몇몇 교리들이 모순이라는 지적과 위협을 받는 상황에 처하면 그 교리들을 방어하기 위해서 정상적인 상황이었다면 균형을 잃은 강조가 되었을 그런 방식에 의존하지 않을 수 없다. 예를 들어, 아타나시우스(Athanasius)가 아리우스와 싸움을 벌일 때 그랬고, 아우구스티누스(Augustine)가 펠라기우스(Pelagius)와 도나투스파(Donatists)와 논쟁을 벌일 때 그랬으며, 종교개혁 때 루터가 그랬다. 오늘날도 교회가 여전히 거짓 선지자들의 문제를 안고 있기 때문에 우리도 그런 유사한 상황에 처하게 될 수가 있다. 그것이 은사 운동이나 세대주의나 완전주의나 반(反)율법주의나 혹은 성도의 견인 교리 같은 단일 교리에 대한 공격일 수가 있다. 그런 때에는 일반적인 상황에서와 달리 논쟁을 위해서 특정 교리들에 비중을 두게 된다.

혹은 설교자가 새로운 교회에서 사역하게 되면서 이전 설교자의 불찰로 여러 종류의 신학적 취약성이나 불균형을 안고 있는 회중에게 설교하게 될 수도 있다. 예를 들어, 회중이 실질적이고 윤리적인 문제를 백안시할 정도로 교리에만 지나치게 편중해서 배웠을 가능성이 없지 않다. 이런 처지를 만난 설교자는 다른 경우였다면 그다지 치중하지 않아도 될 산상보훈이나 야고보서를 집중적으로 다루어야 할 것이다.

그러나 오늘날의 회중들은 오히려 신학 자체의 부재 때문이 아니라 특정 교리들의 부재 때문에 고충을 겪고 있는 것 같다. 예를 들어, 존 머리(John Murray) 교수는 하나님의 심판, 그리스도인의 투철한 직업관, 그리고 항상 자신을 성찰할 필요에 관한 교리들이 오늘날 강단에서 사실상 찾아보기 힘들며, 따라서 그 교리들을 시급히 회복해야 한다고 주장했다.[10]

특정 상황들에서는 복음의 값없는 초대가 오랜 세월 무시되어온 경우도 있을 수 있다. 또 어떤 상황들에서는 교회가 복음에 대한 인간의 반응을 최소한도로 줄이는 경향을 지닌 바르트 신학의 신단세설(神單勢說, monergism) 때문에 고통을 겪는다. 즉, 구원에서는 하나님의 행위가 전부이다. 사람이 회개와 믿음으로 반응하는 것은 아무것도 아니다. 사람은 구원을 받기 위해서 믿으라고 요구받는 게 아니라 자신이 구원받았음을 믿으라고 요구받는 것이다. 보다 정통적인 교회들에서도 지나치게 감정에 호소하는 전도와 특히 '결단주의'를 우려한 나머지 위와 비슷한 상황이 초래되어 왔다. 그런 상황들에서는 은혜 언약의 양면적 성격을 강조하는(그리고 분명히 정의하는) 것이 특히 중요하다: "죄로 인해 우리에게 임할 하나님의 진노와 저주를 피하도록, 하나님께서는 그리스도께서 구속의 유익을 전달하시는 모든 외적인 방도들을 근실히 사용하여 예수 그리스도를 믿고, 생명에 이르는 회개를 하라고 우리에게 요구하신다"(웨스트민스터 소요리문답 85문의 답).

설교가 신학적 균형을 유지하려 할 때 반드시 감안해야 할 또 한 가지 요인은 회중의 장성 정도이다. 회중이 그 동안 제대로 배워서 포괄적인 신학 지식을 갖고 있다면, 설교자는 그들에게 어려운 교리라는 질긴 고기를 줄 수가 있다. 반면에 하나님께서 우리에게 맡기신 회중이 제대로 배우지 못했을 수도 있다. 그들이 수년간 그리스도인들로 살면서 열정과 확신에 차서 적극적인 활동을 하는 사람일지라도 그런 처지에 있을 수가 있다. 많은 교회들이 히브리서 5:12에 기술된 상태에 처해 있다: "때가 오래므로 너희가 마땅히 선생이 될 터인데 너희가 다시 하나님의 말씀의 초보가 무엇인지 누구에게 가르침을 받아야 할 것이니 젖이나 먹고 단단한 식물을 못 먹을 자가 되었도다." 이런 사람들에게는 칼빈주의 오대강령이나 신앙 생활의 복잡한 문제보다 기본적인 교리가 필요하다. 그들은 하나님과 죄와 구원에 관한 근본 교리들을 제대로 깨닫지 못했다.

체계가 분명해야 하는가?

조직신학을 회중에게 분명하게 앞세워 전해야 하는가? 신학에 관해서는 그러하다. 제임스 스튜어트(James Stewart) 박사는 "사람들의 머리에 설교하는 것이 나쁘다면 사람들의 머리에 아예 설교하지 않는 것은 더 나쁘다"고 썼다.[11] 설교자는 교사이다. 디다케(교육)가 본무이며, 따라서 우리는 설교할 때 부끄러워하지 말고 신학을 가르쳐야 한다.

이것은 전도할 때도 마찬가지이다(물론 꼭 그래야 할 필요는 없지만). 비신학적인 전도란 있을 수 없다. 창세기 3:15의 원시 복음(protevangelion)은 아주 교리적이다. 여자의 후손이란 누구를 말하는가? 어떻게 그가 뱀의 머리를 상하게 하는가? 그의 발꿈치가 상하게 된다는 것은 무슨 뜻인가? 창세기 17:7에 진술된 은혜 언약의 씨앗 계시도 마찬가지이다: "내가 내 언약을 나와 너와 네 대대 후손의 사이에 세워서 영원한 언약을 삼고 너와 네 후손의 하나님이 되리라." 전도란 잃어버린 양과 같은 우리 민족에게 이 하나님을 소개하는 것이요, 그분의 언약을 선포하는 것이요, 그의 약속들을 명백히 선언하는 것이다.

이러한 전도의 신학적 성격은 신약성경에서 분명하게 나타난다. 새뮤얼 로건 교수가 앞에서 상기시켜 주었듯이, 우리 주님의 설교 사역은 "회개하라 천국이 가까왔느니라"는 메시지로 시작되었다. 이 본문을 가지고 강해하는 사람은 신학적인 질문들에 부닥치지 않을 수 없다. 회개란 무엇을 의미하는가? 천국이 가까왔다는 말은 무엇을 뜻하는가? 베드로가 오순절에 행한 설교, 바울이 빌립보에서, 그리고 아덴에서 행한 설교들은 모두 신학적인 것들이었다. 고린도전서 1:18에서 바울은 자신의 메시지를 십자가의 도로 정의한다. 고린도전서 15:3 이하에서는 복음 전승의 기본 내용이 그리스도의 죽으심과 부활이라고 정의한다. 고린도후서 5:18 이하에서는 화목케 하는 사역을 "하나님이 죄를 알지도 못하신 자로 우리를 대신하여 죄를 삼으신 것은 우리로 하여금 저의 안에서 하나님의 의가 되게 하려 하심이니라"는 놀라운 진술을 설명하는 것으로 정의한다. 요한이 복음에 관해 정의하는 내용은 훨씬 더 심오하다: "하나님이 세상을 이처럼 사랑하사 독생자를 주셨으니 이는 누구든지 저를 믿으면 멸망하지 않고 영생을 얻게 하려 하심이니라"(요 3:16).

성경에 정의된 바 전도는 사람의 마음을 얻으려는 전투이다. 그 본질은 진리를 선포하고 설명하는 것이다. 윌리엄 테일러(William M. Taylor)는 이렇게 썼다: "사람들에게 '그리스도 앞에 나오라'고 계속해서 부르기만 하고, 바울이 간수에게 말한 '주 예수를 믿으라'는 말을 계속 반복하면서도, 예수 그리스도가 누구이신지를 말해 주지 않을 뿐 아니라 그분께 나온다는 것이 무엇인지, 그분을 믿는다는 것이 무엇인지를 말해 주지 않는다면 그것은 우롱일 뿐이다. 그것은 마치 주문 외우듯 예수 그리스도의 이름을 사용하는 것과 다름없으며, 복음의 메시지를 공염불에 불과한 것으로 전락시키는 것이다. 그러므로 능력 있는 설교자가 되고 싶다면 '내가 믿어야 할 예수가 어떤 분인가?'라는 질문을 던지는 사람들에게 언제나 대답할 준비가 되어 있어야 한다. 또한 '그의 죽으심이 나와 무슨 상관이 있소?'라는 질문에도 늘 대답을 줄 수 있어야 한다."[12] 그러한 질문에 가장 간단한 대답을 주는 것조차 신학 행위이다.

마찬가지로, 신학적인 설교는 목회 사역의 기본적인 수단이다. 양들은 음식을 먹어야 한다. 그러므로 설교자들은 이단 사상만이 양들을 죽일 뿐 아니라 굶주리게 하는 것도 역시 양들을 죽이게 하는 것임을 잊어서는 안 된다. 오직 진리만 그들을 거룩케 한다(요 17:17).

다른 방향에서 더 생각해 보자. 만일 양들이 진리로 허리를 동이지 않는다면 하나님의 전신갑주 가운데 중요한 한 부분이 결핍되어 있는 셈이다(엡 6:14). 교리는 경험과 대치될 수가 없다. 찰스 브리지스(Charles Bridges)는 "기독교인의 경험이란 교리적 진리가 감정에 끼치는 영향이다"라고 썼다.[13] 이 점은 새뮤얼 로건 교수가 이 책에서 환기시켜 주는 바, 조나단 에드워즈가 강력하게 피력한 것이기도 하다. 이런 이유로 성경 저자들은 경험과 실재의 영역에서 문제들에 부딪혔을 때 거듭해서 기독교 교리로 눈을 돌렸다. 주님께서 요한복음 14:1에서 "너희는 마음에 근심하지 말라"고 권고하신 말씀을 예로 들어보자. 이 말씀은 전적으로 다음과 같은 신학적인 토대에 근거하고 있다: '하나님을 믿으니 또 나를 믿으라. 내 아버지의 집에는 거처할 곳이 많도다. 내가 너희를 위하여 처소를 예비하러 가노라. 내가 다시 와서 너희를 내게로 영접하리라.' 결국 "너희는 마음에 근심하지 말라"는 말씀은 "나 있는 곳에 너희도 있게 하리라"는 형언키 어려울 정도로 영광스러운 토대에 근거해 있는 것이다.

이와 동일한 접근법을 신약성경 전반에서 자주 발견하게 된다. 고린도후서 8:7에서 바울이 그리스도인의 구제에 관해서 강해한 말씀은 성육신에 호소하는 대목에서 절정에 달한다: "우리 주 예수 그리스도의 은혜를 너희가 알거니와 부요하신 자로서 너희를 위하여 가난하게 되심은 그의 가난함을 위하여 너희로 부요케 하려 하심이니라." 그는 빌립보 교회가 안고 있던 문제에 대해서도 같은 방식으로 접근한다. 그 교회에는 다툼과 허영과 교만이 있다. 사도가 내리는 처방은 이번에도 그 상황 전체를 성육신으로 비추는 것이다: "너희 안에 이 마음을 품으라. 곧 그리스도 예수의 마음이니 그는 근본 하나님의 본체시나 하나님과 동등됨을 취할 것으로 여기지 아니하시고 오히려 자기를 비어 종의 형체를 가져 사람들과 같이 되었고 사람의 모양으로 나타나셨으매 자기를 낮추시고 죽기까지 복종하셨으니 곧 십자가에 죽으심이라."

신약성경 나머지 부분도 같은 형태를 따른다. 히브리서 저자는 자신이 편지를 쓰고 있는 대상들 가운데 배교의 기운이 자라고 있는 현실을 직시하고서 그들에게 처음 믿을 때 했던 신앙고백을 굳게 붙들고 하나님께서 은혜로써 보존해 주시기를 기도하라고 강권한다. 그런데 이렇게 강권할 때 신학적 사실에 바탕을 두는 것이다: 우리에게는 큰 대제사장이 계시다. 큰 대제사장이라고 하는 이유는 그분이 하나님의 아들이시기 때문이고, 성막의 휘장을 뚫고 지나가셨기 때문이며, 우리의 연약함을 이해하사 긍휼히 여기실 수 있는 분이시기 때문이다(참조. 히 4:14). 사도 요한도(그리고 그의 배후에 계신 주님께서도) 많은 성도들이 이미 일곱 인(印)에 함축된 재앙을 겪고 있다는 것을 의식하고서, 보좌와 그 위에 앉으신 분께 대한 이상을 기록함으로써 자신의 묵시록을 시작한다(계 4:2). 그 뒤에 따라오는 내용은 모두 존엄한 주이신 동시에 죽음 당하신 어린양이신 분의 주권에 비추어 봐야 한다.

신학적으로 망설일 것이 아무것도 없다. 하나님께서 계시하신 진리는 학문 행위와 신학교를 위해 의도된 게 아니라 하나님의 백성을 위해 의도되었다. 만약 어떤 것이 성경적이지 않다면 그것을 설교에 담아 전해서는 안 된다. 만약 그것이 성경적이라면 설교자에게는 그것을 가르치지 않아도 될 권리가 없다. 큰 주제들과 씨름해야 한다. 설혹 그것이 너무 어려울지라도 말이다. 설교자는 어떤 주제가 자신이 도달하기에 너무 높다거나 너무 깊다거나 너무 복잡하다고 하소연해서는 안 된다. 설교자는 하나님의 비밀들을 맡은 청지기들이며, 따라서 어떤 주제들이 너무나 비밀스럽다는 이유로 땅에 묻어두었노라고 변호하는 어리석음을 범하지 말아야 한다. 필립스 브룩스(Phillips Brooks)는 이렇게 말했다: "지극히 작은 의무에 지극히 숭고한 동기를 부여하고, 지극히 작은 고통에 무한한 위로를 공급하기를 두려워하지 말라."

신약성경에 나타난 이러한 형태는 그 뒤에 여러 세기를 지나면서 위대한 설교자들에게 그대로 이어졌다. 그들의 선포에는 신학이 결여되지 않았고, 그들의 설교는 지금까지도 교리를 배우는 학생들에게 보고(寶庫)로 남아 있다. 심지어 성경 자체를 제외한다면 신학자들에게 가장 훌륭한 보고는 위대한 설교자들이 남긴 설교라고 할 수 있을 정도이다. 아타나시우스는 「아리우스파에 대한 논박」(*Orations Against the Arians*)이라는 설교를 남겼다. 아우구스티누스는 인간론과 죄론과 은혜론을 설교했다. 루터와 칼빈은 이신칭의론, 의지 노예론, 구원에서 하나님의 주권론을 설교했다. 굴드(Goold)가 존 오웬(John Owen)의 저서들을 편집한 열여섯 권 가운데 가장 탁월한 두 권은 설교집이다. 에드워즈는 설교에 교리를 잔뜩 포함시켰다. 웨슬리의 설교는 사실상 감리교의 신학 표준이 되었다.

대중 설교와 신학적 설교 가운데 어떤 것이 더 나은 것이라고 꼬집어 말할 수 없다. 계시의 말씀에 주어진 신학은 우리가 굳게 붙들어야 할 유일한 신학이기 때문에 하나님의 백성을 위하여 선포되어야 한다. 그러나 신학을 설교할 때 꼭 피해야 할 함정들이 있다. 그것은 신학교 강의 시간에 가르치는 방식으로 강단에서 신학을 가르쳐서는 안 된다는 점이다. 물론 내용은 같아야겠지만, 전달 방법은 달라야 한다. 이 점에서 피해야 할 세 가지 함정이 있다.

첫째, 회중이 알아듣지 못하는 말들을 강단에서 사용해서는 안 된다. 신학은 학문적 토론에나 적합한 자체의 전문적 어휘를 갖고 있는데, 그것을 설교에 그대로 사용하면 이해를 가로막는 장애물이 된다. 이런 어휘는 대부분 성경에서 직접 취한 것들이다. 이를테면 의롭다 하심(칭의), 예정, 중생, 회개 같은 어휘가 그런 것들이다. 그러므로 강단에서 그런 어휘를 사용할 수도 있지만, 반드시 설명을 덧붙여야 한다. 교회의 신앙고백서에 담겨 전통적으로 내려오는 삼위일체나 성육신과 같은 용어도 마찬가지이다. 이런 것들은 강단에서 사용할 수가 있지만 반드시 설명이 필요하다. 그러나 신학교 강단에서 사용하는 용어들을 마구 사용하는 것은 깊이 생각해야 할 것이다. 이제 신학교를 갓 졸업한 사람들에게는 신학적인 용어들에 얼마나 익숙해져 있는지를 자기 자신들이 전혀 의식하지 못하고 성도들이 이해치 못하는 말들을 자주 사용하기가 쉽다. 본체론, 해석학, 종말론 및 신론 등과 같은 말들은 학문을 연구하는 사람들에게 아주 익숙한 말들이지만, 일반인들에게는 이해하기 어려운 말들이다.

두번째 함정은 설교에 인용을 많이 하고 싶은 유혹이다. 인용은 유용한 것이며 특별히 학문하는 곳에서는 아주 긴요한 것이다. 그러나 강단에서는 많은 인용이 유익하지 못하다. 인용을 잔뜩 열거하는 것은 많이 배웠다는 불필요한 자기 과시밖에는 아무 효과를 내지 못한다. 인용구들은 대부분 강단에서 언급하기에는 어색한 표현들로 이루어져 있다. 그것들은 오히려 메시지의 힘을 꺾어버리기 쉽다. 웨스트민스터 대회는 틀림없이 이러한 위험 때문에 「하나님께 대한 공 예배 모범」(*Directory for the public Worship of God*)을 편찬할 때 "현대든 고대든 성직자들이나 일반 저자들의 문장이 아무리 웅변적인 것일지라도" 아주 가끔씩 인용해야 한다고 적어 놓았다. 격언이나 속담을 재치 있게 사용하는 것은 매우 효과적이지만, 그것을 무한정 늘어놓는다면 오히려 설교를 망치기 십상이다.

셋째로 피해야 할 함정은 한 번의 설교로 어떤 주제를 모두 전달하려는 유혹이다. 이런 태도는 논문을 쓸 때 아주 유용하다. 논문을 쓸 때는 진리에 대한 가능한 모든 측면들을 다 소개하고 모든 쟁점들을 다 다루고 예상되는 반론에 다 답변해야 하지만, 강단에서는 이러한 태도가 결코 합당하지 않다. 좀 우습게 들릴지 모르지만, 설교자는 모든 것 가운데 네 가지만 전해도 충분하다. 알고 있는 것을 모두 다 전하면 청중은 지치고 맥락을 놓치기 쉽다.

토머스 찰머스(Thomas Chalmers)는 신학교에서 신학을 다루는 방법과 강단에서 신학을 다루는 방법이 달라야 할 결정적인 차이점을 두 가지 더 말했다(토머스 찰머스 박사는 1843년 스코틀랜드 국교회로부터 자유교회를 세운 분으로 스코틀랜드에 있어서 정치적·사회적 및 교회사적으로 지대한 영향을 끼친 설교자요 신학자였다—역자주). 첫째, 강단에서 우선 관심을 기울일 것은 권고로써 혹은 아주 실제적인 방법으로 교리를 적용하는 일이다. 여기서 목표는 학문적인 설명이 아니라 실제적으로 성도의 삶에 영향을 주는 것이다. 찰머스는 "기독교의 계시는 지적인 것으로 끝나지 않고 지적인 것으로 시작한다. 신조(credenda)는 도착지가 아니라 의제(agenda)로 들어서게 하는 디딤돌일 뿐이다"라고 말했다.[14] 다른 말로 말해서 강단은 사람들을 개인적으로 그리고 실제적으로 그리스도인답게 되게 하는 데 목적이 있다.

둘째, 설교자는 개인들에게 교리를 친밀하게 느끼게 해야 한다. 조직신학에는 기독교를 현실과 동떨어지게 너무 일반적으로 해석하는 면이 있다. 찰머스가 말한 대로 교리는 작은 요소들로 구성된 큰 덩어리를 다룬다. 하지만 설교에서는 관점이 완전히 다르다: "청중 한 사람 한 사람에게 집중하라. 여러분이 지금 다루고 있는 문제가 회중으로 하여금 각각 자신에게 선포되는 말씀으로 느끼도록 만들라."[15] 모든 교리는 하나하나가 성도 개인에게 적용되는 설교가 되어야 한다. 베드로는 오순절에 청중에게 분명히 회개를 촉구하였다: "너희가 회개하여 각각 예수 그리스도의 이름으로 세례를 받고 죄사함을 얻으라"(행 2:38).

신앙고백서와 요리문답서 사용

설교자는 교회의 신앙고백서와 요리문답서를 어떻게 사용해야 할 것인가? 우선 설교자는 주해에 도움이 되는 것들을 사용할 수 있을 것이다. 그것들은 성경의 주제들에 대해 훌륭한 개요(槪要)를 제공한다. 특히 십계명이나 주기도문과 같은 핵심 주제들을 다룬 부분들은 귀중한 참고 자료이다. 실제로 기독교 역사에 등장한 모든 요리문답서에는 이 주제들에 대한 강해가 실려 있다. 물론 십계명과 주기도문에 대해서만 신앙고백서와 요리문답서를 사용해야 하는 것은 아니다. 예를 들어서, 웨스트민스터 신앙고백서를 채택한 교회들에서는 회심에 관해 설교할 때 소요리문답 제87문에 대한 답을 그냥 지나치지 않는다: "생명에 이르게 하는 회개는 구속의 은혜로서, 이로써 죄인이 진정한 죄책감에서 벗어나 그리스도 안에 나타난 하나님의 긍휼을 깨닫고서, 슬퍼하고 죄를 혐오하면서 죄에서 돌이켜 하나님께 나아가되, 이제는 순종하고 살겠다고 각오하고 또 그렇게 노력한다." 같은 요리문답의 제14문에 대한 답은 요한이 요한일서 3:4에 죄에 대해 정의해 놓은 의미를 흠정역(King James Version)보다 훨씬 정확하게 포착한다: "죄는 하나님의 율법에 순종함에 있어서 부족한 것이나 그 율법을 어긴 것이다."(흠정역은 단순하게 "죄는 율법을 범한 것이다"라고 적는다. 참조. 한글개역성경, "죄는 불법이니라.")

믿음을 다음과 같이 간결하게 정의해 놓은 것을 어디에서 다시 얻을 수 있겠는가? "예수 그리스도께 대한 믿음은 구원의 은혜로서, 이로써 우리가 복음으로 우리에게 값없이 베풀어주신 대로 구원을 위해서 오직 그분을 받아들이고 그분 안에 안식한다"(소요리문답 제86문의 답). 마찬가지로 "너희가 어떻게 듣는가 스스로 삼가라"(눅 8:18)는 말씀에 대하여 웨스트민스터 대회의 신학자들이 "말씀을 어떻게 읽고 들어야 구원에 효과가 있게 되는가?"라는 질문에 작성한 답변보다 더 훌륭한 주석을 어디서 얻을 수 있겠는가?(답: "우리는 부지런함과 준비와 기도로써 예배에 참석하고, 믿음과 사랑으로 말씀을 받고, 마음에 간직하며 그것을 생활에서 실천해야 한다").

여러분 가운데 혹시 고린도전서 11:22-34에서 사도 바울이 주의 만찬에 대해 가르친 내용이 암시하는 실질적인 문제들을 가지고 씨름하는 사람이 있다면 소요리문답을 보면 충분한 지침을 발견할 수 있을 것이다: "주의 만찬에 합당하게 참여하고자 하는 자는 스스로를 살펴 자신이 주의 몸을 분변할 지식이 있는지, 그분을 양식으로 삼을 믿음이 있는지, 회개와 사랑과 새로운 순종이 자신에게 있는지 확인해야 한다. 그렇지 않고 합당치 않게 나오는 것은 자신의 심판을 먹고 마시는 것이다"(제97문의 답).

웨스트민스터 신앙고백서도 강해 설교에 아주 유용한 도움을 준다. 예를 들어서, 그리스도인의 자유에 관한 설명은(제20장)은 아주 훌륭하며, 갈라디아서 5:1 같은 본문들을 환하게 비춰 준다: "그리스도께서 우리로 자유케 하려고 자유를 주셨으니 그러므로 굳세게 서서 다시는 종의 멍에를 메지 말라." 구원의 확신에 관한 장(章)도 마찬가지이다. 그 장은 한편으로 추정을 권장하고 다른 한편으로 의심을 활용하는 능숙한 모습을 보인다. 하지만 목회와 설교라는 관점에서 볼 때 웨스트민스터 신앙고백에서 가장 뛰어난 부분은 아무래도 칭의에 관한 장(제11장)의 문단 5에서 발견할 수 있을 것이다. 이 장은 무엇이 시급한 목회적 문제인가, 우리가 칭의 이후에 범하는 죄는 어떻게 되는 것인가 하는 문제를 다룬다. 이 신앙고백서는 그 문제에 대해 훌륭한 지침을 준다: "하나님은 칭의 받은 사람들의 죄를 계속해서 용서하신다. 그리고 칭의 받은 사람들은 비록 칭의의 상태에서 떨어질 수는 없을지라도 자기들의 죄로 인해 하나님이 아버지로서 표하시는 불쾌감의 대상이 될 수 있으며, 겸손히 엎드려 자기들의 죄를 자백하고 용서를 구하고 믿음과 회개를 새롭게 다지기 전에는 하나님의 밝은 얼굴을 다시는 볼 수가 없다." 마지막의 몇몇 어조는 죄를 범한 그리스도인이 회복되는 단계들을 대단히 감동적으로 묘사한다.

앵글로색슨권 밖의 신앙고백서들과 요리문답서들도 귀중하다. 예를 들어, 요한복음 16:7("내가 떠나가는 것이 너희에게 유익이라")는 말씀을 본문으로 설교한다고 가정해 보자. 이 본문에 대해서 하이델베르크 요리문답이 "그리스도의 승천으로 우리는 어떤 유익을 받는가?"라는 질문에 답한 내용보다 더 훌륭한 주해를 어디에서 발견할 수 있겠는가?(답: "첫째, 그리스도는 하늘에서 당신의 아버지 앞에서 우리의 대언자가 되어 주신다. 둘째, 그리스도는 머리로서, 당신의 지체들인 우리를 당신에게로 이끄신다. 셋째, 그리스도는 성령을 우리에게 보증으로 보내시는데, 우리는 성령의 능력에 힘입어 땅의 것들을 구하지 않고 그리스도께서 하나님 우편에 앉아 계신 위에 있는 것들을 구한다").

요리문답서에도 믿음에 대한 탁월한 정의가 실려 있다: "믿음은 하나님이 당신의 말씀 안에서 우리에게 계시하신 모든 내용을 진리로 받는 확고한 지식일 뿐 아니라, 성령께서 복음을 쓰셔서 내 안에 일으키시는 다음과 같은 진정한 신뢰, 즉 하나님께서 오직 은혜로, 오직 그리스도의 공로를 보시고서 다른 사람들에게뿐 아니라 내게도 사죄와 영원한 의와 구원을 값없이 주신다는 신뢰이기도 하다."

특정 주제들을 강해하기 위한 지침으로 요리문답서들과 신앙고백서들을 사용하는 것 외에도, 잘 알려진 신조의 문구들을 설명하는 것도 때로는 유익을 준다(혹은 더 나아가 당연히 그렇게 해야 할 때도 있다). 널리 유포되어 있는 이 문구들의 수는 지역에 따라 대단히 다양할 것이 틀림없는데, 그 문구들을 해설하는 것이 적절한가의 여부는 전적으로 설교자 개인이 판단할 문제이다. 하지만 그리스도의 신성에 관해 설교할 때 호모 우시오스라는 단어를 무시할 수는 없는 노릇이다. 아예 질문을 받지 않는 설교자가 아니면 누구나 "우리 주님이 지옥에 내려가셨다는 말이 무슨 뜻입니까?"(사도신경의 많은 사본들에 그 문구가 들어 있음—역자주), "성도의 견인이 무슨 뜻입니까?" "선택된 유아들이 어려서 죽는 것이 무슨 뜻입니까?" "성령의 내적 증거란 무엇이며 인간이 영혼과 몸의 모든 기능들과 부분들에서 전적으로 부패했다는 주장이 무슨 뜻입니까?"라는 질문을 받게 될 것이다.

보다 많은 경우에는 요리문답서들과 신앙고백서들의 결핍점들을 지적하는 것이 적절한 일이 될 것이다. 웨스트민스터 전승 안에서 가장 큰 흠은 아마 하나님의 말씀이 구약과 신약성경에 포함되어 있다(contained)는 진술일 것이다(소요리문답, 제2문의 답). 이것은 성경에 하나님의 말씀이 아닌 영역들이 있음을 강하게 암시한다. 아울러 제4문의 답에 진술된 하나님의 속성에 대한 요약과, 제31문의 답에서 효과적인 부르심(Calling)에 관한 정의, 그리고 제35문의 답에서 성화에 관한 정의(완전 성화에 관한 언급이 모두 빠짐)에 대해서도 조심스러운 태도로 접근해야 한다.

신앙고백서 자체에 관한 한, 설교자는 이를테면 교황이 '불법의 사람'[적그리스도]이라는 해석된 진술을 일정 거리를 두고서 대해야 할 것이다. 그 글귀를 잠잠히 지나쳐 버릴 수 없는 이유는 요리문답서나 신앙고백서에 포함된 것이 자칫 권위 있는 말이 되어 왜곡된 진술을 유통케 할 우려가 크기 때문이다. 만일 이것이 교정되지 않으면 특정 전승들의 신학의 독특한 특징이 될 것이다. 교황을 그 불법의 사람으로 인유할 경우, 그 왜곡은 종교적 편협이라는 불에 기름을 끼얹는 격이 될 것이다.

그러한 요리문답서들이나 신앙고백서들에 대해서 설교해야 할 것인가? 예외적인 상황에서만 그래야 할 것이다. 설교자의 임무는 말씀을 선포하는 것이다. 인간들이 제공한 문서를 너무 의존하면 무엇이 표준이 되는 계시이며 무엇을 그 계시에 의하여 판단할 것인가를 모호하게 함으로써 성도들을 혼란스럽게 만든다. 비록 신조들 자체에도 오류가 없다고 하더라도(예를 들어, 이것은 사도신경에 대해 할 수 있는 주장이다) 그 신조의 구성과 균형과 주제 선정은 성경의 것과 같지 않을 것이다. 더 나아가 신앙고백서들과 요리문답서들은 문맥 — 성경의 상황 — 에서 추출한 교리를 제시하며, 따라서 그 실질적 적실성을 모호하게 하거나 그것을 아예 적용하지 않도록 유혹한다.

신조들과 신앙고백서들에 관련하여 마지막으로 두 가지 점을 언급할 수 있다. 첫째로, 이 문서들은 기독교가 수세기를 지나오면서 수집한 지혜를 제시한다. 따라서 신조들과 신앙고백서들에 자극을 받아 설교하거나 그 틀 안에서 설교하는 사람은 자신이 사적인 견해를 전하거나 교회의 평화와 통일을 위협하는 교리들을 끌어들이지 않는다는 것을 절대적으로 확신할 수 있다. 물론 많은 사람들은 설교자가 신앙고백서에 구속되면 자유를 잃는 비성경적인 결과가 초래된다고 주장한다. 하지만 이 주장은 신앙고백서가 보편적이거나 포괄적이지 않고 분파적인 경우에만 사실이다.

제대로 질서 잡힌 교회에서는 신조가 부과하는 유일한 규제란 근본적인 교리들을 훼손하는 것을 방지하는 것뿐이다. 사실상 신앙고백은 자유의 헌장으로 봐야 한다. 이것은 교회가 관용해서는 안될 오류들이 무엇인지를 명백히 규정한다. 설교자는 합당한 신학 표준에 비추어 자신의 입장이 무엇인지를 알아야 한다. 그의 신조가 말하는 곳에서 설교자는 구속되며(신조가 잘못되었다고 입증하지 못하는 한), 신조가 침묵을 지키는 곳에서 설교자는 자신의 입장을 자유롭게 표현할 수 있다. 예를 들어, 안수를 받을 때 웨스트민스터 신앙고백에 대해서만 서약을 한 목회자는 자신의 양심이 자유의지론(libertarianism), 전천년설, 흡연, 혹은 아담의 죄의 직접적 전가 같은 문제들에 구속을 받지 않는다고 절대 확신할 수 있다.

사실상 똑같은 신앙고백서를 고백하는 사람들끼리도 많은 쟁점들에 대하여 격렬한 논쟁을 벌일 수가 있다. 좋은 예로, 러더퍼드(Rutherford. 스코틀랜드의 맹약자들 중 대표적인 학자로서, 웨스트민스터 신앙고백서 작성에 지대한 영향을 미쳤음-역자주)와 보스턴(Boston. 러더퍼드 이후에 출생한 스코틀랜드인으로서, 모든 사람에게 복음이 기꺼이 선포되어야 한다고 주장한 유명한 설교자이다. 1732년에 사망—역자주)의 논쟁, 또는 캔디쉬(Candish)와 크로퍼드(Crawford)의 논쟁(두 분 다 스코틀랜드 자유교회 소속 설교자요 신학교 교수였으며 특히 하나님의 부성 교리에 관하여 보편적이냐 제한적이냐 하는 문제로 심한 논쟁을 벌였음—역자주), 톤웰(Thownwell)과 하지(Hodge)의 논쟁, 워필드(Warfield)와 카이퍼(Kuyper)의 논쟁이 좋은 예다.

둘째로, 신조들과 신앙고백서들은 설교자에게 다양한 교리들의 상대적 중요성을 가르쳐 주는 귀중한 역할을 한다. 설교자는 '주요한 부분들을 가장 잘' 다루는 사람이 되어야 한다. 이 '주요한 것들'이란 우리가 가장 좋아하는 교리들이나 또는 가장 많이 완벽하게 공부한 교리들이 아닐 수도 있다. 하지만 그것들은 신조들이나 신앙고백서들에 포함된 것들이어야 한다. 즉, 성도의 사귐(the communication of saints)이 이루어질 수 있는 교리, 그리고 교회의 신중한 판단에 의해 타협할 수 없는 것으로 간주되는 교리여야 한다. 찰스 하지는 "절대 필요한 경건을 발견할 때마다 타락, 전적 부패, 중생, 속죄, 그리스도의 신성에 관한 교리들을 발견하게 된다. 나는 경건을 표방하면서 이 교리들 중 어느 한 가지라도 배척하는 사람을 단 한 명도 본 적이 없다"고 말했다.[16] 이러한 교리들이 신앙고백서가 표방하는 신학의 핵심이다.

결론

이 장의 과제는 설교자가 자신이 아는 모든 신학을 전파해야 한다는 것이었다. 성경은 사람들의 책이며, '삼위일체'부터 '지복직관'(the beatific vision)까지 그 안에 담긴 모든 교리들은 교육을 받았든 받지 못했든 신앙 공동체를 구성하는 모든 개인들에게 속한다. 우리 설교자들은 그중 어떤 것도 유보할 권한이 없다. 그러나 그런 진리 선포조차 설교자의 태도에 의해 훼손될 수 있으며, 따라서 결론에서는 이 점을 다루고자 한다.

첫째, 설교자는 권위있게 설교해야 한다. 이것은 자기 의나 자기 확신의 문제가 아니다. 이것은 내면으로든 외면으로든 우리가 전하는 것이 하나님의 말씀이라는 확신에서 나오는 권위이다. 우리의 신학이 성경 주해에 기초를 두고 있는 한, 우리는 구약의 여느 선지자처럼 확신있게 "주께서 말씀하시기를"이라고 선언할 수 있다. 바르트는 "나를 비롯하여 그리스도의 말씀을 전하는 모든 사람은 그의 입이 그리스도의 입이란 사실을 얼마든지 자랑할 수 있다"는 루터의 말을 인용한 다음, 거기에 덧붙여서 "교리는 죄스러운 것이라든지 혹은 비난할 만한 것이 아니다. 그렇다고 해서 우리의 죄를 사하여 주옵시고라고 할 때의 주기도문에 속하지도 않는다. 왜냐하면 교리란 우리의 일이 아니라 죄를 범할 수도 없고 잘못을 범할 수도 없는 하나님 당신의 말씀이기 때문이다"라고 했다.[17] 이것이 설교에 교의학이 필요한 큰 이유 가운데 하나이다. 교의학은 우리가 선포하는 것이 하나님의 말씀이라는 사실을 될 수 있는 대로 확실하게 만들어 준다. 바르트의 말을 다시 인용하자면, 교의학의 큰 역할은 교회의 주일 설교(교회가 수행해야 할 가장 큰 임무)를 비평하고 교정하는 것이다: "교의학은 어제 교회에서 사람이 하나님께 관하여 어떻게 말했느냐 하는 데서 시작하여, 내일 이것을 어떻게 말할 것인가를 묻는다."[18]

둘째, 계시의 심오한 주제들을 다룰 때조차 그 주제를 선명하게 묘사하도록 분투해야 한다. 교리가 너무 심오해서 이해할 수 없다고 말하는 것은 대개 설교자 자신의 무지에서 비롯된다. 하미쉬 매켄지(Hamish Mackenzie)는 이렇게 쓴다: "어리석은 사람은 철학적 안개에서 자신을 잃을 수 있다. 단순성을 얻기 위해서는 가장 맑은 정신과 가장 성결한 마음과 가장 부단한 노력이 필요하다."[19] 성경의 어떤 주제들이 너무 난해하다고 해서 그것을 피할 권리가 설교자에게는 없다. 그렇게 하려면 아예 처음부터 입을 열지 않는 편이 낫다. 설교자가 받은 소명은 교회의 지정 교과서인 성경에 담긴 모든 주제들을 설명하고 조명하는 것이다. 하지만 그 일을 할 때 간결 명쾌하게 해야 한다.

무엇보다도, 설교자는 사랑의 심정을 품고 말씀을 전해야 한다. 특히 논쟁의 주제가 되었거나 논쟁의 소지가 있는 주제들을 다룰 때는 더욱 그러해야 한다. '신학자들의 반목'(odium theologicum)이라는 말이 격언이 되었다는 점을 잊지 말아야 한다. 우리의 설교는 사람이 자신과 다른 사람들을 사랑으로 대하는 것이 어떤 것인지 모범을 보여주어야 한다. 하지만 그 원칙은 보편적으로 적용된다. 우리는 "오직 사랑 안에서 참된 것을" 해야 한다(엡 4:15). 우리에게 사명을 주신 하나님을 사랑하는 마음으로, 우리에게 주신 진리를 사랑하는 마음으로, 우리에게 맡겨진 하나님의 양 무리를 사랑하는 마음으로, 우리를 반대하는 자들을 사랑하는 마음으로, 우리를 거부함으로 하나님까지 거부하는 자들조차 사랑하는 마음으로 대해야 한다.

주

1) Gerhard Ebeling, *Theology and Proclamation*(London: Wm. Collins Son & Co., 1966), p. 20.

2) Alexander Gammie, *Preachers I Have Heard*(London: Pickering & lnglis, n.d.), p. 163.

3) B. B. Warfield, *Selected Shorter Writings*, Vol. 2, ed. John E. Meeter(Phillipsburg, N. T.: Presbyterian & Reformed, 1973), p. 180.

4) Ibid, p. 281.

5) 다음 책에서 인용: C. A. Salmond, *Princetoniana: Charles and A. A. Hodge with Class and Table Talk of Hodge the Younger*(Edinburgh: Oliphant, Anderson & Ferrier, 1888), p. 167.

6) J. A. Broadus, *A Treatise on the Preparation and Delivery of Sermons*(London: James Nisbet & Co., 1874), p. 90.

7) Ibid.

8) Charles Hodge, *Princeton Semons*(Edinburgh: Banner of Truth, 1979), p. 6.

9) John R. Stott, *Christ the Controversialist*(Downers Grove: Inter-Varsity Press, 1970), p. 44.

10) John Murray, "Some Necessary Emphases in Preaching", in *The Collected Writings of John Murray*, vol. 1(Edinburgh: Banner of Truth, 1976).

11) James Stewart, *Heralds of God*(London: Hodder & Stoughton, 1946), p. 152.

12) William M. Taylor, *The Ministry of the Word*(London: T. Nelson & Sons, 1876), p. 83.

13) Charles Bridges, *The Christian Ministry*(Edinburgh: Banner of Truth, 1961), p. 259.

14) Thomas Chalmers, *Select Works*, vol. 8(Edinburgh, Thomas Constable and Co., 1856), p. 239.

15) Ibid, p. 247.

16) Salmond, *Princetoniana*, p. 30.

17) Karl Barth, *Church Dogmatics*, vol. 1(Green wood, South Carolina: Attic Press, 1962), p. 107.

18) Ibid. p. 86.

19) Hamish Mackenzie, *Preaching the Eternities*(Edinburgh: Saint Andrew Press, 1963), p. 93.

II. 설교형태

제10장

설교의 구조와 흐름

글렌 넥트

각성한 설교자는 한 가지 도구만을 소유하고 있다. 그 한 가지 도구를 가지고 있으므로 그 밖의 다른 것이 필요하지 않다. 오순절 성령 강림 때 교회에게 주신 최고의 무기인 불의 혀를 그는 가지고 있는 것이다. 성령께 활력을 받는 그의 혀는 듣는 자들을 변화시키고 하늘을 땅에 임하게 하는 방식으로 하나님의 진리를 세상에 분명하게 전달하는 수단이다. 일생에 한 번 만나는 참된 불의 혀는 인간의 영혼에서 이루어져야 할 하나님의 회심 사역에 필요하다. 한 번 그 불의 혀를 만난 사람은 다시는 그런 것을 만나지 못할 것이다.

윌리암 아서(William S. Arthur)는 불의 혀가 교회의 주요 상징이며, 그리스도의 몸 된 교회는 그것을 하나님의 귀한 은사로 간직하고 계발해야 한다고 말했는데, 그것은 옳은 말이다. 설교자는 이 은사를 상속받은 자요 주일마다 이 권능의 무기를 사용하는 특권을 지닌 자이다. 이 장은 이 무기를 어떻게 다루어야 하는가 하는 문제를 논한다.

뜨겁게 타오르는 마음은 따뜻함과 빛을 발산하는 경향이 있다. 이 마음은 전하는 자나 듣는 자 모두를 사로잡는 감정의 힘과 표현의 유동성을 가지고 있다. 그렇다면 뜨거운 혀를 자유롭게 사용하기 위해서 왜 설교 구조에 관한 모든 노력을 접어두지 않는가? 왜 형식에 구애받지 않고 불타는 마음 자체가 메시지를 전달하도록 내버려두지 않는가? 결국 불은 형태를 가지고 있지 않기 때문인가? 만일 설교자가 어떤 주제를 전하고 싶은 마음이 강렬히 일어날 때에 그 마음만으로 충분하지 않는가? 하나님의 진리를 전달하기 위해서는 설교자가 자신의 불타는 마음을 의지할 수가 없는가?

이 장의 답변은 그럴 수가 없다는 것이다. 왜 그럴까? 왜냐하면 하나님은 질서의 하나님이시기 때문이다. 하나님은 만물을 한꺼번에 다 창조하시지 않고 질서있게 창조하셨다. 각 종류대로 모으셨으며 같은 날에 같은 종류들을 지으셨다. 당신을 계시하실 때도 단계별로 하셨다. 또한 당신에 관한 계시의 면류관인 주 예수 그리스도를 주시기 전에 모든 것이 완전하게 예비되도록 하셨다. 질서정연하신 하나님은 하시는 모든 일에서도 질서 있게 하신다.

우리는 이 질서 속에서 하나님을 본받아야 한다. 그의 질서의 근원은 그의 사랑임을 알아야 한다. 하나님께서 자기의 사역과 말씀을 우리의 상황에 맞도록 역사하시며, 우리가 이해하고 또한 우리가 그에 대하여 배운 것을 잘 적용할 수 있도록 우리에게 말씀해 주시는 이유는 우리를 사랑하시기 때문이다. 또한 우리가 이 세상에서 하나님의 말씀을 선포하려는 열정을 품고, 성령의 사역의 열매를 간절히 보기를 원하는 것도 사랑에 대한 열정 때문이다. 우리는 하나님을 사랑하고, 그 사랑으로 다른 사람들을 사랑하기 때문에 설교할 수 있다. 사랑이 있기에 하나님의 말씀을 선포할 때 열정을 질서로 바꾸게 된다.

질서 있게 설교하는 것은 회중을 사랑하는 행위요, 계시를 내신 분을 사랑하는 행위이다. 오 리를 가자고 하면 십 리를 가는 것이 사랑이다. 파스칼 (**Pascal**)은 "좋은 생각들은 우리 속에서 많이 일어나지만 그것들을 체계 있게 세워나가는 기술은 저절로 되는 것이 아니다"라고 상기시킨다. 오 리만 가주는 설교자와 십 리를 가주는 설교자 사이에는 차이가 있다. 전자는 불타오르는 마음으로부터 힘찬 생각들이 마구 일어난다. 반면에 후자는 똑같은 생각이 일어나지만 열정의 충만함으로써 그것을 듣게 될 사람들에게 유익이 되고 오래 기억되도록 최선을 다하여 잘 반죽한다. 결국은 질서정연한 설교로 만들어가면서 그의 사랑이 첨가되는 것이다. 이 장의 전제는 다음과 같다. 즉, 각성한 설교자는 청중을 사랑한다. 그들을 진리로 이끄는 방법으로 설교를 배열한 때 그들의 심령에 맛있는 요리를 제공하려는 사랑이 역력히 나타난다. 또는 청중에게 하나님의 말씀에 합당한 반응을 보이라고 촉구한다.

1. 질서: "하늘의 첫 사랑"

하나님은 천지를 창조하실 때 당신의 질서에 따라 창조하셨다. 따라서 하나님이 지으신 만물의 속성에 일종의 질서가 새겨졌다. 심지어 "저녁이 되며 아침이 되니 이는 첫째 날이라"는 문구로부터도 질서의 모습을 엿볼 수가 있다. 우주의 예측 가능성, 천체의 주기적 운동, 계절의 변화는 기획자이신 하나님을 상기시켜 주는 것들이다.

히브리서 저자는 하나님이 모세에게 명령하신 말씀을 인용할 때 하나님 안에 있는 질서에 대한 의욕을 주목하여 표현한다: "모세가 장막을 지으려 할 때에 지시하심을 얻음과 같으니 가라사대 삼가 모든 것을 산에서 네게 보이던 본을 좇아 지으라 하셨느니라"(히 8:5). "네게 보이던 본을 좇아"라는 말씀이 질서를 따르라는 명령이다. 성경에는 설교 형태 자체가 담겨 있지 않지만, 우리는 교회의 경험, 인간 심리의 원칙들, 수사학의 일반 지식으로 눈을 돌려 가장 유익한 설교 형태를 계발할 수 있다.

곰곰이 생각해 보면 좋은 질서가 끼치는 유익들을 생각해 낼 수 있다. 잘 짜여진 구성이 설교자에게 무엇을 의미하는지 먼저 생각해 보라. 설교자는 자료들을 질서 있게 배열함으로써 청중 앞에 담대히 설 수 있다. 그는 자기가 가야할 곳이 어디인지를 안다. 목표가 아주 분명하다. 마치 커브길을 돌면서도 가야 할 지점에서 눈을 떼지 않는 택시 기사처럼, 앞에 어떤 장애가 놓여 있든간에 능숙하고 그리고 자신있게 달릴 수 있다.

설교자의 마음은 좋은 질서의 흐름을 따를 수가 있다. 머리와 심장의 분리는 상상으로만 가능할 뿐이다. 심장 역시 논리를 지니고 있다. 심장이라고 해서 지성의 논리를 적대하는 것이 아니다. 심장에는 분명한 계획을 가지고 인간의 감정적인 힘의 흐름을 저축해 두는 은행이 있는 것이 틀림없다. 사람은 심장에서 어느 시점에 피가 분출되는지 예측할 수가 없지만, 좋은 설교 계획은 급작스런 감정의 분출을 규제하여 정해진 목적지로 잘 인도해 갈 수 있다.

설교자의 정신은 설교 구조로도 도움을 받는다. 만일 원고 없이 계속 진행한다면 그의 생각들은 그의 계획이 분명하고 뚜렷할 때 그에게 무엇을 말할 것인지를 제시할 것이다. 그러나 만일 노트를 사용하거나 설교문 전체를 작성하여 원고를 의지할 때는 그가 세운 계획이 어떻게 펼쳐질 것인지 미리 알고 있어야 하는 부담감하고는 아주 거리가 멀다.

적재적소란 설교에 있어서 아주 중요하다. 오늘날 성도들은 빠른 속도로 지나가는 라디오나 텔레비전에 아주 익숙해 있다. 그래서 집중하는 시간 역시 아주 짧다. 그러므로 설교자는 한 편의 설교를 일사천리로 전하는 것보다 계획에 따라 움직여 가되 3분 간격으로 여러 번 나누어서 전달하는 것을 생각해야 한다. 그러나 어떻게 이러한 단절된 사상들을 일관성 있게 한 데 모으느냐 하는 것이 문제이다. 만일 제대로 짜여진 구조나 연결되는 절이 없다든지 또 클라이막스를 향하여 치닫는 것이 없다고 하면 3분 간격으로 단절되어 전달되는 토막토막들이 메시지의 의미나 능력을 어떻게 축적할 수 있겠는가?

잘 고안된 구성은 설교자로 하여금 설교 기술의 가장 중요한 부분인 '삭제의 묘미'를 잘 살려 나가도록 도와준다. 앤드류 블랙우드(Andrew W. Blackwood)는 다음과 같은 말을 즐겨 사용했다. "좋은 설교란 무엇을 삭제해야 하는지를 아는 설교요, 그 다음으로는 과감하게 제외시키는 용기를 지닌 설교이다." 도안이 잘 되었고 거기에 고도의 훈련까지 곁들인 설교라면 준비 과정에서 모인 자료 중 사용하기에 적합하다고 보이는 예화나 아이디어 또는 인용문의 일부를 빼버리도록 도와줄 것이다. '어디에 이걸 집어넣지? 어떤 곳에도 적합하지 않군.' 그렇다면 과감하게 버려라. 다음 날을 위해 비축해 주라. 만일 그것이 전혀 두드러지게 나타나지 않으며 또한 전달하기로 마음먹은 계획 안에서 생각의 전개에 전혀 도움이 되지 않는 것이라면 설교 구성에 집어넣을 자리가 없음이 틀림없다. 계획을 세워 나가는 요소들은 도미노 이론처럼 서로가 다음 것을 제시하는 것으로써 연결되어 있어야 한다. 그러나 만일 그 사이가 너무나 많이 벌어져 있다든지 혹은 요지가 한쪽 귀퉁이에 배치되었다면 목표 지점을 향해 달려가는 움직임은 없다. 그러므로 계획을 세우는 것 자체는 설교자들에게는 좋은 훈련 도구이다.

좋은 구조가 설교의 가장 중요한 부분인 청중에게 끼치는 유익들을 생각해 보자. 청중이 설교 구조가 잘 짜여 있다는 느낌을 받으면 설교자의 인도를 따라 편안히 설교를 들을 수 있다. 설교자가 숱한 함정과 장애를 피해 소기의 목적지에 데려다 줄 만한 지식과 역량이 있다는 확신이 들게 된다. 청중이 반드시 구조를 세세히 다 이해하는 것이 아니고, 개요를 암기할 수 있는 것도 아니지만, 그럴지라도 설교자의 의중과 설교의 형태에 그런 개요가 있다는 것을 아는 데서 유익을 얻게 될 것이다.

설교 개요 자체에 심오한 의미를 부여해서 부각시켜서는 안 된다. 개요의 목적은 설교 내용을 미리 감을 잡도록 돕는 데 있다. 구조는 그림의 액자와 같아서, 관심을 끄는 것은 구조 자체가 아니라 그 안에 담긴 그림의 아름다움이다. 액자는 주위의 다른 것들에 시선을 빼앗기지 않고 오로지 그림만 보게 해준다. 마찬가지로 구조는 청중에게 주어진 상황에서 하나님의 계시를 질서 정연하게 윤곽이 잡힌 형태로 듣도록 해준다. 질서 잡힌 설교는 회중에 대한 사랑의 표시이다.

중생한 사람들일지라도 하나님의 말씀을 본능적으로 잘 듣는 것이 아니다. 그들은 주의 말씀을 어떻게 들을 것인지를 배워야만 한다. 설교자가 전하는 설교를 듣고 어떻게 소화시켜야 하는지를 배워야 한다. 그들을 어떻게 훈련시킬 수 있을까? 주일마다 선명하게 기억하여 남들에게 전할 수 있게끔 메시지를 전하는 것보다 더 좋은 방법은 없다. 청중은 여러 가지 색다른 구조의 설교를 듣게 되면 그것을 식별하고 마음 속으로 그것에 적응하게 될 것이다. '첫째, 둘째, 셋째'라는 삼중 요지로 이루어지는 로버트슨(Robertson) 식 설교나, 진리를 다채롭게 전하여 여러 가지 화제를 담아내는 청교도 식 설교를 식별하게 될 것이다. 마지막 대목에 가서는 설교자가 자기들에게 요구하는 것이 무엇인지를 듣게 될 것이고, 그 날 성령께서 자기들에게 요구하시는 것에 반응할 마음을 갖게 될 것이다.

견실한 구조는 설교 내용 이상의 것을 전달한다. 그것은 설교자와 청중에게 우리가 지닌 진리의 체계가 질서 있는 계시임을 인식시킨다. 그러한 설교는 일관성과 통일성이 있고, 사고와 행동 사이에 균형을 이룬다. 많은 그리스도인들이 여기저기에서 얻은, 서로 연관되지도 않은 지식과 지혜의 뭉치를 조금씩 갖고 있다. 체계적이고 논리적으로 하나님의 진리의 말씀을 강해할 때 질서정연하고 모순이 없는 교리의 체계를 성도들이 듣게 된다. 이러한 질서는 하늘의 숨결이요, 바른 지성을 지니신 하나님의 사랑의 표시이기도 하다.

이렇게 구조가 중요한 것이라면 좋은 구조를 세우는 것이 어려운 작업이라는 것은 새삼스러운 이야기가 아니다. 주해와 신학과 문학 자료들, 그리고 개인의 경험에서 얻은 자료들을 한데 취합하여 조리 있고 일관된 구조를 만드는 것은 아주 험난한 작업이다. 이러한 작업에는 성경을 성경으로 대조하고, 적실성 있는 것과 없는 것을 선별하고, 진리의 색다른 측면들의 중요성을 매기고, 생각의 순서를 정하고, 나머지 요소들을 그 거룩한 목적과 목표에 부합하도록 하나의 형태로 만드는 일들이 포함된다. 이 작업은 집중력과 심도 있는 노력, 그리고 때로는 번민을 필요로 한다.

이것이 대부분의 설교자들에게 요청되는 설교 준비의 일부분이다. 이러한 준비를 하는 동안 깊이 묵상하는 시간을 갖는 데 방해를 받아서는 안 된다. 하나님을 전적으로 의지할 수 있는 지속된 시간을 가져야 한다. 이 시간 동안에 설교자는 그가 전하고자 하는 주제를 깊이 연구함으로 가장 진취적이고 풍부한 상상력을 소유하게 된다. 이런 시간을 꼭 가져야만 한다. 설교자는 이런 순간에 하나님의 대언자로서 사람들 앞에 설 수 있는 특권을 주신 하나님께 더욱 감사하게 된다. 이런 감사의 심정이 설교자의 마음에 끊임없는 창조적인 힘이 솟아나게 한다. 조용히 연구하는 그 시간에 주께서 자신을 통해 전하고자 하는 본문에서 주시는 말씀을 들음으로써 하나님의 심정을 헤아려야 한다. 설교자 자신의 죄를 자백하고, 다른 사람들에게 설교하기 전에 먼저 자기 자신에게 그 진리를 적용시켜야 한다. 이렇게 분투 노력함과 깊은 감사, 자기 점검 및 기도를 통하여서 좋은 구조가 형성되는 것이다. 그러나 이런 일은 짧은 순간에 이루어지는 경우가 많다.

2. 직관: 질서의 관건

제임스 스토커(James Stalker)의 펜을 통하여 나온 지혜로운 많은 말 가운데는 다음과 같은 것이 있다: "진리를 독창적으로 전하는 비결은 자신의 생각으로 진리에서 직관을 얻어내는 데 달려 있다."[1] 어떤 단락에서 얻는 직관이란 그 단락을 묵상하고 그것을 가지고 설교 준비를 하고, 그것을 놓고 기도한 뒤에 그것을 가지고 무엇을 하려는 것인가를 깨닫는 것이다. 직관은 설교자 개인의 독특한 것이라는 점에서 독창적이다. 설교자 자신이 스스로의 힘으로 그 지점에 도달한다. 비록 설교자 여러분이 전하는 진리에 대한 진술이 다른 사람들이 이미 발견한 것과 비슷하다고 하더라도, 여러분이 발견한 것은 어디까지나 여러분의 것이다. 한 본문에 대한 여러분의 직관은 여러분 자신의 영적 순례의 길에서 지금 이 시간에 그 본문을 해석한 여러분 자신의 독특한 글이다. 본문에 대한 요지를 독창적으로 파악하는 것은 설교의 구성에서 열쇠의 역할을 한다.

따라서 독창성은 그 자체가 설교의 열쇠이다. 물론 독창성이 무슨 발명과 같다는 것은 아니다. 왜냐하면 전에 한 번도 다루지 않은 점들을 말하는 기회란 아주 드물기 때문이다. 설교는 종종 이미 선배들이 해놓은 말을 재현하는 경우가 많다. 그러나 독창성이라는 것은 내가 전하고자 하는 본문의 진리가 다른 어떤 설교자들에게서 흘러나오지 않은 것으로서, 나 자신을 통하여 흘러나온다는 것을 의미한다. 설교는 그 안에 전하는 자의 영혼이 깃들어 있어야 한다. 위대한 연설가가 한 마디 한 마디를 분명히 토해내듯이, 전하는 메시지에 설교자 자신의 지문이 묻어나야 한다. 이렇게 독창성이 중요한 것이라고 한다면, 설교를 제대로 하고 싶은 설교자는 반드시 그것을 계발하고 연구해야 한다. 설교자는 자신의 모습을 그대로 가지고서 설교에 임해야 한다. 그것이 기독교적 독창성에 이르는 길이기 때문이다. 설교에 담긴 내용이 궁극적으로는 설교자 자신에게 있어야 한다. 이 점에 대해서는 에롤 헐스와 제프리 토머스가 이 책에서 잘 설명하고 있다.

만일 메시지에 독창성이 있어야 한다면, 그것은 설교자 자신에게서 계발되어야 한다. 이것을 강조하는 이유는 설교자가 자신의 모습을 그대로 가지고서 설교에 임하지 못하게 방해하는 것들이 무수히 많기 때문이다. 눈앞에 다른 훌륭한 설교자들이 아른거릴 수 있다. 그들의 이미지 때문에 자신의 독특한 스타일이나 재능을 상실해 버릴 수가 있다. 어떤 훌륭한 설교자의 이미지가 깊이 박혀있는 상황에서는 자신의 참된 모습을 드러낼 수 있는 자원을 계발할 수 없다. 가장 이상적인 설교자가 누구인지를 찾아서 깊이 새기고, 포괄적인 견지에서 영향을 받으려고 노력하면 훌륭한 설교자가 될 수 있을지 몰라도 자신의 독창성을 기르는 일에는 아무런 도움이 되지 않는다.

그러한 압도적인 영향에서 벗어날 수 있는 것은 자신이 복음 사역자로서 받은 사명을 깊이 인식하고 굳게 부여잡을 때뿐이다. 만일 자신이 받은 사명이 엄청나게 중요하고, 또 자신이 한 말에 책임을 지고 성도들의 부족함을 채워주기 위하여 대답을 주는 일이 얼마나 큰 과제인지를 깊이 인식한다면, 다른 사람들을 열심히 모방하느라 자신의 독창성을 제대로 발휘하지 못하는 데서 해방되기 위해 부단하게 노력하게 될 것이다. 이 작업은 설혹 큰 고생과 번민이 따를지라도 꼭 성취해야 한다. 그러면 우리가 지닌 자유 안에서 하나님이 각자에게 특별히 수여해 주신 진취적인 은사를 발견하게 될 것이다.

그러므로 독창성을 기른다는 것은 설교자가 기쁘게, 감사하게, 그리고 창의적으로 주체 의식을 지니게 된다는 것이다. 그러나 이 말을 지나치게 극단적으로 받아들여 자기 자신의 이미지에만 갇힐 수가 있다. 어떻게 해서든 달라야 한다는 생각에 중독되어 유익한 방향을 제시하는 설교 전승의 좋은 조력자들을 활용하지 못할 수가 있다. 좋은 설교안이 떠오를지라도 그것이 삼중 요지의 형태라는 이유만으로 생각에서 지워버릴 수가 있다. 이것은 독창적인 것이 아니라 모난 것이며, 자신이 인류의 나머지 사람들과 공유하고 있는 부분을 부정함으로써 진정한 독창성을 얻는 것을 방해한다.

어느 단락에서 직관을 얻으면 그 직관은 설교자 자신을 똑바로 세운다. 그의 내면의 삶이 그 직관에 의해 노출된다. 그 직관이 대치하는 것은 마귀가 아니라 설교자 자신이다. 그가 자신의 대적이 된다. 이는 그 안에 있는 어떤 것이 본문을 은닉하려고 하고, 본문을 다른 사람들처럼 다루게 하고, 본문에서 빗나가 그릇된 진리를 붙잡게 만들기 때문이다. 하지만 자신의 독창적 직관과 대치되는 이런 요인들에 굴복해서는 안 된다. 하나님 앞에서 자기 자신으로서야 하며, 자신이 본문에서 파악한 직관을 자신의 내면의 스크린에 비추어 보아야 한다. 그것은 그의 것이며, 그의 설교의 싹이 될 것이다.

그러나 필자가 의도하는 것은 어떤 단락에 대한 직관의 비밀을 밝히는 것이다. 앞에서 필자는 그 직관이 설교자 자신의 독특한 것임을 지적했다. 하지만 그 직관이란 게 정확히 무엇인가? 설교자가 해당 단락에 나오는 주요 단어들을 연구하고, 병행 단락들을 면밀히 조사하고, 다른 설교자들이 그 단락에 대해서 남겨 놓은 열매를 훑어보고, 교리서들에 다뤄진 유사한 내용들을 읽고, 본문을 자신의 삶에 직접 적용해 보고, 이 본문이 회중의 양심과 마음에 가서 깊이 박히도록 해달라고 기도를 드렸다고 가정하면, 이제 그는 설교 준비에서 가장 흥미로운 과정에 들어서게 된다.

설교자는 준비한 노트에서(그 노트는 당연히 분량이 많아야 할 것이다) 본문이나 단락이 가르치는 진리의 가장 두드러진 요소들을 선별해야 한다. 노트 한 장에 그 요소들을 꼼꼼히 기록해야 한다. 이 요소들은 그가 반추하고 연구하는 동안에 떠올랐던 주제의 여러 면들이다. 설교 준비의 이 단계에서는 신성한 어떤 면이 있다. 이는 주일에 회중에게 전달할 영적 양식을 비록 예비적인 방법으로나마 이미 선정하고 삭제하고 있기 때문이다.

기도하는 심정으로 그 요소들을 자신의 말로 열거한 다음에는 성경의 의미에 관해 깊이 묵상하는 시간을 가져야 한다. 혼자 산책할 수도 있고, 골방에 혼자 들어갈 수도 있고, 성경을 펴들고서 거닐 수도 있다. 그 순간만큼은 방해받지 않는 것이 중요하다. 그의 눈 앞에 있는 본문을 가장 편안한 마음으로 집중할 수 있는 장소가 되어야 한다. 본문을 읽고 또 읽고 읽어야만 한다. 설교자는 그 말씀의 표면에 나타난 진리를 넘어서는 어떤 것을 쥐어야 한다. 그 진리의 한복판에 빠져들어야 한다. 이 본문에서 지배적인 생각은 무엇인가? 이 모든 말씀들을 하나의 전체로 묶는 것은 무엇인가? 이 본문의 핵심은 무엇인가? 기록된 내용보다 더 깊고 일관된 면들이 또 있는가? 이런 질문을 던지면 이제 설교 본문의 직관에 접근하게 된다.

그 직관은 본문 자체에 실린 몇 단어로 요약할 수도 있다. 예를 들어, 필자는 로마서 12:14-21의 경우에는 결론 부분에 직관이 나타나 있다고 본다: "악에게 지지 말고 선으로 악을 이기라." 그러나 보다 많은 경우에는 설교자가 본문을 읽으면서 깨달은 바를 자신의 단어로 표현한 데서 발견되는 듯하다.

본문의 의미를 들추어내는 한 가지 방법은 여러 가지 질문을 던지는 것이다. 본문을 향해서 그 안에 어떤 진리가 담겨 있는가를 물어 보라. 하나님께 아뢰면서, 이 말씀을 통해서 무엇을 전하고자 하시는지를 여쭈어 보라. 여기에서 발견한 말씀의 진리를 전할 수 있게 해주신 하나님께 진심으로 감사하라.

주일이 다가오고 있기 때문이라든지, 아니면 설교를 해야 하기 때문에 성경을 뒤적거리는 일은 절대로 하지 말아야 한다. 오히려 기대와 소망의 자세로, 그리고 경이로운 심정으로 본문의 직관을 파악한 데서 들려오는 내면의 음성에 귀를 기울이라. 그러므로 설교의 핵심은 본문에 대해 설교자가 어떤 직관을 얻었는가 하는 데 있다. 설교는 본문의 내적 교훈과 설교자의 내면의 삶으로부터 전해진다. 그것은 성경과 삶의 깊은 곳에서 나오며, 그 직관은 표면에 있지 않다. 이런 식으로 짜여진 설교는 다른 사람의 마음 깊숙이 들어간다. "깊음이 깊음을 부르며"(참조. 시 42:7. 한글개역성경, "깊은 바다가 서로 부르며").

해당 단락의 직관을 파악하는 것도 설교 준비에서 큰 걸음을 내딛는 것이지만, 그것보다 더 해야 할 일이 있다. 이 기본적인 직관을 토대로 메시지의 주제를 정하는 작업이 필요하다. 그것은 직관과 같을 수도 있고 다를 수도 있다. 설교 주제는 본문을 통해서 오늘 우리 성도들에게 하나님께서 무엇을 전달하기를 원하시는지를 간단히 진술하는 것이다. 직관이 성경의 용어들로 이루어진다면, 주제는 그것과 달라질 수밖에 없다. 주제를 정하는 것은 설교안을 마련하는 데 중요한 단계이다. 이 단계는 서둘러 시행하거나 삭제해서는 안 된다. 그렇게 되면 설교안을 위한 토대가 없게 될 것이기 때문이다.

주제는 한 문장이 넘어서는 안 된다. 그렇지 않으면 부담스럽게 되고, 설교에서 다룰 내용보다 더 많은 것이 포함되게 된다. 그러므로 주제에 들어갈 단어들은 잘 선택해야 하며, 최소한의 형용사나 부사를 사용하여 기억에 남게끔 작성해야 한다. 문장에 강렬한 인상을 부여하는 명사나 동사를 선정하는 것이 좋다. 그러나 가장 중요한 것은 불확실한 용어를 사용함으로써 직관을 뚜렷이 나타내는 데 실패하지 말아야 하는 것이다. 예를 들어, 로마서 12:14-21을 본문으로 설교할 때 주제는 '사랑의 승리로 말미암아 모든 악을 정복하는 그리스도인'으로 정하면 좋다. 강하면서도 간결한 용어로 진리를 명시하려면 훈련이 필요하다. 그러나 그 훈련은 좋은 설교를 만들게 해준다. 주제가 쉽게 떠오르지 않는다고 좌절해서는 안 된다. 고심하여 얻어낸 주제일수록 효과가 더욱 클 것이다. 왜냐하면 그 주제는 설교자의 고민과 기도에 들인 열정과 성도를 향한 사랑을 표현하는 것이기 때문이다.

설교할 때마다 반드시 주제를 제시해야 할 필요는 없다. 대개는 서론을 마치면서 주제를 제시한다. 그 부분에서 회중은 간결 명쾌한 문장을 듣게 된다. 그 주제에서 무슨 설교가 전개될 것인가를 생각한다. 때로는 설교를 하는 과정에서 대지 사이에 주제를 재차 언급하는 것이 유익하다. 주제의 사용은 설교에 따라서 아주 다양하다. 주제가 끼치는 유익은 설교를 준비하고 회중에게 전달하는 설교자의 마음에 있다. 주제는 설교자에게 설교를 통일시키는 요인이 되어 준다. 즉, 자신이 전하는 설교의 정확한 목표가 무엇인지를 끊임없이 상기시킨다. 주제는 본문에 대한 설교자의 직관을 포착하여 그것을 설교자의 생각 안에서 설교 구조와 연결시키는 긴요한 것이다. 직관과 주제를 염두에 둠으로써, 설교자는 설교를 질서 있게 할 준비가 된다.

3. 질서정연한 계획: 회중을 진리로 인도함

이 장의 논지는 각성한 설교자가 회중을 사랑하는 길은 그들을 진리로 인도하고, 그들의 영육이 강건해지도록 충분한 영양을 공급하고, 그들이 하나님의 말씀에 합당한 반응을 보이도록 도전을 던지는 방향으로 질서정연한 설교를 준비하는 것이다. 청중을 진리로 인도하는 것은 체계적인 계획을 잘 계발할 때 이루어진다. 웅변가는 자기 입에서 나오는 황금 고리로 청중을 엮어 이끌고 간다는 말이 있다. 설교자의 황금 고리는 설교 계획이다. 그것은 회중의 마음을 보다 진리에 가깝게 인도한다.

그 계획을 이루는 부분들이란 무엇인가? 설교자들은 시대에 따라 다르게 그것들을 다양한 방법으로 설명했다. 필자는 여기에서 로버트 댑니(Robert L. Dabney)의 구도를 사용한다. 왜냐하면 그의 구도는 개혁주의의 관행을 상당 부분 정리해 주고, 정규 강단 사역 면에서 필자에게 유익을 끼쳤기 때문이다.[2] 메시지는 서문의 한 요소인 '들어가는 말'(exordium)로 시작된다. 들어가는 말의 기능은 설교자를 소개하는 일이요 메시지가 전달되는 그 상황에 자신이 전하고자 하는 생각을 말하는 것이다. 그것은 청중을 설교자의 심정으로 인도하는 한 가지 생각을 펼치면서 메시지를 위한 무대를 마련한다. 짧고, 치밀하고, 암시적이고, 흥미로운 이 '들어가는 말'은 설교자의 생각으로 들어가는 현관이다.

해설(explication)은 이제 강해할 성경의 본문을 소개한다. 여기에서는 배경을 묘사한다든지 혹은 그 시간과의 특별한 연관성을 기술한다. 그것은 이 본문에 관련된 그릇된 해석 문제를 다루거나, 본문에 의해 야기되는 일련의 질문들을 다룰 수가 있다. 중요한 단어를 설명할 수도 있고, 중요한 주제를 언급할 수도 있다. 그리고 어떻게 이 말씀이 강해되는지를 보여 줄 수도 있으며, 하나님 말씀의 다른 부분과 모순되는 것처럼 보이는 것들도 다룰 수가 있다. 본문은 해설의 중심 요소이다. 해설 부분의 종결부에서 설교 주제를 말함으로써, 하나님의 말씀 가운데 이 부분에서 일어나는 위대한 진리를 보여줄 수도 있다. 주제는 주어와 술어를 위주로 주의깊게 다듬은 한 문장으로 말하는 게 보통이다. 호레이스 부쉬넬(Horace Bushnell)의 "모든 사람의 인생은 하나님의 계획이다"라는 진술이 예가 될 수 있다.

다음으로는 논증(argument)이 따른다. 여기서는 본문과 주제에 관한 논증들로써 설교 본론의 틀이 제시된다. 이곳이 본문에서 발견한 위대한 진리들을 심도 있게 다루는 설교의 핵심부이다. 논증의 강약에 따라서 메시지의 성패가 결정된다. 논증이 끝나면 적용(application)이 따른다. 적용은 설교의 개별적인 한 부분일 수도 있고, 논증 자체에 포함될 수도 있다(이것이 이 책 후반부에서 존 베틀러가 제시하는 방식이다). 적용의 목적은 하나님의 말씀의 능력과 적실성을 잃지 않은 채 그 말씀이 특별한 의문점들이나 회중의 상황에 영향을 주도록 하는 데 있다. 결론(conclusion)은 주제에 언급된 현저한 진리를 들어서 온 회중이 이해하고 깨달아야 할 중요한 자리에 갖다 놓는다. 질서 있는 설교에 담겨야 할 이런 요소들을 앞으로 더 자세히 다루고자 한다.

본문을 가지고 철저히 준비하고, 본문의 의미에 대한 직관과 주제로 무장된 설교자는 사람들의 심령을 진리로 즉시 인도하기 위한 설교안을 전개해 나갈 준비가 된 셈이다. 여러 면으로 보아 이것은 독창적인 설교 준비 과정에서 결정적인 부분이다. 그것은 건축가가 건물을 지으려할 때 비용은 얼마나 들며 건물의 용도, 위치 및 어떤 자원이 이용 가능한 것인지, 그의 설계를 신중히 생각하는 것과 같은 것이다. 그렇다면 문제는 '설교자는 지금까지 자신이 깊이 통찰한 주제를 어떤 계획을 가지고 펼쳐 나가야 하는가?' 라는 것이다.

다음의 몇 가지를 피해야 한다. 설교자는 순전히 지적 논쟁을 하려는 유혹을 거절해야 한다. 아울러서, 사람들에게 각각 자기들의 목적을 어떻게 달성할 것인가를 보여주는 계획을 세움으로 그들의 이기심을 조장하는 것도 거부해야 한다. 설교자는 살아 계신 하나님의 대언자이다. 그가 수행하도록 부름 받은 일은 일반적인 개념 안에서 생각하는 것이다. 설교자는 이미 그러한 일반적인 개념, 즉 설교 주제를 만들어 놓았다. 이제는 본문에서 설교 주제를 확고히 뒷받침해주고 설명해 줄 대지들을 정해야 한다. 대지들은 반드시 본문에서 나와야 한다. 본문에 나와 있지 않은 대지들은 설교에 포함시켜서는 안 된다. 대지들을 본문에서 발견해야 하는데, 그것은 설교자의 과제이다.

이 작업을 수행하기 위한 한 가지 방법은 다음과 같은 질문을 던지는 것이다. "이 주요한 진리에는 어떤 일반적인 개념이 담겨 있는가?" 인간의 지성은 일반화하는 능력을 가지고 있다. 그러므로 설교자는 이 기술에 전문가가 되어야 한다. 이 말은 메시지의 범위를 광범위하게 잡으라는 뜻이 아니다. 설교는 주제와 본문과 마찬가지로 한정된 초점을 유지해야 한다. 일반화 과정은 설교로써 전하고자 하는 진리에 관한 주장들을 모든 사람들이 이해할 수 있도록 전개하는 것이다.

그러므로 요한계시록 22:14을 본문으로 설교할 때는 '영원한 행복은 생명나무의 실과를 먹을 수 있는 권리에 달려 있다'는 주제를 정한 다음 성경에서, 즉 에덴 동산과 갈보리와 낙원에서 나오는 생명나무에 관한 교훈을 일반화한다. 이 나무에 대한 묘사들은 각각 주제로써 표현된 포괄적인 진리의 다른 모습을 나타낸다. 하나가 생명을 얻을 권리를 상실해 버린 모습을 묘사해 준다면, 다른 하나는 생명나무에 이르게 하시는 하나님의 예비를 묘사한다. 세번째 그림은 하나님의 동산에 영원토록 심겨 있는 생명나무를 묘사하는데, 거기에는 하나님의 백성을 치유하고 양분을 공급해 줄, 열매와 잎이 무성한 생명나무의 모습이 묘사되어 있다.

로마서 16:25-27을 또 한 가지 예로 들어보자. 이 본문에서는 '성도의 삶은 하나님의 영광을 위한 것이다'라는 주제를 정할 수 있을 것이다. 그리고 본문과 그 주제로부터 본론을 다음과 같이 전개해 갈 수 있을 것이다. 즉, 성도는 하나님의 권능의 영광을 위하여 산다. 성도는 하나님의 권세의 영광을 위하여 산다. 성도는 하나님의 지혜의 영광을 위하여 산다. 이 대지들(headings)은 본문 자체에서 얻은 것이다.

일반화 작업은 진리에 관한 주장들을 내세우도록 해주고, 회중에게 진리를 더욱 사랑하고 반응을 보이도록 도와준다(그렇기 때문에 설교자는 될 수 있는 대로 진리를 아름답게 묘사해야 하는 것이다). 이러한 '주장들'을 우리는 설교의 대지라고 부른다. 대지가 매우 중요한 까닭은 아주 잘 다루기 쉬운 방법으로 설교의 본론을 전달해주기 때문이다. 대지들 역시 보편적이기는 하지만 설교의 주제만큼 일반적이지는 않다. 종종 이 대지들은 성도들에게 요점을 정리해준다. 자기들 자신의 영혼과 다른 이들의 영혼을 위하여 설교 내용을 되새길 수 있게 해준다.

이 대지들(headings)을 정하는 데는 약간의 위험이 있다. 지나치게 상세하게 분류하여서 메시지의 힘이 분산될 수 있다. 설교의 힘을 세 가지 다른 내용의 설교로 분해한다든지 너무나도 세밀하게 쪼개는 데 시간을 써버리기 때문에 메시지의 위력이 소멸될 가능성이 많은 것이다. 대지들 자체가 본문이나 또는 명제에 내포된 것이 무엇인지를 말해주지 않는다. 따라서 대지가 설교의 요지를 봉해 버릴 소지가 있다. 설교를 일관성 있게 세우기보다 일관성을 잃게 함으로써 설교의 요지를 밝히기보다 감출 소지가 다분히 있다. 설교는 한 가지 취지를 갖고 있는데, 대지들은 그 한 가지 취지를 부각시키려는 것이지, 그것을 약화시키려는 것이 아니다. 설교자가 이 위험에 빠지지 않을 수 있는 길은 대지 하나하나를 주제에서 이탈하지 않고 주제를 향해 전개되도록 확실히 하는 것이다.

대지 선정 작업이 판에 박은 것처럼 될 위험을 상정한 채, 대지 선정 작업에 종종 발생하는 공통된 특징들 몇 가지를 소개하고자 한다. 그것을 소개하는 이유는 설교 사역에 갓 입문한 분들이나 필자의 접근법이 내키지 않는 동료 설교자에게 도움을 주기 위함이다. 아울러 부탁드리는 것은 독자 여러분께 독창적인 대지 구분 방식이 있는데, 그것을 포기하면서까지 필자의 방식을 따르지는 말아달라는 것이다. 그럴지라도 다음과 같이 진술하는 것은 유익할 것이다: 첫째 대지는 주제를 규명한다; 둘째 대지는 동기 부여를, 셋째 대지는 실행을, 넷째 대지는 결실을 다룬다.[3] 이와 같은 구분은 도움이 될 것이다. 그러나 이것 때문에 손해를 보지 않기를 바란다!

앞에서 대지들이 주제와 어떻게 관계되는지를 살펴보았는데, 이제는 대지들이 서로간에 어떻게 관계되는지를 살펴봐야 할 것이다. 한 설교에서 대지들의 관계가 서로 어떤 다른 유형을 갖는가? 설교가 한 대지에서 다음 대지로 넘어가므로 이 관계를 가리켜 '진전'(movement)이라고 할 수 있다. 설교의 주장 부분에는 진전이 다양한 형태로 이루어진다. 몇 가지 예를 들어보자. 설교는 첫째 대지로서 '잎사귀'를 가지며, 그 다음은 '이삭', 그리고 마지막으로 '잘 익은 알곡'을 진술할 것이다. 이것이 바로 진전의 한 단면이다. 즉, 청중들에게 점진적으로 교리의 전체 내용이나 또는 하나님의 말씀의 명령으로 빠져 들어가게 한다.

설교 안에서 움직이는 진전을 이해하는 또 한 가지 방법은 에스겔서 47장에 있는 생명수에 관한 환상처럼, 메시지가 선포될수록 깊이가 더해 가는 현상을 생각하는 것이다. 여기에서 설교자는 본문의 표면적인 의미가 무엇인지를 보여줌으로 설교를 시작한 다음 그 뒤에 있는 보다 깊은 뜻을 밝혀내고, 마지막으로 그 주제에 대하여 궁극적인 일반화를 묘사한다. 혹은 경우에 따라서 색다른 본문의 적용 분야들을 사용하여서, 주제를 일찌감치 분명하게 말한 다음, 대지들을 사용하여 인간 삶의 다양한 분야에 관련된 원칙을 제시할 수도 있다. 어떤 이는 역사적 관점에서 대지들을 다루어 다양한 문맥에서 본문의 의미를 기술하고, 본문에서 하나님께서 하시는 말씀을 보편화시킬 수도 있다. 예를 들어서, "의인은 믿음으로 말미암아 살리라"는 말씀을 하박국서나 로마서, 갈라디아서의 문맥에 놓고서 설명할 수가 있다.

때로는 동심원들을 대지들 사이의 관계에 관한 모형으로 사용할 수도 있다. 중심부에서부터 시작하든 아니면 둘레에서부터 시작하든지, 인간의 삶의 여러 가지 수준들을 점검함으로써 한 대지씩 진전시켜 나가고, 그로써 본문을 삶의 전 영역에 적용시킬 수 있다. 로마서 12:1을 예로 들어보자(여기에서 '몸'이란 전인(全人)을 가리키는 것임을 기억하라). 일단 하나님께 우리의 몸 곧 육체를 전적으로 봉헌할 필요성을 말한 다음, 감정과 지성을 성별하고, 마지막으로 양심과 의지를 성별하는 데로 나아갈 수 있다. 그렇게 되면 이 설교는 인간 삶의 한복판에서 결론이 내려질 것이다.

때때로 건축자가 집을 짓듯이 대지들을 잘 배치하는 것은 아주 큰 도움이 된다. 우선 기초 공사는 그 위에 세워질 모든 골격을 튼튼히 받쳐주는 강력한 기초적인 진술을 다져줄 것이다. 그 위에 거주할 방들과 부엌, 욕실 등을 구분하여 짓는다. 이것은 진리가 우리의 삶과 밀접하게 연관되어 있다는 것을 보여준다. 주로 기쁨과 감격적인 것 및 영원한 삶의 지붕은 그 건물의 맨 위에 설치된다. 따라서 그 지붕 아래에서 하나님의 풍요로운 말씀과 더불어 사는 영혼의 안식처를 짓는 것이다. 대지들 각자가 서로 연결되게 하는 방법은 상상력의 부족에 제한을 받는 경우가 생긴다. 다시 말해서, 본문의 진리를 어떻게 그려야 할지, 또 예배당에 앉아 듣는 성도들에게 그 진리를 어떻게 적용할 것이며, 그 진리가 달고 오묘한 사랑스러운 말씀이라는 것을 어떻게 연결시켜 설명할 것인지를 올바로 상상할 힘이 부족하기 때문에 진리를 제한할 수 있는 것이다.

무엇이 가장 명백하다고 말할 수 있을까? 이 작업은 시간을 요한다. 왜냐하면 설교안은 저절로 깨달아지거나 즉시 계발되는 것이 아니기 때문이다. 물론 설교안은 일찍부터 아주 쉽게 제시할 수도 있다. 하지만 설교안은 본인이 충분히 소화한 뒤에 전개해야 한다. 주님을 기다리라. 그러면 주께서 우리의 마음에 의욕을 일으켜 주실 것이다. 이런 이유에서 설교 준비는 토요일에 하는 게 아니라, 본문과 그 진리를 놓고 연구와 묵상과 고민과 반추의 결과여야 한다. 대부분의 설교자들은 천재가 아니다. 이것을 기꺼이 인정하는 것이 겸손의 표시이며 그래서 창조적인 결과를 위하여 미리 시간을 내야 하는 것이다.

대지들이 떠오르면 그것을 확정하기 전에 검증할 필요가 있다. 거룩한 사역에 쓰일 이 후보들에게 곤란한 질문들을 던지라! 그 대지들은 서로 일치하며, 정점을 향해 점진적으로 전개되는가? 진부하지는 않은가? 청중이 예상치 못할 만한 것인가? 이렇게 검증하는 것이 게시판에 대지를 미리 부착하거나, 교회 직원들과 주일 설교에 관해 사전에 논의하지 않는 한 가지 이유이다. 강단에서 회중이 예상치 못한 발언을 하는 것은 목회자가 회중에게 기대감을 키워주는 일의 일환이다.

주제를 중심으로 전개되는 대지들은 일관성이 있는가? 가지에 붙어있는 한 송이 열매처럼 통일성이 있는가? 사람 마음에는 통일성에 대한 욕구가 들어있다. 그와 같은 차원에서 대지들이 우리의 마음을 흡족하게 하는가? 흔히 저지르는 한 가지 흠은 대지들 중 하나에 속한 부수적인 점에 본문의 진수를 다 담아 전하는 것이다. 그런 현상은 설교자가 대지들을 제대로 파악하지 못했음을 드러낸다. 주제가 전하는 진리는 각 대지들을 통해서 전달되어야 한다. 대지들이 상호 배격적인가, 아니면 내용이 중복되지는 않는가? 두운(頭韻)이 있다면, 자연스럽고 적절하지 못하고 인위적이고 억지스럽지는 않은가? 그런 식으로 해서 개요 전체를 진하게 만드느니, 차라리 아예 사용하지 않는 편이 낫다.

설교가 효과적이려면 대지는 몇 개가 필요할까? 두 개가 적합할까, 아니면 세 개나 네 개가 적합할까? 한 개만으로 하고 싶은 말을 다하지 못할 때는 여러 개로 나눌 필요가 있다. 본문과 주제에 맞게 대지의 수를 적절하게 정하면 설교의 강조점을 적절하게 안배할 수 있을 것이다. 대지를 구분할 때는 단순성이 중요한 요인이다. 대지가 간결할수록 설교자와 회중에게 보다 유익하게 된다. 지나치게 기본적이고 깊이가 없을 필요는 없지만, 단순하기 위해서는 군더더기가 없고 명쾌하게 진술해야 한다.

때때로 대지들은 처음에 계획했던 순서를 따르지 않고 경우에 따라서 바꿀 수도 있다. 처음과 마지막이 가장 중요하다. 그 사이에 들어간 대지들은 흔히 가장 실질적이고 설명적인 것들이다. 대지들을 바닷가에 밀려오는 파도로 생각하라. 대지 하나하나는 본문의 의미를 회중의 정신과 마음에 더욱 구체적으로 전달하며, 갈수록 목표에 더 가깝게 접근한다. 유념할 점은 마지막 대지를 경시해서는 안 된다는 것이다. 종종 설교자들은 설교의 서두에 정력을 다 쏟는다. 그리고 마지막 부분은 부주의하게 지나쳐 버리게 된다. 그러므로 강단에서 대지들에 한정된 시간을 안배하고, 실제로 그렇게 실행되는지 점검하라. 주 예수께서 포도주를 어떻게 만드셨는지를 기억하라: "지금까지 좋은 포도주를 두었도다." 설교자가 설교를 계획할 때 명심해야 할 좌우명은 장거리 달리기 선수의 좌우명과 같다. 그것은 '골인 지점에서 더욱 힘을 내라' 는 것이다.

대지들을 설교 서두에 말해야 할까? 굳이 그렇게 하지 않으면 안 될 상황 외에는 그렇게 하지 말라고 권하고 싶다. 사실 그렇게 해야 할 상황은 극히 드물다. 물론 그렇게 하지 않는다는 것은 설교를 전개해 가는 과정에서 대지들을 소개해야 한다는 뜻이다. 대지들을 일찍 소개하면 자연스러운 발전과 기교감이 떨어진다. 또한 비록 그런 경우는 드물겠지만, 그렇게 일찍 소개하면 설교자 자신이 분류한 대지들이 얼마나 뛰어난가 하는 것을 과시하는 교만의 유혹에 빠질 수가 있다. 어쨌든 설교자 자신에게 주의를 환기시키면 메시지의 위력은 분산된다.

이 부분에서 필자는 질서정연한 계획이 청중의 마음을 진리로 이끈다는 사실을 언급했다. 사실 진리란 설교자나 성도들 모두가 그것을 이해하고 적용하는 데 큰 공을 들여야 할 만큼 중요하다는 점을 이해하면 질서정연한 계획의 중요성을 어느 정도 알 수 있다. 주제에서 나오는 주장들의 형태로 발전되는 대지들은 청중으로 하여금 진리의 넓이와 충만함을 각성하게 해준다. 이로써 설교자는 하나님의 진리를 아주 중요한 실재로 성도들에게 전달하는 임무야말로 얼마나 중요한 것인지를 깨닫게 된다.

4. 구체화 과정: '정신과 마음에 공급함'

지금껏 우리는 명제들과 대지들을 일반화하는 기술을 계발하는 문제를 논했다. 그러나 이것들만 가지고서는 사람의 영혼을 살찌우게 하지 못한다. 주제와 대지들도 필요하지만, 동시에 사람들에게 기술된 일반적 진리가 어쩌면 그렇게 자기 자신들의 경험과 부합하는지를 실감하도록 도와 줄 구체적인 것이 필요하다.[4] 이 점에 대해서는 앞장에서 도널드 매클라우드가 강조하였다.

그러므로 일반화된 것들에 발을 달아 모두가 사람들의 삶 속으로 들어가게 해야 한다. 이것은 비유, 예화, 설명, 열거, 개인 간증으로 이루어진다. 설교를 구성하고, 설교가 회중의 정신과 마음을 살찌우는 데 유익하게 만드는 것은 주장들 혹은 대지들이 이렇게 구체화하는 과정이다. 이것은 개요를 살과 피와 근육과 심장으로 덮는다.

따라서 만약 설교자가 대지들 중 하나에서 그리스도인의 삶은 하나님의 지혜를 묘사하는 초상화라고 주장했다고 한다면, 그는 하나님께서 그리스도인에게 적대적인 환경에서 재충전과 인도와 유지와 보호에 필요한 모든 것을 제공하셨다고 말하는 구체적인 단계로 내려가야 한다. 그러고 난 다음에는 하나님께서 성경과 성령과 교회의 기억과 양심을 신자에게 신앙 생활의 길잡이로 주신 것이 얼마나 지혜로운 일이었는가를 계속해서 지적해 갈 것이다. 그리스도인이 진리를 가장 잘 깨닫는 때는 언제인가 하면, 구체적인 사례들을 통해서 일반적인 개념들을 접하게 될 때이다. 일반적인 개념도 구체적인 사례도 그것만으로는 성도의 마음을 살찌우지 못한다. 그 두 가지가 구체적인 진술들로 효과적으로 설명된 적절한 대지들에 실려야 한다.

전환(translation)은 사고의 흐름을 단절하지 않은 채 한 가지 진리를 다른 진리로 잇는 방식으로 한 가지 일반 개념에서 다음 일반 개념을 이어주는 다리이다. 사실상 각 전환은 한 가지 주장이 다음 주장과 어떻게 관련되는가를 보여줌으로써 그 흐름에 이바지한다. 그것은 마치 다리처럼 실재적이고 건실하며, 따라서 전환은 반드시 있어야 한다. 전환은 단순히 간격을 건너뛰는 행위가 아니라 실재적인 사고이다. 의미가 모호하고 흐름이 단절되는 일은 다리 없이 건너뛰는 데서 발생한다. 다른 한편으로 언제나 일률적인 전환을 사용하면 설교가 지루해진다. 그러한 전환은 설교자와 회중 모두에게 도움이 되지 못한다.

다음 단계로 넘어가는 다리를 건설할 때 설교자를 도와주는 한 가지 방법은 대지를 마무리한 뒤 그것을 요약된 문장으로 만들어 사용하는 것이다. 이 작업은 다음 대지로 넘어가는 일을 아주 자연스럽게 해주는 자극제가 될 것이다. 만일 이 과정이 부드럽게 진전되지 않는다면 애당초의 기초 공사나 설계에 문제가 있는 것이다. 선정한 본문과 관련하여 대지들의 수가 적절한지, 대지들의 배열이 적절한지를 검토해야 한다. 전환은 설교의 흐름을 유지하는 데 중요한 작업이다. 설교자는 회중의 정신과 마음에 양식을 공급할 때 메시지 전달 과정을 관통하여 흐르는 일정함과 관련성에 관심을 갖기 때문이다. 설교라는 순례의 길에서 설교자는 그 어느 시점에서든 회중을 잃지 않기를 바란다. 하나님의 말씀을 받고 깨닫는 데에는 장애물들이 무수히 많다. 하나님의 말씀을 받고 깨닫는 과정에 어떻게든 단절을 내서는 안 될 것이다.

설교하기 전에 설교 내용을 모두 노트에 적어두면 설교의 흐름을 원활하게 할 수 있을 것이다. 특히 설교자가 회중 가운데서 자신이 발견한 깨달음의 기쁨을 나누고 싶은 어느 한 사람의 이미지를 앞에 놓고서, 원고대로 설교를 해나간다면 흐름은 더욱 원활해질 것이다. 그럴지라도 설교의 흐름을 결정하는 가장 중요한 열쇠는 설교자 자신의 마음의 움직임이다. 설교자가 연구 시간에 발견한 진리에 의해 마음 깊은 곳이 움직였으면, 원고를 적어 내려갈 때도 그의 마음은 감동을 받는다. 설교자의 마음이 감동되어 있으면 그가 말로써 전하는 문장들은 거침없이 흘러나간다. 그렇기 때문에 설교를 준비할 때뿐 아니라 설교하기 전에도 기도하는 것이 필수적인 일이다(이 점에 관해서는 에롤 헐스와 제프리 토머스의 글을 다시 한 번 읽어 보라). 설교자의 마음이 감동되어 있으면 회중은 큰 도움을 받는다.

설교의 흐름은 연결어들을 많이 사용해도 좋아진다. 우리는 작문을 할 때는 연결어를 자제하도록 배웠지만, 연설을 할 때는 그것이 말을 이어주고, 앞에 한 말을 기억하게 하는 중요한 역할을 한다. 이를테면 '왜냐하면', '그러므로', '한편으로는 …… 다른 한편으로는', '만약 그렇다면' 같은 것들이다. 연결어는 많이 사용할지라도 설교의 흐름을 부드럽게 하려는 노력에 장애가 되지 않는다.

설교자는 과도한 반복은 피하되, 앞에서 말한 내용을 토대로 다음 말을 이어가는 법을 터득해야 한다. 반복하지 않고 요약해야 한다. '이런 상황을 감안하고서', '우리가 여기서 살펴본 것을 기억하고서 다음 문제로 넘어갑시다' 같은 표현들을 사용할 수 있다. 이런 표현들은 설교를 앞뒤로 연결해 주며, 사고의 흐름을 타고서 진행할 수 있게 해준다. 대지들을 적용하는 것도 설교의 흐름에 도움이 된다. 대지가 회중의 정신에 호소하는 경향이 있다면, 적용은 회중의 감정에 호소하는 경향이 있다. 설교를 머리로만 받다가 거기에 마음을 실으면 메시지를 훨씬 더 폭넓게 받아들일 수 있게 된다. 정신은 감정을 당겨주고, 감정은 정신을 당겨준다. 이럴 때 예배자는 메시지의 흐름 속에서 설교자가 진리를 하나씩 드러내는 대로 함께 따라가며 본다는 느낌을 갖게 된다.

설교자가 지나치게 구체적으로 상술하려는 유혹을 뿌리칠 때 설교는 보다 유연하게 흘러갈 것이다. 지나친 상술은 극소수를 제외한 대부분의 사람들에게 지루하게 느껴질 수 있다. 행동들이나 죄들이나 기도 제목들을 몇 가지만 제시하고, 전부 열거하지 말라. 회중이 설교자의 의중을 미리 간파하여 한 발 앞서나가면 설교자의 인도를 따라가지 않고 자기 식으로 재단해 나가기 시작하게 된다.

메시지를 구체화할 때, 설교자는 자신의 설교를 보석으로 치장하듯 장식해야 한다. 즉, 자신의 설교안과 자신이 회중에게 구체적으로 전달하고자 하는 방법을 검토한 다음 그 작업을 제고할 수 있는 아름다운 보석과 같은 것들이 없는지 살펴봐야 한다. 보석과 같은 것들이란 예를 들어 설교자가 말하는 내용을 예증하고 보강해 주는 성경 구절들이다. 예수께서 성경을 어떻게 사용하여 그 일을 하셨는지를 살펴보고 그분의 모범을 따라야 한다. 예수님은 성경 가운데 잘 알려지지 않은 부분들을 쓰셔서 위대한 진리를 예증하셨던 것이다. 메시지를 장식한다는 것은 통찰들이나 통찰들을 어림짐작할 수 있는 암시들을 제시함으로써, 회중이 표면적인 이해를 넘어서는 양식을 얻도록 하는 것을 뜻한다. '설교에 재료를 꽉 채운' 사람이 다름 아닌 코튼 매더(Cotton Mather)였다.

설교안을 전개하는 과정에서 이렇게 뼈대와 같은 대지들에서 구체적인 내용의 윤곽을 잡고, 적용을 하고, 장식을 하는 데까지 나갔다면, 이제 최종 작업에서 빼놓고 싶지 않은 현저한 점들을 살펴봐야 한다. 그 중요한 점들 가운데 일부가 도중에 빠지지 않았는가 확인해야 한다. 설교자는 원안에 들어 있지 않은 내용을 전하려는 유혹을 받을 수 있기 때문에 이것은 중요하고도 모험이 따르는 작업이다. 하지만 중요한 점 한 가지를 빠뜨렸는데, 만약 그것이 대지들 중 하나에 자연스럽게 맞는다면, 그냥 두고 그 부분에서 다루는 것이 옳다.

그런 다음에는 설교안에 포함된 구체적인 생각들을 바른 순서로 전개했는지 확인해야 한다. 예를 들어, 좋은 내용이 나쁜 내용보다 먼저 와야 관심을 끌 수 있다. 제10계명을 강해할 때는 자족하라는 그리스도의 분부를 먼저 말한 다음에 탐욕의 죄를 다루는 것이 좋다. 인간의 마음은 악한 것을 설명할 때 흥미를 보이지만, 선한 것을 설명할 때는 쉽게 지루해진다. 일반적으로는 자연적인 것을 영적인 것 앞에 두어야 한다. 예수께서 니고데모에게 하셨듯이 말이다. 니고데모가 자연적인 교훈을 깨닫지 못하자, 예수님은 그가 영적 진리를 배울 준비가 되지 않았다고 말씀하셨다. 설교자는 하나님이 일을 하시는 순서를 궁구하여 그분의 모범을 따라야 한다.

성도들의 심령에 양분을 공급하는 것은 하나님께서 설교자에게 주신 사명이다. 사람들의 삶에 파고 들어갈 본문의 진리를 전달하는 특별한 방법은 설교자가 평생을 두고 계발해야 할 기술이다.

5. 설교의 시작과 마무리 : 합당한 반응을 불러일으킴

설교란 사람들 앞에 진리를 나열하는 것 그 이상의 것이다. 설교는 진리를 받아들이도록 설득하는 것이며, 진리 위에서 행동하며 진리에 의하여 위로를 받고 진리를 함께 나누는 것이다. 설교는 행동, 신뢰 및 믿음을 촉구한다. 앞에서 새뮤얼 로건이 언급한 것처럼 설교는 현상학적이다. 비록 설득하는 요소들이 메시지 전반에 걸쳐 흐르는 것이지만, 또한 설교의 시작과 마무리 단계에서도 설교자의 마음 속에 더욱 현저하게 드러나야 한다. 우리는 본 단락에서 이 문제들을 간단히 다루고자 한다.

설교의 결론은 전하는 자가 심중에 두고있는 최종적인 작업이다. 또한 청중역시 설교에서 마지막으로 귀 기울이는 부분이다. 결론은 단호한 싸움이다. 인간적으로 말해서 영생은 설교자의 결론의 효력 여하에 달려있다고 해도 과언이 아니다. 설교자는 자신의 전부를 이 부분에 쏟아야 한다. 여기에서 설교의 주제를 회중에게 분명하게 각인시켜야 한다. 결론은 가장 명백한 포괄적인 표현으로서 모든 사람이 볼 수 있도록 산꼭대기 위에 배치된, 가장 찬란한 빛을 발하는 진리이다. 결론 전체는 즉시 한 눈에 볼 수 있어야 한다. 그러므로 설교자는 온갖 노력을 다 기울여 결론 부분에서 한 가지 요지를 만들어야 한다. 물론 새로운 것은 아니지만 한 군데로 집중시켜 지금까지 주장한 모든 진리를 굳게 붙들어 주는 것이라야 한다. 설교자는 성도들이 이 진리를 가지고 무엇을 하기 원하는지 분명히 결정해야 한다.

만일 하나의 교훈을 배우기 원한다면 설교자는 이제까지 가르쳐진 내용을 다시 요약하고 또 간결히 되풀이하여 설명해야 한다. 만일 설교자가 성도들이 하나님의 사랑의 실체를 체험하기를 간절히 소망한다면, 혹은 다른 성경의 위대한 가르침을 피부로 느끼게 하고 싶다면, 그는 진리에 대한 획기적인 그림을 말로나 행동으로 보여주어야 할 것이다. 그러나 만일 설교자가 성도들의 결정적인 반응을 원한다면 그는 자신의 결론을 이끌어 주는 힘으로서 기독교인들의 위대한 동기들, 기독교인의 특성 또는 모범을 들어서 설명해야 할 것이다.

결론이 사람들의 마음을 끌지 못하는 것은 너무나도 빨리 끝나기 때문이다. 그렇게 되면 뭔가 쫓기는 듯한 인상을 주고, 마침내는 앞에서 전한 모든 주장들이 무가치하게 전락되고 만다. 그러므로 결론은 전체의 중요한 한 부분으로써 충분한 몸체를 지니고 있어야 하며, 성도들이 깨닫는 충분한 시간을 결론부분에 할애해야 한다. 하나님의 말씀에 대한 선포의 마무리 단계에 있어서 성도가 본받아야 할 중요한 사항이 무엇인지를 알아차릴 시간 여유가 있어야 한다. 결론은 설교 행위에 있어서 일종의 절정 부분이 되어야 한다.

어떤 사람은 이것을 석공이 벽돌을 단단히 고정되도록 마지막 마무리 작업에서 툭툭치는 작업으로 비유하여 설명하였다. 설교자는 너무나 일찍 툭툭치는 작업을 하지 않도록 늘 조심해야 한다. 다른 모습으로 설명해 보자. 만일 우리가 크레센도(점점 세게)를 해야 할 곳을 너무 일찍 해버리면 마지막 결론부분에서 정작 힘주어 말해야 할 부분이 사라지고 만다. 그런 경우에는 힘을 준다고 해도 힘있는 소리로 들리지 않는다. 그러므로 진리가 명확하게 드러나 정신과 마음을 사로잡도록, 결론을 향해 점진적으로 진행해 가야 한다. 그러면 회중은 오로지 하나님의 말씀만 전부로서 부각된 결론의 내용을 영구히 잊지 않고 가슴에 담아두게 될 것이다.

결론의 스타일은 웅변투가 아닌 평범한 것이어야 한다. 그것이 언제나 그러해야 하는 것은 아니겠지만, 가장 예리하고 설득력 있는 스타일이어야 하되 언제나 열심히 그리고 진지하게 또한 사랑이 담긴 어조로 표현되어야 한다. 여기에서 설교자와 성도들의 영혼이 그 날에 선포된 말씀의 저자이신 하나님의 발 앞에서 합류하게 된다. 결론은 하나님의 말씀에 청중들의 합당한 반응을 불러일으키는 열쇠이다.

설교의 시작은 서론과 설명으로 구성된다. 예배에 참여한 교인들은 일반적으로 처음부터 말씀에 사로잡히지 않는다. 그들은 강해되는 말씀을 들으려고 왔다. 설교자는 성도들의 관심을 굳게 붙들려고 애쓰기는 하지만 교인들의 관심거리가 무엇인지 추정할 것이다. 그렇기 때문에 서론은 다양해야 할 것이다. 강해설교 사역의 연속성을 위해 지난 주일의 메시지를 환기시키고, 그로써 회중에게 기대감을 가지고 예배에 참여할 수 있게 할 수 있다. 설교자는 "이번 주에 무슨 설교를 할까 생각하다가 ……"라는 식의 말은 피해야 한다. 그것은 "저는 대중 앞에서 설교하는 데 익숙치 않기 때문에"라는 말과 같다. 오히려 회중을 사로잡는 말을 해야 한다. 서론으로써 회중은 배울 필요성과 마음의 갈망, 혹은 이것이 이 시간에 반드시 배워야 할 교훈이라는 설교자의 확신에 절실히 녹아들어야 한다. 서론 부분에서 회중은 설교자를 신뢰하기 시작하고 그에게 필요한 청중이 되기 때문에, 설교자는 서론의 문장들로써 회중과의 교감과 신뢰를 형성해야 한다.

설명 부분은 회중이 본문을 하나님께서 이 시간에 주시는 권위 있는 말씀으로 생각할 수 있도록 제시해야 한다. 청교도 설교자들이 그랬듯이, 그것은 문맥 안에서 수행할 수 있다. 여기에서 본문의 의미를 기술하고, 본문에 대한 오해들을 공격한다. 그러나 이 부분에서 본문을 가지고 어떤 작업을 하든, 설교자는 우선적으로 본문의 핵심 진리를 부각시켜야 한다. 그렇게 함으로써 설교자는 자기가 진리의 발명자가 아니라 강해자요, 그 진리가 사람의 말이 아니라 하나님의 말씀이라는 사실을 확고하게 제시할 수 있다.

이 두 부분으로 구성되는 서론부는 길어서는 안 된다. 서론이 길어지면 성도들이 언제 영적 진수성찬을 먹게 될 것인지 조바심을 내기 때문이다. 이 부분은 식욕을 돋구게 해주는 부분이요 주제 안으로 인도하는 부분이다. 이것은 성도들에게 조금 뒤에 나올 그 무엇을 제공한다. 서론부는 사람들의 생각으로부터 하나님의 생각으로 전환시키는 과정의 역할을 한다. 명쾌한 설교의 첫 마디는 사람들로 하여금 설교자가 며칠 동안 혹은 몇주 동안 땀흘리며 준비한 그 장소로 이끌어 들인다. 서론부는 설교자에게도 도움을 준다. 이 순간에 설교자는 연구 시간에 발견한 중대한 생각들을 전할 일을 생각하면서 다시 한 번 자신이 전하려는 주제에 뜨거운 열정을 품게 되기 때문이다.

회중으로 하여금 하나님의 말씀 앞에서 올바른 반응을 내놓도록 이끌려 할 때, 설교자는 자신의 구체적인 적용의 말을 어느 부분에서 해야 할까? 필자는 앞에서 논증들을 한 다음 적용을 하면 회중이 정신과 마음을 합하여 진리를 추구하게 된다고 말했다. 이것이 대개는 적용에 가장 좋은 시점인 듯하다(존 베틀러도 이 점을 강력히 주장한다). 그러나 설교란 똑같을 수가 없는 법이어서, 어느 때는 모든 진리를 열과 성의를 다해 회중에게 다 전한 뒤에 그들의 마음과 정신에 적용의 말을 던지는 것이 가장 적절한 경우도 있다. 그러므로 설교자는 설교를 준비할 때마다, 다양한 교인들의 필요를 기억하고, 그들이 강조점들을 기억하는 능력을 감안하고, 본론에서 다룬 구체적인 점들을 감안하여 어느 시점이 구체적인 적용을 위한 최적의 시점인가를 기도하는 심정으로 생각해야 한다.

가끔 설교자는 독특한 적용식 설교에서 청교도들의 방식을 따르려고 한다. 설교자가 말씀을 전해야 하는 대상은 다양한 형편과 처지에 있는 사람들이다. 그들 가운데는 중생한 사람들도 있고 그렇지 못한 사람들도 있다. 타락의 기로에 선 사람이 있는가 하면 신앙이 날로 새롭게 장성하는 사람도 있다. 초신자도 있고, 모태 신앙을 가진 자도 있고, 설교자 자신이 태어나기 전부터 그리스도와 동행하는 성도들도 있다. 그러므로 한 자 짜리의 양복으로 모든 사람을 다 입히려고 해서는 안 된다. 그런 일은 결코 하지 말라. 가끔 우리는 직접, 간접적으로 형편과 입장이 다른 사람들에게 설교해야 한다.

이러한 일을 잘 해나가려면 큰 지혜와 재치와 절제와 아울러 무엇보다 큰 사랑이 필요하다. 직설적이고 구체적인 적용에 의해 가장 큰 유익을 얻게 될 무리는 아마 젊은이들일 것이다. 그들은 설교자가 자기들을 직접 대놓고 날카롭게 설교한 그 순간을 결코 잊지 못할 것이다. 인생의 영원한 것을 위해서 수고와 땀을 흘리며 살아야 한다고 촉구한 직설적인 설교를 그들은 쉽게 잊지 못한다. 바울은 에베소서 끝머리에서 그렇게 했다. 그는 차례대로, 부인들에게, 남편들에게, 자녀들에게, 부모들에게, 그리고 종들과 상전들에게 교훈했다. 그로써 회중은 주일마다 설교자가 전하는 하나님의 말씀의 적용을 오랫동안 기억할 것이다.

이 부분에서 우리는 하나님의 손에 들린 효과적인 도구가 될, 설교 구조를 다루었고, 메시지를 일관되게 전개해 가는 기교에 관해서 말했다. 설교를 준비할 때 이런 노력을 기울이는 것은 존경받기 위한 예술 작품을 만들어 내고자 함이 아니라, 마땅히 해야 할 일을 제대로 할 수 있도록 도와주는 도구를 얻고자 함이다. 그것은 사람들을 하나님의 말씀에 올바로 반응하도록 인도하는 것이다. 그 반응은 예수 그리스도의 얼굴에 나타난 하나님의 영광에 복종하고 사랑하는 것이다.

6. 질서 의식: 듣는 과정

설교가 회중의 정신과 마음에 도달할 때 통과할 문을 기억하는 것이 대단히 중요하다. 그 문이란 듣는 과정이다. 필자에게는 이 문제가 아주 절실하다. 필자는 설교를 마치고 나서 여러 번 이 문제에 직면하였다. 예배를 마치고 집으로 돌아올 때 필자는 예배당에서 성도들이 떨어뜨리고 간 주보를 주워서 주보에 적힌 낙서들을 읽어 본다. 물론 거기에는 설교를 받아 적은 낙서들이 있다. 그 낙서들을 읽으면서 필자가 발견한 것은 내가 말했다고 생각하는 것과는 전혀 무관한 것들이 기록되어 있었다는 것이다. '왜 그럴까?' 하고 자문하지 않을 수 없었다. 필자가 내린 결론은, 나는 내 눈을 통해서 설교의 구조를 보았고, 성도들은 자기들의 귀를 통해서 그것을 들었기 때문이라는 것이었다. 그들은 자신들의 귀에 들려오는 기가 막힌 말들을 들었다. 그리고 요지가 무엇인지를 약간씩 메모하려고 애썼다. 그러나 요지가 정확히 무엇인지를 파악하지 못했던 것이다. 그렇게 그들이 설교의 요지를 파악하지 못하고 있다는 것을 앎으로써, 필자는 설교의 효과적인 구조가 얼마나 중요한 것인지를 절실히 깨닫게 되었다.

설교는 말의 흐름을 타고 청중들에게 다가간다. 거기에는 페이지도 없고 구두점도 없고 대문자로 표시된 글도 없고, 밑줄친 부분도 없다. 성도들이 가질 수 있는 것 전부는 말들과 표시를 나타내는 제스처 뿐이다. 설교자가 개요로 파악하는 것을, 그들은 연속성으로 혹은 연속성의 결핍으로 느낀다.[5] 그러므로 이 연속성을 살려야만 설교의 흐름은 원활해진다. 필자는 설교자로서 나의 성도들을 도와주기 위하여 이 연속성을 유지하고 개발시켜야 한다는 의무감을 느낀다. 내가 설교하는 대상이 독자들이 아니라 청중들임을 늘 염두에 둔다 (이 점에 관해서는 스프라울이 이 책의 앞부분에서 잘 다룬다).

그러므로 설교자로서 계획을 세우고 메시지를 채워 넣는 것만큼 시급한 문제는 다음과 같은 것들이다. 메시지를 교인들의 귀에 어떻게 들리게 할 것인가? 설교자가 일반적 개념을 전하는 것을, 혹은 그들을 위해 그것을 구체화하는 것을 청중은 이해할까? 설교자가 진리를 예증하고 있다는 것과, 설교자의 목적이 이 진리를 일상 생활에서 깨닫도록 돕는 데 있다는 것을 그들은 이해할까?

설교자는 그냥 아무 단어를 사용해서는 안 된다. 반드시 청중의 관심을 사로잡는 매력적인 용어로 자신의 사상을 옷 입혀야 한다. 다양성을 추구해야 한다. 그러므로 단어의 의미와 기능뿐 아니라 음성 효과에도 관심을 가져야 한다. 전환에도 신경을 써야 한다. 그래야 청중은 흥미를 잃지 않은 채 한 개념에서 다른 개념으로 따라올 것이다. 연결어들이 사고(思考)라는 벽돌을 견고하게 결합시킨다는 사실을 인식하고서, 될 수 있는 대로 연결어들을 많이 사용해야 한다. 자신이 전하는 요지가 무엇인지를 분명히 전달해야 한다. 진리를 밝히 드러나게 하는 설명, 진리로 이끌어 주는 예화를 적재적소에 사용해야 한다. 그로써 청중이 예화 자체에 매료되지 않고, 예화를 통해 전하려는 영적 실재에 들어가게 해야 한다.

귀라고 하는 문을 통해서 들어가는 메시지는 질서정연한 메시지를 가지고 전달해야 모든 것을 효과 있게 해준다는 사실을 기억하자. 청중의 기억이 대단히 중요하다. 설교자는 한 번 설교했으면 처음으로 돌아가 그 설교를 다시 할 수 없다. 한 번 전해진 것은 듣는 자들의 기억 속에 남아있게 된다. 그러므로 설교자는 성도들이 전파된 메시지를 굳게 붙들도록 해야 한다. 그 메시지에 배치되어 있는 질서를 보며 들려오는 메시지에 대한 것들을 한 군데로 모아 전체적인 교훈이 무엇인지를 굳게 잡도록 전달해야 한다.

따라서 설교 계획은 성도들이 들은 모든 것을 속에 간직하게 하고 연결시켜 준다는 측면에서 아주 중요하다. 설교자는 청중에게 본문과 주제와 대지들을 소개하되, 그것이 메시지를 지탱하는 긴요한 기둥들임을 분명히 깨닫게 해주어야 한다. 이 기둥들 하나하나는 명료성과 강세를 가지고 소개해야 하며, 그렇지 않으면 청중은 귀라는 문을 통해서 들어오는 언어의 흐름 속에서 그 기둥들을 제대로 파악할 수가 없게 될 것이다.

이것을 아는 설교자는 문장들을 색다르게 구성할 것이다. 많은 책들이 간결한 문장을 사용하라고 강조한다. 그러나 지나치게 간결한 문장만 사용하다 보면 자칫 설교의 흐름이 단절될 수가 있다. 대체로 문장은 길어도 별 지장이 없고, 듣는 것이기 때문에 길게 들리지 않는다. 오히려 한 사상을 전달하는 만족스러운 말들로 들린다. 강조하기 위해서는 문장이 짧아야 할 것이다. 그러나 청중들이 흥미있게 듣는 설교란 단문과 장문이 뒤섞여 있는 설교이다. 단문들은 짧은 기독교 진술들을 주해하고, 구체적으로 설명하고 적용할 때 사용된다. 말을 할 때에 문장에 들어오는 새로운 요소는 그 문장의 끝에 두어야 한다. 그래야 그 요소가 청중의 귀에 남아있으면서, 다음 문장에 들어올 새로운 통찰의 기반이 될 것이다.

설교자의 말이 뚫고 들어가야 할 문은 인간의 귀이기 때문에, 그 귀를 열고 들어가야 한다. 그러나 그 한 가지 감각에만 호소하는 것으로 스스로를 제한해서는 안 된다. 설교자의 말은 전인(全人)에게 들어가야 한다. 빈 무덤을 묘사하는 단어들을 가지고 회중에게 빈 무덤을 볼 수 있게 해주어야 한다(제이 아담스의 장을 참조하라). 서술 명사들과 최소한의 형용사와 부사를 사용하여 청중의 시각에 호소해야 한다. 광야에서 내렸던 맛나의 달콤함과 향을, 아무리 먹어도 질리지 않을 그 향을 청중으로 하여금 맛보게 해야 한다. 부활의 아침에 주께서 드신 식사를 전할 때는 그리스도께서 구우신 생선의 냄새가 진동하도록 해야 한다. 그리스도께서 지신 십자가의 처절한 모습을 피부에 닿도록 묘사해야 한다. 사도 바울이 그리스도를 위하여 돌로 맞고, 채찍으로 맞아서 생긴 상처 자국을 실감나게 묘사할 수 있어야 한다. 우리 앞에 앉아 있는 사람들은 전인(全人)들이다. 그들은 실재를 받아들여 붙잡을 수 있는 문을 한 개 이상을 갖고 있다.

그러나 우선은 귀를 통해서 성경의 진리가 들어갈 입구를 확보해야 한다. 귀는 이 장의 서두에서 다룬 인간의 혀와 일맥상통하는 의사전달의 상징이다. 만일 교회의 상징이 혀라고 한다면, 설교자의 이미지는 귀이다. 거기에 그의 과녁이 있다. 그 과녁을 향해 무엇을 쏘느냐에 따라 설교가 성공하기도 하고 실패하기도 한다. 그 귀를 도와주는 구조와 흐름은 다른 어떤 종류의 구조나 흐름과 전혀 다르다. 그러므로 설교자는 귀 속으로 들어가서 모든 문들 중에 가장 중요한 부분으로 들어가게 하는 문을 활짝 열어야 한다. 그 중요한 문은 마음의 문이다. 감정적인 부분이요, 양심과 만나는 문이다. 그리고 마침내는 내적 샘물이 있는 의지의 문으로 들어간다. 그곳에서 삶의 방향이 전환되며 하나님의 뜻으로 향하게 하는 문을 만나는 것이다.

7. 결론

필자는 실재보다 형식을, 내용보다 구조를 앞세우려는 것이 아니다. 그렇게 한다면 그것은 복음을 감추는 데로 나아갈 것이다. 필자가 말하고자 하는 것은 정열과 질서 사이에는 진정한 갈등이 없다는 점이다. 사실 설교로써 진리를 전달하려는 뜨거운 열정이 있으면 자연히 구조에 관심을 갖게 된다. 우리가 설교하는 대상은 하나님이 주신 질서 의식을 지닌 사람들이다. 진리 선포는 그 질서 의식에 순응해야 한다. 그렇지 않으면 능력의 말씀이 들어가 정착할 문을 찾는 데 실패하고 만다.

이것은 주일마다 설교를 계획해 가노라면 확증될 것이다. 그 작업을 시작할 때, 설교의 순서는 우리가 계발하고 우리가 형성해야 한다. 그러나 일단 형성하고 난 다음에는, 설교 구조는 인간적으로 말해서 성도의 삶에서 수행할 수 있는 기능이 무엇인가를 결정한다. 그러므로 인간의 관점에서 볼 때, 설교를 적절하게 계획하는 것이 대단히 중요하다. 따라서 설교자는 청중의 정신과 마음을 움직일 수 있는 유용한 질서를 찾는 데 열정을 기울여야 한다.

그러므로 모든 메시지는 어떤 종류든 한 개의 구조를 갖는다는 사실을 발견하게 된다. 문제는 그 구조가 부주의하게 짜여진 것인지, 아무렇게 이루어진 것인지, 성급하게 수립한 것인지, 아니면 하나님이 주신 모든 자료를 연구하고 익혀서 사랑의 마음과 신중한 생각에서 나온 것인지를 살피는 일이다. 우리는 사랑의 마음, 잘 훈련된 사고에서 나오는 구조를 가지고 설교를 계발하는 일에 헌신해야 한다. 이 구조는 예술적인 기술과 거룩한 상상력에 의해서 형성된다.

설교자는 감동적이고 능력 있는 설교를 듣기 위하여 자신이 세운 계획이나 구조에 의존하는 회중에 대해서 근면 성실히 그리고 희생적인 수고를 하는지 자신을 돌아봐야 한다. 설교자는 극작가요, 설계가요, 작곡가이다. 그들은 주도면밀하게 계획을 세워 자신들의 기술을 완벽히 발휘함으로써 다른 사람들에게, 구경하며 듣는 사람들에게 무엇인가를 전달하고 있는 것이다! 그들은 뛰어난 작품이란 오랫동안의 수고와 땀이 맺어주는 결정체라는 것을 알고 있다. 거기엔 싸구려 작품을 출품할 수 없다. 자문해 보자. "아무런 값도 희생도 치르지 않은 것을 주님께 봉헌할 수 있는가?" 우리가 영원한 하나님의 말씀을 가지고서 성도들에게 그 진리를 전달할 현상적인 도구를 만드는 데 대가를 치르지 않는 한, 인간의 심령에 박힐 심오한 표현은 만들 수가 없다. 이 장에서 필자는 말씀 선포에 덧붙여 있어야 할 성령의 역사에 관해서는 언급하지 않았다. 그것을 언급하지 않았다고 해서 능력 있는 설교를 작성하게 해주시는 성령의 역사가 불필요하다는 뜻은 아니다. 필자가 말하고자 했던 점은 하나님께서 우리를 설교자로 삼아주심에 대하여 우리가 해야 할 과제들을 제시한 것뿐이다. "부끄러울 것이 없는 일꾼으로 인정된 자로 …… 힘쓰라"(딤후 2:15).

세상의 예술가들은 땅의 면류관을 구한다. 사람들의 명예와 칭찬, 자기 자신의 영광을 추구한다. 그러나 우리는 계시를 전하는 자로 부름 받은 하나님의 일꾼들이다. 그렇다면 이제 질서를 부담스러워하는 생각들을 떨쳐버려야 하지 않겠는가? 연구를 체계적으로 하는 것을 무척이나 싫어하는 자신의 어리석은 태도를 버리고서, 좌우에 날선 검과 같아서 예리하고 날카롭기 때문에 인간의 혼과 영과 및 관절과 골수를 찔러 쪼개며, 남녀노소에게 새 생명을 얻게 하는 도구인 하나님의 말씀을 준비하고 전달하는 일에 헌신해야 하지 않겠는가?

주

1) James Stalker, *The Life of St. Paul*(Old Tappan, N. J.: Fleming H. Revell, 1950), p. 47.

2) Robert L. Dabney, *Sacred Rhetoric*(Edinburgh: Banner of Truth, 1979), pp. 137-67.

3) William Evans, *How to Prepare sermons and Gospel Addresses*(Chicago: Bible Colportage Assoctation, 1913), pp. 61-101.

4) Henry Grady Davis, *Design for Preaching*(Philadelphia: Fordress, 1958), pp. 242-64.

5) Ibid.

제 11 장

수사학자인 설교자

레스터 데 코스터

　이 장에서는 수사학의 역사와 설교를 위한 그 잠재력을 다룬다. 설교자는 말씀 선포에 필요한 모든 기술을 활용하고, 또 그것을 연마해야 한다. 이 기술은 수사학의 전승에서 찾을 수 있다. 이 장의 목표는 그 전승의 일면을 소개하는 것이다.

　언어 사용은 인간에게 우연한 일이 아니다. 오히려 언어는 후마니타스(인간다움)의 본질이다. 교양 학과(liberal arts)의 오랜 전승에서 단어들은 인간 영혼에 문화의 모양을 조각하는 데 사용된 도구이다. 게다가 창조와 구속에 나타난 신적 계시의 중심이 말씀에 놓여 있다는 것도 우연한 일이 아니다. 인간을 동물과 구분해 주는 것은 언어 사용이라고 고대인들은 말했다.

　인간의 언어 사용 능력을 자연적 기원으로 거슬러 올라가 찾으려는 시도는 모두 인간 기원의 안개 속에서 길을 잃는다. 언어의 기원은 사람이 하나님의 형상으로, 즉 말씀으로 천지를 지으시고, 육체와 상징들을 입으신 하나님의 형상으로 지음을 받았다는 성경의 기록이 설명해 준다. 동물이 내는 소리와 아기의 혀짧은 발음 사이에 나 있는 간격은 진화론을 가지고는 절대로 잇지 못한다. 비록 그 현저한 사실을 가지고 창조를 입증하는 데 쓰는 사람은 찾아보기 힘들지만 말이다. 심지어 플라톤조차 아기의 언어 습득력을 당혹스럽게 여겨서 영혼의 선재(先在)를 주장했다. 아이가 말을 배우는 것을 듣는 것은 곁에서 기적을 지켜보고 있는 것과 같다. 불행하게도 언어는 너무나 자연스럽게 습득되기 때문에 말의 기술을 배우려고 시간과 노력을 들이는 사람은 없다. 학생들이 아무런 노력도 없이 되는 대로 말을 쓰는 상태로 오지 않기를 바라는 사람은 언어 교사가 되어야 한다.

언어가 사회적 영향을 끼치는 성격은 바벨탑 사건에서 잘 나타난다. 하나님께서는 사람들을 흩어버리기를 원하셨을 때 당신이 베푸신 언어라는 선물을 혼동케 하는 간단한 방법으로 그렇게 하셨기 때문이다. 또한 하나님께서는 바벨탑 사건으로 흩어진 언어를 교회를 위해 원점으로 돌리기를 원하셨을 때, 오순절에 사도들의 말이 세계의 다양한 언어로 들리도록 허락하셨다.

언어란 철학자 하이데거(Heidegger)가 말한 것처럼 '존재의 거처'인 것만은 아닐 수 있지만, 어쨌든 인간과 말은 서로 긴밀한 관계를 맺고 있다. 수사학은 말을 잘 구사하는 데 목적이 있다. 실로 오늘날 많은 정신 질환자들이 상담자와 대화를 나눔으로써 여러 가지 압박으로부터 해방감을 맛보는 것처럼, 고대 수사학자들은 수사학을 언어 능력을 통해 영혼을 인간화하는 데 있어서 안내자 역할을 하는 언어로 바라보았다.

고대로부터 말의 아름다움과 신비와 힘은 관찰자들의 마음을 사로잡았다. 언어의 본질을 찾으려는 노력은 마틴 하이데거(Martin Heidegger), 유겐 로젠스톡-훼시(Eugen Rosenstock-Huessy), 프란츠 로젠츠바이크(Franz Rosenzweig), 마틴 부버(Martin Buber), 장 폴 사르트르(Jean Paul Sartre) 같은 철학자들과 현대의 여러 언어 철학파에 의하여 큰 연구 대상이 되었다. 한동안 — 이 말을 쓰자니 꼭 그 과정이 다 끝나가는 것 같은 인상을 준다 — 현대 철학은 모든 범주들을 분해시켜 말들이 어떻게 의미를 부여하는가를 연구할 정도로 언어 매체에 의해 단단히 최면에 걸렸다(이 문제에 대하여 더 알고 싶으면 이 책에서 새뮤얼 로건의 '설교의 현상학'을 참조하라).

설교는 수사학을 포함하고 있다. 혹은 설교란 설교자가 자신의 언어를 신적 계시의 언어에 종속시키는 행위라고 해도 과언이 아니다. 이 종속이 보다 효과적으로 발생할수록(즉, 설교자가 자신의 훈련된 역량들을 하나님의 말씀의 재량에 맡기는 범위 면에서), 그의 강단은 보다 훌륭한 선포의 통로가 된다.

필자는 수사학의 역사를 간단히 개관하고자 한다. 그 역사에서 설교자가 얻을 수 있는 것이 무엇인가를 제시할 것이며, 과거의 수사학의 이론들을 살펴봄으로 현재의 말씀 사역을 더욱 잘 감당하게 되기를 바란다. 더욱 바라는 것은 설교자가 자기 나름의 수사학을 계발하여 고대의 수사학적 지혜의 보고(寶庫)를 소유하게 되는 것이다. 이러한 자료들을 이미 알고 있는 분들은 이 자료들을 통하여 더욱 풍성한 자료를 공급받겠다는 확신을 가지고 지혜의 보고를 캐기 바란다. 그 다음에 설교 수사학에 큰 영향을 미친 종교개혁의 영향을 살펴볼 것이다. 그리고 결론에 가서는 더 읽어야 할 도서들을 제시함으로 끝을 맺으려고 한다.

고대의 수사학

라멕은 자기 아내들에게 강의하였다(창 4:23). 호메로스(Homeros, 기원전 10세기경의 그리스의 시인으로 오딧세이의 작가로 유명함—역자주)는 자기 영웅들의 입에 말을 넣어 주었다. 사람은 자기의 공연에 관한 이론들을 형성하기 전에 말을 했다. 이론이 실천에 뒤따랐고, 결국 실천을 완전하게 해주었다.

플라톤은 웅변술을 의혹의 눈초리로 바라보았다. 소크라테스와 마찬가지로 그도 지혜가 없이 말을 구사하도록 가르치는 소피스트들(궤변론자들)에 대해서 큰 의혹을 품었기 때문이다. 그러나 아리스토텔레스는 말에 대한 문제를 깊이 생각하였다. 그리하여 수사학에 관한 불후의 논문을 남겼다. 그 논문 제목이 「수사학」(*Rhetoric*)이다.

아리스토텔레스는 특유의 간결성을 발휘하여 수사학을 정의하기를, "특별한 경우에 활용 가능한 설득의 수단이 무엇이든 그 방법을 계발하는 재능이나 능력"이라고 하였다(1, 2). 이것은 2천 년이 넘도록 존속해온 정의이다.

이론가로서 아리스토텔레스의 위대한 동반자는 데모스테네스(Demosthenes)이다. 그는 웅변과 수사학이 전제로 삼는 정치적 자유를 부르짖은 최후의 대변인(그리고 순교자)였다. 웅변술과 마찬가지로 수사(修辭) 기술도 자유로운 분위기에서 번성했다. 비록 그것이 그리스 도시 국가라는 배경에서 누릴 수 있었던 상대적으로 제약된 자유였지만 말이다. 아테네가 망하고 알렉산더의 대량 학살이 있기 전에 데모스테네스도 운명을 달리했다. 묘하게 도 알렉산더는 아리스토텔레스의 학생이었다. 그러나 그 당시에 살아남은 자 들은 화술에 아주 뛰어난 사람들이었고 아리스토텔레스의 세밀한 분석들은 지금도 남아서 전해진다. 그것들로부터 오늘날 설교자가 배울 수 있는 것은 무엇일까?

첫째, 데모스테네스는 아리스토텔레스가 편찬한 원칙들을 철저히 실천했다. 하나님께서 부탁하신 말씀을 효과적으로 전달하기 위해서 모든 역량을 동원 하기로 결심한 설교자는 적어도 「영예로운 웅변들」(*Orations on the Crown*) 을 정독해야 한다. 이 책은 아테네인들에게 그들이 탕진한 자유의 소중함을 일깨워 주기 위한 데모스테네스의 마지막 운명적인 투쟁이었다. 수세기를 지 나면서 시간과 장소를 초월해서 수사학을 깊이 다루는 곳이면 어디서든 이 웅 변들(데모스테네스의 웅변과 그의 정적 아이스키네스⟨Aeschines⟩의 웅변)이 암송되고 역량 있는 비평하에 전달되었다. 오늘날도 사람들은 말을 잘하고 노 래를 잘하는 사람들을 무척 좋아한다. 그런 사람들이 때때로 많은 돈을 번다. 그들의 말이나 노래가 어떤 점에서 사람들의 마음을 움직이는지 그 방법을 궁 구하는 사람은 데모스테네스의 웅변서를 한 번 손에 쥐면 놓지 못할 것이다.

둘째, 설교자는 아리스토텔레스가 설득 능력에 대하여 쓴 세 가지 강조점을 주목해야 한다.

1. 사실과 주장과 논리를 통해서 머리에 호소하라.
2. 감정을 통해서 가슴에 호소하라.
3. 화자(話者)의 성격에서 발산되는 것에 정교하게 호소하라.

아리스토텔레스는 세번째 것을 가장 중요한 것으로 여겼다. 그것으로부터 "당신이 큰 소리로 말하는 것은 무엇인지 잘 알아들을 수 없다"라는 격언이 유래했다. 다행히도 설교자는 자기가 어떤 사람이라는 것으로 제한을 당할 필 요가 없다. 비록 존 헨리 뉴먼(John Henry Newman)이 강단에 끼친 영향은 아리스토텔레스의 격언을 엄숙하게 울려 퍼지게 하지만 말이다. 아리스토텔레 스는 이렇게 제안했다. "연사는 신중하게 그러나 주제넘지 않게 청중들에게

[고대 작가들은 청중을 '판사들'이라고 불렀다. 왜냐하면 그들은 연사의 말을 성립시키기도 하고 무산되게 하기도 하는 무리들이기 때문이다] 제시하라. 다시 말하지만 신중하게 청중들에게 자신을 a) 능력이 있고 잘 알려진 사람이요, b) 고상한 성격과 이상적인 인물이요, c) 청중들의 관심거리에 깊이 헌신한 사람이라는 것을 납득하도록 제시해야 한다." 우리는 특히 방송매체나 대중 연설 등에서 이 옛 어른의 충고에 대한 실천을 분별할 수 있을 것이다.

셋째, 아리스토텔레스가 모든 청중들이 철학자가 되기를 소망했을지라도, 실은 그 이유 때문에 지금도 그 사상이 파다하게 주장되고 있다. 그는 감정이 사실 판단을 흐리게 하며 때때로 절제에도 압도적으로 작용함을 알고 있었다. 그래서 그의 수사학 논문은 모든 것을 관통하는 정의를 주고 있는 것으로 여겨진다. 그 책은 인간의 감정에 대한 온갖 분석이 다 내포되어 있다. 여러 가지 측면에서 그 감정들은 일어나거나(연사에 의하여), 아니면 수그러든다(반대자에 의하여).

만일 칼빈이 지적한 것처럼 영혼이 그려낼 수 있는 모든 감정을 시편들이 다 담고 있다면, 아리스토텔레스의 수사학은 시편 저자와 맞먹는 이교도 시편 저자의 작품 중 하나이다. 현대 수사학은 감정들을 발견하지 않고 단지 사용할 뿐이다. 감정들을 하나님의 목적대로 형성하기를 결심한 설교자는 아리스토텔레스가 다함이 없는 자원임을 발견하게 될 것이다.

넷째로, 그래도 아리스토텔레스의 수사학은 주제에 접근할 수 있는 관점들을 제안하는 데 유용하다. 아리스토텔레스는 '주제들'이라고 명했고, 레인 쿠퍼(Lane Cooper)라는 번역자(필자의 견해로는 그의 번역서가 가장 탁월하다)는 하나님의 말씀에 적절한 반응을 나타내도록 청중들을 유도하는 일에 있어서 설교는 수사학적 아이디어들을 위한 '사냥터'라고 칭하였다.

간단히 말해서, 아리스토텔레스의 수사학은 수세기를 걸쳐서 애용되어온 찬사를 오늘날까지도 받아 누리고 있음을 입증하고 있다. 키케로(Cicero) 같은 위대한 전문가들로부터 시작하여 볼테르(Voltair)에 이르기까지 그 찬사는 끊이지 않는다. 볼테르는 "아리스토텔레스의 수사학을 팽개쳐 버릴 만한 다른 세련된 기술이 있다고 믿지 않는다"고 말했다. 또 토머스 아놀드(Thomas Arnold, 1795-1842, 옥스퍼드 대학교 현대사 교수—역자주)는 "이 책의 무한한 가치가 나를 온전히 사로잡았다. 나는 이것을 몽땅 잃어버리게 할 대학교에 내 아들을 보내는 것을 동의할 수가 없다"라고 했다. 자유에 대한 가치와 수사학 기교의 실천이 점점 퇴색해져 가는 현대 사회에서 아놀드의 결심은 만족을 얻기가 상당히 어려운 일이다.

교회 강단에서 설교의 등장은 정확히 아리스토텔레스의 범주에 속한 것이 아니라 하더라도 화술의 형태를 소개한 것이라고 할 수 있다. 설교로 전달된 모범은 수사학 선생이었던 아우구스티누스 자신에게서 이론적인 정교함을 찾을 수 있다. 그의 수사학은 종교개혁 당시에 더욱 정교히 다듬어졌다.

한편 아리스토텔레스의 「수사학」은 오늘날의 대중 연설 교과서들 가운데서 여전히 상위를 차지하고 있다. 또한 퀸틸리아누스(Quintilian)의 「웅변술 강요」(*Institutes of Oratory*)와 함께 서구 수사학 이론의 기초를 형성하고 있다. 최고의 수사학적 전달수단인 하나님의 말씀을 제공하는 일에 전력을 기울이는 설교자는 아리스토텔레스를 좋은 벗으로 삼을 것이다.

로마 수사학

로마인의 수사학은 두 사람으로 집약된다. 그들은 이론가인 동시에 실천가인 키케로(Cicero)와 종교개혁을 통하여 진보적 사상의 교육을 위한 모형을 이룩한 화술 연구소의 대표자인 퀸틸리아누스(Quintilian)이다. 칼빈 역시 손꼽을 만한 인물임에 틀림없다. 차후에 그 이유를 설명하겠지만, 그의 「기독교 강요」(*Institutes of the Christian Religion*)는 역작이라고 말하지 않을 수 없다. 이러한 사람들로부터 배울 수 있는 것이 무엇인가?

마르쿠스 툴루스 키케로(Marcus Tullus Cicero. 그는 여러 세기 동안 툴리〈Tully〉라 불렸다)는 실천적인 정치가요 점잖은 인본주의자의 양면을 겸비한 독특한 인물이었다. 그는 정치적인 자유가 하락의 길을 가고 있을 때 데모스테네스처럼 로마의 웅변가들 중 정상을 차지했던 사람이다. 또한 그는 역시 데모스테네스처럼 자유로운 연설을 하다가 안토니우스 일당에 의하여 목숨을 잃은 사람이다.

키케로는 데모스테네스(그의 웅변 능력을 기술하는 표현이 그의 유명한 말.

'실천!, 실천!!, 실천!!!'에 실려 있다)와는 달리 인간사의 제반 문제에 있어서 말의 힘에 대한 최고의 권위자로 군림하고 있는 동안, 산문을 공부하고서 수사학에 관한 논문을 세 편이나 썼다. 그가 말한 것은 실천과 이론의 끊임없는 상호작용이다. 물론 그것을 여기에서 요약할 수는 없다. 모든 웅변술이 의식적인 기술에 얼마나 깊이 내재하는가 하는 몇 가지 지적이 여러 가지 중에서 키케로의 '언어 리듬들에 관한 자세한 연구'에 의해 암시된다(그 리듬들에 대해서 로마의 청중은 대단히 민감하게 대응했다. 그들은 종종 연사들에게 야유를 퍼붓고 만일 자기들의 율동과 보조가 맞지 않으면 단상에서 끄집어 내렸다). 실제적인 면에서, 설교자는 키케로에게서 다음과 같은 사실을 배울 수가 있다.

첫째, 아리스토텔레스가 제기한 설득의 수단 — 연사의 머리와 감정과 성격 — 은 다른 형태로 나타날 수 있다. 키케로는 '회유(懷柔)하라', '교훈하라', '감동시키라'는 세 가지를 선호한다. 이것을 달리 말하자면 '감정에 호소하는 설득', '이성에 호소하는 설득', '열정에 호소하는 설득'이라고 할 수 있다. 여기서 분명히 제외된 것이 있는데 그것은 '연사의 성격'이다. 그것이 제외된 이유는 키케로가 이것이 얼마나 위력 있는 영향을 주는지 몰라서가 아니라, 이 수단이 즉각적으로 다룰 수 있는 문제가 아니라는 사실을 알았기 때문인 것 같다. 사람은 본질상 하루 아침에 성격이 바꾸어지는 존재가 아니기 때문이다.

둘째, 이러한 설득 형태들을 위한 매체로서, 키케로에 의해 유명해진 웅변술의 세 가지 스타일이 있다. 그것은 평이한 스타일과 중용의 스타일, 그리고 과감한 스타일이 있다. 평이한 스타일은 가르치는 일에 쓰이며, 보다 감정적인 중용의 스타일과 더불어 설교 서두 부분에 산재할 것이다. 중용의 스타일은 비유적 표현, 예화, 심지어 경우에 따라서는 유머까지도 동원하여 사람의 마음을 끈다. 그 다음 절정에는 '앞에 있는 모든 것을 휩쓰는' 과감한 스타일이 있다. 여러분 중에는 나치에 맞서 저항하다가 아돌프 히틀러의 마력적인 화술에 사로잡혀 그를 지지하게 된 사람들을 기억할 것이다. 키케로는 수사학적 승리, 즉 말을 의사전달을 하기 위해 쓰지 않고 함락시키기 위해 쓰며, 청중을 조명하기 위해 쓰지 않고 그들을 사로잡기 위해 쓰는 수사학적 승리를 인간이 남긴 최고의 업적에 포함시켰다(그런 점에서는 아우구스티누스도 마찬가지였다).

셋째, 키케로는 '성격'을 강조하는 대신에 '판사들'의 애정을 획득하는 일에 역점을 두었다. 후에 퀸틸리아누스는, 만일 청중이 당신을 좋아한다면 당신이 말하는 것을 믿게 하는 것이 더 쉽고, 믿지 못하게 하는 것이 더 어렵다고 말한다. 중용의 스타일은 마음을 끄는 역할을 한다. '판사들'의 신뢰를 손에 쥘 뿐 아니라 그들의 애정까지도 얻는다.

넷째, 수세기 동안 키케로가 끼친 영향은 칼빈이 말과 글에서 오로지 '평이한' 스타일을 사용하기로 결심한 데서 나타난다(칼빈이 이 표현을 쓸 때는 키케로의 정의들을 생각하고서 한 것이다). 비록 그는 강단에서 적어도 중도의 스타일을 사용할 수 있었고(그는 천식을 앓았다), 글을 쓸 때는 과감한 스타일을 사용할 만한 역량이 있었는데도 말이다.

스타일은 언제나 목적에 맞게 고쳐지며, 목적은 '고안'(invention), 즉 사상의 형성을 강조한다. 연설의 구성을 다섯 가지 단계로 나누는 것은 키케로 당시에 아주 흔한 현상이었다. 그것은 고안(invention), 배열(arrangement. 고안된 아이디어들에 대한), 단어 배열(wording. 청중과 목적에 알맞는 언어에 대한 구상), 암기(memorialization), 전달(delivery)이다. 평이한 스타일은 우선 단어 배열에 관심을 쓰지 않는다. 평이함 혹은 단순함이 목적의 기능을 한다. 루돌프 플레쉬(Rudolf Flesch)의 「말을 평이하게 하는 기술」(*Art of Plain Talk*)이나 「읽기 좋게 글을 쓰는 기술」(*Art of Readable Writing*) 같은 일부 현대 저서들은 어떻게 하면 지성적인 말을 구사하며 긴 문장을 나열할 것인가에 초점을 둔다. 어떤 이는 음절을 얼마나 똑바로 발음하느냐와 얼마나 긴 문장을 구사하느냐 사이의 비율을 조사함으로 일종의 지능지수를 측정해내기도 한다.

그러한 인위적인 기술이 키케로의 관심을 끌었을 리가 없다. 자동차가 승객을 규정할 수 없듯이, 용어가 문장 구성보다 앞서거나 연사의 의도를 제한할 수 없다. 연사는 무엇을 전달하기를 원하는지, 그리고 그 결과로서 무슨 일이 일어나기를 원하는지 분명히 그리고 정열적으로 알고 있어야 한다. 그러면 단어 배열은 저절로 이루어질 것이다.

아마도 키케로가 염두에 둔 것은 후대 사람인 앨프레드 노스 화이트헤드

(Alfred North Whitehead)가 '스타일'이라고 부른 것이었을 것이다. 화이트 헤드는 '교육의 목적' 가운데 마지막 것이 '모든 정신적 자질들 가운데 가장 엄격한 것'을 계발하는 것이라고 말한다:

> 모든 정신적 자질들 가운데 가장 엄격한 것, 그것을 나는 스타일에 대한 감각이라고 생각한다. 그것은 예견되는 목적을 단순하게 낭비 없이 직접 얻으려는 열망에 근거를 둔 미학적 감각이다. 예술에서의 스타일, 문학에서의 스타일, 과학에서의 스타일, 논리학에서의 스타일, 실제 행위에서의 스타일은 근본적으로 동일한 미학적 자질들, 즉 성취와 보유를 지닌다 …… 하지만 스타일 위에, 그리고 지식 위에는 그리스 신들 위에 있었던 운명처럼 모호한 형태를 지닌 어떤 것이 있다. 그 어떤 것이란 '힘'(Power)이다. 스타일은 힘에 형상을 입히는 것이고, 힘을 보유하는 것이다 …… 여러분은 스타일을 가지고 여러분의 목표를 성취한다. 다름 아닌 여러분의 목표를 말이다 …… 이제 스타일은 전문가의 독점적인 특권이다(*Aims of Education*, Mentor, p. 24).

키케로의 말에 따르면 무엇보다 스타일이 결핍된 사람은 용어와 문장 길이에 관해 고민할 필요가 있다. 하지만 그것은 우리가 스스로를 평가하는 것보다 더 우리에게 해당되는 말일 수가 있다.

다섯째, 설교자가 키케로에게서 얻을 수 있는 교훈은, 훌륭한 연사는 목표 곧 설득력과, 방법 곧 언어를 가지고 있으며, 기술 곧 전달을 갖고 있다는 것이다. 연사의 숙련도는 얼마나 잘 청중을 자신의 목표로 이끌고 가느냐에 따라 결정된다. 이것을 설교에 적용한다면, 회중을 하나님의 계시가 목적하는 바에 따라 얼마나 잘 빚어내는가에 따라 설교자의 역량이 결정된다.

여섯째, 수사학적 여정은, 적어도 키케로를 지지하는 사람에게는 이야기(narration, 강단에서는 교리)와 더불어 시작한다. 그것은 청중을 연사와 연설 자체와 함께 한 마음이 되게 한다. 이 목적을 달성하려면, 만약 문장들이 짧고 언어가 구어체라면 이것들을 선행된 계획에 따라 구술해야 한다. 이 계획은 청중을 모래알처럼 개별적인 많은 사람들로 두지 않고 한 사람처럼 응집된 사람들로 만드는 데 대단히 중요하다. 더욱이 청중을 그렇게 한 사람처럼 응집시켜 놓으면 청중은 연사의 시각으로 보고, 연사의 감각으로 느끼고, 그의 관점들을 공유하게 된다. 결국 '의사전달'은 공동체를 창조한다.

오늘날은 수사학 말고도 청중을 하나로 통일시키는 방법이 많다. 이를테면 싱얼롱이나 구호 제창이나 기도, 서곡과 음악 공연, 다같이 일어섰다가 앉기가 그런 것들이다. 감정에 크게 호소하는 방법일수록 더 많이 사용된다. 물론 키케로 식의 연사는 그러한 인위적이고 거짓 예술적인 방법들을 경멸할 것이다. 실제로 키케로의 관점에서는 연사가 '비예술적' 목발들에 많이 의존할수록 수사학적인 면에서 더욱 절름거리게 된다고 본다.

연사는 자신의 웅변으로 청중을 하나의 통일체로 만든 뒤에야 비로소 청중의 반응을 이끌어냄으로써 자신의 성취를 과시하게 될 것이다. 마치 데모스테네스가 '알렉산더의 연장'을 가지고 아이스키네스(Aeschines)를 공격하고서, 노회한 '판사들'(군중)로 하여금 이 위태로운 반역의 고소에 동의한다는 외침을 끌어내었듯이 말이다.

마지막으로, 키케로가 가르치는 것은 위력적인 연설이 열정적인 확신에서 나온다는 것이다. 키케로는 이 확신이 모든 음절과 모든 제스처를 미리 정해놓은 목표로 유도하는 '스타일'을 가지고 미리 세심하게 예상한 연설 목표에 초점을 둔다고 한다. 키케로는 이러한 기술(설교자의 경우에는 말씀 선포를 위하여 말씀에 이것[스타일]을 제공하는 기술)을 터득하기 위해서 전문가들이 만들어 놓은 웅변과 연설의 모든 요소들을 집중적으로 연구하고, 평생 지식 세계 전체에 눈을 두고 살라고 권고한다.

키케로 자신이 그런 생애를 추구하였고, 그 결과 로마의 웅변술을 정점에 올려놓았다.

퀸틸리아누스

수사학은 퀸틸리아누스(Quintilian)로 말미암아 기독교 시대의 첫세기부터 교육학(pedagogical)이 되었다. 그의 「웅변술 강요」(*Institutes of Oratory*)는 웅변을 교육의 목표로 보며, 그 자신의 시대부터 종교개혁 이후까지 웅변이 교육에 포함되도록 만들었다. 그것은 열두 부분으로 이루어진 대가가 이루어 놓은 수사학 이론의 집대성이다.

적어도 대학의 정규 과목인 교양 학과들의 전승은 퀸틸리아누스의 「웅변술 강요」에 근원을 둔다. 그는 이렇게 쓴다: "우리는 훌륭한(good) 사람이 아니면 될 수 없는 완벽한 웅변가가 되어야 한다. 그러므로 웅변가에게는 완벽한 언어 능력뿐 아니라 모든 면에서 지성의 탁월함도 필요하다"(서문).

이 교육서는 계속해서 이렇게 이어진다: "말의 기술은 많은 노력, 지속적인 연구, 다양한 훈련, 반복적인 시행, 총명성 및 신속한 판단에 달려 있다"(2, 13). 그러나 이 모든 것은 "웅변가가 무엇보다도 훌륭한(good) 사람이 아니면" 다 쓸데없다(2, 16).

퀸틸리아누스의 「웅변술 강요」는 교양 학과들을 가지고 훌륭한(good) 사람을 만들려는 구도를 세운다. 교양 학과들을 강조한 것은, 영혼들을 갈고 다듬는 도구가 말이며, 이 기술은 언어적 도구들을 '말하는 훌륭한(good) 사람'을 만들어 내는 데로 이어진다는 가정에서 비롯된 것이다(이것은 16세기 중반에 스트라스부르에서 활동한 요한 스투룸의 교육 이념이었다). 퀸틸리아누스 이후 15세기가 지난 뒤(그 동안 그의 영향력은 조금도 감소하지 않았다) 칼빈은 그의 「웅변술 강요」가 강조하는 점이 사도 바울이 고린도 교회에 첫 서신을 쓰면서 웅변을 경시한 것과 충돌되고 있음을 파악하였다. 그리하여 칼빈은 훌륭한(good) 사람을 만드는 더 좋은 방법을 지적해 주는 다른 강요(Institues)를 쓰기로 결심하였다. 그는 인간성이 말에 의해서가 아니라 행위에 의하여 결정된다고 지적하였다. 이 문제는 잠시 후에 취급하려고 한다.

한편 퀸틸리아누스가 설정한 이래 수세기 동안 변하지 않은 교양 학과들의 근본적인 점은 삼학(三學)이다. 다시 말해서 문법, 논리학, 수사학이 그것이다. 문학이 포함되는 문법 과목은 이해력을 증진시킨다. 논리학은 판단력을 길러준다. 그리고 수사학은 배운 모든 것을 기술적으로 표현을 하도록 해준다. 표현이 없는 인상은 없다.

퀸틸리아누스의 흔적은 박사과정을 마무리하는 '구술시험'에 오늘날까지 남아 있다. 구두로 잘 표현할 수 있을 때만이 바르게 이해했다고 말할 수 있는 것이다. 교육의 실재는 그 자체가 지혜의 말로 나타난다.

그러나 퀸틸리아누스는 전통적인 강조점을 미묘하게 옮겨 놓았다. 오늘날의 웅변은 웅변으로 남을 제압하는 영웅보다 자유로운 교육을 더 높이 평가한다. 이러한 교육은 그로부터 18세기 뒤에 뉴먼(Newman)이 「대학교의 이념」(*Idea of a University*)에서 주장한 것처럼, 그 자체가 목표요 목적이다. 수사학은 단지 교육학의 교과 과정 중 하나에 불과할 뿐이다. 퀸틸리아누스는 연설을 잘했는지의 여부는 연사 자신이 결정할 것이라고 말한다. 연사는 자기 분석을 정당화하기 위해서 결과들을 입증할 필요가 없는 것이다. 말의 힘은 정견 발표장이나 법정에서의 역량을 목표로 삼을 필요가 없다. 수사학에 탁월하다고 해서 정치적 자유가 제약을 받는 상황에서 목숨을 걸고 언론의 자유를 외쳐야 하는 것은 아니다. 퀸틸리아누스는 언제나 키케로를 이상으로 품고 살았음에도 불구하고 키케로였다면 거절했을 그런 방식으로 웅변술과 수사술을 사용했다.

오늘날 수사학은 담쟁이덩굴로 덮인 박물관에 전시된 모자나 가운 같은 전시물의 하나가 되었다. 퀸틸리아누스는 수사학을 내면지향적으로 만들고, 정조(情操)의 말뚝 역할을 하게 만든다. 순문학(Belle lettres, 美文學)은 데모스테네스의 광포함과 키케로의 품위있는 비타협적인 태도를 대체한다. 그 결과 그 뒤로는 힘있는 웅변이 정치가들의 연단보다 교회 강단에서 더욱 많이 사용되어, 용감한 주교들의 입술에 담긴 새로운 말씀을 외치게 했다. 그럼에도 불구하고 퀸틸리아누스의 수사학은 15세기 이상을 교육에 한 자리를 요구한다. 이제 수사학에서 문제가 되는 것은 초등학교부터 숙달된 연사, 즉 언론의 자유를 위한 투쟁보다 문학에 더욱 친숙한 연사에 이르기까지 「웅변술 강요」에 세심하게 개관된 교과 과정을 통한 진보이다.

하지만 이 모든 것을 인정한다고 치고서, 오늘날 퀸틸리아누스에게 무엇을 배울 수 있는가? 표현의 적절성뿐 아니라 여러 가지 방법으로 여러 가지 것을 배울 수 있다. 퀸틸리아누스는 자신이 가르치고자 하는 것에 관한 한 대가로서, 침착한 스타일과 생생한 위트를 가능케 해주는 확신을 가지고 글을 쓴다. 심지어 키케로보다 연사의 재능에 따르는 다각적인 면, 즉 고안에서부터 전달에 이르는 연설의 모든 측면을 더 많이 계발한다. 그는 교육을 받은 사람이라면 모든 지식을 자신의 영역으로 삼아야 한다고 믿기 때문에, 완벽한 연설 능력의 경지에 이르기 위해서 쌓아야 하는 광범위한 준비 과정을 개관한다. 그가 인간 교육에 필요한 그리스와 로마의 문학을 개관한 내용은 여전히 주목할 만한 비평으로 남아 있다. 그러나 이런 것들은 그의 「웅변술 강요」 자체를 정독해야만 제대로 이해할 수 있다.

퀸틸리아누스는 지금 여기서 우리에게 다음과 같은 것들을 제공한다. 첫째는, 지식의 범위에 대한 감각과 숙련된 연설이 요구하는 훈련이다. 웅변은 한편으로는 교양 학과 교육의 꽃이면서, 다른 한편으로는 그것을 전제로 한다. 말이란 시시한 것일 수 있지만, 일관된 웅변력은 아이스키네스가 데모스테네스를 조롱하면서 말한 것처럼 횃불의 냄새를 발산할 수가 있다. 이에 대해 데모스테네스는 그것이 차라리 입술에 있는 다른 영들의 냄새보다 낫다고 대답한다. 그리고 퀸틸리아누스는 데모스테네스의 편에 선다. 수사학적 탁월성으로 가는 길은 길고 험하다. 게티스버그 연설은 캄캄한 밤에 젊은 링컨의 경력의 일면을 비춰준 횃불과 같았다.

학교에 가본 적이 없는 사람도 열정을 드러내고, 속임수를 쓰고, 심지어 순진한 사람을 유인할 수가 있다. 선동가는 궤변을 예술이라고 내세울 수가 있다. 하지만 수년간에 걸쳐 훈련을 통해 하나님의 말씀이 세상에 들어오도록 하는 역량을 쌓은 설교자는 그 역량을 쌓기까지 많은 시간과 열정을 투자했다. 초기 교부들의 때부터 현대의 대 설교가들의 때까지 이어온 설교의 역사는 해박한 지식과 탁월한 웅변력간의 인과 관계를 확증해 준다.

둘째로, 퀸틸리아누스는 아리스토텔레스나 키케로가 남겨 놓은 미해결점을 명확하게 해결해 준다. 그것은 선량함이 웅변에 기본이라는 것이다. 주님은 선한 열매를 맺으려면 나무가 좋아야 한다고 가르치신다(마 12:33).

아리스토텔레스는 연설이 설득력을 갖게 되는 요소들 가운데 하나로 연사의 인격을 꼽았다. 하지만 그는 적어도 연사가 자신의 인격에 관해 회중으로 하여금 좋은 인상을 갖게끔 할지라도 그것이 사실이 아닐 수도 있다고 의심할 여지를 남긴다. 수사학에서 문제가 되는 것은 연사가 박식하고 유능하고 고상한 성품의 소유자이며, 아울러 청중의 이익을 도모하는 사람이라는 인상을 '판사들'이 받게 되는 것이다. 이런 요소들이 설득력으로 작용하는 한, 아리스토텔레스의 말은 '그것으로 충분하지 않은가?' 라는 인상을 주는 것으로 해석할 수도 있다. 어쨌든 수사학은 윤리학이 아니니까 말이다. 이 점에 대해서 아리스토텔레스는 또 다른 논문을 남겼다.

키케로는 개인적으로 높은 윤리 표준을 유지했으며, 비록 언제나 그랬던 것만은 아니지만 스토아주의자들에게 흠모를 받았다. 그러나 법정에서 그의 연설을 배운 학생은 만약 목적이 때때로 수단을 지배하지 않으면 어떻게 되는가를 궁금해할 수 있을 것이다. 아리스토텔레스와 퀸틸리아누스와 마찬가지로, 키케로도 인격을 이용하여 연설의 설득력을 제고하려고 하지 않았다. 위에서 암시했듯이, 그는 퀸틸리아누스의 대안을 인정하지 않은 채 아리스토텔레스의 그럴듯한 방침을 견지했을 가능성이 있다.

그러나 퀸틸리아누스에게는 얼버무리는 것이 없다. 위대한 연사란 훌륭한 (good) 사람이다. 퀸틸리아누스에게 히틀러가 위대한 웅변가냐고 물을 수 있다면 그것은 흥미롭고 또 유익한 질문이 될 수가 있다. 효과라는 측면에서는 물론 '그렇다'일 것이다. 키케로의 세 단계를 쉽게 성취하는 탁월한 스타일 면에서도 '그렇다'일 것이다. 그리고 국민의 절반에 최면을 걸었고, 그것도 지식인들을 상대로 그렇게 했으므로 '그렇다'일 것이다. 하지만 그가 '훌륭한 (good)' 사람이었는가? 이 질문에 누가 그렇다고 대답하겠는가? 히틀러가 스스로 최면에 걸려 청중을 사로잡았던가? 아니면 똑바른 정신을 가지고 연설을 했던가? 그의 웅변은 연극에 불과했던가? 그 모든 것이 그가 중앙에 선 연극 무대였던가? 설교자는 이런 점들에서 무엇을 배울 수 있을까?

설교자가 고대 수사학자들에 비추어 그 질문들에 대답할 수 있다면 아마 상당히 많은 교훈을 배울 수 있을 것이다. 고대 수사학자들 중에서 과연 누가 히틀러를 자기들의 대열에 끼워주지 않겠는가? 물론 처칠도 마찬가지이다. 루즈벨트는 말할 것도 없다. 하지만 그들과 맞먹는 강력한 선전가들이었던 히틀러와 무솔리니를 고전 수사학자들이 보았다면 수사학의 기술을 변절시키고 남용한 형법상의 죄인들로 보았을 것이다.

셋째로, 퀸틸리아누스는 정직이라는 자신의 처방을 유지하기 위해서 연사가 연설을 할 때 자신이 직접 경험하지 않았거나 생각해 보지 않았던 감정이나 회상을 전달해서는 안 된다는 키케로의 견해에 동의한다. 퀸틸리아누스는 생생한 예를 들어가면서, 연사가 자신이 묘사하는 느낌들이나 생각들의 성격을 반드시 파악해야 한다는 것을 자세히 설명한다. 연사는 연설을 할 때 실제로 자신이 '듣고' '보는' 사건들을 마치 현장에서 보고하는 것처럼 그냥 보고해야 한다. 직접 그 사건들을 깊숙이 경험함으로써 감정을 움직여야 한다. 거짓은 '판사들'을 움직이지 못할 것이다.

하지만 퀸틸리아누스의 글이 어떻게 예기치 않은 통찰을 가지고 되살아나는지를 마지막으로 예시하는 차원에서, 정직한 사람이 어떻게 청중을 오도하는 거짓에 대처할 것인가라는 질문을 해보자. '훌륭한'(good) 사람이 거짓을 거짓으로 대처할 수 있는가? 퀸틸리아누스의 순진무결한 대답들의 분위기로 보자면 청중을 진리의 길로 인도하는 것이 웅변의 역할이지만, 청중이 그 길에서 벗어나 오류의 우회로에 들어섰다면 어떻게 해야 할까? 청중은 정로를 벗어나 거짓의 진흙탕에 빠져 있다. 그들을 정로로 돌아오게 하려면 또 다른 우회로를 궁리할 필요가 있지 않은가(그리고 그것이 지극히 정당한 조치가 아닌가)? 한 가지 기만은(한동안은) 다른 기만(그러한 구출에 의해 훼손되지 않는 선)으로 맞설 수 있을 것이다.

지금까지는 고전적인 수사학자들 가운데 가장 유력한 사람들밖에 다루지 않았다. 만약 그들을 다루는 과정에서 '옛 것'과 '새 것'이 단지 시간의 범주들이 아니라 가치의 범주들이며, 고대의 저자들과 웅변가들이 앞날의 설교 사역뿐 아니라 오늘의 설교 사역에도 적실성을 갖고 있다는 인상을 주었다면, 우리는 수사학적 목적을 달성한 셈이다.

아우구스티누스(St. Augustine)

이제는 이론가이자 웅변가로서 기독교 수사학자들 가운데 가장 위대한 인물에게로 눈을 돌려보자. 앞에서 언급한 저자들과 웅변가들, 그리고 그들의 수많은 동료들의 사상과 기술을 깊이 배운 아우구스티누스는 300년이 넘도록 교회에서 이미 전파되어오고 있던 설교에 이론적 토대를 제공했다.

아리스토텔레스가 논하고 대다수 이교 수사학자들이 받아들인 연설 유형들 가운데 '설교'가 사실상 아무런 자리도 차지하고 있지 않다는 것을 이미 앞에서 살펴보았다. 아우구스티누스도 설교를 아리스토텔레스의 패턴에 끼어 맞추려고 시도하지 않았다. 그의 시대에는 분명한 목적 의식을 가지고 사역한 대교부들에 의해서 설교가 확립되어 있었다. 따라서 아우구스티누스는 설교를 수사학적으로 기술하려고 할 때 그것을 그 자체의 장르로 다루었다. 그리고 실제로 설교란 그런 것이다.

전후의 많은 기독교 사상가들이 그랬듯이, 아우구스티누스도 교회가 고전의 지혜를 사용하는 것을 이스라엘이 애굽에서 가지고 나온 금과 은에 비유한다. 훗날 칼빈이 그랬듯이, 그는 모든 진리가 다 하나님께로부터 나오므로, 흡수할 수 있는 모든 것을 흡수하여 사용하고 만족을 얻자고 말한다. 이 말을 감안할 때 아우구스티누스가 설교 수사학에 관해서 쓴 비교적 짧은 「기독교 교육론」(본사 역간)이라는 책에 고전 저자들, 특히 키케로의 글이 무수히 인용되어 있는 것은 놀라운 일이 아니다.

그러나 교회는 새로운 자원, 즉 아우구스티누스가 웅변의 중요한 원동력으로 간주한 '성경'을 갖고 있다. 성경이 어느 정도나 설교자의 수사 역량의 원천이 될 수 있는가를 강조하기 위해서, 아우구스티누스는 거듭해서 성경에서 수사학 원칙들을 예시한다. 예를 들어 그는 키케로에게서 차용하는 세 가지 스타일 — 평이성, 중용, 과감성 — 을 성경 인용구들을 가지고 예증한다.

하지만 퀸틸리아누스가 연사란 선량해야 한다고 주장하는 부분에 대해서, 아우구스티누스는 연사란 지혜로워야 한다고 주장한다. 그리고 지혜란 하나님 말씀에 대한 지식과, 하나님과의 화목과 사귐의 체험으로 이루어진다고 한다. 더욱이 설교자의 말은 그 자신의 말에 그치지 않는다. 설교자의 기술은 고안이라는 성격보다 전달이라는 성격에 가깝다. 혹은 그보다는, 오히려 설교자의 고안은 이미 있었던 말을 전달하는 방식을 모색한다.

그러므로 아우구스티누스는 신적 계시에서 이끌어낸 진리들을 해석하고 적용하려 할 때, 고전 저자들이 권장하는 다섯 가지 단계에 초점을 맞춘다. 그것은 고안(invention), 배열(arrangement), 표현(wording), 암기(memorization), 전달(delivery)이다. 그는 설교 사역에 대해서, 교회와 세상에게 성경을 보다 효과적으로 전파하는 방법을 모색하는 과정에서, 아리스토텔레스의 '주제적'(topical) 관점들을 통해 성경을 해석하는 것이라고 생각한다.

아우구스티누스의 논문 가운데 첫 부분이자 가장 분량이 큰 부분은 자신의 해석 원칙들을 가지고 성경을 해석하는 문제를 다룬다. 그 역시 설교자가 모든 지식을 자신의 분야로 삼기를 바라지만, 그러면서도 설교자가 무엇보다도 성경에 능통해야 한다고 강조한다. 모든 시대의 위대한 해석가들과 마찬가지로, 그도 성경을 무척 많이 암기했다. 그는 이렇게 쓴다:

특별히 유창하게 말할 줄 모를지라도, 말을 지혜롭게 하려면 성경을 많이 기억할 필요가 있다. 왜냐하면 자신의 부족을 느낄수록 성경의 풍요로운 말씀에서 더 많은 것을 구해야 하기 때문이다. 그로써 자신의 말로써 성경의 교훈을 입증할 수 있고, 또한 자신의 말이 왜소하고 연약할지라도 위대한 사람들의 확신에 찬 증거에서 힘과 용기를 얻을 수 있는 것이다. 그러나 만약에 지혜롭게 말할 뿐 아니라 유창하게 말하고 싶다면, 수사학 교사와 시간을 보내는 것보다, 차라리 읽고, 듣고, 명상하는 방법을 권하고 싶다. 특히 그가 읽거나 듣기에 힘쓴다면, 유창한 말 때문이 아니라 지혜로운 말 때문에 좋은 연설가로 평가를 받게 될 것이다. 웅변적인 연설가는 청중에게 쾌감을 주지만, 지혜로운 연설가는 유익을 주기 때문이다. 그러므로 외경은 많은 웅변가들이 세상의 구원이라고 하지 않고 "많은 현자들은 세상의 구원이며"라고 말한다(지혜서 6:24).

그는 계속해서 바울(롬 5:3-5; 고후 11:16-30)과 아모스(암 6:1-6)를 예로 들어 성경의 지혜와 웅변이 한데 결합되었음을 예증해 간다.

연설가의 의무가 '가르치고, 기쁨을 주고, 감동시키는 것'이라는 키케로의 정의를 받아들인 아우구스티누스는 "가르치는 것은 당위이고, 기쁨을 주는 것은 아름다움이고, 설득하는 것은 승리이다"라는 키케로의 수식을 인정했다. 하지만 청중에게 영향을 주는 데 역점을 둔 그는 기독교 연설가에게는 가르치는 행위가 가장 중요하다고 주장한다: "가르치는 것은 당위이다. 사람이 일단 무엇을 알아야 그것을 행하든 행하지 않든 할 수 있기 때문이다. 알지도 못하는 것을 가지고 누가 의무라고 말하겠는가?"

기쁨을 주는 것은 당위가 아니고, 설득하는 것도 당위가 아니다 — 비록 아우구스티누스는 "너무 까다로워서 진리를 즐거운 강론의 형태로 전하기 전에는 진리에 관심을 갖지 않은" 사람들에게 양보하긴 했지만 말이다. 그는 될 수 있는 대로 청중에게 기쁨을 주라고 하면서도, 다음과 같은 점을 지적하기를 잊지 않았다: "하지만 설교자가 자신이 전하는 진리로써 청중의 동의를 얻어내는 데 주목적이 있을 경우에 청중에게 동의를 얻어내지 못한다면 청중이 설교자가 전하는 진리를 고백하고 설교자의 웅변을 칭송한다는 것이 무슨 유익이 있겠는가?"

어떤 실제적인 진리를 전달하고자 할 때, 유능한 신학자는 교훈만 전달하는 것이 아니라 상대방의 관심을 계속 유지시킨다. 그러면서도 상대방의 마음을 사로잡는다. 진리로써 인간의 마음을 사로잡지 못한다면 자신의 기술과 웅변도 잠시동안 그를 감동시킬 수는 있으나 남는 것은 아무것도 없다(제4권에서 인용).

키케로였다면 이 말에 이의를 달지 않을 것이다.

아우구스티누스는 어떤 교회든 강단은 윤리 학교여야 한다고 생각했다. 이 학교의 교재는 성경이고, 청중은 교인들이고, 교육 목표는 순종이고, 그 완성은 성숙한 신자를 길러내는 것이다. 이것이 설교의 본질, 즉 설교의 역할을 규명한다. 고전 수사학의 열정과 장점을 하나도 잃을 필요가 없지만, 그 모든 것의 초점을 재조정해야 한다.

아우구스티누스는 데모스테네스의 노력과 역량, 아리스토텔레스의 분석, 키케로의 중용과 세련미, 퀸틸리아누스의 안목을 마치 이스라엘 백성이 애굽에서 가지고 나온 보석들처럼 하나님의 백성을 수사학적으로 섬기는 일에 도입했다. 이로써 웅변의 힘은 이제 연단에서 뿐 아니라 강단에서도 세상을 향해 울려 퍼져 나갔다. 정치 행위뿐 아니라 윤리까지도 웅변의 지배를 받게 되었고, 따라서 웅변은 고전 논문들이 권장한 것 못지 않게 큰 수사학적 훈련을 요구하게 되었다.

종교개혁

이제는 천 년을 건너뛰어 종교개혁 시대의 수사학으로 넘어가되, 시선을 칼빈의 영향력에 한정해서 살펴보고자 한다. 그리고 설교자가 제네바로부터 무엇을 배울 수 있는가를 다시 한 번 물어보자.

칼빈은 퀸틸리아누스의 처방에 따라 교육을 받았다. 그는 영혼을 훌륭하게 조각하기 위해 자유 학과들에 복속되었던 수많은 사람들 가운데 하나였으며, 후마니타스의 획득을 입증하기 위해서 웅변 훈련을 제대로 받았다. 칼빈은 다른 어떤 고대인들보다 키케로를 폭넓게 인용하며, 의심할 여지없이 한동안은 다른 사람들과 함께 그를 모방하려는 대열에 합류했다. 그의 첫 출판물인 세네카(Seneca)의 「관용론」(*De Clementia*) 주석은 고전의 형태로 되어 있었다.

그러나 기록되지는 않았지만, 칼빈은 때때로 아우구스티누스가 쉽게 건너뛴 돌부리에 걸려 넘어졌다(칼빈은 아우구스티누스의 사상을 거의 암기하고 있었다). 그 돌부리는 그 젊은 휴머니스트(나는 그렇게 생각한다)에게 두 가지 장애를 놓았다:(1) 웅변술이 정말로 인격 배양에 필요한가? (2) 선량함은 자유 학과들을 통해서 얻을 수 있는 웅변에 선결 요건인가?

내 직관에 본문적 증거를 댈 수는 없지만, 나는 칼빈이 고린도전서를 읽으면서 이런 질문들에 부닥치지 않았을까 추정한다. 그 서신에서 사도는 단순하게 이렇게 말한다: "그리스도께서 나를 보내심은 세례를 주려하심이 아니요 오직 복음을 전파하려 하심이니 말의 지혜로 하지 아니함은 그리스도의 십자가가 헛되지 않게 하려함이라. 내 말과 전도함이 지혜의 전하는 말로 하지 아니하고 다만 성령의 나타남과 능력으로 하여"(고전 1:17; 2:4).

칼빈이 명목상의 '가톨릭 신앙'에서 '프로테스탄트 신앙'으로 전향한 정확한 시점과 성격은 알려지지 않으며, 많은 추정의 대상이 되어 왔다. 내 생각으로는, 그 시점은 칼빈이 퀸틸리아누스의 「강요」(*Institutes*)가 논문으로서 여러 가지 점에서 장점을 갖고 있을지라도 그 기본적 의취가 사람을 오도한다는 점과, 그 논문 대신에 성경에서 이끌어낸 또 다른 「강요」(즉, 훈련 지침서)가 필요하다는 점을 깨달은 때였던 것 같다. 그는 선량함이 자유 학과들을 교육받는 데서 생기지 않고 하나님의 능력을 힘입어야 생긴다고 인식했다. 웅변은 참으로 인간답게 만드는 교육의 가장 큰 성취가 아니며, 심지어 인간을 인간답게 회복시키는 유일한 매체인 신적 지혜와 상충될 수도 있다고 보았다. 내 생각으로는 이런 결론들이 칼빈을 '개종'으로 이끌었고, 그의 인생 행로의 방향을 틀어 놓은 것 같다.

칼빈이 앞서 인용한 고린도전서 단락에 대해 해놓은 주석을 보면, 그가 심지어 '개종'한 뒤에도 그 단락을 가지고 얼마나 고뇌를 했는지 짐작할 수 있다. 그는 이렇게 쓴다: "이 단락은 두 가지 의문을 일으킨다: 1) 이 절(1:17)에서 바울은 말의 지혜를 그리스도와 상반되는 것으로 완전히 단죄하는가? 2) 바울은 복음 전파가 언제나 웅변과 구분되어야 한다고 말하는 것인가?"

칼빈은 이렇게 대답한다: "첫번째 질문에 대한 나의 대답은 이러하다. 즉, 바울은 의심할 여지없이 하나님의 훌륭한 선물이요, 사람들이 가치 있게 행동하도록 돕는 수단인 말의 기술을 무조건 단죄할 정도로 불합리하지 않다. 말의 기술은 분명히 성령께로부터 온다." 바울은 웅변 자체를 무시한 게 아니라, 다만 웅변의 남용을 무시한 것이다.

하지만 바울은 말의 지혜가 십자가를 헛되게 한다고 하는데, 이에 대해서 칼빈은 두 번째 질문으로써 이렇게 말한다:

> [두번째 질문은] 그러므로 약간 더 어렵다. 바울은 말의 지혜가 그리스도의 십자가에 섞이면 십자가가 헛되게 된다고 말하기 때문이다. 나의 대답은, 바울이 어리석은 말에 솔깃하여 따라가는 고린도 교인들에게 이 편지를 썼다는 점을 주목해야 한다는 것이다 …… 그리스도를 전하는 일은 꾸밈없이 단순한 일이기 때문이다. 그러므로 말로 잔뜩 수식함으로써 그 일을 흐려놓아서는 안 된다.

위에서 인용한 둘째 단락(고전 2:4)에 대해서, 칼빈은 이렇게 쓴다: "만약 사도의 설교가 단지 웅변에 의해서만 뒷받침되었다면, 그의 말은 보다 탁월한 웅변가에 의해 뒤집어질 수 있었을 것이다. 더욱이 연설의 탁월한 기교에 의지하는 진리를 가리켜 참되다고 할 사람은 없을 것이다. 진리는 웅변의 도움을 받을 수 있지만, 웅변에 근거해서는 안 된다."

칼빈은 자신이 교육받은 웅변과 수사학에 대한 고마움을 결코 부인한 적이 없다. 그는 효과적으로 설교했고, 원할 때는 강력하고 웅변적인 산문을 쓸 수 있었다. 하지만 바울은 간결하고 단순한 언어를 특징으로 하는 평이한 스타일을 받아들이게끔 했다.

고린도서 주석에 의하여 드러난 이러한 차이는 칼빈이 1538년에 제네바에서 추방되어 스트라스부르로 갔을 때 더욱 명료해졌다. 그곳에는 요한 슈투름 (Johann Sturm)이 이끄는 유명한 아카데미가 번성하고 있었다. 발터 좀 (Walter Sohm)은 이렇게 쓴다: "슈투름은 언제나 세 명의 고대인을 탁월한 웅변가로 추켜세웠다. 아리스토텔레스와 키케로와 헤르모게네스 (Hermogenes)가 그들이었다 …… 그 가운데서도 슈트름이 높이 평가한 사람은 키케로였다. 슈투름은 그에 대해서 자기 세대의 모든 사람들과 더불어 감사를 했고 자신의 모범으로 삼았다."

발터 좀의 말을 조금 더 소개하자면, 슈투름은 키케로의 전승에 서서 웅변이 교회를 재건할 수 있다고 주장했다. 왜 그럴까? 슈투름은 그 이유를 이렇게 설명했다: "이상적인 깨달음은 이상적인 수사(修辭)와 이상적인 어법에서 비롯된다. 레스(Res, 진리)와 베르붐(verbum, 언어)은 서로를 함축한다."

실재(reality)와 단어는 언제나 상관 관계가 있다. 이것이 키케로와 퀸틸리아누스의 확신이었고, 그리고 슈투름이 자신의 아카데미를 세울 때 모범으로 삼은 자유 학과들의 전승에 뿌리박힌 확신이었다. 자유 학과 교육이 웅변을 절정으로 삼는 이유는 표현(expression)만이 인상(impression)을 드러내고, 우아한 표현이 친숙히 깨달았음을 입증하기 때문이었다. 제대로 말할 줄 아는 훌륭한 사람(good man)은 우연히 이루어지지 않는다. 확신있게 시행된 교육을 통해서 이루어진다(추징긴대, 칼빈은 이와 비슷한 형식으로, 행위 없는 믿음 — 교육 없는 믿음이 아닌 — 이 죽은 믿음이라고 말하는 다른 말씀을 든다).

칼빈은 키케로를 높이 평가했지만, 그를 자신의 이상으로 생각하지는 않았다. 자신뿐 아니라 자신의 영향하에 설립된 제네바 아카데미도 키케로를 이상으로 생각하지 않았다. 칼빈은 추방당한 뒤에 단단히 결심을 한 채 돌아와 자신의 「강요」를 본격적인 논문으로 발전시켰다.

그렇다면 오늘날 의욕을 지닌 설교자는 칼빈에게서 무엇을 배워야 할까? 첫째, 거시적인 관점이다. 칼빈은 기독교의 목표가 인간 혁신이었다. 그는 스트라스부르에서 추기경 사돌레토(Sadoleto)와 주고받은 편지에서 자기 자신의 영혼 구원에만 집착한다면 그리스도의 종답지 못하다고 분명히 지적했다. 구원은 하나님께서 하시는 일이고, 하나님께서는 어떤 장애에도 방해를 받지 않으신 채 그 일을 하실 것이라고 지적했다. 그 하나님의 영광을 위해서 사는 것이 신자의 일이라고 했다. 그 일을 용이하게 하도록 하는 것이 교회의 할 일이고 강단의 목표라고 했다.

둘째, 칼빈은 말이 영혼에 영향을 주는 열쇠라는 데 흔쾌히 동의한다. 제네바와 고전 전승 사이의 쟁점은 다만 '어떤 말을 사용해야 하는가?' 혹은 보다 정확히 말하자면 '누구의 말을 사용해야 하는가?' 라는 것이었다.

셋째, 순종으로써 얻는 '훌륭함'(good)은 자유 학과들을 통해서 전달되지 않는다. 비록 자유 학과들도 하나님의 말씀을 전파하는 의무를 지닌 사람들에게는 유익하지만 말이다. 하나님은 구원의 신앙과 그로써 나오는 순종의 삶이 설교를 통해서 인간에게 전달되도록 정하셨다.

넷째, 설교자는 두 가지 원칙을 견지해야 한다: (1) 청중의 필요에 초점을 맞춰 연구해야 한다는 원칙; (2) 강단에서 말씀을 선포할 때 본문에 절대 순종해야 한다는 원칙.

다섯째, 구원론은 신자가 원죄와 매일 짓는 죄의 짐을 벗는 일과 관계가 있어야 한다. 그리스도 안에 있는 그리스도인은 이스라엘처럼 애굽의 속박에서 해방되어 순종의 삶을 살아야 한다고 가르쳐야 한다.

여섯째, 영혼에 내재하는 선(good)은 웅변으로는 드러낼 수 없고, 사랑의 삶 — 성경에 의해 정의되고, 율법으로 요약되는 — 으로만 드러낼 수 있다.

일곱째, 영혼 혹은 자아는 선포된 하나님의 말씀에 자발적으로 순종함으로써 상실한 후마니타스의 형상으로 빚어진다. 사람이 행하는 모든 일은 무엇보다도 먼저 자신에게 하는 것이다. 선택 행위를 통해서, 즉 자아 안으로 들어오는 것이 아닌 자아로부터 나오는 것을 통해서 사람은 최종적으로 갖추게 될 자아의 모습으로 빚어져 간다. 그것은 아버지 하나님의 '영광'을 위해 살게 될 '양'이거나, 아니면 창조주로부터 영원히 격리될 '염소'이다.

여덟째, 퀸틸리아누스와 마찬가지로 칼빈의 목표도 교육이다. 그렇기 때문에 칼빈은 자신의 저서에 퀸틸리아누스의 저서 제목을 붙였다. 칼빈은 교회를 하나님의 학교로, 성경을 하나님의 교과서로, 목회자를 하나님의 교사로 부르기를 좋아했다.

칼빈 대에 이르러 설교는 마침내 사실상 자체의 장르가 된다. 설교는 모든 면에서 고전 문헌 — 칼빈 자신이 익숙히 알고 있던 — 을 사용하여 풍부해지지만, 수사학 전승에 따르는 이교적 한계들에서는 자유롭다. 하지만 칼빈은 웅변의 용기의 전승은 데모스테네스가 알렉산더의 사절들 앞에서 장갑을 벗어 던졌을 때로 거슬러 올라간다고 주장한다. 그는 이렇게 쓴다(강요 4. 8. 9):

> 그렇다면 교회의 목회자들이 당연히 지녀야 할 주권적 권한 — 그것을 무엇이라고 부르든간에 — 이 있다. 그것은 그들이 하나님의 말씀에 힘입어 모든 일을 감연히 할 수 있다는 것이다. 그들은 세상의 모든 권력과 영화와 지혜와 환희를 하나님의 엄위 앞에 굴복하고 순종하도록 강요할 수 있다. 하나님의 권능에 힘입어 최고 권력자에서부터 미천한 사람에게 이르기까지 모든 사람에게 명령할 수 있다. 그리스도의 집을 세우고 사단을 쫓아낼 수 있다. 양들을 먹이고 이리들을 몰아낼 수 있다. 유순한 사람들을 가르치고 권면할 수 있다. 패역하고 완고한 사람들을 정죄하고 질책하고 굴복시킬 수 있다. 매고 풀 수 있다. 마지막으로, 필요할 경우에는 벼락을 내릴 수 있다. 하지만 이런 일들은 하나님의 말씀 안에서 해야 한다.

키케로의 세 가지 스타일이 칼빈에 이르러서 기독교적 세례를 받았다. 이 처방에 따라 설교한 칼빈주의자들은 수사학의 틀에서 벗어나려는 열정을 프랑스와 네덜란드와 영국의 군주들에게 도전하는 방식으로 표출했다. 그리고 그것은 뉴잉글랜드 연안에 '보다 완벽한 동맹'을 형성한 세력들을 일어나게 할 것이었다.

참고문헌적 평론

각주를 따로 매기는 대신에, 위에서 논한 견해들을 이해하는 데 유익하다고 판단되는 몇 가지 참고문헌들을 소개하고자 한다. 그 참고문헌들을 대개 위에서 논한 순서로 소개한다.

언어학

위에 거론한 이름들 — 로젠스톡-훼시 같은 이들 — 은 금세기에 언어의 본질에 관해 저술한 사람들 중 극히 일부일 뿐이다. 몇 가지 지침서들과 입문서들과 선집들을 소개한다.

유겐 로젠스톡-훼시(Eugen Rosenstock-Huessy. 아내의 결혼 전의 이름을 하이픈 뒤에 붙임)는 소수이지만 헌신적인 자신의 제자들이 자신의 견해를 보급하기 위해 미국에 세운 출판사를 직접 후원할 만큼 오래 살았다. 그의 「연설과 실재」(*Speech and Reality*. Norwich, Vt.: Argo Books, 1970)는 로젠스톡의 언어관을 '나(I)/그(He)', '우리/당신' 혹은 '안/밖', '과거/미래' 라는 두 가지 형태 중 하나로 '실재가 교차' 되는 것으로 설명한 에세이 모음이다. 보다 광범위한 주제들을 다루되 언어가 역사에서 수행하는 근본적인 역할에 초점을 맞춘 보다 부피가 큰 책은 「혁명으로부터, 서구인의 자서전」(*Out of Revolution, Autography of Western Man*)이다. 비록 널리 읽히지는 않았지만, 통찰력과 자극이 있는 책이다.

마르틴 하이데거(Martin Heidegger)는 루돌프 불트만(Rudolf Bultmann)에게 큰 영향을 끼친 독일 철학자로서, 자신의 걸작 「존재와 시간」(*Being and Time*. trans. John Macquarrie and Edward Robinson, New York: Harper and Row, 1962)에서 언어를 다루지만, 사고와 용어가 지나치게 조밀하여서 읽기가 쉽지 않다. 보다 읽기가 수월한 책은 「언어로 난 길」(*On the Way to Language*, trans. Peter Hertz, New York: Harper and Row, 1971)과 「시, 언어, 사고」(*Poetry, Language, Thought*, trans. Albert Hofstadter, New York: Harper and Row, 1971)이다.

프란츠 로젠츠바이크(Franz Rosenzweig)는 유망주로 기대를 모았으나 신경 질환으로 중도 하차한 인물로서, 제1차 세계 대전에 참전하여 참호 속에서 종이 쪼가리에 자신의 대작을 썼다. 그 책이 바로 「구속의 별」(*The Star of Redemption*, trans. William Hallo, Boston: Beacon, 1972)이다. 그는 이 책에서 유대인 실존주의의 관점에서 헤겔을 비평하며, 그 문맥에서 언어를 다룬다. 그가 마틴 부버와 함께 구약성경을 독일어로 번역하는 도중에 쓴 에세이들과 평론들은 언어를 보다 직접적으로 다룬다. 나훔 글라처(Nahum Glatzer)가 「프란츠 로젠츠바이크, 그의 생애와 사상」(*Franz Rosenzweig, His Life and Thought*, New York: Schocken, 1972)에서 그의 생애와 사상을 읽기 쉽게 소개했다. 「기독교를 무시하는 유대교」(*Judaism Despite Christianity*, New York: Schocken, 1971)에는 로젠츠바이크(그는 유대교에서 기독교로 개종하기를 거부했다)가 로젠스톡-훼시와 나눈 흥미로운 편지가 실려 있다. 로젠츠바이크는 "아버지의 집을 떠난 적이 없는 내가 어디로 가기로 결정한단 말이오?"라고 묻는다.

마틴 부버(Martin Buber)는 남을 '너'(Thou)로 다루어 '너 자신'(yourself)을 부요케 하거나 남을 '그것'(It)으로 다루어 '너 자신'을 사물로 만드는 것을 구분함으로써 인간 관계들에 대한 자신의 접근법을 널리 유행시켰다. 부버는 이러한 철학적 관점에서 언어의 역할에 대한 자기 나름의 견해를 전개해 나갔다. 그의 여러 권의 책들 가운데서 「사람과 사람 사이」(*Between Man and Man*)가 아마 말을 가장 분명하게 다룬 듯하다(trans. R. Gregor Smith, Boston: Beacon, 1955). 모리스 프리드먼(Maurice Friedman)은 「마틴 부버, 대화의 생애」(*Martin Buber the Life of Dialogue*, New York: Harper and Row, 1960)에서 부버의 견해를 한데 모아 소개한다.

장 폴 사르트르(Jean Paul Sartre)의 견해는 「존재와 무」(*Being and Nothingness*, trans. Hazel Barnes, New York: Philosophical Library, 1965)에서 가장 체계적으로 설명되지만, 이 논문은 너무 복잡하기 때문에 언어를 다른 사람들과 세상에 대한 '계약'으로 본 그의 허구에 눈을 돌리게 한다. 「실존주의와 휴머니즘」은 그의 철학을 가장 간결하게 해설한다(trans. Philip Mairet, London: Methuen, 1948).

밀러 쉬베페(H. R. Müller-Schwefe)는 「말과 말씀」(*Die Sprache und das*

Word)에서 설교학의 관점에서, 그리고 자신의 언어관에 대한 서론으로서 하이데거와 부버와 사르트르의 이론들을 개관한다(Hamburg: Furche, 1961). 물론 제목에 암시된 대조는 인간의 말과 하나님의 말씀을 대상으로 삼은 것이다.

그리스 수사학

이 시기의 수사학에 관해서는 베르너 예거(Werner Jaeger)가 세 권으로 쓴 「파이데이아: 그리스 문화의 이상들」(*Paideia: The Ideals of Greek Culture*, trans. Gilbert Highet, New York: Oxford, 1939-44)만큼 잘 조명한 책이 없다. 박학하면서도 인기를 얻은 이 책에서, 예거는 그리스 문화를 꽃피워낸 긴장들과 열망들과 교훈들과 교사들을 생생하게 재현해 낸다.

플라톤 입문서는 매우 많다. 이 책의 주제에 해당하는 플라톤의 대화록은 그가 자신의 견해에 반대한 유명한 소피스트의 이름을 따서 지은 "고르기아스"(Gorgias)와 "파이드루스"(Phaedrus)인데, 후자에서 그는 수사학을 좀더 호의적으로 다룬다. 「관념에는 결과가 따른다」(*Ideas Have Consequences*)는 책으로 당대에 큰 평판을 받은 리처드 위버(Richard M. Weaver) 교수는 「수사학의 윤리학」(*The Ethics of Rhetoric*, Chicago: Regenery, 1953)에서 "파이드루스"를 예리하게 분석한다.

아리스토텔레스의 「수사학」(*Rhetoric*)은 여러 번역서들로 소개되었다. 필자가 가장 좋아하는 번역서는 레인 쿠퍼(LAne Cooper)의 역본(New York: Appleton-Century, 1933)인데, 그 이유는 윌리엄 바클리(William Barclay)가 성경 용어들을 다룬 순서에 입각하여 그 책의 본문에 예리한 논평을 가하기 때문이다.

데모스테네스의 연설은 지난 세기에야 비로소 영역되었지만, 그리 널리 알려지지 않았다. 데모스테네스가 아테네인들에게 그들의 정치적 자유를 깨닫게 하려고 오래 투쟁하다가 결국 실패한 배경을 모르면 "왕관에 대한 연설"을 읽어도 그다지 감명을 받기 힘들다. 이 점에서 예거의 책은 다양한 판본들에 대한 서론으로서 유용하다. 기록에 따르면 아이스키네스(Aeschines)는 그 기념할 만한 오후에 '판사들'(군중)의 투표에서 패하여 아테네에서 추방된 뒤에

로도스로 가서 연극(그의 장기)과 수사학을 가르쳤다고 한다. 전하는 바로는, 그는 이따금씩 자신의 연설과 데모스테네스의 연설을 반복했고, 학생들에게 열정적인 갈채를 받으면 눈을 지긋이 감고는 "자네들이 야수와 같은 그의 포효를 들을 수만 있다면!" 하고 말하곤 했다고 한다. 우리도 그것을 들을 수 있다면 얼마나 좋겠는가!

로마 수사학

키케로가 자신의 웅변 능력을 한껏 과시한 수사학 이론에 관한 세 편의 에세이는 "웅변에 관하여"(De Oratore), "웅변가"(Orator), 그리고 "브루투스, 혹은 탁월한 웅변가들에 대한 비평들"(Brutus, Or Remarks on Eminent Orators)이다. 둘째 것은 혹시 그렇게 보일지 몰라도 첫째 것의 영역본이 아니다. 키케로는 15세기가 넘도록 데모스테네스보다 더 세련된 신사요 행동가요 학자요, 수사학적 역량으로 다양한 분야에서 타의 추종을 불허하는 탁월한 업적을 남긴 사람으로 주목을 받았다. 키케로처럼 말하고 키케로처럼 글을 쓰고 키케로와 같은 정치가와 법률가가 되는 것이 무수한 젊은이들과 그들의 스승들의 꿈이었다. 키케로는 자연히 자신의 철학관이 결핍되어 있다는 비판을 받는데, 그것은 스스로 솔직하게 평가할 의지가 있는 독자가 가할 수 있는 최선의 비판이다.

퀸틸리아누스의 「강요」는 위에 언급한 모든 고전 본문들과 마찬가지로 로엡 고전 총서(Loeb Classical Library)에 실려 있다. 다른 판본들과 선집들이 출판되긴 했지만, 가짓수가 많지 않다. 20년이 넘게 대학에서 연설학 교수로 몸담아 오면서 수사학의 본질이 아리스토텔레스와 키케로와 퀸틸리아누스에게서 찾을 수 있다고 설파한 필자는, 다양한 교재 출판사들에게 이들의 글들을 연설 교과서의 서론으로 편찬하자고 제의했으나 별 성과를 거두지 못했다. 불행하게도 현대 연설 서적들의 핵심이 되는 고전 사상서들이 팔릴 뿐이다!

필자의 입맛에 꼭 맞지는 않지만 유용한 대안이 되는 책은 레스터 톤슨(Lester Thonsson)의 「수사학과 대중 연설 선집」(*Selected Readings in Rhetoric and Public Speaking*, New York: Wilson, 1942)이다. 이 책은 그리스부터 비교적 현대에 이르기까지의 저자들을 선별하여 독자에게 매우 가치 있는 자료를 제공한다. 톤슨은 베어드(A. C. Baird)와 협력하여 수사학 이론의 역사를 개관한 「연설 비평」(*Speech Criticism*, New York: Ronald, 1948)을 펴냈고, 레인 쿠퍼(Lane Cooper)도 「작가의 기술」(*The Art of the Writer*, Ithaca, N.Y.: Cornell, 1952)에서 같은 작업을 했다.

아우구스티누스

그의 「기독교 교육론」은 보급판으로 출판되었고, 시카고 대학교가 '서양 세계의 위대한 책들'라는 총서에 그의 이름으로 포함시킨 책에 실려 있다.

조지 케네디(George Kennedy)의 「고전 수사학, 그리고 고대로부터 현대에 이르기까지 그것이 기독교와 세속 전승에 이어진 전승」(*Classical Rhetoric, and Its Christian and Secular Tradition from Ancient to Modern Times*, Chapel Hill, N.C.: University Press, 1890)은 재기가 번득이는 면은 없지만, 해당 시대에 대한 아주 유용한 정보를 제공하며, 아우구스티누스의 에세이를 요약한 내용을 싣고 있다. 필자의 관점에서는 케네디 교수가 공을 들여 내놓은 요약들이 정곡을 찌른다거나 아니면 항구적인 유용성이 있다고만은 생각되지 않지만, 비록 열정은 부족해 보일지라도 배울 만한 것이 있다.

칼빈

칼빈의 '개종'의 본질과 시점에 관해서 서로 상반된 결론을 도출한 두 저자의 책이 있다.

자크 팡니에(Jacques Pannier)는 *Recherches sur l'evolution religieuse de Calvin jusqu'a sa conversion*(Strasbourg: Astria, 1924)에서 칼빈이 명목상의 가톨릭에서 프로테스탄트로 전향한 것은 마치 바울이 다메섹 도상에서 겪었던 극적인 변화처럼 발생했다고 결론을 내린다.

하지만 폴 슈프렝거(Paul Sprenger)는 *Das Rätsel am die Bekehrung Calvins*(Neukirchen: Erziehungsverein, 1959)라는 책에서 그 과정이 길고 극적이지 않았다고 주장한다. 둘 중 어떤 견해가 옳은가 하는 것은 그다지 중요한 문제가 아닐지라도, 칼빈이 그 문제에 관해서 침묵을 지킨 점이 호기심을 부추겼다.

필자가 알고 있는 어떤 저자도 칼빈이 수사학을 폄하한 사도 바울의 태도를 접하고서 자신이 이제껏 기울여온 모든 노력, 즉 스스로 '훌륭하게 말하는 사람'이 되려는 노력을 재고하게 했으며, 이러한 만남이 그가 고국에서 자랄 때 배경이 된 가톨릭 신앙에 대해 의문을 제기하게 했다는 이론(필자가 호감을 갖는)을 제기하지 않았다. 칼빈 전문가인 고(故) 포드 루이스 배틀스(Ford Lewis Battles)는 종종 내가 위와 같은 내 이론을 제기하면 언제나 고개를 가로저으면서 "그런 본문이 있으면 한 번 제시해 보시오!" 하고 말했다(학자들이란 다 그렇다).

칼빈은 자신의 광범위하고도 집중적인 교육 배경을 배척한 적이 없었다. 다른 많은 점들과 마찬가지로, 이 점에서도 그는 루터와 달랐다(루터가 이성〈理性〉을 '창녀'라고 비판한 점에 관해서는 다음 책에 자세히 논의되어 있다: B. A. Garrish, *Grace and Reason, A Study in the Theology of Luther* 〈Oxford: Clarendon, 1962〉).

발터 좀(Walter Sohm)이 요한 슈투름(Johann Strum)의 방식으로 칼빈과 자유 학과 전승 사이의 긴장을 연구한 책은 *Die Schule Johann Sturms und die Kirche Strassburgs*(Munich: Oldenburg, 1912)이다. 본문의 인용문은 35쪽에 실린 것이다. 그 쟁점은 르네상스 인문주의자들이 수사학과 철학의 우선순위를 놓고 벌인 논쟁(물론 플라톤에서 유래한 갈등)과 약간 다른 형태로 나타난다. 제롤드 세이겔(Jerrold Seigel)은 「르네상스 인문주의에서 수사학과 철학」(*Rhetoric and Philosophy in Renaissance Humanism*, Princeton, N.J.: Princeton University Press, 1968)에서 그 쟁점을 논한다. 칼빈 자신이 당대의 인문주의자들과 맺었던 관계는 요제프 보하테크(Josef Bohatec)의 「뷔데와 칼빈」(*Bude und Calvin*, Graz: Bohlaus, 1950)에 자세히 다뤄져 있다. 여기서 쟁점은 물론 인간의 본질과 덕성(virtue)의 본질, 그리고 자아를 인격화하는 방법이다.

프랜시스 핫맨(Francis Hotman)의 「존 칼빈의 스타일」(*The Style of John Calvin*)은 주로 그리고 의도적으로 "프랑스의 논쟁 논문들"(The French Polemical Treatises)에서 끌어왔다(New York : Oxford, 1967). 그러나 그는 칼빈이 수사학을 대한 태도를 엿볼 수 있는 아주 유용한 통찰을 제공한다.

혁명적 원동력으로서의 칼빈과 칼빈주의는 마이클 월처(Michael Walzer)의 「성도의 혁명」(*Revolution of the Saints*, Cambridge, Mass.: Harvard, 1968)에 생생히 다뤄진다. 이 책은 크롬웰(Cromwell)이 잉글랜드에서 일으킨 반란을 자세히 연구하면서도, 칼빈이 발휘한 혁명의 원동력도 상술한다. 월처는 이렇게 쓴다: "[칼빈주의] 성직자들은 정치 행위가 성도가 참여할 특권뿐 아니라 의무도 있었던 창의적인 노력이었다고 주장했다. 성도는 자기들이 사는 세상에 대해서 책임이 있으며(중세인들은 그렇지 못했다), 무엇보다도 세상을 지속적으로 개혁해 가는 데 책임이 있다 …… 루터는 말년에 지방적인 인물에다 정치적 보수주의자로 남았 …… 칼빈은 말년에 국제적인 인물이 되었고, 누군가의 말대로 반란과 선동의 끊임없는 원천이 되었다." 그리고 그 '원천'의 원천은 항상 칼빈주의의 강단이요, 성경에 기대어 수사학적 강도를 가지고 성경을 해석하는 설교자였다. 이것이 식민지 뉴잉글랜드의 강단들과 미국 독립 혁명에 무엇을 뜻했는가 하는 것은 페리 밀러(Perry Miller)와 앨런 헤이머트(Alan Heimert)의 다양한 글들에서 배울 수 있다.

제 12 장

설교의 적용

존 베틀러

우리 마을에는 "어떤 경우에도 맞는 케이크가 준비되어 있습니다"라는 광고가 붙은 제과점이 있다. 철저한 다이어트를 장담하는 사람조차 무색케 할 정도로 군침이 돌게 하는 온갖 케이크들이 다양한 향기를 내뿜고 있다. 그뿐 아니라 아름다운 모양으로 장식된 케이크들도 눈에 들어온다. 무지개 색으로 된 생일 케이크, 졸업 선물용이나 또는 결혼 기념 선물용으로 만든 은색 케이크들, 미키마우스나 스파이더맨의 모습을 하고 있는 케이크 등 갖가지 모양의 케이크들이 지나가는 행인의 시선을 충분히 끌고도 남는다. 어떤 케이크를 고를지 망설일 필요가 없다. '모든 경우……'라는 광고대로 상황에 맞는 케이크를 즉시 구입할 수 있다.

그러나 거기에 진열된 케이크들은 겉만 서로 다르지, 겉 장식 속에는 저마다 똑같은 빵이 있을 것이라고 나는 오래 전부터 의심했다. 따라서 광고 문구를 "모든 경우에 맞도록 장식한 케이크가 준비되어 있습니다"로 바꾸는 것이 옳을 것이다. 설탕을 입히거나 장식하는 것은 케이크를 굽는 것이 아니다. 케이크를 먹음직스럽게 만들 뿐 케이크에 꼭 필요한 것이 아니다.

필자는 설교자들이 적용에 접근할 때 혹시 그런 방법을 사용하고 있지 않은지 염려스럽다. 그들은 적용이 설교 작성과 전달에 중요한, 실로 결정적인 요소라고 생각한다. 설교를 마무리하고 도전을 던지고 적실성(適實性)을 기하기 위해 계발해야 할 기술로 생각한다. 따라서 그들은 결론에서 "그렇다면 여러분은 어떻게 살아야겠습니까?"라는 식의 발언을 한두 마디 집어넣는다. 혹은 옛날 청교도들처럼, 설교에서 '본문의 용도'라고 부르는 독립된 한 부분으로 사용한다. 그보다 나쁜 방식은 이를테면 어버이 주일에 잠언 31장을 가지고 설교하거나, 신년예배에 다니엘의 결단을 주제로 설교하면서 적용을 주제 설교의 제목으로 축소하는 것이다. 하지만 그들은 적용을 설교의 본질적인 요소로 여기지는 않는다.

이것이 그들의 실수이다. 왜냐하면 설교는 적용이기 때문이다(또는 제프리 토머스 목사가 이 책 후반부에서 주장하듯이, 성경적 설교란 적용할 수 있는 설교이다). 적용은 아무리 능숙하게 구성했든 아무리 유익하게 전달했든 '덧씌우는 작업' 쯤으로 여겨서는 안 된다. 그것은 설교에서 다룰 수 있는 좋은 목록의 일부 정도로 계발해야 하는 기술이 아니다. 적용은 케이크에 설탕을 덧입히는 정도의 작업이 아니다. 오히려 케이크 자체이다.

설교는 적용이다

설교란 살아 계신 하나님의 말씀을 그의 백성에게 환기시켜 주는 행위이다. 그것은 세상에서 충성을 요구하는 다른 목소리를 끊임없이 듣는 하나님의 백성에게 "여호와께서 말씀하시기를"이라고 선포하는 행위이다. 새뮤얼 로건이 앞에서 일깨워 주었듯이, 설교는 하나님의 백성을 하나님의 권위 아래로 인도한다. 설교는 삶과 관련이 있다. 설교자가 이러한 비전을 가지고, 자신의 사역을 그러한 빛에 비추어 보고, 그 표준을 가지고 설교를 작성하지 않는다면 그것은 설교가 아니다 .

흔히 적용을 이렇게 정의한다: "진리를 설명하고, 그 진리가 뜻하는 사실들을 전하고 나면 그 진리를 적용하는 일이 남는다 …… 그렇다면 적용은 말씀의 진리들을 회중 개개인에게 전달하는 설교의 그 부분이다. 그 시점은 회중이 모세와 다니엘과 누가 혹은 바울이 직면했던 도전들에 관해 듣기를 멈추고 개개인이 그 도전 앞에 맞닥뜨리는 순간이다"[1](고딕은 필자의 표기). 이 정의에는 분명히 유익한 점들이 있다. 하지만 고딕체로 강조한 부분들을 주시해 보라. 이 정의는 적용을 설교의 다른 부분들과 내용에서('그 부분') 그리고 시간에서('그 시점') 구별되는 요소로 보고 있는 것이다. 설교를 하는 동안 '진리'가 회중에게 적용되지 않는 부분이 있다는 말인가? 하나님의 말씀의 '진리'가 내내 추상적인 위치에 동떨어져 있어서, 연구하기에는 아주 좋으나 청중의 삶과는 떨어져 있다는 말인가? 설교자가 하나님의 진리를 적실성(適實性) 있게 만든다는 말인가? 그런 일이란 있을 수 없다! 하나님의 진리는 그 자체가 적실성을 갖는다. 진리를 선포하는 것이 곧 진리를 적용하는 것이다. 외과의사가 치유와 상관없이 환자의 환부를 절단해 놓고 관찰하는 일이 없듯이, 설교자도 설교를 적용과 떼어놓고 봐서는 안 된다.

존 브로더스(John A. Broadus)의 정의가 보다 만족스럽다:

> 설교에서 적용이란 본론이나 본론의 한 부분에 첨가해서 전하는 정도의 것이 아니라, 빼놓아서는 안 될 주요 부분이다. 스펄전(Spurgeon)은 "적용이 시작되는 곳에서 설교가 시작된다"라고 말한다. 우리는 사람 앞에서 말하는 것이 아니라 그들에게 말하는 것이며, 따라서 우리가 전하는 내용을 그들이 자기들의 상황에 비추어 받아들이게끔 해야 한다. 대니얼 웹스터(Daniel Webster)는 이렇게 힘주어 말했다: "누가 내게 설교할 때, 나는 그가 설교를 개인적인 문제, 개인적인 문제, 개인적인 문제로 전했으면 좋겠다!"[2](고딕은 필자의 표기).

브로더스는 단순하게 설교가 곧 적용이라고 말한다. 설교란 회중 앞에서 진리에 관하여 말하는 것이 아니라, 회중에게 진리를 말하는 것이다.

제이 아담스(Jay Adams)는 이것을 설교의 자세와 강의의 자세 사이의 차이로 묘사한다.

> 성령께서 당신의 교회에 보내시는 편지에 해당하는 '변화하라는 요구'에 못미치는 설교는 아예 설교가 아니다. 그것은 고작해야 강의에 불과하다. 강의하는 사람은 성경에 관하여 말한다. 그러나 설교자는 성경으로부

터 교인에 관하여 말한다. 설교자는 하나님께서 그들에게 원하시는 것이 무엇인지를 말한다.[3]

그렇다면 설교자는 적용을 보다 근사하게 하기 위해 실질적인 기교나 암시법을 배우기보다, 설교라는 의무를 보다 올바로 대하는 태도를 기름으로써 하나님의 말씀을 보다 효과적으로 적용하게 되는 셈이다.

이 장의 목적은 그런 태도를 계발하되, 어떻게 하면 설교를 적용 스타일로(혹은 적용하는 '자세로') 작성할 수 있는가를 제시하는 데 있다. 필자는 본문 선정에서부터 설교 마무리에 이르는 전 과정을 적용으로 이해해야 한다고 강조하고 싶다.

성경의 목적

로마서 15:4에서 바울은 이렇게 말한다:

무엇이든지 전에 기록한 바는 우리의 교훈을 위하여 기록된 것이니 우리로 하여금 인내로, 또는 성경의 안위로 소망을 가지게 함이니라

바울은 "무엇이든지 전에 기록한 바는"이란 말로 구약성경을 가리킨다. 주목해서 볼 것은 성경이 흥미있는 사실로 연구하도록 기록된 것이라고 말하지 않는다는 점이다. 구약은 그 자체가 하나의 사건으로서 철저히 조사하고 파헤치도록 고립되어 있지 않다. 그런 것이 결코 아니다. 구약은 하나의 목적을 위하여 기록되었다. 그 목적이란 무엇인가? 우리의 교훈을 위한 것이다. 구약은 우리를 위하여 기록되었다. 그것은 우리 안에 인내와 안위를 가지게 하도록 기록되었다(특별히 그리스도 안에 있는 형제들이 인내와 안위를 가지고 살기가 아주 어려운 상황에 처한 때를 위하여. 참조. 로마서 14:1-15:6의 문맥). 하나님의 말씀은 그 말씀에 의도된 목적을 떠나서는 설교해서는 안 된다. 그것은 우리를 위한 것이다. 그 말씀을 선포한다는 것은 말씀을 적용한다는 것이다.[4]

바울은 디모데후서 3:16, 17에서 성경의 목적을 분명히 언급한다.

모든 성경은 하나님의 감동으로 된 것으로 교훈과 책망과 바르게 함과 의로 교육하기에 유익하니 이는 하나님의 사람으로 온전케 하며 모든 선한 일을 행하기에 온전케 하려 함이니라.

성경의 네 가지 주요한 유익들은 자주 듣는 것이므로 여기서 다시 언급할 필요는 없다고 본다. 성경이 우리의 삶에 아주 유익하다는 사실을 눈여겨 보라. 성경은 하나님이 우리에게 무엇을 요구하시는가를 보여준다. 우리가 죄를 범할 때 우리의 허물이 무엇인지를 들추어 준다. 다시금 바른 길로 들어서도록 이끌어 준다. 의로운 삶을 살아가도록 교훈과 책망을 하며 의로 교육을 한다. 하나님의 사람(설교자)은 성경을 사용함으로써 하나님의 사람답게 구비된다. 무엇을 위해 구비되는가? 설교 사역을 위해 구비된다. 설교자는 하나님의 교회를 위해 섬길 때 닥쳐오는 어떤 도전에도 응할 준비가 되어 있다.

또한 우리는 성경이 삶에 관한 것임을 발견한다. 성경은 하나님의 백성들이 어떻게 살아야 하는지를 보여주는 하나님의 지침서이다. 성경의 모든 가르침은 생활을 위한 것이다. 그것은 적용이다.[5] 성경은 실제 삶의 현장으로부터 기인된 것이다. 바울은 갈라디아서에서 '믿음으로 말미암는 의'에 관하여 기록할 때, 율법을 지켜야 의를 얻는다고 하여 구원을 오염시키던 실제 사람들을 염두에 두었다. 빌립보서에 있는 훌륭한 기독론 본문은 서로 대립하던 두 여인 유오디아와 순두게에 관한 문제에서 기인한 것이다. 그 사람들은 자기들의 구원을 이루어 가기 위하여 '그리스도의 마음'을 품는 것이 필요하였다.

재림에 관한 교훈은 혼란과 두려움에 빠진 독자들을 위해 전한 것이었다. 그들 중 어떤 이들은 재림에 관한 교훈을 제대로 몰라서 직장을 그만두기도 했다. 이와 같이 성경은 실제 삶의 현장으로부터 기인한 것이다. 하나님의 말씀은 하나님께서 당신의 백성들 가운데서 행하신 구속 행위를 설명해 준다. 그 말씀을 설교한다는 것은 여러분의 회중이 오늘 어떤 현실에 처해서 살아가고 있는가 하는 것을 아는 것이다.

성경의 사례

성경에 있는 설교 사례들을 대충 살펴보면 삶의 변화를 요구하는 설교로 짜여져 있음을 알 수 있다. 베드로의 오순절 설교(행 2:22-42)는 청중의 마음에 변화를 일으키는 데 의도가 있었다. 베드로는 '설교자의 자세'로 시작하여("이스라엘 사람들아 이 말을 들으라," 22절), 그리스도를 선포하고("너희에게 그를 증거하셨느니라," 22절), 본문 전체를 통해서 청중에게 설교하고(22, 23, 29, 33, 36절에 2인칭이 쓰인 점을 주목하라), 구약성경이 청중에게 어떻게 적용되었는지를 전하고(25-28절; 34-35절), 그들에게 행동을 요구했다(38, 39절). 아울러 청중이 어떤 질문으로 반응을 보였는지 주목해 볼 필요가 있다: "우리가 어찌 할꼬?"(37절). 좋은 설교란 다 이런 반응을 일으키게 마련이다.

성경적 설교에 나타나는 예리한 적용은 세례 요한의 사역에서도 발견된다(눅 3:3-14). 그는 청중을 직접 겨냥하여("독사의 자식들아 …… 회개에 합당한 열매를 맺고," 눅 3:7, 8) 회개를 촉구하고(3절), 어떻게 해야 할지 분명한 지침을 준다(10-14절). 어떻게 설교할 것인가에 대한 가장 위대한 사례는 아마 주님의 사역일 것이다. 특히 산상보훈이 아닌가 한다(마 57장). 여기서도 2인칭 대명사가 사용되고 있음을 주시하라(5:11, 12, 13, 14, 16, 18, 20, 21; 6:1, 2, 3, 4, 19, 20; 7:1, 2 등). 주님이 사용하신 뚜렷한 명령을 보라("주의하라", 6:1; "말라", 6:2; "은밀한 중에 기도하라……", 6:6, 9 이하). 나중에 구체적인 적용이 얼마나 중요한 것인지를 살펴볼 것이다. 여기서는 그리스도의 설교가 사람의 변화를 요구하는 것이었을 뿐 아니라 변화를 어떻게 일으킬지 그 방법도 보여 주셨다는 사실을 주목하라.

적용으로서의 설교는 설교 작성과 전달의 모든 국면에 골고루 영향을 미친다. 설교 본문을 선정할 때 설교자는 그 본문이 당시의 상황과 어떤 관계가 있는지, 그리고 이 시대 청중의 삶에 어떤 관계가 있는지 주시할 것이다. 본문을 연구할 때 설교를 들을 사람들을 염두에 두고, 그들이 본문의 주요 사상에 나타낼 반응을 상상하게 될 것이다. 그의 언어는 간결하고 구체적일 것이고, 추상적이지 않을 것이다. 전하고자 하는 요지를 제목이 아닌 문장으로써 소개할 것이다. 예화를 사용할 때도 자기 개인의 삶과 회중의 삶에서 끌어낸 것을 사용할 것이다(물론 개인의 비밀은 보장해야 한다).

설교에 따르는 이런 면들을 다 설명하기란 불가능하다. 필자는 설교의 틀을 짜고 윤곽을 정하는 방법에 초점을 맞출 것이다. 만약 설교자가 몇 가지 기본

전략을 숙달할 수 있다면 그의 설교 구조 전체가 실질적이고 명백한 것이 될 것이라고 나는 믿는다. 그리고 그 구조로부터 보다 개인적이고 구체적인 적용이 나타날 것이다.

설교 방법론을 종합하는 방법

설교를 구성할 때에 필자가 따르는 단계들은 대개 다음과 같다. 필자는 대략적으로 그 문제를 다루고 그 다음엔 거기에 살을 붙이되 적용과 직접적으로 충돌되는 영역들을 상세히 다루려고 한다.

초기 단계

1. 설교 본문을 정한다.
2. 성령께서 왜 그 본문을 여기에 두셨는지 묻는다.
3. 주제(**proposition**)를 개인에게 대입하여 작성한다: 2인칭 대명사를 사용한 선언적 문장.
4. '왜?', '어떻게?', '언제?', '무엇을?', '어디서?' 중 하나의 의문사를 사용하여 주제에 관해 질문한다.
5. 그 질문에 대답한다.

중간 단계

1. 사전, 주석, 원문 등을 사용하여 연구한다. 내가 본문을 올바로 이해했는가?
2. 성경적이며, 신학적이고, 설명적이고, 실제적인 내용으로 설교에 살을 붙인다.

최종 단계

1. 설교와 '동거'한다.
2. 청중 개인을 염두에 둔다.

초기 단계

필자는 초기 단계의 작업을 언제나 번역이 잘된 **NASB**나 **NIV** 같은 영어 성경들에 의존하여 수행한다. 신학교에서 격언처럼 귀가 따갑도록 들은 "언제나 원문을 사용하라"는 원칙을 제쳐놓고 영어성경을 사용하는 데는 두 가지이유가 있다. 첫째, 필자는 헬라어나 히브리어에 능통하지 못하기 때문이다. 물론 사전의 도움을 받아서 충분히 원문을 살펴보고 활용할 만한 지식은 갖고있다. 그러나 자유 자재로 읽는 데는 역시 능통하지 못하다. 또한 본문의 흐름을 쉽게 파악하지 못한다. 필자의 헬라어 실력은 본문을 잘 토막내고, 문구들이나 용어들 또는 말의 의미를 미묘하게 바꾸어 놓는 단어의 변화 등을 분석할 만큼은 된다. 설교 작성의 초기 단계에서 이러한 단편적인 연구는 필자가원하는 것이 아니다.

전하고자 하는 본문의 앞뒤 문맥을 읽음으로써 본문 전체에 대한 올바른이해를 파악해야 한다. 대부분의 설교자들은 본문에 대한 분명한 이해 파악을자국어 성경으로 성취할 수가 있기 때문이다.

둘째, 설교의 초기 작업은 자신의 작품이어야 하기 때문이다. 설교자 자신의생각을 자극하고, 회중보다 먼저 설교자가 그 말씀과 동거해야 한다. 그러므로필자는 이 단계에서는 사전에서 얻는 아이디어나 주석에서 얻는 정보를 삽입하지 않는다. 이 문제는 나중에 깊이 본격적으로 다룰 것이다. 그렇다고 해서설교의 초기 단계에서 사전이나 주석을 멀리하라는 말은 아니다.[6]

1. 설교 본문을 정한다. 여기서는 이 문제를 자세히 다루지 않을 것이다. 다만 설교할 본문이란 하나의 아이디어나 목적을 내포하고 있는 성경의 한 부분이라는 사실을 강조하고 싶다. 설교 본문은 비록 그것에 다양한 부차적 목적들이 함축되어 있을지라도, 한 권의 책이 될 수도 있다(예를 들어, 유다서. 이책의 목적은 독자들로 하여금 '믿음을 위한 싸움'을 독려하려는 것이다). 아니면 큰 목적에 속한 종속 단위일지라도, 한 절이나 한 절의 일부가 될 수도있다(예를 들면, 마 6:31, "먼저 그의 나라 …… 를 구하라." 마 6:31은 6:25-34["염려"]에 종속되고, 이 단락은 6:19-34["보물을 하늘에 쌓아두라"]의 일부이며, 이것은 다시 5:1-7:29["그리스도인의 윤리 헌장"]에 종속된다).[7]

설교 본문은 단일 사상이나 목적을 함축하지 않는 단일 단어나 구가 될 수가 없다. 예를 들어, "예수께서 눈물을 흘리시더라"는 구절은 설교 본문이 될 수 없다. 요한복음 3:16에서 "이는"이라는 단어도 비록 하나님의 위대한 사랑에 관해 연속 설교를 할 수 있는 발판이 될 수 있을지언정 설교 본문은 될 수 없다.

2. 성령께서 왜 이 본문을 여기에 넣으셨는가를 물으라.[8] 이런 질문은 본문을 선정할 때 저절로 흘러나온다. 성령의 목적이 무엇인가? 생각의 오류를 바로 잡으시려는 것인가(예를 들어, "너희가 알지 못함을 우리가 원치 아니하노니," 살전 4:13절 이하)? 우리가 알아야 할 것이나 믿어야 할 것에 관해 확실히 깨우치시려는 것인가(예를 들어, "오직 이것을 기록함은 너희로 …… 믿게 하려 함이요," 요 20:31)? 우리가 시급히 취해야 할 행동을 명하시는 것인가(예를 들어, "믿음의 도를 위하여 힘써 싸우라," 유 3)?

성경의 순일성을 곡해하거나 타협할 생각이 없다면 이런 질문이 본문의 목적을 파악하는 데 절대로 중요하다. 본문은 설교자 개인의 아이디어를 위한 자원이 아니다. 본문의 목적이나 의향을 알지 못한다면 설교가 하나님의 말씀이 아니라 설교자의 말이 되어버린다. 이 말은 결코 빈말이 아니다. 그렇게 할 경우 설교의 권위가 위태롭게 되는 것이다. 목적은 반드시 성령의 목적이어야만 한다. 목표 역시 성령의 것이라야 한다. 회중에게 원하는 변화나 반응은 성령께서 그의 독자들에게 원하시는 변화여야 한다. 그러므로 이것이 적용 설교의 가장 핵심적인 요지이다 . 적용은 본문에 대한 적용이어야 한다. 성령께서 의도하신 변화를 겨냥한 것이어야 한다. 본문의 목적을 잘 모르면 적용도 제대로 할 수 없다.

예를 들어, 여러분은 위대한 기독론 혹은 케노시스 본문인 빌립보서 2:5-11에 대한 '교리적' 설교를 얼마나 많이 들었는가? 그 본문은 아주 유명하다. 그리스도의 겸손에 대하여 아주 잘 묘사하기 때문만이 아니라, '가르치는' 설교자들이 가장 좋아하는 본문이기 때문이기도 하다. 그러나 이 본문을 교회에서 섬김을 통하여 서로 하나가 되도록 격려하는 본문으로 다루는 설교를 여러분은 얼마나 많이 들어보았는가? 요지는 이 본문의 목적이 그리스도의 겸손에 대하여 우리에게 알려주는 데 있는 것이 아니라(물론 본문은 그 점에 대해서도 잘 드러내 준다), 그리스도를 우리가 마땅히 취해야 할 종의 자세의 모범으로 삼도록 하고("각각 자기보다 남을 낮게 여기고 ……;" 3절), "너희 구원을 이루라"고 격려하는 데 있다(12절. 이 말씀에는 아마 교회에서 분쟁을 없애라는 뜻이 암시되어 있는 듯하다〈참조. 41절; 4:2〉).

만약 본문의 목적을 모른다면 5-11절의 말씀을 어떻게 적용할 것인가? 모른다면 적용을 할 수가 없다. 게다가 이미 그 목적을 다 알고 있다고 지레 추정할 수도 없다. 설교 본문의 문맥을 샅샅이 점검하기 위해서는 피나는 노력이 필요하다.[9] 성경의 어떤 부분도 완전히 추상적으로, 그리고 역사적인 맥락에서 인간의 삶과 전혀 상관없이 기록된 곳은 한 군데도 없다. 설교자는 본문의 문맥과 흐름을 정확히 파악해야 한다. 그 다음에야 본문의 목적이 무엇인지를 결정할 수 있다.

3. 주제를 개인에게 대입하여 작성한다: 2인칭 대명사를 사용하는 선언적 문장. 이것은 적용 설교에서 중요한 전환 단계이다. 주제(**proposition**)란 간단히 말하자면 문장 형태로 된 본문의 목적이다. 예를 들어 "성령은 그리스도인들에게 재림에 관해 알려주신다"(살전 4:15) 혹은 "성령은 섬김을 통한 화목을 권장하신다"(빌 2:1-11) 같은 것이다. 여기에는 새로운 어떤 것이 없다. 설교학자들은 오랫동안 주제에 관해서 말해왔다.[10] 하지만 이런 것들은 개인에게 대입한(**personalized**) 주제들이 아니다.

필자는 평범한 주제를 개인화하기 위한 두 가지 변화를 제안한다. 먼저 주제를 제목이나 표제가 아닌 하나의 문장으로 만들고, 그 다음에 2인칭 대명사를 대입함으로써 주제를 개인적인 것으로 만들라. 두 가지 변화 모두 보다 효과적인 적용으로 나아가게 해줄 것이다. 이번에는 이러한 변화를 가한 예를 들어보자. "성령은 그리스도께서 당신의 교회를 섬기셨듯이 여러분이 서로 섬기기를 바라십니다"(빌 2:1-11). 혹은 "성령은 여러분이 그리스도의 재림에 관해서 배우기를 바라십니다"(살전 4:13). 이 두 가지 주제가 자동적으로 청중들을 포함시키고 있음을 주목하라. 이 둘은 즉각적으로 적용이 된다. 재림은 단순히 연구되어야 할 주제로서 본문에 그냥 끼여 있는 것이 아니다. 화목은 그리스도인들이 그저 관심이나 가져야 할 관념이 아니다. 제목이나 표제는 그러한 추상적인 관념으로 이끈다. 그러나 개인에 대입한 선포적인 문장들은 청중을 즉시 그 본문에 실린 성령의 목적으로 데리고 간다. 실제적인 문제를 언급하지 않더라도 이미 적용을 한 것과 다름없다. 하나님은 본문에서 청중에게 말씀하신다. 그리고 청중은 성령께서 자신들에게 기대하시는 것이 무엇인지를 깨닫는다.[11]

필자는 젊은 설교자가 자기 교인들에게 '여러분' 이라는 말을 쓰기를 아주 거북스러워하는 것을 본 적이 있다. 성경에 등장하는 설교자들에게는 그런 것이 문제가 되지 않았다(참조. 행 2:22, 23, 29, 33, 36). 그러나 특별히 학생 설교자나 전도사 또는 신학교를 갓 졸업한 설교자들에게는 그것이 부담스러운 문제가 된다. 필자는 그런 분들에게 '여러분'이라는 말 대신에 '우리'라는 말을 쓰라고 권하고 싶다. '우리'라고 해도 여전히 개인적인 뉘앙스가 실려 있기 때문이다('그것'이라는 말과는 사뭇 다르다). 이 용어들은 교인들의 필요에 설교자 자신까지 포함시킨다. 이런 용어들은 성도들에게 일방적으로 '지시하는 듯한' 인상을 막아준다. 그러나 '여러분'이라는 말을 완전히 포기해서는 안 된다.

4. 주제에 관해 '왜?', '어떻게?', '언제?', '무엇을?', '어디에서?' 라는 의문사를 사용하여 한 가지 질문을 한다. 이것은 개인에게 대입한 주제로부터 설교의 본론으로 이행하는 단계이다. 이 단계는 간결하면서도 명확하다. 위의 의문사들을 사용한 다섯 가지 질문들 가운데 한 가지를 예로 들어보자[12] 필자는 본문에 대하여 다섯 가지 질문을 다 던지지 않고 한 가지만 던진다. 어떤 것을 던질까? 본문이 다루는 것을 던진다. 예를 들어, 데살로니가전서 4:13에서 던질 질문은 '무엇?'이다. 성령께서는 우리가 무지한 채 남아 있는 것을 원치 않으신다. 그러므로 성령께서 우리가 알기를 바라시는 것이 무엇인가를 묻게 된다. 에베소서 5:25-30에서 주제는 "남편들이여, 자기 아내를 사랑하시오"이다. 여기서 던져야 할 질문은 '어떻게?'이다. 바울은 분명히 그리스도의 사랑과 남편의 사랑간의 유사한 점을 설명한다.

때때로 어떤 본문은, 특히 연속 설교를 하게 될 때 많은 질문들을 다루기에 충분하다. 그러나 일반적으로 교훈적인 본문은 '무엇을?', '언제?', '어디서?' 라는 질문들에 답변을 준다. 설득하는 본문은 '왜?' 라는 질문에 답해 준다. 물론 이것은 엄격한 규칙이나 고정된 규칙이 아니라, 도움을 주기 위한 지침에 불과하다.

5. 그 질문에 답한다(본문에서 떠오른 대답들이 설교의 대지들이 된다). 본문은 전환적인 질문에 대답들을 제시한다. 필자는 그 대답들을 기록할 때 설교의 윤곽을 골격으로 삼아 기록한다. 이 작업을 예시하는 가장 좋은 방법은 아마 초기 단계 전체에 관한 몇 가지 사례들을 제시하는 것인 듯하다.

본문: 에베소서 5:25-30

개인에게 대입한 주제: "남편들이여, 그리스도께서 교회를 사랑하신 것처럼 자기 아내를 사랑하시오."

전환적 질문 : 어떻게?

대답:

1) 여러분은 아내를 희생적으로 사랑해야 한다("자신을 주심같이").

2) 여러분은 아내를 건설적으로 사랑해야 한다("티나 주름 잡힌……것들이 없이")

3) 여러분은 아내를 끊임없이 사랑해야 한다("제몸같이 할찌니라")

본문: 베드로전서 1:3

개인에게 대입한 주제: "하나님께서 여러분에게 산 소망을 주셨습니다."

전환적 질문: 왜(이것이 죽은 소망이 아닌 산 소망인가)?

대답: 여러분의 소망이 산 소망인 이유는 이러하다:

1) 그것은 하나님의 자비하심에서 흘러나오기 때문이다.

2) 그것은 죽은 자 가운데서 부활하신 그리스도의 부활을 통하여 오기 때문이다.

3) 여러분은 성령으로 말미암아 이 소망으로 거듭나게 되었기 때문이다.

본문: 마태복음 6:25-34

개인에게 대입한 주제: 하나님은 여러분이 염려를 그치기를 원하십니다.

전환적 질문: 어떻게?

대답:

1) 염려가 죄라는 것을 깨달아야 한다(25, 31, 34절).
2) 하나님의 섭리를 상기하라(26-30절).
3) 여러분의 열정을 하나님의 나라를 구하는 방향으로 쏟으라(33-34절).

본문: 데살로니가전서 4:13-18

개인에게 대입한 주제: 여러분은 그리스도의 재림에 관해 알고 있어야 합니다.

전환적 질문: 무엇을(여러분이 알아야 하는가)?

대답:

1) 그리스도는 다시 오실 것이다(14, 16절).
2) 그리스도는 잠든 자들과 함께 오실 것이다(14, 16절).
3) 그리스도는 남아 있는 자들을 위하여 오실 것이다(15, 17절).

필자가 주요 요지들을 표제로 정하지 않고 완전한 문장으로 진술한 것을 주목해 보길 바란다. 이것은 주제를 개인에게 대입하는 혹은 설교하는 자세를 지속시킬 뿐 아니라, 매번 새로운 요점을 언급할 때마다 주제나 목적을 재진술하지 않을 수 없게 한다. 문장으로 진술된 주제는 설교를 긴밀히 연결시키고, 다른 데로 벗어나지 않게 해준다.

아울러 문장으로 된 주제는 설교 구성을 위한 연장이라고 해야 한다. 설교가 끝나가는 단계에서는 연장이나 구조를 보여줄 필요가 없다. 실로 이 모델을 직접 적용하기 어려운(비록 불가능하지는 않을지라도) 본문이 몇 가지 있다(예를 들면, 지혜 문학과 이야기들). 그러나 문장으로 된 주제는 설교의 초기 단계를 위한 연장으로서, 설교자의 생각을 투명하게 해주고, 설교에 방향을 제시하고, 구조를 짜임새 있게 하고, 적용의 관점에서 생각하도록 한다. 이러한 구조를 가지고 본문을 적용해야 한다(뒤에 가서 논할 구체적인 적용은 제외할지라도).

중간 단계들

설교 준비의 초기 단계는 주일마다 서너 번 이상을 설교하면서 경험할 수 있는 것이기에 그렇게 오랜 시간을 잡지 않아도 된다(어쩌면 한두 시간이면 족할 것이다). 설교자는 '설교하는 식으로' 생각하거나, 거의 자동적으로 설교의 틀 안에서 연구를 하게 될 것이다.

중간 단계들은 그다지 많은 시간을 필요로 하지 않을 것이다(물론, 아주 어려운 본문을 다룰 때는 다르다. 그러나 그런 경우는 좀처럼 생기지 않는다). 필자는 영어 성경을 가지고 초기 단계를 마친 뒤에, 원어 성경을 놓고 작업을 시작하고, 사전들의 도움을 받으며, '전문가들', 즉 필자가 신뢰하게 된 좋은 주석들에게 자문을 구한다. 좋은 주석들은 본문에 관련된 본문적 혹은 언어적 문제들을 환기시켜 주고, 영어 성경을 가지고 했던 초기 단계에서 빠뜨리기 십상인 미묘한 뉘앙스들을 지적해 준다. 이런 작업들을 거치고 나면 초기 단계에 했던 작업을 다시 한 번 생각하고 아마 재구성하게 될 것이다.

그러고 나서는 필자 자신의 생각에 성경적·신학적·예화적·실제적 내용을 입히는 작업에 들어간다. 다시 말하지만, 이 단계들을 하나하나 전개하는 것이 필자의 목적은 아니다. 아울러 설교 준비의 '마지막 단계들'에 관해 논하지도 않을 것이다. 이 장의 관심사는 적용이며, 따라서 설교에서 실질적인 자료를 전개하는 몇 가지 부가적인 방법들을 집중해서 다룰 것이다.

설교는 구체적인 적용이다

설교가 적용이라는 것은 이미 언급했다. 그러나 설교가 구체적인 적용이라는 점도 간과해서는 안 된다. 즉, 설교는 청중으로 하여금 무엇을 해야 할지를 말할 뿐 아니라 어떻게 할지도 말해준다. 설교는 일반적인 것에서부터 특별한 것으로, 그리고 구체적인 것으로 옮겨간다. 깔대기처럼 설교의 초점이 점점 좁혀져 들어가 중심 되는 요지에 고정된다. 그 모양은 다음과 같이 나타난다.

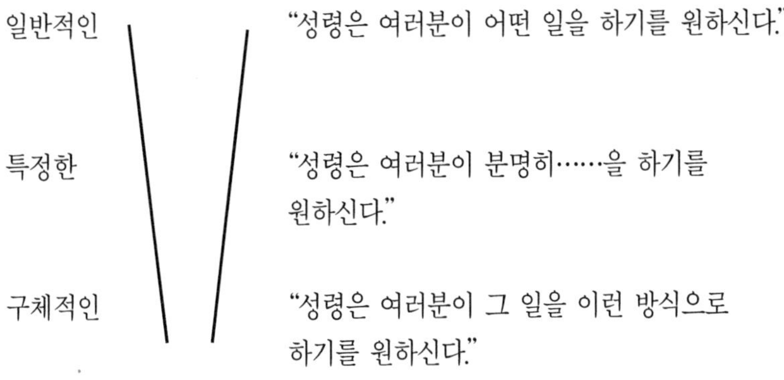

마태복음 6:5-15에서 예수님이 어떻게 이런 방향으로 전개해 가셨는지 살펴보자.

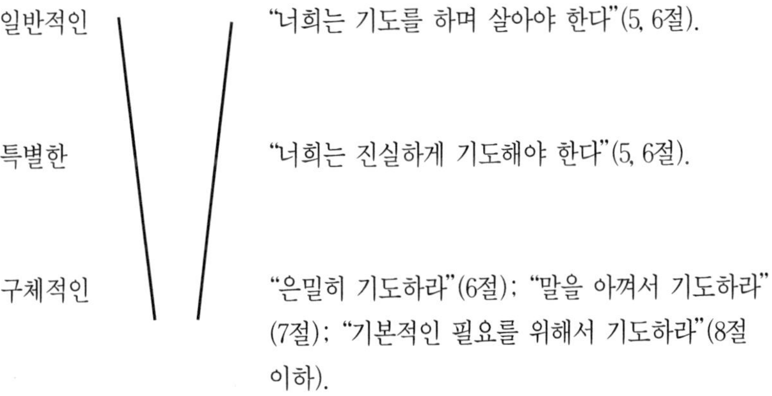

이 설교에서 개인에게 대입한 주제는 "너희는 진실하게 기도해야 한다"가 될 것이다. 이에 대한 전환적 질문은 '왜?' 혹은 '어떻게?'가 될 수 있을 것이다.

만약 '왜?'가 **특별한** 주안점이라고 한다면, 설교는 다음과 같이 구성된다:

"너희는 진실하게 기도해야 한다."
"왜?"

1. 위선의 위험 때문에(사람을 기쁘게 함, 5절).
2. 하나님은 여러분의 은밀한 생각을 아시기 때문에(6절).

이 구조로써 구체적인 혹은 '어떻게'의 적용은 두 가지 점에서 다 발생할 수 있고, 두 가지 점 사이로 나뉠 수 있고, 혹은 결론에 위치할 수도 있다.
예를 들어보자:

"여러분은 진실하게 기도해야 한다."
"왜?"
1. 위선의 위험 때문에.
따라서 기도할 때는 (1) 은밀하게, (2) 말을 아껴서, (3) 기본적인 필요를 위해서 해야 한다.
2. 하나님은 여러분의 은밀한 생각을 하시기 때문에.
따라서 기도할 때는 (1) 은밀하게, (2) 말을 아껴서, (3) 기본적인 필요를 위해서 해야 한다.

혹은,

"여러분은 진실하게 기도해야 한다."
"왜?"
1. 위선의 위험 때문에.
따라서 은밀하게 기도해야 한다.
2. 하나님은 여러분의 은밀한 생각을 아시기 때문에.
따라서 말을 아껴서 기도하고, 기본적인 필요를 위해서 기도해야 한다.

혹은,

"여러분은 진실하게 기도해야 한다."

"왜?"

1. 위선의 위험 때문에.

2. 하나님은 여러분의 은밀한 생각을 아시기 때문에.

결론: 그러므로 말을 아껴서 기본적인 필요를 위하여 은밀히 기도해야 한다.

아마 '어떻게?'가 기본 관심사가 될 것이다. 그러고 나면 설교 구조는 보다 단순해진다.

"여러분은 진실하게 기도해야 한다."

"어떻게?"

1. 골방 같은 은밀한 장소를 찾음으로써.

2. 적은 말로 사용함으로써.

3. 기본적인 필요를 집중하여 구함으로써.

구조를 이런 식으로 잡으면 초점이 갈수록 구체적으로 혹은 실질적으로 되어갈 것이 자명하다. 그럼에도 불구하고 우리는 지금까지 본문이 제공하는 것에만 머물렀다. 그런데 만약에 본문이 그러한 견고한 주장들을 제공하지 않을 때는 어떻게 해야 할 것인가? 그럴 때라도 설교자는 청중에게 어떻게 이 본문을 실제 삶에 적용할 것인지를 말해 주기 위해서 노력해야 한다. 물론 그런 상황에서 제시하는 주장들에는 성경적 권위의 무게가 실리지 않겠지만, 그럴지라도 성경에 모델을 둔 성경적 설교는 그러한 권위를 요구한다.

예를 들어, 베드로는 남편들에게 "지식을 따라서" 아내와 동거하라고 말한다(벧전 3:7). 남편은 자신의 아내를 알아야 한다. 본문의 논지는 왜 남편이 자기 아내와 동거해야 하는가를 말하지만, 좋은 설교자는 '어떻게'에 관해서도 제시할 것이다. 설교자는 이렇게 말할 수 있다: "공책을 마련하여 아내에게서 관찰한 흥미로운 점들을 매일 기록해 보십시오. 한 주간동안 기록한 내용을 주말에 다시 읽고서 몇 가지 가정적인 결론을 내리십시오. 그리고 아내와 그 결론을 가지고 대화를 나누십시오."

그것이 '어떻게' 방식의 적용이다. 청중 가운데 남편들이 그 제안을 활용할 수도 있고 거부할 수도 있다. 하지만 그들은 적어도 성경을 실천하는 방식에 관해서 생각해 볼 자극은 받은 셈이다.[13] 개인에게 대입한 혹은 구체적인 '적재적소의' 적용은 숙달하기 힘든 기술이다. 설교자라면 누구나 마음에 강렬한 도전을 가할 만큼 예리한 적용을 하고 싶어하지만, 남의 비밀을 누설한다든지 혹은 어느 특정인을 꼬집어서 말함으로 상대방을 당혹스럽게 하는 일은 피해야 한다. 훌륭한 설교자들은 그런 기술을 터득한 사람들이다.[14] 여러분 역시 그렇게 될 수 있다. 그 길을 달려가게 해 줄 몇 가지 점을 제시해 보려고 한다.

목회적 차원에서의 설교

훌륭한 설교자들은 자기 교인들을 알고 접촉하는 일을 중단하지 않는다. 그들은 훌륭한 설교자이자 상담가이자 격려자이다. 그들은 사람을 안다. 사람들과 함께 일한다. 사람들이 무엇을 의심하고 있는지를 간파하여 깊은 동정을 나타낸다. 성도들이 두려워하는 점들을 잘 이해한다. 그들의 상처나 행복에 동참한다. 훌륭한 설교자란 사람 속에 있는 사람이다. 설교자는 강의 시간에 하듯이 아이디어들이나 주제들을 다루는 사람이 아니라, 하나님의 말씀을 가지고 삶을 변혁시키는 사람임을 기억해야 한다. 그러므로 설교자는 변혁이 필요한 사람이 누구인지를 알아야 한다.

바울은 설교자였다. 그는 에베소 교회 장로들에게 자신이 3년간 "꺼리지 않고 하나님의 뜻을 다 너희에게[2인칭 대명사가 쓰인 것을 주목하라] 전하였다"고 상기시킨다(행 20:27). 그러나 이것은 강단에서만 외쳐진 설교가 아니었다. 바울은 자신의 회중과 긴밀한 관계를 맺고 사역했다. 그는 "삼년이나 밤낮 쉬지 않고 눈물로 각 사람을 훈계"하였다(31절). 그의 설교는 목회적 차원에서 발생된 것이었다. 생명력과 친밀함과 진실함은 목회적 접촉이라는 정원에서만 물과 양분을 공급받는 법이다.

그리스도의 재림을 주제로 설교하되 데살로니가전서에 대한 연속 설교를 하다가 차례가 되어서 하는 것과, 어느 여자 교인의 장례 예배를 집례하고서 마흔다섯 살인 그녀의 남편과 여러 시간 함께 있으면서 위로해 주고 난 다음 날 그 설교를 하는 것이 어떻게 다를지 생각해 보라. 크게 상심한 사람에게

"지각에 뛰어난 …… 평강"에 관한 설교가 무슨 감동을 주겠는가? 아픔을 함께 나누는 것이 없이는 공허한 소리 밖에 되지 않는다. 같은 말을 하더라도 아픔을 함께 나누는 목회자의 설교는 다른 것이다.

어떤 것을 아는 것과 어떤 것을 경험하는 것은 사뭇 다르다. 수영 독본을 읽는 것과 직접 물에 뛰어드는 것이 사뭇 다르듯이 말이다. 능력 있는 설교를 하고 싶다면(제프리 토머스 목사는 우리 모두가 그렇게 하도록 권장하고 있다), 발에 물을 적시기를 두려워해서는 안 된다!

물론 목회적 필요에 따른 설교를 해야 하는 그 주간에 그와 같은 극적이고 삶을 변화시키는 예화들이 떠오르지 않는 경우가 많은 것이 사실이다. 그렇기 때문에 설교 스케줄은 적어도 몇 달 전부터, 아니면 심지어 일년 전부터 상세히 계획해 놓아야 하는 것이다. 목회 사역의 현장에서 신선한 통찰력과 아이디어들을 얻을 때 그것을 꼼꼼히 기록해 두었다가 설교에 적절하게 사용할 수가 있다. 하지만 설혹 그런 직접적인 경험을 일일이 다 하지 못할지라도, '목자'로서 교인들을 지속적으로 돌보다 보면 어떤 설교를 하든 생명력과 적용력을 발휘할 수 있는 감수성이 몸에 배게 된다.

필자는 목회 현장을 떠난 지가 10년이나 되었지만, 기독교 상담 및 교육 재단에서 정기적으로 상담 사역을 함으로써 꾸준히 사람들과 접촉하고 있다. 피상담자들은 내가 성경을 펴놓고 연구하지 않으면 안 될 만한 문제들을 제기한다. 하지만 그렇게 성경을 연구하다 보니 사람들의 안색이나 생활 형편을 대할 때 특정 성경 구절이나 단락이 금방 머리에 떠오르게 되었다. 여러분도 그런 경험을 다 하고 계실 줄로 믿는다. 사람들이 나를 성경으로 몰아가고, 성경이 나를 사람들에게 몰아간다.

개인적인 예화를 사용하라

청중의 주의를 환기시킨다든지 본문을 구체적으로 설명하는 데에는 개인적인 예화를 사용하는 것보다 더 좋은 방법이 없다(제이 아담스가 다음 장에서 이 점을 지적한다). 바울은 그의 서신들에서 자신의 요지에 설명이 될 만한 경험들을 자주 소개한다(고후 12:1-10; 빌 1:12-26; 살전 2:1-12). 호세아의 결혼은 하나님의 신실한 사랑을 설명해 주는 예화가 되었다. 그리고 예레미야가 처했던 곤경과 그가 밭을 산 일은 하나님의 심판과 이스라엘에 임할 복을 예시했다. 이처럼 성경 저자들이 메시지를 전달할 때 자신들의 상황을 사용했다고 한다면, 우리도 그렇게 하기를 주저할 이유가 없다.

물론 개인적인 예화를 사용하는 데에는 위험이 따른다. 개인적인 예화를 사용함으로써 설교에서 하나님의 권위가 사라질 수가 있고(설교는 여러분의 것이 아니라 주님의 것이다), 또는 신앙고백을 "여러분도 할 수 있습니다"라는 도전으로 변질시킬 수가 있다(우리는 하나님의 승리를 함께 나누는 것이지, 시험을 함께 나누는 것이 아님을 기억하라). 그리고 개인적인 예화는 자칫 배신감을 불러일으킬 수가 있다(필자는 설교에 예화를 사용할 때 아내와 아이들까지 포함하여 미리 허락을 받는다).

이러한 위험이 따르긴 해도, 자신의 경험을 예화로 사용할 수가 있다. 왜 그런가? 그렇게 하면 삶을 통해서 본문을 여과하고, 그로써 청중에게 본문이 그들과 상관이 있음을 입증할 수 있기 때문이다. 어쨌든 설교자가 예화에 소개된 대로 산다면 성도들도 그렇게 살아야 하는 것이다. 이것 말고도 또 다른 유익한 점들이 있다. 개인적인 예화는 설교자를 청중의 수준으로 내려가게 하고, 그들에게 유대감을 형성시키고, 흥미를 유지시키며(누구나 좋은 이야기 듣는 것을 좋아한다), 개인적인 용어를 사용하게끔 만드는 것이다. 하지만 예화를 사용함으로써 얻는 가장 큰 유익은 구체적인 적용을 할 수 있다는 데 있다. 설교자는 예화로써 성경적인 생활의 산 모범이 된다.

필자는 로마서 12:9("악을 미워하고 선에 속하라")에 관해 설교하기 이틀 전에 아들 녀석의 사소한 잘못을 보고서 이성을 잃은 채 몹시 꾸짖은 적이 있다. 바울이 미워하라고 말하는 것은 그리스도 안에서 형제된 사람들 사이에서 발생하는 바로 그러한 악인 것이다. 필자는 이틀 뒤에 강단에 서서 그 이야기를 전한 다음 이렇게 결론내렸다: "저는 제 아들에게 했던 일을 미워합니다. 여러분은 서로에게 하고 있는 일을 미워하십니까?" 굳이 다른 적용이 필요 없었다.

주

1) Woodrow Michael Kroll, *Prescription for Preaching*,(Grand Rapids: Baker Book House, 1980), p. 176.

2) John A. Broadus, *On the Preparation and Delivery of Sermons*,(New York: Harper and Row, 1944), p. 210.

3) Jay E. Adams, *Preaching With Purpose*,(Phillipsburg, N. J.: Presbyterian and Reformed, 1982), p. 43.

4) 참조. 같은 취지의 다른 단락들: 고전 9:8-10; 10:6, 11; 롬 4:23, 24.

5) 참조. 벧후 1:3. "그의 신기한 능력으로 생명과 경건에 속한 모든 것을 우리에게 주셨으니."

6) 설교 자료와 상관없이 성경을 계속해서 깊이 연구하면 설교에 유용한 아이디어를 얻게 된다는 것을 필자는 깨달았다. 여기서 필자가 말하는 것은 설교 구성 자체에 관한 것이다.

7) 설교 본문 선정에 관한 보다 자세한 글은 다음을 참조하라: Adams, *Preaching With Purpose*(pp. 21ff. 그는 목적을 결정 요인으로 강조한다); Haddon Robinson, *Biblical Preaching*(Grand Rapids: Baker Book House, 1980, pp. 53ff. 그는 한 단락의 단일 사상을 강조한다). 아담스의 접근 방식은 적용으로서의 설교를 강조하는 것과 보다 맥을 같이 한다. 로빈슨의 방식도 비록 도움이 되긴 하지만 강사의 자세로 이끌기가 쉽다. 설교자는 행위나 사고 방식이나 신념에 변화를 일으키는 데 목표를 두어야 한다.

8) 이 점에서도 아담스와 로빈슨의 글이 도움이 된다. 아담스는 본문의 텔로스 곧 목적을 가리키고, 로빈슨은 '큰 사상'을 가리킨다. 이번에도 아담스는 역동적이고 로빈슨은 정적이지만, 두 사람 다 유익하다.

9) 아담스의 '목적 실마리들'(telic clues)이 특히 유익하다: *Preaching With Purpose*, pp. 27ff.

10) Broadus, *Preparation and Delivery of Sermons*, pp .53ff. 이 책은 설교 주제에 관한 문제를 아주 잘 다룬 책으로 손꼽힌다.

11) 설교 주제를 청중에게 대입하는 문제에 관해서 필자의 구체적인 생각을 모두 소개하는 것은 이 장에서 할 수 있는 일이 아니다. 그러나 여기서 몇 가지 조건들을 제시하고 싶다. 개인화한 주제를 설교의 서론에 반드시 명시할 필요는 없다. 이 장에서 필자가 논하는 것은 설교 구성의 초기 단계로서, 이 단계에서는 개인화한 주제를 즉시 작성해야 할 필요가 있다. 설교 전체를 놓고 볼 때는 주제를 여러 곳에서 여러 방식으로 진술할 수 있다(참조. 마 24:32-44. 이 단락에서는 설교의 결론이 개인화한 주제에 해당된다; 참조. 요 6:68. 이 단락에서는 "여러분은 누구에게 갈 것인가?"라는 질문이 개인화한 주제로서 가장 부합할 것이다).

12) 필자는 Lloyd Perry에게 큰 도움을 얻었다. 그의 '열쇠어'(key word)가 전환적 질문들에 관한 필자의 생각을 촉진시켰다. 필자는 그의 책 *Variety in Your Preaching*(Old Tappan, N. J.: Fleming Revell, 1954)을 거의 20년 전에 읽었다. 최근에 그 책을 다시 한 번 읽고 나서, 필자가 그에게서 터득한 개념을 크게 발전시킨 것을

보고서 깜짝 놀랐다. 하지만 그 아이디어의 근원은 그에게서 얻은 것이며, 따라서 그에게 도움을 얻었음을 인정한다. Perry가 그 뒤에 쓴 책은 *Biblical Sermon Guide*(Grand Rapids: Baker Book House, 1970)이다.

13) 아래 제시한 본문을 하나 하나씩 택하여 그 본문을 실제로 적용할 수 있는 세 가지 방법을 적어보면 좋은 훈련이 될 것이다: 빌 4:8; 벧전 3:1-6; 롬 12:10.

14) 시간을 내서 Jay Adams나 Chuck Swindoll 같은 분들, 혹은 복음주의적인 성격이 덜한 Norman Vincent Peale의 설교를 듣거나 글을 읽어 보라. 이 분들은 설교를 구체적으로 전하는 방법을 터득한 분들이다.

제 13 장

감각 호소와 이야기

제이 아담스

어떤 설교자가 아말렉 족속에 관하여 아주 단조롭게 설교하고 있었다. 그가 설교를 시작한지 칠 분밖에 흐르지 않았는데도 예배당 안에 있는 성도들의 머리가 끄덕이기 시작하였다. 저마다 눈꺼풀이 무겁게 내려왔고, 아이들은 꿈틀 거리기 시작하였다. 청소년들은 서로 잡담을 주고받기 시작하였다. 그런데 놀라운 일이 벌어졌다. 갑자기 성도들이 정신을 번쩍 차린 것이다. 남녀 노소 모두가 귀를 쫑긋하고 듣기 시작하였다. 도대체 무슨 일이 생겼을까? 무관심한 교인들로 하여금 갑자기 눈을 부릅뜨고 들으려는 자세를 취하게 만든 것이 도대체 무엇이었을까? 그들의 눈에 생기가 돈 것은 다음과 같은 말을 듣기 시작했을 때였다: "지난 전쟁 기간 동안 제가 체험한 이야기를 한 가지 하겠습니다." 설교자가 이야기를 끄집어내기 시작했던 것이다.

이야기는 나이하고는 상관이 없다. 무엇을 말하고 있는지를 이해하고 있는 동안에는 열중하여 듣게 될 것이다. 그리고 재미있게 이야기할 때 거의 즉각적인 반응을 보일 것이다. 저마다 관심사와 배경이 다른 사람들은 하나의 이야기 속으로 빨려 들어갈 때 활기를 띠게 된다. 왜 그럴까? 이야기가 지니는 신비한 힘이란 도대체 무엇인가? 이야기가 지니는 호소력은 과연 무엇인가? 기독교 설교에서 이야기가 관심을 불러일으키고 유지시키는 현상에는 어떤 중요한 의미들이 내포되어 있을까? 이러한 점들과 또 거기에서 발생되는 점들을 다루려는 것이 이 장에서 필자가 의도하는 바이다.

위에서 던진 질문들은 쉽게 대답할 수 있지만, 그 대답에 내포되어 있는 요소들은 복잡하다. 예를 들어, 사람은 보거나 만지거나 듣는 것을 통해서 가장 잘 배우며, 좀 느슨한 용어로 전개되는 이야기가 청중을 사건의 본질에 가장 가깝게 데리고 간다는 것이 사실이다. 더욱이 제대로 전달한 이야기는 사건의 주요 요인들에 초점을 맞추고 강조함으로써 오히려 현실과 무관하거나 현실에서 덜 중요한 많은 군더더기들을 잘라낸다. 그리고 이야기는 청중에게 영감을 불어넣어 주고, 즐겁게 해주고, 정보를 전달하고, 혹은 분발케 하도록 고안한 세부 내용과 색채가 덧붙음으로써 추상적인 언어로는 이해시킬 수 없는 것을 이해시킬 수 있다. 간단히 말해서, 좋은 이야기는 설교 목적을 성취하는 데 가장 부합하게끔 재단되고 전달된 창작(허구일 경우)이거나, 하나의 사건 혹은 연속 사건들의 재연출(역사에 관한 것일 경우)이다.

역사 사건과는 달리, 이야기는 각색될 수가 있고, 그것을 통해서 설교자는 자신이 의도한 것을 청중이 그 이야기 안에서 보도록 유도할 수 있다. 청중은 이야기를 들으면서 설교자가 무엇을 원하고 있는지 짐작할 수 있다. 물론 이 작업에는 엄청난 잠재력과 엄청난 위험이 모두 도사리고 있다.

필자가 '각색될 수' 있다고 한 말을 오해하지 않기 바란다. 그 말은 철저히 중립적인 견지에서 쓴 것이다. 설교자가 사실을 왜곡한다면 몰라도, 그렇지 않는 한 자신의 의도를 성취하는 방향으로 이야기를 각색하는 것이 잘못된 것이라고 생각하지 않으시기를 바란다. 설교자가 이야기를 할 때 예술가와 비슷한 점이 있다면 그것은 매체(설교자에게는 이야기)를 통해서 단순화, 초점, 강조를 제시할 기회를 갖게 된다는 것이다. 강해 설교와 이야기의 차이는 사진과 그림의 차이와 같다.

설교자가 지니는 융통성은 큰 책임을 포함한 윤리적 문제가 된다. 청중을 오도하기 위해서든 아니면 진리를 깨우쳐 주기 위해서든 사실을 왜곡하는 방향으로 이야기를 전개해서는 안 된다. 바울은 진리를 구실로 삼은 이러한 속임을 단호히 비판했다(고전 2:4, 5; 고후 1:12, 13; 살전 2:3, 4).

하지만 이것은 설교자가 설득하기 위해서 과장하거나 축소하거나 청중을 과하게 칭찬하는 것을 청중에게 알릴지라도 마찬가지이다. 설교자는 이야기를 자신이 원하는 대로 사용할 수 있다. 단, 자신의 의도를 솔직하게 밝히는 한에서, 그리고 지극히 엄격한 성경의 표준에 비추어 윤리적이라고 판단되는 방식으로 사용하는 한에서, 이야기를 그렇게 사용할 수 있다.

잘 전달된 이야기는 청중을 즐겁게 한다. 왜냐하면 이야기를 통해서 긴장감과 감동과 놀람을 적나라하게 전할 수 있기 때문이다. 중단, 억양, 음성, 어조, 음색, 음량, 고조, 속도, 그리고 몸짓을 적절히 사용하면 이야기를 전달할 때 효과를 높일 수 있다. 그리고 직접적인 호소, 대화체, 엄선한 어휘, 매력 있는 스타일 같은 요인들도 효과적으로 사용하면 인간의 의사 전달 방식 중 가장 강력한 방식이 될 수 있을 것이다. 설교자가 단순한 산문에서 묘사로 옮겨갈 때 어린이들과 어른들이 모두 고개를 드는 것이 이상한 일이 아니다.

이야기는 메시지의 활력의 근원이다. 이야기는 흥미를 유발시키고 관심을 불러일으킨다. 단순한 진술보다 진리를 더욱 분명하게 드러내준다. 추상적인 개념들을 구체화한다. 성경의 계명들을 어떻게 이행할 수 있는지 보여준다. 그리고 진리를 실질적이면서도 오래 간직할 수 있는 방법을 보여 준다. 예수께서 그런 방법을 많이 사용하신 것이 하나도 이상하지 않은 것이다!

설교자도 예수님처럼 이야기를 자유롭게 구사할 수 있어야 한다.

그러나 이 시점에서 사전에 설명해 둘 것이 있다. 필자는 진주들을 엮어 목걸이를 만들 듯이 한 가지 주제로 여러 개의 이야기를 나열하는 식의 설교 준비 방식을 옹호하려는 것이 아니다. 그런 식 설교에는 강해가 낄 자리가 별로 혹은 아예 없으며, 진리에 깊이 들어가 생각하고 깨달을 기회가 없다. 그런 식 설교는 성경 본문보다 이야기들에 초점이 맞춰진다. 그 결과 설교자는 노먼 빈센트 필(Norman Vincent Peale)이 마블 칼리지어트 교회에서 하는 그런 식의 설교를 하게 된다.[1] 그렇게 해서도 안 되고, 그럴 필요도 없다. 진지하게 경청한 청중이라면 설교를 들은 다음에는 반드시 다음 사항들을 알고서 돌아가야 할 것이다.

1. 본문(혹은 단락)이 무엇을 뜻하는가? 전에는 깨닫지 못했을지라도, 지금은 깨달아야 한다.

2. 본문이 내게는 무엇을 의미하는가? 성령께서 본문으로써 내게 원하시는 것이 무엇인가를 알아야 한다.
3. 계명에 순종하고 성경의 약속들을 활용하려면 무엇을 해야 하는가? 본문의 교훈을 삶과 사역으로 바꾸는 법을 알아야 한다.
4. 설교자가 가르치는 교훈은 그 권위가 분명히 성경에서 나온 것이다. 설교자가 성경 본문을 가지고 말하면서 무엇을 긴요하게 전하려고 하는지를 파악할 수 있어야 한다.

만일 위의 네 가지 요소들이 성경적인 설교가 되는데 꼭 필요한 것들이라고 한다면(실제로 그렇다) 설교를 이야기들을 엮는 줄로만 이해해서는 안 된다. 이야기들이 아무리 주옥같을지라도 설교는 줄이 아니다. 이야기들은 위의 네 가지 목적들을 달성하도록 돕는 용도로만 사용해야 한다. 아울러 그 네 가지 목적 중 어느 것 하나도 이야기가 대신해 줄 수 없다. 이야기들은 이 네 가지 요소들의 골격 안에서만 유효할 뿐 아니라 가치 있게 될 수 있다.

그렇다면 이야기에는 많은 것이 들어 있다. 그러나 필자는 그 모든 것을 다 말하지 않고 이야기에 포함되어 있는 몇 가지 원칙적인 요소들 소개하려고 한다. 너무나 오랫동안 많은 사람들에게 가리워진 비밀 몇 가지를 펼쳐 보이도록 하겠다.

원래 필자는 이 장의 제목을 '생동감과 예화'로 잡았었다. 하지만 여러 가지 이유에서 나는 현재의 제목을 좋아한다. 우선 생동감이란 말은 많은 설교자들 사이에 오랜 역사를 가진 말이다. 필자의 생각에는 이 말이 여러 가지 감각에 호소하던 것을 한 가지 감각인 시각에만 호소하라고 제한하는 좋지 못한 역할을 해온 것 같다. 사실은 설교에서 사용할 수 있는 감각들은 훨씬 더 많다. 모든 감각, 이를테면 시각뿐 아니라 미각과 청각과 감각과 냄새까지도 설교자에게는 좋은 수단이 될 수 있다. 그러므로 이 장의 제목을 생동감에서 감각 호소로 바꾼 것이다.

둘째로, 예화(illustration)라는 단어도 이야기(storytelling)에서의 감각 호소를 시각에만 제한하는, 너무나 비슷하게 편협한 경향을 보인다(물론 영어 illustrate에는 '불을 밝히다' 혹은 '밝게 비추다'라는 뜻이 있다). '예화'라는 단어는 많이 쓰이면서 '생동감'을 포함하는 보다 광범위한 의미에서 훨씬 더 편협한 의미로 축소되었기 때문에, 설교할 때 이 단어를 모든 종류의 감각 호소를 포괄하는 뜻으로 사용하는 것이 보다 안전할 것이다. 하지만 이미 그것보다 더 좋은 단어가 있다. 그것은 이야기(storytelling)이다. 이 단어가 훨씬 더 좋기 때문에, 필자는 예화라는 단어보다 이야기를 사용하기로 작정했다.

여러분은 필자가 이 장을 시작하면서 설교에 관한 짧은 이야기를 소개했던 것을 기억할 것이다. 거기서 이미 이야기에 관해 상당 부분을 설명했지만, 사실상 감각 호소에 관해서는 한 마디도 하지 않았다. 감각 호소가 보다 광범위하기 때문에, 이제는 그것에 관해 논하려고 한다.

설교에서의 감각 호소

필자가 말하는 감각 호소(sense appeal)란 다섯 가지 감각에 대한 시각적, 청각적 호소를 뜻한다.[2] 감각 호소를 통해서 설교자는 자신이 전하는 내용의 실질을 청중이 가장 근접하게 '보고' '느끼도록', 혹은 달리 표현해서 '체험하도록' 도울 수 있다. 필자가 '가장 근접하게'라는 표현을 사용하고 보고, 느끼도록, 혹은 체험하도록이라는 단어들에 인용 부호를 표기한 이유는 감각 호소가 실질에 근접하는 방식으로 감각을 자극하는 것이 사실이지만, 그 감각들이 주는 자극이 반드시 본문의 사건 자체가 주는 감각과 정확하게 일치하는 것만은 아니기 때문이다.

하지만 감각 호소를 제대로 사용하면 현실감을 줄 수 있다. 상상(이 단어가 얼마나 시각적 의미로 국한되어 쓰이는지 생각해 보라. imagination이란 단어는 image에서 나왔다) 혹은 보다 광범위하게 쓰기에 좋은 기억(memory)은 설교자가 청중의 감각들을 자극하여 자신이 말하는 사건을 '체험'할 수 있도록 사용하는 언어로 왕성하게 발휘된다.

그렇다면 감각 호소는 단지 인식 문제에만 관련되지 않고, 감정들에 영향을 주는 지적인 고려들에 특별히 관련된다. 그것은 본질상 정서적(emotional) 호소, 즉 회중을 정서적으로 자극하여 설교자가 말하는 내용을 체험하게 만들 때만 성공을 거두는 호소이다. 따라서 무엇을 체험한다는 것은 그것에 관해서 듣는다거나 그것에 관해서 생각한다는 것을 넘어선다. 그것은 '보고 듣는' 회중에게 사건을 체험하도록 돕는 호소이다. 그것은 사건을 재현하는 것이다. 다시 말해서, 기억에 저장된 과거 사건의 다양한 면들을 그 사건에 부합한 온갖 정서들과 함께 새로운 체험으로 복원하는 것이다. 어떤 것을 그저 생각만 하는 것과 체험하는 것의 차이는 TV 프로그램을 흑백 수상기로 보는 것과 칼라 수상기로 보는 것의 차이보다 훨씬 더 크다. 설교가 빈약하고 지루하게 되는 이유 중 하나는 설교자가 자신이 말하고 있는 내용을 체험하지 못하기 때문이다. 그런 설교에는 기쁨과 경외감도 등골이 오싹한 일도 생기지 않는다. 설교자가 사건을 재현해 내지 못하면, 회중은 당연히 그 실패를 '체험'하게 된다. 설교할 때는 무엇에 관해서 말하는 것으로 충분하지 않다. 설교자 자신이 그것을 새롭게 체험해야 한다.

따라서 생동감 혹은 감각 호소의 주요 목적은 '듣고 보는' 회중에게 설교자가 가르치는 것을 체험하고 재현하도록 도움으로써 사실성의 차원을 보태는 것이다.

설교할 때 감각들에 호소하기 위한 방법들이 많이 있지만, 그 중에서 세 가지만 추려서 소개한다.

1. 감각적인(말초적이라는 말이 아님) 혹은 정서를 불러일으키는 언어를 사용한다.
2. 적합한 음성을 사용한다.
3. 효과적인 몸짓을 사용한다.

여기에 이야기(storytelling)를 첨가할 수 있지만, 그것은 나중에 따로 다루기로 한다.

1. 정서를 불러일으키는 언어를 사용한다.

군중이 밀집된 곳에서 "불이야!" 하고 소리쳐 보라. 불이 나지 않았을지라도 사람들(당신의 말을 믿는)은 마치 불이 난 것처럼 생각하고 느끼고 행동할 것이다. 정교하게 선정하여 사용하는 언어에는 힘이 있다. 위의 예가 보여주듯이, 언어에는 실제 사건과 똑같은 효과를 일으키는 힘이 있다. 아울러 문맥(상황)과 태도도 당연히 중요한 요인들이다. 공공 장소에서 확신에 찬 태도로 외쳐야 반응이 일어난다.

하지만 때로는 단어 자체가 원하는(혹은 원치 않는) 반응을 도출해 내기도 한다. 사도 바울이 사도행전 22:21, 22에서 이방인이라는 단어를 사용한 것을 예로 들어보자. 유대인들 가운데는 이방인들을 몹시 싫어한 무리들이 있었다. 그들은 하나님께서 이방인들에게 복음을 전하도록 바울을 파송하셨다는 생각을 용납하지 못했다. 실제로 바울이 그 단어를 꺼냈을 때 그들은 그 문제를 논의하는 것조차 허용하지 않았다. 그 경우에는 상황 — 회중이 민족적 차별 의식을 잔뜩 갖고서 바울의 말을 듣고 있는 — 이 결정적인 요인이었다. 소방서에서 불이란 말과 같이 유대인들 가운데서 이방인이란 단어는 선동적인 것이었다.

그에 비해 전하는 태도는 그다지 중요한 요인이 아니었지만, 그럴지라도 전자의 경우에 대중에게 불이 났음을 어떤 태도로 알리느냐에 따라 대중의 반응도 사뭇 달라지게 된다. 어떤 사람이 아주 활기 없는 태도로 "그런데 제가 여러분에게 한 말씀 알리겠습니다. 지금 이곳이 불이 붙었습니다"라고 불쑥 말한다면 믿을 사람이 있겠는가? 아니면 "불이야!" 하고 외치면서 낄낄대고 웃는 사람의 말을 믿을 군중들이 있겠는가? 태도나 상황에 문제될 것이 없다고 하더라도, 표현 자체가 문제를 일으키기도 한다: "이 건물에 화재가 났을 가능성을 알려드리고 싶습니다. 나는 불을 직접 보지 못했고 냄새도 맡지 못했기 때문에 잘 모릅니다만, 방금 누가 와서 그렇게 말했기 때문에 그럴 가능성이 큽니다." 그와 같은 일종의 방지책은(많은 설교가 그런 식이다) 혼동스러운 메시지를 내보낸다. 그러므로 전달(communication) — 그리고 그것의 한 가지 유형으로서 주의를 환기키시는 언어 — 이 내용과 문맥(상황)과 태도의 문제임을 쉽게 알 수 있게 된다. 회중과 설교자 사이에서 이 세 가지가 적절하게 맞물릴 때에야 비로소 감정이 움직이고, 행동이 변한다

이 사실을 명심하고서 감정을 움직이게 하는 언어에 대해서 좀더 생각해 보자. 그것은 어떤 종류의 언어인가? 감정을 움직이게 하는 언어란 감각에 호소하는 언어요, 감각들을 겨냥하는 언어이다. 그러나 그것이 어떤 유형의 언어

이며, 다른 언어와는 어떻게 다른가? 그 언어의 독특한 점은 무엇인가?

어떤 집단에게는 이방인이라는 단어가 감정을 움직이게 하는 단어가 아닐 것이다. 다시 말해서 어떤 집단에게는 그 단어가 아무런 감정의 반응도 일으키지 않은 채 자연스럽게 통할 수 있을 것이다. 하지만 사도행전 22장에 나오는 유대인들에게는 그 단어가 폭발력이 강한 단어였다. 그러므로 같은 단어가 사용될 때라도 어떤 문맥에서는, 어떤 청중들에게는 자극제가 되기도 하고 다른 문맥, 다른 상황에서는 아무런 감동도, 감정도 일으키지 않는다는 점을 아는 것이 중요하다. 언어를 선택하고 사용하는 법을 배운다는 것은 단순히 어떤 말이 감정을 유발시키는 말이며 어떤 말이 그렇지 않은 말인지를 발견한다는 것만을 가리키지 않고, (문맥이나 소리의 고조와 같은) 다른 요소들도 내포한다. 사실 주어진 적절한 상황에서는 어떤 말이든지 감정을 유발하도록 사용하는 것이 가능하다. 마찬가지로, 어떤 말이든지 그 말의 유발적인 효과를 감소시키거나 삭제하는 것도 역시 가능하다. 그러므로 감각에 제대로 호소하기를 바라는 목회자들은 전달하고자 하는 의도를 잘 설명해 주는 단어들을 적절히 선정하는 일이 매우 중요하다. 또한 선정한 그 단어가 때와 장소, 사람과 상황과 어떻게 잘 연관되는지를 민감하게 살펴, 적재적소에 사용할 수 있는 것도 중요하다. 그리고 전달하는 태도와 말의 고조 역시 그냥 지나쳐서는 안 되는 요소들이다.

그런데, 이상의 내용을 두루 갖추고 있을지라도, 특별히 자체에 유발적인 경향을 띤 유형의 언어가 있음을 주의하는 것이 중요하다. 즉, 성격 자체가 감각 지향적인 언어가 있는 것이다. 회화적인 단어들(푸르다, 번쩍이다), 의성어들(윙윙, 탕탕, 철썩), 촉감어들(따끔하다, 부드럽다), 후각어들(역겹다, 악취 난다), 그리고 맛을 자극하는 표현들(시다, 짜다)이 이 유형의 언어에 속한다. 언어의 효과를 극대화하려면 이런 단어들을 가끔 다른 단어들에 섞어 사용해야 한다. 다음과 같은 표현들을 예로 들을 수 있을 것이다.

"퍼렇게 덜 익은 감자를 으깨어 먹는 공포", "자동차 후반사경에 비친 경찰차의 붉은 경광등을 보고서 철렁 내려앉는 가슴," "전기톱이 윙 하고 그의 깁스를 자르며 나갈 때," "쾅 하고 차문이 닫히면서 그의 손이 차문에 끼었다," "가시가 내 엄지발가락을 따끔하게 찔렀다," "나는 지끈거리는 머리를 차가우면서 부드러운 베개에 뉘었다." "그 죽은 짐승에게서 버터 썩은 냄새가 났다." "밤 공기가 만발한 장미꽃 향기로 진동했다." "그것은 시디신 레몬을 먹는 것보다 더 고역이었다." "그는 상처 부위를 절인 오이로 문질렀다."

여러분도 볼 수 있듯이, 이 짧은 문장들은 장황한 배경 설명 없이도 여러 가지 감정을 일으킨다. 다른 문장들도 생각해 보자. "그가 칠판에 백묵으로 글을 쓰고 있는 동안 내내 찍찍 소리가 났다." "그녀는 바람을 잔뜩 불어넣은 풍선을 손가락으로 천천히 문질렀다." 만약 여러분이 많은 사람들과 마찬가지로 이 두 문장을 듣고서 소름이 끼쳤다면 말만 가지고도 그런 감정을 표출해 낼 수 있음을 분명히 깨달은 셈이다. 그 문장들을 다시 한 번 읽으면서 그것을 시각화하고 거기서 나오는 소리를 '들어' 보라. 내 말이 맞는가? 굳이 행동하지 않더라도 단순히 상상만으로도 소름이 돋게 할 수 있는 것이다. 물론 연애 소설 작가들도 언어가 갖는 이런 힘을 이용하여 독자들에게 성감을 불러일으킨다. 세상은 악한 목적을 위하여 감정에 호소하는 법을 터득했다. 그런데 설교자들은 진리를 현실감과 능력 있게 전달하기 위해 그런 방법을 언제가야 터득하려는 것인가?

설교에 정서를 유발시키는 언어를 사용하는 목적은 교인들에게 진리를 현실감 있게 경험하고, 설교자가 말하려는 사건에 들어오도록 하려는 것이다. 그 발상은 설교 본문의 취지를 변형하거나 확대하려는 것이 아니라, 보고 듣는 사람들이 그것을 충분히 이해할 수 있게 해주려는 것이다. 어떤 사람들은 다음과 같은 문장을 그냥 읽기만 해도 그 의미를 상상하고, 느끼고, 혹은 경험할 수 있다:

> 저희가 죽은 자의 부활을 듣고 혹은 기롱도 하고……(행 17:32).

그들은 '마음의 눈'을 가지고서 자신들의 육체관에 따라 부활을 어이없는 일로 여긴 이 헬라 철학자들의 얼굴에 나타난 조소를 '볼 수' 있다. 어떤 사람들은 '마음의 귀'를 가지고 그 철학자들이 자기들끼리 비웃고 떠드는 소리를 '들을 수' 있다. 하지만 무엇보다도 설교자는 회중을 그 사건 현장에 데려다 놓으려면 그 정경을 생생하게 전해야 할 것이다. 그러려면 주로 감정을 일으키는 언어를 사용하게 된다. 그것이 말씀을 섬기는 일의 일부이다.

2. 소리의 적절한 사용.

그러나 언어만으로는 충분하지 않다. 철학자들의 조소를 표현할 때, 설교자는 숨을 적절히 내쉬면서 불신자가 '부활의 몸'이라는 말을 듣고 내뱉음직한 소리를 낼 수 있다. 다시 말해서, 그 말을 하면서 진짜로 조소하듯이 해야 할 것이다.

소리! 이것이 감각들에 호소할 때 얼마나 중요한 요소인가! 음의 고저, 속도, 음질(혹은 음색), 음량 — 이 요인들이 모두 중요하다. 더욱이, 가끔은 말보다 소리가 더 중요할 때가 있다. 설교자는 사전에서 찾을 수 없는 소리들을 만들어낼 수 있는 경지에 도달할 때 진정으로 자유로운 상태에서 설교하고 있는 것이다. 양철 쓰레기통에 관하여 필자가 사용하는 예화가 하나 있다. 그것은 양철 뚜껑을 닫을 때 나는 '짱' 소리를 가지고 설명하는 것이다. 바늘에 찔린 사람은 누구나 다 '앗!' 하고 소리를 내지를 것이다. 배를 움켜쥐고 화장실로 달려가는 사람이 '으!' 하고 소리를 낼 때, 그 뜻을 모르는 사람이 누가 있을까? 이런 소리와 소음을 적절하게 사용하면 설교를 훨씬 더 생생하게(혹은 온몸으로 느낄 수 있게) 만들 수 있다. 그럴지라도 나는 백 명의 설교자들 가운데 이 글을 읽고서 활용할 사람은 한 사람도 제대로 되지 않을 것이라고 감히 말할 수 있다.

다음 번에 설교를 잘 하는 분 — 혹은 텔레비전의 강사라도 괜찮다 — 의 설교를 들을 때는 사전에 나오지 않는 소리와 소음에 귀를 기울여 보라. 실제로 그것을 들어 보면 필자가 말하는 내용을 보다 잘 이해하게 될 것이다. 훌륭한 설교자일수록 소리를 자연스럽고 쉽게 사용한다. 무디고 얕은 설교자일수록 소리를 겁낸다. 좋은 설교를 식별하는 한 가지 표지는 설교자가 강단에서 의미있는 소리를 자유롭게 내는가 하는 것이다.

물론 음량, 음속, 음의 고조 및 음질은 아주 중요한 것들이다. 이런 요인들은 설교 내용에 따라 좌우되어야 하고, 설교 내용을 명확하게 만드는 데 도움이 되어야 한다. 사랑에 관하여 말하면서 목청을 높이면 대부분의 상황에서는 공감을 일으키지 못한다. 반대로 마태복음 23장을 읽으면서 목청을 높이지 않는 것도 좋지 못한 방식이다. 소리는 언제든 내용에서 나와야 하고 내용에 부합해야 한다. 음의 고조나 속도는 흥분하고 근육이 긴장함에 따라 자동적으로 조절된다. 음질이나 음색도 그것이 선율이든 고함이든 비명이든 내용에 부합해야 한다. 내용에 따라 조절해야 한다는 것이 명심해야 할 가장 중요한 점이다.

하지만 사람이 의식적으로 고함을 지르거나 말의 속도가 빨라질까? 그런 경우는 드물다. 이런 것들은 노련한 설교자에게서 자연스럽게 나온다. 노련한 설교자는 '어떻게 말할까?'에 치중하지 않고 '무슨 내용을 말할까?'에 치중한다. 하지만 설교하는 동안 그는 설교 내용에 푹 빠져 그 내용과 일체가 된다. 그렇게 하다가 근육이 긴장되고, 결국에는 저절로 소리의 고저가 결정되고, 어느 정도는 음색과 빠르기도 결정된다. 신체도 자동적으로 그 분위기에 적응된다. 물론 설교 준비를 할 때 미리 정서를 일으키는 언어를 정해 놓으면 자신뿐 아니라 회중도 설교의 상황에 빠져들어가게 하는 데 도움이 된다.

그러나 설교자는 그 이상을 할 수 있다. 그리고 목회 초년생은 그러한 역량을 계발하기 위하여 더 많이 노력해야 한다. 강단에 서지 않은 평상시에도 정서를 자극하는 언어를 선정하고 사용해 버릇하는 것이 좋다. 그날그날 일어난 일을 식구들 앞에서 가장 적절한 언어로써 이야기해 볼 수도 있다. 귀가길에 그 이야기를 미리 연습한 다음, 저녁에 아내와 아이들 앞에서 자신이 경험한 것을 이야기할 수가 있다. 이런 분위기에서 그는 다양한 소리나 몸짓을 사용하여 자신이 경험한 바를 자유롭게 말할 수 있다.

만약 이 일을 길게 잡아서 6개월 정도만 규칙적으로 연습한다면, 주중에 집에서 의식적으로 했던 것이 주일 예배 시간에 설교를 하는 동안에는 특별히 신경 쓰지 않고도 무의식적으로 자연스럽게 그런 효과들을 살려서 말하는 자신의 모습을 곧 발견하게 될 것이다.[3] 물론 설교 준비를 할 때도 정서를 유발하는 언어를 선정하고, 설교의 개요에 이런 요소들을 담아야 하는 것은 두말할 나위가 없다. 이런 연습이 누적되면 이런 선정 작업이 갈수록 쉬워질 것이다. 그리 오랜 시간이 걸리지 않아 음량, 음의 빠르기, 음의 고조도 갈수록 설교 내용에 부합하게 나타날 것이다. 그것들은 사건을 재현하는 법을 배우는 데서 얻는 성과이다.

3. 효과적인 제스처 사용

설교할 때에 언어와 소리는 제스처(몸짓)에 따라 나온다. 미소를 짓거나, 눈살을 찌푸리거나, 손을 사용하거나, 몸을 움직이는 것이 모두 감각 호소에 본질적인 요소들이다. '퍼렇게 덜 익은 감자를 으깨 먹는 공포'를 말하면서 웃는다면 전달의 효과가 엉망이 되겠지만, 얼굴을 찡그린다면 효과가 사뭇 달라질 것이다. '따가운 가시' 또는 '차 문에 끼인 손가락'에 관한 말을 적절한 제스처 없이 어떻게 할 수 있겠는가? '사방이 장미 향기로 진동한다'고 말할 때는 눈을 지긋이 감은 채 길고 천천히 내뿜는 콧소리가 제격일 것이다.

손 제스처는(다른 신체 부위의 제스처와 마찬가지로) 세 가지로 분류할 수 있다. 첫째는 강조이고(예. "우리는 사단에게 굴복하지 않을 것입니다"라고 말하면서 강단을 내리침), 둘째는 지시이고(예. "저기 있는 저것 말입니다"), 셋째는 설명이다(예. "그 길이가 이쯤 됩니다"라고 말하면서 손으로 설명함).

제스처도 연습하면 큰 유익을 얻을 수 있으며, 주일 아침 말고도 다른 시간에 틈틈이 연습해야 한다. 연습을 지속적으로 하면 효과도 빨리 나타난다. 제스처를 사용할 때 나타나는 부자연스럽고 거북스러운 점은 오직 한 가지 방법으로만 극복할 수 있다. 그것은 스케이트를 배울 때처럼 부자연스러운 자세를 극복해 나가는 방법과 똑같다. 끈질긴 인내심밖에는 왕도가 없는 것이다(이 분야에 대한 보다 깊은 논의는 귄 월터스가 이 책에 기고한 "강단에서의 신체"라는 글 참조하라).

지금까지 살펴본 것처럼 생생하게 말하기 혹은 설교에서 감각에 호소하기란 하나의 복합적인 문제에 관해서 말하는 것이다. 그것은 단순히 말로써 그림을 그리는 문제가 아니다. 그것 외에도 호소할 수 있는 감각이 네 가지가 더 있으며, 그 일에는 언어(스타일)와 전달(소리와 신체 사용)을 포함한 전인(全人)이 필요하다. 그리고 이런 것들은 모두 내용에 의해 조절된다.

이야기(storytelling)

청중에게 가장 큰 호소력을 발휘하는 것은 아마 이야기일 것이다. 그 이유는 이야기를 할 때 정서를 유발하는 언어를 가장 많이 사용하기 때문이다. 이야기는 그런 언어를 사용하지 않고는 할 수 없다. 그러므로 그 두 가지는 맞물려 진행된다.

이야기에는 근본적으로 두 가지 종류가 있다. 하나는 진짜 이야기이고, 다른 하나는 꾸며낸 이야기이다. 물론 이 두 가지가 합쳐진 이야기들도 많다. 그런 이야기들은 원래 이야기를 늘이거나 줄인 형태에서 많이 발견된다. 길게 늘인 이야기, 비유, 긴 사례, 알레고리, 평범한 옛날 이야기가 말 그대로의 이야기이다. 반면에 사례와 실례는 잘라내거나 줄인 이야기이다.

이야기는 유추, 직유, 은유, 확대 은유(알레고리), 확대 직유(비유) 등 다양한 방식으로 구성된다. 이런 형태를 다 설교에 사용할 수 있다. 예수께서 "나는 …… 이다"(예를 들면, '생명의 떡', '생수', '세상의 빛' 등)라고 하실 때 그것은 작은 이야기들이다. 이런 이야기체 말씀들은 구약의 풍성한 배경을 알고 사용하는 사람들에게 깊은 의미를 깨달을 수 있는 단서가 되어 주었다. 철저히 목자의 이미지(참조. 시 23; 요 10)를 배경에 깔고서 하신 "나는 문이니"라는 작은 이야기는 겉으로 나타난 교훈 못지 않게 속에 함축하고 있는 교훈도 많다.

따라서, 이야기의 첫번째 원칙은 이야기를 듣는 회중의 배경에서 많은 것을 끄집어내야 한다는 것이다. 농촌 교회에서 농사에 관련된 이야기를 적절하게 사용하면 도시 교회에서 장황한 이야기를 사용하는 것보다 훨씬 효과가 클 것이다. 물론 이야기를 하려면 실정을 정확히 알고서 해야 한다. 그렇지 않으면 차라리 하지 않은 것만 못하다. 농부들을 앉혀놓고 아빠 황소, 엄마 황소, 애기 황소라고 말하려면 아예 그런 이야기를 하지 않는 것이 낫다(도시 교회라면 많은 사람이 그런 오류를 식별조차 하지 못할 것이다)!

물론 정반대(두번째) 원칙도 사실이다. 새롭고 독특하고 색다른 자료는 **주의깊게 묘사하고 설명할 때** 비로소 반응을 일으킨다. 알려지지 않은 것은 알려진 것을 사용할 때 가장 잘 알릴 수 있다.

이야기의 세번째 원칙은 오래되고 친숙한 것을 새롭고 다른 방식으로 말하는 것이다. 새로운 각도에서 그것을 바라보는 것이다. 이것이 예수께서 "나는 …… 이다"라고 하실 때 사용하신 원칙이다.

네번째 원칙은 진부하고 식상한 이야기를 피하는 것이다. 자신의 이야기를 찾아야 한다. 자신의 경험을 활용하고, 주변의 것들을 말해야 한다. 예수님은 "들의 백합화가 어떻게 자라는가 생각하여 보라"고 말씀하실 때 주위에 피어 있는 꽃들을 가리키면서 말씀하셨다. 창조된 만물이 다 하나님의 이야기책이다. 그 책을 읽어 보라. 그것을 다 알 때까지 연구해 보라. 설교자는 다른 사람들의 감각들을 일으키고 싶다면 자신의 감각들을 사용하는 법을 계발해야 한다. 모든 감각을 곤두세운 채 자신이 살고 있는 세상을 바라보아야 한다. 그리스도 안에서 우리를 구속하신 하나님은 세상의 창조주이기도 하시다. 그분은 한 분이기 때문에 창조된 세계와 그리스도 안에서 이루어진 새로운 창조 사이에는 상호 연관성이 있다. 창조계에 있는 모든 것은 어떤 점에서는 영적 진리를 유추할 수 있게 한다.

어떻게 하면 이야기하는 법을 배울 수 있을까? 필자는 두 가지 방법을 제시하고 싶다. 첫째, 노트를 마련한다. 매일 아침 연구를 시작하기 전에 주위를 둘러보고 거기에 무엇이 있는지 살펴본다(그러면 평소에 무심코 지나치며 살아온 것들을 다시 한번 보고, 듣고, 냄새 맡고, 맛보고, 만지는 일이 우선적인 과제가 될 것이다). 무언가 썼다가 마음에 들지 않아 구겨서 버린 종이들이 들어가 있는 휴지통을 생각해 보라. 그것이 무슨 의미를 가지고 있을까? 어떤 진리를 가르칠 때 그것을 예로 삼을 수 있을까? 거의 모든 세계와 연결할 수 있는 전화기를 들여다 보라. 종이에 글을 쓸 때 나는 사각거리는 소리를 들어 보라. 손가락으로 책상의 나무결을 따라 가보라. 흠집이 발견되면 그것이 어떻게 생겼는지 생각해 보라. 매직펜의 뚜껑을 열고서 냄새를 맡아 보라.

이런 연구만으로도 평생을 두고 이야깃거리들이 떨어지지 않을 충분한 자료들을 얻게 될 것이다! 그러나 거기서 이야기를 얻을 만큼 감각들을 활짝 열어놓는 방법을 배워야 한다. 우리는 살아오면서 우리 주위에 존재하는 많은 것들, 우리 주위에서 발생하는 많은 것들을 무시하는 데 익숙해져 있기 때문에 — 실은 그러지 않고서는 중요한 일을 하나도 할 수 없다 — 이야기로 만들 수 있는 많은 것들을 놓치면서 하루하루를 살아간다. 우리 몸에 배인 무시하는 습관을 설교자들은 뒤집는 법을 배워야 한다. 그렇게 하려면 매일 노력해야 한다.

매일 노드에다 연구 과정에서 부산물로 얻은 사례나 예화나 이야기를 적어도 하나 이상 기록해 둔다. 이 작업을 6-8개월만 기록해 보라. 좋든 나쁘든 상관하지 말고 하루에 하나씩만 적어 보라. 다른 일을 하기 전에 기도한 뒤에 그것을 기록해 두라. 곧 더 많은 것을 더 신속하게 느끼게 될 것이고, 이야깃거리들이 쏟아져 나올 것이다. 더 나아가 갈수록 더 좋은 이야깃거리들을 얻게 될 것이며, 나중에는 그 작업이 상당히 재미있게 될 것이다.

두번째로 하고 싶은 제안은, 관찰 범위를 교회나 강의실로 넓혀서, 거기서 느낀 이야기 소재를 적어도 두 개 이상 노트에 적으라는 것이다. 이 작업은 설교나 강의 도중에 주위에 있는 어떤 것을 실제로 가리키거나 논평할 수 있게 해준다(예. "저기 있는 불빛이 보이십니까? 좋습니다……")

위에서 제안한 이야기들은 사물들과 관계가 있다. 이런 이야기는 설교할 때 간단히(작은 이야기로) 다루는 것이 좋다. 이런 이야기는 설교를 시작할 때 쉽게 사용할 수 있다. 하지만 정작 설교에 가장 효과적인 이야기는 그리스도의 비유들처럼 행동하는 사람("씨를 뿌리는 자가 뿌리러 나가서 뿌릴쌔")과 (혹은) 대화를 나누고 있는 사람과 관련된 보다 긴 이야기들임을 발견하게 될 것이다. 문답 형식은 청중으로 하여금 이야기에 동참하게 하고 이야기에 빠져들게 하는 점에서 아주 유용하다. 그리스도께서 문답식 방법을 많이 사용하신 데는 그러한 이유가 있었다.

그런데 문제는 행동하거나 대화하고 있는 사람들이 포함된 이 이야기들을 어떻게 계발할 수 있는가 하는 것이다. 기본적으로 두 가지 방법이 있다.

1. 허구적인 이야기를 구성한다("농부가 방금 자신의 밭을 다 갈았다고 생각해 봅시다").
2. 어디를 가든 눈과 귀를 활짝 열어둔다.

다른 사람들이 방심하면서 주위에서 일어나는 일들을 무심코 지나칠 때, 지혜로운 설교자는 일을 한다. 그의 눈동자는 언제나 움직인다. 그의 귀도 늘 조아린다. 좋은 자료들을 찾기에 분주한 것이다. 그는 잊기 쉬운 것을 즉시 메모해 두기 때문에 좋은 자료가 금방 쌓인다. 그리고 거의 모든 자료를 모아두고 있기 때문에 그것을 찾으러 다른 데로 가지 않아도 된다.

이처럼 설교자 여러분은 얼마간 이 작업을 매일 규칙적으로 하다보면 아주 흥미로운 어떤 현상이 발생하기 시작하는 것을 의식하게 될 것이다. 설교를 하는 동안 온갖 종류의 이야기들이 돌연히 머리 속에 떠오르는 것이다. 그 중에 어떤 것은 그 날 설교에 아주 적합한 좋은 이야기일 수가 있다. 그러나 대부분 초기 단계에 찾아오는 생각이란 그렇게 썩 좋은 것이 아니다. 그러므로 그것을 즉석에서 사용해서는 안 된다. 대신에 설교가 끝나자마자 잠시 머리에 떠올랐던 이야기를 메모해 두는 것이 좋다. 후에 손질해서 좋은 자료로 쓸 수 있으니까 말이다. 그런 자료들은 나중에라도 긴요하게 사용할 수 있다.

설교하는 동안 불쑥 떠오르는 생각을 그 자리에서 사용해서는 안 되는 한 가지 이유는 효과적인 전달을 위한 가장 좋은 표현으로 손질해야 하므로, 생각할 시간이 필요하기 때문이다. 갑자기 생각난 이야기가 '급소를 찌르는' 것인가? 그것을 전달하기에 가장 적합한 말이 무엇인가? 그것을 전달함으로써 얻게 될 최선의 결과가 무엇인가? 아무리 좋게 보이는 생각이 불쑥 떠올랐다 해도 이러한 질문들을 고려한 다음에 사용해야 한다.

그러나 이런 연습을 오래 반복한 뒤에는 마침내 이런 과정들이 대부분 자동적으로 이루어져서, 그런 이야기들이 불쑥 생각나는 바로 그 순간에 사용할 수 있게 되는 때가 올 것이다. 그 때가 진정으로 설교를 자유롭게 할 수 있는 때이다. 그 때는 설교를 하기 전까지는 생각조차 하지 못했던 것을 다음 번 설교 개요에 적어 넣는 자신의 모습을 발견하게 될 것이다. 그러나 이 단계에 오르려면 앞에서 필자가 제안한 방법을 무수히 반복해서 훈련해야 한다.

이야기는 설교에 창을 내는 것과 같다. 그 창을 통하여 성도들은 보고 듣고 냄새를 맡는다. 그러나 설교자 자신이 먼저 맛보고 만지지 못한 것을 성도들이 맛보고 만지는 일이란 없다. 그러므로 무엇보다 하나님의 말씀을 진지하게 받아들여 그 진리를 생생하게 느끼고, 하나님이 지으신 만물을 면밀히 관찰하여 설교에 필요한 모든 유추들을 발견해야 한다. 그러면 마침내 여러분의 설교와 여러분의 회중은 함께 살아나게 될 것이다!

간추린 이야기와는 달리, 확대시킨 이야기는 다섯 가지 요소로 구성된다.

1. 배경 혹은 서론적 자료

   2. 사건의 발단이 되는 문제

   3. 미결정 상태로 진행되는 전개 과정

   4. 절정(혹은 문제 해결)

   5. 결론

  이 다섯 가지 요소들은 그 자연스러운 순서에 따라 다음과 같은 도표로 표기할 수 있다.

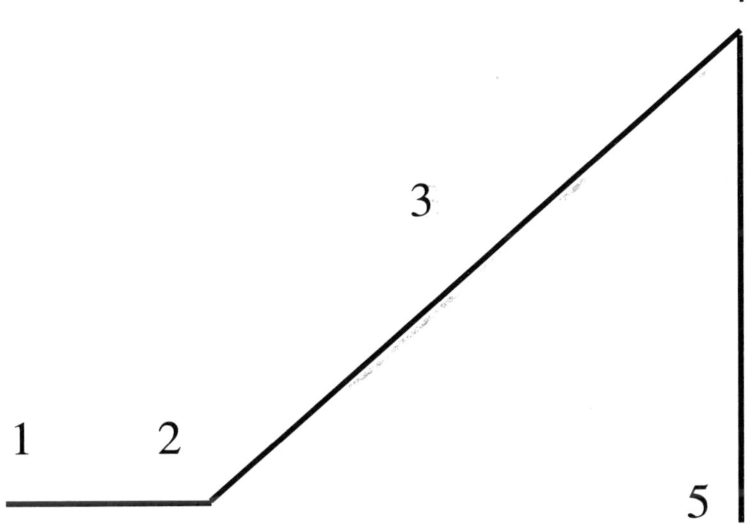

이 도표는 세 가지를 지적한다.

   1. 이야기의 자연스러운 순서

   2. 각 요소에 할당된 시간의 길이

   3. 각 단계에 조성되는 흥미의 수위

  이야기의 배경은 예측 가능한 정상적이고 보편적인 수준에서 시작하여, 문제가 도입되면서 상승하여 미결정 상태로 상승을 계속한다. 흥미가 가장 고조된 시점에서 해결(절정)이 발생한다. 그런 다음에는 흥미도가 급속히 떨어진다. 그래서 결론은 짧아야 한다(때로는 결론이 아예 필요치 않다. 절정과 결론이 함께 발생한다). 이 도표에 비추어 그리스도의 비유들을 검토해 보라.

감각 호소와 이야기에 관해서 훨씬 더 많은 말을 할 수 있지만, 이 간략한 분석에다 위에 소개한 몇 가지 실질적인 제안만으로도 진리를 오래 기억되고 호소력 있고 감동적이고 생생히 적용되고 실천 가능하게 전하기 위해서 근실하게 생각하고 따를 의지가 있는 분들에게는 적지 않은 도움이 될 줄로 믿는다.

주

1) Norman Vincent Peale은 굉장한 이야기꾼이다. 설교자들은 그로부터 이야기에 관하여(설교 내용에 관해서가 아니라) 배울 점이 있다.

2) 텔레비전이 우리에게 가르쳐준 것처럼, 성도들은 단지 경청하는 사람들일뿐 아니라 보는 사람들임을 명심하는 것이 중요하다.

3) 나중에 다루겠지만 설교를 녹음해 두면 진보 과정을 확인할 수가 있다.

제3부

설교자의 태도

제 14 장

능력있는 설교

제프리 토머스

개혁주의 신앙을 가진 설교자가 빠지기 쉬운 위험의 하나는 초지성주의 (Hyper-intellectualism), 즉 지식인들만 알아들을 수 있는 순전히 이지적 형태로 설교하는 것이다. 그런 상태에 빠지면 교리에 집착하다가 두뇌 지향적인 설교자가 되고 만다. 그런 설교자 밑에서 자란 성도들은 정서적이고 헌신적이고 실질적인 면에서 상당히 빈곤하게 된다. 그런 설교자는 책의 사람일 뿐 사람들의 사람은 아니다. 교리는 잘 알지만 기독교의 감정적인 면에 대해서는 아무것도 알지 못한다. 전능하신 하나님께 대한 신앙 체험, 지속적인 교제, 그리고 상호 관계에 대해서는 별로 아는 바가 없다. 사람들에게 기독교 진리를 설명하는 것과, 그리스도의 인자와 존귀를 깨닫고 거기에 압도된 채 그 사실을 듣는 자들에게 전인(全人)으로써 전하여 마음과 영혼과 뜻과 힘을 다해 그분을 사랑하는 차원으로 변화시키는 것과는 별개의 일이다. 이것이 바로 신약성경이 관심을 기울이는 대목이다: "그러나 주께서 허락하시면 내가 너희에게 속히 나아가서 교만한 자의 말을 알아 볼 것이 아니라 오직 능력을 알아 보겠노니 하나님의 나라는 말에 있지 아니하고 오직 능력에 있음이라"(고전 4:19-20).[1]

그 문제는 보편적이다. 교단이나 목회자 단체치고 강단의 무기력함을 교회의 가장 큰 문제로 지목하지 않는 곳이 없으며, 설교 관련 저서들을 보더라도 목회의 능력과 쇄신의 비결을 지적하는 내용이 넘친다. 어떤 사람들은 능력의 비결을 방언에서 찾지만, 실은 오순절 교회들의 강단에서도 무능력을 얼마든지 찾아볼 수 있다. 또 어떤 사람들은 두려울 정도로 근엄하고 수도원적인 분위기에서 그 답을 찾는다. 육체에 고통을 줘가면서 하는 기도와 금식과 고행과 자기 부인이 무능력을 치유하는 유일한 답으로 절대화된다. 이런 생각이 젊은 설교자에게 얼마나 큰 부담을 주는가!

그것은 시편 23장을 읽으면서 푸른 초장과 잔잔한 물가를 빼고서 읽는 것과 같고, 「천로역정」을 읽으면서 해석자의 집(Interpreter's House)과 목자의 초원(the Shepherd's Land)과 뿔라의 땅(Beulah Land)을 빼놓고, 오로지 오직 원수들과 전투들과 싸움들만 읽는 것과 같다. 물론 십자가의 그늘은 우리 기독교인들의 삶에서, 강단을 포함한 모든 것에 드리워 있다. 자기를 부인하고 자기 십자가를 지는 일에 낯선 사람이라면 설교에 무슨 능력을 나타내겠는가? 그러나 금욕 한 가지만을 통하여 능력 있는 설교자가 된 사람은 한 사람도 없다. 하나님의 말씀이나 우리 자신의 경험이 그러한 결론을 내리도록 허용하지 않는 것이다.

그렇다면 설교 능력은 어디에서 발견할 수 있는가? 그것은 집회 강사들과 유명한 목회자들의 엘리트 그룹의 전유물은 분명히 아니다. 하나님의 말씀을 참되게 선포하는 설교라면 그 설교에는 하나님의 능력은 따르게 마련이다. 잘못된 주해로써 성경을 잘못 증거하는 것이나, 무능하게 성경을 전하는 것 모두가 죄를 짓는 것이다. 신약성경이 가르치는 유일한 복음 전파는 하늘로서 내려오신 성령께서 함께 하시는 설교이다. 우리의 설교가 위로의 말이든지, 아니면 긍휼히 여기는 동정의 말씀이든지, 아니면 하나님의 은혜가 가장 취약한 곳에 깊이 관심을 가지고 말씀을 전하는 것이든지 이 모든 것들은 능력 있게 이루어져야 한다. 전도적인 차원에서 겸손케 하며 각성을 촉구하는 설교든지, 혹은 목회적인 차원에서 격려하며 굳세게 해 주는 설교든지 무릇 참된 설교가 되려면 하나님의 능력으로 가득 차 있어야만 한다.

그러나 다시 말하지만, 그러한 능력을 어디에서 찾을 수 있을까? 유일한 대답은 설교자의 영혼에 계신 하나님의 생명에서 찾을 수 있다는 것이다. 그 생명은 성령으로 거듭난 생명이다. 길버트 테넌트(Gilbert Tennent, 1703-1764. 장로교 설교자요 부흥사. 미국에서 큰 부흥을 일으켰음. "회개치 않은 자가 수행하는 목회 사역의 위험성"이란 설교가 유명함—역자주)의 유명한 설교 이후에 240년이 지난 지금까지도 오늘날 기독교 신앙의 빛을 가리우는 큰 장애물은 회개치 않은 자의 목회 사역이다. 많은 설교자들이 예수 그리스도를 믿음으로 구원을 얻는 도(道)에 무지하다는 사실만큼 오늘날 수많은 강단의 능력 부재 현상을 잘 설명해 주는 답변도 없다. 존 웨슬리, 토머스 찰머스, 아브라함 카이퍼 같은 분들도, 목회 사역 초기에는 회심치 못한 사람들이었다는 이유 때문에, 몹시 허약하고 애처롭기 그지없는 설교자들이었다. 능력 있는 설교는 거듭나는 데서 태어나 우리 구주 예수 그리스도와 사귐을 갖는 데서 유지되고 부요케 된다.

그러므로 조엘 네더후드와 에롤 헐스가 이 책 앞부분에서 잘 지적했듯이, 설교자가 예수 그리스도와 맺고 있는 개인적 관계가 그의 인격과 그가 주 안에서 행하는 사역에 치명적으로 중대한 기반이 되어준다. 이러한 관계가 설교자로 하여금 위로부터 능력을 입게 해준다. 하지만 더 나아가 은혜로우신 우리 하나님은 설교자가 선포하는 당신의 말씀을 능력으로 띠 띠우시기 위해서 세 가지 구체적인 방법을 제시하셨다.

1. 말씀의 능력

"하나님의 말씀은 살았고 능력이 있다"(히 4:12. 한글개역성경, "…… 운동력이 있어"). 하늘에 있는 능력은 하나님이시다. "인자가 권능의 우편에 앉은 것과 …… 너희가 보리라"(마 26:64). 땅 위에 있는 능력은 복음이다. "구원을 주시는 하나님의 능력"(롬 1:16). 그 이유는 모든 성경이 하나님의 감동으로 되었기 때문이다(딤후 3:16). 성경은 하나님의 숨결이다. 성경의 모든 문장과 모든 문구가 여호와의 숨결이다. 성경은 그분의 존귀이다. 왜냐하면 성경의 집필 과정에서 일점 일획까지도 하나님께서 친히 감독하셨기 때문이다. 성경의 독특한 권위는 그 완전한 신뢰성 때문에 생기는 것이 아니다. 아울러 완전한 신실성 때문에 생기는 것도 아니다. 성경이 능력이 있는 이유는 그것이 하나님의 말씀이기 때문이다. 성경이 말하는 것은 곧 하나님께서 말씀하시는 것이다.

성경은 "있으라" 하는 말씀으로 우주를 존재케 한 그 말씀이며, 흙으로 지음을 받은 사람의 코에 숨결을 불어넣어 생령이 되게 한 그 숨결이다. 그것은 제자들이 산 위에 앉으신 주님께로부터 "심령이 가난한 자는 복이 있나니 천국이 저희 것임이요"(마 5:3)라는 말씀과 함께 산상보훈으로 들은 말씀이다. 성경은 영이요 생명이다(요 6:63).

하나님은 우리에게 이 놀라운 책을 주셨다. 이것은 순례의 길을 가는 온 회중의 중심에 놓여 있다. 사도시대에 내린 계시의 은사들이 이루어 놓은 것을 이 완전한 선물은 그 뒤로도 계속 이루어왔고, 파루시아 때까지 계속해서 이루어갈 것이다. 하나님의 말씀은 교회의 표지이다. 성례들을 성경과 나란히 높여 동등한 중요성을 지닌 교회의 두 가지 표지로 가르친다면, 그것은 분명히 오류이다. 하나님의 말씀을 믿지 않고 전파하지 않는 곳에서 가르침이나 성례가 무슨 소용이 있겠는가? 하나님의 말씀에 사로잡힌 백성들이 그 말씀의 무오성을 끝까지 포기하지 않고 고백하는 이유가 바로 여기에 있다. 왜냐하면 성경에 오류가 있다면 그것은 더 이상 하나님의 말씀이 아니기 때문이다. 우리는 사도들과 선지자들이 더 이상 우리와 함께 있지 않다고 슬퍼할 이유가 없다. "그러면 무엇을 말하느뇨. 말씀이 네게 가까와 네 입에 있으며 네 마음에 있다 하였으니 곧 우리가 전파하는 믿음의 말씀이라"(롬 10:8, **KJV** 참조). 하나님께서는 그 말씀을 교회로 가져오시도록 큰 배려를 베푸셨다.

이것이 교회가 성경의 정확성과 능력에 관하여 내놓는 신앙고백이며, 이것은 다음과 같은 가장 근본적인 질문을 제기한다: "우리의 설교에는 왜 말씀의 능력이 나타나지 않는가? 왜 사람들이 말씀의 능력을 느끼지 못하는가? 사람들이 말씀에 무지한 이유가 도대체 무엇인가? 말씀이 증거되는 강단 아래에서 사람들이 어떻게 졸 수 있는가? 왜 우리 성도들이 말씀에 무감각한가?"

만일 우리가 자신에게 솔직하다면 한 단계 더 나아가서 우리도 말씀에 자주 무감각과 무반응을 보이는 것을 고백해야 한다: "우리는 말씀에 의하여 감동되지도 않고 변화되지도 않는다. 우리 역시 말씀의 능력에 낯선 사람들이다." 왜 그런가? 분명히 하나님의 말씀에 결함이 있는 것이 아니다. 예수께서는 친히 성경이 권위 있고 영원불변한 말씀임을 입증하셨다(요 10:35). 성경이 반드시 이루어져야 한다고 일관되게 역설하셨다. 천지는 다 없어져도 말씀은 영원히 존재할 것이라고 말씀하셨다. 사람들이 말씀을 경청하고 말씀으로 위로를 받든지 그렇지 못하든지 간에, 성경은 하나님의 말씀으로 남아있다. 그렇다면 교회 안에서 말씀의 능력 부재를 느끼는 현상은 어디서 유래하는 것일까? 몇 가지 질문을 해보자.

1. 우리는 말씀을 읽는가?

아주 초보적인 질문이지만, 이 질문에서부터 출발해야 한다. 우리는 성경을 읽고 있는가? 신문을 읽는 것보다 더 많이 읽고 있는가? 성경을 매일 연구하는 것을 우리의 의무로 알고 사는가? 성경을 연구할 시간을 정해놓고 말씀을 묵상하는 시간을 갖고 있는가? 성경의 의미를 깨닫기 위해서 머리를 짜내어 생각하고 묵상하며 질문을 던지는가? 말씀을 샅샅이 찾는가? 말씀을 아는 지식 가운데서 자라가고 있는가? 성경을 비추어 주는 다른 책들도 읽고 있는가? 다른 신자들과 하나님의 말씀의 뜻에 관하여 대화를 나누는가? 성경에 의하여 움직이는가?

사도 바울은 칭의와 성화 그리고 인간 역사에 나타난 하나님의 주권이라는 영광스러운 교리들을 가르치다가 마지막으로 로마서 11장에서 미리 준비해둔 절정으로 데려간다. 그는 감동에 사로잡혀 잠시 뒤를 돌아보면서 이렇게 말한다: "깊도다 하나님의 지혜와 지식의 부요함이여, 그의 판단은 측량치 못할 것이며 그의 길은 찾지 못할 것이로다"(롬 11:33). 바울은 하나님의 자기에게 베푸신 진리를 스스로 강해하고 나서 그 엄청난 내용을 주체하지 못하고 흥분을 가라앉히지 못한다. 그 절정에 서서 내려다 보면서 "깊도다" 하고 외친다. 우리도 그런 심정을 느껴본 적이 있는가? 우리가 그런 심정을 느껴본 적이 없다면 우리의 성도들도 그런 심정을 느낄 수가 없다. 그렇기 때문에 예배 시간이 참기 어려울 정도로 빈곤하게 느껴지는 것이다.

에베레스트 산의 웅장한 자태처럼 말씀의 그 두려운 위엄 앞에 우리 성도들을 세우고 진리의 그 위용을 보게 하는 것이 우리의 의무가 아니던가? 그리스도인으로서 겪는 진정한 체험은 교리적 진리가 우리의 정서에 영향을 끼칠 때 생긴다(새뮤얼 로건이 이 책에 기고한 글에서 상기시키듯이, 조나단 에드워즈는 이 사실을 분명히 보았다). 그러나 우리가 하나님의 말씀을 읽고, 읽고,

읽고 또 읽고 그리고 좀더 읽지 않는 한 우리는 성경에 영향을 받지 못한다. 말씀 안에 있는 능력을 붙잡을 수가 없다.

성경에 관한 건실한 교리를 완벽하게 붙들고, 성경의 무오성에 관한 논증들과 자증하는 성경 본문들을 잘 안다고 한들, 매일 하나님의 말씀과 친밀한 사귐을 갖고 있지 않다면 그것이 무슨 유익이 있겠는가? 만일 성경이 하나님의 말씀이라고 한다면 인생은 그 권위 아래서 보내야 한다. 이것 외에 다른 데서 오늘날 강단의 능력부재 현상의 이유를 찾으려고 애쓸 필요가 없다. "성경을 상고하라!"

2. 우리는 말씀을 설교하는가?

바울은 디모데에게 "말씀을 전파하라"고 권면한다(딤후 4:2). 그것은 오늘날 설교자들에게 주는 권면이기도 하다. 성경의 모든 교훈을 온 교회가 깨달아야 하며, 성경의 모든 교훈을 온 교회에게 선포해야 한다. 하나님이 성경을 주신 목적은 바로 이것 때문이다. 우리는 성경의 모든 교훈을 설교하고 있는가? 우리는 창세기로부터 요한계시록까지, 요한계시록으로부터 창세기까지 샅샅이 설교하는가?

신약 교회의 첫번째 설교는 구약성경으로 가득 찼다. 구약성경은 3천명의 회심자들에게 내린 하나님의 축복이었다. 성경의 절반이 역사 해설이지만, 그러나 오늘날 강단에서 그 분야만큼 홀대를 당하는 것도 없다. 성경의 역사는 우리의 정서를 진리로 이끄는데, 우리의 회중이 우리 설교를 듣고서 절뚝거리는 스토아주의자들처럼 되어 있는 것은 이 분야에 대해서 우리가 게을렀기 때문이다. 오늘날 강단에서는 구약성경의 역사 부분들에 관한 연속 설교가 절실히 필요하다. 그 부분은 오늘날 설교자들에게 지침과 모델이 될 수 있다. 가장 좋은 모델은 여전히 존 칼빈의 설교이다.

말씀을 선포하라는 권고는 강해라는 방식에 의해서, 즉 성경의 책들 중에서 특히 구속의 체계를 가르치는 부분들을 체계적으로 가르치는 방식에 의해서 가장 잘 수행할 수 있다. 강해가 가장 분명하고 자연스러운 설교 방법이다. 이것은 설교자 자신뿐만이 아니라 성도들에게도 엄청난 지식을 안겨준다. 본문들은 일정한 문맥 안에서 발견되며, 진리들 하나하나를 아는 것만큼이나 진리들 사이의 유대를 아는 것도 대단히 중요하다. 진리들은 보석상자에서 끄집어내어 사람들 앞에 과시한 뒤 도로 집어넣는 보석들이 아니다. 성경의 절들은 고립된 문장들이 아니라, 서로 결합하여 기사나 주장을 구성한다. 성경의 책들을 통해서 설교하면 하나님의 모든 뜻을 선포하고 사람들을 불균형과 편식에서 건질 수 있다. 그것은 가장 흥미로운 설교 방식이기도 하다. 강해 설교를 지루하게 할 수 있는 설교자는 희귀한 사람들이다. 지극히 피상적인 그리스도인들이나 아덴 사람들의 정신에 사로잡혀 주일마다 새로운 것을 요구하고, 새로운 목소리나 성경에서 평소에 잘 인용되지 않은 새로운 구절을 기대하는 법이다.

말씀은 서로 연관지어 전파해야 한다. 그렇게 해야 회중에게 하나님의 모든 뜻을 전하고, 개인을 겨냥했다는 비판을 받지 않으면서 온갖 종류의 악을 책망하고 꾸짖고 들춰낼 기회를 얻을 수 있기 때문이다. 이러한 방식을 사용하면 주일이 다가올수록 본문 선정 문제로 겪는 망설임과 의심을 덜 수 있다. 이런 식으로 일 년을 설교하면 교인들이 겪는 어려운 문제들이 거의 다 다루어지고 거의 다 대답된다. 이러한 설교는 전도에도 큰 도움을 준다. 강해 설교를 통해 하나님의 말씀에 대해 깊은 만족을 체험하며 사는 교인들의 모습을 보고서 주변 모든 지역의 사람들이 그 설교를 한 번 들어보고 싶어할 것이기 때문이다.

3. 하나님의 말씀을 논리적이고 질서있게 전하는가?

구약에서 전도자(설교자)가 했던 일을 하고 있는가? "전도자가 지혜로움으로 여전히 백성에게 지식을 가르쳤고 또 묵상하고 연구하여 잠언을 많이 지었으며"(전 12:9). 당신의 형상으로 우리를 만드신 하나님은 질서의 하나님이시며, 따라서 우리도 합리적이고 체계적인 전개를 이해할 수 있을 때 최고의 역량을 발휘한다. 바울은 다섯 마디 말일지라도 깨닫는 마음으로 한 것을 중시했다(고전 14:1-9). 1471년 7월에 뉴잉글랜드 엔필드 교회의 교인이, 조나단 에드워즈가 신명기 32:35("그들이 실족할 그때에")에 관해서 설교할 때 받은 인상을 기록해 놓은 글이 있다:

[에드워즈는] 선생님처럼 분명하고 신중하며 확신에 찬 어조로, 자신의 노력의 결과에 가슴 졸여가며, 한 마디 한 마디가 회중에게 충분히 이해되도록 말하기 시작했다. 그가 본문의 의미를 풀어 가는 동안 어떠한 말로도 제대로 옮길 수 없는 무지무지하게 두려운 비유를 사용했다. 회개치 않은 자의 운명과 위험에 대한 그의 무서운 설명이 진행되는 동안, 회중은 그가 믿으라고 강권하는 진리들을 갈수록 뼈 속 깊이 깨닫게 되었다. 그의 말은 상상의 산물이 아니라, 논증의 일부인 것 같았다.[2]

진리를 조리있게 전하는 데에는 엄청난 능력이 실리는 법인데, 목회자들은 어리석게도 견고한 개요와 구조 같은 것들을 소홀히 여긴다(이 주제에 관한 자세한 논의는 글렌 넥트가 이 책에 기고한 글을 참조하라). 사도들이 설교할 때 이런 태도를 취하지 않았던가? 로마서에서 '그러므로'라는 단어가 얼마나 많이 등장하여 서신의 다양한 부분들을 한데 결속시켜 글이 논리적으로 진행되게 하는지 생각해 보라. 물론 설교는 서신서와 다르다. 설교는 서신서와 같은 논리의 연결 고리를 유지할 수 없다. 설교에서는 서너 개 정도의 연결 고리이면 충분하다.

청중은 설교가 끝나면 설교 내용을 되새겨 보고 싶어하는데, 그럴 때 '첫째로'에서 '셋째로' 건너온 것뿐 아니라, 그 과정의 흐름까지도 기억해 보고 싶어한다. 표제와 부제가 지나치게 많으면 청중에게 너무 사변적인 설교라는 인상을 주기 쉽다. 그런 설교는 마치 강의처럼 들려서 메마르고 지루하게 느껴진다. 하지만 논리적으로 생각하지 않는 설교자의 설교에는 힘이 없다. 능력 없는 설교자란 치밀하지 못한 채 장황하게 생각하는 사람이다. 말에 호소력이 넘치는 설교자는 조나단 에드워즈처럼 논리적이고도 간결하게 주장한다. 그의 설교에는 재미가 있다. 왜냐하면 인간 정신에 자리잡고 있는 질서와 이해에 대한 깊은 갈망을 만족시켜 주기 때문이다.

4. 하나님의 말씀을 분별력 있게 전하는가?

분별력이 있는 설교란 신자와 불신자 사이의 차이점을 보여주는 설교이다. 바울은 에베소 교인들에게 말하기를, 성령께서 그의 손에 검을 쥐고 계신데 그 검이 바로 하나님의 말씀이라고 했다(엡 6:17). 하나님 말씀을 어떤 식으로 전파해야 성령께서 그 설교를 쓰셔서 사람들의 죄를 깨닫게 하시고 그들을 그리스도 앞으로 인도하게 하시는지 의문을 품는 것보다 목회자에게 더 유익하고 소망스러운 일은 없다. 로이드 존스, 스펄전, 존 웨슬리, 조지 화이트필드, 청교도들, 종교개혁자들, 교부들, 사도들, 선지자들, 이 분들의 설교에 어떤 특징이 있었는가? 많은 사람들이 이 분들의 설교를 듣고 회개하였다. 이 분들의 설교를 하나님께서는 왜 그처럼 크게 들어 쓰셨는가?

분명한 것은 이 분들에게 한 가지 동일한 특징이 있었다는 점이다. 이 분들의 설교는 인간 정신의 가장 후미진 구석까지 샅샅이 찾아 들어간 것이다. 하나님의 말씀은 검이다. 하지만 서커스 단원의 검과는 사뭇 다르다. 서커스 단원은 날마다 한 20분쯤 검을 꺼내어 화려한 묘기를 보이다가 도로 집어넣고, 그러면 관객들은 참 멋진 구경을 했다고 한 마디씩 하면서 집으로 돌아간다. 오히려 하나님의 말씀은 외과의사의 메스에 가깝다. 말씀의 의사들은 사람 마음을 깊숙이 도려내야 하는 것이다.

베드로가 오순절에 행한 설교를 생각해 보라. 그는 낮술에 취했다고 비난하는 자들에 대해서 교회를 변호하면서 설교가 시작한다. 그리고 그 상황은 순식간에 요엘 선지자의 예언이 성취되었다고 선언하는 자리로 옮겨간다. 이 날은 하늘과 땅에서 비상한 사건이 일어난 날이요, 여호와의 날이며 구원의 날이라고 그는 선포한다. 예루살렘 사람들이 베드로의 설교를 들을 때에 또 다른 연사의 웅변을 듣는다고 느꼈던가? 그가 낮술에 취했다는 비난과 그가 교회를 변호한 말 가운데 양자 택일을 해야겠다는 느낌을 가졌던가? 결코 그렇지 않았다! 베드로는 예루살렘 사람들에게 구경꾼이나 배심원으로 자신의 설교를 듣도록 그냥 놔두지 않았다. 더군다나 그들이 자신의 설교를 듣고 판결을 내리기 위하여 그 자리에 모였다고 생각하도록 내버려 두지도 않았다. 오히려 베드로는 그들의 죄악을 들추어내었다.

그것은 그들이 한 번도 들어본 적이 없는 설교였다. 그들은 자기들의 악한 손으로 하나님의 정하신 뜻과 미리 아신 대로 내어준 바 된 예수를 십자가에 못박아 죽였다. 그들은 하나님의 독생자를 살해했다. 그들이 베드로를 판결한 게 아니라 베드로가 그들을 판결했다. 그들은 가장 높은 곳에 좌정하신 채 옳고 그름을 판결하시는 여호와를 만나야만 했다. 그런데 여호와 우편에 앉아 계신 분이 바로 자기들이 살해한 분이었다. 베드로는 이 세상에서 가장 종교적인 사람들에게 설교하였다. 여호와 하나님을 섬기기 위하여 순례를 떠나 예루살렘 도성에 이른 그들은 하나님의 아들 예수를 죽인 죄인들이라는 맹렬한 비판을 받았다. 베드로는 서커스장에서 노련한 칼춤을 추는 곡예사처럼 검을 휘두르지 않았다. 그는 검을 가지고 사람들의 심령을 사정없이 가격했다. 이 책의 다른 부분에서 사용한 용어들로 표현하자면, 베드로는 현상학적으로 설교하였으며, 그 결과 그 검으로 말미암아 사람들의 마음을 치유했다(행 2:37).

하나님의 말씀이 진정으로 생명이요 능력인가? 그러면 묻겠는데, 오늘날 교회에서 그처럼 명백한 사실이 왜 이다지도 무기력하게 보이는 것인가? 대답은 한 가지밖에 없다. 베드로가 오순절에 행한 설교와 같은 분별력 있는 설교('현상학적 설교')가 없기 때문이다. 베드로는 사람들의 심장에 대고서 설교했다. 그들의 죄악을 열거했다. 하나님이 반드시 심판하신다고 지적했다. 그는 "형제들아 우리가 어찌할꼬?"라는 말이 들려올 때까지 잠잠히 있지 않았다. 물론 베드로의 마음에는 그들에 대한 뜨거운 사랑이 있었다. 그는 청중을 사랑했다. 우리 설교자들은 청중이 자신을 사랑하는 것보다 더 뜨겁게 그들을 사랑해야 한다. 그럴지라도 베드로는 예루살렘 사람들에게 그들의 실상에 관해 증거할 때 그의 태도에는 신실함이 있었다.

얼마 후에 스데반도 설교할 때 똑같은 반응을 겪었다. 스데반의 설교를 들은 사람들도 똑같이 마음에 찔림을 받았던 것이다(행 7:54). 그러나 그들은 스데반의 설교가 싫어서 결국 그를 죽였다. 베드로의 오순절 설교처럼 능력 있는 설교를 하려면 우리도 고개를 지옥 문 안으로 디밀고서, 사람들에게 그들이 아직 죽을 준비가 되지 않았다는 것과, 그들이 대 심판을 받을 준비가 되어 있지 않다는 것, 그리고 곧 이 문이 닫히게 될 것을 증거해야 한다. 왜냐하면 죄인들은 그 사실을 모르기 때문이다.

신약시대의 그리스도인들이 그처럼 자주 구한 것이 무엇인가? 우리 설교자들의 삶과 사역에 필요한 것이 무엇인가? 그것은 담대함이다. 왜냐하면 "두려워하는 자들과 믿지 아니하는 자들 …… 은 불과 유황으로 타는 못에 참여"하게 될 것이기 때문이다(계 21:8). 지옥의 문이 교회 앞에서 무너지지 않는 이유는 우리 설교자들이 담대하게 설교하지 못하기 때문이다. 우리는 그리스도인들과 비그리스도인들을 구분하지 않는다. 우리의 용어와 적용은 지나치게 일반적인 것이다. 우리는 성령의 검을 휘두르지 않고 지휘봉만 휘두르고 있다.

5. 하나님의 말씀을 적용의 방법으로 전하는가?

적용 설교(applicatory preaching)란 그리스도인의 순종하는 삶과 불순종하는 삶의 차이를 보여주는 설교이다(이 문제에 관해서는 존 베틀러와 글렌 넥트가 이 책에서 지적한다). 부연 설명하자면, 예수께서는 제자들에게 산상보훈을 하실 때 바리새인들의 오류와 위선을 염두에 두시고서 윤리와 경건의 진정한 특성을 설명하셨다. 사람들은 종종 바리새인들이 그들의 결의법(決疑法)과 유전을 가지고 하나님의 율법 지키기를 더욱 어렵게 만들었다고 생각한다. 그러나 사실은 정반대이다.

마태복음 5장에서 예수님은 제자들에게 하나님의 율법의 온전한 요구를 적용하심으로써 참된 순종을 위해 어떤 대가를 치러야 하는지를 보여주셨다. 그들의 의가 서기관들과 바리새인들의 의보다 낫지 않으면 그들이 천국에 들어갈 가능성이란 없다(마 5:20). 예수님은 "살인하지 말라"는 계명을 행동뿐 아니라 태도와 말에까지 적용하셨다: "나는 너희에게 이르노니……형제를 대하여 라가라 하는 자는 공회에 잡히게 되고 미련한 놈이라 하는 자는 지옥 불에 들어가게 되리라"(마 5:22). 그리스도인들에게 남아 있는 죄를 타파하도록 멸망의 위협을 끌어들이신 것이다.

제7계명을 적용하실 때도 하나님께서 호색적인 생각조차 싫어하신다고 경고하시는 방법을 사용하시면서, 두 눈을 가지고 지옥에 가느니 차라리 한쪽 눈을 빼라고 하셨다. 적용 설교에서는 성령을 의지하여 사는 신자들과 육체대로 사는 신자들을 구분하기 위해서 제자가 된다는 의미가 아주 분명하게 부각된다. 성경에서 산상보훈의 석 장만큼 적용 설교에 관해 잘 배울 수 있는 곳이 없다.

이 문제를 좀더 다른 방향에서 살펴보자. 그리스도인이라면 하나님의 말씀에 실린 여러 가지 약속들이 믿는 모든 자들에게 주는 위로를 당연히 받아야 한다. 주님께서 우리의 모든 필요를 채워주실 것이라는 약속과, 모든 것이 합력하여 우리의 선을 이루도록 하시겠다는 약속과, 아무것도 우리를 그분의 사랑에서 끊을 수 없다는 약속과, 우리의 믿음이 사라지지 않게 하시겠다는 약속에서 마땅히 위로를 받아야 한다. 우리가 어떠한 상심을 했든간에, 하나님의 약속들 안에는 우리가 얻을 위로가 있다. 마태복음 2장에는 헤롯의 지시로 자행된 학살로 아기들을 잃은 베들레헴 여성들에 관한 묘사가 나온다. 그들은 위로 받기를 거절했다(마 2:18).

복음서 저자는 위로 받기를 거부하는 사람들이 천국에 들어가지 못한다고 말한다. 물론 죽음 앞에서 생기는 슬픔은 지극히 정당한 것이고, 우리 주님께서도 친히 그런 모습을 보이셨지만, 몇 년이고 슬픔에 젖어 지내면서 하나님께서 자기들을 그렇게 대하신 일에 아주 당혹해 하면서 불신앙을 정당화하기까지 하는 사람들이 있다. "그런 일이 생기게 허용하신 하나님을 나는 이해할 수 없어"라는 것이 그들의 주장이다. 베들레헴 사람들은 위로를 받을 수 있었다. 왜냐하면 그 아기, 메시아께서 때가 찰 때 죄인들을 위해 죽으시려고 십자가로 향해 가시기 위해서 그 칼을 피하셨기 때문이다. 하지만 그들은 위로 받기를 거절했다. 베들레헴의 어머니들이여, 당신들이 슬퍼하는 그 모습이 얼마나 이기적인 것인지 아는가? 하나님께서는 당신의 아들을 십자가로 보내사 우리에게 생명과 평화를 주시려 하셨다. 우리가 짊어진 시련이 아무리 무거운 것일지라도 당신의 아들을 통해서 우리에게 위로를 주시기 위함이다. 마태는 이 말을 자신이나 남들의 고통을 내세우며 하나님을 멀리하는 행위를 정당화하는 모든 사람들에게 던지고 있다.

적용이 결핍된 설교가 현대 개혁주의 강단의 독소이다. 인내심을 가지고 앉아 우리의 설교를 듣는 사람들에게 우리가 전하는 하나님의 말씀이 어떤 연관성이 있는가? 그 말씀을 듣고 나서 그들이 어떤 깨달음을 갖게 될 것인가? 우리가 전한 말씀이 그들의 생각과 감정과 행동에 어떤 영향을 미쳐야 하는가? 우리의 예배를 향해 쏟아지는 가장 흔한 비판은, 찬송 순서를 빼고는 회중에게 그저 구경꾼처럼 앉아 있으라고 요구한다는 것이다. 이런 점 때문에 사람들은 성령의 은사를 강조하는 집회에 참석하는 것이며, 거기에 참석하여 종종 마치 자신들이 예배에서 보다 많은 역할을 감당하는 줄로 착각을 한다. 설교는 교회 예배 중에서 가장 긴 순서가 되어야 한다. 그 삼십 분의 시간 동안에 설교자는 그리스도인들의 가슴에 감사와 찬송의 심정과, 죄를 깨닫고 회개할 심정과, 하나님을 사랑하고 순종하겠다는 결의와, 동료 신자들과 이웃에 대한 새로운 관심의 심정을 일으켜야 한다. 설교는 구경꾼들을 위한 것이 아니라 나그네들, 하나님과 깊이 연루되어 있는 사람들을 위한 것이다.[3] 이것이 예배의 절정이다. 적용 설교에 실패하는 것만큼 무기력한 목회의 원인은 없다.

요약하자면, 하나님의 말씀은 능력이 있는데도 불구하고 목회 사역이 잔뜩 맥이 빠진 경우가 있다. 그 원인은 하나님께 혹은 하나님의 말씀에 있지 않다. 하나님은 우리 세대에게 알맞는 자원들을 제공하여 주시는 일에 결코 실패하시지 않는다. 불신앙의 철학들이 널려 있는 현실을 탓할 수도 없다. 거짓 종교들을 감금해 달라고 탄원할 수도 없다. 인간들의 강퍅한 마음을 탓할 수도 없다. 설교자 자신의 양식이 너무나 빈약하다고 불평할 수가 없다. 왜냐하면 주님은 "내가 너에게 나의 말을 맡기지 아니했느냐?"고 지적하실 것이기 때문이다. "나의 말이 살았고 능력이 있지 않느냐? 나의 말이 성령의 검이 아니더냐?"고 주님이 되물으신다.

무릇 하나님께 목회자로 부름을 받은 사람은 교회와 세상 안에서 일어나는 모든 문제를 진단하고 대처하는 데 온전히 적절한 말씀을 받는다. 성경에서 적절한 대답을 찾을 수 없는 문제가 그의 삶에 들어올 수가 없다. 이것이 교회의 영광이다. "믿음은 들음에서 나며 들음은 그리스도의 말씀으로 말미암았느니라"(롬 10:17). 이 말씀의 은사에는 큰 책임이 따른다. "각각 자기의 일하는 대로 자기의 상을 받으리라 …… 각각 공력이 나타날 터인데 그 날이 공력을 밝히리니 이는 불로 나타내고 그 불이 각 사람의 공력이 어떠한 것을 시험할 것임이니라"(고전 3:8, 13). 그 날에는 우리가 성경을 가지고 얼마나 충성되게 사역했는지 드러날 것이다. 우리는 성경을 연구하고 전파했는가? 우리의 설교는 논리 정연한 것이었는가? 우리는 청중의 마음을 헤아려 분별력 있고 적용성 있게 설교했는가?

2. 믿음의 능력

오늘날의 강단이 안고 있는 가장 시급한 과제는 참 믿음의 성격을 명쾌하게 전하는 믿음의 사람들이 강단에 서야 한다는 것이다. 이것이 능력 있는 설교에서 찾아볼 수 있는 기풍이며, 이것이 전능하신 하나님께서 우리의 설교를 당신의 권능으로 띠 띠우시는 두번째로 중요한 방법이다.

1. 믿음의 사람들

존 칼빈은 믿음을 이렇게 훌륭하게 정의한다: "하나님께서 우리를 향해 지니신 호의 — 즉, 그리스도 안에서 값없이 베푸신 약속에 근거를 두고, 우리 마음에 계시되고, 성령께 의해 우리 마음에 인쳐진 — 를 확고부동하게 안다고 말할 수 있다면, 믿음에 대한 온전한 정의를 갖고 있는 셈이다"(「기독교강요」 3.2.7). 그 깨달음에는 그리스도의 공로로 자신의 모든 죄를 용서받는다는 확고한 신뢰가 담겨 있다는 말인데, 그렇다고 해서 칼빈이 참 하나님의 자녀가 온갖 의심과 불확실성과 씨름할 수 있는 가능성을 부정한 것은 아니다. 하지만 칼빈은 믿음에 대한 확신이 없는 것이 성도에게, 특별히 설교자에게 아주 비정상적 현상이라고 올바로 보았다. 확신이 없는 것은 성경에 나타난 목회자의 소명 사례들과 위배된다.

사도들은 말 그대로 확고부동한 확신의 예를 보여주었다. 보통 신자들도 그렇지만, 설교자도 사단의 불화살이 어떤 것인지 알며 불신앙과 맞서 싸우지만, 자신이 참 신자인가에 대해 언제까지나 계속해서 확신을 갖지 못하면 능력 있는 설교를 할 길이 없다. 스스로에 관해 확신을 하지 못하는데 어떻게 남을 권할 수 있겠는가? 신약성경에서 확신이란 모든 설교자들을 위한 규범이다. 베드로는 하나님께서 자기를 거듭나게 하사 산 소망이 있게 하신 순간을 분명하게 회상한다(벧전 1:3). 바울은 하나님의 아들께서 자기를 개인적으로 사랑하신 것을 확신한다(갈 2:20). 요한은 자신이 사망에서 생명으로 옮겨진 것을 알고 있다(요일 3:14).

많은 그리스도인들의 전기도 같은 증거를 하고 있다. 조지 화이트필드는 자신의 일기에 다음과 같이 적었다: "그리스도께서 내 안에 계시고 내가 그 안에 있음을 내가 얼마나 확실하게 느끼고 살아왔던가! 성령의 안위를 받으며 동행하며, 평안 가운데 신앙 인격을 세우고 새롭게 하는 일을 얼마나 확실하게 느끼고 살아왔던가!" 찰스 스펄전도 자신의 일기에 이렇게 적었다: "하늘에 있는 모든 성도들만큼 복되지는 않지만 확실한 그리스도인의 안전이여! 주여, 제가 어찌 당신을 저버릴 수 있겠나이까? 당신을 두고 제가 어디로 가겠나이까?" 앤드류 보너(Andrew Bonar)는 이렇게 썼다: "내가 그리스도로 말미암아 하나님께 나아가는 길을 처음으로 발견한 이래로 수년 동안(실로 기억이 닿을 수 있는 많은 세월 동안) 나는 단 하루도 속죄소로 가는 길을 잃어버린 채 수수방관한 적이 없었다. 내 영혼에 언제나 찬란한 햇살만 비친 것은 아니었지만, 그래도 매일 어둠이 깃들지 않고 햇볕이 들었다." 그는 9년 뒤에도 비슷하게 적었다: "주님께서 육십 년 동안 날마다 그리스도를 의지할 수 있도록 힘주셨다. 그분이 평생 나를 붙들고 오셨으며, 한 번이라도 그분을 등지고 어둠에 빠지도록 내버려 두시지 않았다."

교회는 지도자를 보고서 힘을 얻을 권리가 있다. 그렇지 않고, 만약 목회자 자신이 약하고 의심하고 불확실하다면, 양들은 어디로 가야 하는가? 설교자에게 확신과 위로를 받아야 할 교회가 오히려 설교자에게 확신과 위로를 주느라 지치는 상황이 쉽게 생길 수 있다. 사도행전 6:3-5은 사역자가 될 사람들이 "성령과 믿음이 충만한 자"여야 한다는 것을 분명히 가르친다. 믿는 자여야 할 뿐 아니라, 그리고 성령을 받은 자여야 할 뿐 아니라, 믿음과 성령이 충만한 자여야 한다. 주님께 대한 신뢰가 뚜렷하고 믿음에 대한 확신이 충만해야 한다. 이것이 그들의 말에 능력이 실리게 한다. 다윗은 "내가 믿는고로 말하리라"고 증거했고(시 116:10), 바울은 다윗의 말을 인용하면서 "우리도 또한 믿는고로 또한 말하노라"고 증거한다(고후 4:13).

로마 교인들의 믿음은 대단히 역동적이어서 온 세상에 두루 알려졌고(롬 1:18), 데살로니가 교인들의 믿음도 마찬가지였다(살전 1:8). 이것은 구약성경의 특징이기도 하다. 엘리후는 연장자들이 욥을 위안하는 말을 귀담아 들었다. 그러나 끝까지 침묵을 더 이상 지킬 수가 없었다. "나도 내 본분대로 대답하고 나도 내 의향을 보이리니 내게 말이 가득하고 내 심령이 나를 강박함이니라. 보라 내 가슴은 봉한 포도주 같고 새 가죽 부대가 터지게 됨 같구나. 내가 말을 발하여야 시원할 것이라. 내 입을 열어 대답하리라"(욥 32:17-20). 자신의 말이 욥의 상황에 대한 대답이라는 확신을 주체하지 못한 그는 입을 열지 않을 수 없었다. 믿음은 담대한 마음과 웅변을 일으킨다.

히브리서 11장은 성경에서 믿음의 능력이란 주제를 다룬 위대한 장이다. 히브리서 저자는 믿음을 "바라는 것들의 실상이요 보지 못하는 것들의 증거"라고 정의한다(히 11:1). 그리고 나서 이 정의를 여러 측면에서 설명한다. 그가 우리에게 말하는 것은, 사람이 믿음으로 말미암아 강단에 서서 하나님께서 천지를 지으셨다고 선언할 수 있다는 것이다. "믿음으로 모든 세계가 하나님의 말씀으로 지어진 줄을 우리가 아나니 보이는 것은 나타난 것으로 말미암아 된 것이 아니니라"(히 11:3). 설교자는 물질 세계가 영원 전부터 존재하지 않았다고 단언할 수 있다. 물질 세계는 순간적인 폭발에 의해 존재하게 된 것도 아니고, 하나님의 본질이 방출되고 확대된 결과도 아니다. 그것은 전능하신 하나님의 창조에 그 기원과 연속성을 두고 있다. 물질 세계는 '최고의 존재'(Supreme Being)나 '제일원인'(The First Cause)의 행동에서 비롯된 것이 아니라, 성경의 하나님 곧 당신의 아들 예수 그리스도 안에서 성육신하시고, 갈보리에서 죽으시고, 우리를 의롭다 하시기 위해서 살아나신 하나님의 말씀에서 비롯된 것이다. 그분은 당신의 말씀으로 만물을 지으셨다. 우주는 그 기원과 원동력을 전능하신 하나님의 정신과 말씀에 둔다. 이것이 기독교의 선포이며, 이 선포에는 창조 교리가 윤리론과 구원론과 종말론에 대해 갖는 모든 함의들이 실려 있다.

설교자가 어떻게 자신의 주님을 위하여 이러한 선언들을 할 수 있는가? 히브리서의 저자는 한 가지 길밖에 없다고 말한다. 그것은 "믿음으로"라는 것이다. 어느 누구도 창조의 과정을 지켜 본 적이 없다. 어느 누구도 "있으라"는 하나님의 명령을 들은 적이 없다. 이 사실을 역으로 증명할 아무런 방법이 없다. 사람은 자신의 지식과 사유력을 동원해도 우주의 존재에 관해 알 수 없고, 하나님의 존재를 알기 위해 목적론적·우주론적·도덕적 논증을 한다 한들 하나님이 그리스도 안에서 당신의 말씀으로 우주를 만드셨다는 결론에 도달할 수가 없다. 우리가 "지은 것이 하나도 그가 없이는 된 것이 없느니라"는 사실을 알 수 있는 유일한 길은 믿음으로 그런 줄을 아는 길밖에 없다. 우리가 아는 것은 하나님께서 우리에게 말씀해 주셨기 때문이다.

우리는 하나님의 말씀인 성경에 믿음을 두며, 보다 근본적으로 말하자면, 구약성경의 모든 말씀이 참되다고 우리에게 말씀해 주신 예수 그리스도께 믿음을 둔다. 설교자가 어떻게 여호와 예수께서 우주더러 존재하라고 말씀하신 사실을 능력 있게 선포할 수 있는가? 왜냐하면 그 내용이 창세기 1장에 기록되어 있기 때문이며, 예수 그리스도께서 그 위대한 장과 그 장이 포함된 책 전체를 인준하셨기 때문이다. 우리가 구약성경의 신뢰성을 확고히 믿는 이유는 구주 예수 그리스도를 신뢰하기 때문이다. 물론 관찰과 과학적 방법을 동원하여 다른 설들의 취약성을 들춰낼 수도 있지만, 과학적 방법을 가지고서 삼위일체 하나님께서 세상을 존케케 하셨다는 결론에 틀림없이 도달할 수 있는 길은 없다. 그것은 오직 믿음으로만 다룰 수 있는 분야이며, 믿음이 얼마나 확실한가에 따라 그 확실성의 여부가 결정되는 분야이다.

믿음은 모든 지적 행위의 기초가 되듯이, 설교에도 기초가 된다. 지적 행위가 믿음의 기초가 되는 것이 아니다. 삶은 믿음으로 시작한다. 모든 사고와 말과 설교가 믿음으로 시작한다. 설교자의 능력은 그 믿음의 확실성이며, 신앙의 확신보다 더 큰 확신이란 없다는 것을 주의해야 한다.

믿음은 큰 반대 앞에서도 계속 밀고 나갈 수 있는 능력이 있다. 믿음은 위대한 진리들을 전달할 수 있는 능력을 일으켜 준다. 전도 훈련이 의사 전달의 방법론을 겨냥하는 경우가 비일비재하다. 그런 방법들은 대화의 말문을 어떻게 열 것인지, 신앙에 대적하는 근본적인 질문들을 어떻게 답변할 것인지 그리고 구원의 기본적인 단계는 무엇인지 등을 가르친다. 물론 이런 교육은 대단히 유용하다. 그러나 그것은 그리스도인이 대사명에 불순종하는 문제의 정곡을 찌르지 못한다. 그 불순종이란 문제의 핵심에는 믿음의 위기가 도사리고 있다. 베드로나 바울 같은 믿음의 사람들과는 달리, 우리는 사람들이 멸망으로 인도하는 넓은 길을 가고 있다고 정말로 믿고 있지 않는 것 같다. 따라서 우리는 입을 다물고 지내며, 전도를 해도 능력이 없으며, 전도할 시간조차 내지 않는다. 어떤 기발한 전도 방법론이 도움을 주는 것이 아니다. 우리는 하나님께 부르짖어야 한다. "내가 믿나이다. 나의 믿음 없는 것을 도와주소서"라고. 교회는 세월이 갈수록 회중의 믿음을 강하게 해주는 확신에 찬 설교자보다 더 절실하게 필요한 것이 없다. 그런 설교자보다 진정한 전도에 힘이 되는 것이 있을 수 없다.

히브리서 저자가 믿음의 능력이 어떤 것인지를 설명하기 위해 기록한 또 다른 진술이 있다. 그는 하나님의 사람들이 믿음으로 "나라들을 정복하기도 하며"(히 11:33, NIV. 한글개역성경, "나라들을 이기기도 하며"). 현대인들은 막강한 왕국들의 시민들이다. 지난 한 세기 동안 수백만 명의 추종자들을 거느렸고 여전히 그들에게 홀(笏)을 휘두르는 지도자들이 등장했다. 마르크스, 다윈, 프로이트, 사르트르가 모두 방대한 왕국들의 수장으로서, 그들의 백성이 도처에 깔려 있다. 이들은 세계의 대 도시들에서 권력의 회랑(回廊)을 거닌다. 세계 굴지의 출판사들이 그들의 수중에 들어가 있다. 이들의 추종자들이 유명한 일간지들과 잡지들을 편집하며, 방송 매체를 장악하고 있다. 많은 종합 대학교들과 단과 대학들이 그들을 섬기고 있다. 문학과 음악과 예술에서 가장 탁월하고 세련된 지도자들이 그들을 섬기고 있다. 이들 왕국들의 영향력은 서방 세계 전역에 확고하게 뿌리내리고 있으며, 유럽이나 아메리카에서 이들의 힘이 끝나간다는 징후는 조금도 보이지 않는다.

무엇이 이들을 정복할 것인가? 히브리서 저자는 믿음이 신자들에게 주는 능력이 이 일을 할 수 있다고 말한다. 로마의 권능도 그리스의 영화도 열두 명의 무지하고 무학한 사람들에게 굴복당했다. 이들은 그리스도를 믿는 믿음의 능력으로 세계를 뒤엎어 놓았다. 오늘날 교회 앞에 버티고 있는 세력들처럼, 그들의 눈에 난공불락의 왕국들처럼 비쳤음에 틀림없는 것들이 하나님께 대한 그들의 확신 앞에서 무너졌다.

지금 우리가 가지고 있는 능력이란 바로 그런 것이다. 능력 있게 설교하지 못하도록 가로막는 이런 의심들을 깨끗이 없앨 수는 없을까? 하나님 앞에서 우리 자신을 살피면서 다음과 같은 근본적인 질문들을 던져 보자. "나는 주 예수 그리스도를 진정으로 믿는 신자인가?" 대답은 "그렇다"이다. "그러면 그리스도께서 나를 과연 복음 설교자로 부르셨는가?" 대답은 "그렇다"이다. "나는 말씀을 논리적으로, 적용할 수 있게 전하는가?" 대답은 역시 "그렇다"이다. 그렇다면 스스로 되뇌어 보자. 내가 가진 것은 하나님의 말씀이고, 나는 그것을 이 세대의 모든 사람들에게 생명의 말씀으로 전해야 한다. 하나님의 말씀과 자신의 소명에 대한 확신이 부족할 때는 이런 식으로 극복하고, 참 믿음의 사람으로서 말씀을 담대하게 전파하자.

2. 참 믿음을 전파하자

설교자들은 참 믿음의 능력을 알아야 하지만, 더 나아가 바울처럼 참 믿음을 전파하면서, "유대인과 헬라인들에게 하나님께 대한 회개와 우리 주 예수 그리스도께 대한 믿음을 증거"해야 한다(행 20:21). 사람들에게 그리스도를 믿으라고 선포한다는 것이 무엇을 의미하는가? 그들에게 요구하는 것이 무엇인가? 특별히 개혁주의 설교에서는 이 점에 혼동이 있으며, 결과적으로 복음 선포의 핵심 자체에 약점이 생긴다.

우리가 설교자에게 요구하는 것은 설교를 마친 후에 무엇을 하라는 것이 아니다. 많은 설교자들은 그리스도께 대한 믿음을 가지라고 호소할 때, 말씀 선포 안에서 선포를 통해서 하지 않고, 설교 뒤에 오는 시간에 한다. 될 수 있는 설득력 있는 분위기를 조성할 의도로 설교를 마친 뒤에 머리를 숙이고 눈을 감으라고 주문한다. 많은 경우 그런 상태에서 오랫동안 설득의 말을 하고, 성가대에게 "큰 죄에 빠진 날 위해" 같은 찬송을 부르게 한다. 성가대가 한 절을 마치고 간주가 이어지는 동안 설교자는 또 다른 내용의 호소를 한다. 이렇게 설교가 끝난 뒤에 그리스도께 대한 믿음을 가지라고 설득하는 행위는 "믿음은 들음에서 나며 들음은 그리스도의 말씀으로 말미암았느니라"(롬 10:17)는 진리를 부인하는 것이다.

말씀 선포는 사람을 회개케 하고 구원하는 능력을 가지고 있다. 설교 외에 다른 무엇으로도 그 일을 할 수 없다. 사람들을 앞으로 나오라고 하며 손을 들라고 요구하는 것은 사람이 앞으로 걸어 나오는 외적인 육체적 행동과 죄인이 그리스도 앞으로 나오는 내적인 영적 행동, 이 두 가지가 본질적으로 다른 것인데도 불구하고 똑같은 것으로 취급하는 것이다. 이 점을 혼동하면 치명적인 결과가 초래된다. 왜냐하면 후자의 육체적 행동은 아무나 할 수 있는 일인데 반해서, 그리스도 앞으로 나오는 내적인 영적 행위는 인간 스스로 할 수 있는 일이 아니기 때문이다. "나를 보내신 아버지께서 이끌지 아니하면"(요 6:44) 아무도 그리스도 앞에 나올 수가 없기 때문이다. 만일 그리스도 앞에 나오는 것이 육체적 행동이라고 한다면 누구도 '아버지께서 이끄시는' 성령의 특별한 내적 역사는 필요 없게 될 것이다. 그렇다면 그냥 자리에서 일어나 앞으로 걸어 나오라고 촉구하는 설교자의 말에 따를 용기만 필요할 것이다. 그러나 예수님은 구원의 신앙이란 하나님께서 당신의 대권을 발휘하셔서 사람을 자기 아들께로 이끌지 않으시면 아무도 할 수 없는 일이라고 말씀하셨다.

그리스도를 믿는 것과 그분께 관한 진리들을 믿는 것은 같지 않다. 바울이 사람들에게 "우리 주 예수 그리스도를 향한 믿음"이라고 증거했을 때, 그는 사람들에게 서너 가지 간단한 진술을 묘사하고서 그 진술들에 동의하라고 요구한 것이 아니다. 그 진술들에 동의한다는 것은 예수 그리스도를 믿는 것이 아니라 제한된 지적 행동에 불과하다. 구속 신앙의 본질은 성경의 가르침에 찬성을 표하는 것이 아니다. 귀신들도 그와 같은 믿음을 가지고 있다. 로마의 멸망이나 임진왜란 및 독립투쟁에 관한 역사 사실들을 믿는 태도로 주 예수 그리스도의 생애나 어록을 믿는 것이 충분히 가능하다. 만일 설교자가 성경의 기본 진리들에 동의하라고 요구한다면, '아버지의 이끄심'이 필요한 사람은 아무도 없을 것이다. 전도를 그런 시각에서 보고서 행하는 사역은 더 이상 '설교'라고 해서는 안 되고, 자체가 종교적 연구 활동임을 시인해야 한다.

신앙고백서들과 교리문답들과 '유아 세례' 개념을 축으로 이루어지는 개혁주의 목회는 바로 이 점에 가장 큰 위험이 있다. 개혁주의 교회가 하나님의 모든 경륜(the whole counsel of God) 안에서 진리의 체계를 식별하고 크게 강조하며, 청년들은 그런 체계로써 가르치고자 하는 의욕이 자칫 올무가 될 수가 있다. 체계적인 신앙과 구원의 신앙 사이에는 영원히 극복할 수 없는 차이가 있다. 예를 들어, 필자가 아베리스트위스(영국 웨일스의 북서부 지역-역자 주)에서 먼 길을 떠났다가 갑자기 위통을 겪게 되면 체계적인 신앙을 발휘하게 된다. 즉시 약을 사러 약국을 찾아간다. 그 약사는 내가 늘 약을 사는 사람은 아니지만, 나는 믿고서 그에게 약을 사서 받아 먹는다. 이럴 때 내가 어떤 신앙을 발휘하는 것인가? 김씨, 이씨, 박씨 등 아무나 약국을 열어 독약과 마약과 의약을 가리지 않고 판매하지 못하도록 금하는 국가의 법 체계에 대한 신앙을 발휘하는 것이다. 국가의 법 체계는 약사에게 훈련과 자격과 면허를 요구한다. 따라서 나는 무의식적으로 그 체계에 대한 지식과 신앙을 가지고 행동한다. 비행기를 타고 해외로 갈 때도 같은 신앙을 발휘하게 된다. 조종사가 누구인지 모르지만, 항공사가 그런 책임 있는 일을 잘 수행할 수 있는 체계를 갖추고 있다고 믿고서 비행기를 탄다.

하지만 예수 그리스도를 믿는다는 것은 그분께 관한 서너 가지 '법칙'을 믿는 것도 아니고, 모교회의 권위로 대단히 훌륭하게 정의된 — 예를 들어 웨스트민스터 소요리문답의 107개의 문답처럼 — 성경 체계를 이해하는 것도 아니다. 우리는 죄인들에게 그리스도께 관한 진리들을 믿으면 구원을 얻을 것이라고 말하지 않는다. 귀신들도 예수께서 "지극히 높으신 하나님의 아들"(막 5:7)이신 줄을 알지만, 그럴지라도 귀신들일 뿐이다.

그렇다고 해서 성경의 그리스도를 대단히 지적으로 깨달아 아는 신앙을 과소평가하려는 것은 아니다. 신앙이란 예수라는 분께 초점을 두는 '의존감'이 아니다. 예수님은 "성경이 곧 내게 대하여 증거하는 것이로다"고 하셨고(요 5:39), 따라서 성경은 모든 신앙의 표현들을 검사하는 시금석이다. 성경의 예수님은 참 하나님이요 참 사람으로서, 한 위격에 두 본성을 가지신 분이다. 그분은 권능과 영광이 성부와 성령과 동등하신 성자이시다. 그분은 낮아지셨으나 지금은 영광의 상태에 계신다. 지금은 하나님 우편에 계시면서 선지자와 제사장과 왕의 삼중직을 계속해서 수행하고 계신다. 예수 그리스도는 영원히 그러신 분이며, 그분은 유일한 구주이시다. 설교할 때 이러한 그리스도를 전하지 않고, 사람들에게 그분을 신뢰하도록 권하지 못하는 설교에서 능력이 나올 수가 없다.

그렇다면 복음 선포의 핵심은 무엇인가? 우리가 사람들에게 예수 그리스도께 대한 믿음을 전파할 때 그들에게 요구하는 것이 무엇인가? 그것은 강단 앞으로 나오라는 초대도 아니고, '체계적인 신앙'도 아니고, 막연하고 구체적이지 못한 신앙도 아니다. 그것은 무엇보다도 사람들에게 예수 그리스도가 얼마나 필요한가를 입증하는 것이다. 설교자의 의무는 죄의 심각성을 깨닫게 하는 것이다. 거짓 죄책감을 조성하는 것이 아니라, 창조주께서 당신의 세계에 거하는 사람들에게, 당신 안에서 살며 기동하는 사람들에게, 따라서 자기들의 행위에 대해서 하나님께 반드시 책임을 져야 하는 사람들에게 법으로 주신 것을 제시하는 것이다. 양심에 대고 전하는 설교에는 큰 능력이 있다. 왜냐하면 청중의 마음에서 설교자가 한 말에 대해 즉각적인 찬동의 반향이 일어나기 때문이다. 사람은 율법을 내신 분의 형상으로 지음을 받았기 때문에, 그분 율법에 관한 내용이 사람의 마음에 기록되어 있다. 따라서 사람의 양심은 설교자의 말을 들을 때 함께 소리를 낸다.

번연의 「천로역정」에서 크리스천이 구원의 필요를 뼈져리게 느낄 때 비로소 그가 짊어지고 살아온 죄의 짐이 너무나 무겁게 느껴졌다. 주 예수 그리스도는 수고하고 무거운 짐진 자들에게 와서 안식을 얻으라고 초대하시지만(마 11:28), 다른 사람들에게는 "너희가 영생을 얻기 위하여 내게 오기를 원하지 아니하는도다"라고 말씀하셨다(요 5:40). 그들은 왜 예수님께 자신들을 내맡기지 않으려 할까? 왜냐하면 예수님이 필요 없었기 때문이고, 죄책감에 무겁게 짓눌리지 않았기 때문이다. 그렇기 때문에 예수께서 죄에 노예가 된 죄인들에 관해서 말씀하실 때, 그들은 자기들이 자유를 누리고 있다고 항변했다. 그들은 자기들이 이미 진정한 자유를 소유하고 있다고 생각했기 때문에 자기들에게 참 자유를 주실 수 있는 유일한 분을 믿으려 하지 않았다. 그리스도를 절실히 필요치 않는 사람은 그분 앞에 나오지 않는다.

설교자는 사람들에게 하나님 앞에서 그들의 실상을 보여주고, 그들이 도피처로 삼는 모든 구석을 버리도록 요구하고, 거룩하신 하나님께서 그들의 행동과 생각을 대단히 진지하게 받아들이시므로, 그들이 당신의 뜻에서 벗어나는 것을 다 아시고 그들에게 책임을 물으신다는 사실을 깨우쳐야 하는 막중한 과제를 안고 있다. 사람들이 자기들의 죄 때문에 그리스도를 필요로 하게 되는 이것이 능력 있는 설교의 토대이다. 하나님의 진단과 인간의 곤궁을 다루지 않는 설교가 어떻게 능력 있는 설교가 될 수 있겠는가?

다시 말하지만, 그리스도를 믿으라고 선포한다는 것은 주님께서 그들의 필요를 얼마나 완벽하게 채워주시는가를 보여주는 것을 뜻한다. 성경에는 믿음의 심리학에 관한 언급은 한 마디도 없지만, 하나님의 아들의 인격과 사역에 관한 가르침은 가득하다. 마치 믿음이란 신자가 자신의 주님께 항상 노출됨으로써 깨달아지고 견지되는 것인양 말이다. 바울은 "성령의 나타남과 능력으로" 전도하기 위해 힘썼다(고전 2:4). 왜냐하면 자기 자신을 전하지 않고 주 예수 그리스도만 전하기로 작정했기 때문이고(고후 4:5), 특히 "예수 그리스도와 그의 십자가에 못 박히신 것 외에는 아무것도 알지 아니하기로" 작정했기 때문이다(고전 2:2). 능력은 예나 지금이나 그 주제에서 오는 것이다.

사람들에게 가장 절실히 필요한 것은 과거의 죄에 대한 사죄와 앞날에 순종하며 살 수 있는 능력이다. 이 모든 것을 예수 그리스도 안에서 발견할 수 있다. 그분의 죽으심으로 우리가 값없이 죄 사함을 받고, 성령의 선물을 통해서 우리가 보다 거룩한 삶을 살아갈 능력을 얻는 것이다. 설교자란 이렇게 끊임없이 이 주제에 초점을 맞추고서 사람들에게 그리스도께서 그들의 필요를 얼마나 완벽하게 채워주실 수 있는가를 보여 주어야 하는 의무가 있다. 그들이 장차 올 진노에서 구원받는 일이 필요한가? 그 길은 예수 안에서만 발견할 수 있다. 그들이 완전한 의를 가져야 하는가? 그것은 예수 안에서만 발견된다. 하나님과 완벽하고 영원히 화목해야 하는가? 그것은 모두 그리스도 안에서 발견된다. 사람들이 자기들의 본성을 거룩하게 하고 천국에 부합한 사람들로 만들어 주시는 은혜를 필요로 하는가? 그것이 다 그리스도 안에 있다. "예수는 하나님께로 나와서 우리에게 지혜와 의로움과 거룩함과 구속함이 되셨으니"(고전 1:30). 그분을 소유한다는 것은 모든 것을 소유하는 것이다. 이 책 앞부분에서 에드먼드 클라우니가 지적했듯이, 능력 있는 설교란 기독론 중심의 설교인 것이다.

마지막으로, 예수 그리스도를 믿으라고 선포한다는 것은 사람들에게 자기들의 필요를 그분께 전적으로 맡기라고 말하는 것을 뜻한다. 사도들은 주 예수 그리스도께 관하여 믿을 것과, 그분을 신뢰할 것, 즉 몸과 영혼을 주 예수 그리스도께 지금부터 영원까지 의뢰할 것을 말한다. "예수 그리스도 안에 있는 믿음은 그분이 복음으로써 우리에게 주신 대로 구원을 받고 그분 안에서 안식하는 구원의 은혜입니다"(웨스트민스터 소요리문답 제86문의 답). 예수께 대한 믿음을 전하는 많은 설교가 능력이 없는 이유는 초점을 예수 그리스도의 죽으심에 국한시키기 때문이다. "그분이 여러분을 위해 죽으신 것을 이제 믿으셔야 합니다" 하고 말하는 것이다. 하지만 사도들은 "주 예수 그리스도를 믿으라"고 말했다. 신뢰의 초점을 친히 죽으심으로써 하나님과 사람들을 화목시키셨을 뿐 아니라, 선지자와 왕이기도 하신 그리스도께 맞춘 것이다. 이 위대한 스승은 자신에게 안식을 구하여 나오는 모든 사람들에게 "내게 배우라"고 말씀하신다(마 11:29). 이로써 제자들로 하여금 당신의 학교에서 배우게 하시고, 사람들이 제기할 수 있는 가장 근본적인 질문들에 답을 찾도록 하신다.

우리는 무엇을 위해서 사는가? 우리는 무엇을 위해 존재하는가? 하나님은 누구이신가? 어떻게 하면 평안 속에서 죽을 수 있을까? 죽음 뒤에는 무엇이 있는가? 무엇이 옳고, 무엇이 그른가? 누가 나의 이웃인가? 참 교회란 무엇인가? 이런 질문들은 그리스도께서만 대답하실 수 있으며, 그 앞에 나아오는 이들에게 그분은 어떠한 오류도 말씀하시지 않는다. 우리는 성경에 기록되고 그분의 종들에 의해 능력 있게 전파된, 그분의 입에서 나오는 모든 말씀으로 살아간다. 위대한 청교도 설교가 조셉 앨린(Joseph Allein)은 이 점을 다음과 같이 잘 말해놓았다:

제대로 회심하지 못한 사람은 그리스도를 절반만 취한다. 그리스도의 구원에는 전적으로 동의하지만 성화(聖化)에 대해서는 그렇게 하지 않는다. 특권들에는 전적으로 동의하지만 그리스도의 인격을 닮는 일에는 그렇게 하지 않는다. 이것은 기초부터 잘못된 것이다. 정말로 생명을 사랑한다면 이 점을 주의해야 한다. 그것은 여러분이 자주 경고를 받으면서도 다반사로 저지르는, 파멸에 이르는 실수이다. 예수는 정겨운 이름이지만, 사람들은 주 예수를 진실하게 사랑하지 않는다. 하나님은 그를 "임금과 구주로" 제시하셨지만(행 5:31), 사람들은 그를 그대로 받으려 하지 않는다. 그들은 하나님께서 결합시키신 왕과 제사장을 나눈다. 그들은 그리스도의 구원을 그분의 의도대로 받으려 하지 않고 그것을 나눈다.

모든 사람이 원하는 것은 고통으로부터의 구원일 뿐, 죄에서 구원받는 것을 달가워하지 않는다. 생명이 구원받기를 원하면서도 정욕은 그대로 간직하고 살고 싶어한다. 실로 많은 사람들은 이 점마저 구분한다. 몇 가지 죄들은 싹 씻어내고 싶어하지만 들릴라의 무릎은 떠나지 못하고, 사랑하는 헤로디아와 이혼하지는 못한다. 오른손이나 왼손에 잔인한 짓을 하지 못한다. 이 점을 간과하지 말라. 여러분의 영혼이 이 점에 달려 있는 것이다. 진정으로 회심한 사람은 그리스도를 전체로 받아들이며, 한 점 예외 없이, 한 뼘의 제한도 없이, 한 줌의 유보도 없이 뜻과 힘을 다해 그분을 받아들인다. 어떤 조건하에서도 그리스도를 기꺼이 모신다. 그리스도의 구원뿐 아니라 통치도 기꺼이 받아들인다. 바울처럼 "주여 내가 무엇을 하기를 원하시나이까?"라고 말한다. 그리스도께서 당신의 조건을 적으

시도록 백지를 그분께 넘겨드린다.[4]

주 예수 그리스도를 믿으라고 설교한다는 것은 설교자가 다음과 같은 질문들에 대해서 회중에게 하나하나 확고하게 대답할 수 있어야 한다는 것을 뜻한다: 회중이 죄와 죄책을 통해서 자기들의 필요를 자각하고, 그것을 오직 그리스도께서만 채워주실 수 있음을 깨달았는가? 그들이 주 예수 그리스도께서 그 필요를 채워주신 것을 확인했는가? 그들이 복음으로 자신들에게 제시된 그분의 인격과 말씀의 영광을 보고서 그분께 나왔는가? 능력 있는 설교는 온유와 권위로써, 그리고 간청과 명령으로 하나님의 아들을 믿을 것을 청함으로써, 끊임없이 하지만 신선하게 이런 주제들로 되돌아올 것이다. 그것이 모든 성경적 설교에서 고동치는 생명과 능력의 맥박이다.

3. 기도의 능력

하나님께서 자기 종들에게 능력을 입혀 주시기 위해서 마련하신 마지막 방법은 기도이다. 이것은 이미 말씀의 능력과 신앙의 능력에 관해서 기록한 내용의 명백한 결론이다. 왜냐하면 기도는 말씀의 약속들에 반응하면서 나타내는 신앙의 표현일 뿐이기 때문이다. 윌리엄 거널(**William Gurnal**)의 말과 같다:

힘 있는 기도를 드리고, 하나님께 가납되는 기도를 드리려면 성경의 약속들에서 근거를 확보하라. 그 약속들은 신앙의 근거이며, 신앙은 강해질 때는 신자를 열정적으로 만들며, 그러한 열정은 기도의 장에서 승리를 안고 돌아오게 한다 …… 말씀에 능한 사람일수록 기도에 능하게 될 것이다.

이 풍요로운 주제는 이미 이 책 앞 부분에서 에롤 헐스가 길게 다루었기 때문에 아주 간단히 다뤄야 한다. 어떤 사람은 기도가 세상에서 가장 어려운 일이라고 올바로 지적했거니와, 실제로 기도를 가리켜 능력의 수단이라거나, 하나님께 영광을 돌리는 것을 제외한 어떤 일의 수단이라고 말하기가 주저된다.

기도는 하나님께 존귀를 바치는 행위이다. 우리는 기도할 때 만물을 다스리시는 하나님의 주권을 인정한다. 기도는 예배 행위이다. 하나님은 신령과 진정으로 당신을 예배하는 자들을 적극적으로 찾으신다. 그렇다면 다른 누구보다 설교자가 하나님께 존귀를 드리고 예배하는 사람이 되어야 하지 않겠는가?

하지만 기도는 하나님이 우리에게 복을 주시려고 제정하신 것이기도 하다. 기도는 섭리와 구원의 모든 복을 우리에게 주시려고 제정하신 방도이다. 기도가 갖는 대단히 사적인 성격이 우리에게 겸손을 가르친다. 기도하지 않는 설교자는 교만한 설교자이다. 기도하지 않는 것은 죄일 뿐 아니라, 우리의 신학적 관점을 통째로 부정하는 중대한 태도이다. 우리는 마음을 여는 것이 하나님께서만 하시는 일이며(행 16:14), 깨달음의 문을 여는 것이 하나님의 대권임을(눅 24:45) 인정하는 사람들이다. 따라서 아무리 의사 전달과 교육에 재능이 있는 설교자라도 하나님의 도우심 없이는 죄인의 마음에 구원의 지식을 심는 데 무능하다. 기도하지 않고 설교한다는 것은 우리 스스로 해볼 수 있다고 말하는 것과 같다. 기도하고 설교한다는 것은 이 기도라는 방도로써 하나님의 은사들을 구한다는 것을 고백함으로써 하나님께 존귀를 드리는 것이다. 그리고 은혜를 주셔서 감사의 기도를 드린다면 그것은 만물이 그분의 것임을 다시 한 번 시인하는 것이다.

설교자가 기도의 정신에 충일하게 되면 그것은 교회에 대단히 유익한 일이며, 마치 하나님께서 그가 구하는 것을 주실 뜻을 갖고 계신 것처럼 보이게 된다. 그런 기도는 능력이 있다. 야고보는 "의인의 간구는 역사하는 힘이 많으니라"고 말한다(약 5:16). 모든 목회자들의 전기가 입증하듯이, 설교자의 삶에 기도는 치명적으로 중요하다. 루터의 충실한 서기요 동료인 파이트 디트리히(Veit Dietrich)는 루터가 1530년에 아우크스부르크 제국 의회가 열린 근심스러운 상황에서 코부르크 성에서 열심히 기도하는 소리를 들었다:

그는 세 시간 기도하고 세 시간 연구하지 않고 지나가는 날이 하루도 없었다. 하루는 어쩌다가 그의 기도를 듣게 되었다. 아, 그의 기도에는 얼마나 신령하고 얼마나 큰 믿음이 담겨 있었던가! 그는 마치 하나님께 직접 아뢰는 듯한 느낌으로 극진히 경외스런 태도로 구했다. 아비지를 대히

듯, 군주를 대하듯 소망과 믿음을 가지고 기도했다. 그는 이렇게 말했다. "저는 당신께서 당신 자녀들의 박해자들을 멸하실 줄을 압니다. 그렇게 하시지 않는다면 우리의 위험은 곧 당신의 위험입니다. 이 일은 전적으로 당신의 일입니다. 저희는 의무감으로 이 일을 맡습니다. 그러므로 당신께서 …… 를 보호하소서." 나는 멀찍이 떨어진 곳에서 그가 이런 내용의 기도를 낭랑한 음성으로 드리는 것을 들었다. 그가 하나님께 그처럼 친근하게, 그처럼 무게 있게, 그처럼 경외심을 담아 기도하는 소리를 들었을 때, 내 마음에는 오롯한 마음이 뜨겁게 타올랐다.[5]

설교자의 개인적 경건 생활은 주일 예배 때 드리는 공기도와 모든 목회 사역에 토대가 된다. 교회에 나왔다가 설교자가 전하는 하나님의 실재를 체험하게 되는 첫번째 요인이 그러한 기도의 능력이었다는 간증을 자주 듣게 된다. 필자는 런던 사람들이 웨스트민스터 채플에서 마틴 로이드 존스(D. Martyn Lloyd-Jones)가 맨 처음에 전한 설교는 기억하지 못해도 그의 기도에 큰 감명을 받았다는 이야기를 수없이 자주 들었다. 과거에 필라델피아 웨스트민스터 신학교에서 존 머리(John Murray) 교수의 설교를 들은 학생들은 그가 조직신학 시간을 시작하면서 드린 기도를 결코 잊지 못할 것이다. 그의 기도가 그만큼 열정적이고 두려울 정도로 경외감과 사랑에 젖어 있고, 아주 똑똑하면서도 나직한 음성으로 드려졌기 때문이다.

알렉산더 화이트(Alexander Whyte) 박사는 한 세기 전에 에든버러 프리 세인트 조지 교회의 강단에서 로버트 캔들리쉬(Robert Candlish)가 드렸던 기도에 관해서 이렇게 말한다:

우리는 그의 첫기도만 들어도 온종일 마음이 넉넉해진다고 입버릇처럼 말했다. 그는 실로 "그런 기도를 했다." 그는 기도를 하면서 하나님과 변론을 하듯 하나님을 가까이 마주 대했다. 때로는 바울이 로마서에서 하나님과 사람을 대하여 변론한 내용 속으로 우리를 인도하면서, 의인 야고보의 시절처럼 우리가 무릎을 꿇을 때까지 우리를 인도하곤 했다. 때로는 욥처럼 변론하면서 굴복하지 않으려고 했다. 그리고는 예레미야처럼 울었고, 이사야처럼 춤추고 노래하곤 했다. 그 위대한 설교자는 열정과 기도에서 엘리야와 같은 사람이었다. 그는 마치 아합 앞에 선 엘리야처럼 자신의 모든 열정을 의사당 안에서 한꺼번에 쏟아 부었고, 또 어떤 때는 아주 큰 특권을 받은 자신의 회중에게 위대한 설교를 토해내곤 했다. 하지만 내가 가장 좋아한 것은 주일 아침 예배 때 삼십 분도 넘게 드린 그의 기도였다. 그는 "그런 기도를 드렸다."[6]

우리가 기도에 관하여 로이드 존스 박사에게 조언을 구하려고 하면, 그가 자신의 기도 습관이 사람들의 입에 오르내리는 것을 원치 않는 것을 발견하게 된다. 그는 "솔직히 고백하자면, 아침에 기도를 시작하는 것이 어렵다는 것을 종종 느낀다"고 말한다.[7] 그럼에도 불구하고 그가 규칙의 차원으로 끌어올린 한 가지 중요한 관찰이 있다:

기도하고 싶은 마음이 들 때는 순응하라. 기도하고 싶은 충동은 성경을 읽을 때나 본문과 씨름할 때 찾아온다. 나는 이것에 대한 절대적인 법을 만들고 싶다. 그러한 충동이 일어나면 언제나 즉시 순종하라. 그런 충동이 어디서 오는가? 그것은 성령께서 일으키시는 충동이다. 그것은 성령의 사역이다. 그것은 "두렵고 떨림으로 너희 구원을 이루라. 너희 안에서 행하시는 이는 하나님이시니 자기의 기쁘신 뜻을 위하여 너희로 소원을 두고 행하게 하시나니"(빌 2:12-13)라는 말씀이 가르치는 의미의 일부이다. 이것이 종종 목회자의 삶에서 현저한 체험으로 이끈다. 따라서 그런 충동이 생길 때는 거역하지 말고, 연기하지도 말고, 바쁘다는 이유로 제쳐두지도 말라. 마음을 모아 그 충동을 받아들이고 실천하라. 그러면 여러분이 다루고 있는 문제와 관련하여 시간을 낭비한 것이 아니라는 점뿐 아니라, 그 점에서 여러분에게 큰 도움이 되었다는 점을 깨닫게 될 것이다. 그러고 나면 읽고 생각하고 설교를 준비하고, 작성하는 등 매사에 놀라울 만큼 쉽게 깨달아지는 경험을 하게 될 것이다. 그러한 기도의 충동이 일어날 때 일를 방해하는 잡념으로 간주해서는 안 된다. 언제나 즉각 순종하고, 혹시 그런 충동이 자주 일어난다면 하나님께 감사를 드리라.[8]

기도는 설교 후에도 필요하다. 단순히 축복과 열매를 위해서가 아니라, 교만으로부터 보호하기 위해서도 기도하는 것이다. 그렇게 함으로써 받은 바 은혜를 감소시키거나 쏟아버리는 일이 일어나지 않게 된다. 설교자로서는 거침 없이 큰 능력으로 설교하는 것 이상의 기쁨이 없을 것이다. 그런 설교를 듣는 성도들은 큰 위안을 받게 되며 평상시보다도 훨씬 짙은 감사를 표현하게 된다. 비록 그런 감사 표시에 도취될 필요는 없지만 그러한 경험은 설교자 자신에게 큰 자극을 준다. 그런 감사의 표시를 받은 날은 예배를 마친 뒤 식구들을 차에 태우고 집으로 돌아갈 때 평소보다 활기와 기쁨이 더욱 넘친다! 이 세상 모든 게 다 순조로워 보인다. 설교자라는 직업이 얼마나 훌륭한 것인가! 그런 상태에서는 영혼의 대적이 교만으로써 자신을 넘어뜨리지 못하도록 각별히 주의해야 한다. 그런 심정이 들면 설교를 능력 있게 할 수 있게 해주신 주님께 영광을 돌리고, 자신은 부족한 존재임을 자각하자. 그것이 사실 우리의 본 모습이기 때문이다.

반대로 설교를 아주 어설프게 해서 스스로뿐 아니라 청중도 몹시 실망한 날에는, 그래서 청중이 다 집으로 돌아갈 때까지 목회준비실 문을 걸어잠그고 밖으로 나가고 싶지 않은 날에는 스스로에게 겸손을 가르치는 데 더없이 좋은 기회를 얻게 된다. "여러 계시를 받은 것이 지극히 크므로 너무 자고하지 않게 하시려고 내 육체에 가시 곧 사단의 사자를 주셨으니 이는 나를 쳐서 너무 자고하지 않게 하려 하심이니라. 이것이 내게서 떠나기 위하여 내가 세 번 주께 간구하였더니 내게 이르시기를 내 은혜가 네게 족하도다 이는 내 능력이 약한 데서 온전하여짐이라 하신지라. 이러므로 도리어 크게 기뻐함으로 나의 여러 약한 것들에 대하여 자랑하리니 이는 그리스도의 능력으로 내게 머물게 하려 함이라. 그러므로 내가 그리스도를 위하여 약한 것들과 능력과 궁핍과 핍박과 곤란을 기뻐하노니 이는 내가 약할 그 때에 곧 강함이니라"(고후 12:7-10).

능력 있는 설교는 은사와 재능에 달려 있지 않고(비록 이런 것들도 없어서는 안 되지만), 기도의 정신에, 크든 작든 모든 일에 충성하는 신실한 태도에, 그리고 회중과의 관계, 특히 겸손에 달려 있다는 사실을 알아야 한다.

교회에서 능력 있는 설교가 되살아 나기 위해서는 우리가 말씀에 부지런해야 하고, 믿음을 실천하고 선포하는 일에, 그리고 기도에 부지런해야 한다는 점을 명심하자. 이런 것들이 교회가 지금뿐 아니라 영원히 가지게 될 능력의 유일한 수단이다.

주

1) 모든 성경구절 인용은 한글개역성경임(원서에서는 NIV).

2) John Gillies, *Historical Collections of Accounts of Revivals*(Edinburgh: Banner of Truth, 1981), p. 9.

3) J. I. Packer, *Knowing God*(London: Hodder and Stoughton, 1973), p. 5.

4) Joseph Alleine, *An Alarm to the Unconverted*(Edinburgh : Banner of Truth, 1959), p. 25.

5) Philip Schaff, *History of the Christian Church*, vol. 7, The German Reformation(Grand Rapids: Eerdmans, 1960), p. 463.

6) Alexander Whyte, *Lord Teach Us to Pray*(Grand Rapids: Baker Book House, 1922), p. 70.

7) D. Martyn Lloyd-Jones, *Preaching and Preachers*(Grand Rapids : Zondervan, 1971), p. 170.

8) Ibid. p. 171.

제 15 장

목회 설교

피터 보스틴

필자는 뉴저지 주에서 8년간의 목회를 마친 후에 새로운 장소에서 사역을 시작하였다. 처음으로 강단 사역에 푹 빠지게 되었을 때에야 비로소 내 자신이 하나님의 말씀을 전하는 대상인 사람들을 모른다는 사실을 깊이 자각하게 되었다. 내 자신이 알지 못하는 사람들을 놓고 과연 내가 무엇을 말하려고 했는가? 게다가 말씀을 피부에 닿도록 그들의 삶에 어떻게 적용할 수 있단 말인가? 필자는 그들을 몰랐다. 그들의 배경, 문화, 아니면 그들의 특별한 필요를 이해하지 못하였다. 다만 아주 일반적인 방법으로 그들에게 설교할 수 있었을 뿐이다. 그래서 이렇게 다짐했다. '교인들을 심방해야겠다. 나는 그들을 알아야 한다. 그들의 필요, 욕구, 꿈 그리고 목적들을 알아야 한다. 그래야 참다운 목회 설교를 할 수 있다. 그래야 성도들에게 유익하며 나 자신에게도 만족을 주는 목회 설교를 할 수 있다.'

뉴잉글랜드의 어느 집 벽난로 곁에서 들은 이야기가 생각난다. 이 이야기는 마샬 도지(Marshall Dodge)와 밥 브라이언(Bob Bryan)이 "버트와 나"(Bert and I)라는 글에 실어 영원히 잊히지 않게 했다.

폭스(Foggs) 목사가 그 주일에 교회에서 인도한 예배에는 오르간 반주자 트롬블리 양을 빼고는 교인이 딱 한 사람이 참석했다. 그는 78세의 농부 헨리 트리트였다. 폭스 목사와 농부 헨리 트리트, 그리고 오르간 반주자 트롬블리 양이 부르는 찬송은 빈약하기 짝이 없었다. 하지만 헨리가 응송(應頌)을 제때에 큰 소리로 불렀기 때문에 시편 찬송이 그다지 형편없지는 않았다. 찬송이 끝나자 목사는 머리를 긁적이더니 강단 너머를 물끄러미 쳐다보다가 헨리에게 나직한 소리로 트롬블리 양과 둘이 앉아서 계속해서 설교를 듣겠느냐고 물었다. 헨리는 송아지 먹이 주는 시간에 한 마리만 나타나도 먹이를 꼭 주었다고 대답했다. 용기를 얻은 폭스 목사는 두 시간이나 설교를 했다. 예배를 마친 뒤 목사가 문 앞으로 나가 헨리와 악수를 청하자, 헨리는 자신은 송아지 한 마리에게만 먹이를 줄 때는 다른 송아지들에게 줄 먹이까지 다 주지 않는다고 말했다.

하나님의 사람은 부지런히 자신의 임무와 소명을 수행하면서, 주님의 말씀을 열정적으로 전하면서도, 청중을 고려하지 않았기 때문에 성과를 거두지 못하는 수가 있다. 설교는 물론 하나님의 말씀을 선포하는 행위이다. 하지만 그 차원을 넘어선다. 설교는 하나님의 백성에게 하나님의 말씀을 선포하는 행위인 것이다. 물론 그것은 사람이 없을지라도 하나님의 말씀으로 남는다. 한 사람도 듣지 않고 한 사람도 믿지 않을지라도, 그것은 여전히 살아 계신 하나님의 권위 있는 진리이다. 구약의 선지자들은 자신들의 말을 듣지 못하는 열방을 향해서 선포했다(참조. 사 13-21장). 열방이 어떤 반응을 보였는지 우리는 알지 못하지만, 그것은 하나님의 계획을 성취하는 능력 있고 효과적인 말씀이었다.

그럼에도 불구하고 정상적인 상황에서 하나님은 앞에 있는 살아 있는 사람들에게 말씀하신다. 설교자의 목적은 이 사람들에게 그들을 위한 하나님의 메시지를 던지는 것이다. 그래서 그들을 예수 그리스도 앞에 세우고, 반응을 요구하는 것이다(참조. 사도행전 2장에서 베드로가 오순절에 행한 설교와, 사도행전 다른 부분들에 기록된 설교들). 이러한 선포는 많은 형태를 지닌다. 그것은 권고인 동시에 위로이며, 경고인 동시에 약속이다. 회개하라는 요구이며, 회개하면 하나님께서 삶을 변화시켜 주신다는 보증이다. 설교가 신학 강의나 윤리 논문이나 감정에 대한 호소로 전락해서는 안 된다. 설교는 언제나 예수 그리스도 안에서 주신 하나님의 좋은 소식이어야 한다. 구약성경을 전하든 신약성경을 전하든, 사람들 앞에 계시는 분은 언제나 예수 그리스도이시다. 설교자는 심판과 구원을 설교한다. 영원한 지옥 형벌의 고통을 서술하며, 예수님을 사랑하고 섬기는 자들을 위하여 주께서 예비하러 가신 아버지의 집으로 오라고 부른다. 사람들을 지옥의 죽음에서 산 소망으로 불러내는 이 장엄한 말씀을 전하는 것이 얼마나 큰 기쁨인가!

그러나 우리가 어떻게 이 일을 할 수 있을까? 강단에 올라가는 그 순간에 하나님이 오늘 사람들에게 무슨 말씀을 하실는지 추측해 가지고서는 그 일을 성취할 수 없다. 성경 낭독만 하고 성령께서 성경의 뜻을 청중에게 분명히 밝혀달라고 기도만 해가지고서도 그 일을 성취할 수 없다. 존 칼빈이나 존 녹스가 자기 시대 사람들에게 전했던 말을 오늘 우리의 청중에게 그냥 앵무새처럼 읽어만 가지고는 그 일을 성취할 수 없다. 하나님의 부르심의 독특성은 각 세대를 위해 새 사람들을 부르신다는 데 있다. 하나님은 그들로 하여금 성경 원어들과 성경의 문화를 배우게 함으로써 준비시키신다. 당신이 염두에 두신 회중에게 가서 말씀을 전하도록 그들을 훈련시키신다. 성령으로 그들을 구비케 하신다. 설교자가 무오한 하나님의 말씀을 손에 들고 회중 앞에 서서 입을 열어 말할 때 진리의 순간이 도달한다. 설교자는 두 세계 사이에 선다. 하나는 고대이고 다른 하나는 현대이다. 설교자는 자신의 성경과 함께 산다. 동시에 자기 회중과 함께 산다. 그러면 설교자는 이 두 대상과 어떻게 효과적으로 관계를 맺고서 성경의 영원한 진리를 회중에게 전할 수 있을까?

1. 설교자와 하나님의 말씀의 만남

바울은 로마의 식민지로서 금광 지대인 빌립보에서 서쪽으로 160km를 여행하여 에게해에 접한 항구 도시 데살로니가로 갔다. 가면서 암비볼리 시에도 들렀지만, 그곳에는 회당이 없었기 때문에 틀림없이 그냥 지나쳤을 것이다. 데살로니가에서 바울은 유대인들의 집단 거주지를 발견했다. 그곳에서 세 안식일을 연속해서 회당에 나가 "성경을 가지고 강론하며 뜻을 풀어 그리스도가 해를 받고 죽은 자 가운데서 다시 살아야 할 것을 증명"했다(행 17:2-3). 그러자 유대인의 일부와 경건한 헬라인의 큰 무리와 적지 않은 귀부인들도 권함을 받아 바울과 실라를 좇게 되었다. 자신의 설교와 그 결과에 대해 바울은 개인적으로 어떤 느낌을 가졌을까? 그는 데살로니가인들에게 보낸 첫째 편지에서 자신의 심경을 이렇게 적는다:

> 형제들아! 우리가 너희 가운데 들어감이 헛되지 않은 줄을 너희가 친히 아나니 너희 아는 바와 같이 우리가 먼저 빌립보에서 고난과 능욕을 당하였으나 우리 하나님을 힘입어 많은 싸움 중에 하나님의 복음을 너희에게 말하였노라. 우리의 권면은 간사에서나 부정에서 난 것도 아니요 궤계에 있는 것도 아니라 오직 하나님의 옳게 여기심을 입어 복음 전할 부탁을 받았으니 우리가 이와 같이 말함은 사람을 기쁘게 하려함이 아니요 오직 우리 마음을 감찰하시는 하나님을 기쁘시게 하려 함이라. 너희도 알거니와 우리가 아무 때에도 아첨의 말이나 탐심의 탈을 쓰지 아니한 것을 하나님이 증거하시느니라. 우리가 그리스도의 사도로 능히 존중할 터이나 그러나 너희에게든지 다른 이에게든지 사람에게는 영광을 구하지 아니하고(살전 2:1-6).

바울도 그랬듯이 우리도 당신의 말씀 안에서 말씀하시는 분이 바로 하나님이라는 확신을 가져야 한다. 하나님은 모든 설교의 중심이다. 전파되는 것은 바로 그분의 메시지이다. 이 사실이 설교에 대해서 갖는 의미는 다음과 같다:

1. 설교자는 하나님께 부르심을 받은 자여야 한다. 우리가 하나님을 위해서 말한다고 어줍잖은 태도를 취해서는 안 된다. 하나님께서 당신의 일을 수행하시기 위해서 우리의 인생을 다 준비해 주신다는 확신이 없이는 그 직무를 맡을 수가 없다. 그것은 내적인 확신인 동시에 교회에 의한 외적 확증이어야 한다. "내가 고하라고 명하지 아니한 말을 어떤 선지자가 만일 방자히 내 이름으로 고하든지 다른 신들의 이름으로 말하면 그 선지자는 죽임을 당하리라 하셨느니라"(신 18:20). 하나님은 거짓 선지자를 가볍게 취급하시지 않는다. 설교

자는 하나님께서 자신을 승인하셨다는 확신이 있어야 한다(조엘 네더후드가 이 책 앞 부분에서 목회자의 소명에 관해서 보다 자세히 분석한다).

2. 하나님을 대표하는 목회자는 진리를 말해야 한다. 하나님은 진리이시다. 그의 말씀은 진리이다. 그러므로 하나님을 대신해서 말하는 사람은 자신이 맡은 진리의 보고(寶庫)를 지키고 그것을 전하는 데 열과 성의를 다해야 한다. 하나님을 대신해서 말한다고 하면서 그분 말씀을 경박하게 사용하는 사람들이 많다는 게 얼마나 슬픈 일인가. 필자는 최근에 어떤 교회에 갔다가 그곳에서 하나님의 말씀을 전하는 것을 듣고는 깜짝 놀랐다. 그 교회 목회자는 성경에서 한 단락을 읽더니 본문을 완전히 제쳐놓고는 여러 가지 상투적인 이야기들과 처세술에 관한 이야기를 열거하되, 그것을 살아 계신 하나님의 이름으로 했다.

같은 주일에 또 다른 교회에 참석했는데, 그 교회의 목회자는 성경을 읽고 그 단락을 다루었지만, 예수 그리스도께서 가르치신 바와 전혀 일치하지 않는 해석과 적용을 했다. 만약 우리가 그리스도의 교회에 전하는 것이 그리스도의 말씀이라면, 어떻게 감히 우리의 생각과 우리의 착상을 말할 수 있는가? 이것은 가장 지독한 교만이다.

결론적으로, 바울이 위에 인용한 단락에서 말하는 것은 자신이 오류나 불순한 동기나 속임수를 가지고 회중에게 호소하지 않는다는 것이다. 그는 자신이 그들을 즐겁게 하거나 아첨할 생각이 추호도 없다고 단언한다. 그는 돈에 눈이 어두운 자가 아니었다. 그는 하나님만을 섬기기를 원했으며 사람들에게 하나님만을 바르게 묘사하고 싶어했다. 진정한 설교자라면 이 토대에서 시작하여 이 토대를 떠나지 말아야 한다. 회중의 가려운 귀를 긁어주려는 유혹에 쉽게 빠질 수 있기 때문에 항상 자신의 소명을 기억해야 한다. 회중이 설교를 귀담아 듣지 않으려고 할 때는 — 그리스도께서 명령하신 대로 새로운 사람에게로 사역의 폭을 확대하는 대신에, 설교 내용을 슬쩍 바꾸어 자신의 사역을 경제적으로 뒷받침해 주는, 하지만 날마다 예수 그리스도를 따르기 위해서 자기 십자가를 질 생각이 없는 사람들을 만족시키고 싶은 유혹을 받기 쉽기 때문에 — 항상 자신의 소명을 되새겨야 한다.

필자는 인기와 많은 교인수에 현혹되어 멸망으로 인도하는 인간의 심리학과 철학의 넓은 길로 내려가는 많은 목회자들을 보았다. 이렇게 하면 일시적으로는 위안을 얻겠지만, 결국에는 영혼이 굶어죽고 만다. 예수 그리스도의 복음을 초지일관 전하고 그 메시지를 청중에게 거침없이 적용하는 것만이 영혼에게 영생에 이르도록 자양을 공급하는 유일한 양식이다.

완전무결하신 하나님이 우리의 설교의 핵심이라면, 그분의 사자들인 우리는 그분을 닮은 인격을 지니고 살아야 한다. 불순한 동기를 마음에 두어서는 안 된다. 바울은 "우리가 아무 때에도 아첨의 말이나 탐심의 탈을 쓰지 아니한 것을 하나님이 증거하시느니라. 우리가 …… 사람에게는 영광을 구치 아니하고"(살전 2:5, 6). 예수님은 당시의 설교자들을 비난하셨는데, 그 이유는 "저희는 말만 하고 행치 아니하는" 사람들이었기 때문이다(마 23:3).

필자는 목회자 때문에 성장하지 못하고 증거의 능력이 훼손되는 것을 자주 지켜보았다. 목회자가 오르간 반주자와 염문에 휩싸였다. 살림을 단정하게 꾸려가지 못하여 모든 교인들에게 부채를 졌다. 게으르고 자기 훈련이 안 되어 있어서 제때에 무슨 일을 해내는 법이 없다. 동기? 이런 사람들에게 무슨 동기가 있겠는가? 그들이 그리스도의 사랑에 강권을 받았던가? 하나님 이외에 그 누가 사람의 마음을 들여다 볼 수 있으랴? 항상 교인들에게 칭찬을 구하는 그 사람들의 속을 누가 들여야 볼 수 있으랴? 그들은 주(州)나 국가는 아니더라도 자기 도시에서 최고의 설교자가 되려고 꿈꾸었다. 그들의 동기가 어떤 것이었던가? 그들은 항상 사람들의 귀에 솔깃한 주제만 가지고 설교하면서, 사람들이 듣고 싶어하는 말을 해주고, 예배도 공연 냄새가 물씬 나는 식으로 조성했다. 그들의 동기가 무엇이었던가? 나는 잘 모른다. 하지만 하나님은 아신다. 하지만 나도 아는 것이 있다. 하나님께서 살아 계신 하나님의 말씀을 전하고 실천하는 정직한 사람들을 원하신다는 사실이다. 목회자들만 당하는 독특한 유혹을 피할 수 있으려면 우리 스스로 말씀에 따라 살고 성령의 다스림에 복종하는 길밖에 없다.

이렇게 복종하며 살려면 교인들과 개인적으로 성경 공부 모임을 갖고, 그들이 갖고 있는 은사들의 도움을 받아야 한다. 설교자가 말씀을 주는 것으로 그쳐서는 안 된다. 설교자도 받아야 한다. 그것도 정규적으로 말이다. 목회자들이 주기만 하고 받지는 않는 일이 허다하다. 물론 목회자가 나른 목회사들과 사귐을 가지면서 공동의 경험을 교환할 수 있다. 하지만 의미 있는 성장을 체험하려면 우리가 섬기는 회중에게도 배워야 한다.

캘리포니아 샌 버나디노에 본부를 둔 교회 외곽 단체인 '살아 있는 교회들'(Churches Alive)은 지역 교회들 안에 성경 공부 모임들을 발전시키는 데 뜻을 두고서 활동한다. 이 단체는 목회자가 '성장 그룹'을 인도하지 않도록 하는 것을 정책으로 삼는다. 이렇게 하는 이유는 목회자와 교인들 사이에 흔히 독특한 관계가 존재하기 때문이다. 교인들은 목회자를 존경할 만한 권위 있는 인물로 보는 것이다. 그것은 좋은 일이다. 하지만 이런 존경의 뒷면에는 목회자가 반드시 성경에 관해 모르는 것이 없어야 하며, 모든 논의에서 최후의 말을 갖고 있어야 한다는 생각이 자리잡고 있다. 바꿔 말해서, 목회자가 인도하는 성경 공부 모임에서는 참석자들이 자신의 생각과 경험을 말하지 않은 채 침묵을 지키는 경우가 많다. 함께 동참하기보다, 그 공부시간이 오직 목회자만 이야기하는 시간이 되어 버린다. 다른 사람들은 질문을 하거나 아니면 듣기만 한다. 그 결과, 설교자는 흠 잡히는 위치에 있게 되고 남은 사람들은 소기의 성과를 거두지도 못한 채 그냥 가버리게 된다.

일반적으로 말해서 그런 그룹은 잘 진행되지 않는다. 설교자인 우리는 성경 공부 모임에 참여하는 다른 구성원들과 마찬가지로 함께 참여한다는 동참 의식을 가져야 하고, 그들이 성경을 가지고서 얻은 체험도 중요하다는 것을 가르쳐야 한다. 이와 같은 방식으로 일반 교인들과 사귐을 가지며 은사를 서로 나누는 가운데 성장할 수 있다. 이런 방식으로 그리스도의 몸의 활발한 지체가 됨으로써 사단의 공격으로부터 우리 스스로를 방어할 수 있다. 그렇게 한다고 해서 말씀 사역자로서의 지위가 훼손되지 않으며, 오히려 예수 그리스도의 교회의 지체로서 자신의 지위를 강화한다.

더 나아가 예수님은 제자들에게 '은인'(恩人, 시혜자)이라 칭함을 받지 말라고 하셨다(눅 22:25, 26). 다른 사람들을 주관하는 자가 되지 말고, 봉사하고 섬기는 자가 되라고 하셨다. 이렇게 우리는 설교만 가지고 하나님의 말씀을 가르치는 것이 아니라, 하나님의 백성들과 함께 뒤섞여 살면서 하나님의 말씀을 실천하는 우리의 행동을 통해서도 하나님의 말씀을 가르치는 것이다. 목회자가 상담을 하고, 조언을 해주고, 다른 사람들로 하여금 우리의 말 한 마디

한 마디에 귀를 기울이게 하는 것이 얼마나 쉬운 일인가! 이것이 얼마나 우리의 자아를 한껏 부추기는 메시지인가! 하지만 거기서 머물지 말고 밖으로 나가, 성령의 열매를 계발하고, 원수를 사랑하고, 오리를 가 달라는 사람에게 십리를 가줌으로써 예수님의 가르침을 실천해야 한다. 그것이 훨씬 더 어려운 일이다. 어려운 일일지라도, 우리가 전하는 설교가 사람들에게 실제적인 양식이 되고 그들의 삶에 영향을 주는 것이 되려면 그렇게 하지 않으면 안 된다.

능력 있는 설교자가 되려면 하나님의 신실하심을 절대 신뢰하고 우리 인격도 신실해지도록 훈련해야 한다. 하지만 그러려면 하나님의 말씀의 신실성을 절대 확신할 필요가 있다. 바울은 그것을 가리켜 사람들에게 복음 곧 좋은 소식이라고 했다. 우리가 전하는 설교가 좋은 소식이라면 나쁜 소식들로 얼룩져 있는 그들의 삶에 영향을 주는 것이어야 한다. 우리는 실패와 죄책으로 시달린다. 우리의 죄가 많기 때문이고 그 죄를 정복할 힘이 없기 때문이다. 우리 하나님께서는 당신께서 아들의 삶과 죽음으로써 죄를 정복하셨다고 말씀하셨다. 그렇다면 그 아들 안에 있다는 것은 참으로 좋은 소식인 셈이다.

설교자가 좋은 소식을 전하려면 자신이 사람들에게 전하는 말씀이 그들의 삶을 바꾸어 놓는다는 것을 절대 확신해야 한다. 이를 위해서 하나님께서 하신 약속들을 믿어야 한다. 예를 들어, 하나님은 예레미야를 통해서 선지자들에게 이렇게 말씀하셨다. "만일 나의 회의에 참여하였더면 내 백성에게 내 말을 들려서 그들로 악한 길과 악한 행위에서 돌이키게 하였으리라"(렘 23:22). 혹은 예수님의 말씀을 들어보자: "내가 진실로 진실로 너희에게 이로노니 내 말을 듣고 또 나 보내신 이를 믿는 자는 영생을 얻었고 심판에 이르지 아니하나니 사망에서 생명으로 옮겼느니라"(요 5:24). 그리고 소아시아에 있는 하나님의 선택된 백성들에게 베드로가 전한 설교를 들어보자: "너희가 거듭난 것이 썩어질 씨로 된 것이 아니요 썩지 아니할 씨로 된 것이니 하나님의 살아있고 항상 있는 말씀으로 되었느니라"(벧전 1:23).

하나님의 말씀이 참으로 삶을 변화시키는가? 그것은 모든 말씀 사역자들이 현실을 앞에 놓고서 대답해야 할 질문이다. '예'라고 대답할 수 없다면 하나님의 교회는 깊은 수렁에 빠진다. '예'라고 대답하지 못하는 설교자는 두려운 경고가 실린 하나님의 진리들을 차츰 간접적이고 덜 도전적인 인간의 말로 순화시키게 될 것이다. 그러면 칼날이 점차 무뎌지고, 설교는 아무것도 찌르지도 자르지도 못할 것이다(참조. 히 4:12).

동시에 말씀에 머물러 있으며 말씀의 모든 내용을 가감없이 전하는 설교자, 하나님께서 당신의 말씀을 통해서 역사하시기를 기대하는 설교자, 그리고 결과를 기대하는 설교자는 인내해야 한다. 하나님의 역사는 하루 아침에 이루어지지 않는다. 한 사람이 씨를 뿌리고, 다른 사람이 물을 주되, 거두시는 분은 하나님이시다. 필자는 하나님의 말씀을 전해 놓고 그 결과를 도저히 예측할 수 없다는 것을 경험으로 안다. 어떤 사람들은 설교를 듣고서 구원의 즐거움을 누린다. 어떤 사람들은 하나님의 생각이 자기들의 생각과 다르다는 이유로 화를 내면서 순응하지 않는다. 어떤 사람들은 다른 설교자를 찾아간다. 어떤 사람들은 회개의 눈물을 흘린다.

확실한 것 한 가지는 하나님의 말씀은 결코 공허하게 돌아가는 법이 없다는 것이다. 하나님의 말씀은 한 번 선포되었으면 하나님이 원하시는 것을 꼭 성취한다. 우리가 그 말씀을 우리의 생활에서 우리의 말에서 실천하면, 바울이 고린도인들에게 한 말을 예증하게 될 것이다: "우리는 구원 얻는 자들에게나 망하는 자들에게나 하나님 앞에서 그리스도의 향기니 이 사람에게는 사망으로 좇아 사망에 이르는 냄새요 저 사람에게는 생명으로 좇아 생명에 이르는 냄새라 누가 이것을 감당하리요"(고후 2:15-17).

2. 설교자와 회중의 만남

회중을 어떻게 보느냐에 따라 설교자와 그의 회중의 관계가 결정된다. 구약 성경에서 하나님의 언약 백성들은 중재자들을 통하여 하나님의 통치를 받았다. 그리고 그들이 주변 열방과 같이 되고 싶다고 요구한 뒤부터는 왕들의 통치를 받았다. 결과적으로 이스라엘이라는 교회의 지배적인 형태는 국가의 형태가 되었다. 국가가 됨으로써 관계가 대단히 형식적이고 대단히 구조적이 되었다. 왕이 왕궁과 권좌를 갖게 되었고, 그것이 그와 그의 백성을 구분했다. 그는 자신의 군대와 신하들을 두었다. 제사장들이 그와 협력했다. 그들 역시 백성과 대단히 조직적인 관계를 가졌다. 성전에서 정교한 의식으로 자기들의 임무를 수행했고, 백성은 성전에 접근은 하되 들어갈 수는 없었다. 선지자들은 하나님의 말씀을 백성에게 전했다. 실로 이 말씀은 여호와를 의지하는 사람들에게 위로와 위안과 소망을 주었다. 하지만 선지자는 하나님께로부터 백성에게 돌아가 율법의 언약에 순종하라고 외치도록 부르심을 받았기 때문에, 그들의 메시지는 대체로 죄와 심판에 관한 것이었다. 그래서 이번에도 백성은 여호와로부터 단절감을 느꼈다. 그것은 하나님의 의도가 아니라 그들이 나타낸 반응 때문이었다. 이렇게 구약성경 회중이 전반적으로 주는 인상은 하나님께로부터 멀리 떨어져 있다는 것이었다.

그러나 신약 시대에 교회가 형성되면서 훨씬 가족과 같은 분위기를 자아낸다. 실로 우리는 "택하신 족속이요 왕같은 제사장들이요 거룩한 나라요 그의 소유된 백성"이다(벧전 2:9). 여기에서 베드로는 신약교회가 구약교회의 연장선상에 있음을 주지시킨다. 이 말을 하기 전에 베드로는 교회가 "신령한 집으로 세워지고 예수 그리스도로 말미암아 하나님이 기쁘게 받으실 신령한 제사를 드리는"이라고 말했다(벧전 2:5). 그렇다면 우리는 하나님의 가족이다. "보라, 아버지께서 어떠한 사랑을 우리에게 주사 하나님의 자녀라 일컬음을 얻게 하셨는고. 우리가 그러하도다"(요일 3:1). 예수님은 우리의 형제이다. 우리는 한 가정에 있는 형제요 자매이다. 예수님은 우리에게 경고하시기를 우리는 그리스도를 따르기 위하여 혈연관계인 부모나 처자나 형제 자매를 미워하지 않으면 안 되는 상황에서조차 그 위에다 이 가정을 세워가는 데 우선권을 두어야 한다고 하셨다(눅 14:26).

가족 단위로서의 교회가 지니는 이러한 속성은 설교자가 가져야 하는 관계에 영향을 준다. 설교자는 무엇보다도 이 가족의 일원이다. 그러므로 설교자는 성도들을 대할 때 식구를 대하는 것이며, 단순히 모든 일을 자신의 목적을 위해 통제하는 가장으로서만 대하는 것이 아니다. 오히려 회중의 지도자인 그는 주인이 아닌 종이 되어야 한다(참조. 눅 22:25, 26). 하나님의 말씀을 가족에게 공급하여 자녀들로 하여금 하늘에 계신 한 분 아버지를 인정하고 복종하도록 해야 한다. 이 일을 신실하게 감당하는 사람들은 가족의 다른 구성원들을 존경하는 태도로 대할 것이다. 바울은 디모데에게 이렇게 권고한다: "늙은이를 꾸짖지 말고 권하되 아비에게 하듯 하며 젊은이를 형제에게 하듯 하고 늙은 여자를 어미에게 하듯 하며 젊은 여자를 일절 깨끗함으로 자매에게 하듯 하라"(딤전 5:1-2).

동시에, 설교자는 자신이 종이라는 사실을 자각하고서 죄악된 본성에서 생기는 저급한 욕구를 깨끗이 씻어내야 한다. 하나님의 종이 어떤 자세를 갖춰야 하는가: "또한 네가 청년의 정욕을 피하고 주를 깨끗한 마음으로 부르는 자들과 함께 의와 믿음과 사랑과 화평을 좇으라. 어리석고 무식한 변론을 버리라. 이에서 다툼이 나는 줄 앎이라. 마땅히 주의 종은 다투지 아니하고 모든 사람을 대하여 온유하며 가르치기를 잘하며 참으며 거역하는 자를 온유함으로 징계할지니 혹 하나님이 저희에게 회개함을 주사 진리를 알게 하실까 하며 저희로 깨어 마귀의 올무에서 벗어나 하나님께 사로잡힌 바 되어 그 뜻을 좇게 하실까 함이라"(딤후 2:22-26).

둘째로, 가족을 부양하는 종이요 교사인 설교자는 교회라는 가정도 일반 가정과 마찬가지로 식구들이 신체적 발달과 양육 정도가 각기 다르다는 점을 기억해야 한다. 각 사람의 자연스러운 발달 과정이 그의 관심사와 필요와 이해력을 결정할 것이다. 동시에 설교자는 교인들 한 사람 한 사람의 영적 발달 과정에 아주 민감해야 한다. 나이가 많은 어른이라도 그리스도 안에서는 아직도 어린아이에 지나지 않는 사람들이 많음을 기억해야 한다. 또 정반대로 한창 젊은 이십대 청년이라도 그리스도 안에서 성숙한 성도일 수가 있다. 성경이 교훈하는 것은 어린이는 젖으로 먹이며 장성한 자는 단단한 음식으로 먹여야 한다는 것이다(벧전 2:2; 히 5:14). 설교자에게는 두 가지 위험이 있다. 첫째는, 어린아이들을 너무나 지적으로 대할 수 있다는 것과, 둘째는, 모두에게 다 똑같은 이유식을 공급하여 어느 누구도 장성한 사람이 되지 못하게 할 수 있다는 것이다. 필자가 목회하는 지역에서 가장 흔하게 들려오는 불평은 설교 수준이 주일학교 공과공부 수준과 같다는 것이다. 깊은 이해와 폭넓은 적용 없이 성경 구절만 진부하게 나열하는 식이라는 것이다. 그들은 주일 예배를 마치고 돌아갈 때 은혜도 도전도 받지 못한 채 돌아간다고 주장한다.

설교자가 어떻게 이 진퇴유곡을 피하겠는가? 방법은 한 가지뿐이다. 성경에 젖어 살아야 한다. 그래야만 성경의 본문을 읽을 때 그 문맥을 성경 전체의 흐름 속에서 하나님의 구속적 사역의 중심인 예수 그리스도와 연관짓는 설교를 할 수 있게 된다(이 점에 대해서는 이 책 앞부분에 소개한 에드먼드 클라우니 교수의 글을 참조하라). 더 나아가 설교를 전달할 때도 신선하고 생동감 있고 구체적이고 현실성 있게 전해야 한다. 그래야 회중의 주의와 관심을 끌 수 있다. 했던 말을 자꾸 되풀이하면 사람들은 틀림없이 흥미를 잃고 만다. 추상적이고 이론적이며 판에 박힌 듯한 설교는 회중의 눈을 흐리멍텅하게 풀리게 만들며, 눈꺼풀을 무겁게 만든다. 본문을 다룰 때도 회중이 단지 듣는 정도를 넘어서서 느끼고 맛보고 볼 수 있게끔 해야 한다(제이 아담스와 R. C. 스프라울이 지적한 바와 같다). 물론 어떤 단락들은 다른 단락에 비해 이런 점을 더욱 많이 제공한다. 설교자가 나아만의 문둥병과 그가 요단강에 가서 치유받은 사건에 관해 말할 때는 생생하게 묘사할 요소들이 퍽 많다. 하지만 바울이 가르친 이신칭의 교훈을 다룰 때는 그런 요소들이 없다. 이런 경우에는 어떻게 해야 할 것인가? 이런 경우에는 예화 자료와 이야기, 그리고 성경의 진리를 회중의 삶에 구체적으로 적용한 내용으로 성경의 교훈을 명쾌하고 구체적으로 전해야 한다.

특별히 중요한 것은, 설교에는 회중의 가슴에 도전을 안겨주는 적용이 있어야 한다는 것이다. 설교란 성경 진리를 설명하는 것 이상의 행위이다. 사람들의 삶에 성경의 진리를 적용하는 것이 설교이다. 회중은 설교를 들을 때 지적인 도전을 받는 것 이상의 것을 기대한다. 하나님께로부터 오는 메시지를 받으려고 기대하며, 이러한 기대는 지극히 정상적인 것이다. 그 메시지가 그들의 삶을 변화시키고, 더욱 깊은 신앙의 길로 들어서게 한다. 그들은 앞으로 한 주간을 살아갈 힘을 얻어 가기를 기대한다. 이렇게 되려면 말씀 사역자가 자신이 섬기는 사람들과 친밀하게 접촉해야 한다는 건 절대적인 과제이다. 말씀 사역자는 회중의 소원과 기대와 꿈과 좌절과 죄를 알아야 한다. 그들이 어떤 일에 종사하며 어떤 휴식을 갖는지 잘 알아야 한다. 삶의 모든 부면에서 그들을 친밀히 알수록 그의 메시지는 더욱 현실적인 힘을 가지고 그들의 필요에 다가갈 것이다.

아모스는 다음과 같이 말한 것으로 봐서 당시 여인들의 습관을 잘 알고 있었다: "사마리아 산에 거하는 바산 암소들아 이 말을 들으라 너희는 가난한 자를 학대하며 궁핍한 자를 압제하며 가장에게 이르기를 술을 가져다가 우리로 마시게 하라 하는도다"(암 4:1). 예수께서도 바리새인들의 행위를 분석하시면서 이렇게 말씀하셨다: "화있을진저 너희 바리새인이여 너희가 박하와 회향과 모든 채소의 십일조를 드리되 공의와 하나님께 대한 사랑은 버리는도다"(눅 11:42). 바울은 그레데 사람들의 문화를 이해하고 그들의 문학을 읽은 배경에서 다음과 같이 말했다: "그레데인들은 항상 거짓말장이며 악한 짐승이며 배만 위하는 게으름장이라 하니 이 증거가 참되도다. 그러므로 네가 저희를 엄히 꾸짖으라. 이는 저희로 하여금 믿음을 온전케 하고 ……"(딛 1:12-13). 이러한 표준을 잃지 말아야 한다.

적용을 할 때 철칙으로 삼아야 할 점은 설교 본문으로 정한 단락에서 직접 적용을 하되 마치 본문에 매달려 있는 부록처럼 하지 말라는 것이다(헨드릭 크라벤담은 이 책에 기고한 '해석학과 설교'라는 글에서 윤리적인 적용의 위험을 경고한다). 설교자가 설교 본문을 도약대로 사용하여 자신의 개인적인 관심사나 마음에 드는 것만 말하기가 쉽다. 이런 태도는 어떤 대가를 치르더라도 과감하게 버려야 한다. 왜냐하면 설교자가 그렇게 할 경우 회중을 소외시키고 설교의 능력을 제해 버리게 되기 때문이다. 성령께서는 사람이 자기 스스로 한 말은 일축하시고, 하나님께서 사람을 통해서 말씀하시는 말씀에 대해서만 반응을 일으키신다.

이제 회중이 모였을 때 우리가 훌륭한 적용을 할 생각을 품고서, 서로 관심사도 다르고 나이도 다양한 계층의 사람들 앞에서 정확히 어떠한 적용을 해야 할지 생각해 보자. 어린이들에게는 괘념치 않은 채 어른들에게만 적용해야 할까? 아주 일반적인 적용을 한 다음 그것이 누구에게 딱 맞게 되기를 바라야 할까?

필자가 목회해 오면서 사용해온 원칙은 여러 개의 구체적인 적용을 사용하되 그것들을 설교 내용과 잘 배합하는 것이다. 설교가 끝날 때까지 적용을 아껴두는 것은 좋은 방식이 아니다. 설교 내내 적용을 사용해 보라. 적용들 가운데 더러는 회중에게 직접 해당될 것이다. 더러는 유추에 의해서 해당될 것이다. 또 다른 것들은 아예 해당되지는 않더라도, 그들이 살고 있는 문화에 관련되기 때문에 회중이 여러분의 말의 적실성을 보고서 '아멘'이라고 말할 수 있을 것이다.

하지만 어린이들에게 하는 설교의 경우는 어떨까? 오늘날 어린이 설교가 크게 성행한다. 솔직히 말해서, 필자는 흔히 쓰이는 어린이 설교 구조, 즉 어린이들만을 위해 따로 마련된 메시지를 좋아하지 않는다. 이런 발상에는 이 설교가 어린이들을 위한 것이고, 정규 설교는 어른들을 위한 것이라는 생각이 깔려 있다. 예배는 언약적인, 가족적인 행위이다. 정규 설교는 어른들만을 위한 것이 아니라 온 가족을 위한 것이다. 그러므로 필자는 회중 가운데 어린이들이 많이 앉아 있고 상황이 적합하다면, 정규 설교 시간에 따로 시간을 할애하여 어린이들에게 따로 말씀을 전한다. 그렇지 않을 경우에는 특별히 어린이들을 겨냥하여 지나가는 말로 적용을 하는 것으로 그친다. 어떤 경우든 회중에게 '이 설교는 여러분을 위한 것이 아닙니다'라는 인상을 주어서는 안 된다. 설교는 모두 모든 사람들을 위한 것이다.

이 장의 앞부분에서 젊은 사람들과 교육 수준이 낮은 사람들에게는 직설적인 언어와 단순한 개념을 사용해야 한다고 말한 바 있다. 이 원칙은 항구적인 것이다. 그럼에도 불구하고 이것과 함께 강조해야 할 또 다른 원칙이 있다. 이전 세대에는 설교자가 대중을 무시하고 사회의 엘리트 계층만을 겨냥하여 설교했다. 하지만 우리 사회에서 대중이란 고등 교육을 받은 사람들이다. 그러므로 설교의 주조가 교육을 받지 못한 사람들을 겨냥했을 경우 회중의 다수에게는 아무런 도전도 던질 수 없다. 교회에 나오는 사람들은 대부분 성경에 무지한 사람들이 아니다. 아무리 우리 사회가 대체로 모세와 예수를 알기보다 최신 비디오 게임을 더 많이 아는 추세라 하더라도, 교회에 나오는 사람들은 대개 주일학교나 개인 성경 공부를 통해 성경을 배운 사람들이다. 예배는 주일마다 예수께서 여러분의 죄를 위해 죽으신 사실을 믿으라고 외치는 정도로 단순해져서는 안 된다.

오늘날 교회에서 크게 외쳐야 할 소리는 주 예수 그리스도를 믿으라는 것뿐 아니라, 그분을 믿되 삶을 통치하는 대주재로 믿으라는 것이어야 한다. 교회는 불신과 불순종으로 절뚝거리고 있다. 그러므로 강단은 신실과 복종을 뜨겁게 외쳐야 한다. 이 일을 할 수 있는 유일한 길은 하나님의 모든 뜻(the whole counsel of God)을 전하는 길뿐이다. 하나님의 어떠하심과 그분이 요구하시는 바에 대해서 생각이 좁으면 쉽고 값싼 복음을 전하게 될 수가 있고,

그러면 회중은 회중석에 편하게 앉아 아무런 도전도 받지 않게 되어 결국 교회를 무너뜨리게 될 수가 있다.

이런 다양한 원칙들을 설명하기 위해서, 필자는 히브리서 12:1-3을 예로 들겠다: "이러므로 우리에게 구름같이 둘러싼 허다한 증인들이 있으니 모든 무거운 것과 얽매이기 쉬운 죄를 벗어버리고 인내로써 우리 앞에 당한 경주를 경주하며 믿음의 주요 또 온전케 하시는 이인 예수를 바라보자. 저는 그 앞에 있는 즐거움을 위하여 십자가를 참으사 부끄러움을 개의치 아니하시더니 하나님의 보좌 우편에 앉으셨느니라. 너희가 피곤하여 낙심치 않기 위하여 죄인들의 이같이 자기에게 거역하신 일을 참으신 자를 생각하라."

주제 : 지금 중단하지 마십시오!

I. 경주를 위한 준비
  A. 타성을 극복하자.
    1) 우리의 삶에 있는 타성의 유형들
    2) 11장에 소개된 구름같이 허다한 증인들로부터 경주할 용기를 받음.
  B. 벗어버리자.
    1) 올림픽 경기를 위한 조건
    2) 그리스도인의 삶을 위한 조건
      a. 방해하는 것들
      b. 괴롭히는 죄들

II. 경주를 하자.
  A. 장애물들을 박차고,
    1) 하나님께서 정해 놓으신 코스를 따라 달리자.
    2) 시작한 믿음의 경주를 끝까지 해내자.
      a. 히브리 그리스도인들에게 필요했던 것(히 10:32-34; 참조. 10:19-31; 4:11; 6:11; 10:39).

  b. 우리에게 필요한 것 — 조급하게 만족을 얻으려 하는 우리 세대의 집착.

  c. 경주를 마치기 위하여 견뎌 내야 할 고된 훈련.

B. 예수를 바라보자.

 1) 그는 여러분을 앞서 가신다.

  a 만일 여러분이 군중들을 바라본다면 주의가 흐트러질 것이다.

  b. 만일 여러분이 자신의 다리를 쳐다보면 힘을 잃게 될 것이다.

 2) 예수님은 이미 경주를 마치셨다.

  a. 믿음의 주요 온전케 하시는 이.

  b. 그는 그의 경주 과정에서 고난을 받으셨다.

  c. 그는 승리하셨다.

이러한 구성은 본문에 충실하면서, 동시에 하나님의 말씀을 일상 생활의 지침으로 사용할 수 있게 해준다. 누구에게든 해당하는 교훈과 격려의 길을 열어 준다. 타성을 가지지 않은 사람이 누가 있겠는가? 삶의 여정에서 흥미를 잃어버린 경험을 해본 적이 없는 사람이 과연 얼마나 있을까? 매일 집에서 밥이나 짓는 식모로 자조할 우려가 있는 가정주부들, 지루하게 계산기만 두드리고 있는 회계사들, 까다로운 설계 문제로 머리가 아픈 설계사들이 저마다 그런 타성과 권태를 느낄 수 있다. 이런 일들은 잠시라도 재미를 얻기 위해 반복되는 생활을 피하게 만드는 경향이 있다. 그리스도인의 삶도 예외가 아니다. 매일 성경을 읽고, 기도하고, 주님과 사귐을 가지는 데서 일탈하여 뭔가 재미있는 일에 빠져들고 싶은 생각이 든다. 잠시의 여흥을 위해 죄와 싸우는 훈련을 접어둔다. 설교자가 자신이 섬기는 사람들의 삶을 잘 알고 있으면 자신이 처한 문화 상황을 감안하여 각 사람에게 필요한 성경적 지도를 하고 예수 그리스도 안에서 격려를 하고 그것을 구체적으로 자신이 섬기는 회중에게 전달할 수가 있다. 그러면 하나님의 말씀이 능력 있게 그들의 마음에 부닥치게 된다.

더 나아가, 위에서 소개한 구성은 올림픽 경기와 경주를 사용하여 젊은이들에게 생생한 예화를 전달할 수가 있다. 이것은 오늘날 조깅과 신체 단련과 관련지어 이야기할 수도 있다. 동시에 위와 같은 구성은 경주를 훌륭하게 마치자고 격려하는 측면에서, 그리고 모든 노력을 다 기울여 이제 기진맥진한 상태에 이르게 될 때에라도 포기하지 않고 끝까지 달려나간다는 측면에서 나이 많은 분들에게도 주는 메시지를 담고 있다. 신앙 생활에 장애가 되는 불필요한 행동들과 싸우는 초신자들에게나, 늘 따라다니는 죄들과 씨름하는 신앙 연륜이 있는 사람들에게 주는 메시지도 들어 있다. 위와 같은 구성의 설교는 죄에 끝까지 굴복하지 않고 예수님의 승리에서 자신의 승리를 바라보는 모든 사람들에게 격려가 된다.

하지만 이외에 다른 어떤 종류의 적용이 있을까? 적용이 개인적인 것이어야 할까, 아니면 사회 구조에 겨냥한 것이기도 해야 할까? 교육과 정치와 사업 분야들을 겨냥한 단어들을 사용해야 할까, 아니면 이런 단어들은 강단에서 쓰지 말아야 할까?

원칙은, 성경이 우리의 삶에 진리를 직접 적용하는 부분에서는 회중에게 직접 적용해야 한다는 것이다. 예를 들어, 산상보훈은 우리의 개인적 품행에 관해서 매우 직설적인 이야기들을 한다. 이 조언의 말씀들은 직접적이고 적확한 것이어야 한다.

더 나아가, 성경은 교회의 삶에 관해서 전할 아주 구체적인 단어들을 갖고 있다. 성경은 우리가 한 몸의 지체들로서 서로와 어떤 관계를 갖고 있는지에 관해서 말한다. 교회의 구성을 묘사한다. 교회의 지도자란 어떤 사람이어야 하며, 교인들은 그를 어떻게 존경해야 하는가를 가르친다. 성경은 예배의 요소들을 묘사한다. 즉, 말씀과 성례와 기도의 지위에 관해서 말한다. 성경은 교회가 내적인 권징을 행하는 사랑과, 회개와 회복의 공동체가 되어야 한다고 가르친다.

하지만 정치와 사업과 교육을 위한 구체적인 원칙 문제에 이르면 메시지가 직설적인 어조를 잃는다. 구약성경에서는 교회가 구체적인 규율을 지닌 민족적 구조였다. 이 규율들은 오늘날의 교회에 더 이상 직접 적용되지 않는다. 그 규율들을 국가 사회에 어떻게 적용할 수 있는가 하는 것이 대단히 큰 논란이 되는 문제이다. 확실한 말은 로마서 13:1-7에서 바울의 입에서, 그리고 베드로전서 2:13-17에서 베드로의 입에서 나온다. 하지만 이 말들조차 개인이 정부를 대하는 상황을 전제로 한 것이며, 정치 행위에 대한 포괄적인 지침은 아니다.

그럼에도 불구하고 성경은 사회 구조과 연관된 문화 생활의 특정 영역들에 관해서는 교훈의 말을 갖고 있다. 결혼, 가정, 고용자와 피고용자에 관한 교훈은 분명하고도 명쾌하다(엡 5:22-6:9; 골 3:18-4:1; 벧전 2:18-3:7). 따라서 설교자는 이러한 분야에 대해서는 분명하게 직접 이야기할 수가 있다. 그리고 이런 분야와 분명히 연관되는 다른 분야에 대해서도 원칙적인 결론을 이끌어낼 수가 있다. 더 나아가 주의 말씀을 선포하는 자는 자신이 부여받은 신성한 진리를 더럽히지 않도록 각별히 주의해야 한다. 기독교 사회 구조를 위한 원칙을 계발하는 과제는 그러한 방면에서 전문적으로 훈련받은 분들에게 맡기는 것이 훨씬 낫다. 함부로 성경을 가지고 이야기하다가 거룩한 진리의 말씀을 모독하는 일이 없어야 한다.

한 가지 더 짚고 넘어가야 할 영역이 있다. 신약의 교회가 하나님의 가정이요 하나님의 자녀들이라면, 하나님 한 분만이 교회의 아버지이시다. 이 점에 비추어 볼 때, 교사들과 설교자들을 아버지(father)라고 부르는 유대교 랍비적 관습을 따르는 일에 대해서 예수님은 경고하셨다(마 23:9). 그런데 바울은 교회와의 관계에 있어서 자신을 아버지로 간주하였다. 데살로니가 교인들에게 말하기를 "너희도 아는 바와 같이 우리가 너희 각 사람에게 아비가 자기 자녀에게 하듯 권면하고 위로하고 경계하노니"라고 했다(살전 2:11). 또한 보다 직접적으로 고린도 교인들에게 쓰기를 "그리스도 안에서 일만 스승이 있으되 아비는 많지 아니하니 그리스도 예수 안에서 복음으로써 내가 너희를 낳았음이니라"(고전 4:15). 바울이 예수님과 반대되는 교훈을 하고 있는 것일까? 아니면 설교자인 우리가 따라야 할 모범을 제시하는 것일까?

예수님은 '아비'라는 칭호를 사용하는 일 자체에 관심을 두시지 않았다. 그 칭호에 교사라는 말도 포함시키셨다. "선생이라 칭함을 받지 말라"(마 23:10, NIV. 한글개역성경, "지도자라 칭함을 받지 말라"). 그러나 신약교회는 아비라는 칭호를 사도들의 전적인 인정하에, 혈통상의 가족 관계에 계속해서 사용했고, 선생이란 칭호는 교회에서만 사용한 것이 틀림없다(참조. 엡 4:11; 6:4). 예수님은 이러한 명칭들에 수반되는 사회적 지위에 관심을 가지셨다. 그 안에 위선적인 요소가 가미되는 사회적 현상에 관심을 가지신 것이다. 교회 안에 있는 지도자들은 예수님 자신이 친히 섬김을 받으려고 오신 것이 아니라 섬기려고 오셨다고 말씀하신 것처럼, 다른 지체들을 위하여 섬기는 종들이어야 한다. 지도자들은 그들에게 맡겨진 양무리들에게 과중한 짐을 지워주지 말고, "양무리의 본이" 되어야 한다(벧전 5:3). 교회는 지도자들을 칭찬하고 찬양하기 위하여 존재하는 것이 아니다. 그들의 역량을 인하여 그들에게 영광을 돌리기 위해 존재하지 않는다. 교회는 지도자들과 더불어 예수 그리스도를 높이는 일에 동참하는 것이다.

고린도 교회가 여러 지도자들을 따르는 무리들로 갈라지게 되어 어떤 이는 "나는 바울에게라"하고 어떤 이는 "나는 아볼로에게라"고 하게 되자 바울은 이렇게 책망했다: "그런 즉 아볼로는 무엇이며 바울은 무엇이뇨. 저희는 주께서 각각 주신대로 너희로 하여금 믿게 한 사역자들[종들]이니라"(고전 3:5). 바울이 자기 자신을 아비라고 여긴 것은 완전히 타당한 것이었다. 우리가 따르도록 보여주는 모범으로 제시한 것이다. 그러나 바울이 그 용어를 사용할 때에 무슨 의미로 사용했는지 분별할 줄 알아야 한다.

첫째로, 바울이 자신을 가리켜 '아비'라고 한 것은 자신이 다른 사람들을 예수 그리스도를 믿게 하도록 하나님께 쓰임을 받았다는 뜻으로 한 것이다. 그는 소아시아와 헬라와 그밖의 모든 지역에서 방탕한 행위가 아닌 "믿음 안에서" 아들들을 낳았고, 그 아들들은 "그리스도 예수 안에서 복음으로써 낳은" 자녀들이다(참조. 고전 4:14, 15, 17; 딤전 1:2; 디도서 1:4). 설교자가 되려고 하는 사람은 무엇보다도 사람들을 예수 그리스도를 아는 지식으로 인도하려는 뜨거운 관심이 있어야 한다. 우리는 메시지의 구성에만 몰두하기가 쉽다. 그리고 성도들이 그 메시지를 어떻게 받아들일 것인가라는 설교의 가장 중요한 이유를 망각해 버리기가 쉽다. 슬프게도 많은 설교자들의 설교에는 영혼을 회개시키는 복음이 전혀 들어 있지 않다.

필자는 제일 처음에 목회지에 부임했을 때 같은 노회에 소속된, 연륜이 깊은 선배 설교자와 나눈 대화를 지금도 기억하고 있다. 그분은 최근에 자기 교인들과 대화를 나누는 가운데 그들이 초보적인 복음에 대해서조차 모르고 있는 사실을 발견했다고 했다. 특별히 믿음으로 말미암아 의롭다 함을 얻는 교훈을 모르고 있더라고 했다. 그분은 충격을 받았고, 자신이 그토록 오랫동안 설교를 해왔고 지도해 왔는데 그들이 아직도 그 정도의 초보적인 도리에 무지하다는 사실에 큰 경각심을 느꼈다. 솔직하게 그리고 단호하게 비난을 감수해 가면서 그 상황을 개조하여 가기 시작했다.

둘째로, 바울이 '아비'라는 말을 사용한 것은 자신이 섬기는 사람들을 향한 깊은 친밀함을 전하려는 것이다. 그는 자신의 사역을 그리스도인의 가정교사인 몽학선생 곧 파이다고고스(paidagogos)와 정반대되는 것으로 말하는 것이다. 몽학선생은 가문에 의해서 아이의 교육문제를 다루도록 선택된 종이었다. 그는 아이의 행동, 복장, 품행, 태도를 포함한 모든 생활에 대해 교육의 책임을 떠맡았다. 그는 원칙적으로 아이가 인생의 출발선에 설 수 있도록 훈련시키는 사람이었다. 만일 아이가 명령을 따르지 않으면 징벌할 수도 있었다. 아이를 징계해서라도 가문의 교훈을 심어 주고, 아이가 그 교훈대로 자라도록 감독하는 것이 그의 책무였다. 이와 반대로 바울은 징계의 채찍으로 교회를 다루지 않고, 사랑과 관심을 가지고 성도들을 대하는 방식으로 그들을 지도하였다. 교회에는 성도들의 실수를 강단에서 호되게 꾸짖고 분개하는 설교자들은 많지만, 자식의 생활이 변하기를 바라는 아버지처럼 그리스도의 사랑을 가지고서 그들에게 말하는 설교자들은 많지 않다.

설교자가 강단에 서서 회중을 내려다 보면서 예배에 참석하지 않는다고, 헌금을 많이 안 한다고, 성경을 매일 읽지 않는다고, 성도를 잘 대접하지 못한다고 나무라고 싶은 유혹이 얼마나 큰가! 그러나 참으로 교회에 필요한 존재는 교인들을 참으로 사랑하는 설교자이다. 성도들을 아끼고 호소하고 그리스도의 강권적인 사랑으로 권하는 설교자가 교회에는 절실히 필요하다. 우리는 마음에 호소하여 사람의 인격이 바뀌도록, 그래서 마음으로부터 선을 행할 의욕을 품는 그런 사람이 되도록 힘쓰는 말씀의 사역자가 필요하다.

이 목표를 성취하기 위해서는 바울이 부모의 심정으로서 강조한 삶의 한 가지 덕목이 필요하다. 그것은 온유함이다. 바울은 데살로니가 교인들에게 이렇게 말했다: "우리가 그리스도의 사도로 …… 오직 우리가 너희 가운데서 유순한 자 되어 유모가 자기 자녀를 기름과 같이 하였으니 …… 너희도 아는 바와 같이 우리가 너희 각 사람에게 아비가 자기 자녀에게 하듯 권면하고 위로하고 경계하노니 이는 너희를 부르사 자기 나라와 영광에 이르게 하시는 하나님께 합당히 행하게 하려 함이니라"(살전 2:6, 7, 11, 12). 예수님은 제자들에게 자신이 "마음이 온유하고 겸손한" 분이라고 하셨다(마 11:29).

그리스도를 따르는 우리들은 이러한 온유를 지녀야 한다. 이것은 모든 성도에게 필요한 것이지만, 특히 교회의 지도자들에게는 더욱 필요하다. 설교자는 성격이 불같아서는 안 된다. 다투는 자여서는 안 된다. 온유해야 하고, 화평케 하는 자가 되어야 한다. 더 많은 사람들을 그리스도를 위해 얻으려면 식초가 아닌 꿀을 가져야 한다. 논쟁을 가지고서는 사람들을 천국으로 이끌 수 없다. 논쟁을 해서 이긴다 해도 그것은 전투에서는 이긴 것일 뿐 전쟁에서는 진 것이다. 그리스도의 군사는 공격을 받을 때 침묵을 지키고 자신의 선행으로써 대적들을 굴복시켜 그리스도께로 이끈다. 베드로는 이렇게 말한다: "너희 속에 있는 소망에 관한 이유를 묻는 자에게는 대답할 것을 항상 예비하되 온유와 두려움으로 하고 선한 양심을 가지라"(벧전 3:15-16).

설교자는 모든 일이 자신의 뜻대로 잘 되지 않을 때, 자신이 기대한 것만큼 교회가 성장하지 못할 때, 교회의 어떤 파벌로부터 비난을 받을 때, 자제력을 잃고서 함부로 행동해 가지고서는 결코 목적을 달성하지 못한다. 하나님의 사람은 부당한 비난을 받더라도 믿음을 흐뜨리지 않고, 주님의 몸된 교회를 세워 나가기 위하여 그리스도를 향한 신뢰를 가지고 묵묵히 참고 지내야 한다. 그러한 하나님의 사람은 부모와 같은 관심과 유순함으로 말미암아 심지어 원수들까지도 주님편에 서는 사람이 되도록 만들고 말 것이다.

아비와 같은 설교자의 자세를 표현하는 또 다른 성경의 이미지는 목자와 양이다. 목자는 젖먹이는 암양들을 유순히 인도한다(사 40:11). 날마다 양들을 푸른 초장으로 인도한다. 그리고 밤이면 양우리 안으로 양들은 데리고 간다. 사자와 늑대의 침범에서 양들을 보호한다. 언제나 양들과 함께 있어 주면서 양들에게 안전감을 심어준다. 예수님은 양들을 돌보아 주시는 선한 설교자이시다. 양들을 위하여 자기 목숨을 내어 주시는 목자이시다. 예수님의 지위에서 사역하는 우리 설교자들은 예수님의 심정을 가져야 한다. 우리도 예수님의 백성을 위하여 목숨을 기꺼이 내어놓는 자가 되어야 한다.

오늘날 우리에게 필요한 것은 에스겔 당시에 필요한 것과 다름이 없다. 하나님은 에스겔을 통하여서 이렇게 탄식하신다: "인자야 너는 이스라엘 목자들을 쳐서 예언하라. 그들 곧 목자들에게 예언하여 이르기를 주 여호와의 말씀에 자기만 먹이는 이스라엘 목자들은 화 있을찐저 목자들이 양의 무리를 먹이는 것이 마땅치 아니하냐. 너희가 살진 양을 잡아 그 기름을 먹으며 그 털을 입되 양의 무리는 먹이지 아니하는도다. 너희가 그 연약한 자를 강하게 아니하며 병든 자를 고치지 아니하며 상한 자를 쌔매어 주지 아니하며 쫓긴 자를 돌아오게 아니하며 잃어버린 자를 찾지 아니하고 다만 강포로 그것들을 다스렸도다"(겔 34:2-4).

우리 목회자들은 목회 사역을 해나가면서 자신의 개인적 진보에 관심이 있는지 아니면 하나님의 백성들에게 관심이 있는지 자문해 보아야 한다. 여러분은 집 없는 자들에게 더 관심이 있는가? 아니면 좋은 집에서 사는 자들에게 더 관심이 있는가? 눈먼 자를 고치는 일에 더 관심이 있는가? 아니면 우리를 월등하다고 평가하는 사람들을 두는 데 더 관심이 있는가? 잃어버린 자들을 찾는 일에 더 열심인가? 아니면 자신의 생명을 구원하는 일에 더 열심인가? 강단의 능력은 능변이나 달변에 있는 것이 아니다. 그것은 하나님과 행동하는 사람 안에 있으며, 예수 그리스도 안에서 성도들에게 하나님의 사랑을 전달하는 일에 하나님의 은사들을 사용하는 사람에게 있다.

이것이 목회자가 아버지로서 같은 세번째 면이다. 즉 아버지는 자녀들 앞에서 모범적인 삶을 살아야 한다. 다시 한 번 바울은 아비로서의 관심을 묘사하는 문맥에서 "우리가 너희 믿는 자들을 향하여 어떻게 거룩하고 옳고 흠 없이 행한 것에 대하여 너희가 증인이요 하나님도 그러하시도다"(살전 2:10)라고 말했다. 고린도 교인들에게도 말하기를 "너희는 나를 본받는 자가 되라"(고전 4:16)고 했다.

"내가 말하는 것은 하되 내가 하는 짓은 하지 말라"고 훈계하는 아비는 자녀들과 가정에 재난을 초래하고 만다. 목회 현장에서도 마찬가지이다. 말만 하고 실천은 하지 않는 설교자는 교회에 재난을 일으킨다. 교회와 사회가 우리들의 삶을 주시하고 있다. 설교자들은 언제나 주목의 대상이다. 그들의 실수는 언제나 부풀려 전해진다. 그러므로 우리는 매사에 최선을 다해 행동을 하되, 사람들의 입이 무서워서가 아니라, 예수 그리스도의 대표자들로서 그분을 기쁘시게 해드리기 위해서 그래야 한다. 그렇다고 판에 박힌 듯이 행동할 필요는 없다. 앞서 살다간 위대한 설교자들을 답습할 필요가 없다. 자신의 개인적 특성이나 창조적인 정신을 묵살할 필요가 없다. 그렇지만 모든 사람들, 특별히 젊은 사람들이 위선을 아주 싫어한다는 것을 깊이 자각해야 한다. 우리의 삶은 언제나 일치해야 한다. 혹시 실수를 하더라도 그것을 감추려고 하지 말라. 그리스도 안에서 형제된 사람들에게 우리의 죄를 고하고 그들의 용서를 구해야 한다. 그러나 우리는 그리스도 예수 안에서 자라가는, 구속받은 죄인이라는 것을 분명히 알아야 한다. 이 점에서도 우리는 다음과 같은 장로들이 되어야 한다: "하나님의 양무리를 치되 부득이함으로 하지 말고 오직 하나님의 뜻을 좇아 자원하며 더욱이 이를 위하여 하지 말고 즐거운 뜻으로 하며 맡기운 자들에게 주장하는 자세를 하지 말고 즐거운 뜻으로 하며 맡기운 자들에게 주장하는 자세를 하지 말고 오직 양 무리의 본이 되라"(벧전 5:2, 3).

그렇다면 설교자는 독특한 위치에 서 있는 자인 셈이다. 그는 하나님 앞에 선 자요, 진리에 절대적으로 충성해야 할 책임을 가진 자이다. 또한 진리를 열정적으로 그리고 일관성 있게 끝까지 선포해야 할 책임을 지닌 자이다. "사랑으로 진리를" 말해야 한다(엡 4:15).

설교자가 어떻게 이 두 가지를 다 성취할 수가 있을까? 설교자가 어떻게 서재와 성도들의 가정에 동시에 있을 수 있을까? 그의 도움을 필요로 하는 허다한 무리를 찾아다니는 동안 홀로 하나님의 말씀을 깊이 묵상하는 일을 어떻게 할 수 있을까? 우리는 모세처럼 부르짖을 뿐이다. "주여 보낼 만한 자를 보내소서"(출 4:13). '나는 말에 능하지 못한 사람입니다. 나는 말을 할 수가 없습니다. 이 일은 내가 수행하기에 너무 벅찹니다.'

그러나 주님은 요나처럼 구부러진 지팡이도 쓰셔서 당신의 일을 수행하도록 하신다. 베드로처럼 다혈질적인 사람도 사용하신다. 무식한 야고보도 사용하시며, 학식이 많은 바울도 사용하신다. 말이 없는 요한도 사용하시며, 질투가 강한 시몬도 사용하신다. 그러므로 그분이 우리에게 요구하시는 것은 다만 겸손한 사람이 되는 것이며, 그의 뜻에 복종하며 하나님의 은혜에 전적으로 의존하는 사람이 되는 것이다. 최후로 그리스도께서 우리를 평가하실 때 우리에게 기대하시는 것은 신실한 사람이 되라는 것이다. 그의 진리에 충실하고 그의 백성들에게 충실한 자가 되라는 것이다.

"각각 은사를 받은 대로 하나님의 각양 은혜를 맡은 선한 청지기같이 서로 봉사하라. 만일 누가 말하려면 하나님의 말씀을 하는 것같이 하고 누가 봉사하려면 하나님의 공급하시는 힘으로 하는 것같이 하라. 이는 범사에 예수 그리스도로 말미암아 하나님이 영광을 받으시게 하려 함이니 그에게 영광과 권능이 세세에 무궁토록 있느니라. 아멘"(벧전 4:10, 11).

제16장

하나님의 말씀을 큰 소리로 읽음

데이비드 돔베크

인간의 음성은 하나님의 선물이다. 하나님은 다양한 음색, 음의 강도, 음의 고저가 있게 음성들을 지으셨다. 어떤 음성은 음악적이다. 어떤 음성은 카랑카랑하다. 어떤 음성은 음폭이 상당히 넓고 공명이 크다. 어떤 음성은 가냘프고도 허약하다. 하나님께서 이 모든 음성들을 창조하셨다. 많은 설교자들이 자기들의 음성이 어떻게 작용하는지 배운 적이 없다. 또한 하나님의 영광을 위하여 그리고 그의 백성들을 훈육하는 데 자기들의 음성을 어떻게 하면 최선을 다하여 사용할 수 있는지 배운 적이 없다. 이 장에서는 인간의 음성의 경이로움을 간단히 탐구해 보려고 한다. 그런 다음에 설교자가 하나님의 말씀을 큰 소리로 읽기 위하여 음성을 어떻게 사용할 것인지를 논하고자 한다.

1. 음성

양철지붕으로 된 수양관이나 기도원에서 비가 억수로 쏟아지는 날 설교를 해본 적이 있는가? 그때에 저 앞에 앉아 있는 아내가 귀에 손을 갖다 대고 잘 들리지 않으니 크게 말하라는 신호를 보내온 적이 있는가? 설교를 하다가 목을 혹사하여 후두염을 앓은 적은 없는가?

설교의 중요한 대목에서 교회의 음향 기기가 고장난 적이 있는가? 마이크 없이 설교하느라 적막 감도는 모래 언덕에서 갈매기 울음소리 같은 소리를 낸 적이 있는가? 자신의 소리를 듣느라 신경을 바짝 곤두세운 적이 있는가? 겨우 설교를 마쳤을 때 머리가 지끈지끈 아프고, 한 마디도 하기가 힘든 적이 있는가?

하나님이 여러분의 음성을 어떻게 작동하도록 고안하셨는지를 이해하면 위와 같은 상황을 만나더라도 너무 당황하지 않고 성대를 손상하지 않아도 넉넉히 대처할 수 있다. 자신의 음성을 분석하려고 할 때, 우선 '후두'(喉頭) 혹은 성대라는 용어가 생각날 것이다. 하지만 허파, 기관지, 혀, 치아, 비강도 기억이 나는가? 횡경막과 내장에 관해서 생각하는가? 이 모든 것들이 함께 작용하여 여러분의 '음성'이 똑똑한 언어와 노래로 들리게 한다. 자신의 소리 기관들을 함부로 대하면 소리를 낼 수 없다.

도구

'성대' 또는 '후두'라는 말은 엄격히 말하자면 틀린 명칭들이다. 어떤 에올리언 하프(바람이 불면 저절로 울리는 하프)를 여러분의 기관(氣管) 꼭대기에 올려놓더라도 호흡이 저절로 음악으로 바뀌지는 않는다. 그 대신에 두 개의 근육이 후두 속에서 통로를 구성한다. 이 두 근육이 넓게 벌어지는가 좁게 벌어지는가, 팽팽하게 긴장하는가 느슨하게 풀려 있는가에 따라서 음성의 음색과 고저가 결정된다. 목에 잔뜩 힘을 주고서 회중에게 큰 소리로 외치면 소리가 높아지고 음색은 날카로워진다. 어느 정도 그렇게 하다 보면 곧 목이 쉬게 된다. 목이 쉬지 않기를 바란다면 목 근육에 힘을 주어서는 안 된다. 하나님은 여러분에게 신체의 다른 부분들을 통해서 소리를 낼 수 있는 광범위한 능력을 주셨다.

하나님은 후두가 기관(숨통)을 막도록 지으셨다. 음식물 같은 물질이 기관으로 들어오거나 폐에서 공기가 한꺼번에 빠져나가는 일을 막기 위함이다. 과학자들은 사람이 말을 하는 행위를 후두의 정상적인 작용에 덧붙은 기능으로 간주한다.[1] 그들은 그 증거로서 토끼, 사슴, 기린을 예로 든다. 이 동물들도 모두 후두를 갖고 있지만 소리를 내지는 못한다. 과학자들은 이 동물들이 소리를 낼 필요가 없기 때문에 소리를 사용하지 않아 후두를 발달시키지 않았다고 생각한다.

그러나 언어 행위는 사회 구조의 필요나 우월한 지력의 과시를 위해 인간이 발달시킨 것을 넘어선다.[2] 인간에게 후두가 주어진 데에는 위에 언급한 것 말고도 두 가지 이유가 더 있다. 후두는 우리 주 하나님을 찬송하는 일을 돕도록 지어진 것이다.(더 나아가, 토끼들이 자기들을 지으신 분께 말하지 않는다고 누가 장담할 수 있는가? 농촌 아이들이 다 알 듯이, 토끼들은 소리를 낸다!)

후두의 근육들은 불수의근(不隨意筋)이다. 마음대로 직접 움직일 수 없는 근육들이다. 이 근육들은 신체의 나머지 부분들과 연대하여 반응한다. 따라서 음성을 조절하려면 자신을 조절해야 한다. 평상심을 유지하거나 두려움을 가라앉힐 수 있다면 성대를 최대로 활용할 수 있고, 최고의 음색과 고저를 내놓을 수 있다.

소리를 내는 힘의 원천

후두 근육을 통해서 공기와 함께 나오는 실제 소리는 대단히 미세하다. 그 자체만으로는 지극히 감미로운 소리라도 너무나 작아 들을 수 없다. 하지만 주님은 당신을 찬송하도록 인간의 음성을 지으셨다. 찬송을 할 수 있도록 인간에게 힘의 원천과 증폭기와 발성기를 주셨다. 아기가 우는 모습을 잘 지켜보라. 아기는 울 때 팔을 격렬하게 흔든다. 발로 요람에 깔린 요를 밀치거나 허공에 대고 마구 찬다. 얼굴이 빨갛게 달아오른다. 눈이 잔뜩 찌푸려진다. 입에서는 주위에 무언가 잘못되어 있음을 알리기 위해 자극적인 울음소리가 나온다. 하지만 이런 동작들은 모두 큰 동작을 나타내는 주변 동작에 지나지 않는다. 아기들은 폐와 횡경막으로 많은 양의 공기를 들이마신 다음 그것을 여러분의 귀에 쏟아내는 것이다. 이것이 아기에게서 자연스럽게 나온다.

이러한 소리의 원천은 폐와 복부이다. 폐는 한 번 팽창하고 나면 자연히 수축되면서, 폐 내부의 기압이 바깥 기압과 같아질 때까지 들이마셨던 공기를 배출한다. 경험이 없는 연사들은 호흡을 조절하느라 폐에 무리하게 많은 공기를 들이쉰 다음 곧장 다 내뱉는다. 그리고는 말을 계속해서 하는 데 필요한 힘을 잃는다.

  공기의 흡입과 배출을 조절하려면 두 종류의 근육, 즉 횡경막과 평활근(내장에 붙어 있는 근육)을 사용해야 한다. 성악 교사들이 수시로 강조하는 횡경막은 폐 바로 밑에 달려 있다. 소리 작용의 발판 역할을 하는 이 근육은 숨을 내쉴 때 팽창했다가 숨을 내쉴 때 수축한다. "횡경막을 사용하라!"는 말은 폐와 횡경막이 수축하는 속도를 조절하라는 뜻이다. 하지만 횡경막은 말을 하거나 노래를 하는 데 아무런 직접적인 힘도 뒷받침도 제공하지 않는다. 이 힘은 평활근을 올바로 사용하는 데서 나온다.[3] 복부에 있는 이 근육들은 피스톤처럼 횡경막을 밀어올린다. 평활근은 횡경막을 통해서 고함을 지르거나 노래를 하거나 연설을 하는 데 필요한 힘을 실어 폐에서 공기를 내보낸다. 따라서 연사는 말을 할 때 공기가 부족하지 않도록 숨을 내쉴 때 조절을 한다. 그리고 복부 근육을 사용하여 공기를 힘차게 내보낸다. 이런 방식으로 오페라 가수들은 목소리만 가지고 음악당을 쩌렁쩌렁 울리게 한다. 그들은 소리를 '내던진다.' 문자 그대로 풀이하자면, 그들은 소리를 가장 먼 곳에 앉아 있는 청중에게 던지는 것이다.

증폭기들

  공기가 후두를 통과할 때 진동이 생긴다. '흠' 소리를 내보라. 다시 길게 '흠-' 하고 소리를 내보라. 성대에 손을 대고서 소리를 내보라. 무언가 느껴지지 않는가? 아마 느껴지는 게 없을 것이다. 그러면 이번에는 '흠' 소리를 내면서 코와 이마와 볼에 손을 대보라. 아주 미세한 진동이 느껴질 것이다. 비강과 안면 골격은 공기를 진동시켜 소리로 증폭시킨다. 감기에 걸릴 때 말하기가 고통스러운 이유는 머리가 '울리기' 때문이다. 소리를 진동시키고 공명시키는 이런 기관들이 울리는 이유는 그곳에 점액이 차기 때문이다. 감기에 걸렸을 때 말을 해도 다른 사람이 제대로 알아듣지 못하는 이유는 그런 공명 기관들이 제대로 소리를 증폭시키지 못하기 때문이다. 흉강(胸腔)은 그 자체가 공명통으로서, 특히 저음을 증폭시킨다. 기관(인두〈咽頭〉)도 소리를 증폭시킨다.

집음기(集音機)들

이제 증폭기들이 진동시킨 공기의 파장이 어떻게 말로 형성되는지 살펴보자.

1) 형체가 입혀진 소리들(모음들). 어린 시절을 회상하면서, 입을 오무렸다가 크게 벌리면서 소리를 내보면 그때마다 소리가 달라지는 것을 발견하게 될 것이다(예를 들면 '우-이-우'). 말을 할 때 모음은 이런 식으로 발음된다. 알파벳의 모음들을 발음해 보라. 각 문자를 발음할 때 입의 모양과 크기가 어떻게 변하는지 관찰해 보라. 모음은 언어의 멜로디이다. 모음들을 반복해서 발음해 보라. 이제 각 모음을 발음할 때 입 안에서 혀의 위치가 어떻게 변하는지 관찰해 보라. 입의 모양과 혀의 위치가 바뀌면서 소리 통로의 크기가 바뀔 때는 그 통로를 통해서 나오는 공기의 소리도 바뀐다.

2) 도장이 찍힌 소리(자음들). 모음이 언어의 멜로디라면, 자음은 멜로디의 하모니요 연주이다. 원래 자음들은 두 그룹으로 구분되었다. 유성자음과 무성자음이 그것이다. 유성자음은 끝날 때 유성음을 낸다. '음'(m), '은'(n), '응'(ng)은 분명히 유성음으로 끝난다. 자음의 다른 예로는 '브'(v), '츠'(z), '이'(j), '드'(dh), '을'(l)을 들 수 있다. 자음의 유형에는 네 가지가 있다: 파열음, 마찰음, 비음, 운음(運音, glide).

파열음(plosive)은 명칭이 암시하듯이 소리가 터져 나오는 것을 가리킨다. '프'(p), '브'(b), '트'(t), '드'(d), '크'(k), '그'(g)가 모두 파열음들이다. 마찰음(fricative)은 구강의 두 개 이상의 부분들이 맞부딪쳐 생긴다. '프'(f), '브'(v), '쓰'(th), '드'(dh), '츠'(zh)가 마찰음들이다. 비음(鼻音, nasal)은 코 주위의 부분들을 통과하면서 증폭되는 유성음자음들이다. '음'(m), '은'(n), '응'(ng)은 비음들이다. 몇몇 자음들은 "소리를 내는 동안 혀나 입술 혹은 그 둘을 다 굴림으로써" 생긴다.[4] '우'(w), '을'(l), '르'(r), '이'(j)는 이러한 운음들이다.

마지막으로, 자음들은 그것들을 내는 입의 부분들에 따라 분류된다. 몇몇 자음들은 입술에서 만들어진다('p', 'b', 'm', 'w'). '프'(f)와 '브'(v)는 입술이 치아와 결합하여 만들어진다. 혀가 치아에 닿아 생기는 것은 '쓰'(th)와 '드'

(dh)이다. '트'(t), '드'(d), '은'(n), '일'(l), '스'(s), '즈'(z) 같은 자음들은 혀와 잇몸이 닿을 때 생긴다. 혀가 입천정에 닿으면 '쉬'(sh), '즈'(zh), '르'(r), '이'(j)가 생긴다. 혀를 구강 뒤쪽의 부드러운 천장에 대고서 소리를 내면 '크'(k), '그'(g), '응'(ng)이 생긴다. 마지막으로 '흐'(h) 소리는 입의 맨 뒤쪽에서 생긴다.[5]

왜 이런 것을 알아야 할까? 발음 때문이다. 발음이 분명하지 못하면 회중이 무슨 소리인지 알아듣지 못한다. 사투리를 폄하하거나(어떤 사투리는 대단히 음악적이다), 선천적인 장애(언챙이, 짧은 혀, 말더듬)를 비판하자는 것이 아니다. 정확한 발음은 말에 강세를 어디다 두어야 하는가 하는 문제를 넘어선다. 말을 하거나 노래를 할 때 듣는 사람이 알아들을 수 있게 하자는 것이다.

발음을 향상시키기 위해서 할 수 있는 일이 무엇인가? 녹음 테이프를 듣고 교정하는 것이 좋은 방법이다. 테이프에 여러분의 말을 녹음하여 여러분의 말이 다른 사람들에게 어떻게 들릴지 확인해 보라. 냉정하게 자신을 비판하라. 여러분이 어떤 자음들을 똑똑히 발음하지 못하는지를 확인하라. 좋은 언어 교재는 언어 훈련을 돕는 훈련 부분들 싣고 있다.[6]

이 주제를 상세하게 다루지 못하고 넘어가는 것이 유감스럽다. 우리는 두렵고 놀랍게 지어진 존재들이다. 목회자 여러분은 말이 곧 우리의 상품이라는 사실을 기억해야 한다. 회중을 깨닫게 하는 데 관심이 있는가? 정확하지 못한 언어 습관은 자신의 뜻이 왜곡되게 전달되게 만든다. 어떤 분들은 설교를 전하는 방법보다 설교 내용에 더 관심을 기울이는 것이 경건하다고 생각한다. 우리는 말씀을 신실하게 전하려는 관심을 헐뜯는 게 아니다. 하지만 하나님께서 우리에게 주신 언어의 도구들을 활용하여 하나님의 말씀을 제대로 전하는 데도 관심을 기울여야 한다.

2. 왜 설명적으로 읽는가?

하나님의 말씀을 전하는 목회자들이 직무를 수행하는 데 대단히 놀라운 면들의 하나는 가정예배든 교회의 공예배든 하나님의 말씀을 입으로 읽는다는 것이다. 우리는 입을 통해서 우리 아버지의 말씀을 직접 그분의 백성에게 전파한다. 그럼에도 불구하고 평신도들이든 목회자들이든 많은 사람들이 하나님의 말씀을 '둔하게' 읽는다.

'둔하게'(dully)라는 부사를 골라 쓰기가 무척 조심스러웠다. 하지만 하나님의 종들의 헌신적인 동기에 의문을 제기하지 않을 만한 단어를 고르기가 쉽지 않았다. '둔하게'라는 단어는 하나님의 말씀을 입으로 읽을 때의 질(quality)을 말하는 것일 뿐, 목회자나 평신도의 하나님 말씀에 대한 헌신을 지적하는 것은 아니다.

성경을 쓴 저자들은 살과 피를 가진 사람들이었다. 그들이 기록한 메시지 곧 복음은 읽거나 듣는 사람에게 천사의 기쁨을 안겨주거나(예. 시 119; 눅 2:14), 아니면 마귀의 공포를 심어준다(예. 약 2:19). 복음의 날선 칼날은 사람을 구하기도 하고 죽이기도 한다. 그럴지라도 하나님이 주신 이 두렵게 영감된 문헌을 어설프게 읽으면 은혜의 말씀에 문외한인 사람이 그리스도의 복음이 그것을 읽는 사람에게나 자신에게 무슨 가치가 있는지 깨닫지 못할 것이다.

성경에 감정을 실어(드라마틱하게) 읽는 것은 성경을 어설프게 해석하는 것이라는 이유로 비판을 받아왔다. 비판자들은 "성경이 스스로 말하게 하라. 자신이 성경을 어떻게 생각하는지 말해 줄 배우는 필요 없다"고 말한다. 하지만 이 주장이 무엇을 간과하고 있는지를 잘 생각해 보라. 성경을 중립적으로, 감정을 배제한 채(비연극적으로) 읽는다는 것은 없다. 하나님의 말씀을 재미없게 냉담하게 읽는다는 것은 그 말씀에 관심이 없다는 뜻이다. 물론 이런 분석은 틀린 것일 수도 있다. 하지만 성경을 재미없게 읽는 사람은 가족이나 회중에게 두 가지 잠재적인 인상을 심어주게 마련이다. 첫째는, 그가 자신의 설교를 본문보다 더 중요하게 여긴다는 인상이고(그는 자신의 말을 전하는 데 훨씬 더 많은 시간을 쏟는다), 둘째는 하나님의 말씀이 회중에게 의미있게 되기 위해서는 주일에 설교자가 해석할 때까지 기다려야 된다는 인상이다. 성경 본문을 읽는 순간에는 이미 설교, 즉 그 본문에 대한 해석이 시작된 것이라는 사실을 망각해서는 안 된다. 그러므로 읽음과 동시에 해석을 시작해야 한다는 것은 필연적인 과제이다. 거꾸로, 해석은 본문을 정확하게 읽도록 돕는 것이어야 한다. 성경을 읽는 것은 해석에 불가피한 것이다.

성경을 해석적으로 읽는다고 해서 성경을 해석해 가면서 읽으라는 것은 아니다. 오히려 문제는 '내가 성경을 소리 내서 읽는 것이 본문의 상(像)이 명료하게 떠오르는가?' 하는 데 있다. 요지는 성경을 어떻게 읽든 그것은 입으로 성경을 해석하는 행위이며, 따라서 성경을 읽을 때 우리가 그것에 대한 해석을 제시하고 있는 것임을 유념해야 한다는 것이다.

어떤 성경 단락이든 입으로 적합한 해석을 제시하기 위해서는 먼저 자신이 직접 그 단락 앞에 서야 한다. 이렇게 하려면 무엇보다도 먼저 그 단락의 '문법적-역사적' 문맥을 깊이 들여다봐야 한다. 예를 들어, 여러분이 그 본문을 이사야나 바울의 세계에 대고서 말하거나 예언하거나 노래한다고 상상해 보라. 본문의 배경을 이미 연구해 놓은 자료들, 그 본문을 처음으로 접한 독자들에 관해 이해를 돕는 연구서들을 사용하는 것이 좋다.

성경 낭독자는 청중에게 그 본문의 저자를 대표한다. 저자의 관점에서 그 청중을 위해서 본문을 재구성하려고 시도한다. 빌립보서 3:17-21에서 바울은 자신의 '다양한' 정서들을 드러낸다. 바울이 자신의 대적들에게 던지는 심각한 경고를 해석하려면, 바울의 슬픈 심정을 덮어서는 안 된다. 이 본문의 말미에서 바울은 빌립보인들을 그리스도의 보좌로 데려간다. 이 글을 제대로 읽으면 바울의 기쁨을 함께 느끼고 표현하게 된다. 성경을 극적으로 읽는다고 해서 반드시 "이제도 눈물을 흘리면서 말하노라"라는 대목에서 눈물을 흘려야 하는 것은 아니다. 하지만 그런 개인적 감정 표출을 무시해서는 안 된다. 바울이 표출한 깊은 유감뿐 아니라 그 뒤에 곧 이어 나오는 기쁨도 함께 읽어야 한다.

성경 본문을 극적으로 읽을 때는 본문이 여러분에게 말해줄 내용에 놀랄 준비가 되어 있어야 한다. 빌립보 3장에서 바울은 다시 한 번 자신을 눈물 흘리게 만든 여러 가지 죄를 열거했다. 그 가운데 그는 탐식과 우상숭배를 관련 지으며, 탐식가들을 그리스도의 십자가에 반역한 자들로 부른다. 탐식이 그렇게 나쁜 것일까? 여러분은 바울이 쓴 그 본문을 충격을 받으며 읽었는가? 성경은 이와 비슷한 충격을 주는 내용들이 많은데, 우리는 그런 부분들을 무감각하게 읽음으로써 둔하게 만든다. 성경을 극적으로 읽으면 회개의 요구와 하나님을 믿는 데 따르는 기쁨을 새롭고 생생한 방식으로 여러분 자신과 회중이 깨닫게 될 것이다.

3. 큰소리로 읽는 기술

입으로 극적으로 읽는다고 해서 잔뜩 감정을 실어 큰 소리로 읽는 것은 아니다. 어떤 목회자들은 그런 식으로 읽고 설교하지만, 극적인 낭독은 그런 것을 요구하지 않는다. 연기조의 오버액션은 오히려 역효과를 낸다. 여러분은 설교자가 절정에 도달하기도 전에 미리 힘을 다 고갈시키는 모습을 본 적이 있는가? 그런 설교자는 음성을 지나치게 많이 의존한다. 지나친 감정은 오히려 모자란 것만 못하다. 필자가 말하는 극적인 낭독 혹은 연설이란 연기(演技)와는 다르다.

극적인 낭독은 저자가 눈으로 볼 수 있게 그려놓은 것을 귀로 들을 수 있도록 묘사하는 것이다. 큰 소리로 읽을 때는 여러 가지 음의 고저들과 음색을 사용하게 된다. 문장 가운데 한 단어에 강세를 둘 수도 있고 혹은 여러 단어들에 강세를 둘 수도 있다. 문장을 읽을 때 속도를 다양하게 바꿀 수 있다. 대목에 따라 음색을 바꿀 수도 있다. 연로하신 분들을 위해서 노인 목소리를 낼 수도 있다. 성경 낭독자는 음의 고저를 자유롭게 변경할 수가 있다. 남자가 여자의 말을 읽게 될 때는 목소리를 약간 높여서 읽어야 할 것이다. 다양한 리듬을 탈 수도 있다. 자신이 읽는 부분에 박자를 넣어 가면서 읽을 수도 있다. 이러한 다양한 형태의 강조는 낭독자가 간간이 침묵을 사용하면 훨씬 더 효과를 낸다. 성경을 낭독하다가 의도적으로 잠깐씩 쉬면 낭독에 색깔을 입히는 데 큰 도움이 될 수 있다.

논의를 시작하기 전에 어느 연로한 배우의 격언을 기억하는 게 좋겠다: "대사를 잘 읽는 데에는 왕도가 없지만, 잘못 읽는 데는 무수한 방법이 있다." 이 격언은 배우들이 따라 하면 흠 없는 해석을 보장하는 체계적인 방법이 없다는 뜻이다. 배우들은 보다 좋은 해석을 모색하면서 대사를 읽는 방식을 수없이 바꾼다. 내가 이 말을 하는 이유는 불안감을 심어주려는 것이 아니라 위안을 주려는 것이다. 주어진 본문을 여러 가지 다른 방식으로 정확히 해석할 수 있다는 것이 성경을 낭독하는 데 신선하고 생생한 의욕을 일으킨다.

1. 특정 단어들을 강조하기

본문을 읽을 때 단어들을 강조하는 다양한 방식을 논하면서 이야기를 시작해 보자. 행동을 묘사하는 문장은 동사 위주로 진행한다. "빌이 공을 찼다"(Bill hit the Ball)라는 문장을 예로 들어보자(영어는 과거와 현재 시제가 같은 형태의 동사를 썼으므로 우리말로 예를 드는 데는 한계가 있음을 감안하여 읽으시기를—역자주). 돌아가면서 각 단어를 강조해 보자. 여러분이 원하는 의미에 따라 어디에 강세를 두어야 하는지가 결정될 것이다:

a. 빌이 공을 찼다.(존이나 해리가 아닌)

b. 빌이 공을 **찼다.**(그것이 빌이 한 일이다. 빌은 공을 던지지도 않았고 잡지도 않았다.)

c. 빌, 공을 **차!**(명령).

d. 빌이 그 공을 찼다.(빌이 특정한 공을 찼다는 뜻. 흔하지 않은 강세.)

e. 빌이 **공**을 찼다.(개나 담을 차지 않고.)

여러 가지 요소들이 결합하여 빌과 그가 찬 공 사이의 관계를 이해하도록 돕는다. 우선 간단한 사실을 진술하려면 본동사를 가볍게 강조하면 된다(b의 경우). '찼다'는 행위 동사로서, 문장에서 발생한 행위를 말한다. 사실을 간단히 진술하려면 행위 동사를 강조해야 한다. 그렇지 않으면 다른 단어를 강조해야 할 이유가 있게 된다. 단어들을 무분별하게 강조하다보면 오르락내리락하다가 멀미를 느끼게 될 수가 있다. 청중은 말할 것도 없고, 본인 스스로 졸 수가 있다.

연결 동사들(……으로 보이다, ……인 것 같다, ……이 되다, 따위)은 주어와 보어를 동등하게 연결한다. 시편 23:1을 읽어 보라. "여호와는 나의 목자시니……." 각 단어를 차례로 강조해 보라.

a. **그** 여호와는 나의 목자시니(그 특별한 여호와. 흔치 않은 강조임!)

b. **여호와**는 나의 목자시니(다른 존재가 나의 목자라는 것와 대치되는 뜻에서.)

c. 여호와는 나의 목자**시니**(지금 나의 목자라는 뜻! 관계의 실질성을 강조한 것.)

d. 여호와는 **나**의 목자시니(누구의 목자?)

e. **여호와는 나의 목자시니**(관계의 성격.)

평이하게 진술할 때는 마지막 예가 정확한 낭독이다. 시편 23편에서 다윗은 자신과 하나님의 관계를 양과 그의 목자의 관계로 묘사했다. 이 시에 나타난 여러 동사들은 단순하고 강렬한 행위 동사들이다. 시편을 읽을 때마다 행위 동사들에 다 강세를 두고서 읽지는 않을지라도 시편 저자의 열정을 살리기 위해서 한두 번은 그렇게 읽어 보라.

앞의 네 가지 예들도 본문을 읽는 방식이 그것을 어떻게 이해(즉, 해석)하는가에 따라 좌우된다는 것을 예시한다. 본문을 무덤덤하게 읽으면 본문의 저자가 자신의 글에 무관심한 태도를 가졌다는 그릇된 인상을 주게 된다. 저자가 한 말의 의미를 파악했으면, 낭독자는 저자의 관심사를 전면에 내세우는 방식으로 그것을 읽어야 한다.

성경 낭독자가 종종 실수를 범하는 대목이 대명사나 전치사들이다. 시편 23:1에서 '나의'라는 대명사가 강조형으로 쓰여 저자의 입장에서 소유를 함축하거나, 아니면 '나의'가 저자의 목자와 시편 독자를 위해 함축된 목자 사이의 대조를 형성하는 것을 알 수 있다. 하지만 둘 중 어느 경우도 진술의 초점은 아니다. 대명사가 형용사로 쓰일 때는 대체로 강세를 두어서는 안 된다. 주어, 특히 연결 동사의 주어로 쓰일 때는 대명사를 강조할 수도 있긴 하지만, 그럴 만한 충분한 이유가 있어야 한다. 예를 들면, "나는"(다른 누구도 아닌) 세상의 빛이라는 구절처럼 말이다(요 8:12). 하지만 그 동사의 뒷부분에 나오는 대명사들에 강세를 두고 싶은 유혹이 들어도 뿌리쳐야 한다. 예를 들면, "나를 따르는 자는 어두움에 다니지 아니하고 생명의 빛을 얻으리라"라는 문장이 그 경우인데, 이 문장은 오히려 "나를 따르는 자는 어두움에 다니지 아니하고 생명의 빛을 얻으리라"고 읽어야 한다.

이사야 53장은 성경 낭독자에게 큰 어려움을 안겨준다. 이사야는 찔림, 상함, 징계를 받음, 고난을 당함, 채찍에 맞음 같은 생생하고 호소력이 있는 동사들을 사용했다. 하지만 아울러 메시야와 그의 백성을 강력하게 대조하는 '그'/ '우리', '그를'/'우리를', '그의/우리의' 같은 대명사들도 사용했다. 이렇게 대조적 용도의 대명사들은 강세를 요구한다. 하지만 대명사와 동사를 함께 강조

할 수는 없는 일이다:

> 그가 찔림은 우리의 허물을 인함이요
> 그가 상함은 우리의 죄악을 인함이라.

보조동사 '인함이요'에 강세를 두지 않으면, 이 단락을 읽을 때 마치 롤러 코스터를 타듯 올라갔다 내려갔다 하는 소리를 낼 것이다. 독자가 듣기에 이 것이 얼마나 어색하게 들리겠는가?

이사야 53:1-10을 그 안에 담긴 모든 행위 동사들에 강세를 두면서 읽어 보라. 그 동사의 앞에 나오는 단어들을 읽을 때 서서히 강세를 고조해 가다가 그 동사에 이를 때 절정에 달하도록 읽어 보라. 본동사 뒤에 나오는 단어들은 서서히 강세를 줄여가며 읽어보라. 그리고 이제 대명사들을 강조하는 단락을 읽어 보라. 문장에서 강세의 위치를 바꿀 때 그 단락의 의도에 어떤 변화가 생기는지 느낄 수 있는가? 두 경우 모두 뉘앙스가 다르긴 하지만 정확하다. 동사에 강세를 두면 그리스도께 가해진 폭행의 극악무도함이 강조된다. 그러면 그리스도의 고통이 부각된다. 대명사들에 강세를 두면 그분이 우리를 위해서 고통과 수욕을 당하셔야 했다는 놀라운 계시가 여러분과 청중에게 부각된다. 두 관점 모두 정당하다. 두 관점 모두 여러분과 회중의 주목과 강세를 받을 만하다. 이 단락을 읽을 때 어떻게 하면 두 측면이 동시에 나타나도록 읽을 수 있을까? 허황된 생각일까? 규칙을 범하는 것이 아닐까?

이사야는 병행구로 글을 썼기 때문에, 우리의 딜레마를 어느 정도 쉽게 해결하도록 만들어 놓았다. 한 번 시도해 보자.

> 그가 찔림은 우리의 허물을 인함이요
> 그가 상함은 우리의 죄악을 임함이라 …

첫번째 구절에서는 본동사를 강조한다. 두번째 구절에서는 대명사들을 강조한다(혹은 순서를 바꾸어도 된다). '그'라는 대명사는 그리 크게 강조할 필요가 없다. 왜냐하면 '그'가 이 예언 부분의 주어이기 때문이다.

이사야 53장처럼 교인들이 잘 알고있는 말씀을 운율적으로 읽을 때는 원고를 적고, 강조할 부분과 쉼표를 표시하고, 음정의 높낮이를 표시해 두는 것을 잊지 말아야 한다. 그 다음에는 그것을 주도면밀하게 연습해야 한다. 이렇게 하면 전통적으로 읽어 내려오는 관습에서 자유롭게 벗어날 수 있으며, 우리 자신뿐 아니라 교인들의 이해를 분명하게 높이는 경험을 하게 될 것이다.

성경 낭독자는 쓸데없이 대명사를 강조하는 것 외에도 전치사나 목적어를 강조할 경우에 주의해야 한다. 전치사구는 형용사와 부사 역할을 한다. 따라서 전치사구는 문장에서 명사나 동사 같은 다른 단어들에 관심을 돌리게 하며, 혹은 새로운 사고로 전환하거나 새로운 사고를 도입한다:

> 태초에(*In the beginning*, 혹은 *In* the beginning)
> 하나님이 천지를 창조하시니라(창 1:1).

성경의 도입구는 그것이 하나님께로부터 나온 첫번째 말씀이기 때문에 강조하고 싶은 유혹을 떨쳐버리기 어렵다. 그러나 모세의 요지는 '언제' 하나님이 천지를 창조하셨는가 하는 것이 아니다. 그것은 너무나 자명하게 '태초'이기 때문이다. 오히려 모세가 강조한 것은 창조하신 분이 누구시며, 그가 무슨 일을 하셨으며, 그 결과가 무엇이었는가 하는 것이다:

> 1. 하나님이 천지를 창조하시니라.
> 2. 하나님이 천지를 **창조**하시니라.
> 3. 하나님이 **천지**를 창조하시니라.

낭독자는 여기서 분별력을 사용할 수 있다. 모세가 강조하고 싶었던 것에 준하여 그 절을 위에 소개한 각각의 방식으로 읽을 수 있다. 창조주에 강세를 둘 수도 있고, 그분의 행위나 그 행위의 결과에 강세를 둘 수도 있다. 하지만 어떻게 읽든 기품이 있게 읽어야 하고, 종들이 번갈아 울리듯 단어들을 우렁차게 읽어야 하며, 청중에게 하나님께 경배할 심정이 들도록 읽어야 한다. 전치사구에 강세를 두어 읽으면 주절에 이르러서 '단절감'이 생긴다. 단거리 육상 선수처럼, 그는 초장부터 모든 에너지를 다 소진한다. 그래서 정작 모세가 창세기 1장에서 가장 강조하려고 했던 "하나님이 창조하시니라"의 부분에 와서는 소리가 기어들어가게 된다.

전치사구에 문장의 요지가 있는 경우가 드물기 때문에, 전치사구에는 강세를 둘 필요가 없다. 하지만 목적어가 없고 부사로 쓰이는 전치사는 그것이 수식하는 동사와 함께, 혹은 동사보다 더 강조할 수도 있다. 낭독자는 강세의 위치를 바꾸어 보거나, 강세의 정도를 달리하는 연습을 많이 해봄으로써 자연스럽게 낭독할 수 있어야 한다. 전치사와 그 목적어에는 강세를 두지 않는 것이 일반적이다.

이 부분에서는 특정 단어들에 강세를 두는 방식으로 이루어지는 단순 강조를 논했다. 본격적인 강조는 그것보다 훨씬 복잡하다. 필자는 강조를 할 때 만나는 '함정'에 관해 경고한 바 있다. 특별한 경우가 아니면 전치사와 대명사를 강조해서는 안 된다는 것이었다. 낭독자가 청중에게 말로 그림을 그려줄 때 사용할 수 있는 여러 가지 미묘한 강세의 조합에 관해서는 각자 나름대로 연구할 기회가 열려 있다.

최선의 강조 방식은 침묵이다. 회중이나 가족이 각자 자기들의 성경을 펼쳐서 눈으로 따라 읽는 경우라면, 낭독자는 모든 사람이 해당 본문을 다 찾을 때까지 낭독하지 말고 기다려야 한다. 필자는 성경이 낭독되고 있는 데 여전히 성경책을 뒤적여야 하는 청중의 자괴심만 생각해서 그러는 게 아니다. 그것은 낭독자를 위해서 한 말이기도 하다. 성경을 뒤적이는 소리가 끝난 뒤 몇 초 동안 정적이 흐르면 회중이나 가족은 마음을 가다듬고 낭독자가 읽게 될 본문에 관심을 집중할 수 있다.

'극적인 중지'로 알려진 침묵은 성경을 낭독하는 동안에도 대단히 큰 효과를 발휘한다. 다른 강세들과 마찬가지로, 침묵은 낭독자의 친숙한 리듬을 깨뜨리고, 청중에게 이제 곧 읽게 될 내용에 귀를 기울이게 한다. 요한복음 13:30을 예로 들어보자:

유다가 그 조각을 받고 / 곧 나가니 /// 밤이러라.(빗금은 일 초나 이초, 혹은 그 이상을 띠었다가 읽으라는 표시.)

두 문장 사이에서 잠시 중단하라. 둘째 문장을 첫째 문장보다 좀더 천천히 읽고, 마치 조종(弔鐘)을 울리듯이 읽으라. 그 의미심장한 중단이 청중으로 하여금 유다의 임박한 저주를 생각하게 한다.

극적인 중단은 저자의 의도를 부각시킨다: "[목자들이] 빨리 가서 마리아와 요셉과 아기가 구유에 누인 것을 보고"(The shepherds found Mary and Joshep, and the baby lying in the manger, 한글개역성경, "……마리아와 요셉과 구유에 누인 아기를 보고"). 왜 모두가 구유에 누워 있는가? 해석이 이 질문의 답을 결정하겠지만, 필자는 이 단락을 다음과 같이 읽으라고 제안하고 싶다:

> [목자들이]……마리아와 요셉과 //
> 구유에 누인 아기를 보고('구유에 누인 아기' 는 단숨에 읽어야 한다.)

극적인 중단은 저자의 놀람을 청중에게 전달하는 데 도움이 될 수가 있다.

> 어리석도다 갈라디아 사람들아 // 예수 그리스도께서 십자가에 못 박히신 것이 // 너희 / 눈앞에 / 밝히 보이거늘 // 누가 너희를 꾀더냐(갈 3:1)

이 절과 다음에 따라오는 절들에서 자연스럽게 중단을 요구하는 바울의 수사적 질문들은 본문을 토막내서 읽게 만든다. 중단의 길이와 간격은 다양해야 한다. 낭독자는 자신이 직접 바울의 믿어지지 않는다는 식의 고뇌와 의아함을 상상한 뒤에 전달해야 한다.

2절은 "친애하는 갈라디아의 바보들아"(필립스〈Philips〉)라는 구절에 중심을 두고서 천천히 읽으라. 3, 4절에 가서는 속도를 높이라. 하지만 바울의 비꼬는 말이 퇴색되게 해서는 안 된다. 실제로 바울이 던졌던 그 질문을 청중에게 던지는 식으로 읽으라. 왜냐하면 오늘날 청중은 철학적으로 방심하지는 않더라도 현실적으로 방심하기 쉽기 때문이다. 5절은 천천히 읽으라. 바울의 결정적인 질문이 여러분의 '갈라디아인들' (회중)에게 깊이 스며들게 하라. 이런 단락들은 아무렇게나 닥치는 대로 낭독해서는 안 된다.

요한복음 18:38은 침묵의 또 다른 예를 제공한다.

> 빌라도가 가로되 /// 진리가 / 무엇이냐? // 하더라. ///
> 이 말을 하고 / 다시 유대인들에게 나가서 이르되……

빗금들은 청중에게 빌라도의 관심사가 피상적이고 빈정대는 조소에 있음을 깨달을 시간을 준다. 뒤에 가서, 예수 그리스도가 '하나님의 아들'이라는 유대인들의 주장을 듣고 슬그머니 겁이 난 빌라도는 예수께 간청한다:

> "너는 어디로서냐"……
> /// [그러나] 예수께서 대답하여 주지 아니하시는지라(혹은, 예수께서 / 그에게 대답하여 / 주지 / 아니하시는지라).
> (요 19:9)

두번째 인용문에서의 중단은 빌라도가 앞서 내린 판결로써 진리(즉, 그리스도. 요 14:6)에 냉소적인 태도를 취한 것에 대해서 예수께서 침묵을 지키신 일을 강조한다. 그러므로 중단은 길든 짧든 단어들과 개념들을 강조하는 데 효과적인 도움이 된다.

2 말의 속도, 음색, 음의 고조, 리듬의 다양성

성경 낭독이 김빠진 것처럼 되는 이유는 지루할 정도로 획일적인 말의 속도, 어조, 음의 고저, 리듬 때문이다. 거듭 말하지만, 필자는 목회자 개인의 경건을 탓하는 것이 아니다. 낭독을 진부하게 한다고 해서 꼭 경건이 모자란 사람이라는 법은 없다. 하지만 그런 분은 자신이 성경을 낭독할 때 자신의 음성을 들을 수 있는 '귀'를 발전시킬 훈련이 필요하다.

요즘은 카세트 녹음기들이 널려 있다. 녹음기가 없는 목회자는 아마 안 계실 것이다. 녹음기를 이용해서 자신이 성경을 낭독하는 것을 녹음해 보라. 처음에 대부분은 '내 소리가 정말로 저런가?' 하고 실망할 것이다. 대부분의 사람이 녹음기에 녹음된 자신의 음성에 실망한다. 그리고는 자신의 음성과 신체 내부에서 나오는 공명을 들어 보려고 한다. 하지만 녹음기는 자신의 음색을 원근감 있게 묘사하지 못한다. 그럴지라도 우리는 녹음기에 실린 우리의 음성이 곧 우리가 다른 사람에게 말할 때의 그 음성이라는 생각에 더 익숙해져 있다. 적절한 언어 구사법을 익히면 음색을 향상시킬 수 있지만, 자신의 음성은 녹음기에서 들려오는 음성보다 더 잘 들리게 마련이다.

성경 낭독하는 것을 녹음한 뒤에 몇 가지 질문을 자문해 보라. 녹음기에서 들려오는 여러분의 음성을 듣고서 실망했는가?(만약 여러분 자신이 실망했다면 청중은 어떻겠는가?) 음색과 간격과 리듬을 다양하게 할 필요를 느꼈는가? 자신에게 관대해서는 안 된다. 이 정도면 평범한 수준이 아닌가 하고 자신을 합리화하지 말라. 여러분은 낭독의 수준을 어떻게 바꿀 수 있는가? 어떻게 하면 낭독을 보다 생생하고 흥미롭게 만들 수 있는가?

앞에서 우리는 낭독을 다양하게 하는 한 가지 방식을 논했다. 그것은 특정 단어들의 강세를 조절하는 방식이었다. 그것 말고도 단어를 강조할 때 음의 고저와 리듬을 다양하게 바꾸는 방식도 있다. 이쯤 되면 벌써 제대로 길에 접어든 셈이다. 그밖에 할 수 있는 다른 방법들에 관해서 논해보자.

속도의 변화. 오늘날은 스피드 시대이다. '즉각적인 관심'을 요구하는 인쇄물들이 끊임없이 쇄도한다. 의사들과 법률가들과 신학자들은 자기 학문 분야에 넘쳐나는 정보를 항상 따라잡아야 한다는 불가능한 과제를 안고 있다. 따라서 이들은 속독을 사용한다. 속독을 하다보면 눈의 속도만 빨라지는 게 아니라 말의 속도도 빨라진다. 그것은 유감스러운 일이다. 하지만 필자는 속독에는 관심이 없다(천천히 읽는 것에도 관심이 없다). 오히려 필자가 논하고 싶은 것은 낭독의 속도이다. 이 속도는 다양해야 한다. 이 점에 관해서는 강조의 형태로서 침묵을 논할 때 다룬 바 있다.

아주 익숙한 한 가지 사례를 생각해 보자: "하늘에 계신 우리 아버지여 이름이 거룩히 여김을 받으시오며." '하늘에 계신'은 동격이자 삽입 문구이다. 그런고로 그 문구 뒤에는 쉼표가 붙는다(영어의 경우). 삽입 문구를 말할 때는 피치를 좀 낮춘 뒤 빠르게 말한다. 그런 식으로 해서 문장의 본주어와 본동사를 연결시킨다: "우리 아버지여 이름이 거룩히 여김을 받으시오며." 문법적으로 '하늘에 계신'이란 문구는 주 문장에 속하지 않는다. 따라서 이 문장는 극적으로 이렇게 읽어야 한다: "(하늘에 계신) 우리 아버지여 이름이 거룩히 여김을 받으시오며."

사도신경은 삽입구가 연속해서 나온다. 따라서 보다 천천히, 생각해 가면서 읽어야(혹은 암송해야) 한다. 동사들을 강조하고, 중지를 사려 깊게 활용해야 한다. 회중이 암송할 때는 조절하기 어렵지만, 적절한 암송 속도를 가르칠 수는 있다. 어른들을 상대로 한 주일 아침 공부 시간에 그것을 가르치기가 좋다. 암송은 뜻없이 반복하는 것이어서는 안 된다. 음을 붙여 암송하는 것은 가족 단위로 아름답게 암송하도록 연습해야 한다.

목회자가 사도신경 암송을 인도할 때는 일장 연설하듯이 단숨에 암송해서는 안된다. 오히려 다음과 같이 하는 것이 좋을 것이다:

> 본디오 빌라도에게 고난을 받으사, /
> 십자가에 못박혀 /// 죽으시고 // 장사되시고 ///
> 지옥에 내려가셨다가 // 사흘만에
> ……가운데서 다시 살아나시고…….

(한국의 많은 교회들은 '장사되시고 지옥에 내려가셨다가 사흘만에'라는 문구를 사용하지 않고, '장사한 지 사흘만에'라는 문구를 사용한다–역자주)

중단했다가 읽으면 동사들을 보다 쉽게 강조할 수 있다. 부사 '다시'는 삽입구로서, '죽은 자 가운데서 살아나시고'라는 문장의 흐름을 끊어놓는다. 사도신경은 가족들과 회중들에게 의미있게 암송하도록 가르쳐야 한다. 이 신조를 합창으로 낭독하는 것이 현재 많은 교회들이 하고 있는 대로 단조로운 음으로 암송하는 것보다 좋지 못한 방법일까?

사도신경 말고 다른 본문들을 읽을 때 때때로 어떤 사람들은 삽입 문구들을 강조하는 수가 있다. 이것은 글의 저자가 독자에게 자극을 줄 때나, 혹은 저자가 자신에게 냉소적인 표현을 할 때는 반드시 그렇게 해야 한다. 주문장보다 삽입구에 더 강세를 두기 위해서는 주문장을 읽을 때보다 피치를 높이거나 낮춰야 하며, 그밖에도 그 삽입구를 나머지 문장보다 천천히 읽어야 한다.

빌레몬서 19절을 예로 들 수 있다:

> 나 바울이 친필로 쓰노니 내가 갚으려니와 너는 이 외에 자신으로 내게 빚진 것을 내가 말하지 아니하노라.

첫째로, 주요 진술들이 일치해야 한다. "나 바울이 친필로 쓰노니…… 내가 갚으려니와……." 그 밖의 다른 것은 모두 부차적인 것이다. 세 가지 문구 — 동격구, 전치사구, 삽입구 — 는 문법적으로 주문장에 속하지 않는다. 그러나 이러한 문구들을 어떻게 강조해서 읽느냐에 따라 주문장의 의미에 엄청난 무게가 실린다.

이야기 전체를 낭독하려면 속도의 변화가 필요하다. 예수께서 붙잡히신 기사를 읽을 때는 천천히 시작해야 한다. 제자들이 잔뜩 겁먹은 채 누군가 나서기를 바라면서 기다리는 대목에서는 긴장감을 조성해야 한다. 그럴 때 베드로가 칼을 빼들면 낭독도 빨라진다. 예수께서 "네 검을 도로 집에 꽂으라"고 고함을 치신다. 그러면서 속도가 더 빨라지고 피치도 높아진다. 그런 다음 베드로가 크게 낙심한 채 붙잡혀 가시는 주님을 따라가는 대목에 가서는 속도를 줄여야 한다. 낭독자는 기자와 같다. 그가 곧 마태이고, 마가이고, 누가이고, 요한이다. 그 저자들의 글을 어떻게 읽든 이것은 사실이다. 낭독 속도에 다양성을 주면 낭독자 자신이 본문에 빨려들어가고, 청중도 그와 함께 빨려들어갈 것이다.

음질, 음색과 피치(음의 고저)의 변화. 필자가 사용한 '음색'이란 단어는 음성의 소리를 뜻한다. 여기서도 녹음기가 크게 유용하다. 녹음기는 용서가 없다. 녹음된 그대로 무자비할 정도로 음질이나 음의 고저가 어떻게 나타나는지 솔직하게 비쳐준다. 설교자가 녹음기를 철저히 사용한다면, 강단에서 성경을 낭독할 때 자신의 음성을 들을 수 있게 될 것이다. 설교자는 자신의 성경 낭독 습관을 계속해서 비평하고, 새로운 음의 뉘앙스와 색깔과 강세로 자꾸 실험을 해야 한다. 그런 훈련을 거치다 보면 '즉흥 낭독자'가 될 것이다. 마치 즉흥적으로 악보를 보고서 연주하는 연주자처럼 말이다.

이야기에 묘사되는 인물을 설명하기 위해서 음성에 변화를 주는 방식으로 음색을 다양하게 사용할 수도 있다. 엔돌의 무당이 나오는 대목을 읽을 때는 음성을 높고 떨리게 하는 것이 좋다. 골리앗이 나오는 대목에서는 아마 저음을, 즉 냉소적이고 거만한 목소리를 사용하는 것이 좋다. "어휴, 어떻게 그런 일을 해요?" 하고 말할 분도 계실 것이다. 하지만 앞에서 논한 대로 음성을 제대로 사용하면 아주 특별한 일을 해낼 수 있다. 시편 저자처럼 감정에 변화를 줄 수도 있다. 마치 회중이나 가족 앞에서 자신이 시편 저자의 입장에서 말하듯이 말이다. 꼭 그렇게 하지 않을지라도, 낭독자는 저자의 의도를 충실히 전달하기 위해서 좋은 음색을 사용해야 한다.

그렇게 할 때 여러분에게 맞는 음의 피치를 찾게 된다. 삐걱거리는 소리에서 현재의 바리톤 음성으로 돌아오게 된다. 피치는 성대의 길이와 두께와 탄력에 좌우된다. 성대가 두껍고 길면 저음이 나온다. 좁고 얇고 긴장된 성대에서는 고음이 나온다. 자신의 정상적인 음역은 그가 일상적으로 대화할 때 사용하는 음역과 같다. 대다수 사람들은 자신이 갖고 있는 음역을 거의 활용하지 않는다. 최고 기량의 배우들은 언어의 음역이 두 옥타브이고, 노래의 음역은 그보다 훨씬 클 것이다. 낭독자로서 역량을 향상시키려면 항상 음역을 고루 발전시켜야 한다. 좋은 연설 지침서들은 음역을 넓히는 훈련 과정을 싣고 있다.

리듬의 변화. 이 문제도 이미 다루었다. 하지만 필자는 리듬을 잘못 읽는 잘못에 빠지지 말아야 할 중요성을 강조하고 싶다. 영창(詠唱)은 훌륭한 방법이지만, 하나님의 말씀을 회중에게 낭독할 때는 그렇지 않다. 시편의 한 부분을 읽거나 평소 암기한 성경 단락을 암송할 때는 그것을 읽어서, 리듬이 아닌 의미가 전달되도록 해야 한다. 우리는 대체로 요한복음 3:16("하나님이 세상을 이처럼 사랑하사")을 읽을 때 '약-강-약-강'의 방식으로 읽는다. 이러한 리듬은 그 절의 메시지를 흐려놓는다. 그것을 "하나님이 세상을 이처럼 사랑하사 독생자를 주셨으니"로 읽으면 어떨까? 이렇게 하면 리듬은 깨지지만, 메시지는 살아난다. 더 나아가 성경에 어떤 내용이 열거될 때 그것을 함부로 취급해서는 안 된다. 무심코 아무렇게나 뒤섞어서 읽는 일이 없어야 한다.

성령의 열매(갈 5:22, 23)를 읽을 때는 깊은 생각을 가지고, 다양한 강세와 리듬을 사용해서 읽어야 한다. 열매 하나하나가 나름대로의 운율과 맛이 있다. 모두가 다 똑같은 단어들이 아니다.

구두점. 낭독이 초라하게 되는 이유는 구두점을 소홀히 여기기 때문이다. 시편의 한 행이 끝날 때마다 낭독자가 소리를 떨어뜨려야 하는 것은 아니다. 오히려 다음 행의 중간에 가서 잠시 중단해야 할 경우가 있다. 그럼에도 불구하고 성경의 시 부분은 시인이 기록한 방식을 존중하여 읽어야 하는 경우가 많다. 현대어 번역성경들은 이 문제를 해결하는 데 다소 도움이 된다. 하지만 항상 정신을 차려야 한다!

한 가지 친숙한 예는 다음과 같은 기도이다:

> "뜻이 하늘에서 이루어진 것같이 /
> 땅에서도 이루어지이다."

(영어권에서는 "……Thy will be done / On earth as it is in heaven"으로 읽는 경우가 흔하다-역자주.)

이 기도에서는 동사 '이루어지다'를 수식하는 전치사구를 동사와 구분해서는 안 된다. '이루어진 것같이' 다음에 잠깐 쉬는 동안 아주 중요한 생각을 파헤쳐 들어간다. 아주 중요한 사상을 통째로 해부하는 것이다. 따라서 위 기도문은 이렇게 읽어야 할 것이다("……Thy will be done on earth,/ as it is in heaven." 한글권에서는 이 사례가 문제가 되지 않지만, 그 원칙은 귀담아 들을 만하다—역자주).

구두점은 낭독자를 위한 표기이다. 멈추거나 양보하라는 표기이다. 멈추라는 표기에는 마침표, 물음표, 느낌표, 그리고 일반적으로 세미콜론(;)이 포함된다. 이 구두점들은 이렇다 할 문제가 되지 않는다. 하지만 '양보 표기'인 구두점들은 낭독자를 당황하게 만든다. 쉼표, 괄호, 쌍점(:), 줄표(—)는 다양한 종류의 중지와 강세를 요구한다. 숨표는 독립된 절들을 연결시킬 뿐 아니라, 종속절들을 주절에 고정시킬 수가 있다. 그 다음에 쉼표는 주절들 사이에서 교량 역할을 한다. 쉼표로 연결된 절들을 읽을 때는 마침표가 나올 때까지 도중에 음성을 떨어뜨려서는 안 된다. 쉼표는 독립된 절들을 연결하기 때문에, 음성도 그 절들이 한데 붙어 있음을 보이게끔 나타내야 한다.

주절들을 구분하는 세미콜론과는 달리, 쌍점은 주절을 동격절에 혹은 그 뒤에 오는 여러 개의 동격절에 도입시킨다. 쌍점은 주절과, 주절을 설명하거나 부연하는 또 다른 주절 사이에 사용할 수도 있다. 중지할 때 내는 음성의 종류는 어떤 중지가 필요한가에 따라 좌우된다. 쉼표, 괄호, 줄표는 부연적인 구들을 부각시키며, 따라서 각기 다른 정도의 강세를 사용할 필요가 있다. 일련의 쉼표들과 일련의 괄호들을 음성으로 구분하기란 비록 불가능하지는 않을지라도 대단히 어렵다. 둘 다 그것이 인도하는 구들의 종속적 성격을 나타낸다.

줄표는 심지어 문장에 대해서까지도 부연 설명을 표시한다. 하지만 줄표는 그 뒤에 따라오는 것이 중요하다는 점, 혹은 그것에 정서적인 색채가 담겨 있다는 점을 강조한다. 줄표는 저자의 생각의 흐름에 나타난 급작스런 단절을 표시한다.

바울은 빌레몬서 8-10절에서 이렇게 쓴다.

> 이러므로 내가 그리스도 안에서 많은 담력을 가지고 네게 마땅한 일로 명할 수 있으나 사랑을 인하여 도리어 간구하노니 나이 많은 나 바울은 지금 또 예수 그리스도를 위하여 갇힌 자 되어 갇힌 중에서 낳은 아들 오네시모를 위하여 네게 간구하노라.

이 상황에서 낭독자는 먼저 주문장이 어디인지 찾아야 한다. 서론절, 전치사구, 삽입구는 일단 무시해야 한다. 그러면 이런 결과가 나타날 것이다: "내가 …… 간구하노니 …… 내가 간구하노라." 이것이 바로 주문장이다. 다른 문장들은 바울의 간구를 부연 설명해준다:(1) 바울은 빌레몬에게 그다지 미묘하지 않게 자신이 그리스도 안에서 갖고 있는 권위를 상기시킨다. (2) 바울은 자신의 권위를 바탕으로 간구하지 않고, 사랑을 바탕으로 하는 것임을 보임으로써 권위를 상기시킨 점을 누그러뜨린다. (3) 늙은 몸으로 옥에 갇힌 사람에게 사랑을 보일 것을 구한다. (4) 그러한 바울에게 오네시모가 우주에서 가장 친밀한 줄로, 즉 그리스도 안에서 아버지와 아들의 관계로 묶인 사람임을 상기시킨다(로마 제국의 법으로 빌레몬은 오네시모를 처형할 권리가 있었다. 바울의 간구에는 이러한 냉엄한 현실이 깔려 있다).

이 네 절이 어떻게 "내가 간구하노라"라는 문구를 수식하는가?

(1) 내가 그리스도 안에서 많은 담력을 가지고 네게 마땅한 일로 명할 수 있으나.

'내가 네게 명령하는 대신에 네게 간구(호소)한다'는 뜻이다. 따라서 이 절은 빌레몬에게 일종의 경고로 읽어야 한다. 혹은 바울이 철저히 배격한 대안으로 읽을 수도 있다. 하지만 그럴 경우에는 "그러면 바울은 왜 이 말을 구태여 언급했는가?"라는 질문이 생긴다. 각각의 요소를 조금씩 실어서 낭독하는 것이 좋은 낭독이다('담력을 가지고'라는 말에 강세를 둘 필요가 없다. 나머지 절들이 그 말을 강조하기 때문이다).

(2) 사랑을 인하여.

바울은 자신이 이렇게 호소하는 동기가 빌레몬을 사랑하기 때문이라고 밝힌다. 바울의 당면 과제는 절도범이 되어 도망친 무용한 노예를 정말로 사랑할 수 있었음을 빌레몬에게 납득시키는 것이었다. 빌레몬에게 오네시모를 해치는 것은 곧 바울 자신을 해치는 것임을 납득시켜야 했다. 그러므로 "내가 사랑을 인하여 네게 간구하노라"는 절은 '간구하노라'와 '사랑을 인하여'에 강세를 두어 수평적으로 읽어야 한다. 하지만 이 서신의 나머지 부분에서도 바울이 품은 사랑의 진실성과 깊이가 드러나도록 배려해야 한다. 따라서 그 절을 지나치게 극적으로 읽는 것은 좋지 않다.

(3) 나이 많은 나 바울은 지금 또 예수 그리스도를 위하여 갇힌 자되어.

바울은 빌레몬에게 첫째, 자신의 권위에 대하여, 둘째, 나이 많고 옥에 갇혀 있는 자신의 형편에 대해서 상기시킨다. 이것들은 비록 바울의 간청에 설득력을 실어주는 중요한 요소들이기는 하지만, 본동사를 압도하게끔 읽어서는 안 된다.

(4) 갇힌 중에서 낳은 아들 // 오네시모를 위하여 네게 간구하노라.

폭탄 발언이다! 빌레몬은 지금까지 오네시모를 나태하고 쓸모 없는 인간(오네시모라는 이름은 '쓸모 있는'이란 뜻)인 줄로 알았다. 따라서 바울에게서 오네시모를 위한 편지를 받을 것을 결코 기대하지 않았을 것이다. 빌레몬 자신의 친구요 영의 아버지인 바울에게 그런 편지를 받으리라곤 상상도 못했을 것이다. 바울이? 더욱이 편지를 받아본 빌레몬은 (a) 자기 물건을 챙겨 도망간 자가 연로한 바울의 아들이 되어 있다는 것과, (b) 바울이 갇혀 있는 동안에 그렇게 되었다는 것을 읽는다. (c) 게다가 그 아이 이름이 무엇인가? 오네시모 아닌가? 빌레몬은 (d) 자신이 바울 곁에 있었다면 베풀었을 그러한 배려를 지금 오네시모가 바울에게 베풀고 있다는 내용의 글을 읽는다(13절)! 하나님의 놀라운 이 계시에서 빌레몬이 받았을 충격(그리고 기쁨?)을 상상해 보라.

8-10절은 이런 식으로 읽어야 한다. 따라서 우리는 저자와 수신자 모두를 이해하도록 도와주는 이런 작업이 얼마나 중요한 일인지 발견한다. 우리는 빌레몬이 바울의 서신을 받고서 어떤 반응을 나타냈을지 이해하도록 애써야 한다. 그리고 그것을 이해한 대로 읽어야 한다.

양보 표기는 우리의 시선을 끌고, 이제 막 무슨 일이 벌어질 것임을 상기시키는 역할을 한다. 하지만 쉼표나 괄호나 줄표로 표기된 중간 내용을 읽을 때도 주문장의 내용을 침해하지 않고 오히려 돋보이게 하도록 읽어야 한다는 것을 기억해야 한다. 여기서 다음과 같은 의문이 제기될 수 있다. "한 행의 끝에 마침표가 붙을지, 양보 표기가 붙을지, 아니면 아예 구두점이 붙지 않을지 어떻게 알 수 있는가? 그 지점을 읽을 때쯤이면 벌써 늦지 않겠는가?" 문장을 읽을 때는 눈은 앞부분에 미리 가 있어야 한다. 이것은 말처럼 그렇게 어려운 일은 아니다. 하지만 혼동을 초래할 수가 있다. 문장을 읽으면서 눈이 미리 앞에 가 있도록 훈련을 해야 하며, 읽기 전에 미리 준비해야 한다. 동시에 읽고 있는 내용에 집중력이 흐트러져서는 안 된다. 이것은 즉흥 연주자가 연주하고 있는 대목의 다음 부분을 미리 보면서 연주하는 것과 같다. 연습을 해보면 금방 숙달될 것이다.

4. 결론

성경은 누군가에 의하여 늘 말해진다. 그것은 기도와 찬송으로 마침표가 찍어지는 하나의 긴 대화 — 이야기 혹은 교훈 — 이다. 성경은 극적으로(dramatically) 읽지 않으면 안 되기 때문에, '어떻게 하면 성경을 극적으로 읽을 수 있을까?' 라는 중요한 문제가 대두된다. 찰스 래턴(Charles Laughton)이 성경에서 네 가지 이야기를 낭독한 오래된 기록을 소개하겠다. 이 위대한 배우는 성경을 내레이트할 때 완전히 그 속에 빠졌다. 뱀이 하와를 유혹하는 대목에서, 래턴은 기분나쁜 쉿 소리를 내가면서 읽었다(그는 하나님께서 뱀을 저주하신 뒤에 우리가 징그러워하는 뱀과 연관된 존재가 된 단순한 사실은 무시한다).

하나님의 말씀을 극적으로 읽는다고 해서 호통을 친다거나 쉿 소리를 낸다거나 통곡을 해야만 하는 것은 아니다. 이런 식의 낭독은 거부감을 줄 소지가 많다. 필요한 것은 '예수님의 이야기를 해주는 것' 이다. 예수께 관해 설교해야 한다는 뜻이 아니다. 처음부터 끝까지, 성경에서 예수께서 계시하신 대로 예수님의 이야기를 해야 한다는 뜻이다. 그 이야기를 힘과 기쁨과 페이소스를 다 발휘하여 확신있게 한 뒤에는 그것에 관해서 주해할 수가 있다.

이 논문에서 필자는 음성 혹은 하나님의 말씀을 낭독할 때 음성을 사용하는 방법에 관해 완벽한 기침을 주려고 시도하지 않았다. 하지만 하나님의 말씀을 크게 제대로 읽는 기쁨을 탐구하기 시작할 정도만큼은 의욕을 돋구어 주었다고 믿는다.

그 탐구를 어떻게 시작할 수 있을지 몇 가지 방법을 제안한다.

1) 성악 교사에게 자문을 구하라. 성악가가 될 생각이 있어서 찾아온 게 아

니라 목회자로서 음성을 제대로 사용하고 싶어서 찾아왔다고 밝히라. 그 자리에서 '횡경막', '음색', '평활근', '음을 던지기' 같은 표현을 써서 배울 의지를 나타내라. 성악 교사는 여러 달에 걸쳐서 횡경막과 평활근과 후두와 비강을 사용하여 의식적으로 소리를 만들어 내는 법을 터득하게 해줄 것이다.

2) 도서관에 가서 낭독자용 녹음 자료를 찾는다. (미국의 경우) 도서관에는 그런 음반들이 많이 보관되어 있다. 좋은 낭독 자료가 있으면 그것을 모방하여 여러분의 카세트 테이프에 녹음해 보라. 그런 다음 원 음반과 비교해 보라. 리듬과 강세와 속도가 어떻게 다른지 비교해 보라. 여러분도 원 음반에 실린 것처럼 하려고 노력해 보라. 자신에게 냉정하라(잘 진전되면 그냥 혼자 그런 줄로 알고 있으라). 목표는 여러분이 다른 사람처럼 소리를 낼 수 있다는 것을 확인하려는 데 있지 않다. 오히려 여러분은 주변의 가능성들에 마음을 열어놓으려고 노력하는 데 뜻을 두어야 한다.

성경 낭독을 녹음할 때는 녹음기에서 멀찍이 서서 하라고 권하고 싶다. 많은 성경 낭독자들이 '거룩한' 소리로 성경을 낭독하려고 애를 쓴다. 레바논의 백향목 잎새를 통해서 비치는 햇살을 암시하듯 감미롭고 엄숙한 어조로 읽는다. 그러나 성경의 많은 부분은 대충 깎은 듯이, 심지어 조야하게 되어 있다. 극적으로 읽는다고 해서 이러한 원래의 색깔을 훼손해서는 안 된다. 그렇게 하는 원인 가운데는 이렇게 낭독하는 사람치고 신학교에서 배울 수 있는 수준의 성경과 그 배경 지식을 갖고 있는 사람이 없기 때문이라는 이유도 있다.

3) 인간의 소리에 관한 책을 구하되, 좋은 훈련 과정이 수록된 책을 구하라(이 글 맨 뒤에 소개할 참고문헌을 참조하라).

4) 남의 말을 귀담아 들으라! 좋은 귀를 계발하라. 자신의 소리를 듣는 문제에 관해서는 이미 앞에서 논했다. 이제는 다른 사람들, 보통 사람들의 말에 귀를 기울이라. 그들의 노래를 귀담아 들어보라. 남의 소리를 들을 줄 아는 실력이 생기면 좋은 낭독자가 될 것이다.

5) 마지막으로, 큰 소리로 읽으라. 혼자 성경을 읽을 때 큰 소리를 내서 읽으라. 그 자리에 계신 하나님을 깜짝 놀라게 말이다. 성경의 많은 부분들을 소리 내서 읽으라. 성경 전서를 읽으면 더욱 좋다. 반 시간에 열두 장을 소리 내서 읽을 수 있다. 설교 준비를 할 때 본문의 문맥을 크게 잡아서 그것을 큰 소

리로 읽으라. 설교 본문에 실린 이야기의 흐름이나 논지를 파악하는 힘을 기르라. 이것은 작업을 좁혀 한 절을 다룰 때 도움이 될 것이다. 하지만 그것을 큰 소리로 읽으라. 어린 자녀들이 있다면 텔레비전을 끄고 성경의 이야기들을 그들에게 읽어주라. 아이들이 변화에 익숙해지면 — 그러려면 몇 차례 전쟁을 치러야 한다 — 아주 좋은 청중이 될 것이다. 아내에게 성경을 읽어 주라. 아내가 부엌에 있을 때, 설거지를 할 때 성경을 소리 내서 읽어주라. 혼자 극적으로 성경을 읽는 훈련을 할 때도 그것을 즐겁게 하라.

한 번은 필자가 어떤 교회에 참석했는데, 마침 그 교회 설교자가 신년 예배 설교를 했다. 그는 아무런 주해도 달지 않은 채 마태복음 5장에서 7장까지 읽었다. 산상보훈 전체를 말이다. 새로 맞는 한 해를 살아갈 때 중요한 표준이 될 그 산상보훈을 들으면서 우리 모두는 겸손해지고 훈계를 받았다. 이것은 우리도 시도해 볼 만한 좋은 방법이라고 생각한다. 그 설교시간은 약 25분이었다.

하나님의 말씀은 여러분이나 나의 설명 없이도 죄인들을 경성시키는 능력이 있다. 성경을 우리를 지으신 창조주로부터 받은 계약서로 알고 읽을 때, 우리는 성령께서 우리를 만나러 오시는 주님을 피해 숨을 만한 덤불을 제거하시는 일을 도울 수 있다. 하나님 말씀을 공적으로 낭독하는 것, 이것은 참으로 중차대한 임무이지만, 우리 설교자가 도저히 회피할 수 없는 책임이다.

우리 설교자들은 우리 자녀들과 우리 교인들이 성경에 관해 알고 있는 지식 때문만이 아니라, 주일마다 극적으로 낭독되는 구속사의 거룩한 드라마를 듣는 법을 알기 때문에도 하나님의 말씀을 숭엄하게 여기고 순종하게 되도록 가르쳐야 한다.

선별 참고문헌

음성 관리

Anderson, Virgil A. *Training the Speaking Voice*, 2nd ed. New York: Oxford University Press, 1961. 이 책은 언어 임상학자의 간단한 지침서로서 가장 부합한 책이다. 앤더슨의 상세한 논의가 난해하게 보일지 모르지만, 끝까

지 읽으면 큰 유익을 얻을 수 있다.

Brodnite, Friedrich S. *Keep Your Voice Healthy: A Guide to the Intelligent Use and Care of the Speaking and singing Voice*. New York, Harper Brothers, 1972. 앤더슨의 책만큼 복잡난해한 것은 아니며 좋은 책이다.

Seuss, Theodore(Dr.), *Fox in Socks*. New York, Beinner Books(A Division of Randon House, Ine.), 1965. 이 넌센스처럼 보이는 글이 학문 서적 틈에 끼어 있는 게 이상하게 보일 사람도 있겠지만, 이 책에는 필자를 매혹시킨 방법이 실려있다. 'Fox in Socks' 란 발음이 정확한 사람의 악몽이다. 이 책에는 "천천히 읽으시오. 이 책은 위험합니다!"라는 경고조의 서문이 실려 있다. 이 책은 독자가 훈련을 무수히 반복한 것을 가정하고서 "이제 당신의 혀가 마비되었는가?"라는 말로써 맺는다. 이 두 경고 사이에는 혀를 위한 수많은 조언들이 실려 있다. 모든 사람이 똑같은 쪽에서 어려움을 겪지는 않겠지만, 누구나 이 책 어디쯤에선가 어려움에 봉착할 것이다. *Fox in Socks*는 어린이 서적을 취급하는 서점에서 쉽게 구할 수 있다. 하지만 조심하라!

구두 해석

Lantz, J. Edward. *Reading the Bible Aloud*. New York, MacMillan, 1959.

Lee, Charlotte I. *Oral Interpretaion*. 2nd ed. Boston: Houghton Mifflin. 1959. 노스웨스턴 대학교는 예를 들어 찰턴 헤스턴(Charleton Heston) 같은 유명한 낭독자들을 배출했다. 샬로트 리는 노스웨스턴 대학교에서 구두 해석(oral interpretation)을 가르친다. 이 책에서 이 여성은 산문, 시, 드라마 등 문학의 다양한 형태에 집중하며, 조직과 구조와 스타일을 분석할 필요를 강조한다. 이 책은 여러분의 해석 능력을 키우는 데 유익하다. 제3판은 낭독과 분석 사례에 변화를 가했지만, 본문은 사실상 똑같다.

—, *Oral Reading of the Scriptures*. Boston, Houghton Mifflin, 1974. 여기서 리 양은 문학 일반을 분석할 때 사용한 동일한 도구들을 가지고 성경을 분석한다. 그중 더러는 가치가 있지만, 지나치게 깊이 들어간 내용일 수가 있

다. 필자의 의견으로는 리 양은 지도 방법이 지나치게 억제된 듯하다.

Sessions, Virgil D., and Holland, Jack B. *Your Role in Oral Interpretation*, Boston, Holbrook, 1968.

주

1) Virgil A. Anderson, *Training the Speaking Voice*(New York: Oxford University Press, 1961), p. 55f.

2) Ibid. p. 56.

3) 폐와 평활근이 사용을 위해서는, 위의 책 pp. 23-32을 보라.

4) Ibid. p. 269.

5) 위에 언급한 전문 용어들은 다음과 같다: 양순음(bilabials), 순치음(labio-dentals), 설음(lingua-dentals), 치경음(lingue-alveolar), 구개음(lingua-palatal), 연구개음(lingue-velar) 및 성문음(Glottis).

6) 대중연설에 관한 책을 보라는 뜻이 아니라, Anderson의 책 같은 연설에 관한 책을 보라는 뜻이다. 동네의 국어 교사에게 자문을 구하라.

제 17 장

강단에서의 신체

권 월터스

언뜻 보기에 이 장에 붙인 '강단에서의 신체'라는 제목은 강단에 비참하게 누워 있는 시체를 연상시킬는지도 모른다. 구경하는 회중에게 대단히 안쓰럽고, 기적이라도 일어나서 소생시켜야 하는 그런 시체 말이다. 간혹 강단에서 문자 그대로 죽는 설교자들도 있지만, 이것은 이 장에서 다룰 주제가 아니다. 보다 자주 듣게 되는 말은 강단에 선 설교자들의 태도에서 아무런 의욕도 엿볼 수 없을 때 설교에 활력을 불어넣기 위해 신체를 활용해야 할 필요를 생각하게 된다는 말이다. 그 필요가 장의업자가 아닌 의사를 위한 것이라면, 그들의 무기력한 태도에 활력을 불어넣기 위해서 "안에 의사 계십니까?" 하고 다급하게(그리고 경건하게) 외쳐야 한다.

이 장에서는 강단에서 신체를 활력있게 사용하도록 설교학 의사의 처방을 내리고자 한다.

성경적-신학적 고찰

설교란 모름지기 성경적-신학적 내용에 충실해야 하고, 설교자 배후에서 능력으로 역사하시는 성령의 도움에 전적으로 의지해야 한다고 생각하는 분들은 강단에서 설교자가 자신의 신체를 활용해야 한다는 말을 들을 때 의심스러운 눈초리로 바라본다. 그러므로 그러한 선입관을 제거하기 위해서 그런 생각과 노력이 왜 성경적-신학적인지 살펴볼 필요가 있다.

성경에서 하나님 말씀을 선포하는 일에 신체가 사용된 것으로 묘사하는 부분은 그다지 많지 않다. 에스라는 우편에 여섯 명의 장정을, 좌편에 일곱 명의 장정을 거느린 채 특별히 잘 보이고 잘 들리도록 제작한 높은 나무 연단(강단)에 서서, 마찬가지로 서 있던 밑의 청중을 내려다보면서 엄숙한 태도로 율법책을 펼쳤다(느 8:4-5). 우리 주님은 산중턱이나 뱃머리에 앉으셨다(마 5; 눅 5). 베드로는 오순절에 설교하기 위해서 열한 제자와 함께 일어섰다(행 2). 바울도 서서 손짓을 해가면서 연설했다. 연사들이 흔히 사용하는 제스처를 써가면서 때로는 잠잠하라고 명하기도 하고 때로는 주목하라고 명하기도 했다(행 13:16; 12:17; 19:33; 21:40; 26장). 아마 나무에서 열매를 딸 때처럼 손을 위 아래로 크게 흔들었을는지도 모른다. 사도행전 14:9에서 앉은뱅이는 바울이 말하는 것을 들었다. 바울은 그 사람을 주목하여 보다가 그에게 고침을 받을 만한 믿음이 있는 것을 간파하고는 "네 발로 바로 일어서라"고 하였다.

사도행전 14:14에서 사람들이 사도들을 쓰스(제우스)와 허메(헤르메스)로 오인하여 그들에게 제사를 드리려 하자, 사도들은 겉옷을 찢으면서 그들 사이로 달려들어가면서 "여러분이여 어찌하여 이런 일을 하느냐, 우리도 너희와 같은 성정을 가진 사람이라. 너희에게 복음을 전하는 것은……"라고 했다.

옷을 찢는 상징적인 행동은 구약성경에서 그와 유사한 신체적 행위를 연상케 한다. 이사야는 벗은 몸에(즉, 겉옷을 벗은 채) 맨발로 걸어다니면서 하나님의 말씀을 외쳤다(사 20:2). 예레미야는 멍에를 만들어 목에 걸고 다녔다(렘 27:2). 에스겔은 먼저 좌편으로, 다음에는 우편으로 누워서 여러 날을 보냈을 뿐 아니라, 흙을 빚어서 토단을 쌓는다든지 빵을 구워먹는 등 눈에 보이는 것들을 사용하였다(겔 4장). 신약성경에서 아가보는 띠를 가지고 자기 수족을 잡아맸다(행 21:11).

그러나 이러한 사례들은 흥미롭긴 하지만 설교할 때 신체를 사용하는 문제에 관한 보다 근본적인 생각에 비하면 주변적인 것에 지나지 않는다.

설교에는 그리스도인의 신체가 사용된다. 따라서 설교는 그리스도인의 삶에서 신체의 활용과 연관된다. 거꾸로 이것은 필연적으로 우리 주님의 성육신과 연관된다.

하나님은 당신의 생각을 나타내시기 위해서 뼈와 사지, 근육과 피부를 지닌 인간의 몸을 사용하여 당신의 말씀(Word)을 성육신하신 아들로 구현하기를 기뻐하셨다. 성경은 교회를 그리스도의 몸으로 묘사하기 때문에, 그리스도께서 당신의 몸을 구성하는 인간의 신체들을 통해 자신을 표현하신다고 생각한다고 해도 그것은 신령치 못한 것이 아니다. 개인의 신체는 저마다 그리스도의 구속적 성육신에 포함된다. 그것은 그리스도께서 하나님을 영화롭게 하기 위해서 값을 지불하고서 사신 것이다(고전 6:20). 그리스도인의 몸은 하나님이 거하시는 처소가 될 수 있다(고전 6:19). 몸은 영적 예배를 통해 하나님께서 기뻐하시는 거룩한 산 제사로 드릴 수 있고(롬 12:1), 몸의 지체들은 의의 도구(병기)가 될 수 있다(롬 6:13).

우리는 주님의 인성(人性)을 가현설(Docetism)의 시각으로 받아들여 그분이 육체로 오신 사실을 부정하고 그분의 인성을 가현(假現)으로 간주해서는 안 되는 것과 마찬가지로, 그리스도인의 삶에서 신체의 역할을 축소해서도 안 된다. 마찬가지로 우리는 신체를 영적 표현에 적합한 매체로 폄하하는 마니교적 경향도 피해야 한다. 설교를 할 때, 우리는 하나님을 위해 신체를 활용하는 일을 극대화할 필요가 있다.

설교자의 용모

설교자가 자신의 신체적 용모에 관해 갖는 느낌은 그가 연단 혹은 강단에 설 때 그의 태도에 영향을 준다. 자신의 용모에 대해서 회중이 어떻게 의식할까 하는 생각이 그의 정서에 영향을 준다. 그의 용모는 회중의 기대와 선호에 의해 결정되거나 수정될 수가 있다.

설교자들의 자기 이미지와 자기 확신은 신체적으로 스스로를 어떻게 느끼는가에 따라 달라질 것이다(하나님의 은혜와 성령의 개입이 없으면). 만약 음식 조절과 운동과 휴식으로 신체를 관리하고, 병들었거나 약하거나 피곤한 기색이 없이 혈기 왕성한 느낌과 인상을 전달할 수 있다고 느끼면 자신감이 생긴다. 외모에 나타나는 대로, 폭식과 무절제와 나태와 무기력과 무관하게 지낸 다는 자신감도 도움이 된다.

이런 요인들이 설교자에게 필수불가결한 것들이라고 지레 단정하는 우를 범치 않기 위해서, 하나님께서 제대로 먹지 못해 수척하고 초췌하고 여러 가 지 질병으로 고통을 당하는 사람들도 설교자로 들어 쓰시기를 기뻐하셨다는 점을 서둘러 기억할 필요가 있다. 칼빈은 고통을 늘 끼고서 살아간 분이다. 흔 히 신체의 허약이 영적 능력을 최대로 전달하는 매체라고 말한다. 하지만 정 상적인 환경에서는 설교자가 신체 건강하고 힘이 넘쳐야 하나님의 말씀을 보 다 힘찬 음성과 행위로 전하는 데 집중할 수가 있다.

건강하고 자기 관리에 충실한 설교자들은 대중 앞에 모습을 드러내기 전에 제때에 몸을 씻고 용변을 봐둔다. 지저분하고 냄새나고 몸 관리를 제대로 하 지 않는다는 인상은 설교자들에게 금물이다. 면도를 하더라도 미리 해 두어야 지 오전 11시 예배시간 5분전에 부랴부랴 면도하는 일은 피해야 한다. 수염을 단정하게 기르는 것과 잔털이 아무렇게나 자라도록 내버려두는 것은 엄연히 구분해야 한다. 깔끔한 인상을 주는 머리 스타일도 설교자가 마음의 평정을 유지하는 데 도움이 된다. 자꾸 내려오는 앞머리를 쓸어올리느라 설교에 방해 를 받아서는 안 된다.

앞에서 언급한 몇 가지 요인들, 이를테면 신장과 머리결, 준수한 혹은 평범 한 외모 같은 요인들은 타고난 것들이므로, 설교자는 그런 요인들을 현실로 받아들이며 사는 법을 배워야 한다. 하나님의 은혜로 '온 세상과 맞서 싸운 아타나시우스'(Athanasius contra mundum)로 묘사된 사람은 키가 작달만 했다는 사실은 기억해 둘 만하다. 훗날 화이트필드(Whitefield)가 자신의 사 팔눈을 의식하여 설교에 방해를 받지 않았던 것처럼, 아타나시우스도 자신의 핸디캡 때문에 설교에 조금도 지장을 받지 않았다.

그렇지만 의복은 타고나는 게 아니다. 물론 유행이나 사회적인 여건이 다소 영향을 주겠지만 말이다. 설교자들은 경우에 맞게 옷을 입는 것이 도움이 된 다. '결혼 예복도 없는 사람'처럼 되는 것보다, 경우에 맞게 옷을 입는 것이 신체적으로, 사회적으로, 교회적으로 보다 안정감을 준다.

설교자는 공식적인 자리에 나가기 전에 사람들 앞에 어떤 모습으로 나타날

지를 깊이 생각하고 시간을 투자할수록, 자신의 역할을 보다 자유롭고 자신 있게 수행할 수 있다. 하나님께서 외모를 보시지 않고 중심을 보신다는 사실을 늘 기억하면서도, 약하고 강한 형제 자매들이 뒤섞인 자신의 인간 청중이 외모를 보고 그것에 영향을 받는다는 사실도 현실로 인정한다. 신체적 용모보다 "우리 구주 하나님의 교훈을 빛나게" 하는 것이 더 중요할지라도, 설교자는 영적인 형제 자매들에게 불필요한 불쾌감을 주지 않음으로써 그 면에서도 청결한 양심을 유지해야 한다.

회중은 들을 뿐 아니라 보기도 하며, 듣는 것만큼 보는 것으로도 영향을 받는다. 특히 오늘날 텔레비전 위주의 문화에서는 더욱 그러하다. 설교자의 신체적 용모를 돋보이게 하는 요인들도 있고 훼손하는 요인들도 있다. 적절하고 각도가 정확한 조명은 불필요한 그늘과 수척한 인상을 주지 않은 채 설교자와 회중이 서로를 잘 볼 수 있게 하는 데 중요하다. 설교자는 햇살이 들어오는 창문을 등지고 서거나 두 창문 사이에 서서는 안 된다. 그러면 회중이 눈이 부셔서 설교자를 오래 바라볼 수가 없다. 강단과 앞면이 기물들과 가구들과 글씨들과 그림들로 잔뜩 치장하는 것도 설교자나 회중에게 다 도움이 되지 못한다. 단조로운 배경은 회중이 설교자를 더욱 분명히 보게 해준다. 예배당 안쪽에 기둥이 없는 것도 회중이 설교자를 분명히 바라보는 것을 방해하지 않게 도와주며, 강단을 높은 곳이나 경사진 곳이나 베란다처럼 내민 곳에 두는 것도 그런 점에서 도움이 된다.

그렇다면 설교자의 외모에서 어떤 요인들이 회중에게 영향을 주는가? 많은 것이 회중의 사회적 구성과 그것에 대한 문화적 영향에 좌우된다. 신도석에 키가 아주 큰 사람들이 앉아 있는데(예를 들면, 네덜란드인 교회들), 강단에 삭개오 같은 사람이 서면 그는 훨씬 작아 보인다. 반대로 신도석에 키가 아주 작은 사람들이 앉아 있는데서는(예를 들면, 대만의 교회들), 설교자의 키가 175cm 정도만 되어도 대단히 커보인다. 큰 사람들의 눈에는 작은 사람이 신뢰성이 떨어지게 보일 수 있고, 작은 사람들의 눈에는 큰 사람이 위압적으로 보일 수 있다. 두 경우 모두 강단의 높낮이나 설교 자세에 어느 정도 보완이 필요하다. 키는 바꿀 수 없지만, 보완할 수는 있는 것이다.

하지만 체중과 외모는 바꿀 수 있다. 비만한 설교자는 통가 섬 같은 곳에서는 거리를 마음껏 활보할 수 있지만, 호리호리하고 맵시있는 체형을 선호하는 문화권에 가면 강단에 서지 못할는지도 모른다. 그런 문화권에서는 비만한 설교자가 절제나 훈련이나 청지기 생활 같은 주제로 설교하면 신뢰성이 떨어질 수가 있다. 그런 경우에는 체중을 줄이는 것이 좋다. "당신의 그 형색을 보아하니 당신 말을 들을 수 없군요"라는 말은 설교자의 인격과 행위에 관해 일침을 가한다. 때로는 비만 자체가 의사전달에 큰 장애가 될 수가 있다.

설교에 장애가 되는 또 다른 요인은 설교자의 옷차림이다. 한 마디로 설교자는 옷을 지나치게 화려하게 입을 수도 있고 지나치게 초라하게 입을 수도 있다. 아디오포라(가치 중립적인 문제들)에 해당하고, 성경의 원칙에 규제되지 않는 정도의 문제에 관해서, 설교자는 회중의 기대치와 관행에서 지침을 취하면 그만이다. 하지만 경제적으로 몹시 쪼들리는 회중은 설교자가 지나치게 비싼 양복을 입고 나타나면 거부감을 갖게 되며, 마찬가지로 부유한 회중은 설교자가 빛이 바래고 꼭 끼는 양복을 입고 나타나면 거부감을 갖게 된다. 이런 것이 하나님의 백성에게는 아무런 문제가 되지 않는다고 반박할지 모르겠지만, 교인들은 그러한 것들을 문제삼아 말하는 것이 현실이므로, 설교자는 강단에 올라가기 전에 이 문제를 민감하게 고려해야 한다. 설교자의 목적은 하나님의 말씀을 전달하는 것이다. 그는 자신이 사용하는 모든 것이 설교를 듣는 회중에게 조금도 장애물이 되지 않도록 주의를 기울여야 한다.

그러나 이런 세세한 일들을 다 따지자면(게다가 설교 준비라는 막중한 과제를 생각한다면) 설교자가 되려다가도 지레 낙심하고서 '누가 감히 이 일을 할 자격이 있겠는가?' 라고 말할 수도 있다. 이런 모든 일들에서 우리의 능력은 하나님께로서 온다. 우리의 외모는 평범하든 준수하든 어리숙하게 보이든 매력 있게 보이든 멋이 있든 멋이 없든 성령께서 우리를 붙드시고 능력을 부어주시면 참으로 하찮은 것이 될 수 있다. 성령께서 강단 뒤에 계시면서 설교자를 붙들어 주시면, 설교자의 외모에 따른 부정적인 요소나 긍정적인 요소는 모두 시시한 것들이 되어 버린다.

강단에 설 때 스스로의 외모에 민감히 주의할지라도, 성령께서 궁극적으로 높이시고 복을 주시는 것은 당신의 말씀이라는 확신을 가질 수 있다. 누가 아는가? 우리 외모가 볼품이 없을지라도 말씀을 전하는 동안 마치 모세처럼 우리 얼굴이 환하게 빛날는지. 아니면 "다 수건을 벗은 얼굴로 …… 주의 영광을 보매 저와 같은 형상으로 화하여 영광으로 영광에 이르니 곧 주의 영으로 말미암았음이라"는 말씀처럼 될는지(고후 3:18).

강단에서 설교자가 취하는 동작의 효과

1904-5년에 하나님께서 웨일스 전역에 부흥의 불길이 일어나도록 사용하신 이반 로버츠(Evan Roberts)는 웨일스 곳곳을 순회하면서 정열적인 사역을 펼쳤다. 그러나 결국에는 탈진하게 되었고, 회중에게 설교나 강연을 하는 대신에 강단에 꼼짝 못하고 앉아서 '선지자라기보다 구경거리'가 되고 말았다. 그가 침묵하고 앉아 있자 많은 사람들이 놀라고 슬퍼했지만, 어떤 의미에서 그의 침묵은 많은 것을 이야기했다. 그의 침묵 자체가 설교였다. 설교자란 설교하지 않는 순간이 없는 법이기 때문이다. 그의 무언의 설교는 좋든 나쁘든 웅변이었다.

많은 설교자들은 비록 믿음의 사역으로 탈진하지 않을지라도, 입을 열든 열지 않든 외모를 통해서 많은 것을 전달하기 때문에, 선지자들이라기보다 구경거리들이다. 하지만 그러나 이제는 외모 문제를 떠나서 강단에서 설교자의 동작에 관하여 생각하고자 한다. 강단에서의 동작이란 계획적인 것일 수도 있고, 그렇지 않은 것일 수도 있다. 의도적인 것일 수도 있고, 완벽하게 구상한 것일 수도 있으며, 혹은 즉흥적인 것일 수도 있다. 그 동작에 음성이 수반될 수도 있고 그렇지 않을 수도 있다. 데모스테네스(Demosthenes)는 "동작! 동작! 그리고 동작!"이 효과적인 대중 연설의 세 가지 기본 덕목이라고 말했다.

복음은 본질적으로 살아있고 생명을 주며, 다양한 방법으로 내면에서 외적인 행위가 일어나도록 감동하고 변화시키고 강권하기 때문에, 복음 선포자들이 내적으로 감동을 받지 않는다든지 외적으로 적극적이고 표현적이지 않다는 것은 모순이다. 이 책 앞부분에서 제프리 토머스는 '열정적인 설교'를 다루었고, 제이 아담스는 설교자 자신이 설교하는 내용을 체험할 필요를 지적했다. 열정적인 체험적 설교란 신체가 원인 혹은 결과로 가담하지 않고서는 생각할 수 없는 일이다. 내적인 열정과 신체의 표현은 서로 긴밀히 연관되어 있다. 내적인 느낌은 신체적 변화를 일으킬 뿐 아니라 신체적 변화에 영향이나 도움을 받을 수도 있다. 하나님의 능력(뒤나미스)인 복음이 이 능력을 체험하는 사람의 신체적 통로를 조금도 건드리지 않고 놔둔다는 것은 불가능하다. 보다 자연스럽게 예상할 수 있는 것은 설교자가 미리 체험한 그 능력이 설교자의 신체 안에서, 그리고 신체를 통해서 역동적으로 표현되고, 그로써 듣고 보는 사람들이 같은 능력을 체험하게 되는 것이다.

신체적 표현에 따르는 복음의 역동적 면들 가운데는 죄와 분리와 소외와 적의와 죄책감과 심판을 깨우쳐 주는 보다 부정적인 측면들이 있는 반면에, 통회와 회심, 칭의, 화목, 사죄, 중생, 양자가 됨, 신생, 새 생명, 새로운 충성, 순종, 성령의 거룩케 하시는 능력, 전도와 선교와 사회 봉사에 대한 소명, 봉사와 희생과 고난에 참여하라는 도전, 일치와 협력의 권고, 그리고 그리스도의 재림 때까지 시들지 않는 소망 같은 긍정적인 측면들도 있다.

이런 측면들과 연관된 내적인 감정들은 다양하다. 감사, 의분(義憤), 빚졌다는 의식, 경외, 존경, 열정, 절박성, 사랑, 기쁨, 온유, 자비, 낙천적 생각이 다 여기에 포함된다. 이런 것들은 신체의 '뼈와 근육과 신경과 피'가 포함되지 않고는 제대로 체험할 수도 없고 전달할 수도 없다.

이제는 강단에서 신체적 동작이 회중에게 어떤 영향을 주는가를 생각해 보자.

"다같이 앉은 채로 '십자가 군병들아 주 위해 일어나'란 찬송을 부릅시다." 강단에서 이런 모순된 요구가 나올 때 회중은 못마땅하게 여길 권리가 있다. 그 설교자는 흔쾌한 심정으로 찬송을 부르기 위해 이치에 맞지도 않고 설득력도 없는 요구를 한 셈이다. 설교자들은 예배를 더욱 신령하게 잘 드릴 수 있도록 해줄 여러 가지 행동을 도외시하는 우를 여러 가지 방식으로 범한다. 설교자의 신체 동작이 성경의 진리를 전달하는 데 옳게든 그르게든 영향을 미치는 것이 엄연한 현실이기 때문에, 설교자는 설교 준비를 할 때 이 점을 신중하게 고려해야 한다.

다음 소개할 두 가지 간단한 훈련은 신학생들에게 설교자들과 회중의 감정에 영향을 미칠 신체의 위치와 행동에 관해 배울 수 있게 한다. 신학생들에게 향후에 어떤 느낌이 들지 미리 일러주지 않은 채, 이런 자세를 취하도록 해본

다고 가정해 보자: 발가락에 잔뜩 힘을 주고, 손을 꼭 모아 쥐고, 양쪽 어깨를 앞으로 당기고, 몸을 허리에서부터 약간 앞으로 굽히고, 턱을 오른쪽 어깨 쪽으로 바짝 당긴 상태로 왼쪽을 바라보라. 이 연습을 몇 번 해보고 나면 누가 일러주지 않아도 뒤틀린, 왜곡된, 일그러진, 굽은, 볼썽사나운, 꼴사나운, 기괴한, 어색한, 균형이 없는, 추한, 억눌린, 겁먹은, 위축된, 시달린 같은 표현들이 저절로 나오게 마련이다. 이런 자세를 취한 뒤 2분쯤 지나서, 발끝으로 서고, 몸은 똑바로 세우고, 손가락을 벌린 채 두 팔을 위로 넓게 벌리고, 얼굴을 위로 들고, 눈과 입을 크게 벌리도록 해보자. 그러면 풀려난, 자유로운, 확 트인, 시원한, 가벼운, 행복한, 감사한 같은 용어들이 주저 없이 나오게 마련이다.

설교자들은 이런 사례에서 자신들의 신체 동작이 설교자로서의 소명감과 설교할 때의 권위에 대해 확신을 갖는 데 어떻게 도움이 되는지 기억할 필요가 있다. 속으로 느끼는 설교의 시급성, 그 특권, 책임, 보람, 기쁨이 신체 동작으로 나타나도록 하면, 신체 동작은 거꾸로 내면의 느낌에 영향을 줄 것이고, 이러한 순환은 계속될 것이다.

강단에 서서 설교를 시작하면 두려운 특권에 대한 의식 때문에 신체의 동작도 영향을 받는다. 강단에서는 겸손과 확신이 건강하게 배합되어 표출되어야 한다. 이런 겸손과 확신을 뒷받침해 주는 신체 동작이나 움직임은 받아들여야 한다.

설교가 설교자의 신체에 영향을 주기도 하고 받기도 한다는 사실을 떼어놓고 생각하더라도, 설교 내용은 설교자의 신체 동작과 관련될 수밖에 없다. 행사와 설교 본문 혹은 주제에 관한 분위기는 예배 초반에 이미 신체적으로 경험하는 것이 이상적이다. 성결과 의와 죄와 심판이 설교의 주된 내용이라면, 얼굴 표정과 자세와 몸짓도 그런 주제들을 내면으로 깨닫도록 도울 수 있는 방향으로 나타나야 한다. 그런 경우에는 설교 주제가 복음의 보다 가볍고 기쁜 면에 초점을 맞출 때에 비해서 표정과 자세와 몸짓이 보자 자제되고 엄숙해야 할 것이다. 필자에게는 키가 큰 친구 목회자가 있는데(그는 대학 시절에 멀리뛰기 대회에서 우승한 경력이 있다), 그는 강단에 오를 때 한 번에 네 계단을 성큼 뛰어 올라간다. 이 행동은 첫 찬송이 "저는 자여 일어나 기뻐하라"라는 가사로 되어 있고 또 설교도 즐거운 주제일 때는 그다지 보기 흉하지 않지만, 예배 분위기가 보다 숙연할 때는 어울리지 않는다. 후자의 경우에는 그 친구도 아마 그러지 않았을 것이다.

진리를 선포할 순간이 되면 몸에 탄력성, 유연성, 적응성이 있는 것이 대단히 유리하다. 우리가 견지하는 신앙은 대단히 다채로워서 우리 몸을 포함한 우리 전체를 요구한다. 진리는 정체되거나 수동적이지 않고 살아서 약동한다. 움직이고 전진하고 상승한다. 얼어붙게 하지 않고 해방시킨다. 그리스도 안에 있는 자유를 말하면서 팔과 얼굴이 중풍에 걸릴 지경으로 잔뜩 굳어 있다면 얼마나 이상한 일인가. 진정으로 진리를 느끼고 내면의 자유를 맛본다면 그것이 신체적인 표현으로도 자유롭게 풀려나와야 하지 않을까? 동시에 우리가 믿는다고 말하는 진리와 우리가 실제로 경험하는 진리 사이에 있는 괴리 때문에 드는 위선감도 어느 정도는 신체를 통해 발산할 수 있다. 신체를 자유롭게 움직이면, 특히 시원스런 제스처를 사용하면 우리가 말하는 자유를 체험하는 데 도움이 될 수 있다. 이것은 정신 심리적 자기 암시가 아니라, 성령께서 당신의 성전들이자 도구들인 우리가 사용하기를 기뻐하시는 방법들 중 하나이다.

신체 동작으로 진리의 의미를 내면화하고 내면의 기분과 정서와 분위기를 본문에 적합하게 만드는 데 도움을 받았다면, 진리를 회중에게 외면화하고 확대해 나가는 일을 더욱 잘할 수 있다. 일단 우리 몸이 자유롭게 되면 우리는 우리 자신을 회중에게 기꺼이 전심으로 주고 싶어진다. 신체 동작이 진리의 의미를 현실화하는 데 직접 도움을 받으면, 누가 권하지 않더라도 안에 이는 진리의 느낌을 다른 사람들에게 표현할 것이다. 흥분과 절박성과 강렬함과 경외와 열정과 존경과 사랑과 기쁨과 온유와 자비와 의분과 혐오와 힘과 생동감과 활력을 자연스럽게 표현하고 배출하게 될 것이다.

과장된 동작을 따로 고안하지 않더라도, 설교를 하면서 강조할 대목에 이르러서는 적절한 제스처를 사용할 수 있고, 그로써 우리가 설명의 제스처로써 '보고' '느끼는' 진리를 묘사하는 데 도움을 얻을 수 있다. 우리가 선포하는 진리를 내면으로 실현하는 데서 자연스럽게 흘러나오는 신체 동작들이 명료한 전달을 자동적으로 보장해 주는 것은 아니지만, 그 방향으로 나아가게 해 준다. 우리의 행동을 해석하는 회중은 우리가 배워야 하는 것과 다른 표현 방식과 관점을 갖고 있을 수가 있다.

회중은 설교자가 입을 열어 말씀을 전할 때까지 기다릴 필요가 없다. 오늘 날 "단어들로 해독되는 것을 제외한 모든 의사전달"을 가리키는 "비언어적 의사전달"에 대해서 깊은 연구가 진행되고 있다.[1] '신체 언어'는 회중이 강단에 선 설교자를 바라보는 동안 내내 '표현'된다. 이것은 종종 무의식적으로 이루어지긴 하지만, 아주 많은 것을 드러내며, 때로는 적나라하게 드러낸다. 이것은 말과 별도로 진행되며, 때로는 말을 수반한다. 우리는 '신체로 말하는 방식'을 보다 의도적으로 사용하는 것과 그것이 회중에게 끼치는 효과를 다루기 전에 회중의 '신체 언어'를 생각해볼 필요가 있다.

청중('시청자')에 관한 많은 연구 결과는 비구두적 언어가 구두적 언어보다 더 설득력이 있음을 지적한다. 강단에서 전달되는 느낌은 대부분 비언어적 차원에서 이루어진다. 신뢰성과 신뢰는 구두적 메시지와 비구두적 메시지 사이의 일치가 형성될 때에야 비로소 가능하다. 그 둘이 일치하지 않은 상황에서는 비구두적 언어가 우세하다. 한스 반 데르 기스트(Hans Van Der Geest)는 "신체 언어가 말보다도 더 설득력이 있다. 그것은 관객의 잠재의식에다 직접 말하는 것이다. 따라서 지성적인 말보다도 신체 언어가 더 깊은 효과를 낸다"고 말했다.[2]

우리는 비구두적 언어를 덜 사용하고 싶어하는 경우가 많지만, 그것을 잠잠히 묶어둘 수가 없다. 쉬피겔(Speigel)과 마코트카(Machotka)는 "사람들이 생각과 느낌과 의도와 개성을 표현하기 위해서 제스처와 자세와 옷차림과 얼굴 표정과 동작을 사용한다는 사실"을 다루면서,[3] 성경에서 신체를 사용한 의사 전달의 사례들을 제시한다: "불량하고 악한 자는 그 행동에 궤휼한 입을 벌리며 눈짓을 하며 발로 뜻을 보이며 손가락질로 알게 하며"(잠언 6:12, 13).

그렇다면 비구두적 언어의 힘을 자각해야 한다는 말을 귀담아 듣고, 우리가 전하려는 메시지를 저해하는 그와 같은 특이한 표현과 타성과 자극적인 행동과 반복적인 몸짓과 제스처를 피할 필요가 있다.

찬송가나 성경책이나 주보나 설교 노트를 마구 소리내서 넘겨 가지고서는 메시지에 힘과 확신과 평안이 실릴 리가 없다. 강대상을 무의식적으로 툭툭치는 것도 마찬가지의 악영향을 끼친다(그것은 마치 전직 광부였던 설교자가 자기도 모르게 탄광 곡괭이를 들고 오는 것과 같다). 음침한 에펠탑처럼 양손을 허리에 대고 두 다리를 벌리고 있는 자세나, 한 다리로 흔들거리거나, 한쪽 발목이나 양쪽 발목을 돌리거나, 한쪽 다리로 강대상을 휘감고 있는 것은 좋은 인상을 주지 못한다. 정말로 피해야 할 자세는 풍랑 만난 배의 갑판에서처럼 전후 좌우로 몸을 흔드는 버릇이다. 이런 동작은 보는 사람들에게 멀미를 일으킨다. 무의식적으로 어깨를 으쓱해 보이거나, 허리춤을 끌어올리거나, 손수건을 꺼냈다 집어넣었다 하거나, 넥타이를 자꾸 매만지거나, 가운이나 후드를 만지거나, 안경을 무한정 콧등에 걸치는 등의 버릇은 속히 고쳐야 한다. 마지막으로 코, 귀, 입술, 턱, 콧수염, 수염을 만지작거리는 유혹을 떨쳐버려야 한다. 어느 연로한 스코틀랜드 설교자는 가끔 "이 형제들을 보시오"라고 말하면서 회중의 관심을 주목시키곤 했으나, 그렇게 말할 때는 자기도 모르게 꼭 턱수염을 어루만졌다고 한다!

회중은 설교자가 나타내는 신체 언어를 보고서 재미있어할 수도 있고 어색해할 수도 있지만, 그렇게 접한 신체 언어들을 지워버릴 수 없을 것이다. 특별히 역량있는 설교자가 신중하게 사용한 신체 언어는 더욱 잊지 못할 것이다.

회중이 설교자에게 기대하는 신체 동작은 매우 다양하다. 보수적이고 전통적인 교회의 회중은 설교자가 성실하고 침착하고 점잖게 설교하는 것을 좋아한다. 그들은 이런 특성들을 합리적이고 엄숙하고 균형감 있고 덜 위협적이고 덜 당황스럽고 덜 지나친 것과 동일시한다. 이들은 덜 예민하고 자의식이 적다. 보다 극적이고, 연출적이고, 과시적이고, 감정적이고, 간섭적인 스타일을 두려워하고 싫어한다. 그런 유의 행동을 3류 부흥사와 신비주의적 강사나 하는 짓으로 여긴다. 그들은 설교자를 꼭두각시 부리는 사람과 동일시하고, 손과 신체 부위들을 교묘하게 움직여 마음을 감동시키는 사람들에게 조작되기를 싫어한다. 하지만 이런 보수적인 회중도 동작이 완전히 없는 것을 원하지는 않는다. '점잖고 품위 있게' 하는 동작은 좋아하고 거기서 유익을 얻는다.

청중 분석 결과에 따르면 대다수 회중들은 설교자가 활기 있고 적극적으로 표현하는 것을 좋아하는 듯하다. 그것은 진리를 이해하고 즐길 수 있게 해주기 때문이다. 채드윅(Chadwick)이 시사하듯이, 회중은 안전과 신뢰를 얻고 의지하고 싶은 심정을 가지고 오며, 설교자가 가시적으로 표시하는 사랑을 원한다. 마찬가지로 회중은 앞날에 대한 희망과 구원의 소망을 가질 싶어하고,

자기들의 신앙을 명확하게 갖고 깨달음을 분명하게 가질 필요를 느낀다. 그들은 설교자를 직접 대면함으로써 이런 것들을 얻고 싶어한다. 온 회중이 다양한 신체 언어를 필요로 한다. 때로는 상대적으로 절제된 행동을, 때로는 보다 활력 있는 행동을 필요로 한다. 설교자가 잔뜩 굳어있으면서 회중에게 적극적인 반응을 요구한다면, 회중이 어색한 반응을 나타낼지라도 그들을 탓할 수 없다. 회중은 그런 설교자가 아무런 가시적인 반응도 나타내지 않기 때문에 자기들의 '설교'에 반응을 나타내지 않는다고 느낄 만하다. 그런 설교자는 안으로는 말씀의 진리에, 밖으로는 소란스런 세상에 아무런 영향도, 아무런 자극도 받지 않고 사는 것처럼 보인다.

채드윅은 자기 회중을 상대로 실험을 하기 위해 여섯 차례 설교를 했는데, 그중 네 차례는 뻣뻣하고 밋밋한 자세로 설교 원고를 읽어내려가는 식으로 설교를 했다. 그가 회중 가운데 선정한 평가원들 가운데 한 사람이 나중에 "저는 목사님이 설교할 때 강대상을 붙들고 설교하셨으면 좋겠다고 느꼈습니다. 오늘 본 것은 평소 목사님의 설교 방식이 아니었습니다. 특히 오늘의 주제는 목사님의 관심 정도를 알 수 있도록 신체적 동작을 사용할 필요가 있었습니다. 목사님은 스스로를 조작하셨습니다. 자연스럽지가 못했습니다! 평소에 하시던 스타일로 설교하십시오. 관심을 보이십시오. 그것이 목사님이 평소에 저희에게 남기신 인상입니다"라는 글을 적어보냈다.[4]

채드윅은 설교자의 비구어적 언어가 줄어들수록 청중의 '비구어적' 반응이 증거한다는 사실을 발견했다. 즉, 잡담을 하고, 몸을 움직이고, 주위를 돌아보고, 주보를 뒤적이고, 설교자를 바라보지 않고 성경을 바라보고, 더러는 심지어 화장실을 들락거렸던 것이다! 그는 비구어적 신호들을 시험하기 위한 몇 가지 평가 기준을 제시한 다음 관찰자들에게 다음과 같은 양극단의 사례들을 놓고서 어떤 것이 가장 두드러지는가를 관찰함으로써 설교를 평가해 달라고 주문했다: 예를 들어 통제하는 것과 통제 받는 것, 행복한 것과 불행한 것, 좌절하는 것과 소망을 갖는 것, 중요한 것과 중요하지 않은 것, 악화시키는 것과 덜어주는 것, 흥미로운 것과 지루한 것, 주도하는 것과 주도당하는 것. 이런 평가 기준을 사용한다면 뻣뻣하고 밋밋하게 전한 네번째 설교가 어떤 점수를 받게 되는지 예상하기가 어렵지 않을 것이다.

신체 동작으로 즉흥적인 감정 표현을 나타내는 것을 싫어하는 경우가 고등 교육을 받은 사람들에게서 더 많이 나타나고 있음은 아이러니컬한 일이다. 설교자의 학력과 전문성이 높아지는 것이 신체 언어의 사용을 권장하기보다 위축시키는 결과를 초래한다는 것은 참으로 애석한 일이다. 설교자는 가치 있는 신체 동작을 활용하는 법을 터득함으로써 그러한 위험을 피할 필요가 있다.

설교가 시작될 때, 회중은 설교자가 어깨를 펴고 강대상 앞에 똑바로 서서, 고개를 들고, 턱의 위치를 지나치게 높지도 낮지도 않게 두고, 다리는 약간 벌린 채 한 발은 약간 앞에 두고 다른 한 쪽은 약간 뒤에 두어 균형과 유동성을 지닐 때 안정감을 얻는다. 강대상의 높이가 허리 정도에 오면 성경과 설교 노트를 충분히 바라볼 수 있고, 설교하는 동안 팔을 움직일 수 있는 공간이 생긴다. 설교하는 동안 손은 강대상 위에서 중립적인 위치에 놓는 것이 좋다. 손을 가볍게 포개는 것이 자연스러울 것이다. 그런 자세에서는 언제든 필요할 때 팔이 쉽게 움직일 수 있다.

설교 도중에 회중에게 가장 큰 영향을 주는 설교자의 신체 부위는 눈이다. 설교 시간 내내 설교자가 자기들을 바라보고 있다는 느낌을 회중에게 주어야 한다. 회중은 "저희에게 말씀하실 때 저희를 쳐다봐 주세요"라고 말한다. 될 수 있는 대로 눈과 눈을 많이 접촉하는 것이 이상적이다. 이렇게 직접 눈을 쳐다보지 못할 예외적인 순간들도 있겠지만, 회중과 접촉하는 주된 방식은 눈과 눈을 통하는 방식이다. 설교자가 회중의 참석을 귀중하게 생각하고 있으며, 그들이 설교 행위에 동참하고 있다고 느끼고 있음을 회중에게 알게 해야 한다. 집단으로서가 아니라 설교자의 눈이 마주치는 개인으로서 말이다.

"청중은 설교자가 비전을 보고, 그렇게 비전을 보는 동안 청중에게 집중하기를 요구한다. 청중이 설교자가 보는 것을 보고 설교자가 느끼는 것을 느낀다면, 그들 역시 보고 느끼게 될 것이다."[5] 이러한 '시각적' 관계가 어떻게 조성될 수 있을까? 회중이 설교자에게 이것을 요구한다면, 어떻게 하면 이것을 그들에게 줄 수 있을까? 설교자는 어떻게 하면 자신도 직접 그 관계에 참여하고, 회중도 직접 참여하게 할 수 있을까?

어떤 사람은 즉흥설교가 이 문제를 해결해 준다고 말한다. 미리 세워둔 계획도 없이 전달하는 설교, 설교의 본질이나 형태 및 표현이 전달하는 순간에 이룩되는 즉흥설교가 그런 효과를 낼 수 있다는 것이다. 이 말은 설교자가 정리되지 않은 채 기억에 담아놓은 자료를 끄집어 낼 수 있는 능력과, 일반적인 성경과 인생 지식, 연설 능력, 그리고 성령께 의존해야 한다는 것을 뜻하는 셈이다. 이렇게 하면 설교자와 청중 사이에는 노트나 원고에 눈길을 빼앗기는 일이 없이 직접적인 교감이 이루어질 수 있다.

하지만 대부분의 설교자는 이런 방식을 두려워한다. 설교의 맥이 끊기거나 갑자기 할 말이 생각나지 않는 위험 부담 때문이기도 하지만, 그보다는 성경을 도외시하는 교만과 그로 인해 하나님의 말씀을 잘못 전할 수도 있는 위험 때문이다. 단순히 눈과 눈을 마주치기 위해서 그런 위험에 빠져든다면 그것은 큰 희생이 아닐 수 없다. 어떤 경우든 설교자가 설교 본문을 한 단어 한 단어, 한 구절 한 구절에 지나치게 매이거나, 다음에 할 말을 미리 떠올리는 데 관심이 쏠려 있다면 개인 대 개인의 접촉은 이루어지지 않을 것이다.

어떤 분들은 다른 극단적인 방식을 취하여, 지나치다 싶을 정도로 원고 준비를 철저히 한다. 마치 나흘 동안 연구하고 준비하여 하나님께 승인의 인을 받은 신성한 계시를 설교 시간에 입을 열어 낭독하듯이 말이다. 어떤 분들은 노트에 설교 준비를 하되 입과 귀로 그 내용을 기억해 놓는 데 남다른 재주가 있어서, 설교 시간에 활기 있고 드라마틱하게 원고를 읽으면서도 회중과의 눈 접촉에도 소홀하지 않는다. 어떤 분들은 한 단계 더 나아가 원고 자체를 외워 버린다. 그래서 적어도 표면적으로는 시종일관 회중을 바라보며 설교한다. 어떤 분들은 절반만 외우고 나머지는 읽거나, 전부 외우되 노트를 간간이 바라보면서 기억을 되살린다. 이런 방식으로도 눈 접촉이 이루어지는 것처럼 보일 수 있다.

하지만 다양한 연구 결과들은 이런 방법들에 각각 나름대로 부족한 점이 있음을 지적한다. '눈 접촉'이 더 필요하다는 — 따라서 설교에 어떤 것이 더 필요하다는 — 것이다. 이런 방법들을 사용하는 많은 설교자들은 칼빈이 섭정 서머셋(Protector Somerset)에게 쓴 편지에서 비판한 부류에 포함될 것이다: "각하, 제가 보기에는 이 왕국에는 생명력 넘치는 설교를 거의 찾아볼 수 없습니다. 대부분이 미리 써놓은 글을 낭독하는 방식으로 설교를 합니다."[6]

칼빈은 설교를 철저히 준비하되 전달하는 시간에는 실제적인 표현을 사용하는 즉흥 설교를 선호했다. 그가 1667년까지 살았다면 즉흥 설교를 요구한 다음과 같은 1667년의 베른 설교자법(the Bern Preacher Act)에 동의했을 것이다: "그들[설교자들]은 회중 앞에서 노트나 종이를 보고서 똑같은 내용을 읽어서는 안 된다. 그것은 범해서는 안 될 기만이요, 청중의 눈에서 설교자의 모든 결실과 은혜를 제거하는 행위이다."[7]

많은 사람들은 반 데르 기스트(Van Der Geest)의 다음과 같은 말에 동의한다: "신뢰를 불러일으키는 데 절대 필요한 개인의 스타일, 곧 직접적인 설교는 원고를 읽음으로써 심각하게 손상된다 …… 그렇게 해가지고서는 설교가 드러나지 않는다. 그것은 어제로부터 나온다. 설교자는 '말하는 동안 재구성하는 행위'를 놓쳐버린다 …… 말의 감각은 책을 읽는 동안보다 설교를 듣는 동안에 더 분명하고도 신속하게 파악된다. 왜냐하면 어조와 말의 속도와 의태어 등 언어 행위 전체가 글을 읽을 때는 발견할 수 없는 언어이기 때문이다."[8]

노트와 원고에서 완전히 자유로워지는 것은 설교자가 마치 자전거를 처음 배운 아이가 "엄마, 나 좀 보세요, 손 놓고 타요"라고 말하는 것처럼 '과시'하는 것으로 비칠 수도 있지만, 회중은 그러한 설교를 설교자가 메시지를 내면으로 소화했고, 그 설교가 마음에서 우러나오는 것으로서 글을 읽을 때보다 더 감동을 주며, 전달하는 순간에 성령께 더욱 간절히 의지한다는 신호로 평가하는 경우가 더 많다. 회중은 그런 설교에 보다 직접적인 반응을 나타내고 보다 생생하게 기억할 가능성이 크다. 그러한 설교자는 회중을 상대로 역량을 과시하는 것이 아니라, 오히려 회중의 협력을 이끌어내고, 그들의 눈에 정직성과 진실성과 신뢰성을 더욱 높이는 것이다. 이것만큼 진리를 전파하는 데 필수조건이 또 어디에 있겠는가?

원고나 노트를 의존하고 눈 접촉은 거의 하지 못하는 설교에 따르는 가장 큰 피해는 자유롭고 신뢰성 있는 신체 언어를 — 의식적이든 무의식적이든 — 하지 못하게 된다는 점이다. "제스처를 연구해온 학자들은 적어도 정확한 의미를 전달할 수 있는 상징적인 신체 동작이 적어도 70만 가지가 넘는다고 추산했다."[9] 이 많은 것들 중에 설교자들이 사용하는 것은 극히 일부이다. 읽는 데 전념하는 설교자들은 이보다 훨씬 적은 신체 동작을 사용한다. 후자의 경우에, 설교자는 원고가 앞에 든든히 있다는 사실에 활력과 자유를 제대로 발휘하지 못한다. 어떤 설교자들은 원고를 읽으면서 제스처는 아예 사용도 하지 않은 채 양손으로 강대상을 붙잡거나 뒷짐을 지거나 앞으로 모으거나 그냥 늘어뜨린다. 혹시 제스처를 사용할지라도 지나치게 형식적이고 제한되고 경직되게 나타날 뿐이다. 어쩌다가 큰 제스처를 쓸 때도 어색하기 그지없이 아래만 쳐다본다. 하늘에 대하여 말하면서 손은 위로 향하고 눈은 원고에서 떠나지 않는 어색한 행동을 연출한다. 그러나 메시지가 마음 속에 딱 자리잡고 있으면 제스처가 기계적이고 형식적으로 추가되어 나타나지 않고 말과 함께 자연스럽게 나타난다. 스프라울(R. C. Sproul)은 이 책의 "전인적인 설교"라는 장에서 원고 없이 하는 설교의 가치를 자세히 논했다.

우리는 설교와 회중에게 동시에 깊이 빠져들어야 하며, 이렇게 하려면 회중과 설교자, 특히 설교자 측에서 체계적인 제스처를 사용해야 한다. 하지만 심리요법적 긴장 해소, 병적 과시, 신경질적인 제스처를 사용해서는 안 된다. 오히려 청중이 하나님의 말씀의 의미를 느끼고 반응하도록 만드는 데 관심을 가져야 한다. "설교가 주어진 순간에 행하는 일과 관련된 주도면밀한 신체 동작은 청중을 주목케 하고, 그로써 말씀의 의미를 깨닫는 분위기를 조성한다."[10] 청중은 설교자의 그러한 제스처에 의해서 동일한 강렬한 반응과 "동일한 느낌을 경험하게 될 것이다. 이런 방식으로 청중은 설교자를 구경하지 않고 그의 정서를 공유한다."[11]

효과적인 제스처는 '가슴'에서 나온다. 흉골 바로 밑의 '중심'에서 말이다. 그 중심이 제스처의 방향을 따를 때 — 몸이 그 방향으로 돌고, 체중이 그 방향으로 쏠릴 때 — 제스처는 힘을 받는다. 그렇지 않으면 힘을 받지 못한다. 신체는 팔과 손과 함께 움직이지 않기 때문이다. "설교할 때 몸의 중심이 청중 쪽으로 기울어져 있다면, 이것은 설교자 여러분 측에서 강조를 한다는 뜻으로서, 이렇게 하면 청중을 여러분의 주목과 관심의 초점으로 만들게 된다."[12]

팔, 손 또는 손가락 제스처에는 대체로 두 종류가 있다. 즉, 강조형과 설명형이 그것이다(물론 이 두 가지는 때때로 결합되어 나타나기도 한다). 강조형은 진리가 전달되는 일에 힘과 인상을 실어준다. 여기에는 팔을 들고 손가락으로 무엇을 가리키거나, 주먹을 불끈 쥐거나 그것으로 강대상을 내리치는 것이 포함된다.

설명적인 제스처는 보다 개념적이고 지시적이며, 지휘자의 제스처와 비슷하다. 하나님의 거룩하심과 사랑을 말할 때, 오른손으로 위를 가리킬 수 있다. 인간의 죄를 말할 때는 왼손으로 아래를 가리킬 수 있다. 그밖에도 손을 위로 들고 아래로 내리고, 환영하듯 두 팔을 넓게 벌리는 등의 제스처를 경우에 맞게 사용할 수 있다.

이런 대안은 무척 조심스러운 태도로 제시하는 것인데, 왜냐하면 어떤 설교자들은 적절한 제스처를 생각해 낼 수 없다고 토로하기 때문이다. 이상적인 것은 진리를 선포할 때 그 의미가 자연스럽게 적절한 제스처로 표출되는 것이지만, 그래도 이런 대안들을 미리 생각해 놓으면 설교 도중에 자연스런 제스처를 유도할 수가 있다. 심지어는 거울이나 비디오 카메라 앞에서 연습을 할 수도 있다. 19세기에 활동한 아주 유능한 설교자 존 엘리아스(John Elias) 같은 분도 "거울 앞에서 검지를 똑바로 펴서 앞을 가리키는 연습을 했다. 왜냐하면 손가락이 굽은 채 무엇을 가리키면 유약함을 암시한다고 믿었기 때문이다. 그가 이런 재능을 익히려고 작정한 것은 유능한 배우가 되기 위함이 아니라, 자신의 메시지의 요구에 철저한 훈련된 설교자가 되기 위함이었다."[13]

우리가 강단에서 신체, 외모와 자세와 얼굴 표정과 눈 접촉과 제스처와 몸동작과 흉내를 어떻게 사용하든지간에, 그것 자체나 자기 자신이나 회중의 평가에 목적을 두어서는 안 되고, 우리가 전하는 말씀의 메시지와 회중 — 하나님께서는 그들을 위해서 우리를 '강단에 신체로' 두셨다 — 에 목적을 두어야 한다.

우리의 관심은 칼빈이 서머셋에게 편지를 쓸 때 품었던 관심과 일치한다:

> 무릇 설교는 생명력이 없어서는 안 되고, 사도 바울이 디모데에게 말한 것처럼 생명력 있게 가르치고 권하는 것이 되어야 합니다(딤후 4:2). 그렇게 해야만 혹시 불신자가 교회에 오더라도 바울이 다른 단락(고전 14장)에서 말한 것처럼 감동과 확신을 받아 하나님께 영광을 돌릴 수 있게 될 것입니다. 각하께서는 사도 바울이 설교자들을 훈계하면서, 생생한 능력과 에너지로 설교를 할 것과, 스스로를 선하고 충성된 하나님의 사역자들

로 입증할 것과, 명예 따위나 얻으려고 수사학을 늘어놓지 말고 자신들의
음성을 하나님의 성령께서 쓰시도록 내어드릴 것과, 그로써 능력 있게 사
역할 것을 가르친 것을 잘 아실 것입니다.[14]

주

1) T. W. Chadwick, *A Study to Determine What a Pastor is Communicationg Nonverbally From the Pulpit.* 1976년에 작성한, 이스턴 침례교 신학교 목회학 박사 학위논문.

2) Hans Van Der Geest, *Presence in the Pulpit*(Atlanta: John Knox Press, 1981), p. 42.

3) J. P. Spiegel and P. Machotka, *Messages of the Body*(New York: MacMillan, 1974), p. 3.

4) Chadwick, *Study.*

5) P. Harms, *Power from the Pulpit*(St. Louis : Concordia), p. 31.

6) C. E. Edwards의 편저인 *Devotions and Prayers of John Calvin*(Grand Rapids: Baker Book House, 1976), p. 6.

7) Van Der Geest의 *Presence*, p. 47에서 인용.

8) Ibid. p. 48.

9) Oliver, Zelko, and Holtzman, *Communicative Speaking and listening*(New York: Holt, Rinehart and Winstom, Inc., 1965), p. 180.

10) Harms의 *Power*, p. 35에서 인용.

11) Ibid.

12) C. S. Bartow, *The Preaching Moment Moment*(Nashville: Abingdon Publishing Company, 1980), pp. 95-96.

13) R. Tudur Jones, *John Elias*(Bridgend, Wals : Pregethur and Phendefig, 1975), p. 20.

14) Edwards, *Devotions*, p. 6.

개혁주의 **설교자와 설교**

초판 인쇄   1999년   9월   25일
초판 발행   2010년 11월   25일

발행처   **크리스챤다이제스트**
발행인   박명곤
주소   경기도 고양시 일산동구 정발산동 1193-2
전화   031-911-9864, 070-7538-9864
팩스   031-911-9824
등록   제 98-75호
판권   ⓒ 크리스챤다이제스트 1999
총판   (주) 기독교출판유통
전화 031-906-9191~4
팩스 080-456-2580

· 값은 표지에 찍어 있습니다.